한

국

불

교

사

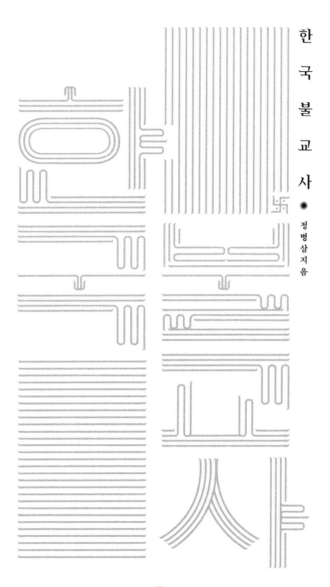

한 국 불 교 사

정병삼 지음

푸른역사

책을 내며

한국의 불교는 삼국시대에 전래된 이후 동아시아 불교문화에서 특유의 면모를 형성하였다. 한국 사회에 깊이 뿌리 내리고 여러 방면에 지대한 영향을 미치며 한국 문화의 중요한 역할을 담당해왔다. 따라서 한국 불교사는 한국 역사와 한국 문화를 이해하는 데 큰 몫을 차지한다.

한국 불교는 기본적인 내용에서 세계 불교와 같은 면모를 보이는 부분이 많다. 그러나 동시에 한국 문화와 오랜 기간 어우러져 지내오는 동안 특유의 독자적인 면모도 적지 않게 만들어왔다. 공통적인 요소는 비단 불교에만 국한되는 것도 아니다. 지난해에 류시화 시인이 엮은 인디언 추장 연설문집 《왜 나는 너가 아니고 나인가》를 읽다가 아메리칸 인디언들의 사유방식과 세계를 이해하는 관점이 모든 생명과 조화를 이루며 자신과 세상을 깨닫고자 하는 불교적 사유와 관점과 비슷한 점이 많다는 것을 보고 놀랐다. "사람은 누구나 마음을 순수하게 하고 자기를 정화하는 과정을 거쳐야 한다. 또 무엇보다도 자신이 누구인가를 깨닫지 않으면 안 된다", "인간의 힘과 진정한 생존은 자신을 자연의 한 부분으로 여겨 대지의 모든 생명과 조화를 이루는 일에 있다", "우리는 모든 것이 어떤 것의 결과이며 또 다른 것의 원인임을 안다. 그것은 하나의 사슬처럼 이어진다" 등등.

동시에 한국 불교의 구체적인 유·무형의 구성 요소들은 세계 불교에서는 물론 동아시아 불교에서도 독자적인 면모를 명확하게 보여준다. 이는 한국 역사와 한마당에서 나란히 변화하고 전개되어오면서 한국인의 심성과 조화를 이루는 한국 불교를 형성했기 때문이다. 이 책은 그런 한국 불교의 면면을 전체적으로 조망해보고자 했다.

한국 불교를 공부하며 한국 불교사 전반을 통관하는 책을 엮어보겠다고 생각한 지 십수 년이 지났다. 그럼에도 이제야 책을 내보이게 된 것은 그럴 만큼 충분한 연구 성과를 쌓지 못한 필자의 책임이 크다. 다행히 근래에 조선시대 불교사 연구를 비롯하여 새로운 성과가 많이 축적됨에 따라 책을 마무리할 수 있는 힘을 얻어 비로소 오늘에 이를 수 있었다.

필자는 처음에 신라 불교 연구에서 시작했다. 그러다 한국 불교사 전반을 조망하게 된 것은 몇 가지 인연에 따른 것이었다. 보화재에서 조선 후기 문화를 함께 연구하면서 조선 후기 불교를 깊이 들여다보게 되었고 그를 위해 승려들의 문집 전반을 검토하는 기회를 가졌다. 거기에 고려 고승들의 비문을 정리하고 또 한국 불교문화의 위대한 유산인 고려대장경판의 정리작업을 맡은 인연으로 고려 불교를 보는 안목을 기를 수 있었다. 이렇게 하여 삼국–신라–고려–조선으로 이어지는 한국 불교사 전반에 대한 이해를 갖게 되었다. 그리고 그 토대에는 몇몇 세미나를 통해 지속적으로 이어왔던 원 자료에 대한 분석과 근래 들어 활발해진 한국 불교사에 대한 다양한 연구 성과가 놓여 있다. 이런 여건이 모아져 이제 한국 불교사 시안을 내보이게 된 것이다.

요즈음 들어 세부적인 연구 활동이 심화되면서 상대적으로 한국사 전반을 다룬다거나 분야별로 전반적인 저술을 내놓는 연구 활동은 많이 위축된 느낌이다. 연구 성과가 비약적으로 증대함에 따라 전체적인 내용을 세세하게 파악하는 것이 쉽지 않기 때문이다. 필자 또한 한국 불교사 전반의 연구 성과를 파악했다고 생각하지는 않는다. 그러나 현재 이해하는 정도에서 일관된 관점으로 한국 불교사 전체를 조망하는 것은 충분히 의미 있는 일이라고 생각한다. 김영태 선생의 《한국 불교사 개설》이 출간된 지 30년이 지났지만 이후 본격적인 한국 불교사 저술은 잘 이루어지지 않은 만큼 이 시점에서 새로운 한국 불교사가 필요하기 때문이다.

불교 공부에 대한 인연은 유년기 가족환경에서 비롯되었다. 단정한 몸가짐과 마음으로 필자의 손을 잡고 절로 이끄시던 어머님, 가끔 《금강경》이며 몇 가지 불경을 독송하며 곁에 앉아 지켜보는 필자에게 미소를 주시던 아버님, 일어나자마자 천념 염주로 염불을 마치기 전에는 기동을 않으셨던 할머님의 불연이 그것이다. 고등학교 시절에는 불교학생회를 지도해주셨던 상인 스님과 열정적인 교리 강좌로 후학들을 이끌어주신 김민영 법사님과의 인연이 있었다. 대학에 들어와서는 최완수 선생님을 따라 학문과 인생의 가르침을 받았고, 본격적인 연구 활동을 하면서 보화재 동료들과 매달 세미나를 열며 안목을 넓혔다. 남동신 교수를 비롯한 불교사상사 세미나 팀의 20년에 걸친 연찬으로 닦은 기반은 최병헌 선생님의 《한국 불교사 연구입문》 출간으로 결실을 맺었다. 사집 사기를 읽는 데서 시작된 가산 지관 스님과의 인연은 《한국 전통사상 총서》 등 한국 불교 전반의 자료를 검토하는 기회로 이어졌다. 숙명여대에 재직하게 되면서 정혜정 교수 등과 함께 청파불교사상사연구회를 시작하게 되었고 30년이 흐른 지금, 박광연, 옥나영, 임혜경, 박영은, 전보영 박사와 함께하게 되었다. 이 작은 결과를 이룰 수 있었던 것은 이런 여러 인연이 쌓이고 역사 연구 동료들의 지원이 더해져 가능한 것이었다. 이 모든 분께 깊이 감사드린다.

한국 불교사를 내보이기는 했지만 벌써부터 아쉬운 부분이 많다. 근현대 한국 사회에 대한 이해가 부족한 탓에 본격적인 서술을 하지 못했고, 조선시대 사상의 대종인 유학사상사와 유학자들의 불교 인식에 대한 체계적인 이해 부족으로 조선시대 불교의 의의를 바르게 밝히지 못했다. 고려 사회에 대한 성숙한 이해와 함께 고려 불교의 서술도 보완되어야 한다. 이런 문제들을 보완하고 새로운 연구 성과를 반영하여, 여건이 허락된다면 5년마다 개정판을 쓰고 싶다. 다른 동료들도 이 책을 딛고 더욱 훌륭한 한국 불교사를 저술하기를 기대한다. 이 책에서 극히 일부밖에 활용하지 못한 불교문화에 대한 근자의 괄목할 만한 연구 성과를 모은 한국불교문화사도 나와야 하고, 한국 불교사상사 또한 보다 체계적으로 정리되어야 한다.

책이 나오기까지 오랜 시간이 걸렸다. 그동안 좋은 역사책을 만드느라 분주한 가운데 따뜻한 마음으로 원고를 여러 차례 보정하고 좋은 책으로 만들어준 도서출판 푸른역사와 편집진 여러분께 깊이 감사드린다. 초고를 읽고 역사의 의미를 깨우쳐준 이세영 교수, 품격 있는 지도를 제작해준 김유철 교수에게 감사드린다. 대학에서 정년을 마치기까지 힘든 길을 함께 걸으며 늘 곁에서 이해하고 지원해준 아내 나정과 가족에게 고마운 마음을 전한다.

2020년 2월 28일
선재행원 뜨락에서 정병삼

한국 불교사의 이해를 위하여

불교는 한국 문화의 중요한 뿌리 중 하나로, 4세기 후반에 처음 소개된 이후 1,600여 년간 지속적으로 한국 사회와 문화에 일정한 역할을 담당해왔다. 삼국시대에 수용된 한국 불교는 발생지인 인도의 불교가 중국에서 중국 문화와의 교섭 속에 정착된 것이었다. 강력한 집권 국가를 지향하던 삼국은 고도의 사상체계를 갖춘 불교를 국가발전의 디딤돌로 삼고자 적극적으로 수용하였다. 삼국은 본격적으로 불교사상을 이해해갔고, 삼국을 통합한 7세기 중반의 신라는 수준 높은 불교사상을 정립하였다. 원효는 일심사상을 중심으로 독창적인 사상체계를 정립하고 대중에게 불교를 알리는 대중화운동을 펼쳤고, 의상은 화엄의 원융사상을 체계화하고 미타신앙과 관음신앙으로 일반민들에게 가까이 다가서는 불교를 이끌었다. 신라 말 사회 변혁기에 신라 불교는 교학의 관념성을 비판하는 선종을 수용하여 새로운 문화로 진전시켰고, 이후 교학불교와 선불교는 서로 대립하면서도 상호 조화를 모색하며 시대적 과제에 대응하고자 노력하였다.

고려시대에 불교는 다양한 발전을 보이면서 귀족과 연계된 사원의 경제력이 크게 확대되는 한편 교단의 분파적인 문제점도 드러냈다. 지눌은 수행과 실천의 수선사 결사운동을 제창하며 교선일치의 정혜쌍수설定慧雙修說을 제시함으로써 동아시아 불교의 기념비적인 성과를 이룩했다. 성리학이 토대가 된 조선 사회에서 불교의 사회적 역할은 축소되었지만 내세의 안락을 기원하는 불교신앙은 명맥을 유지하였다. 휴정은 이와 같은 열악한 종교적 토양에서 선 수행과 교학과 염불을 아울러 강조하는 사상체계를 제시했고, 조선 후기 불교계는 이 풍조를 계속 유지하였다.

　　이들 사상적 성과는 한국 불교가 각 시대마다 시대적 과제를 고민하며 노력한 주요한 결과였다. 이는 내적으로는 불교의 전통 역량을 바탕으로 하면서, 외적으로는 시대적 상황과 다른 사상과의 관계 그리고 중국 불교 등에서 적절한 대응점을 찾아 새로운 사상을 모색한 데서 나온 것이었다. 세간과 초세간, 공空과 유有, 교와 선, 이론과 실천의 일치를 지향한 조화의 논리는 원효, 지눌, 휴정으로 대표되는 한국 불교사상가들이 역설한 중심이론이었다. 한국 불교는 내적 전통을 명확히 인식하면서 동시에 외부의 도전에 대해서도 열린 마음을 갖고 조화의 원리로 포용하여 우리의 정체성을 정당화할 수 있는 사상을 이어왔다. 그 결과 세계적으로 유례가 드문 다종교 사회로 꼽히는 현대 한국에서도 불교는 중요한 한 축을 이루고 있다. 그러나 시대에 따라서 그 역할과 의의는 다른 변화를 보였다. 한국 불교의 장구한 역사를 바르게 이해하기 위해서 먼저 고려해야 할 몇 가지 주제가 있다.

유교·도교·토착신앙과의 관계

먼저 토착신앙과의 조화 문제이다. 선사시대 이래 수천 년 동안 한국인 심성의 근저에까지 강한 영향력을 끼쳤던 토착신앙은 국가시대에 접어들어 국가 통합과정에서 점차 약해졌다. 먼저 수용되었던 유교에 비해 불교는 종교적 성격이 강했기 때문에 수용 초기에 당연히 토착신앙과 갈등을 겪을 수밖에 없었다. 불교 수용 초기에 고구려나 백제와 신라의 수용 상황은 서로 달랐는데, 그것은 세 나라에서 토착신앙의 영향력이 달랐기 때문이었다. 불교는 토착신앙을 배척하거나 완전히 밀어내는 대신 서로를 인정하고 수용하는 조화를 도모함으로써 삼국 사회에 무난하게 뿌리를 내렸고, 이후 점차 토착신앙을 대체하면서 사회적 역할을 확대하였다.

　한편으로는 유교나 도교와의 관계 설정이 중요한 과제였다. 불교는 이미 조직화되고 고도화된 사상과 이념으로 정립된 유교와의 관

석굴암 본존상
조화와 원융성을 가장 잘 드러낸
한국 불교의 상징이다(문화재청).

계 설정이 큰 문제였다. 삼국과 통일신라시대에 유교는 국가이념으로서 체제 운영과 인적 자원 교육 등의 역할을 주로 맡았고, 불교는 사회사상으로서 문화와 종교 역할을 중심과제로 수행하였다. 고려시대에도 이 추세는 계속되었지만, 사상적으로 가장 개방적이었던 이 시기에 불교는 도교·토착신앙과 함께 종교적 역할을 분담하며 사회적으로 더 광범위한 영향을 끼쳤다. 유교에 비해 불교와 도교의 갈등이나 영향관계는 크게 드러나지 않는다. 그러나 조선시대에는 유교의 정치·사회적 영향력이 절대적이어서 불교의 역할은 크게 축소되었고, 그런 가운데서도 종교적 역할은 단절 없이 지속되었다. 현세의 안녕과 바람, 사후의 안락과 명복을 기원하는 신앙으로서의 역할은 변함없이 지속되었던 것이다. 불교신앙이 실현되는 종교시설인 사원은 마을에서 자취를 감춘 대신 산사山寺로 정착되어 단절 없이 유지되었고, 신앙과 함께 다양한 문화 요소를 지닌 산사는 수준 높은 전통 문화유산의 집약처가 되었다. 근현대 들어 불교는 자율적인 혁신을 이루지 못하고 다른 전통사상과 마찬가지로 시세에 순응하여 변화하였다. 그 결과 현대 사회에서 전통 종교를 대표하는 위상을 가지며 사회문화적으로 일정한 역할을 담당하고 있다.

불교와 국가의 관계

한국 불교사의 이해를 위한 두 번째 주제로 꼽을 수 있는 것이 국가불교, 곧 불교와 국가의 관계이다. 삼국시대에 처음 불교가 수용된 직후 '불교를 믿어 복을 구하라'고 했다는 종교적인 성격의 기술을 제외하면 《삼국사기》나 《고려사》와 같이 국가 차원에서 정리된 사서史書의 불교 관련 기사는 당연히 국가와의 관계를 위주로 엮을 수밖에 없고, 수록 자료 또한 국가 관련 기사가 다수일 수밖에 없다. 그런데 이런 기사를 토대로 국가를 위한 법회法會를 개최한 고려 불교나 왜군의 침략에 맞서 나라를 수호한 임진왜란 때의 승병僧兵 활동을 이른바 '호국護國불교'라고 특징짓는 것은 적절하지 않다. 오늘날 '나라를 위한 구국기도회'를 개최했다고 하여 '호국기독교'라고 부를 수 없는 것과 다르지 않은 것이다. '호국불교론'은 일본 근대 불교학에서 제시한 '불교가 국가를 호위한다'는 논리가 식민지시기의 조선 불교학에 영향을 주어 대두된 이후 통설로 된 것이다. 그러나 근래에 들어 호국과 호법護法의 의미나 국왕과 불교의 관계는 새롭게 검토되고 있다.

종교의 속성 중 하나가 개인과 사회의 안녕을 기원하는 것이라면, 국가의 안녕을 위한 활동 또한 당연한 종교 활동의 하나라고 할 것이다. 왕조체제를 유지해온 한국 사회에서 불교를 포함한 모든 종교는 국가권력과 밀접한 관계를 맺어왔다. 불교가 국왕의 권력강화에 기여한 사례도 적지 않지만, 불교가 종교로서 기능했던 사회적 역할도 매우 다양하고 광범위했다. 불교가 지배체제의 운영과 유지에도 기여했지만, 지배층은 물론 일반인들의 신앙을 돕는 한편 계층 간의 화합을 추구하는 사회적 통합 기능도 수행했다. 불교의 사회적인 역할은 국가발전과 왕권강화의 측면에서만 의미가 있었던 것이 아니라, 지배체제와 불교 교단의 관계, 지역과 계층 간의 간격을 좁히는 통합이념으로서도 의미가 있었던 것이다. 불교와 국가의 관계에 대해서는 전근대 사회의 시대별 시대의식과 역사적 과제와 대응하여 이해하려는 노력이 이루어져야 할 것이다.

추복과 현세신앙

한국 불교사의 이해를 위한 세 번째 주제는 신앙으로서의 불교이다. 한국 불교 역사에서 사람들이 가장 많이 기원한 것은 세상을 뜬 부모·형제의 명복과 안녕을 기원하는 추복追福과, 살아 있는 이들의 건강과 장수와 복락을 비는 현세적인 기원이었다. 명복을 빌기 위한 갖가지 공양과 현세적 기원은 '불교를 믿어 복을 구하라'고 했던 불교 수용 초기부터 지금까지 끊이지 않고 이어지고 있다. 불교 신앙인들은 불상과 불화, 불서, 금고·범종·향로·불탑·불구 등의 다양한 공양물을 만들어 사자死者의 명복을 빌고 산자의 안녕과 다복을 기원하였다. 이런 공양물 조성에 으레 따르는, 모든 중생이 깨달음을 이루기를 바란다는 말은 추복과 기복에 덧붙인 상용 구절의 느낌이 강하다. 이런 바람 또한 종교의 기본 속성 중 하나이다.

그런데 이를 '기복祈福불교'라고 부르면서 불교의 본질에 어긋난다고 하거나 저급한 신앙이라고 말하는 경우가 있다. 불교에서는 실체적 영혼을 상정하지 않으므로 불교의 공관空觀에 따르면 조상의 넋은 고려 대상이 아니다. 세간적 이익으로서의 복이 강조되고 출세간적 차원의 해탈이 경시되는 면도 존재한다. 그렇지만 전문적인 승려나 사상가 외에 일반인들이 이런 철학적 문제를 생활에서 받아들이기는 어렵다. 출세간은 세간을 기반으로 하며 세간과 공존한다. 세속에 맹목적으로 몰입하는 것은 지양해야 하지만, 현세 지향적 세계관이 강한 한국의 문화 전통에서 안녕과 복을 기원하는 것을 부정적으로 보는 것도 바람직하지 않다. 어떤 종교를 막론하고 개인과 그가 속한 사회와 국가의 안녕과 행운을 기원하지 않는 경우는 없을 것이다. 그러므로 불교가 사회적 책임을 제쳐두고 개개인의 욕망만을 추구한다거나, 다른 사람과의 공존보다 개인적 이익만을 우선한다면 모르겠지만, 일반적인 신앙 활동으로서의 기원은 자연스러운 종교 현상일 뿐이다. 사람들의 현실적인 삶의 문제에 대한 구체적인 대응으로서의 기원을 '기복불교'라고 표현하며 부정적으로 평가하는 것은 타당하지 않다. 경제적인 여유가 있는 상층민은 그들대로, 일상의 삶을 유지하기에도 힘든 기층민은 그들대로, 바람직한 삶에 대한 온갖 형태의 기원을 토대로 개인과 사회의 공동선에 이바지하는 바로 나아가는 것이다.

한국 불교의 특성-조화와 융합

변화와 부침을 거듭하며 오늘날에 이른 한국 불교의 특성을 한두 가지로 말하는 것은 쉽지 않다. 다만 그런 가운데서도 가장 두드러진 특성으로 꼽을 수 있는 것은 조화와 융합이다.

불교는 처음 시작될 때부터 다른 종교를 배척하기보다 상호 조화를 도모하는 경향이 강했다. 불교는 다른 사상이나 종교와 달리 새로운 지역에 수용되는 과정에서 기존의 전통사상이나 종교와 크게 마찰을 일으키지 않아 '순교殉敎' 사실을 찾아보기 어렵다. 한반도에서도 마찬가지였다. 유독 신라에서 이차돈 순교사건이 발생했던 것은 당시 변화를 겪고 있던 신라의 사회적 상황으로 인한 독특한 것이었다. 그러나 일단 수용된 이후의 신라 불교는 갈등을 겪었던 토착신앙과 영향을 주고받으면서 점차 우월한 형세를 만들어갔다.

사상적으로 한국 불교를 대표하는 이로는 신라의 원효, 고려의 지눌, 조선의 휴정을 꼽을 수 있다. 원효는 삼국민의 내면적 통합이 절실하던 통일기의 불교사상을 조망하면서, 모든 교학을 조화시키는 근본원리로 일심一心사상을 제창했다. 이는 서로 대립하는 둘 또는 그 이상의 주장이 모든 중생이 동일하게 지니고 있는 일심을 토대로 화회和會하여 조화를 이룰 수 있다는 융합의 원리였다. 저마다의 논리가 자신만이 옳다는 주장을 넘어 다른 주장을 용인해야 한다는 화쟁和諍의 논리도 이런 융합의 원리에 근거한다. 이처럼 일심을 바탕으로 여러 가지 논리가 융합할 수 있다는 원효의 일심사상은 사회 통합을 지향하던 당대에서 가장 의미 있는 원리가 될 수 있었다.

양산 통도사
넓은 터전에 한국 불교의 여러 신앙을 수용한 다양한 전각으로
총림을 이루었다(조계종).

지눌이 활동하던 12세기 후반은 고려 사회가 정치적으로 혼란과 격변을 겪고 있어 어느 때보다 명료한 사상적 지향이 요구되던 시기였다. 교학이 융성하여 교리적 이해에 매몰된 불교를 비판하고 나선 것은 스스로 수행하여 깨달을 것을 강조하는 선종이었다. 이런 혁신적인 선종도 주류가 되자 처음 의도와 달리 문자에 의존하거나 형식을 존중하는 경향을 드러냈다. 이제는 교학의 중심이 일심이냐 아니냐의 문제가 아니라 교와 선을 어떻게 바라보아야 하느냐가 과제가 되었다. 이에 대해 지눌은 이론적 연마를 토대로 한 교학과 실천적인 선禪 수행을 병행해야 한다는 정혜쌍수를 주창하였다. 지눌은 직접적인 깨달음을 추구하는 선이 가장 뛰어난 체계이기는 하지만, 이론적 토대를 마련해주는 교학도 무시할 수 없다고 판단했다. 그런 모색의 결과 지눌이 교학과 선을 융합하여 정립한 정혜쌍수론은 동아시아 불교사상에서 손꼽히는 사상체계로 정립되었다.

조선시대에 불교신앙은 단절 없이 이어졌지만 교단 활동은 그렇지 못했다. 그 이유는 공식적으로 출가가 인정되지 않았고 이에 따라 승려들의 자질이 낮아졌기 때문이었다. 16세기에 이렇게 불교계가 쇠락해가는 가운데 휴정은 불교계의 기본 틀을 세우기 위해 선과 교와 염불을 함께 실천하는 삼문三門 수행을 제창했다. 선은 부처의 마음에 토대를 둔 것이고 교는 부처의 말씀에 바탕을 둔 것이므로, 그 둘은 나눌 수 있는 것이 아니라는 교선일치의 이론적 토대 위에서, 신앙적 실천으로 정토를 지향하는 염불을 아울러 실천해야 한다는 것이었다. 휴정도 지눌과 같이 선을 가장 뛰어난 수행으로 보았지만, 선 수행만으로는 불교의 종교적 실천이 완성되지 않는다고 생각했기에 선과 교와 염불이 융합된 삼문 수행을 제시한 것이었다.

이들만이 조화와 융합의 이론을 말한 것은 아니다. 원효와 동시대에 활동한 의상은 하나와 전체의 조화를 지향하는 원리로 화엄사상을 체계화했다. 지눌 이전의 많은 선사와 교학승들도 선과 교의 조화를 지속적으로 도모하였는데, 의천의 교관겸수教觀兼修도 그중 하나였다. 휴정 이전에 보우도 선과 교가 둘이 아님을 역설했다. 이런 예는 적지 않게 찾을 수 있다. 이들이 추구한 융합사상 중에서도 당대의 시대적 과제와 맞물려 사회적으로 실현됨으로써 역사성을 갖게 된 것이 원효 등의 사상인 것이다.

원효와 지눌 그리고 휴정은 그들이 활동한 시대가 달랐기 때문에 그들의 사상체계의 구체적인 성격도 다를 수밖에 없었다. 그러나 이 셋을 관통하여 흐르는 핵심은 융합의 원리였다. 곧 교학 내의 사상끼리의 조화, 교와 선의 조화, 교·선·염불을 조화하여 제시한 사상체계의 핵심은 융합의 논리였던 것이다.

조화와 융합의 원리와 관련하여 다시 검토해야 할 것은 '통불교通佛敎'설이다. '통불교'는 한국 불교의 특성으로 가장 많이 인용되는 용어이다. 이 '통불교'설은 1920년대 권상로의 제안과 최남선의 구체화 이후 보편적인 인식으로 자리 잡았다. 그러나 이는 20세기 초반 일제강점기하의 지적 상황에서 제기되었던 것으로서, 일본 불교학의 영향을 받으면서 성립된 한국 근대 불교사학의 인식이었다. 원효가 제시한 논리가 여러 불교사상을 통합한 것이고, 이는 의천과 지눌, 휴정에 이르기까지 여러 시대에 걸쳐 제시된 것이므로 한국 불교의 중요한 특성으로 꼽을 수 있다는 것이었다. 그러나 서로 다른 성격의 불교사상을 융합하면 흔히 통불교라고 부르는 데서도 알 수 있듯이 '통불교'설은 구체적인 내용을 제시하는 것이 아니라 일반적인 경향성을 말하는 경우가 많다. '통불교적'인 사상이라 하더라도 원효의 통불교적 사상과 지눌의 통불교적 사상은 그 내용이 전혀 다르다. 현상적인 통합만을 강조하여 한국 불교의 특성을 '통불교'라고 규정할 수는 없다. 각 시기에 따라 성격이 다른 여러 불교사상을 조화시키고 융합시켜 각기 다른 내용의 불교사상을 제시했다는 점에서, 조화와 융합이라는 특성이 보다 타당성을 갖는다고 할 수 있다.

한국 불교의 종파

불교가 융성하여 사상체계가 확립되고 교단을 형성한 다음에는 이를 일정하게 구분짓고자 하였고, 그 대표적인 구분이 종파宗派이다. 그런데 종파의 의미를 어떻게 보느냐에 따라 어느 시기에 어떤 종파가 있었는지에 대해서는 여러 의견이 있다.

신라 말 최치원은 〈해동화엄초조기신원문海東華嚴初祖忌晨願文〉을 지어 의상이 업을 받고[受業] 종을 전해[傳宗] 신라 화엄의 정초를 세웠다고 그의 업적을 추모하였다. 최치원의 이와 같은 인식은 다른 교학 계통과 분명히 구별되는 화엄 계열을 명시한 것이다. 그렇기에 최치원은 지엄(602~668)을 추모한 글에서 결언 등을 화엄의 업을 전한 제자[傳業弟子]라 불렀고, 《화엄경》 결사문에서는 우리 업에서 뛰어난 이들[我業中先達龍象]이라고 표현했을 것이다. 그가 해인사 〈선안주원벽기善安住院壁記〉에서 불교도들을 유가·표하건나(화엄)·비나야(율)·비바사(논), 또는 방광·상응 이종二宗으로 구분한 것은 학파적 성격이 크지만, 업을 강조한 것은 종파적 성격이 짙다. 또 9세기 후반에 조성된 삼척 삼화사三和寺 철불의 명문에 결언을 '화엄업대덕華嚴業大德'으로 표기한 것도 이와 같은 인식이다. 이는 신라에서 '종宗'보다는 '업業'이라는 표기를 주로 사용하여 화엄종과 같은 특정한 계열을 구분하여 지칭하고 있었음을 말한다.

이처럼 '~종'이라는 표현이 확인되지 않기 때문에 신라시대에는 종파가 없었다는 주장도 있다. 그러나 이 책에서는 이와 같은 자료와 이해를 바탕으로, 종파의 의미를 제시하고 이를 바탕으로 신라·고려 불교사에서 종파를 서술하고자 한다. 그것은 한국 불교의 흐름을 체계적으로 이해하는 데 종파 구분이 의미를 갖는다고 보기 때문이다. 하나의 종파는 그 집단만의 일정한 독자적 사상이 있고, 이를 제창한 사상가 곧 종조宗祖가 있으며, 그를 따르는 제자와 신앙 집단 곧 교단教團이 형성되고, 이들의 활동이 실현되는 기반인 사원이 마련되어야 한다. 이런 일련의 조건이 갖추어지면 종파라고 할 수 있을 것이다.

한국 불교사에서 위와 같은 조건을 갖춘 종파는 7세기부터 등장한다. 그 대표적인 예가 의상이 이끈 화엄종華嚴宗이다. 의상은 화엄사상을 체계화하고 부석사 등에서 수행하며 미타신앙과 관음신앙 등을 실천했고, 이런 활동이 제자들과 일반인들에게 지속적으로 계승되었다. 또한 8세기에 진표眞表를 중심으로 활동한 법상종法相宗에서 뚜렷한 모습을 볼 수 있으며, 7세기에 명랑明朗 등을 중심으로 활동한 신인종神印宗[밀교]도 그 범주에 넣을 수 있다. 신라 말에 수용되어 큰 호응을 얻은 선종은 후대에 각 산문을 중심으로 표현한 구산선문九山禪門이라는 말이 많이 사용되었지만, 전체로 묶어 선종이라 할 수도 있다. 이렇게 보면 그 계승관계가 불분명한 자장慈藏 이래의 계율종戒律宗까지 포함하여 신라시대에 4~5가지 종파가 있었다고 볼 수 있다. 이는 고

려 전기에 불교계를 유가업瑜伽業[법상종]·화엄업華嚴業·율업律業과 선
종禪宗으로 구분해 부른 것과도 비슷한 종파 구분이다.

종파를 거론할 때 가장 많이 드는 예가 중국의 천태종天台宗과 화엄
종이다. 그런데 실제로 천태종이라는 말은 잠연湛然(711~782)이 《법
화대의》에서 사용했고 화엄종은 징관澄觀(738~839)이 《화엄경소》에
서 사용하여, 천태종과 화엄종이라는 표현은 8세기에 등장했다. 당
중종은 법장法藏(643~712)을 기리는 찬贊을 지으며 '화엄종주華嚴宗主'
라고 표현했는데, 이것이 당시 기록이라면 법장은 당대에 바로 화엄
종주로 인식된 것이다. 일반적으로 600년 전후에 활동한 지의를 천
태종이라고 부르고 7세기 중·후반에 활동한 지엄이나 법장을 화엄
종이라고 부른다. 이때 천태종과 화엄종은 사상적 의미와 교단적 성
격을 모두 갖고 있다. 일본은 718년에 '오종五宗'이라는 관부 기록이

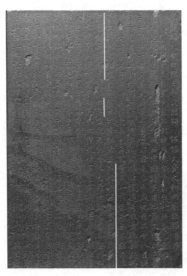

대각국사 묘지명
고려 전기 불교 교학의 여러 갈래를 기록한
대각국사 의천의 묘지명(국립중앙박물관).

있고, 8세기 중반에는 섭론중攝論衆·삼론종三論宗 등의 기록이 있는데, 이때 등장하는 종의 숫자나 의미는 일정하지 않다. 교학적인 종파로서 국가에서 파악한 종파로 나라시대에 남도육종南都六宗을 드는데, 이는 후대의 인식이었다. 이처럼 종파의 유무는 그 기준을 어떻게 정하느냐에 따라 나라나 시대에 따라 크게 달라질 수밖에 없다.

오교ᅳ양종

앞서 제시한 기준에 따르면, 신라시대의 종파로는 화엄종·법상종·신인종·계율종과 선종 등을 들 수 있다. 그런데 고려시대에는 국가가 교단과 승려를 관리하는 체계였다. 특히 국가는 승과를 치러 승려에게 지위를 부여하였는데, 승려의 활동을 체계적으로 지원하기 위해서는 일정한 기준에 따라 불교 교단을 구분하여 관리할 필요가 있었다. 그래서 먼저 교종教宗과 선종禪宗으로 구분하고, 교종은 다시 화엄업·유가업·율업 등으로, 선종은 각 산문별로 세분했다. '업으로 삼는[所業]' 경율經律을 시험하여 출가를 허락하게 했다는 데서 보듯이, 고려 전기에는 '종'이 아닌 '업'으로 종파를 구분했다. 선봉사 의천의 비문(1131)에서 조계·화엄·유가와 천태를 4대업이라 부른다고 한 것은, 고려 전기에 종파를 거명하던 하나의 사례이다.

　11세기 이후 선종은 조계종曹溪宗과 천태종으로 나뉘었고, 12세기 무신집권기에 문신들이 작성한 승려 임명 관고官誥에 따르면 조계종, 해동종海東宗, 화엄업, 유가업, 율업, 지념업持念業, 소승업小乘業 등의 종파가 있었음을 알 수 있다. 13세기에는 몽골의 영향력 강화에 따라 고려의 제도가 바뀌면서 승과체계가 크게 흔들린 결과 종파의 구분 또한 희박해졌다. 그 결과 고려 말에는 종파가 많게는 11개나 되었음을 조선 초의 기록에서 확인할 수 있다. 고려 말 조선 초에 권근이 교유한 승려는 조계종·천태종·화엄종·신인종의 종명을 띠고 있다. 같은 시기에 오교도승통과 같은 오교五教 관련 용어나 오교 양종兩宗이라는 표현이 많이 등장한다. 이는 이 시기에 불교 종파를 오교 양종으로 파악하는 것이 일반적이었음을 말해준다.

조선 초기에 불교 교단을 축소하는 정책이 지속적으로 시행되어 11종이 7종으로, 다시 선교 양종으로 개편되었다. 1406년(태종 6)에는 11종을 들었는데, 곧 조계종과 총지종摠持宗, 천태 소자종疏字宗과 법사종法事宗, 화엄종과 도문종道門宗, 자은종慈恩宗, 중도종中道宗과 신인종神印宗, 남산종南山宗, 시흥종始興宗이었다. 이들은 이듬해에 조계종·천태종·화엄종·자은종·중신종中神宗·총남종摠南宗·시흥종의 7종으로 통합되었고, 1424년(세종 6) 선교 양종으로 통폐합되었다. 조선시대의 선종과 교종 구분은 교단 관리를 위해 종파 소속 사찰과 사원전 등을 규정하기 위한 것이었다. 그러나 16세기부터 선교 양종의 구분은 약해졌고, 17세기 이후에는 그 구분마저 없어져 하나의 종단으로 인식되었다. 근대 이후 종단 명칭은 몇 차례 변화를 거쳤는데, 선교 양종을 내세우기도 하고 선종 중심의 종단 이름을 표방하기도 하였다.

| 한국 불교사 주요 연표 |

한국사	중국 불교사	한국 불교사
331 고구려 고국원왕 즉위 346 백제 근초고왕 즉위 356 신라 나물왕 즉위 371 고구려 소수림왕 즉위 384 백제 침류왕 즉위 391 고구려 광개토왕 즉위 400 고구려, 군대 보내 신라 구원 427 고구려, 평양으로 천도 475 백제, 웅진으로 천도 494 부여, 고구려에 항복 503 신라, 국호·왕호 정함 520 신라, 율령 반포 532 금관가야, 신라에 항복 538 백제, 사비로 천도 545 신라, 거칠부 국사 편찬 554 백제 성왕, 관산성 싸움에서 　　　신라에 전사 561 신라, 창녕에서 군신회의 562 대가야, 신라에 병합	석가 565~486, 623~544 ~1세기 불교 중국에 전래 67 가섭마등 축법란 중국에 가다 도안道安 312~385 구마라집鳩摩羅什 344~413 366 도황석굴 390 혜원, 백련사 결사 414 법현 인도기행 《불국기》 저술 446 북위 태무제, 폐불 460 운강석굴 494 용문석굴 파라마르타(=진제)眞諦 499~569 바바비베카(=청변)淸辯 500~70 다르마팔라(=호법)護法 530~561 지의智顗 538~597 천태 574 북주 무제, 폐불 581 수 문제, 불교 부흥 589 수, 중국 통일	동진 지둔도림支遁道林 ?~366, 고구려 도인에게 서신 372 고구려, 전진 순도順道가 불교 전래 375 고구려, 성문사·이불란사 건립 384 백제, 동진 마라난타摩羅難陀가 불교 전래 385 백제, 한산에 절 창건, 10인 출가 392 고구려, 평양에 9개 사찰 건립 376~396 진 담시曇始, 요동에서 교화 417~457 눌지왕 때 묵호자墨胡子 모례 집에서 전도 452 가야, 왕후사 창건 479~499 소지왕 때 아도阿道 등 모례 집에서 전도, 시금갑 설화 498 고구려, 금강사 창건 고구려 승랑僧朗 ?~512~? 526 백제 겸익謙益, 율부 72권 번역 527 신라 이차돈異次頓 순교, 529 살생 금지 529 백제, 대통사 건립 535 신라 법흥왕, 불교 공인 541 백제, 양에 《열반경》 요청하여 보내옴 551 고구려 혜량惠亮, 신라 국통이 됨, 백고좌강회·팔관회 554 신라, 흥륜사 인공, 출가 허락 549 양, 가덕에게 불사리 함께 신라에 보냄 552 백제 성왕, 일본에 불상과 경전 보내 불교를 전해줌 565 진 명관에게 경론, 1,700권 신라에 보냄 566 신라, 황룡사 인공, 574 장육상 조성 567 백제, 능사 창건 571~627경 백제 혜의惠義·혜현惠現 승정, 뒤에 입나산으로 입나신으로 572 신라, 전사 사졸 위해 외사에서 팔관회 7일간 개최 신라 원광圓光 554~637경 576 고구려 의연義淵, 법상에게 불교 연유 등 질문 526 신라 안홍安弘, 수에서 돌아오며 경전과 사리 가져옴

679 사천왕사 창건
681 의상, 문무왕에 죽성 중지 건의
682 감은사 건립
684 사천왕사·봉성사·감은사·영묘사·영흥사 등에 성전 설립
686 원효, 혈사에서 입적
692 도증道證 당에서 귀국하며 천문도 바침
696 원측, 당 불수기사에서 입적
702 의상 입적
705 오대산 진여원 창건
706 성덕왕, 신문왕비의 효소왕 위해 황복사탑에 유물 봉안
709 노힐부득과 달달박박, 미륵과 미타로 성불, 764 백월산남사 창건하여 두 불상 모심
719 김지성, 부모와 친지 위해 감산사 창건, 아미타불상·미륵보살상 조성
해조惠超 700~780경
727 혜초, 인도와 중앙아시아 구법여행하고 귀국 도착
신행神行 704~779
진표眞表 718~?; 734~?
740 진표, 망신참 수행으로 지장보살의 징계 받음
751 김대성, 불국사와 석불사 조성 시작, 사주 국가에서 안성
753 대현, 내전에서 《금광명경》 강의하여 비를 빎
대현大賢 ?~753~?
754 무게 49만여 근의 황룡사종 조성
755 문황사 약사여래동상 조성, 화엄사 《화엄경》 사경
759경 원표元表, 보림사 창건
~765 우면雨面, 미타만일계에에서 염불하여 서방으로 현신왕생함
771 성덕대왕신종 주조
779 신행神行 입적, 813 단속사에 비 건립
784 도의道義 입당하여 선법 수학, 821경 귀국
785 정권에 관리 중임
787 범여, 소년사상에 임명됨
799 범수梵修, 징관의 《화엄경소》 강의

690 무측천, 제주에 대운사 건립
695 의정, 인도기행 후 《대당서역구법고승전》 저술
불공不空 705~774 밀교
720 불공, 낙양에 옴
마조도일馬祖道一 709~788 조사선
730 지승, 《개원석교록》 저술
751 고선지, 탈라스 전투 패배
755 안록산의 난
임제의현臨濟義玄?-814 임제선

685 9주 5소경 설치
698 발해 건국
722 정전 지급
735 당으로부터 대동강 이남 영유권 인정
756 발해 상경성 천도
757 주·군·현 명칭 한화정책
768 대공의 난
780 신라 '하대' 시작
788 독서삼품과 실시

822 김헌창의 난		800 소성왕비, 소성왕 명복 위해 무장사 아미타상 조성
828 장보고, 청해진 설치	819 한유, 〈논불골표論佛骨表〉	802 해인사 창건, 소성왕 모친 전지 기부
		808경 백율사석당 건립, 이차돈 추모
		814 발해 사신 왕효렴, 일본에 가서 구가이와 시문 교류
		발해 사신 고예진, 당에 금은불상 전달
		도의道義 784~821?
		821경 도의 귀국하여 선법 전함, 뒤에 북산에 은거
	845 당 무종, 회창 폐불	홍척洪陟 826~?
	847 일본 엔닌, 《입당구법순례행기》 저술	826경 홍척, 귀국하여 선강태자 후원으로 실상사 개창
		828 김균정, 범광사불 조성
		무염無染 800~888
		847 무염, 성주산문 성주사 개창
		범일梵日 810~894
		851 범일, 사굴산문 굴산사 개창
		853 문성왕 발원, 창림사탑 조성
		857 체징體澄 가지산문 보림사 개창
		858 김수종, 보림사 비로자나불 조성
889 상주 원종·애노의 난		861 경문왕 즉사 창건, 절인汯을 화엄경 강의
891 양길, 궁예에게 북원 맹주 점령		발해 사신 이거정, 일본에 다녀나경 전함
892 견훤, 완산에서 자립		863 경문왕, 민애왕 위해 동화사 원당 탑 건립
894 최치원, 시무10조 건의	875 황소의 난	865 철원 향도 1,500명 비로자나불 조성
		870 경문왕, 헌안왕 위해 보림사탑 조성
		872 황룡사9층탑 중수
		884 연준運俊, 지엄과 이상 주모결사 실행, 도선 옥룡사 창건
		889~895 해인사 승군과 농민군 싸움
900 견훤, 후백제 건국	907 당 멸망, 5대10국	919 태조, 개경에 법왕사·왕륜사 등 10사 창건
901 궁예, 후고구려 건국	907 후량·오월 건국	924 태조, 의제석원 신중원 충주사 창건
904 마진, 911 태봉	916 거란 건국	923 운보 후량에서 오배나한상 가져와 숭산사 안치
918 왕건, 고려 건국	범인문의法眼文益 885~958 법안종	928 홍경, 후당에서 대장경 가져옴
926 발해 멸망	영명연수永明延壽 904~975	936 개태사 창건
		균여均如 923~973

935 신라 멸망
936 고려, 후삼국 통일
958 과거제도 실시
976 전시과 실시
982 최승로 시무28조
983 전국 12목 설치
991 중추원 설치
992 국자감 설치
998 전시과 개정
1008 개경에 나성 축조
1009 김치양 정변, 현종 옹립
1011 거란, 개경 침략
현종, 나주 피난
1018 4도호 8목 56주군 28진 20현 둠
1022 설총 홍유후弘儒侯 문묘에
1023 설총 홍유후 추봉
1024 최치원 문창후 추봉
1024 대식국 상인 1백 명 무역
1033 천리장성 축조 시작
1045 《예기정의》 《모시정의》 간행
1055 문헌공도 등 12공도 성립
1076 전시과 경정
1081 송과 외교 재개
1107 윤관, 여진 정벌
1116 청연각·보문각 설치
1126 이자겸의 난
1135 묘청, 서경에서 반란
1145 김부식, 《삼국사기》 편찬
1170 무신정변

---

923 후당 건국
936 후진 건국
947 후한 건국
951 후주 건국
960 송 건국
979 송 통일
983 개보판 대장경 완성
1019 송, 《석씨요람》 편찬
1032 서하 건국
1057 구양수, 신체문 억제
1058 왕안석, 시정개혁 상소
1069 왕안석, 군수법 시행
1079 정이 파면, 소식 좌천당함
1084 사마광, 《자치통감》 편찬
1115 금 건국
1124 송 서긍, 《고려도경》 지음
1127 정강의 변, 남송 건국
대혜종고大慧宗杲 1089~1163 간화선

---

938 서역 홍범 후진에서 고려에 옴
950 진유화眞幽和를 국사에 책봉
951 광종, 태조 원당 대봉은사 창건
958 승과 실시, 승계제도 시행
961 제관諦觀, 물전 가지고 오월에 감
968 혜거惠居를 국사, 탄문坦文을 왕사에 책봉
982 최승로, 시무28조 올려 유교와 불교의 역할 분담 건의
985 개인 집을 절로 만드는 것을 금함
985 관촉사 석불상 건립
991 한언공, 송에서 대장경 가져옴
1006 무종 모후 황보씨 발원 《대보적경》 사경 제작
1010 대전 향도, 개심사 5층 석탑 조성
1011 조조대장경 조판 시작, 1087년 완성, 개국사·흥왕사·귀법사에 보관
해린海麟 984~1067
1018 현화사 창건
1059 아들 셋이면 한 아들 출가 허락
1063 거란, 대장경 보내옴
하일漑一 1052~1114
의천義天 1055~1101
1068 의천, 흥왕사 낙성
이자연李資淵 1061~1125
1085 통도사 구장생석표 세움
1089 이자현, 청평사 문수원 중창
1090 의천, 《신편제종교장총록》 편찬, 1101 년까지 흥왕사 교장도감에서 간행
1097 의천, 국청사 낙성, 천태종 창립
1112 숙리사 주지 정, 반란 입무 제수 유배
1120 송에서 보내 불골佛骨를 궁중에 맞이들임
1128 원효·의상·도선을 추증함
1130 청평사 문수원守비 건립
1141 묘향산 보현사에 건립
1151 이후, 침향목으로 관음상 조상하여 내전에 모심

한국사

1174 정중부 문하시중
1179 경대승 집권
1184 이의민 실권
1193 김사미·효심의 난
1196 최충헌 집권, 봉사10조
1198 만적 봉기

1200 최충헌 도방 설치
1209 최충헌, 교정도감 설치
1219 최이, 집권
1231 몽골 침공
1232 강화 천도
1234 《고금상정예문》 금속활자 간행
1241 이규보, 《동국이상국집》 간행
1249 최항 집권
1258 무인정권 붕괴, 왕정복고
1269 전민변정도감 설치
1270 개경 환도
1271 삼별초군 항쟁
1274 고려·원, 일본 정벌
1276 원 간섭, 삭제 개편
1287 이승휴, 《제왕운기》 편찬
1290 안향, 주자성리하 수용

1304 안향, 국하에 대성전 건립
1314 충선왕, 원에 만권당 건립
1317 민지, 《본조편년강목》 편찬
1319 안향을 문모에 모심
1320 원, 충선왕을 티베트에 귀양 보냄

동양사

1136 아버, 중원회복 전의
주희朱熹 1130~1200 주자성리하

1172 《통감강목》 편찬
1177 주희, 《사서집주》 편찬
1181 주희, 사창법 시행

1206 몽골제국 건설
1227 몽골 칭기스칸 사망

1260 몽골 쿠빌라이 즉위
1011 티베트승 파스파 국사로
1271 몽골, 국호를 원으로 고침
1275 마르코 폴로, 원에 도착
1299 《동방견문록》 완성
1279 남송 멸망

1295 포란테스코 중국 포교

1313 원 주돈이·주희·공자묘에 배향
1315 원 진사를 세부인: 한인·남인으로 나눔
1316 원 조맹부, 한림하사 승지
1323 원 대원통제 반포

불교사

1156 이종, 금자 《화엄경》 완성
1166 한산·배연년, 의종 나이대로 동물 관음상 40구 조성
1174 중흥사·귀법사·중호사·중호사 2천 승려 무인정권에 반발, 진압됨
1181 배성들이 사장원 불태움
지눌知訥 1158~1210
요세了世 1163~1245
1190 지눌, 기조사에서 〈정혜결사문〉 반포

1200 지눌, 송광산 길상사 개창
1204 최충헌, 수선사에 사액
1213 지겸, 양종 오교를 대표하는 왕사
1215 각훈覺訓, 《해동고승전》 편찬
1217 요세, 만덕산 백련사 낙성
일연一然 1206~1289
1232 요세, 백련사에 보현도량 개설
1236 재조대장경 조판 시작, 1251년 완성
1237 이규보, 〈대장각판군신기고문〉 전술
1238 몽골군에 황룡사탑 불탐
1240 최이, 백련사에 《법화경제찬해》 조판하고 발문을 씀
1243 천인, 상주 동백련사 개설
1245 강화 선원사 낙성
1281 금자대장사경소 설치
1284 충렬왕, 자신과 제국대장공주 원찰 묘련사 창건
1285 정 일년, 《선문수사》 편찬
1290 해영 등 사경승 65인 원에 감
1289 충렬왕, 금자대장경 정리하시
1295 원패·혼구·김방경 등 원 묘산의 후유을 찾음

1300 만항, 《덕이본육조단경》 간행
1304 원 소경 고려에 옴, 1305 충렬왕에 보살제
1307 노영, 태조예담무검보살도 그림
경한景閑 1298~1374
보우普愚 1301~1382

1350 왜구 침입
1356 공민왕, 반원정책 추진
1359 홍건적의 침입
1361 홍건적, 개경 함락, 왕 안동 피난
1363 문익점, 원에서 목화 반입
이제현, 《익재난고》 간행
1365 신돈을 국정 참여시킴
1377 화통도감 설치, 화약 제조
1383 사사전·사급전을 국가에 소속
1392 이성계, 조선 건국
1394 한양 천도
정도전, 《조선경국전》 편찬
1398 성균관에 문묘 명륜당 건립
1403 주자소 설치, 계미자 주조
1407 한성에 문묘 중건
1413 8도 완성
1425 권근 등, 《입학도설》 간행
1432 설순 등 《삼강행실도》 편찬
1433 4군, 1437 6진 설치
1443 훈민정음 창제, 1446 반포
1451 《고려사》 개찬
1453 계유정난
1456 사육신, 단종 복위운동
1466 직전법 실시
1474 《경국대전》 반포, 《국조오례의》 완성
1478 《동문선》 편찬
1498 무오사화

1346 이븐 바투타, 원 메이도 도착
1368 명 건국, 원 멸망
1369 티무르제국 건설
1373 명, 대명률 제정
1398 명, 방효유 한림원 시강
1405 명, 정화 남해 원정
1414 명, 사서오경 찬수
1417 명, 《성리대전》 반포
1421 명, 북경 천도
1440 명, 승려 2만 명에 도첩 발급
1497 《대명회전》 편찬

1323 양주 향도, 관무량수경변상도 조성
1327 문수사 시장경비 진입
1328 무기無忌, 《선가대행적송》 진습, 체원體元 《화엄경변행소》, 《백화도량문해》 받간
1328 이제현, 《금서밀교대장경사》 진습
1328 지공, 연복사에서 계를 설함
1334 제엄, 《화엄관음지식품》 간행
혜근慧懃 1320~1376
자초自超 1327~1405
1343 기황후, 황제와 황태자 위해 장안사 중창
1346 배운 등 200여 명, 서산 문수사 아미타상 조성
1351 이색, 불교폐단 억제 상소
1356 보우, 원향부 주관
정도전鄭道傳 1342~1398
1370 혜근, 공부선 주관
기화己和 1376~1433
1376 부석사 무량수전 중수
1377 《불조직지심체요절》 금속활자 간행
1392 태조, 자초 왕사에 책봉, 1394 조구 국사에 책봉
1393 태조, 천마산 관음굴 수선
1394 정도전, 《조선경국전》 《불씨잡변》 편찬
1399 대장경판, 신원사一지천사 거쳐 해인사에 보장
1402 사사전 없애고 군자감에 소속
1406 11종 242사 인정
1424 선교 양종 36사, 3770승 7950결 사예 인정
중흥사一흥덕사, 양종 도회소
1429 중흥사 중수 짐에 승려에게 도첩 발급
1447 《석보상절》 완성, 1449 간행
1459 《월인석보》 간행
감시습金時習 1435~1493
1461 간경도감 설치
1464 원각사 건립, 1467 원각사 13층탑 건립
1462 세조, 용문 상원사 행자, 《관음현상기》 진습
1465 원각사 부역 동원 승려에게 도첩 발급

1504 갑자사화
1506 중종반정
1517 이씨향약 실시
1518 조광조, 현량과 실시
1519 기묘사화
1523 《소학언해》 편찬 보급
1530 《신증동국여지승람》 찬진
1543 백운동서원 건립 1550 소수서원 사액
1545 을사사화
1555 을묘왜란
1559 임꺽정의 난
1559 이황·기대승, 사단칠정 논쟁
1569 이황, 《성학십도》 저술
1572 이이·성혼, 사단칠정 논쟁
1575 이이, 《성학집요》 저술
1575 동서 붕당
1579 이이, 《소학집주》 완성
1592 임진왜란
1597 정유재란

1608 대동법 시행 시작
1618 후금 치러 강홍립 파견
1623 인조반정

1517 포르투갈에서 명에 사신
1528 명, 《명륜대전》 반포
1530 명, 공자·지성선사 추증
1542 타타르, 산서 침입
1552 왜구, 명 절강 침입
1576 명, 일조편법 정비
1579 명, 서원폐지 관청으로
1588 명, 누르하치에 만주 상실
1596 명 이시진, 《본초강목》 완성

1603 일본 에도막부
1616 여진 누르하치, 후금 건국
1636 후금, 청으로 국호 고침

1465 효령대군 등, 관경16관변상도 제작
1472 정희왕후, 회암사 중창
1475 김시습 《십현담요해》 찬술
1483 대비 발원, 약사 지장광 관음도 등 30건 조성
1485 《경국대전》 반포, 도승·사사 규정
1489 도승 중지, 1492 도첩 발급 중지
1504 원각사 성균관, 흥덕사 흥천사 폐지, 승과 시행 않음
1510 사원 토지, 향교에 배속
1516 《경국대전》 도첩조 폐지, 양일 기신제 폐지
1526 《현정론》 간행, 1537 《유석질의론》 간행
1538 《신증동국여지승람》 이외 사찰 폐지
보우普雨 1520~1604
휴정休靜 ?~1565
1550 선교 양종 복구, 1551 보우, 선종판사
1550 인종비 인성왕후, 인종 위해 관음응신도 제작
1552 승과 시행
1554 보우, 선불장 주관
1555 보우, 제주도에서 죽음
선수善修 1543~1610
유정惟政 1544~1610
1562 문정왕후, 명종 장수 위해 약사도, 1562 나한도 200, 1565 사불도 400 조성
1564 휴정, 《선가귀감》 간행
1565 보우, 제주도에서 죽음
각성覺性 1575~1660
1592 임진왜란에 휴정 의승군 모집, 유정 지휘
1576 혜원, 선조와 왕실 위해 안락국태자변상도 제작
1593 도총섭과 8도에 총섭 각 2인, 유정 선교도판사

1616 범주사 대웅전 중창
1621 굴월 조영에 승려 동원
1623 승려 도성 출입 금지
1624 각성, 남한산성 축성, 승군 350명 주둔

조선	중국	불교
1627 정묘호란	1644 명 멸망	1626 범주사 팔상전 중건
1628 호패법 실시	1645 청 변발령	1630 산릉역에 승려 동원
1636 병자호란		1640 무주 적상산성 수축에 승군 징발, 수호 임무
1642 송시열·송준길, 이기설 논쟁	1661 정성공 대만 웅거	1641 통도사 대웅전 중창
1659 김장생 《가례집람》 간행	1669 청, 천주교 엄금	1661 《오종범음집》 간행
1660 복제 예론 시비	1673 청, 오삼계 등 삼번의 난	1671 김수항·민정중 등 신륵사 중수 시주
1678 상평통보 주조	1683 청, 대만 정벌, 중국 통일	1678 호질에 승려 등계
1689 기사환국	1690 청 《대청회전》 완성	1695 성총비구 《화엄소초》 등 명 가흥장 190권 간행
		1703 화엄사 각황전 중창
		1711 북한산성 수축, 승군 350명 주둔
1708 대동법 전국 시행	1710 청, 《강희자전》 편찬	해원海源 1691~1770
1712 백두산 정계비 세움	1717 청, 기독교 포교 금지	1725 지안, 금산사 화엄대법회
1717 송시열 《주자대전》 간행	1720 청, 티베트 평정	운일宇一 1720~1799
1725 영조, 탕평책 실시	1724 청, 청해 평정	1751 조령산성을 해국사 등 승려가 수성
	1724 청, 광둥에 선교사 둠	1756 국가 대역에 승도 징발 폐지, 승역 완화
		1761 야주참추 진의로 산성 이승 방변전 시행
1741 개인 서원 설립 금지, 엉당 철폐	1734 청, 안남구왕 봉함	1756 영조 생모 숙빈 최씨, 우상궁 원당을 숭광사에 건립
		1757 승려 신공 부역 증가
1750 균역법 실시		1764 제영록水, 《불조원류》 편찬
1758 해서 관동 천주교 엄금	1740 대청율령 완성	1765 영조 주궁 신희궁, 원당을 범주사에 건립
1762 사도세자 죽음		의첨義沾 1746~1796
1765 홍대용, 《연행록》 지음	1757 청, 보갑법 제정	1768 구방 원당 폐지
		1770 왕릉 주변 사찰 창건 금지
1776 규장각 설치		1776 정조 즉위하여 원당 혁파 하교
1778 박제가, 《북학의》 지음	1775 청, 광서성인 무역 금지	1779 정조, 《범우고》 편찬에 서문
1780 박지원, 《열하일기》 지음	1782 청, 《사고전서》 완성	1785 산성 의승 방번전 반감
1784 이승훈·이벽 등 세례		긍선亘璇 1767~1852
1785 서학의 옥		1788 정조, 선암사에 중사 파견, 배일기도, 2년 후 순조 탄생 놀음에 구임도매신사 하사
1791 신해통공	1791 청, 러시아에 캬흐타 요구 허락	1790 정조, 화룡원 수복사로 용주사 창건, 의첨 증사
1794 화성 축조	1796 청, 백련교도의 난	의순意恂 1786~1866
		김정희金正喜 1786~1856

[우측 단]

1802 식민, 진봉사 만일염불회 결성
1813 정약용, 《만일암지》 편찬, 《대둔사지》, 《만덕사지》 편찬
1815 영의정 김재찬, 무격승도의 도성내 출입금지 진언
1817 해인사에 대적광전 중수, 김정희 상량문 친술
1824 김조순, 표훈사 붙지온 중창 지원
1826 백파, 《선문수경》 저술, 초의, 《선문사변만어》 저술, 선 논쟁
1832 홍석주, 《유산록》에서 삼보사찰 기명
1842 조민영, 장안사 불사 지원
1851 범주사 완호, 공평첩 내려 사찰 수리, 대소 점역 면제, 산제 등 주구 엄금
1863 유형, 《산사약초》 간행
1866 정선대원군, 박종매군 원향 화계사 중건 지원
1874 정왕사 수마노탑 중수에 고종·중전대원군·김좌근 등 시주
1877 일본 정토진종 부산에 별원, 1881 일본 일련종 부산에 교무소
1879 이동인, 보원사 강원에서 학승들에 서양서적 소개
경허鏡虛 1857~1912
용성龍城 1864~1940
1895 승려 도성 출입금지 해제, 사노 진베서를 김중짐이 고종에 진언
만해卍海 1879~1944
1899 경허, 해인사에 수선사, 《정혜계사문》과 《정혜계규주》 제정
1899 전국사사통일안, 대법산 원종사, 13도 중법산 수사찰

1902 사원판리서 설치, 사찰현행세칙 36개조
1906 원종사에 불교연구회 설립. 명진학교 설립
1908 일본 조동종 다케다武田範之, 이회광李晦光과 연종 설립 시도
1011 연종 종무원 설립
1910 전국 승려 성금으로 각황사 건립
1911 석전·만해 등 임제종 창립
1911 중독부 사철령 7개조, 시행령 8개조 반포
1912 30본산본말사법 제정
1913 만해, 《조선불교유신론》 간행
1918 용성, 응징에 농장과 대각교당 건립
1918 불교중앙학림, 1930 중앙불교전문으로

[중간 단]

1811 청, 기독교 절대금지 조서
1815 청, 아편 수입 금지
1830 청, 내지 아편매매 금지법
1840 아편전쟁 1842 남경조약
1850 중국사, 태평천국의 난
1860 청, 영국·프랑스와 베이징조약
1868 일본, 메이지유신
1888 청 강유웨이, 변법자강운동
1890 일, 제국의회 개회
1891 러시아, 시베리아철도 착공
1894 청일전쟁
1895 청일 시모노세키조약, 조선독립 승인
1899 청, 의화단 봉기
1900 북경 열강에 점령
1904 러일전쟁
1905 가쓰라~태프트 밀약
1911 청 신해혁명 1912 중화민국
1914 제1차세계대전(~1918)
1917 러시아혁명
1919 중국 5·4운동

[좌측 단]

1801 천주교 엄금, 신유박해
1811 홍경래의 난
1823 비변사, 《서얼허통절목》 제정
1839 기해박해, 척사윤음
1844 이재, 《사례편람》 간행
1846 김대건 신부 순교
1848 이양선 출몰
1860 최제우, 동학 창시
1862 임술 농민봉기
1865 경복궁 중건
1866 병인양요
1871 신미 양요
1876 강화도조약 체결
1884 갑신정변
1887 정동교회 설립
1894 동학농민운동, 갑오개혁
1897 대한제국
1904 《신약전서》 번역
1905 을사조약
1011 동학, 천도교로 개칭
1907 군대 해산, 정미의병
1909 안중근 의거, 대종교 창시
1910 국권 피탈
1912 토지조사사업
1916 박중빈, 원불교 창시
1919 3·1운동, 대한민국임시정부수립
1920 봉오동전투, 청산리전투

1926 6·10 만세운동
1927 신간회 창립
1929 광주학생 항일운동
1932 이봉창, 윤봉길 의거
1933 조선어학회 한글맞춤법통일안

1940 광복군총사령부 설립

1945 광복
1948 대한민국정부 수립
1950 한국전쟁(~1953)
1960 4·19혁명
1961 5·16군사정변
1972 10월유신
1980 5·18민주화운동
1987 6월민주항쟁

1924 중국, 국공합작
1928 장제스, 중국 국민정부 주석
1931 만주사변 발발

1937 중일전쟁
1939 제2차세계대전(~1945)

1945 일본, 연합국에 항복

1945 모스크바삼상회의 신탁통치
1949 중화인민공화국 수립
1950 한국전쟁, UN참전
1953 한국전쟁 중지
1959 티베트 달라이라마 인도 망명
1975 미국, 베트남 철수 전쟁 종결
1992 한국, 중국과 수교

1919 3·1독립운동에 민족대표로 만해·용성 참여
     상해에서 대한승려연합회 선언서 발표
1920 조선불교청년회
1921 조선불교유신화, 사찰령 철폐운동
1921 선학원 건립
1929 조선불교승려대회, 종헌 제정
1930 항일결사 만당 결성
1938 조선불교총본산 선학원 유교법회
1941 조선불교조계종 출범, 중앙총무원 구성, 조선불교교헌 제정
1945 전국승려대회
1947 봉암사 결사
1954 정화운동
1962 대한불교조계종 출범
1970 한국불교태고종 출범
1980 10·27법난
1986 해인사승려대회, 불교 자주화·사회 민주화 주장
1994 개혁종단 출범

韓國佛敎史

①

삼국시대
─불교의 수용

선사시대 이래의 토착신앙 ... 불교의 전래와 수용 ... 고구려 사회와 불교 ...
백제 사회와 불교 ... 신라 사회와 불교 ... 사원 운영과 불교문화 ...

선사시대 이래의
토착신앙

한반도를 중심으로 그 주변 지역 사람들은 구석기시대에 두만강 유역에서 제주도에 이르기까지 여러 곳에 안식처를 마련하기 시작하였고, 신석기시대에는 점차 내륙으로 생활의 터전을 넓혀가며 자취를 남겼다. 반구대를 비롯한 암각화에는 풍요를 빌며 이를 계승했던 삶의 모습이 담겨 있다.

서기전 1000년경부터 청동기문화가 출현하며 수렵과 어로 중심 생활에서 점차 농업 생산의 비중이 커졌다. 서기전 4세기 무렵 청동기문화의 발전과 철기문화의 수용은 새로운 변화를 초래했다. 강력한 철제 무기는 세력 간의 항쟁을 더욱 치열하게 했고, 다양한 농기구는 농업 생산력의 성장을 가져왔다. 이 시기의 세력 중심은 중국 중원 지역이나 북방 초원 지역과 구별되는 문화를 형성한 고조선이었다. 고조선 북부에는 부여와 고구려가 있었고 동북부에는 동예와 옥저가 있었으며, 한반도 중남부에는 삼한 사회가 형성되어 여러 나라가 공존하였다. 삼한 사회에서는 서기전 1세기 무렵 보다 빠른 사회발전을 이룩한 소국들이 주변 지역을 정복하며 강력한 국가를 형성하였다. 마한 지역의 백제국과 진한 지역의 사로국, 변한 지역의 금관국이 장차 백제와 신라와 가야로 발전하여, 북쪽의 부여·고구려와 교류하며 서로 각축을 벌였다.

고대 사회에서 종교는 사회 운영에 큰 영향을 미쳤다. 사회의 주요 자원을 관리하고 배분하며 개인과 집단 사이에 발생하는 이해관계를 둘러싼 충돌을 조정하고 사회 통합을 유지하는 데 종교가 중심 역할을 했다. 한국 역사의 초기 사회에서 자신과 자신을 둘러싼 세계에 대한 이해와 설명체계를 갖고 이를 바탕으로 한 행위체계를 '토착土着신앙'이라고 한다. 고대 사회에서 토착신앙의 배경을 이룬 것은 샤머니즘이다. 종교 전문가인 샤먼, 곧 무巫를 중심으로 전개되었던 토착신앙의 모습은 고조선을 비롯한 여러 건국설화에서 그 자취를 찾을 수 있다.

건국설화에 나타난 고대인들의 생각을 보면 이 세계는 인간들만의 세계가 아니라 동식물의 자연세계와 신의 세계가 함께 어울리는 조화로운 세계였다. 따라서 인간의 행복은 여러 세계와의 교류와 조화를 통해 가능하다고 생각했다. 이러한 세계관은 샤머니즘적 세계관과 통한다.

고조선의 건국설화는 천신족의 후예인 환웅과 지신족의 대표인 웅녀에게서 단군왕검이 태어나 태백산 지역 사회를 이끌어간다는 천지인天地人 일치의 설화이다. 고구려의 건국설화 또한 천신족 해모수와 지신족 유화부인 사이에서 태어난 주몽이 나라를 열었다고 하여 단군설화와 구성이 같다. 그러나 주몽은 이미 존재하는 부여국에서 온갖 역경을 이겨내고 새로운 나라를 건설하여 보다 구체적인 사회 모습을 보여준다. 백제의 시조 온조는 고구려 주몽의 아들로 고구려로 부터 갈라져 나와 새 나라를 열었다. 신라는 박혁거세와 석탈해, 김 알지 등 여러 설화가 전승되었다. 혁거세와 탈해는 주몽처럼 알에서 태어났는데, 알은 태양을 상징하는 것으로 해석된다. 하늘의 권위를 대표하는 태양이 시조와 연관되어 나라를 열었음을 강조한 것이다. 건국설화에 공통적으로 나타나는 것은 하늘과의 연관을 강조하는 천 신天神신앙의 모습들이다. 이 세계를 움직이는 다양한 신의 존재를 생각했고, 특히 하늘에 대한 관념과 신앙이 중요하였다. 그래서 천신 을 지고신至高神으로 여겼고, 지상의 대표자인 군주의 권위를 천신과 의 관련 속에서 찾고자 하였다. 건국설화는 하늘의 후예임을 표방하 는 세력이 강력한 국가를 형성했다는 생각을 토대로 이루어졌다.

산신신앙과 천신신앙

국가 형성 단계에서 내세운 천신신앙 이전에 보편적인 것은 산신山神 숭배신앙이었다. 산신신앙은 사람들이 일정한 지역을 토대로 모여 살던 때에 마을[邑落]을 구성하는 사람들이 사회규범과 질서를 지킬 수 있는 믿음체계였다. 마을 구성원들은 산신을 통해 그들 사이의 응 집력을 확인했고, 산신은 마을을 외부로부터 지켜주는 생활권 수호 의 역할을 맡았다.

  정치 지도자가 종교도 이끌던 제정일치 사회에서 종교 담당자는 무巫였다. 최고 지배자가 무와 같은 능력을 지닌 신성한 존재라는 관 념의 표현이었다. 무는 지배자의 권위를 뒷받침하고 공동체 의식을 확인시킴으로써 사회적 결속력을 강화하고 초자연적 영역의 권위를 빌려 여론을 대변하기도 했다. 무는 다방면에서 뛰어난 능력을 가진 자였다. 특히 예언 능력이 중요했는데, 무엇보다 사회가 위기에 처했을 때 해결 방안을 제시하는 능력을 갖추어야 했다. 천재지변과 같은 자연 변화의 좋고 나쁨을 점쳐 다음에 일어날 사태에 대비하는 것과 같은 역할로 중대사의 결정에도 참여했다. 질병을 치료하는 비법 또한 무가 갖는 독자적인 역량이었다. 이와 같은 역할로 무는 이 시기의 사회질서와 규범을 유지하고 수호하는 데 큰 기능을 발휘했다. 신라 초기의 왕은 무를 뜻하는 차차웅으로 불리기도 했는데, 이는 신라인이 자신들의 최고 지배자가 무와 같은 능력을 가진 신성한 존재이기를 바랐던 데서 나온 것이다.

삼한에서는 파종 후나 농경 후에 제천祭天의례를 거행했다. 농사를 잘 지을 수 있도록 기원하는 제천의례는 하늘의 힘이 인간생활에 곧바로 미친다는 생각에서 나온 것이었다. 부여의 영고迎鼓, 고구려의 동맹東盟, 동예의 무천舞天은 온 구성원이 모여 동질성을 확인하고 노래와 음식을 즐기는 큰 잔치였다. 동예에서 호랑이를 신으로 제사지내고 산천을 중시하여 함부로 들어가지 못하도록 했던 것도 신앙의 표현이었다.

이후 국가 단계가 되자 천신신앙이 중심이 되었다. 천신은 한국 고대 사회에서 가장 두드러진 신격이다. 산신과 같은 자연신 신앙은 다원적인 성격을 갖는데, 천신신앙 단계에서는 천신을 정점에 두고 여러 신들을 서열화하는 구조를 만들었다. 최고 지배자는 자신이 하늘의 후예라는 천손天孫의식을 내세운 건국설화로 하늘과의 연계를 강조했다. 사회 구성원들은 건국설화를 바탕으로 한 제천의례를 거행하면서 왕권의 정당성을 인정하고, 통치자는 구성원의 풍요와 안전을 보장한다는 이상적인 권력형을 설화에 담아 제시했다.

삼국에서는 천신과 지신신앙을 실천하고 조상신에게 제사지내는 의례를 확립했다. 지고한 하늘의 권능이 지상에서 인간, 특히 시조신始祖神을 통해 구현된다고 보아 천신과 시조신을 분명히 구분하지 않았다. 시조신에게 신성성을 부여했으며, 중요한 사회적 역할을 담당했던 사람은 사후에도 현실세계에 영향을 미치는 수호신의 역할을 한다고 생각했다. 고구려에서는 제천행사를 거행하고 산천에 제사지냈으며, 시조묘인 동명왕묘를 세워 즉위의례를 거행했다. 백제에서는 천신과 오제신에게 제사지냈고 시조 동명묘에는 1년에 네 차례 제사지냈다. 대단大壇을 세워 천지신에게 제사지냈는데, 천지 제사는 국가적 차원의 제의였다. 신라에서는 시조묘를 세워 혁거세를 제사지냈고, 신궁神宮에서 천지신에게 제사를 지냈다. 시조묘 제사는 왕권의 우월성을 정당화하는 중요한 국가제의였다.

초기 고대 사회에서는 생산과 풍요에 관해 여러 신에게 그 책임을 부여했는데, 선사시대부터 전승되어온 여성의 풍요성과 물의 생산성에 대한 관념은 여신女神과 수신水神의 역할로 이어졌다.

제의와 국가의례

중앙집권적 지배체제를 정비한 삼국에서는 이전의 다양한 종교의례와 관념을 체계화하고 통합하여, 조상 제사와 농경의례, 산천 제사, 왕경에서의 기복적·민속적 의례들을 국가적 차원에서 일률적으로 편제하고 거행함으로써 국가 사회를 통합하고 지배하는 토대로 삼았다.

백제에서는 삼산과 오악, 수신과 해양 등에 제사지냈다. 자료를 통해 구체적인 내용을 살펴볼 수 있는 신라에서는 중앙집권적 지배체제의 정비에 맞추어 단계적으로 국가제의를 편제해나갔음을 알 수 있다. 첫 번째로 지증왕이 시조가 탄강한 곳에 신궁을 세워 제사체계인 사전祀典을 정비하였다. 두 번째로 통일 이후 확대된 영역에까지 적용되는 새로운 지배체제 정비에 맞추어 예제에 대한 관심이 증대되었고 국가 제사체계도 다시 정비되었다. 국가제의를 대·중·소 삼사三祀로 구분하여, 대사大祀에는 원신라 지역의 나력奈歷(경주 낭산)·골화骨火(영천 완산)·혈례穴禮(경주 어래산)의 삼산三山을, 중사中祀에는 확대된 영역을 아우르는 토함산·지리산·태백산·계룡산·부악(팔공산)의 오악五嶽과 사진四鎭·사해四海·네 강四瀆과 속리산·청해진·북형산성 등 여섯 곳을, 소사小祀에는 금강산[霜嶽]·북한산[負兒嶽]·부여

구례 남악사
국토의 중요한 다섯 산에 제례를 올리는
오악 중의 남쪽 지리산 남악사.

성흥산성[加林城]·선도산[西述] 등 24곳의 산천을 포함했다. 세 번째로 신문왕 때 세운 종묘宗廟를 혜공왕 때 개편하고, 선덕왕 때 농사의 풍요를 관장하는 사직단社稷壇을 설치하여, 종묘와 사직을 포함하는 국가 제사체계를 확립하였다.

집권적 국가체제를 정비하면서 시조신에 대한 특별한 의례를 확립하고, 왕실세력이 강력해지면서 왕권의 권위를 내세우고 다른 지배귀족보다 우월함을 과시하기 위해 왕실의 직계 혈통에 대한 제사를 시행하였다. 이어 권위적이고 형식성을 갖춘 종묘 제사와 가장 중요한 생존 요건인 농사의 풍요를 기원하는 사직 제사를 거행하였다.

각 지역의 수호와 연관된 산신들은 집권적 통치체제에서 중요한 의미를 가졌다. 신라가 중앙집권적 통치체제를 완성해나가면서 명산대천의 제사에 등급을 매겨 대·중·소사로 구분한 것은 중앙정부에서 지역 집단을 그 세력의 대소에 따라 편제하려는 의도를 가진 것이었다. 이는 현실적으로는 군현제의 정비와 맥락을 같이하였다.

신라의 국가제의는 삼사 이외에 농사의 풍흉과 관련된 팔자제八禧祭, 농업신과 곡식신에게 풍년을 기원하고 추수에 감사하는 선농제先農祭·중농제中農祭·후농제後農祭, 바람과 비를 관장하는 신에게 올리는 풍백제風伯祭·우사제雨師祭, 별에 지내는 영성제靈星祭 등 여러 가지 농경제의가 있었다. 또 지역 수호를 기원하는 사성문제四城門祭, 옷감과 관련된 부정제部庭祭, 기후가 순조롭기를 바라는 사천상제四川上祭, 신년의례인 일월제日月祭, 재난 방지를 기원하는 오성제五星祭, 가뭄에 지내는 기우제祈雨祭, 길에서의 안전을 기원하는 사대도제四大道祭, 가뭄이나 홍수에 지내는 압구제壓丘祭와 벽기제辟氣祭 등이 있었다.

일찍부터 중요한 의미를 지닌 산신 제사는 노천이나 사당에서 거행되었다. 우물은 왕권과 관련을 가진 곳으로 여겼다. 물은 생명을 상징하여 물에 의한 정화의식이 고구려·신라·가야에서 거행되었다. 국가 존립의 중대한 문제인 농경의례는 풍백, 우사, 영성, 용에게 제사하는 의례로 거행되었다. 바다에서의 생산 활동이나 외국과의 교류를 위해 풍어와 항해를 관장하는 신에 대한 바다 제사도 거행되었다.

불교의
전래와 수용

삼국에 불교가 공식적으로 전래된 시기는 4세기 후반이다. 이 시기에 삼국은 왕권 중심의 강력한 국가를 지향하고 있었다. 이때 수용된 불교는 인도 불교가 중국에 들어와 중국 문화와의 교섭 속에 정착된 중국 불교였다. 삼국 불교는 고구려와 백제와 신라의 문화 차이만큼 서로 다른 양상을 보이며 이해되고 수용되었다. 삼국은 당시 고도의 사상체계를 갖추고 있던 불교에 대해 왕실을 중심으로 깊은 관심을 갖고 국가발전의 디딤돌로 삼고자 적극적으로 수용하였다.

고구려와 백제의 불교 수용

삼국 중 가장 먼저 고구려가 372년(소수림왕 2) 북조 전진前秦에서 파견한 순도順道가 불상과 경전을 전해옴으로써 불교를 수용하였다. 이어 374년 아도阿道가 들어오자 이듬해 성문사省門寺와 이불란사伊弗蘭

寺를 지어 순도와 아도가 머물도록 했다. 그러나 이러한 공식 전래 이전에 고구려는 불교에 대해 알고 있었다. 불교를 중국의 사상 풍토에 맞추어 이해하던 격의格義불교의 대가인 남조 동진의 지둔도림支遁道林(314~366)이 고구려 도인道人에게 편지를 보낸 일이 있다. 도인은 당시 승려를 가리키므로, 고구려에는 중국의 고승과 서신을 왕래할 수 있는 수준의 승려가 있었고, 이는 불교를 알고 있었음을 말해준다. 4세기 중반에 만든 안악3호분의 벽화에 연꽃이 등장하는 것을 보아도 고구려에서는 소수림왕 이전에 불교를 알고 있었을 가능성이 크다. 고구려의 대외관계가 남·북조와 두루 이루어졌으므로 불교 교류도 북조는 물론 남조와도 이루어졌을 것이다.

391년(고국양왕 8) 고국양왕은 '불교를 믿어 복을 구하라'는 왕명을 내렸다. 동시에 사직을 세우고 종묘를 수리했는데, 유교적 의례의 확립과 함께 불교신앙도 허용한 것이었다. 광개토왕 대에는 392년(광개토왕 2) 평양에 아홉 개의 절을 세웠다. 광개토왕이 황해도 지역에 성을 쌓으며 평양을 중심으로 낙랑과 대방 옛 지역에 지배력을 강화하기 위한 작업을 구체화했는데, 평양의 사원 창건도 이와 연계된 것이었다. 불교를 통해

뚝섬 출토 불좌상
한반도에서 발견된 가장 초기 형태를 보여주는
5세기의 불상(국립중앙박물관).

평양 지역의 민심을 수습하고 통치력을 강화하려던 정책으로, 사원의 창건은 불교가 뿌리내리는 데 큰 역할을 했을 것이다. 이런 모습은 408년에 만든 덕흥리고분의 주인공이 자신을 석가모니의 제자[釋迦文佛弟子]로 표기하고, 화생化生하는 연꽃을 표현한 데서도 확인할 수 있다.

백제는 384년(침류왕 1) 동진東晉에서 인도 승려인 마라난타摩羅難陀가 오자 왕이 예를 갖추고 그를 맞아들였다. 385년에는 서울인 한성에 절을 짓고 10인의 승려를 출가시켰다. 백제는 당시 불교가 성행하던 동진과 이전부터 교류하고 있었기 때문에 공식 전래 이전에 불교가 알려졌을 가능성이 크다. 고구려와 백제는 거의 동시에 각각 남·북조 불교를 수용했을 것으로 추정된다.

신라의 불교 수용

신라는 불교 수용이 늦어 527년(법흥왕 14)에야 이차돈異次頓의 순교를 계기로 법흥왕의 주도 아래 불교를 공인하였다. 신라에서도 이전부터 불교를 알고 있었지만, 공인하기까지 오랜 시간이 필요하였다. 신라 왕실이 불교를 접한 시기는 신라와 고구려의 긴밀한 외교관계로 볼 때 고구려에 비해 크게 뒤지지 않았을 것이다. 또한 433년의 나제동맹 이후 백제와의 외교관계를 고려하면 백제로부터의 불교 전래도 추측되며, 백제를 통한 양梁나라의 불교 전래 가능성도 있다. 고구려에 인질로 있다가 즉위한 실성왕 또한 불교를 알았을 가능성이 크다. 그럼에도 신라에서 불교가 공인되기까지는 어려움이 많았다.

부여 군수리 출토 불좌상
백제 불교문화의 유려한 기운을 담아냈다
(국립중앙박물관).

구미 선산 도리사
고구려에서 처음으로 신라에 불교를
전파했던 자취가 서린 곳.

삼국시대

신라의 불교 전래설화는 묵호자墨胡子로부터 시작된다. 눌지왕 (417~458) 때 고구려에서 온 묵호자라는 중앙아시아 출신 전도승이 일선군(구미시) 모례毛禮의 집에 와서 머물렀다. 이때 양나라 사신이 향을 가져왔는데, 처음 보는 이것이 무엇인지를 몰라 전국에서 아는 이를 찾았다. 묵호자가 향을 알아보고, 이를 태우고 빌면 신령한 응험이 있다고 알려주었다. 또 왕녀가 병이 나서 위독하자 묵호자가 향을 피우면서 기도하여 낫게 했고, 이에 왕은 후한 선물을 주었다고 한다.

소지왕(479~500) 때 역시 고구려의 아도가 시자와 함께 모례의 집에 와서 머물며 경전과 계율을 가르치니 믿는 자가 있었고, 아도가 죽은 후에는 시자들이 계속 전도 활동을 이어갔다고 한다. 다른 자료에서는 아도가 미추왕(262~283) 때 사람으로 위魏나라에서 불법을 배

백률사 석당
신라 불교 공인의 계기가 된
이차돈의 순교를 기려 808년경에
만든 기념물.

워 와 공주의 병을 낫게 하자 왕이 그의 소원에 따라 흥륜사를 창건해주었다고 한다. 미추왕이 죽자 쫓겨난 아도가 모례의 집에 숨었고 불법도 폐해졌다가 법흥왕 때 다시 부흥하게 되었다고 한다. 이런 기록들은 신라 불교의 유래가 오래되었음을 강조하기 위해 만들어진 설화이다.

488년(소지왕 10)에는 소지왕이 일관日官의 말에 따라 궁녀와 내통하던 궁중의 기도승을 죽였다. 이때 이미 궁궐에서 승려가 활동하기도 했던 것이다. 또 양나라에서 원표元表를 통해 불단과 경전과 불상을 보내왔다고도 한다.

고구려가 신라로 문화를 전달하는 경로는 조령을 넘는 길과 죽령을 넘어 영주와 안동 지역을 통해 경주로 이어지는 길이 있었다. 신라의 불교 전래 경로는 아도설화에서 보듯이 조령을 넘어 일선군을 거쳐 경주로 가는 길이었다. 한편 아도 사적에 오나라와 양나라의 사신이 등장하는 것은 북조는 물론 백제를 통한 남조 계통도 전래되었을 가능성을 말해준다.

이런 여러 계통의 불교 전래설화는 법흥왕의 불교 공인 이전에 신라에 불교가 알려졌을 가능성이 큰 것을 반영하는 이야기들이다. 415년명銘의 호우총에서 연꽃무늬를 새긴 용기가 출토되었고, 황남대총 북분에서 출토된 칠기에도 연꽃이 그려져 있어 5세기 전반 왕경에 불교 문물이 존재했음을 추정할 수 있다. 자비왕과 지증왕 등 5세기의 왕 이름에 불교적 성격이 나타나는 것도 신라가 이미 불교를 이해하고 있었을 가능성을 말해준다.

527년(법흥왕 14), 신라는 불교를 공식으로 수용했다. 왕의 측근인 이차돈이 전통신앙의 성지인 천경림에 흥륜사興輪寺를 지으려 했다.

조정 신료들은 이차돈이 이상한 복장을 하고 일반적인 이해와 어긋나는 이치를 주장한다고 하며 불교 수용을 반대하고 그의 처형을 주장했다. 이차돈은 사태를 책임지고 처형당하면서 자신의 사후에 이상한 일이 있으리라 예언했다. 그의 말대로 참수당한 그의 몸에서 붉은 피가 아닌 흰 젖 같은 것이 한 길이나 솟구치자 사람들은 더 이상 불교를 비방하지 못했다. 법흥왕은 이에 불교를 믿어도 좋다고 공인했고, 이듬해 살생을 금지하는 명을 내리고 535년에는 흥륜사 공사를 재개하였다.

가야는 삼국과 출발은 크게 다르지 않았으나, 이후 중앙집권적인 국가 형성에 어려움을 겪으며 6세기 전반에 신라에 통합되고 말았다. 가야에서는 금관가야에서 452년(질지왕 2) 왕후사王后寺를 지어 수로 왕비의 명복을 빌었다고 한다. 가야 시조설화에는 수로왕의 왕비 허황옥이 인도 아유타국에서 배를 타고 왔다고 했다. 이 설화와 만어사萬魚寺·장유사長遊寺·칠불암七佛庵 설화 등을 엮어 가야에 인도로부터 직접 불교가 전해졌다고 보는 견해도 있다. 그러나 이런 설화들은 가야 출신 김유신이 크게 활동한 신라 통일기 이후에 형성된 것으로 보는 것이 일반적이다. 후기 가야를 주도한 대가야 지역인 고령의 고분에서 연꽃무늬가 확인되어, 대가야에서 불교를 수용한 것을 알 수 있다. 대가야의 무덤 양식도 백제 계통의 굴식돌방무덤이어서, 대가야는 백제를 통해 불교를 수용했으리라고 생각된다. 해상 활동이 활발한 가야가 불교를 접했을 가능성은 크지만, 현재는 더 이상의 가야 불교 자취를 찾기 어렵다.

불교의 수용과 사회의 변화

고구려나 백제에 비해 신라의 불교 수용이 늦고 순교사건을 겪은 것은 당시 귀족들이 그동안 믿어왔던 토착신앙을 견지하고자 불교가 들어오는 것을 방해했기 때문이다. 법흥왕의 불교 공인은 귀족과의 타협 위에 이루어진 것으로 생각된다. 기존의 족적族的 기반에서 운용되던 토착신앙에 비해 불교는 보편성을 강조하는 초부족적인 이념체계였다. 왕실은 주변 지역을 통합하여 영역을 확장하고, 왕권을 강화하며 율령을 공포하고, 지방제도와 중앙조직을 개편하여 집권력을 강화하고자 하였다. 왕실은 이에 걸맞은 새로운 이념체계로서 보편적인 불교 원리를 수용하였다. 고구려와 백제와 신라가 불교를 수용한 시기는 모두 왕권을 강화하고 집권체제를 정비하던 때였다.

불교 수용 초기에 활동하던 승려들은 인과因果를 믿어 복을 얻으라고 전도했다. 고구려의 순도順道는 인과를 가르치고 그 결과로 화와 복을 얻게 된다며 불교를 전도하였고, 고구려의 고국양왕과 백제 아신왕은 불교를 믿어 복을 얻으라고 하였다. 신라 법흥왕은 중생들을 위해 복을 닦고 죄를 없애는 터전으로 흥륜사를 짓고 싶어 했다.

이처럼 불교 전래와 함께, 자신의 행동에 따라 화와 복이 결정된다는 인과의 논리 곧 업설業說을 받아들이게 되었다. 인간의 의지적 작용인 업에는 반드시 그 반응인 과보果報가 따른다는 인과론因果論은 불교의 기본 교설이다.

토착신앙에서는 천신을 최고 신으로 여겨 자연에 깃든 여러 신령을 믿고 따른다. 불교신앙의 중심인 부처는 인과의 이치를 바르게 깨달은 자이고, 그 진리는 인간과 천신을 포함한 모든 존재에게 두루 통하는

경주 선도산
불교와 전통신앙 전각을 나란히 건립한 절을 세웠던 경주의 서쪽 산.
7세기에 정상 근처에 대형 마애불을 만들었다.

이치이다. 불교의 업설에서는 인간도 천신도 업에 따라 거듭 윤회하는 존재로서 부처가 되기 위해 노력하는 차별 없는 관계이다. 불교는 일반 백성과 하층민들도 모두 같은 신분이라는 평등사상을 강조했다.

불교의 수용으로 영향력이 약화된 토착신앙을 불교는 일정 부분 받아들였다. 무의巫醫가 담당하던 질병 치료사의 역할을 승려들이 대신했으며, 토착신앙의 성지인 일곱 군데에 차례로 절을 세워 그 기능을 대신하였다. 불교 공인을 반대했던 귀족들은 왕과 일정하게 타협해 불교 수용을 인정했을 것으로 생각된다. 윤회전생輪廻轉生설에 따라 자신들의 지위도 과거의 공덕에 의한 것임을 인정받고, 또 장차 미륵으로 미래의 주인공이 될 수도 있다는 교리를 수용한 것이다.

안흥사安興寺의 비구니 지혜智惠는 절을 짓기 위해 선도산 신모神母의 도움을 받았고, 봄·가을로 10일간씩 점찰법회를 열도록 권유받았다. 그래서 사원 안에 불전뿐만 아니라 신사神祀도 함께 설치하여 삼존불, 천신과 오악신군五岳神君을 아울러 봉안했다. 이 설화는 불교가 토착신앙과 융합되는 과정에서 생길 수 있는 실례를 말해준다.

인간의 의지를 바탕으로 판단하며 잘못을 참회하고 공덕을 닦을 것을 권장하는 업설은 사람들의 윤리의식을 불러일으키는 데 기여했고, 불교 교단에서 시행되었던 평등의 이념은 사회 전반에 일정한 영향을 주었을 것이다.

삼국의 불교는 국가 발전기에 왕권의 적극적인 지원으로 수용되고 진전을 보였다. 불교에서는 이상적 군주로 전륜성왕轉輪聖王을 내세운다. 이는 하늘의 권위를 빌리던 성왕 관념을 대신하였다. 온 세상을 통일하고 바른 법에 의해 통치하며 승려에게 자문을 구하는 전륜성왕은 진흥왕과 같은 국왕들이 추구하던 이상적인 제왕상이었다.

수용기부터 국가권력과 밀착된 불교는 조정의 통제 아래 국가와 조화롭게 공존하였다.

삼국의 왕권 확립기는 문화 면에서도 변화가 생겨나던 시기였다. 불교 수용에 앞서 보다 정치적인 의의를 갖는 유교가 소개되었고, 이에 따라 문자·조형 기술 등 여러 분야에서 새로운 진전을 가져왔다. 불교 수용의 중심 역할을 하던 승려들은 중국의 제반 문화를 폭넓게 전수하여 문화 전반을 이끌었다. 승려들은 교리와 의식 외에 건축과 공예, 음악과 미술, 의학 등 선진문화를 전달하고 진전시키는 문화 담당자로서 새로운 문화 창조에 큰 역할을 하였다.

고구려 사회와 불교

고구려의 불교는 중국적 이해방식인 격의格義불교에서 시작되었다. 격의불교는 노장老莊사상을 빌려 불교를 설명한다. 불교를 본격적으로 이해하기 전에 중국인에게 익숙한 사상에 빗대어 불교를 이해하려는 경향이다. 동진의 고승 지둔도림支遁道林(314~366)은 고구려에서 불교가 공식 수용되기도 전에 고구려 도인에게 편지를 보내 법심法深이 훌륭한 승려라고 소개하였다. 백마사에서 장자의 소요유를 논하는 등 노장에 밝은 도림은 물론 법심도 당시 중국 불교계의 주류인 격의불교에 뛰어난 이들이었다. 편지를 받은 고구려 도인도 이에 상당한 식견을 갖춘 인물로 추정된다. 고구려 초기 불교계에는 이들의 사상이 영향을 미쳤을 것이다.

372년 불교 수용에 이어 375년 성문사와 이불란사의 창건은 고구려 사회에 본격적으로 불교가 뿌리내리기 시작했음을 말해준다. 390년 고국양왕은 불교를 믿어 복을 구하라는 명을 내렸고, 392년 광개토왕은 평양에 9개의 사원을 창건하였다. 이 사원들은 광개토왕 때

평양에 세운 사원을 모두 망라한 것으로 이해된다. 이렇게 불교는 고구려 사회에 널리 알려지기 시작했다. 408년 덕흥리고분에 표현된 '불제자佛弟子' 기록은 이런 분위기를 반영한다. 안악3호분과 덕흥리고분의 불교적 표현은 평양 지역에 오랫동안 잔존했던 낙랑문화에서 그 실마리를 찾을 가능성도 있다.

　광개토왕은 새로 확보한 요동성에 7층 목탑을 세웠는데, 탑과 함께 사원도 건립했을 것이다. 요동 지역은 중국의 담시曇始가 태원 연간 (376~396) 불법을 전파하고 의희 연간(405~418) 초반에 다시 동진으로 돌아갔던 지역이다. 담시는 경전과 율전 수십 부를 가지고 와서 삼승을 전수하고 귀계歸戒의 법을 세웠다고 한다. 이를 통해 고구려에 불교이론과 계율을 이해하는 기반이 마련되었을 것으로 생각된다. 동진에 돌아간 담시는 여러 가지 신통력을 보였는데, 고구려에서 활동할 때도 이런 능력이 전도에 도움이 되었을 것이다. 또한 이때가 도안道安이 중국 불교의 내용으로 불전의 본격적인 연구와 실천 수행을 확립한 이후였으므로, 불교사상의 체계적인 이해도 이루어졌을 가능성

장천1호분 예불도
묘주 부부가 불상에 머리 조아려 절하며
극락왕생을 기원하는 고분의 벽화 모사도.

이 크다. 불교의 적극적인 보급은 광개토왕이 새로 확보한 지역을 효과적으로 통치하는 데 일정하게 기여했을 것으로 보인다.

427년 장수왕의 평양 천도를 계기로 고구려 불교 또한 새로운 변화를 맞이했을 것이다. 신라의 7처 가람이 토착신앙을 대체하는 불교의 새로운 위상을 상징하듯이, 평양의 9개 사원은 평양이 불법으로 가득 찬 세계임을 표상하려는 의도였을 수도 있다. 평양 천도 이후에도 계속 사원을 세워나갔겠지만, 이를 입증할 자료는 거의 없다. 498년(문자명왕 7) 창건된 금강사金剛寺는 평양 청암리 절터로 추정되는데, 중문과 8각 목탑, 금당과 동서 전각, 강당講堂의 건물터는 1탑3금당식의 고구려 가람 구성의 특징을 보여주고 있다. 8각 9층 목탑을 중심으로 펼쳐지는 고구려 사원은 석가의 사리를 봉안한 불탑을 높게 세워 석가신앙을 표현하였다. 이런 신앙은 국력을 신장하고 왕권을 강화하려던 왕실의 권위를 드러내는 점도 있었을 것이다.

승랑과 삼론학의 이해

이후 고구려 불교는 본격적인 연구가 뒤따랐다. 500년을 전후한 시기에 활동하며 중국 삼론학三論學의 정초를 다진 승랑僧朗은 한국 불교에서 처음 등장한 본격적인 불교사상가이다. 삼론三論은 대승교학의 중심인 중관학의 기본적인 세 논서의 연구를 통해 중도中道사상을 체계화한 것이다.

요동 출신의 승랑은 북위로 구법을 떠나 강남으로 옮겨 활동했다. 480년경 초당사에서 주석했고, 489년 스승 법도法度를 따라 강남 서하사에서 교학 연마에 주력하여 500년부터는 산사를 도맡았다. 승랑은 여러 경전을 강설했는데 특히 화엄과 삼론에 뛰어나 양무제가 519년 전국의 뛰어난 승려 10명을 보내 그에게 삼론을 배우도록 했다. 승랑은 삼론종의 1인자로 꼽혔으며, 중국 삼론종을 대성한 길장吉藏이 삼론종에서의 그의 역할을 크게 평가하였다.

초기 중국 교학은 인도 불교를 중국 노장 현학玄學의 세계관에 맞춰 핵심 교리인 공空을 이해하려는 격의불교였다. 구마라집의 불전 번역과 그 문하의 활동으로 기틀을 마련한 삼론학은 격의불교의 왜곡된 이해를 바로잡아 공사상의 참된 면모를 확립하였다. 승랑은 도는 유有나 무無가 아니지만 유와 무에 의지하여 드러나고, 이치는 하나도 둘도 아니지만 하나와 둘로 말미암아 이치를 밝힌다고 하였다. 유를 말하는 것은 대상을 분별하여 언어로 표현한 세속의 일반적인 진리인 세제世諦(세속제世俗諦)이고, 무를 말하는 것은 깨달음의 경지를 말하는 참된 이치인 진제眞諦이다.

승랑은 유와 무를 파악하는 진제와 세제가 둘이 아닌 중도를 지향해야 한다고 보았다. 진제와 세제를 이원적으로 파악하고 나아가 세 단계의 세제와 진제를 변증법적으로 추구하여 무득無得의 중도를 지향한다. 승랑의 관점은 일체의 얻는 바가 없을 때 진정한 의미의 중도가 된다는 것이다. 그는 중도와 가명假名이라는 이름을 도입하고 새로운 유무론有無論을 창출하여 독창적인 중도론을 주장하였다. 승랑의 삼론학은 중국 삼론학의 새로운 단계를 제시한 것으로서, 훗날 신삼론新三論으로 불렸다. 승랑의 견해는 승전僧詮에 이어 길장에게 계승되어 삼론사상의 중요한 토대가 되었다.

6세기에 들어 고구려 불교는 더욱 발전하였다. 이 시기 불상들은 고구려의 독창적인 양식으로 만들었는데, 교리 내용을 명확하게 파악하고 있음을 보여준다. 이는 고구려의 불교 이해수준이 높아졌으며, 불교적 사유체계가 사람들의 의식 구조 속에 자리 잡았다는 것을 의미한다. 낙랑동사樂浪東寺에서 승속 40인이 조성한 현겁 천불의 하나인 연가7년명 여래입상(539), 미륵회상에서 보리菩提를 이루기를 기원하는 영강7년명 광배(551), 미륵을 만나기를 바라며 조성한 경4년명 아미타상(571), 내세에서도 불법을 듣기를 바라며 조성한 건흥5년명 석가상(596) 등이 이를 증명한다.

양원왕(545~559) 이후 귀족연립정권이 수립되어 고구려 정세가 크게 바뀌었다. 551년(양원왕 7) 신라가 백제와 연합하여 한강 유역을 점령했는데, 이때 고구려의 혜량惠亮이 고구려의 정사가 혼란하여 망할 날이 얼마 남지 않았다며 거칠부를 따라 신라로 망명했다. 그가 말한 혼란이란 안원왕(531~545) 말년에 일어난 왕위계승전으로 생각된다. 신라에서 승통이 된 혜량은 백고좌회와 팔관법을 주재하며 신라 불교를 이끌었다. 혜량의 승통 활동은 신라 불교보다 앞서가던 고구려에서 승관제가 시행되었을 가능성을

연가7년명 여래입상
539년경에 만든 금동제 고구려 불상.
뒷면에 40인이 함께 천불을 만들어
세상에 유포한다고 새겼다(국립중앙박물관).

말해준다. 많은 사원이 세워졌고 승려도 많았으므로 국가에서 불교 교단을 체계적으로 운영하기 위해 승관제가 필요했을 것이다. 승관제는 4세기 말 북위에서 처음 시행되었는데 고구려에서도 이에 상응하는 승관제가 운영되었을 것으로 생각된다.

의연과 지론학

고구려에서는 25대 평원왕 이후 정국이 안정되고 지배체제가 재정비되면서 불교계의 혼란을 해결하기 위한 움직임도 등장했다. 이를 의연義淵의 활동에서 확인할 수 있다. 다른 고구려 구법승들이 주로 강남에서 활동한 데 비해 의연은 북제의 법상을 주목했다. 법상은 지론종을 이끈 혜광의 제자로 지론학地論學에 뛰어났으며 승통직을 맡고 있던 교계의 중심인물이었다. 의연은 576년(평원왕 18) 승상인 왕고덕의 요청으로 북제北齊로 가서 고승 법상法上(495~580)에게 불교의 탄생 연유와 중국 전래 시기, 제나라와 진나라 중 어느 쪽에 먼저 전래되었는지,《십지론》과《지도론》등 주요 경전의 찬술 유래 등에 대해 자세히 물었다. 경전에 대한 이러한 관심은 이미 고구려에 이 경전들이 소개되었고 이에 대한 이해가 깊어지기 시작했음을 의미한다.

불교의 출발 시기를 묻는 의연의 질문에 법상은 주나라 소왕 갑인년(서기전 1027)에 부처가 탄생했다고 답변했다. 이 연대는 우리나라에서 전통적으로 사용해온 불기佛紀 연대와 일치한다. 의연은 이런 내용을 전해옴과 함께 이들 경전을 폭넓게 연구하여 지론학, 사분율四分律과 보살계의 수용, 반야사상 등 불교사상에 대한 고구려의 이해

수준을 높였다.

지론학은 마음 작용과 인식의 문제를 조직적으로 분석하여 깨달음에 이르고자 하는 유식사상의 한 흐름이다. 법상 등이 이끈 지론학은 모든 중생이 성불할 수 있음을 강조한 불성론佛性論이 특징인 이론이다. 불성론은 6세기 이후 사회경제적 변동으로 독자적 경제 기반을 마련한 신진귀족들이 기존 귀족들과의 차별의식을 해소하는 데 도움을 주었을 것이다. 의연이 법상을 만나도록 주선한 왕고덕은 그런 신진귀족이었다.

고구려 불교계가 법상에 주목한 다른 이유는 고구려 승관제의 재정비와 관련된 것이었다. 의연은 법상을 만나 확인한 북위 승관제를 토대로 혜량의 망명 이후 고구려의 승관제를 재정비하려 하였다. 불교 교단에 대한 국가의 통제력을 강화하는 승관제의 정비는 정국의 안정과 왕권의 위상 회복에 따른 통치체제의 정비와 더불어 사회적 안정을 위한 조치였다. 이런 노력의 결과 고구려 불교는 활력을 되찾았다.

5세기에 공空사상을 강조하는 삼론학이 성행했는데, 의연의 행적은 승랑의 활동에 이어 삼론학에 대한 고구려의 관심이 지속되었음을 대변한다.

중국에서 활동한 승랑은 귀국하지 않지만 그의 삼론학은 삼국에 전해졌다. 중국에는 고구려 출신 삼론학자로 수나라 때 활동한 실實법사와 인印법사가 알려져 있어, 고구려에서 삼론학에 대한 관심이 컸음을 알 수 있다. 일본에 건너가 활동한 고구려 승려 중에 혜관이나 도등과 같이 삼론에 뛰어난 이들이 많았던 것도 고구려에서 삼론학 연구가 널리 행해졌음을 말해준다.

보덕과 열반학

의연 이후 영양왕 때 고구려 불교는 상당히 활발한 모습을 보였다. 혜자惠慈는 595년(영양왕 6) 일본에 건너가 쇼토쿠聖德 태자의 스승으로 불교문화의 전파와 함께 정치적 역할도 수행하였다. 이후 담징曇徵을 비롯한 고구려 승려들이 일본에 건너가 유교와 지묵 채색 등 문화와 불교를 전파하고 활발한 교류를 이어갔다. 혜자가 쇼토쿠 태자를 보좌하면서 고구려는 일본과의 외교관계를 돈독히하고 백제와 우호관계를 가지면서 수나라와 신라를 효과적으로 견제하기도 했다.

그런데 영류왕 때 고구려 불교정책에 큰 변화가 나타났다. 영양왕의 아우로 그의 뒤를 이어 즉위한 영류왕(618~642)은 주도세력이었던 평양계 신진귀족세력 대신 국내계 귀족세력을 기반으로 정치적 입지를 강화해나갔다. 수나라에 강경한 입장을 취했던 외교의 주조 또한 당에 대한 온건정책으로 바뀌었다. 624년(영류왕 7) 당의 도사가 천존상天尊像을 가지고 와서 《노자》를 강의하였는데, 이때 그의 강의를 들은 사람이 천 명이 넘었다고 한다.

이듬해 고구려는 당에 사신을 보내 불교와 도교의 법을 배우기를 청했다. 당은 도교를 불교보다 우위에 두는 정책을 시행했다. 영류왕의 도교 중시정책은 새로운 세력과 연계하여 정국을 운영하기 위해, 전대 세력과 밀접한 관계를 가졌던 불교계를 억제하려는 것이었고 이는 당의 불교정책과도 흐름을 같이하는 것이었다. 도교와 밀접한 관계를 가졌던 연개소문 가문은 영류왕을 시해하고 보장왕을 즉위시켜 실권을 장악하였다. 642년(보장왕 2) 고구려가 당에 도교를 구하자 당에서는 도사道士 숙달 등 8인과 《도덕경》을 보내주었다. 불교 사원은 도교의 도관道觀으로 바뀌었고, 도사들이 전국을 돌아다니며 산천을 진압하는 등 위력을 과시했다. 이에 따라 불교의 사회적 영향력은 약화되었다. 이처럼 강력한 도교 숭상정책이 시행되자 보덕普德은 《열반경》을 강의하며 교단을 정비하고자 했으나 상황은 바뀌지 않았고, 마침내 백제에 망명하였다. 보덕이 떠난 이듬해 남생이 국정 운영의 핵심 기능을 맡게 됨으로써 연개소문 가문의 사적 권력 기반이 강화되었다. 연개소문 정권에 대항한 보덕과 달리, 김유신 군영에서 간첩 활동을 한 덕창德昌과 남건이 군사를 맡긴 신성信誠은 연개소문과 같이 활동한 불교세력이었다.

보덕은 평양에서 주로 《열반경》을 강의한 것에서 알 수 있듯이 열반학涅槃學에 뛰어났다. 평양 서쪽 대보산으로 옮겨 바위굴에서 선관禪觀[선종 확립 이전에도 선관 수행은 널리 행해졌다]을 수행하던 보덕은 이곳에 8각 7층 석탑과 함께 영탑사靈塔寺를 세웠고, 반룡산 연복사[반룡사라고도 함]에서 주석하였다. 그러나 고구려 정세의 변화를 감지하고 650년(보장왕 9) 백제 지역인 완산주(지금의 전주) 고대산 경복사景福寺로 근거지를 옮겼다. 이때 하룻밤 사이에 천 리를 날아 법당을 옮겨왔다는 설화를 남겨 비래방장飛來方丈이라 불렸다. 보덕은

원오리 출토 불입상
흙을 빚어 만든 불상. 고구려의 특징적인 불상으로
평양 지역에서 출토되었다(국립중앙박물관).

열반학뿐만 아니라 방등方等(유마, 능가 등의 대승경전)에도 뛰어났다. 보덕이 백제 지역에 정착한 것은 열반이 백제에서도 주요 관심 대상이었기 때문이다. 백제는 541년 양에 사신을 보내 그곳에서 활발하게 전개되던 《열반경》과 여러 주석서를 구해오기도 했는데, 보덕은 열반과 법화에 대한 관심이 크던 백제 사회에서 새로운 터전을 펼치고자 한 것이다.

667년 무렵 완산에 정착한 보덕에게는 10여 명의 뛰어난 제자가 있었다. 이들이 전주, 임실, 정읍, 진안, 단양 등 구백제 지역 여러 곳에 8개의 사원을 창건했다. 후일 보덕이 열반종을 개창했다고 인식하게 된 것은 이런 제자들의 활동에서 비롯된 것이었다.

이 밖에도 고구려 교학은 다양한 분야에서 전개되었다. 먼저 천태학天台學이 있다. 천태학은 수나라의 지의智顗가 《법화경》 해석을 바탕으로 개창한 것으로, 강한 실천적 지향에 힘입어 크게 성행하였다. 고구려 파야波若(562~613)는 지의에게 직접 가르침을 받고 천태의 본산인 천태산에서 16년 동안이나 수행하였다. 지황智晃은 양주 도량사에서 부파불교의 일파인 설일체유부說一切有部(Sarvativada)를 공부하며 이름이 널리 알려져 법성法性의 수호자로 불렸으며, 저명한 담천과 함께 활동했다. 양주에서 활동하던 지덕智德은 선종의 5대조 홍인弘忍의 문하에서 활동한 10대 제자 중의 한 사람으로, 훗날 선종의 이름난 조사가 된 신수神秀나 혜능慧能과 함께 꼽힌 이였다.

백제 사회와 불교

한성기에 백제는 왕권 안정을 위해서 고이계와 비류계 두 계통의 통합을 이루어야만 했다. 백제 불교는 왕실을 뛰어넘는 새로운 이념체계를 모색하던 이 시점에 수용되었다. 백제는 384년(침류왕 1) 외교관계가 긴밀했던 동진을 통해 불교를 수용하였다. 바로 다음 해에는 한성에 절을 짓고 10인의 승려를 출가시켜 교단 활동이 가능하도록 했다. 불교를 받아들인 이듬해에 절을 짓고 출가자를 배출한 것을 보면, 고구려와 같이 백제도 이미 불교를 알고 있었고, 384년에 공인한 것으로 보아야 한다는 관점에 타당성이 있다. 동진은 격의불교가 성했던 곳이므로, 백제의 초기 불교 또한 그런 경향을 가졌을 것으로 추정된다.

아신왕은 392년(아신왕 1) 불법을 믿어 복을 구하라는 명을 내렸다. 불교 수용 초기에는 불교가 바라는 바를 이루어준다는 것을 알기 쉽게 전하는 것이 중요했기 때문에 이런 조치가 내려졌을 것이다. 백성들의 평안을 추구하는 이런 정책은 전지腆支를 태자로 책봉하고 해

씨解氏를 태자비로 맞이하며 왕권 강화작업을 추진하던 당시의 정치적 상황과도 연관되어 있다.

개로왕 때 고구려 승려 도림이 근초고왕에게 빼앗긴 고토를 회복하려는 장수왕의 정책에 부응하여 밀사를 자청하여 백제에 왔다. 도림은 바둑을 좋아하는 개로왕에게 접근하여 신뢰를 얻고, 개로왕으로 하여금 성을 쌓고 궁전을 수리하는 등 큰 역사를 일으키게 하여 백제 국력을 허비하게 유도했다. 그 결과 장수왕은 475년 한성을 함락시킬 수 있었고 그 와중에 전사한 개로왕의 뒤를 이은 백제 문주왕은 웅진으로 천도할 수밖에 없었다. 승려가 왕궁에 자유롭게 드나들었던 분위기는 백제 사회에 불교가 상당히 성행했음을 간접적으로 말해준다.

그러나 한성시대의 불교 모습은 그다지 드러나지 않는다. 뚝섬에서 출토된 400년경의 금동불상이나 몽촌토성에서 나온 연꽃무늬 기와 등이 그 존재를 알려주고 있을 뿐이다.

웅진 도성은 왕궁인 공산성과 왕릉지구인 송산리, 남쪽 평지의 주거지와 관청, 사찰 등이 자리 잡은 구조였다. 무령왕武寧王(501~523)은 불교에 관심이 깊었다. 무령왕 때 백제는 남조 양나라와 긴밀한 교류를 가졌다. 고구려와 북조의 연계에 대응하여 백제는 신라·가야와 함께 남조와 연계되는 국제질서를 의도하였다. 백제가 북위에도 도움을 요청하고 고구려 또한 송·제와 외교관계를 맺어 기민한 외교전을 전개했지만, 문화 교류에서 백제는 남조와 더 긴밀했다. 무령왕릉에 보이는 분묘의 입지와 구조, 묘지 형식과 표기방식 등은 남조의 제의체계와 동일하다. 양나라와의 교류를 통해 오례를 정비하고 오경박사五經博士 제도를 운용하여 왜에 전수한 것도 이 같은 문화 교류를 바탕으로 이루어진 일이다.

무령왕릉에는 불교적 요소가 강하게 드러난다. 왕릉의 무덤길과 무덤방이 연꽃무늬로 장식된 것은 능을 연화세계로 꾸미려 했음을 알 수 있다. 왕릉에 사용된 전돌이 연화문이고, 왕과 왕비의 관식을 구성하는 연화와 인동무늬 형태가 불상의 연화대나 광배와 같으며, 두침頭枕(고대 왕릉에서 발견된 머리받침대) 등에서도 비천이나 연꽃무늬가 두루 사용되었다.

무령왕 때의 불교를 대표하는 것은 겸익謙益이 이끌던 계율학이다. 무령왕은 교단을 정비하기 위해 계율을 강조하고자 겸익에게 인도에 가서 이를 배워오도록 하고, 미륵신앙의 중심사찰로서 흥륜사를 창건한 것으로 추정된다. 이어 성왕聖王(523~554)은 겸익 등이 새로 번역한 계율을 홍포하고 장려하여 왕권 중심으로 불교 교단을 재편성하고, 겸익이 흥륜사에 주석하면서 교단을 총괄할 것을 기대했다. 이 시기에 지방 통치조직인 담로에 왕의 친족을 보내 통제력을 행사하

공주 공산성
백제의 두 번째 도읍지인 웅진성.

려 한 것과 같은 취지에서, 계율을 통해 중앙과 지방의 불교 교단을 통제하려는 의도를 가졌을 것이다.

불교의 이상적인 제왕상인 전륜성왕을 자처했던 성왕은 529년(성왕 7) 대통사大通寺를 창건했다. 최근의 발굴 결과 대통사는 탑지-금당-강당으로 구성된 1탑1금당식의 구조로 확인되었다. 이 시기는 양무제가 강력한 왕권을 지향하며 불교 군주를 자처하던 때였다. 양무제의 연호인 대통(527~528)을 절 이름으로 삼은 것은 백제 불교가 양나라와 깊이 연계되었던 모습을 반영한 것으로 생각된다. 한편 대통을 전륜성왕의 아들인 대통지승여래大通智勝如來로 해석하기도 한다. 백제에 가장 널리 알려진 경전인《법화경法華經》에는 전륜성왕의 큰아들인 대통大通이 대통불이 되고, 대통의 큰아들 지적智積이 아촉불, 막내아들 석가가 석가모니불이 된다고 한다. 이 관점은 석가족을 표방한 신라와는 달리 백제는《법화경》을 따른 불교식 왕명을 사용했다는 판단에 근거한다.

이 시기 백제의 불교문화에는 남조와 교류한 흔적이 많이 배어 있

공주 반죽동 석조
웅진시대의 절터에서 출토된 석조(국립중앙박물관).

다. 군수리 출토 금동보살입상과 석불좌상이 남조의 풍격을 보이는 것이 그런 예이다. 이와 함께 불교적 주술이 백제에서 관심 대상이 된 것도 남조와의 연관성을 찾을 수 있다. 주술은 남·북조에서 모두 환영받았지만 남조 불교에서는 왕권과 관련되어 성행했다. 동진과 송대에 활동한 담무참曇無讖은 대주술사라 불릴 정도로 주술에 능했고 왕은 그를 크게 우대하였다. 백제는 450년(비유왕 24) 송에 역易과 점술을 요청했는데, 불교와 연계된 주술 또한 남조를 통해 수용했을 가능성이 크다.

계율학의 이해

백제 불교 교학에서 특이한 것은 겸익의 계율학이다. 《미륵불광사사적》에 따르면, 겸익은 526년(성왕 4) 인도에 가서 상가나대율사常伽那大律寺에서 5년간 범어를 배우고 계율을 익힌 후 인도 승려 배달다삼장倍達多三藏과 함께 범본 아비담오부율阿毘曇五部律을 가지고 귀국하였다고 한다. 성왕은 겸익을 흥륜사에 머물게 하고 고승 28명을 불러 함께 율부 72권을 번역하게 하였다. 담욱曇旭과 혜인惠仁이 율소律疏 36권을 완성하자, 성왕은 이 비담신율毗曇新律의 서문을 지었다. 성왕은 새로 번역한 율장을 궁전에 봉안하고 발간하여 널리 펴고자 했으나 뜻을 이루지 못하고 죽었다.

사료의 신빙성은 문제가 있지만, 이 기록은 백제에서 계율학이 성행했음을 보여주는 자료로서는 충분한 의미를 지닌다. 백제에 유학 온 일본의 선신니善信尼가 588년(위덕왕 35) 본국으로 돌아가 일본 율학의 시조가 되었다는 사실에서도 백제에서 계율학이 성행했음을 알 수 있다. 이러한 계율학의 성행은 29대 법왕이 599년 살생을 금하는 명을 내려 민가에서 기르는 매를 놓아주고 고기잡이나 사냥 도구를 불태우게 한 엄격한 지계持戒 실천으로 이어졌다.

겸익의 비담신율 기록에 나오는 흥륜사는 계율을 대표하는 사찰이고, 계율의 강조는 미륵신앙의 특징이기 때문에, 흥륜사가 미륵신앙과 관계 깊은 절이었을 가능성이 있다. 웅진시대 절터로는 공주의 주미사, 서혈사, 남혈사 등과 천안의 만일사 터가 알려져 있다.

열반학과 법화사상

백제는 불교 수용 이후 중국과의 빈번한 왕래를 통해 불교 이해의 폭을 넓혀갔다. 백제에서는 삼론학과 반야학, 《열반경》과 《법화경》 등 다양한 교학 연구가 왕성하였다.

성왕은 538년(성왕 16) 수도를 사비로 옮기고 국력 회복을 다짐하였다. 541년(성왕 19)에는 양나라에 사신을 보내 《시경》 박사, 《열반경》 등과 함께 공장工匠과 화사畵師를 보내줄 것을 요청했고, 이에 양나라에서는 주례를 강의하는 박사 육후陸詡와 《열반경》 주석서 등을 보내왔다. 이는 백제가 중흥을 도모하던 성왕 때 유교사상에 대한 연구와 더불어 열반사상에 대해 깊은 관심을 가졌음을 말해준다.

열반학은 당시 중국 남조 불교의 중심을 이루던 수준 높은 교학이었다. 일체중생이 모두 부처가 될 수 있음을 설하는 열반은 법화와 함께 궁극적인 불교 교의를 밝힌 것으로 여겨졌다. 이는 백제 불교 중심에 법화사상이 자리 잡고 있던 것과 상통하는 내용이다. 그리고 552년에는 일본에 사신을 보내 석가불상과 장엄물, 경전을 전해주었다. 중국 불교의 새로운 면모를 체계적으로 수용하는 한편으로 일본에 불교를 전수할 만큼, 백제는 내외적으로 불교를 충실히 수용해나갔다.

웅주(공주) 출신인 현광玄光은 중국에 가서 천태학의 기초를 다진 혜사慧思(514~557)에게 《법화경》의 가르침을 받고 정진 수행하였다. 혜사로부터 법화삼매를 인가받은 그는 590년 무렵 귀국하여 고향 옹산에 절을 세우고 교화를 크게 펼쳐 많은 제자를 길러냈다. 현광의 수행은 개인적인 계율을 강조하고 선정을 실천하는 것이었다. 현광이 백제에서 활동한 시기는 위덕왕 말부터 무왕 전반에 해당하는 시기이다.

백제의 법화신앙 전통은 무왕 때 혜현慧顯(570~627경)에게 계승되었다. 어려서 출가한 혜현은 《법화경》 독송을 일삼고 삼론도 전파했는데, 백제 북쪽의 수덕사修德寺에 머물다가 남쪽 달나산達拏山(월출산)으로 가서 수행에만 몰두하다 생을 마쳤다는 신비로운 영험담을 남겼다. 혜현의 삼론사상 전파는 백제 불교가 대승 공사상을 본격적으로 추구하는 삼론학에 큰 관심을 보였음을 말해준다. 이는 백제의 승려로 일본 최초의 승정이 되었다는 관륵觀勒이 삼론사상에 뛰어났다는 것, 595년(위덕왕 42) 일본에 건너간 혜총慧聰과 도장道藏 등이 삼론학자였다는 것에서도 확인된다.

최근 《대승사론현의大乘四論玄義》 12권의 지은이가 백제 혜균慧均(547?~626?)이라는 견해가 제시되었다. 혜균은 이 책에서 성실成實, 비담毘曇, 섭대승론과 중론, 백론, 십이문론 등을 두루 섭렵하고 독자적인 견해를 펼쳤다. 혜균은 《미륵경유의彌勒經遊意》도 지어 미륵사상의 전거를 제공하였다.

백제 교학의 다양성은 반야般若사상과 《성실론成實論》, 《유마경維摩經》 등으로 확대된다. 공사상을 핵심으로 하는 반야학은 삼론학의 융성에서 그 연구가 이미 이루어졌음을 추측하게 한다. 그리고 무왕이 천도하여 제석정사를 새로 짓고 그 탑의 초석에 《금강반야경》을 필사하여 불사리와 함께 봉안하였다는 데서 반야경전을 신봉하던 실상을 알 수 있다.

백제는 일본 불교 초기부터 백제 승려가 일본에 머물며 지도하도록 했다. 성왕은 552년(성왕 30) 처음으로 일본에 금동석가상과 장엄물 그리고 경전을 보내 불교를 전하였다. 554년(위덕왕 1)에는 담혜曇慧 등 9인을 보내 도침道深 등 7인과 교대하도록 했다. 577년(위덕왕 24)에는 불사리와 경론, 승려와 장인을 보내 불교사상과 문화를 전해 주었다. 588년에는 고구려 혜편에게 출가한 선신·선장·혜선의 세 비구니가 백제에서 3년간 머물며 계학을 배워 갔다. 혜총慧聰은 588년 일본으로 건너가서 595년에 쇼토쿠 태자의 스승이 되어 활동했다. 관륵觀勒은 602년 역본·천문·지리·방술 등의 서적을 갖고 일본에 가서 역시 태자의 스승이 되었고, 초대 승정을 맡아 일본 불교계를 이끌며 삼론의 종장으로 추앙받았다. 의각義覺은 일본에 가서 (658~661경) 《반야심경》을 독송하여 반야사상을 전수했다. 의자왕 때 일본에 건너가 법문의 영수로 존경받았다는 도장道藏은 삼론 이외에도 《성실론소成實論疏》 16권을 찬술하고 법상과 구사에도 능통했다. 비구니 법명法明은 656년 일본에 건너가 《유마경》을 독송하여 병을 고쳤다. 의영義榮은 《약사경》과 《유가론》에 대해 저술하였다. 그는 20권의 방대한 《신구쟁新舊諍》을 지었는데, 현장 계통의 신유식과 진제 계통의 구유식의 논쟁점을 파헤친 이 책에서 누구나 성불할 수 있다는 일불승一佛乘설을 강력하게 주장했다. 이는 원측이나 원효에 앞서 일불승 사상을 주장한 의미 있는 인식이었다.

능산리 절과 왕흥사의 석가불 신앙

백제 위덕왕威德王(554~598)은 태자 시절 노신들의 만류를 무릅쓰고 신라와의 관산성 전투에 나섰다가 위험에 처했고, 이를 구하러 출군한 부왕인 성왕이 전사하는 참패를 당했다. 이런 부왕을 위해 출가하려던 위덕왕은 제신들의 만류로 뜻을 이루지 못한 대신 100명을 출가시키는 도승度僧을 시행하고 당번幢幡(도량을 장엄하기 위한 깃발)과 천개天蓋(부처를 장식하는 덮개)와 같은 장엄물 공덕으로 성왕의 명복을 빌었다. 위덕왕은 귀족들의 영향력이 커진 불안한 정국을 돌파하기 위해 출가를 내세웠고, 불교를 옹호하는 세력의 지원으로 출가를 시행함으로써 약화된 왕권을 회복하는 계기를 마련하였다. 이어 한강 유역을 되찾기 위해 분투하다 죽은 성왕을 추숭하며, 성왕 대의 왕권을 회복하려는 의도에서 567년(위덕왕 14) 왕릉 구역 능산리에 능사陵寺(추정되는 이름)를 창건하여 명복을 빌었다. 능사는 매형妹兄 공주와 함께 공양한 것으로, 독특한 형태의 사리감에 사리를 봉안하여 석가불 신앙의 고양을 꾀하였다. 태안 마애불은 삼국 중 유독 백제에서만 제작된 마애불의 위용을 보여주는데, 시기적으로 보면 위덕왕이 북조와 외교관계를 가지며 석굴문화를 이해하고 성왕을 위한 불사佛事로 조성했을 가능성이 있다.

능사 사리감은 백제에서 성행한 석가불 신앙의 면모를 보여준다.

부여 능사(복원)
위덕왕이 성왕을 위해 창건한 능산리 능사를 재현한
부여 백제문화단지.

백제금동용봉봉래산향로
위덕왕이 성왕을 위해 창건한 능산리 능사에서 발견된 향로.
백제 문화의 우수성을 입증하는 뛰어난 조형물(국립중앙박물관).

창왕명 사리감
위덕왕이 성왕을 위해 창건한
능산리 능사에 모신 사리기(국립중앙박물관).

부여 왕흥사 사리기
위덕왕이 577년에 성왕을 위해 창건한
백마강 건너 왕흥사의 사리기(국립중앙박물관).

삼국시대

석가불은 불교의 중심 신앙이지만, 백제에서는 양나라의 전륜성왕적인 신앙과 연계된 사리 봉안의 석가불 신앙이 성행했다. 양무제가 신봉한 전륜성왕 아쇼카왕은 석가모니의 사리탑을 찾아내 그곳의 사리를 천하에 나누어 보내 사리신앙을 주도했다고 알려졌다. 능사의 '창왕명 사리감'에는 "백제 창왕(위덕왕) 13년 정해년에 매형공주가 사리를 공양한다[百濟昌王十三季 太歲在丁亥 妹兄公主 供養舍利]"는 명문이 선명하다. 세련되고 힘 있는 필치의 해서풍 20글자에 목탑 건립 사실을 명확하게 기록한 중요 기록물이기도 하다. 위덕왕은 577년(위덕왕 24)에는 부소산성에서 백마강 건너편에 왕흥사王興寺를 창건하였다. 죽은 왕자를 위해 사리를 공양했다는 왕흥사는 성왕의 능역 옆에 자리잡은 동쪽 능사와 짝하는 서쪽 사원이다. 왕흥사가 약간 크지만 두 사찰은 거의 같은 규모에 비슷한 구조를 하고 있다. 왕흥사에서 출토된 청동 사리함의 겉에는 "정유년 2월 15일에 백제왕 창(위덕왕)이 죽은 왕자를 위하여 절을 세운다. 본래 사리가 2과였는데, 묻을 때 신령스러운 조화로 3과가 되었다[丁酉季二月十五日 百濟王昌 爲亡王子立刹 本舍利二枚 葬神化爲三]"는 명문을 새겨 절을 건립한 연유를 밝혔다.

혜왕에 이어 즉위한 법왕法王(599~600 재위)은 599년(법왕 1) 살생을 금하고 민가의 사냥 도구와 낚시 도구를 없애도록 하였다. 《삼국사기》는 이듬해에 왕흥사를 창건하고 30명의 도승을 시행하였다고 기록하였다. 또 《삼국사기》에는 634년(무왕 34) 왕흥사가 완성되었는데, 웅장하고 화려한 모습으로 백마강변에 위치하여 왕이 항상 배를 타고 왕흥사를 찾아 향을 올렸다고 하였다. 왕흥사는 위덕왕 때 건립되었음을 사리기 명문을 통해 확인할 수 있는데, 법왕과 무왕 때의 이런 기록은 왕흥사가 갖는 정치적 의의를 강조하기 위한 것으로 이해된다.

관음신앙과 미륵신앙의 성행

백제에서 관음신앙의 사례는 일찍부터 찾아볼 수 있다. 관음신앙은 《법화경》의 이해와 함께 일찍이 전래되었을 것인데, 발정發正의 사례가 이를 잘 말해준다. 발정은 양 천감 연간(502~519) 중국에 가서 스승을 찾아 도를 배우고 이치를 깨쳤다. 30년 만에 귀국한 그는 월주에 관음도량이 있다는 말을 듣고 그곳을 찾아갔다. 거기에서 발정은 《화엄경》과의 겨루기에서 이긴 어느 《법화경》 독송자의 상서로운 자취를 확인했다. 이 이야기는 발정이 직접 관음신앙을 실천했다는 것은 아니다. 그러나 신앙의 현장을 직접 찾은 발정이 전한 관음신앙은, 중국에서 30년 수학한 그의 영향력과 함께 백제 사회에 상당한 반응을 불러왔을 것으로 추측된다. 아울러 《법화경》 독송자로 널리 알려진 혜현 또한 《법화경》 관세음보살보문품에 바탕을 둔 관음신앙을 실천했을 가능성이 크다.

백제가 일본에 불교를 전해준 시기에 대해서 538년과 552년 두 가지 설이 있는데, 552년은 《선광사연기善光寺緣起》라는 책에 기록되어 있다. 그런데 이 기록에는 당시 백제가 《청관음경請觀音經》의 내용에 따라 일본에 순금 불상을 보냈는데, 그 불상이 곧 살아 있는 부처라는 뜻인 생신여래生身如來라고 하였다. 이 경은 아미타불이 중생의 고통을 구제하기 위해 왕림했고 그 협시脇侍(주불을 돕는 보살)인 관음보살이 중생의 이익을 위해 주문을 설한다는 내용으로 되어 있다. 선광사 기록을 인정한다면 백제 불교에 《청관음경》 신앙과 생신여래 신앙이 있었다는 추정이 가능하다.

이보다 백제 불교신앙의 중심은 미륵신앙에 있다. 겸익이 주석한

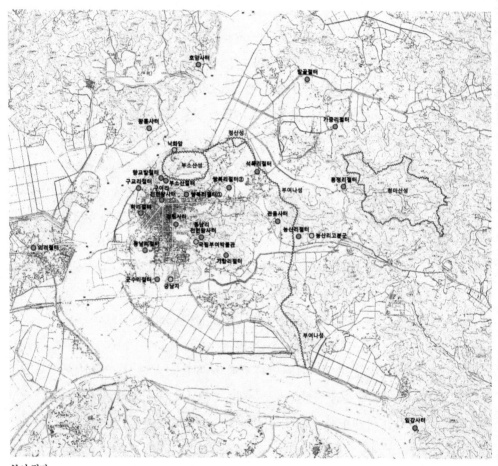

부여 절터
백제 사비시기 도읍지인 부여에 있던 주요 절터(문화재청).

흥륜사는 계율을 대표하는 사찰이고, 계율의 강조는 미륵신앙의 특징이기도 하다. 성왕이 552년 일본에 처음 불교를 전할 때 석가상과 미륵상을 전했다는 데서 백제 미륵신앙의 모습을 짐작할 수 있다. 신라 진지왕(576~579) 때 진자眞慈가 미륵선화彌勒仙花를 만나고자 공주 수원사水源寺에 갔다는 《삼국유사》(미륵선화 미시랑 진자사)의 기록이 있다. 이는 위덕왕 때 웅진 백제에 미륵신앙이 널리 성행했고 신라에도 일정한 영향을 미쳤음을 말해주는 것이기도 하다. 미륵선화 설화는 사비시기에도 웅진 지역이 미륵신앙 중심지의 하나였음을 말해준다.

백제의 미륵신앙은 지역에 따라 다른 특성을 보여준다. 웅진 지역의 미륵신앙은 신라 진자가 찾을 정도로 의미를 갖는 미륵상생上生적인 특성이 나타난다. 사비 지역의 미륵신앙은 왕흥사에서 보듯이 공덕신앙적인 모습이 강하다. 반면 익산 지역의 미륵신앙은 미륵사에서 보듯이 상생적인 모습도 있지만 미륵하생적인 특성이 강하다. 상생신앙은 미륵이 있는 도솔천에 태어나기를 바라는 것이고, 하생下生신앙은 미륵이 이 땅에 내려와 부처가 되어 중생을 제도할 때 그 자리에 참여하기를 바라는 것이다.

백제 미륵신앙의 상징은 미륵사彌勒寺 창건과 관련된 설화이다. 《삼국유사》에는 신라의 선화善花공주를 부인으로 맞아들여 왕위에 오른 무왕이 용화산 아래 연못 속에서 미륵삼존이 출현한 것을 인연으로 미륵사를 창건하였다고 기록했다. 무왕이 선화부인과 함께 사자사에 가기 위해 용화산 밑에 있는 연못에 이르렀는데, 갑자기 미륵삼존이 못 속에서 출현하였다. 이때 부인이 이곳에 큰 가람을 짓는 것이 진실한 바람이라고 하자 왕이 이를 허락하였다. 예전에 영험을 보인 적이 있던 지명법사를 찾아가 연못을 메울 방도를 묻자, 법사가 신력으로 하룻밤 새에 연못을 메워 평지로 만들었다. 그래서 미륵불이 세 번에 걸쳐 수십 억 중생을 제도한다는 《미륵경》의 삼회설법 내용에 따라 전각과 탑과 회랑 각각 세 곳을 창건하고 미륵사라고 이름하였다고 한다.

2009년, 미륵사 서탑을 수리하다가 탑의 중심을 받치는 심초석(탑의 중심 기둥을 받치는 돌)에서 사리 장치가 발견되었다. 그런데 그 속에 들어 있던 사리봉영기에 《삼국유사》의 설화와 달리, 백제 명문 귀족 출신 왕비인 사탁적덕沙乇積德 씨의 따님이 발원하여 이 탑을 세웠다는 기록이 있음이 확인되었다. 이 기록에는 왕비가 오랜 세월 좋은 인연을 심어 금생에 뛰어난 과보를 받았고, 삼보의 동량이 되어 재물을 희사하여 가람을 세우고 사리를 받들어 모셨다고 하였다. 이 일로

금동미륵반가상
백제 제작으로 추정되는
금동제 미륵보살반가사유상(국립중앙박물관).

왕의 수명이 산처럼 굳건하고 왕위는 천지와 나란히 영구하며 정법을 크게 하고 백성을 교화하는 데 도움이 되기를 빌고, 왕비도 불멸하여 영원히 복을 받고 모든 중생이 불도를 이루기를 기원하였다. 미륵신 앙은 본래 미래세계에서의 희망을 말하는 것이지만, 이처럼 백제인들은 미륵 사원을 만들면서 현실적인 장수와 왕권 안정을 희구하였다.

중원에서 발견된 629년의 명문 기와와 639년의 서탑 탑지 발원문은 미륵사가 무왕 때 장기간에 걸쳐 조성되었던 사정을 추정하게 한다. 그에 따라 소요된 비용도 엄청난 규모였을 것이고, 창건 주체도 왕과 왕비 등이 나누어 담당했을 것으로 생각된다. 미륵의 삼회설법에 의한 수십 억 중생의 구제를 위해 미륵사 구조는 한 구역마다 각각 금당과 탑을 갖춘 삼원三院으로 조성하였다. 금당에는 용으로 변한 미륵의 왕래를 상징하는 지하 구조를 갖추어, 경전 내용에 따라

익산 미륵사 사리기
무왕 때 조성한 미륵사의 서탑에서 발견된
무왕 왕비의 조성기(국립중앙박물관).

구체적으로 미륵의 왕림을 기원하는 간절한 소망을 표현하였다. 미륵사와 같은 평면 구조를 보이는 사원은 국내외에서 그 유례를 찾아볼 수 없다. 이는 백제인들의 미륵 구현에 대한 염원이 하나의 이상적인 미륵 공간으로서 미륵사와 같은 가람 구조를 이루도록 했기에 가능했던 것이다.

　미륵사를 비롯하여 익산 일대에는 백제의 불교 유적이 산재한다. 익산의 왕궁리 일대에 유적이 집중되어 있는데, 익산시 삼기면 연동리의 석불좌상과 태봉사 석조삼존불은 7세기 전반에 조성된 것으로 추정된다. 익산시 왕궁면의 제석사지帝釋寺址는 12미터가 넘는 방형 기단과 심초석이 남아 있는 거대한 규모의 목탑이 건립되었던 절이다. 완주군 구이면의 경복사지景福寺址는 고구려에서 망명해온 보덕화상이 활동하던 고대산高大山 비래방장이 있던 불교 유적지이다.

신라 사회와
불교

신라 불교의 공식적인 최초 사찰은 흥륜사興輪寺이다. 법흥왕은 이차
돈의 순교를 계기로 불교를 공인하고 흥륜사를 창건하였다. 흥륜사
는 527년(법흥왕 14) 건립을 시작하였으나 중단되었다가, 535년에 공
사가 재개되어 544년(진흥왕 5) 완공되었다.

　흥륜사의 조영에서 신라 불교와 백제의 연관을 찾아볼 수 있다. 백
제의 흥륜사는 무령왕 때 또는 526년(성왕 4) 창건된 것으로 추정된다.
신라 최초의 사찰 흥륜사 금당의 주존은 미륵불이었다. 이는 공인기
의 신라 불교에 먼저 수용된 것이 미륵신앙이었음을 말해준다. 신라
에 불교를 처음 전한 고구려에서도 6세기 후반 미륵신앙이 성행하였
고, 신라가 521년(법흥왕 8) 처음 외교관계를 맺은 남조 양나라에서도
미륵신앙이 크게 유행하였으므로 신라의 미륵신앙이 어느 나라의 영
향을 받았는지는 분명하지 않다. 고구려와 백제 두 나라에서 유행했
던 미륵신앙의 영향일 가능성도 있다. 그러나 흥륜사라는 명칭이 동
일하고 주불도 같은 미륵불인 점을 볼 때 신라 불교가 백제와의 긴밀

한 연계 속에서 그 영향을 받았다고 보는 것이 더 타당성이 있다. 433년 신라와 백제가 나제동맹을 맺고 고구려의 남진 압력에 공동 대처하는 우호적 관계에 있었던 외교적 흐름도 이를 뒷받침한다. 신라가 양나라와 외교관계를 가질 수 있었던 것도 백제의 중개를 통해서였다. 백제와 정치·군사적으로 긴밀하게 접촉한 신라는 자연히 백제 불교의 영향으로 공인기 초기 불교의 내용을 수용했을 가능성이 크다. 이처럼 신라 초기 불교는 고구려와 백제의 영향을 함께 받았다.

영주 지역에서 발견된 6세기 추정의 고분 2기는 묘제나 벽화의 내용 또는 묘지를 기록한 점에서 고구려 묘제의 전통을 보이는 것으로 추정된다. 2기 중 을묘명 어숙묘於宿墓에는 연도 천장에 만개한 연꽃이 그려져 있고 기미명 묘에는 연실과 연꽃과 서향한 새가 그려져 있어 서방극락 왕생을 기원한 것으로 풀이된다. 기미명 묘가 539년에 조성된 것이라면 불교 공인과 관계없이 지방에서 불교가 이미 수용

금성
천년 신라의 왕성 모형.

되고 있었다는 것이다.

법흥왕과 진흥왕은 일시적으로 출가하는 사신捨身을 행하였고, 만
년에는 출가하기도 했다. 진흥왕은 새로 점령한 지방을 순수할 때 승
려를 대동하였고, 화랑도를 제정하고 백고좌강회百高座講會(100명의
고승을 초청하여 나라의 안녕을 기원하는 경전을 강의하는 모임)와 팔관회
八關會(전몰 장병의 넋을 위로하는 의식)를 거행하기도 하였다. 진평왕
때는 신라의 삼보가 생겨나는 등 불교가 신라 사회의 중심이념으로
정착되었다. 중국에 유학 간 원광이 돌아와 활동하고, 안함安숨 등이
중국에 다녀와 중국 불교를 본격적으로 받아들인 것도 이때였다.

신라 중고기의 왕실은 왕실과 부처를 동일하게 여기는 진종설眞種說
을 내세웠다. 진평왕은 자신과 왕비의 이름을 석가의 부모 이름과 같
게 하였고, 그의 딸인 선덕왕의 이름은 부처의 이름으로, 조카인 진덕
왕은 경전 주인공의 이름으로 하였다. 이러한 불교식 왕명은 신라 왕

경주 불곡 석불좌상
경주 남산 기슭의 작은 감실에 새긴 석불좌상.
성모인 듯 부처인 듯 전통신앙과 불교를 아우른
중간적인 성격으로 보기도 한다.

실을 불교적으로 신성화하고자 한 것으로 토착신앙이 하늘과의 연계를 강조하던 이념을 넘어서는 것이다. 종래의 천신신앙을 중심으로 한 토착신앙 대신 이 땅이 오래전부터 불교와 인연이 있다는 불연국토설佛緣國土說이나 팔관회와 같은 불교 행사 또한 기존의 신앙체계를 불교 신앙으로 대체해나간 것이다.

신라 영역 확장사업의 주역으로 활동한 거칠부는 고구려를 정찰하기 위해 들어갔다가 혜량惠亮이 경전을 강의한다는 소식을 듣고 찾아가 그와 함께 신라로 돌아왔다. 이에 신라는 551년(진흥왕 12) 혜량을 불교 교단을 총괄하는 국통國統으로 삼았다. 교단을 통제하는 승관제를 시작하는 시점에 고구려 출신 혜량을 그 책임자로 임명한 것은 신라 승관제가 혜량에 의해 고구려의 영향을 받아 시행되었을 가능성을 시사해준다.

원광과 자장

신라 사회에 불교가 정착되는 초기에 주도적인 활동을 한 원광圓光은 남조의 진과 수에 유학하고 돌아와 유교적 도덕을 권장하는 세속오계를 일반인들의 윤리로 제시했다. 또 수나라에 군사를 요청하는 〈걸사표乞師表〉를 짓는 등 진평왕의 공식 외교문서를 도맡아 작성하였고, 황룡사에서 열린 백고좌법회를 상수로서 주관하였다. 이 법회는 국토가 어지럽거나 외적이 침탈하고 화재나 홍수와 같은 국난 상황에서 나라를 온전하게 지키고 보존하기 위해 100명의 법사를 초청해 반야바라밀을 강론하는 것이었다.

원광은 전찰법회占察法會(자신의 행위를 점쳐 잘못을 참회하는 법회)를 시행하였는데, 이는 개개인에게 현재와 내세의 안락을 기원해주고, 이미 죽은 자들을 추모하고 명복을 빌어 다음 세상에는 좋은 곳에서 태어나기를 기원하는 것이었다. 현세보다 나은 내세를 얘기하는 원광의 지도는 전쟁에 지친 신라인들에게 정신적 위안이 되었을 것이다. 그는 또 대승불교 사상을 포괄하고 있는 《섭대승론》을 강론하여 불교 교학의 체계를 세우는 등 국왕으로부터 지방의 하층민에 이르기까지 전 계층의 신라인들에게 부처의 가르침을 알리는 데 평생을 바쳤다.

알천閼川으로 대표되는 구귀족세력과 용춘龍春·서현舒玄으로 대표되는 신귀족세력이 힘의 균형을 유지하던 선덕왕(632~647 재위) 대에는 분황사 등 사찰이 새로 건립되고 명랑明朗이나 자장과 같은 유학승의 활동이 더욱 두드러졌다. 651년(진덕왕 5)에는 앞서 624년(진평왕 46)에 개설했던 불교 담당 관청인 사전寺典을 대도서大道署로 개편

청도 운문사
원광법사가 활동하던
신라 불교 초기의 지방 사원.

양산 통도사 계단
자장율사가 부처의 사리를 봉안하여 만들어
계를 주는 의식을 치르던 계단.

하면서 관원을 대폭 증원했는데, 승려가 통제하는 정관政官이 아니라 관원이 통제하는 속관俗官이었다. 여기에서 그동안 비약적으로 성장한 불교 교단이 이제 제도 개편을 통해 국가 통제를 받아야 될 형편이 되었음을 알 수 있다.

7세기 전반의 활력 넘치던 신라 불교계를 이끈 자장慈藏은 진골 출신으로 국정 참여를 종용받기도 한 인물이다. 자장은 고요한 곳에서 홀로 수행하고 마른 뼈를 관찰하여 인생의 무상함을 깨닫는 고골관枯骨觀을 닦는 등 전통사상에서 출발하여 계율 중심의 불교로 나아갔다. 선덕왕 때 당에 유학하여 남산율의 종조인 도선道宣과 교유하였고, 화엄을 익힌 후 대장경을 가지고 돌아와 신라 불교 교학의 근간을 마련하였다. 아울러 대국통大國統으로 승려들의 통제 방안을 마련하고, 그들이 지켜야 할 계율을 정립하였다. 또한 계단戒壇을 설립하여 승려들이 정식 수계를 하도록 하였는데, 이는 신라인들에게 불교를 자기 자신의 것으로 받아들이고 불교정신을 이해하게 하는 데 크게 기여하였다.

자장은 신라 땅 황룡사 금당에 석가모니 이전의 과거불인 가섭불이 좌선하던 바위가 있었음을 전하여 신라가 불교와 깊은 인연이 있는 나라임을 강조하였다. 또 문수보살 신앙의 본산인 오대산五臺山을 참배하고 와서는 신라 땅에서 문수성지로 오대산을 설정하였다고 전한다. 이는 불교 공인 시기부터 큰 기반을 가지고 있던 불연국토설과 긴밀한 연관을 가지면서 신라 불국토설佛國土說을 정착하려던 시도였다. 왕실의 권위 강화와 외침 저지의 목적으로 건립한 황룡사 9층탑은 신라 땅에 불국토라는 이상사회를 구현하고자 하는 신라 불국토의 관념으로 확대되었다.

자장은 400여 상자의 불교 경전 삼장三藏도 들여왔는데, 이는 진평왕 때의 대규모 경전 수입 이후 새로이 중국에 소개된 경론들을 들여온 것으로서 신라 교학 진흥에 밑거름이 되었다. 이와 함께 번당幡幢, 화개花蓋 등 의례에 쓰이는 장엄물도 가져와 불교의식이 자리 잡도록 하였다. 자장은 당시 불교사상 연구의 중심에 있던 《섭대승론》을 강의하며 원광 이래의 신라 교학의 기반을 다졌다. 또 새로이 《화엄경》도 깊이 이해하고 일반에게 강의하여 신라 화엄학 성립의 단초를 열기도 하였다. 신라 교학은 원광에서 자장으로 이어지며 섭론 등의 유식을 비롯하여 여래장 및 불성佛性사상에 대한 연구를 심화시켜갔다.

한편 자장은 왕자王者가 이타利他정신으로 국민을 다스린다는 보살사상에 의거한 보살계菩薩戒를 수용하고, 이와 아울러 주석서도 썼던 사분율四分律을 중심으로 승단의 생활규범을 확립하고자 하였다. 이로써 승니僧尼의 교학을 증진시키고 계를 지키는 것과 계를 범하는 것을 알게 하였고, 사원을 유지·관리하고 승려의 과실을 경계하는 등 승단의 기풍을 바로세우는 한편 일반인에게도 계를 알고 부처를 신봉하도록 깨우쳤다. 그는 《아미타경의기阿彌陀經義記》를 지어 정토에도 관심을 가졌다. 이는 이 시기의 불교 대중화를 선도해가던 정토신앙을 이론적으로 정립하려던 노력으로서, 통일 이후 정토 교학 진전의 밑거름이 될 수 있었다.

이 시기에 신라 승려들은 입당 구법求法에 머물지 않고 직접 인도로 머나먼 구법의 길에 나서기도 하였다. 정관(627~645) 연간에 인도의 날란다사, 대각사 등지에서 교학을 연마했다는 아리야발마阿離耶跋摩와 혜업慧業 등이 그렇게 이름을 남긴 이들이다.

유학승들이 왕래하면서 중국과 직접적인 교류가 이루어지고, 교류가 활발해지면서 많은 사원이 조성되었다. 불국토 관념에 따라 과거불(석가 이전에 출현한 여러 부처) 시대의 7처 가람을 재현하는 사원을 건립하는 등 왕경의 도처가 불국정토임을 나타내고자 하였다. 7처 가람은 흥륜사, 담엄사, 영흥사, 황룡사, 분황사, 영묘사, 사천왕사로서, 신라 왕경의 중심부에 있었으며 대부분 신라 중고기에 창건되었다. 이들은 신라 토착신앙의 성소聖所로 알려진 곳에 창건되었는데, 위치상 도성의 구획과 방위에 중요한 지역이었다.

불교사상도 상당한 진전을 보였다. 원광과 자장 등의 섭론사상과 보덕과 낭지 등의 일승사상, 혜공과 대안 등의 반야공관 등 다양한 교학이 소개되며 불교의 이해수준이 높아졌다.

승정기구와 불교의례

신라 왕경에 사찰이 들어서게 되자 출가가 허용되었다. 승려 수가 많아지고 대중 교화가 활발해질수록 불교 교단에 대한 국가 규제의 필요성이 커졌다. 이에 승려들의 출가에 일정한 형식이 마련되었고, 개인이 재화를 시주하여 절을 짓거나 불상 등을 봉안하는 행위를 규제하였다. 7세기 전반에 석불과 사찰이 많이 건립된 것은 철제 공구와 농기구의 확산으로 농업 생산력이 증대되고 경제력이 성장하여 절에 시주할 수 있는 여유가 생긴 계층이 늘어났음을 의미한다. 국가와 왕실, 귀족들의 관심과 경제적 지원 역시 사찰을 유지·운영하는 큰 토대였다.

교단을 관할하는 승정僧政기구는 순차적으로 정비되었다. 처음에는 6세기 중엽에 국통國統, 도유나都維那, 대서성大書省 등의 중앙 승관직이 설치되었다. 7세기 중엽에 지방 승관직인 주통州統·군통郡統이 설치되었고, 불교계의 행정사무를 관장하는 실무 관원이 출현하였다. 이후 785년 정관이 성립되어 실무 관원을 승려로 충원하면서 실제로 승관제가 정착되었다. 승정기구의 정비는 불교 행정사무를 전국적으로 관장할 필요성이 커질 정도로 신라 불교계가 확대되었음을 말해준다.

대국통의 지위를 부여받아 신라 불교계를 이끈 자장은 승려를 비롯한 신자 등에게 불전을 공부하게 하고 보름마다 계율을 설하였으며 이를 시험으로 확인하였다. 또 지방에 관리를 보내 사원을 두루 검사하여 잘잘못을 경계하고 불경과 불상 등 장엄물의 법도도 마련하였다.

정기적인 불교의례로는 매일 행하는 일상적 의례와 매년 일정한 때에 거행하는 의례가 있었다. 일상 의례는 하루 여섯 번 행하는 예불인 육시예참六時禮懺이 있고, 매년 정기적으로 행하는 의례로는 강경講經법회와 연등회, 팔관회 등이 있었다. 팔관회는 처음에는 전사자를 위로하는 행사였으나 선덕왕 이후로는 외적을 물리치려는 성격이 강했고, 통일 이후에는 축제적 성격이 강화되었다. 연등회는 부처에게 등불을 공양하는 것으로, 전통적인 종교의례와 조상 숭배 행사가 불교의례로서 시행된 것이었다. 비정기적 의례로는 국가의 평안을 기원하는 인왕백고좌회仁王百高座會, 망자의 명복을 비는 추선追善법회 등이 있었다.

신라 불교와 국가

오랜 진통을 겪으며 왕실 주도로 불교를 공인한 신라는 특히 국가와 불교가 밀접한 연관관계를 보였다. 국왕은 정법正法에 따라 세상을 통일하고 선정을 펼친다는 전륜성왕 관념을 통치 기반으로 삼았다. 나아가 신라 왕실은 석가족의 이름을 왕명에 재현하는 진종설真種說까지 도입하였다.

전륜성왕의 치세에 출현하여 이상적인 불국토를 건설한다는 미륵불 신앙은 진흥왕 때 조직화된 화랑제도의 정신적 기반이 됨으로써 전륜성왕 사상과 함께 신라 사회에 정착했다. 초기 불교의 대표적 조형물인 황룡사의 장륙석가삼존상과 흥륜사의 미륵불은 석가와 미륵의 결합을 통해 국가이념과 조화를 이루고자 했던 국가불교의 면모를 형상화한 것이다. 진흥왕은 불교 공인의 실마리가 된 흥륜사가 완공되자 대왕흥륜사大王興輪寺라는 이름을 내려, 자신의 대왕의식을 표방하였다.

황룡사는 과거불시대의 7대 가람지의 하나였으며 거기에 조성한 3만 5천 근의 거대한 장륙상도 인도 아쇼카왕[阿育王]이 만들려 했다는 인연설화를 가지고 있다. 이처럼 황룡사는 신라가 불교와 뿌리 깊은 인연이 있다는 불연국토설을 정착시키려는 의도를 간직한 사찰이다.

진흥왕 때는 남조를 중심으로 한 중국 유학승들이 중국 불교의 진전된 사상을 직접 익혀 왔는데, 특히 565년(진흥왕 26) 명관明觀은 1,700여 권의 경전을 들여와 교학 연구의 기반을 마련했으며, 이에 앞서 549년에는 각덕覺德이 불사리를 수입해와 신앙 기반도 다졌다. 이렇게 하여 진흥왕 때는 불·법·승의 교단조직이 확실히 갖추어졌다.

한편으로 진흥왕은 이러한 불교의 발전을 국가의 일관된 통제 아래 두고자 550년(진흥왕 11) 안장安藏을 대서성大書省에 임명하여 불교 교단을 관장하도록 하였고, 다음 해에는 거칠부의 인도로 고구려에서 망명해온 혜량을 국통으로 삼아 승단의 통제를 맡겼다. 이를 통해 신라에 처음 불교를 전할 때부터 강한 영향을 끼쳐온 고구려 불교가 중국 남조에서 직접 수용한 불교와 함께 신라 불교의 두 가지 토대가 되었음을 알 수 있다.

혜량은 신라에서 인왕백고좌회와 팔관회를 주재하였다. 인왕백고 좌회는 인왕이 백관을 거느리고 불교적 선정을 베푸는 모습을 상징한 《인왕반야경仁王般若經》을 독송하며 내우외환을 방지하고 국가의 평안을 기원하는 의식이다. 팔관회는 8계를 지킴으로써 미륵회상에서 만날 수 있다는 팔관재八關齋를 변용해, 전쟁에서 희생당한 군사를 위해 7일 동안 열린 큰 행사였다.

진흥왕의 둘째 왕자로서 먼저 죽은 동륜銅輪태자 대신 즉위한 진지

경주 황룡사 금당
신라 최대의 사찰 황룡사의 장륙상이
봉안되었던 금당 자리.

왕은 4년 만에 '국인國人'들에게 폐출되었다. 이어 즉위한 동륜태자의 아들 진평왕(579~632 재위)은 긴 재위 기간 동안 중앙 행정조직을 정비·확충하는 등 왕권 강화작업을 지속적으로 추진하였다.

진평왕과 석가족 왕실

진평왕은 자신의 이름을 석가모니의 부친 정반왕淨飯王의 다른 이름인 백정白淨으로 하고 아우들도 백반白飯·국반國飯이라 하여 정반왕 아우들의 이름을 그대로 따라 쓰며, 왕비도 마야摩耶부인이라 하여 석가모니의 모친 이름을 따라 붙였다. 즉, 석가의 가문인 카필라국 석가족 왕실의 진종설眞種說을 이름 그대로 신라 왕실로 재현시킴으로써 신라 왕실의 골품을 미화하려 했다.

진평왕 재위 전반기인 6세기 말에는 지명智明, 원광圓光, 담육曇育 등이 연이어 중국에 유학하여 남·북조 불교가 이룩한 사상적 성과를 빠르게 수용해왔다. 진평왕 다음 대는 진종眞種 관념으로 보자면 석가의 시대가 되는 셈이다. 왕자가 없어 선덕왕이 국인들로부터 성조황고聖祖皇姑라는 칭호를 받아 즉위하고, 연이어 진덕왕이 여왕으로 즉위하였다. 그러나 이미 신성한 혈족 관념이 신귀족세력의 실권에 밀리는 형세를 보이기 시작하고 있었다.

선덕왕의 이름인 덕만德曼은《현겁천불명경賢劫千佛名經》(과거·현재·미래 중 현재 세상의 천불 이름)에 나오는 천불 중의 부처 이름 덕만德鬘에서 유래하였다. 여러 부처 이름 중에서 덕만을 택한 것은《열반경》에서 덕만 우바이優婆夷(여자 재가 신도)가 중생을 구제하기 위해 여자의 몸으로 태어났다는 것에 의지하여 여왕의 등장을 정당화하려는 뜻도 있었던 것으로 보인다. 그리고 진덕왕의 이름인 승만勝曼은《승만경勝鬘經》의 주인공 승만에서 유래하는데, 프라세나짓왕[波斯匿王]의 딸로서 아유타국의 우칭왕과 결혼하여 일승사상의 사자후를 설하는 설법의 주인공이다. 승만부인 역시 장차 보광普光여래가 될 수기를 받았다. 이런 설정은 사촌으로 이어진 선덕왕과 진덕왕 단계에서 남녀 상관없이 여래로 파악하려 했음을 짐작하게 한다.

불교식 왕명은 왕권의 신성성을 나타내려는 것이었다. 동시에 성스러운 이름에 걸맞게 이상적인 제왕이 갖추어야 할 도덕성과 통치 이념도 왕에게 요구하는 것이었다.

경주 신선사 마애불
김유신의 수행 전승이 전해지는 단석산 신선사의
바위에 새긴 삼존불상.

사원 운영과
불교문화

삼국에 불교가 전래될 때 뒤따른 것이 불경과 불사리, 장엄물 등이었다. 신앙을 실천하기 위해서는 공간으로서 사원이 필요하다. 불교 전래 초기 신앙의 중심은 사리를 봉안한 탑과 불상을 모신 금당이었다. 사리는 석가모니를 다비하여 나온 유골을 말하지만, 진신사리는 그 숫자가 극히 제한되어 있기 때문에 이를 대신하여 부처의 말을 기록한 경전을 법사리라고 하여 탑에 봉안하기도 하였다.

고구려의 정릉사

중국에서부터 사원은 남북 축에 궁궐과 같은 최고의 격식을 갖춘 건물을 배치하고 좌우에 대칭으로 건물을 추가하여 성역임을 구획하는 회랑으로 둘러싸 일정한 틀을 갖추었다. 고구려의 사원으로 알려진 것은 평양시대의 것들뿐이다. 평원군의 원오리 절터와 평양의 청암

정릉사 · 미륵사 · 황룡사(위로부터)
서로 비슷한 규모를 가진 삼국의 대표적인
사찰의 모형 비교.

리 금강사金剛寺 터, 동명왕릉 앞의 정릉사貞陵寺 터가 있다. 이 세 절터는 모두 8각 목탑을 중심으로 동·북·서 세 방향에 금당이 있는 1탑3금당식 구조를 하고 있다. 문헌에도 보덕이 영탑사靈塔寺에 8각 7층 목탑을 세웠다고 기록되어 있다. 고구려에서는 8각 다층탑이 기본형을 이룬 것이다. 이 전통은 고려시대에도 이어져, 옛 고구려 지역인 묘향산 보현사와 오대산 월정사에 8각 다층탑이 조성되었다.

근년에 복원된 정릉사는 중문–목탑–3금당–강당–회랑의 구조이다. 가로 223미터, 세로 133미터의 넓이로 건물 18채 자리가 확인되었다.

백제의 정림사와 미륵사

백제의 사원은 웅진시대인 529년(성왕 7)에 건립된 대통사大通寺 터가 확인된다. 중문中門–탑–금당–회랑의 1탑1금당식 가람 구조를 이루고 있고, 석조石槽(물 등을 담는 큰 돌그릇)와 통일신라시대 당간지주가 남아 있다. 사비에는 정림사定林寺, 군수리 절터, 능산리 절(능사), 왕흥사 등 여러 유적이 확인된다. 모두 1탑1금당식 구조이며, 정림사의 5층 석탑을 제외하고는 모두 목탑을 세웠다. 정림사는 중문–탑–금당–강당이 남북 일직선상에 배치된 구조인데, 강당 옆으로 건물이 있는 점이 특징이다. 이러한 정림사 가람 구조는 일본에 영향을 미쳐 일본의 초기 사원 구조에 그대로 적용되었다. 군수리 절터는 금당이 동서 27미터, 남북 20미터나 되는 9칸의 대규모 건물을 갖춘 대찰로, 백제 초기 불상을 대표하는 납석불좌상과 금동보살입상 등 많은 유

물이 출토되었다. 능산리 고분군에 위치한 능사에서는 창왕명 사리
감과 금동용봉향로가 발견되었다.

미륵사는 백제 최대의 가람이다. 미륵사의 가람 배치는 독특한 세
개의 절이 모여 이룬 삼원三院 가람식이다. 동서 172미터, 남북 148
미터의 장대한 규모로, 한국 사찰 중에서 가장 완벽한 기하학적 균제
를 이루었다고 평가받는다. 가람의 중앙에 중문과 회랑(건축의 중요
부분을 감싸는 지붕이 있는 긴 복도)이 있고, 중문을 들어서면 목탑과 중
금당이 있다. 목탑과 금당 사이에 석등이 있고 회랑이 이들 구조를
둘러싸고 있다. 중문 좌우편의 남쪽 회랑은 계속 동서로 연장되어 양
쪽에 각각 다시 중문이 있다. 그리고 동서 중문 안에는 각각 석탑이
있고, 중앙과 마찬가지로 탑 뒤에는 석등이 있으며 그 뒤에 금당이
있다. 중금당과 동서 금당은 각기 석등–탑–중문과 남북으로 일직선
상에 있으며, 세 금당과 세 탑의 중심은 각각 동서로 일치되는 선상
에 있다. 동서 가람의 바깥으로 회랑이 있어 동서 면을 감싸 돌아 북
쪽에 이르러 중앙 쪽으로 꺾여 각각 중간에서 승방僧房으로 추정되는
남북으로 긴 건물에 이어진다. 승방으로 추정되는 건물의 북쪽 끝부
분에서 중앙 쪽으로 회랑이 있고 중앙의 중금당 남북 중심축 선상에
중심을 둔 장대한 규모의 강당이 자리 잡았다. 따라서 미륵사의 구조
는 각기 별개의 구역을 가진 금당과 탑으로 이루어진 세 개의 가람이
하나의 강당을 중심으로 뭉쳐 있는 삼원 가람을 이룬다. 1탑1금당의
중원, 동원, 서원으로 구획된 가람을 동서 횡축선상에 나란히 배치하
고, 강당은 중원 북쪽에 하나만 배치한 독특한 삼원병렬식 가람을 구
성하였다. 중원에는 9층 목탑, 동원과 서원에는 9층 석탑이 건립되었
다. 석탑은 목탑 형식을 충실히 따라서 많은 양의 석재를 목조 부재

모양으로 조립하여 건립하였다. 이런 특징은 이곳에서 처음으로 석탑을 시도했다는 것을 짐작하게 한다. 새로운 소재와 발상을 지향하는 백제의 조형 감성이 튼튼한 기단부 위에 안정적인 맵시로 위로 솟아난 장중한 석탑을 이곳에서 처음으로 빚어내었다. 중원에서 발견된 629년의 명문 기와와 639년의 서탑 탑지 발원문은 미륵사가 무왕 때 장기간에 걸쳐 조성되었던 사정을 추정하게 한다.

미륵사 석탑은 정림사 5층 석탑에서 석탑다운 비례와 미감을 보인다. 좁고 낮은 기단 위에 높은 1층 탑신을 세우고 그 위에 적절한 체감률을 갖춘 옥개석과 탑신석으로 구성하여 규율과 율동 속에 우아한 아름다움을 자아낸다.

익산의 왕궁리王宮里 유적은 본래 궁궐로 건설된 것을 훗날 사원으로 바꾼 특이한 곳이다. 현재 앞부분은 5층탑과 절터가, 뒷부분은 정원 등 궁궐 유적이 확인된다. 발굴된 유물에서 관청 이름이 여럿 나와 처음에 별궁으로 건설했던 것으로 추정된다. 현재 남아 있는 장중한 규모의 5층 석탑은 정림사탑을 계승한 백제 미감을 따르고 있다고 평가된다. 심초석 위치의 사리공에서는 통일신라 불상이 출토되었고, 1층 탑신 사리공에서는 금동사리함에 담긴 정교한 사리 장치와 은제도금 금강경판이 출토되었다. 때문에 탑과 사리 장치의 제작 시기에 대해 백제, 통일신라, 고려 초기 등 여러 견해가 있다. 최근에는 새로 발견된 백제 사리 장치 유물에 견주어 제작시기를 백제 때로 보는 견해가 유력하다.

신라의 흥륜사와 황룡사

신라 최초의 사원은 고구려에서 온 전도승 아도화상이 머물던 일선군一善郡(구미시 선산읍) 모례의 집이다. 눌지왕 때 고구려 승려 묵호자가 이곳에 와서 굴을 파고 지냈고, 소지왕 때는 아도가 역시 이곳에 와서 여러 해 머물다가 죽었는데, 그를 모시던 세 사람이 경율을 독송하니 때때로 믿는 사람이 있었다고 하였다. 경율을 독송하고 신봉하는 사람이 있었다는 것은 사원의 존재를 의미한다.

《삼국사기》에 기록된 신라 최초의 사찰은 흥륜사다. 이 절은 이차돈이 순교한 527년에 짓기 시작하였으나 본격적으로 공사를 시작한 것은 535년이었다. 이해에 전통신앙의 성지이던 천경림의 나무를 재목으로 사용하여 17년 만인 544년(법흥왕 5)에 완공하였다.

경주 황룡사 목탑
중문–목탑–금당–강당 구조의
황룡사를 상징했던 225척 높이의
9층 목탑 1/10모형.

《삼국유사》에는 흥륜사가 완공되자 법흥왕이 방포方袍(승려가 입는 네모난 가사)를 입고 이 절에 머물며 교화를 임무로 삼았다고 하였다. 법흥왕은 출가하여 법공法空이라는 이름을 가졌고, 왕비도 535년에 영흥사永興寺를 창건하고 출가하여 묘법妙法이라는 이름의 비구니로 살다가 절에서 생을 마쳤다고 한다.

흥륜사는 남천 근처에 있었는데, 남문-금당-회랑과 연못이 있었고 금당이 정면 7칸, 측면 4칸 규모에 이르는 대찰이었다. 8세기 중반경에 이곳 금당에 아도화상과 이차돈을 비롯하여 자장·원효·의상·표훈 등 신라 불교의 10대 성인상을 봉안했다. 또 해마다 2월 8일부터 15일까지 왕경의 남녀가 모여 흥륜사탑을 도는 모임을 가졌던 왕경의 신앙 중심지였다.

진흥왕은 553년(진흥왕 14) 황룡사를 창건하여 569년(진흥왕 30) 완공하였는데, 이 해에 기원사祇園寺와 실제사實際寺도 창건하였다. 황룡사는 신라 최대의 사원이다. 중문-목탑-금당-강당을 회랑으로 둘

경주 분황사
선덕여왕이 창건하였다.
아름다운 후원이 있었다.

러싼 1탑1금당식 구조로서, 창건 후 금당 좌우로 각각 금당이 추가되었고, 탑 양쪽으로 경루와 종루가 배치되었다. 황룡사는 남문은 3칸, 중문 5칸, 탑 7칸, 금당 9칸, 강당 10칸으로 안으로 들어갈수록 폭이 넓어지는 건물 평면이 동서 288미터, 남북 281미터의 거대한 터전에 펼쳐졌다. 584년(진평왕 6)에 완공한 금당에는 3만 5,000근의 주불 장륙상과 각 1만 2,000근의 두 보살상, 10대 제자상과 신장상이 봉안되었다. 이후 645년(선덕왕 14)에 높이 225척(87미터)의 9층 목탑이 건립되어 신라 불교의 상징이 되었다. 9층탑은 중국, 일본, 말갈, 거란 등 주변 아홉 나라의 항복을 받는다는 자장의 건의에 따라 세워진 만큼 국가불교적 색채를 강하게 띠었다. 거대한 목탑의 건립은 백제의 공장 아비지阿非知가 와서 완성한 것이었고, 심초석 조성 등에 백제식 기법을 사용함으로써 신라와 백제 간 문화 교류의 자취도 담고 있는 조형물이다.

황룡사의 장륙상과 9층탑은 진평왕의 천사옥대天賜玉帶(하늘에서 내려준 옥 허리띠)와 함께 신라 삼보三寶에 드는 것이었으며, 황룡사는 과거불인 가섭불이 앉아 좌선하던 돌이 있다는 설화가 전해질 만큼 첫손 꼽히는 국찰國刹이었다. 613년(진평왕 35)에는 수나라 사신을 맞아 황룡사에 백고좌도량百高座道場을 설치하고 원광을 초빙하여 경전을 강의하였고, 636년(선덕왕 5)에는 왕이 병이 나자 이곳에 백고좌도량을 설치하여 《인왕경》을 강독하고 100인의 승려를 출가하게 하여 치유를 기원하였다. 이후에도 황룡사에서는 자주 백고좌도량이 베풀어졌고, 또 연등회와 팔관회가 베풀어져 왕이 이곳에 행차하기도 하였다. 754년(경덕왕 14)에는 성덕대왕신종의 4배 무게가 되는 49만 근이 넘는 종을 조성하기도 하였고, 화가 솔거가 황룡사 벽에 명화 노송도

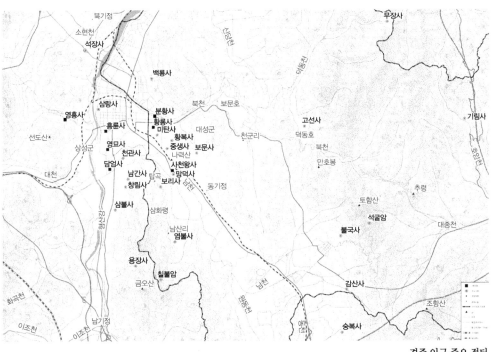

경주 인근 주요 절터
신라 왕성인 경주에 있던 주요 절터(김유철).

老松圖를 그려 그 기품을 더 높이기도 하였다.

이 절들에 이어 영흥사永興寺, 석장사錫杖寺, 영묘사靈廟寺, 분황사芬皇寺 등이 세워졌다. 634년(선덕왕 12)에 창건된 분황사에는 현재 모전석탑이 남아 있다. 본래 탑을 중심으로 세 금당이 자리 잡은 1탑3금당식 구조였는데, 훗날 1탑1금당으로 바뀌었다. 모전석탑은 중국에서 많이 건립되었던 전탑塼塔을 본떠 돌을 재료로 만든 것이다. 현재는 3층으로 남아 있지만 본래는 더 높은 층수였을 것으로 추정된다. 낮고 넓은 기단 네 모서리에 사자상을 두고 1층 탑신 사방에는 안으로 통하는 문을 달고 문마다 역동적인 역사상力士像 2구를 세웠다.

사원의 운영

사원은 탑과 금당과 강당, 식당과 종루 및 경루, 승방 등 방대한 규모의 건물을 갖추어야 한다. 목탑이나 석탑 등 탑을 건립하기 위해서는 목재나 석재 및 철제 공구가 필요하고 전문 기술인이 필수적이다. 불상을 만들기 위해서는 금속을 제련 가공할 수 있는 기술이 있어야 한다. 이렇게 종합문화적 속성을 지닌 사원을 짓기 위해서는 장기간 전문 기능을 갖춘 사람을 동원해야 하고 여기에 막대한 비용이 소요된다. 비용은 후원금으로 마련해야 하기 때문에 일단의 후원자가 필수적이다.

사원 건립을 지원한 세력은 왕실과 귀족 등 경제적 여건이 되는 계층이 우선이었다. 국가적으로 알려진 큰 사원은 모두 왕실이나 국가의 지원에 의해 세워졌다. 귀족들은 이들 사원의 건립에 시주하거나,

금동미륵반가상
신라 제작으로 추정되는 금동제 미륵보살반가사유상.
거의 같은 인상의 목조반가상이 일본 고류지에 있다.

개인적으로 자신들의 집을 사원으로 만들고 사원을 새로 창건하기도 하였다. 664년(문무왕 4) 함부로 재물이나 토지를 절에 기부하는 것을 금하는 명을 내린 것은 이미 이 시기에 사원에 대한 기부가 상당한 규모로 이루어졌음을 말해준다. 신라 통일기의 건실한 경제 운영을 요구한 이 시책과는 달리 실제로 왕실과 귀족들의 시주는 이후에도 계속 이어졌다.

중앙인 왕경에는 왕실 사원이 많았고 지방에는 일반 사원이 많았다. 유적이나 유물을 통해 추정할 수 있는 사원은 신라시대에 500개 정도 창건된 것으로 추정된다. 중대에는 일반인의 불교신앙이 보편화되어 사원의 창건도 활발하였고, 하대에 들어서는 지방에서 사원 건립이 급격하게 늘어났다.

사원은 상례喪禮와 제례祭禮를 주관하는 장소였고, 왕실의 제례는 물론 귀족과 일반인도 사원에서 제례를 지냈다. 사원에서는 팔관회와 연등회와 같은 국가의 주요 의식이 거행되었고, 소재消災의식이나 기우제 등도 거행되어 많은 사람이 모이는 장소가 되었다.

삼국의 불상 조각

삼국의 불교문화를 대표하는 것은 불상이다. 고구려의 불교 조형예술은 불상과 고분벽화에서 찾을 수 있다. 불상으로는 뚝섬 출토 금동여래좌상이 있다. 높이 4.9센티미터의 이 불상은 가부좌 자세로 선정에 든 모습인데 옷자락이 대좌를 덮고 있다. 중국 불상을 충실하게 본떠 만든 것으로 추정되는데, 장천1호분의 벽화에 등장하는 불상의 형태도 이와 똑같아 고구려 초기 불상의 면모를 짐작하게 한다.

이어 6세기 중반 제품으로 추정되는 금동여래좌상은 얼굴과 옷주름이 명확히 표현되어 진전된 모습을 확인할 수 있다. 각진 옷자락 표현은 강인한 고구려 미감을 대변한다. 또 연가7년명 금동여래입상延嘉七年銘金銅如來立像, 신묘명 금동삼존불상辛卯銘金銅三尊佛像, 평양 평천리 출토 금동미륵반가사유상金銅彌勒半跏思惟像, 평원군 원오리元五里 절터 출토 보살입상 등이 고구려 조각의 역동적 아름다움을 보여준다.

고구려의 고분벽화에는 불상과 공양자를 비롯하여 솟아오르는 수많은 연꽃과 같은 불교적 요소를 찾아볼 수 있다. 후기의 고분벽화에 많이 등장하는 불교적 문양은 고구려 사회에 불교가 널리 퍼져 있었음을 보여준다.

자연주의에 바탕을 두고 세련된 아름다움을 특징으로 하는 백제의

서산 마애삼존불
백제에서 발달한 마애불을 대표한다.

조형예술은 불교예술에서도 부드러운 인간미 넘치는 많은 작품을 만들어냈다. 초기 불상으로는 부여 신리 출토의 5.5센티미터 크기의 금동여래좌상이 있는데, 뚝섬 출토 고구려 불상과 형태가 비슷하다. 6세기 후반 제작의 군수리 출토 납석제 불좌상은 살며시 눈을 감고 선정에 든 모습으로 옷자락을 풍성하게 늘어뜨리고 있는데, 부드럽고 온화한 미감을 잘 나타낸 백제 조형미의 전형이다. 이 밖에 보원사지普願寺址 출토 금동불입상, 정지원명鄭智遠銘 금동삼존불, 정림사 출토 소조 불두와 보살상, 규암 출토 금동관음입상 등이 백제의 유려한 미감을 잘 보여준다. 일월관日月冠 장식의 미륵보살반가상은 백제 특유의 둥근 얼굴형에 온유한 느낌을 담아 법열法悅의 표현을 완벽하게 구사해낸 명작으로 평가되고 있다.

백제는 삼국 중 유일하게 대형 마애불을 조성하였다. 예산 사면석불, 태안 마애삼존불, 서산 마애삼존불의 마애불 전통은 신라에 전해져 통일 이후 석굴암에까지 이르게 된다. 부여 능산리 절터에서 발견된 금동용봉향로는 독창적인 금속공예 기량으로 불교와 도교사상을 융합하여 아름답게 표현한 걸작 예술품이다.

신라의 조형예술은 현세적 인간미를 구현하는 소박한 아름다움을 특징으로 한다. 초기 불상으로는 남산 불곡佛谷 석불좌상과 단석산斷石山 마애불이 있다. 불곡 석불은 꼭 들어맞는 크기의 감실 안에 앉은 자세의 불상으로 일반적인 불상 조각과 다른 점이 많아, 토착신앙의 산신과 불상의 이미지를 복합적으로 가졌다고 평가되기도 한다. 경주 건천의 단석산 신선사에는 자연 석굴사원이 있어 거대한 불보살상과 크고 작은 도상 10구를 새겼다. 단석산의 주불도 미륵이었고, 신라 금동불 중에는 여러 형태의 반가상이 많아 당시 왕성했던 미륵신앙의 모습을 떠올리게 한다.

반가상에는 추상성이 뛰어난 방형대좌상, 손바닥으로 얼굴을 받친 고뇌하는 듯한 상 등이 있지만, 가장 빼어난 반가상은 삼산관三山冠 장식의 미륵보살반가사유상이다. 이 상은 제작 기법과 예술적 표현 면에서 반가상 중 가장 빼어난 명작으로 꼽힌다. 치밀한 역학적 구성으로 균형 잡힌 신체를 자연스러운 옷주름으로 표현하고 잔잔한 미소에서 풍기는 숭고한 아름다움을 정교하고 완벽한 주조 기술로 제작해 예술과 과학이 어우러진 명품을 만들어냈다. 일본 고류지廣隆寺에 양식이 동일한 목조상이 있어, 신라와 일본의 문화 교류를 확인해주기도 한다. 양평 출토 금동관음입상, 인왕동 출토 석불좌상, 선산 출토 금동관음입상, 배리 삼존석불, 삼화령 미륵삼존석불 등은 소박한 자연미를 아름답게 조형화한 불상 조각들이다.

삼국 불교의 일본 전수

삼국은 독자적인 불교 이해체계를 수립하고 나서, 이웃 일본에게도 불교를 전수해주었다.

일본 불교는 일본과 긴밀한 외교관계를 가진 백제에서 552년(혹은 538년) 불상과 불경을 보내준 것으로 시작된다. 성왕聖王이 노리사치계怒利斯致契에게 금동석가상과 경론과 불구 등을 보내 일본에 처음으로 불교를 전하였다. 불법은 여러 법 가운데 가장 뛰어난 것으로 헤아릴 수 없고 끝없는 복덕과 과보를 생겨나게 하며 위없는 보리를 이루게 하는 것이니 일본에 유통하라 하였다.

일본을 향한 백제의 불교 전수는 계속되어 554년에는 담혜曇惠 등 9인을 파견하여 이미 건너가 있던 도침道深 등 7인과 교대하도록 했으며, 이때 역易박사·역曆박사·의박사 등과 채약사·악인 등을 함께 보냈다. 577년에도 백제는 일본에 경론과 함께 율사·선사·비구니·주금사呪噤師·조불공造佛工·조사공造寺工을 보내 지속적으로 일본 불교의 진흥에 도움을 주었다.

588년에는 혜총惠聰 등 9인의 승려를 파견하고 불사리를 보냈으며, 특히 사공寺工 2인, 노반박사鑪盤博士 1인, 와박사瓦博士 4인, 화공 1인 등을 보내 이들의 선진 기술력을 바탕으로 아스카飛鳥에 호코지法興寺(飛鳥寺)를 창건하도록 도와, 596년에 완공되도록 하였다.

602년에 백제의 관륵觀勒이 일본에 건너가 역서曆書와 천문지리서, 도교서, 둔갑방술서 등을 전했고, 관륵은 623년에 승정이 되어 교정체제를 세우고 일본 불교계를 지도하였다. 법상과 구사, 삼론에 밝아 《성실론소》를 저술한 백제의 도장道藏은 의자왕 때 일본에 건너가 법문의 영수로 존경받았으며 기우제를 집전하였다.

고구려도 일본에 불교 문물을 전수하였다. 고구려 승려들이 일본에 건너간 것은 7세기 전반에 집중된 것이 특징이다. 610년에 일본에 간 고구려의 담징은 오경에 능통하였으며 채색과 종이와 먹을 일본에 전하고 맷돌 제작법을 전하는 등 기술도 전수했다. 고구려의 혜관惠灌은 625년에 일본에 가서 관륵에 이어 승정으로 활동하였으며, 645년에는 십사十師에 임명되었다. 삼론학의 대가 혜관은 일본에서도 삼론종의 시조로 추앙되었다. 662년에 일본에 간 고구려의 도현道顯은 참위설을 전하고 정치고문을 맡기도 했다. 고구려에 유학한 일본 승려로는 안작득지鞍作得志·도등道登·행선行善이 있다.

일본 나라현 아스카데라
고구려와 백제의 영향이 짙게 배어 1탑3금당식의 구조를 보여주는
나라 아스카데라 복원도.

신라에서는 579년(진평왕 1) 일본에 석가상을 보냈다. 623년에는 불상과 금탑, 사리와 관정번灌頂幡(물을 뿌리는 의식에 사용하는 깃발) 등을 보냈는데, 그 편에 일본의 입당 유학승인 혜제惠齊와 혜선惠先 등이 함께 귀국하였다. 일본에서는 이를 받아 불상은 하타데라秦寺 [지금의 고류지廣隆寺]에 두게 하고 금탑을 비롯한 나머지 불구는 시텐노지四天王寺에 두도록 하였다. 이후 일본 승려들은 당 유학과 귀국 시에 신라의 배를 이용하였다. 632년과 639년 그리고 640년 신라는 당에 파견했던 사신이 오는 길에 일본의 입당 유학승과 유학생들을 귀국시켜주었고, 658년 일본의 지통智通과 지달智達이 신라선을 타고 당에 가서 현장법사에게 유식을 배웠다.

일본 오사카 시텐노지
1탑1금당식의 전형을 보여주는
오사카 시텐노지.

삼국 불교문화의 일본 전수는 사찰 조영을 통해 분명하게 드러난다. 588년부터 596년에 걸쳐 건설된 아스카데라飛鳥寺는 목탑을 중심으로 세 개의 금당이 둘러싼 1탑3금당의 고구려식 가람 배치 형태를 하고 있으나 건축 기법에는 백제의 영향이 크게 배어 있으며, 아스카 대불도 백제계 예술가인 도리止利가 제작했다. 아스카시대의 국가적 성격을 지닌 시텐노지는 593년 착공되어 648년에 완공되었는데, 가람 배치는 중문-탑-금당-강당을 남북 일직선상에 배치하고 중문에서 강당에 이르는 좌우 회랑을 설치한 구조이다. 이는 백제의 전형적인 1탑식 가람 배치이며, 구조물 간의 거리 비율도 군수리 절터와 동일하고 와적 기단과 같은 건축 기법과 기와의 연꽃무늬에도 백제의 영향이 짙게 나타나 있다. 시텐노지는 건축은 백제의 영향 아래 조영되었으나 금탑과 사리 등 불구는 신라의 것을 봉안하여 신라 불교문화의 영향도 드러나 있다. 이처럼 삼국의 불교는 일본에 복합적으로 전수되어 일본 불교의 진전에 큰 영향을 주었다.

韓 國 佛 敎 史

2

통일신라
―불교사상과 신앙의 정립

통일신라와 발해의 불교 ... 중대 교학불교의 발달 ... 신앙의 실천과 불교문화 ...
사원과 교단 운영 ... 선불교의 수용과 신라불교의 변화 ... 불교의 대외교류 ...

통일신라와
발해의 불교

통일기 신라 불교

7세기 중반 무열왕이 즉위하면서 신라 '중대中代'(654~780)가 시작되었다. 신라 왕실은 지방제도 정비와 중앙제도 개편으로 왕권을 강화하여 중앙집권적인 관료체제를 갖추었다. 이들 체제를 운영하는 이념으로 유교의 영향력이 커지고 유학자들이 대거 등장하여 문화 수용과 외교문서 제작 등 승려들이 맡아왔던 정치자문 역할을 대신하게 되었다. 왕명도 불교식 왕명시대에서 한식 시호諡號시대로 바뀌었다. 이러한 정치적 변화와 유학에 대한 이해가 진전되어가는 사상계의 동향에 상응하여 새로운 불교가 요망되었다. 삼국 불교를 종합하여 다양하고 폭넓은 시대의식을 담아낼 새로운 불교사상 체계 확립과 기층민들에게까지 널리 불교를 이해시켜나가는 것이 그 과제였다.

삼국 초기, 불교를 수용할 때는 삼국이 모두 불교를 믿어 복을 구하라고 했지만 불교의 궁극적 과제는 깨달음을 얻는 것, 즉 부처가 되는 것이고, 어떤 과정을 거쳐 부처가 되는지와 누구나 부처가 될 수 있는지가 중요한 문제가 된다. 신라에서도 원광 이후 여래장사상如來藏思想(모든 중생이 여래가 될 수 있는 성품을 지니고 있다는 사상)이 수용되고 나서 부처가 될 수 있는지 여부는 점차 중요한 문제가 되었다.

신라 승려들은 대체로 누구나 불성을 소유하고 있다고 주장하여 성불할 수 있는 가능성에 대해 개방적이었다. 이것은 중생이 성불할 수 있는 근거를 마련하여 중생의 구제가 가능함을 보장하고 아울러 인간의 본질적 평등성을 인정한 것이다. 이러한 인식이 실제로 철저한 신분제 사회의 계층 구조를 무너뜨릴 수는 없었지만, 기층민들에게 희망의 기운을 불어넣는 효과는 있었을 것이다.

중국의 남·북조 불교는 부처가 깨달은 연기법의 정수가 중도中道(유와 공의 어느 쪽에도 치우치지 않는 진실된 도리)이며 공空이라는 논리를 체계화한 중관中觀 계통과, 삼라만상을 인식 작용과 인식 대상인 현상세계와의 관계로 파악하는 유식唯識 계통의 사상 연구가 심화되었다. 아울러 모든 중생이 여래가 될 가능성이 있다는 여래장 사상도 한 축을 이루었다. 중국에서는 오랜 기간 분열되었던 남북을 통일하고 589년에 수나라가 개창되자 남·북조 불교의 성과를 종합한 위에서 이론적인 교학과 실천적인 관행을 체계화한 지의智顗의 천태종天台宗이 종파 불교의 장을 열었다. 618년 당나라의 개창 이후에는 현장玄奘이 인도에 다녀와서 직접 소개한 신유식을 바탕으로 법상종法相宗이 형성되었고, 법상종에 대한 대응으로 남·북조의 유식사상을 계승하여 법장法藏은 화엄종華嚴宗을 완성하였다. 이러한 중국 불교의 동향은 신라 불교의 전개에 큰 영향을 끼쳤다.

통일기 신라 불교는 삼국기 신라 불교의 중심을 이루었던 유식 교학의 기반 위에 고구려나 백제에서 발달했던 삼론학과 열반학을 수용함으로써 불교 교리에 대한 연구를 심화시켰다. 동시에 신유식·화엄과 같은 중국의 신불교에 대한 관심도 고조되었다. 원측과 원효, 의상 등의 활동을 중심으로 신라 불교 교학은 독자적인 꽃을 피우며 이후 신라 불교사상의 중심을 이루었다. 한편으로는 국가와의 긴밀한 관계 속에서 성장했던 국가불교의 문제점을 자각하고, 이 시기에 성장하던 기층민의 신앙 욕구를 만족시킬 수 있는 대중화운동에 주력한 결과 미타신앙과 관음신앙 등이 널리 알려졌다. 통일기 신라의 일반 백성들은 의식의 성장에 따라 점차 인간의 본질적 평등성을 주장하는 인간관에 관심을 갖게 되었고, 그 바탕은 보살사상에 입각한 보살계菩薩戒와 불성론이었다. 업설과 윤회사상이 현실의 신분차별을 완고하게 지지하고 있었지만, 불교 교리의 이해에 따른 평등관의 수용은 새로운 의식의 변화였다.

삼국 통합과 신라 불교의 성장

백제와 고구려를 통합한 신라 불교는 외형과 내용에서 큰 진전을 보였다. 그러나 오랜 전쟁으로 인한 경제적 문제로 인해 통일기에 사원은 많이 건립되지 않았다. 삼국의 전쟁이 한창이던 때 승려들도 직접 전장에 나가기도 하였다.

뛰어난 사상가로서 민간 전도 활동에 뛰어들었던 원효도 전쟁의 소용돌이에서 일정한 역할을 담당했다는 이야기가 전한다. 신라 김유신 군대가 당군과 함께 고구려를 공격하는 데 합류할 날을 논의했다. 당나라 장군은 암호 같은 난새와 송아지를 그려 보냈는데 신라군은 그 뜻을 알 수 없었다. 그래서 원효에게 가서 물었더니 반절음으로 풀어서 빨리 돌아오라는 뜻이라고 알려주어 위기를 벗어났다고 한다.

의상이 당에서 수학을 마치고 귀국하는 시점도 당군의 침공 사실을 미리 알고 이에 대응하려 했다는 설화도 전승되었다. 백제와의 싸움에서 산화한 장춘長春과 파랑罷郞이 659년(태종 6) 태종의 꿈에 나타나 백제 공격이 잘 되리라고 알려주자, 태종이 그들을 기리기 위해 한산(서울)에 장의사莊義寺를 건립하여 명복을 빌어주기도 하였다.

문무왕은 664년 사원에 재화나 토지를 함부로 기부하지 못하도록 하였다. 그 배경에는 통일기 초기의 새로운 경제체제 시행과 더불어 불교계를 국가 운영의 틀 안에서 관리하려는 의지가 들어 있다. 사원에의 기부 금지 조치가 이후 제대로 지켜지지는 않았지만, 이는 사원의 규모가 확대되어가던 7세기 중반의 불교계 실상을 짐작하게 해준다. 이 시기에 연달아 정관의 대서성에 승려들을 임명한 것도 승단 통제와 연관된 것이었다. 오랜 전쟁으로 경제가 피폐해진 상황에서 사원의 규모를 제한함으로써 일반 경제를 복원하고 사회 안정을 꾀하여 교단을 체계적으로 관리하려는 의도였다.

이런 의지는 불교 측에서도 호응을 얻었다. 부석사를 창건한 의상은 문무왕이 토지와 노비를 기부하겠다고 하자, 승려는 법계로 집을 삼고 발우로 농사지어 사는 것이며, 불법은 평등하여 귀천이 없다고 하며 거절했다. 또 왕이 왕경에 새로 성을 쌓겠다고 하자, 정치가 바르면 풀과 언덕으로 경계를 정해놓아도 감히 넘으려 하지 않지만, 정치가 밝지 못하면 수고롭게 장성을 쌓더라도 재앙은 그치지 않는다고 축성 중지를 강력히 건의하여 관철시켰다.

676년(문무왕 16) 의상은 중국에서 익혀온 당시 최고의 불교사상 체계였던 화엄을 바탕으로 소백산 자락에 부석사浮石寺를 창건하고 제자들과 함께 사상과 신앙의 실천의 장을 열었다. 이로써 지방의 사원 특히 산사가 전국으로 확대되는 계기가 마련되었다. 679년에는 최초의 쌍탑식 사천왕사四天王寺를 새로 세웠다. 여기에는 선덕왕 때 당에서 밀교를 수학하고 돌아와 활동하던 명랑明朗이 고구려 패망 후 신라를 공격하려는 당군을 물리치기 위한 비법이라는 전승이 더해졌다.

신문왕(681~691 재위)은 유력 귀족을 숙청하며 강력한 왕권을 지향하였다. 죽어서도 나라를 지키겠다는 의지를 천명하여 동해에 유골을 안장시켜 호국룡이 되었다고 알려진 선왕 문무왕을 기리기 위해 682년(신문왕 2) 동해 가까이에 감은사感恩寺를 창건했다. 신문왕은 감은사에 행차하여 부왕의 위력을 얻고자 했고, 그 과정에서 만파식적萬波息笛을 얻었다는 설화가 만들어졌다. 바다 속에서 얻은 대나무로 만든 피리를 불면 적병이 물러가고 병이 나으며, 가뭄과 장마가 물러

경주 감은사
동해변에 유골을 뿌려 왜적 수호를 다짐한 문무왕을 위해
동해 가까이 창건한 감은사.

나고 바람이 잦아지고 물결이 잔잔해진다 해서 만파식적이라 이름하고 국보로 삼았다는 것이다. 삼국 통합에 이은 국내의 정치적 안정을 상징한 설화이다. 효소왕(692~702) 때 해안가에 나갔다가 실종된 화랑 부례랑夫禮郎이 영험하다고 소문난 백률사 관음상에게 빌어 살아 돌아오는 이적이 있었다. 이 시기 사람들에게 널리 수용되던 관음신 앙의 가장 현실적인 사례가 화랑을 통해 정착되는 이야기이다.

이 시기 사원의 창건도 국가와 귀족층이 주도하였다. 부석사, 사천 왕사, 감은사를 비롯하여 685년에 창건된 봉성사奉聖寺와 망덕사望德 寺는 국가의 지원을 받아 세워졌다. 683년에는 재상 충원忠元의 건의 에 따라 행정 치소를 옮겨 영취사靈鷲寺가 창건되었다. 귀족들의 사원 창건도 이어져 자신의 집을 희사하여 절을 짓기도 하고 법회에 보시 를 하였다. 김유신은 그와 인연이 있던 여인의 이름을 딴 천관사天官 寺를 지었고, 안혜安惠 등과 함께 밀교 도량인 원원사遠願寺도 창건했 다. 김유신의 처 지소智炤부인은 남편이 죽은 후 비구니가 되었다.

684년부터 영흥사永興寺를 비롯한 사천왕사·봉성사·감은사·영묘 사 등에 성전成典이 설치되어 왕실의 봉사奉祀 기능을 담당하고 탑이 나 불상의 조성과 사원 운영을 체계적으로 맡도록 하였다. 성전 사원 으로 첫손 꼽는 사천왕사는 최고위 관직이 성전에 임명되었던 중대 왕실의 가장 중요한 사원이었다. 669년(문무왕 9) 신혜를 정관政官 대 서성에 임명하고 674년에는 의안을 대서성에 임명하여 불교계의 관 련 임무를 맡도록 하였다.

그러나 중고기의 자장과 같은 국통國統의 활동이 확인되지 않고, 승 정기구의 활동에 대한 명확한 자료는 거의 없다. 정관의 기능이 약화 되고 공적인 승정체계가 대도서大道署(사전寺典)에 소속된 속관을 통해

경주 황복사탑
왕실 원찰로 왕족의 명복을 빌기 위해 건립한
남산 기슭 황복사의 3층 석탑.

황복사 사리기
신문왕, 신문왕비, 효성왕을 차례로 추모하기 위해
불상을 만들어 봉안했던 사실을 기록한
사리기의 탁본(국립중앙박물관).

황복사 불좌상
성덕왕이 돌아간 왕 효성왕을 위해 만들어
황복사탑 안에 봉안한 순금제 불상(국립중앙박물관).

승적 등을 관장하면서 승정기구의 활동은 약화되었던 것으로 생각된다. 이 밖에 신문왕 때 경흥憬興은 백제 유민을 배려한 문무왕의 고명에 따라 국로國老에 임명되었고, 효소왕 때 혜통惠通이 정공鄭恭과 국가의 알력을 중재하는 활동을 하고 국사國師에 봉해지기도 하였다.

죽은 이의 명목을 비는 추복신앙으로 사찰에 조영물을 건립하는 것도 지속되었다. 신문왕비 신목왕후神穆王后는 먼저 세상을 뜬 신문왕을 위해 692년(효소왕 2) 황복사皇福寺에 3층탑을 건립하고 순금 불상을 제작 봉안하였으며, 신목왕후와 효소왕이 죽은 후에는 성덕왕이 706년 순금 불상 등 복장 유물을 추가 봉안하였다. 통일기에 활동한 김양도金良圖는 흥륜사 금당 삼존을 조성하고 벽화를 그리기도 하였다.

신라 불교사상의 정립

삼국 통합이 완료된 7세기 후반 신라 불교의 가장 큰 특징은 신라 불교사상의 정립이다. 유식과 기신론 그리고 화엄사상을 중심으로 전개된 사상적 추구는 독자적인 경론 해석을 보이는 등 교학적 이해가 깊어져 신라 불교철학이 정립되었다.

원효는 신라 교학 연구의 기반 위에서 《기신론起信論》의 학설을 중심으로 당대의 사상적 과제이던 중관과 유식을 회통할 수 있는 이론 체계를 정립하고, 이를 바탕으로 일심一心사상을 특징으로 하는 특유의 이론을 전개하였다. 이는 당대의 사상적 과제에 대한 신선한 관점의 방대한 사상체계로서, 통일기의 신라 불교를 종합 정리하는 불교 이해의 기준을 확립한 것이었다.

원측은 화회적 지향성을 추구하여 중국의 현장-규기로 이어지는 흐름과 다른 경향의 독자적인 유식사상을 정립하였다. 원측의 유식사상은 제자인 도증道證이 692년에 귀국하여 활동함으로써 신라에 수용 정착되었다. 이 밖에 순경, 경흥憬興, 의적義寂 등 각기 다른 사상적 성향을 보이는 유식사상가들이 대거 등장하여 유식사상은 7세기 후반 신라 불교의 가장 중요한 축을 이루었다. 원측-도증의 유식사상은 8세기 들어 대현大賢에게 계승되었고, 대현은 신라 원측과 당 규기의 유식사상을 종합 회통하여 신라 유식사상을 완성하였다. 경흥은 17종의 유식 관계 저술을 펴내 교학 연구의 중심을 이루었고, 의적 또한 4종의 유식 관계 주석서를 저술하여 유식의 대가로 꼽혔다.

의상은 중국 화엄사상을 완성한 법장과는 다른 화엄사상을 정립하여 신라 화엄학의 토대를 세웠다. 진정, 양원, 표훈, 신림, 법융 등 의상의 제자들이 대를 이어 화엄을 연마하여 8세기에는 신라 불교의 가장 활발한 교학의 하나를 이루었다. 이들은 여러 전적을 주석하는 대신 의상의 《일승법계도》를 중점적으로 이해하고 전승하였다. 한편으로 연기나 견등·표원과 같이 화엄과 함께 기신론 사상을 강조하여 원효나 법장의 화엄 이해를 계승하는 흐름도 이어졌다.

계율에 대한 연구는 범망계를 중심으로 이루어져 유불관계에 대한 접근을 가능하게 하면서 신라의 사회적 안정에도 기여하였다. 원효, 승장, 대현 등은 계율에 대한 저술을 남겼다. 7세기 중반에 국가불교 활동을 주도했던 밀교 승려들이 혜통의 《다라니집경》을 수용하는 것에서 보이는 것처럼 중고기 이래 지속되어온 밀교를 이어받아 8세기에 수용되는 후기 밀교의 바탕을 마련하였다.

성덕왕시대 불교의 개화

태자가 아니었지만 국인의 추대로 왕위에 오른 성덕왕聖德王(702~737 재위)은 초기에 왕권강화에 노력하였다. 관료들의 관작을 올려주고 백성들의 한 해 조세를 면제하여 민심을 얻고자 하였으며, 활발한 대당 외교를 벌여 당과의 긴장관계를 해소하고 패수 이남의 영토를 인정받았다. 문한기구(문필을 맡은 여러 관청)와 근시기구를 정비하여 왕권 안정에 지속적인 노력을 기울인 결과 신라 중대기에서 가장 안정적인 시대를 이끌었다.

이 시기에는 아미타 신앙이 성행했는데, 이전처럼 사후 극락왕생을 기원하는 내세적인 성격이 아니라, 염불 수행자가 이 땅에서 그대로 아미타불로 성불하는 것을 기원하였다. 신라에 부처가 있다는 현세불국토적인 미타신앙은 이 시기의 정치적 안정과 경제적 진전에 따른 자신감의 표현이었고, 민심의 안정과 기대는 성덕왕이 귀족들의 압력 속에서 안정적인 왕권을 유지하는 데 도움을 주었다. 그 실례가 남백월산에서 수도하던 노힐부득努肹夫得과 달달박박怛怛朴朴이 몸 그대로 미륵불과 미타불로 성불하였다는 설화이다. 또 집사시랑을 지낸 김지성金志誠은 719년 부모의 명복과 국왕의 장수와 복, 그리고 가족과 일체중생의 성불을 빌기 위해 방대한 땅을 희사하여 감산사甘山寺를 창건하고 이곳에 미륵보살상과 아미타불상을 조성 봉안하였다.

8세기 신라 교학사상의 주류는 화엄과 유식이었다. 7세기 후반에 부석사를 중심으로 화엄학을 연마하며 지역적 기반을 넓혀가던 의상의 문도들은 8세기에 들어 더욱 활발하게 활동하였다.

의상에게는 최치원이 〈법장화상전法藏和尙傳〉에서 '뛰어난 네 사람 [四英]'으로 꼽은 진정眞定·상원相元·양원良圓·표훈表訓, 《송고승전宋高僧傳》에서 거명한 '깊은 경지에 올라 인정받은[登堂都奧者]' 지통智通·표훈表訓·도신道身 등의 여러 제자가 있었다. 이들은 훗날 10성으로 꼽히며 활발하게 활동했다.

8세기 중반에 활동한 의상계 문손의 중심 인물은 신림神琳이었다. 신림은 의상의 제자인 상원에게 배웠는데 '의상의 적통제자[浮石嫡孫]'로 평가될 만큼 의상계 화엄의 중추를 이루었다. 신림의 견해는 균여의 저술에 수십 차례 인용되었으며, 법융法融·진수眞秀·숭업崇業·질응質應·순응順應 등 그의 많은 제자들이 8세기 후반에 활동하며 화엄학을 드날렸다.

8세기의 신라 유식은 대현의 사상 중심의 활동과, 진표의 점찰법 수행과 지장과 미륵신앙 실천의 두 가지 흐름을 이루며 법상종을 형성하였다. 도륜道倫의 방대한 사상 정리에 힘입어 신라 유식사상을

김제 금산사
진표가 점찰법의 참회행으로 사람들을 이끌었던 금산사.

정립한 대현은 유식중도설의 입장에서 각 교설의 의미를 밝혀 성상性相(본성과 현상)의 대립을 지양하고 신라 불교학의 성과를 종합하여 법상종의 조사로 불렸다. 대현은 50여 부의 많은 저술을 남겼는데, 화엄·법화·열반·반야 등의 대승경전과 여래장 중관서에 주석하였으며, 유가계의 계학戒學에도 관심을 가졌고 정토 관계 저술도 많다.

진표眞表(734~?)는 몸을 내던지는 투철한 참회 수행인 망신참亡身懺과, 지장보살과 미륵보살로부터 계법을 받아 점찰로서 자신의 과보果報를 점치고 그 결과에 따라 참회 수행하는 점찰법占察法을 실천하였다. 점찰법과 지장신앙을 바탕으로 진표가 선도한 법상종 계통은 영심永深과 융종融宗 등에 의해 여러 지역에 확산되었고, 신라 하대에도 지속적으로 계승되었다. 속리산·명주 등지의 고신라 변방 지역에 교화를 전개한 진표 계통의 실천신앙은 기층민에게까지 그 영향력이 확대되었다.

경덕왕과 불교문화

경덕왕景德王(742~765 재위)시대는 신라 중대기의 안정적인 권력 구조가 점차 약화되는 가운데 제도 개편 등을 통해 이를 회복하고자 노력하던 때였다. 국학 진흥책을 실시하고 감찰기구를 증설하였다. 745년, 죄수들을 사면하고 백성들에게 음식을 내리며 150명을 출가시켰다. 또 755년, 죄수들을 사면하고 부왕 성덕왕의 공적을 기리는 성덕대왕신종을 주조하기 시작했으며, 분황사에 거대한 약사상을 조성한 것도 정치의 안정을 꾀한 정책이었다. 또 당의 문화를 수용하여 제도를 일신하고 군현의 명칭과 관직명을 중국식으로 고치는 한화漢化정책을 단행하여 권력 집중작업을 추진하였다. 그러나 이러한 노력은 귀족들의 반대에 부딪혀 효과를 거두지 못하였다.

경덕왕은 많은 승려를 만나 사회 문제를 해결하고 강의를 듣는 등 여러 가지 활동을 벌였다. 재위 전반기에는 사회적인 영향력이 있던 진표에게 보살계를 받았고, 대현과 법해法海를 초청하여 재를 지내고 경전을 강설하는 의례를 시행하면서 가뭄을 극복하는 힘을 빌리고자 했다. 반면 재위 후반기에는 어려워진 정치 상황에 따라 표훈과 원표, 월명, 충담 등을 만나 신이한 능력을 요구하였고, 새로운 신앙을 받아들이고 향가를 지어 사회 문제를 해결하려 하기도 했다.

경덕왕은 753년 가뭄을 이겨내기 위해 대현으로 하여금 궁중에서 《금광명경》을 강의하게 했고, 754년에는 법해에게 황룡사에서 《화엄경》을 강의하게 하였다. 이는 국가적 재난에 불교가 맡았던 역할을 말해준다. 754년에 무게 49만여 근으로 성덕대왕신종의 4배에 이르는 황룡사대종을 왕비의 시주로 주조했으며, 755년에는 30만 근의 분황사 약사여래상을 조성했다. 성덕대왕신종은 주조한 지 17년 만인 771년(혜공왕 7)에야 완성되어 당시 불교문화의 수준을 증명해주고 있다.

경덕왕 때는 여러 사원의 활동이 눈에 띈다. 진표는 금산사를 중심으로 활동하였고, 연기는 화엄사를 창건하여 부석사와는 다른 화엄의 중심지를 이끌었다. 원표는 보림사를 세웠고 이순은 관직에서 물러나 단속사를 창건하였다. 백월산 남사에서는 미륵과 미타신앙이 왕성하게 실천되기도 하였다. 이러한 지방 사원은 지역민의 신앙을 이끌며 특히 미타와 미륵신앙이 중심이 된 정토신앙을 널리 전개하

보은 법주사
진표가 속리산에 세운 미륵신앙의 전당.

통일신라

는 터전이 되었다.

　이런 신앙 활동은 향도香徒라는 신앙조직의 활동과도 연결되었다. 강주[진주] 지방에서 수십 명 신도들이 미타정토를 기원하는 염불모임을 실천한 것이 그 구체적인 예이다. 이 염불회는 귀족이 주도하는 모임이었지만, 노비 욱면郁面이 참가 기회를 얻어 정토에 왕생했다는 설화가 만들어지기도 했다.

　경덕왕 대의 불교문화를 대표하는 것은 불국사와 석굴암의 창건이다. 시중을 지낸 김대성은 표훈에게 화엄이론을 배우고 불국사와 석굴암의 창건을 시작하였다. 당대 가장 뛰어난 사상과 과학과 문화 역량을 한데 모은 기념물의 조성은 개인의 힘으로 완수할 수 없었고, 그의 사후 경덕왕에 의해 완공되었다.

실천불교-밀교와 선종

8세기에 중국 불교는 화엄종과 더불어 밀교가 정립되고 선종이 크게 확대되었다. 밀교는 우주가 법신 대일여래大日如來의 경계이며, 이는 신비한 힘이 있고 비밀스러운 의미가 있는 진언眞言 다라니의 수행에 의해 이루어진다고 한다. 그래서 다른 불교를 가르침이 드러난 현교顯敎라고 하는 데 비해 밀교라고 부른다. 초기 밀교에서는 주술 등이 중심이 되었으나 8세기 인도 출신의 금강지金剛智와 불공不空이 활동하며 중국 신밀교가 정립되었고, 신라에도 큰 영향을 미쳤다. 오진悟眞을 비롯한 여러 승려가 이들과 중국 혜과惠果 등에게 사사하여 밀교를 전수받는데, 그 중심에 혜초慧超가 있다. 혜초는 720년대에 인도를 구법 여행하고 돌아와 중국에서 경전 번역에 참가하고 국가 주관의 기우제를 지내는 등 밀교 고승으로서 활발하게 활동하였다.

혜초는 불공의 6대 제자 중 중국 밀교를 정립한 혜과와 나란히 꼽혔던 밀교의 대가였다. 혜초는 특히 밀교경전인 《만수실리천비천발경曼殊室利千臂千鉢經》을 번역하고 이를 널리 알리는 데 힘을 쏟는 등 밀교사상의 체계화에 큰 역할을 하였다.

혜초 외에 밀교에서 활동한 신라 승려는 여럿이 있다. 현초玄超는 중국에 처음으로 신밀교를 전한 선무외善無畏로부터 밀교를 전수받아 혜과에게 전수하여 중국 밀교의 완성에 지대한 역할을 하였다. 역시 선무외의 제자 의림義林(702~806 이후)은 밀교의 고승으로 꼽혔고, 신라에 귀국하여 103세의 나이까지 전법에 진력하였다. 중국 신밀교를 직접 전수한 의림에 의해 신라 사회에 신밀교가 본격적으로 소개

중국 시안 혜초비
인도와 중앙아시아를 구법하고 장안에 돌아와
활동했던 혜초를 기려 그가 기우제를 지내 효험을 얻었던
장안(시안) 인근에 세운 비.

되었다. 의림은 순효順曉에게 법을 전했고, 순효는 일본 천태밀교의 창시자인 사이쵸最澄에게 전했다. 영묘사 승려인 불가사의不可思議 역시 개원 연중(713~741)에 선무외에게 사사하고 《대일경》 권7의 공양 차제법을 선무외에게 직접 물어 해석한 《대비로자나경공양차제법소大毘盧遮那經供養次第法疏》 2권을 지어 밀교의 사상적 체계를 세웠다.

이후에도 혜일慧日은 혜과로부터 781년에 중국 신밀교의 내용을 종합한 태장계, 금강계, 소실지법 등을 전수받고 귀국하여 그 법을 널리 폈다. 오진悟眞 역시 혜과로부터 781년에 밀교 교법을 전수받고 789년에 중천축에 가서 《대비로자나경》 등의 범본을 구했으나 귀국하는 도중 티베트에서 세상을 뜨고 말았다.

밀교와 더불어 8세기 들어 나타난 신라 불교의 새로운 지향이 선종의 도입이다. 신행神行(704~779)은 중국 선종 형성기에 중국 도신道信에게서 법랑法朗으로 전승된 법을 배웠다. 그리고 중국에서 이어온 선법으로 단속사를 중심으로 간심看心과 방편方便 법문과 같은 북종 선사상의 전파에 노력하였다. 신행에 앞서 무상無相(684~762)은 중국 사천 지방을 중심으로 활동하며 독자적인 선풍과 신이한 행적으로 폭넓은 대중 교화를 실현하였다. 무상의 활동은 정중종靜衆宗이라는 독자 유파를 만들었고, 이는 티베트에도 알려질 정도로 뚜렷한 자취를 남겼다. 무상과 신행의 선종 수용은 784년에 도의道義가 사신을 따라 당에 들어가 본격적으로 남종선을 수용하여 신라에 도입하기 전에 시도된 선구적인 활동이었다. 선종은 8세기 신라 불교가 교학 위주의 한계를 반성하면서 새로운 불교운동을 찾아 나선 시도의 하나였다.

8세기 초반 편찬된 것으로 추정되는 《석마하연론釋摩訶衍論》에서 신라 불교의 새로운 사상적 지향을 살펴볼 수 있다. 《석마하연론》은 논쟁의 바탕이 되고 있는 여러 경론의 다른 서술들이 모두 근기에 따른 것으로서, 결코 모순되지 않고 모두 평등한 가치를 갖고 있음을 강조하여 여러 논점을 회통하고자 하였다. 이 책은 신라에서 찬술된 것으로 추정되는데, 원효가 중시했던 《금강삼매경》과 《금강삼매경론》의 사상적 영향이 짙게 배어 있고, 의상 계통의 화엄서인 《화엄경문답》의 영향도 강하게 들어 있다. 근본사상은 의상계 화엄에 의지하면서도 원효의 회통 방법을 계승하여 독자적인 논의를 전개한 것이다. 곧 《석마하연론》은 신라 교학사상의 새로운 모색을 확인해주는 의의를 지니고 있다.

8세기에 이루어진 신라 교학의 왕성한 형세는 일본으로의 교학 전수를 통해서도 살펴볼 수 있다. 신라와 일본의 외교관계는 7세기 후반에 집중적으로 전개된 이후 8세기 동안 지속적으로 이루어졌다. 7세기 후반에 신라에 유학승을 파견했던 일본은 8세기 전반에 학승이 5차에 걸쳐 신라에서 귀국하였고, 그들 중 다수가 8세기 전반까지 불교계의 지도적 지위에 있으면서 활발하게 활동하였다. 일본은 7세기 후반 이후 당 유학승보다 신라 유학승이 다수를 차지하면서 지속적으로 신라 불교를 수용하는 경향을 보였다. 신라 불교철학의 정립과 발전은 유학승들의 연구에 충분한 기회를 제공해주었고, 국학의 설치를 통한 유학의 보급과 대규모 사찰의 조영 등과 같은 불교문화의 융성도 일본의 신라 불교 수용에 크게 영향을 미쳤을 것이다.

8세기에 일본의 나라奈良 불교는 국가불교적 면모를 갖게 되고 사상적으로 남도육종南都六宗이 성립되었는데, 일본 법상종과 화엄종의 형성과 사상 경향에서 신라 불교의 영향을 확인할 수 있다. 그리고 그 영향은 8세기에 광범위하게 이루어졌던 사경寫經에서 보다 확실

하게 나타난다. 729년부터 769년까지 조사된 나라시대 일체경一切經
(여러 경전을 모은 것. 후의 대장경과 같음)은 인도와 중국 승려의 저술이
많은 부분을 차지하지만, 신라 승려 25인의 저술 140여 종에 대해서
도 190회의 사경이 이루어졌다. 이는 일본 불교가 신라 불교의 영향
을 크게 받았음을 입증한다.

헌덕·흥덕왕 대의 불교계

왕실의 사원 지원은 이 시기에도 성행하였다. 758년에 창건되었다고
기록된 갈항사葛項寺 석탑은 실제로는 원성왕 때 세운 것으로 추정되
는데, 창건 주도자들은 영묘사 승려인 남자 형제와 원성왕의 모친과

갈항사탑
김천 인근에 있던 갈항사의 3층 석탑. 동탑 상층 기단부에 758년에
왕의 자제 세 사람이 세웠다는 글이 새겨져 있다(국립중앙박물관).

왕비의 여자 형제들이다. 소성왕의 비 계화왕후는 소성왕이 재위 2년 만인 800년에 세상을 뜬 후 그 명복을 빌기 위해 왕실 재정으로 무장사鍪藏寺에 아미타불상을 조성하였다. 추복으로는 서방왕생을 바라는 것만한 것이 없어 아미타불상을 조성했는데, 이 절은 원성왕의 부친이 숙부를 추모하기 위해 창건한 절이었다. 802년(애장왕 3) 부석사 화엄의 계승자인 신림의 제자 순응順應이 해인사를 창건하였다. 여기에는 소성왕의 모친인 성목태후가 전지 2,500결을 후원한 것이 토대가 되었다. 애장왕은 806년에 새로 사원을 짓는 것을 금하고 보수만 허락하며, 불사에 비단을 쓰거나 금은으로 그릇을 만드는 것 등을 금지하였다. 이는 전해에 당시 실력자이던 김언승(뒤의 헌덕왕)의 주도로 공식 20여 조항을 반포하여 왕권 안정화 작업을 추진한 개혁의 일환이었다.

이 시기 불교계에서는 조사 추모사업이 활발하게 펼쳐졌다. 먼저 원효의 후손인 설중업薛仲業이 일본에 사신으로 다녀오면서 원효의 위상이 새롭게 조명되었고, 800년경에 김언승의 주선으로 고선사高仙寺에 서당誓幢화상비를 세

서당화상비
원효를 기려 그가 머물던 고선사에 800년경에
그의 생애를 기록하여 세운 비(국립중앙박물관).

위 원효를 기렸다. 또 신라 공인 불교의 장을 열었던 이차돈의 순교를 기리는 추모모임이 흥륜사에서 이루어져 고위 승관 담당자와 다수 일반인이 참여하여 무덤을 중수하였고, 808년경에 백률사에 석당石幢을 세워 그 업적을 추앙했다. 이어 북종선의 계승자인 신행을 기리는 비가 입적한 지 35년 만인 813년(헌덕왕 5)에 세워졌다.

828년(흥덕왕 3)에 승려들은 치열한 왕위계승전의 주역이었던 김균정金均貞(?~836)을 단월檀越(시주자)로 하여 법광사法光寺탑을 조성하였다. 균정은 상대등을 역임한 권력자로 아들이 신무왕, 손자가 문성왕으로 즉위하였다. 846년(문성왕 8)에는 이 탑에 추가로 기원문을 써넣어, 이 공덕으로 단월은 정토에 왕생하고 국왕은 복과 장수를 누리기를 기원하였다.

853년(문성왕 15)에는 국왕의 발원으로 왕실의 측근세력과 승관 담당자와 고위 관직자들이 참여하여 창림사昌林寺탑을 조성하였다. 이 조성 공덕으로 윤회하는 중생은 정토로 인도되고 국왕은 인간과 천상의 주인이 되기를 기원하였다. 창림사는 원래 신라 첫 궁궐 터로서 왕실의 중요한 성지였던 곳이다. 민애왕 때 승속이 함께 모여 만든 모임에서는 봄·가을로 《화엄경》을 가져와 사당에 모여 민애왕 모후의 명복을 빌고 불법이 끊이지 않기를 기원하기도 하였다.

이 시기에 당에 유학한 승려들은 이전처럼 새로운 교학을 배우는 대신 선종을 공부하기 시작하였다. 도의道義가 784년에 당에 간 이래 804년에 혜소慧昭가, 814년에 혜철惠哲이 당에 가서 남종선을 익혔고, 821년경(헌덕왕 13) 귀국한 도의가 본격적인 남종선시대를 열었다.

이 시기에 황해 연안은 장보고張保皐(?~846) 선단이 장악하고 있었다. 이들은 각 지역에 신라방을 설치하고 산동 적산촌에서 보는 것처럼 기도처인 법화원法華院을 운영하며 불교신앙을 지원했다.

국왕을 비롯한 중앙과 지방의 세력가들이 선종을 지원하여 산문山門을 개창하고 다투어 선사들을 초빙하였다. 흥덕왕과 선강태자는 826년경 홍척을 후원하여 지리산 실상사를 개창하도록 하여 산문의 단초를 열었다. 흥덕왕은 830년에 귀국한 혜소도 우대하였다. 현욱은 837년 왕자의 교서를 받고 귀국하여 실상사에 머물며 역대 왕의 귀의를 받았으며, 왕의 부름을 거절한 혜소에게 왕은 838년 호를 내렸다. 839년에 귀국한 혜철은 문성왕에게 정책 건의[封事]를 올렸다. 당의 폐불 시행으로 845년에 귀국한 무염은 왕자의 요청으로 보령 성주사에 머물다 문성왕으로부터 성주사 이름을 받았고, 경문왕과 헌강왕의 요청으로 두 차례나 왕경에 초빙되었다. 847년에 귀국한 도윤은 경문왕의 귀의를 받았고, 851년에 범일은 명주도독의 요청으로 굴산사에 가서 주석하며 경문왕, 헌강왕, 정강왕이 국사로 책봉하려는 부름을 거절하였다. 체징은 헌안왕의 초빙은 거절했으나 그의 주선으로 858년 장흥 가지산사에 주석하였다. 도헌道憲은 864년에 단의장옹주가 시주한 원주 안락사에 주석하며 토지와 노비를 받았고, 자신도 토지 500결을 시주하였으며 왕의 부름으로 월지궁에 나아가 마음에 관한 물음에 답했다. 874년 순지順之는 왕건 조모와 부친의 주선으로 개경 용암사에 주석하였다. 수철秀澈화상은 헌강왕의 초청을 받았고, 진성여왕의 명으로 양주 심원사에 머물렀다. 이관利觀은 헌강왕 때 왕궁에서 10일 동안 설법하였고, 절중折中은 헌강왕과 정강왕의 거듭된 부름을 받았다. 심희審希는 진성여왕의 부름에 응하지 않고 진례성제군사 김율희의 귀의를 받았으나, 효공왕의 귀의를 받고 경명왕의 요청에 대궐에 가서 법을 설했다. 그러나 신라 말 정국이 혼미해지자 선사들은 민심을 파악하고 점차 왕실과 거리를 두며 호족들과 관계를 가졌다. 후삼국시기에는 신라나 후백제와 연계된 선사도 있었지만, 많은 선사들은 왕건과 연계되었다.

이러한 선종의 발전에 대응해 기존 교학불교는 화엄을 중심으로 교단 재정비에 나섰다. 특히 화엄종은 《화엄경》을 강론하는 결사를 구성하고 신라 화엄종의 조사인 의상과 신라 화엄의 원류인 중국의 지엄·법장 등의 조사를 기리는 추모 결사모임을 거듭 시행하였다.

경문왕의 불교사업

9세기 전반에 치열하게 전개되었던 원성왕계 내부의 왕위계승 투쟁은 경문왕의 즉위 이후 잠잠해졌다. 왕권에 대한 도전이 완전히 그친 것은 아니었지만, 이들을 제압하고 이후 50여 년간 헌강왕, 정강왕, 진성여왕과 효공왕에 이르기까지 직계가 왕위를 계승하였다. 이는 문한기구와 근시기구의 강화 등을 통한 개혁과 왕권 강화작업의 결과였다. 이에 따라 경문왕은 중앙과 지방에서 일련의 불사를 주관하며 교종은 물론 선종도 후원하는 다양한 불교정책을 시행하여 정치적 안정을 뒷받침하려 하였다.

경문왕은 즉위하기 전 국선國仙(화랑도 중의 대표)으로 활동한 적도 있어 불교와 유교·화랑도를 두루 중시하며 왕권을 안정시키고자 노력했지만 진골귀족 간의 오랜 분쟁을 일시에 바로잡기는 어려웠다. 경문왕 대에도 반란사건은 계속 일어났고, 경문왕은 이를 인재 등용과 토목공사 등을 통한 왕권강화로 대처하려 하였다. 불교계의 많은 사업도 이런 상황과 연관이 깊다.

경문왕은 즉위한 861년에 하대를 연 4대조 원성왕을 추모하며 그 후손들의 단합을 도모하기 위해 곡사鵠寺(뒤의 숭복사)를 창건하고, 화엄종의 결언決言을 초빙하여 강경하도록 하였다. 또 현준賢俊은 5일 동안 《화엄경》을 강의하며 국왕이 조상을 위해 효성을 드러내고 명복을 비는 사업의 복덕을 기원하였다. 862년에 각현覺賢은 금강산 장안사에 비로자나불상을 조성했는데, 다함께 연화장 세계에 이르기를 기원하는 화엄종의 신앙을 표현한 것이었다. 863년(경문왕 3) 왕은 일찍 죽은 처외숙조 민애왕을 위해 동화사桐華寺 원당願堂(죽은 이의 명복을 빌기 위한 절)에 탑을 세우고 중생들이 세세생생에 깨달음을 얻기를 기원하였다. 이 일은 진표를 계승하여 동화사에서 참회신앙을 주도하던 헌덕왕의 왕자 심지心智가 주도하였다. 경문왕은 이를 통해

경주 숭복사비
경문왕이 원성왕의 명복을 빌기 위해 지은 숭복사 내력을
최치원이 기록한 숭복사비를 복원한 것.

지방에서 확산하고 있던 미륵신앙을 포용하고자 하였다. 경문왕은 이 탑을 세우면서 동시에 화엄의 주불인 비로자나불도 조성하였다. 이때의 동화사 불사는 미륵신앙과 화엄이 결합된 것이었다.

이와 함께 삼화사 철불을 살펴볼 필요가 있다. 9세기 후반에 조성된 것으로 추정되는 이 철불은 국왕의 명으로 화엄종 결언이 주관하고 승구 등의 발원으로 만든 것이다. 그런데 이 명문에서도 화엄의 주불인 노사나불을 조성하면서 하생하는 미륵불이 이곳에서 《화엄경》을 강설해줄 것을 기원하였다. 화엄과 미륵이 결합된 신앙 구성인 것이다. 국왕의 명에 따라 지방세력이 조성한 삼화사 철불은 보림사 철불의 조성과 비슷한 과정을 보여준다. 보림사는 남종선을 최초로 들여온 도의를 계승한 체징이 주석하며 가지산문을 개창함으로써 훗날 신라 선종에서 첫손 꼽혔던 사원이다. 보림사 철불은 858년(헌안왕 2) 해당 지방관인 무주 장사현 부관 김수종의 뜻을 수용한 왕이 명

대구 동화사 비로암탑
경문왕이 863년에 민애왕의 명복을 빌기 위해
왕족인 심지를 내세워 세운 탑.

을 내려 조성하였다.

864년(경문왕 4) 왕은 감은사에 행차하여 망제望祭를 지냈다. 혜공왕 때(12년, 776) 그랬던 것처럼, 문무왕의 위업을 기리고 그 힘에 기대어 왕권을 안정시키려던 노력이었다. 866년에는 황룡사에서 연등회를 열고 백관에게 연회를 베풀었다. 865년(경문왕 5) 신라 외곽 지역인 철원에서 무려 1,000명이 넘는 대중이 모여 향도香徒라 칭하면서 불상 조성을 발원하였다. 이들은 비천한 사람들이 마침내 창과 방망이를 스스로 쳐 긴 어둠에서 깨쳐 나오고 게으르고 추한 뜻을 바꾸어 진리의 근원에 부합하기를 바란다고 하였다. 이와 같은 향도신앙은 기층민이 중심이 된 이 시기 신앙의 새로운 경향이었다. 870년에

삼척 삼화사 철불
국왕의 명으로 화엄조사가 만든 철불.
미륵이 화엄경을 강설해주기를 기원하는 복합신앙의 산물.

왕은 선왕 헌안왕의 왕생을 위해 보림사에 3층 쌍탑을 조성하였다. 보림사 철불을 조성했던 김수종이 관직은 서원부 소윤으로 바뀌었으나 이때도 석탑을 만들어 왕실과 연관된 신앙을 이어갔다.

871년(경문왕 11)에는 황룡사 9층 목탑을 해체, 수리하였다. 문성왕 때 탑이 동북쪽으로 기울어 쓰러질 듯했는데 868년에 지진 피해를 입은 적 있었다. 이에 본격적인 수리에 들어가 왕제 김위홍을 책임자로 대대적인 작업을 벌였다. 11개월 만에 수리를 모두 마치고 그 경과를 적은 찰주기刹柱記를 주초석 사리 장치에 봉안하였는데, 다행히 그 기록이 지금까지 전하고 있다. 경문왕은 중대 이후 위상이 약화되어 있던 황룡사에서 나라의 상징과도 같던 9층 목탑을 새롭게 단장함으로써, 불교계를 재정비하고 왕권의 위상을 강화하고자 하였다.

한편 경문왕은 같은 해인 871년에 선사 무염을 국사에 책봉하여 선종을 적극 포용하려는 의도도 드러냈다. 무염이 이를 수용하지 않고 성주사로 돌아가려 하자 경문왕은 상주 심묘사에 머물도록 했는데, 상주는 여러 절이 있던 거점 지역이었다. 이보다 앞서 경문왕은 굴산사 범일을 국사로 책봉하기 위해 초빙했으나 범일은 이에 응하지 않았다. 대안사 혜철이 861년에 입적하자 868년에 왕명으로 비문을 지어 872년에 세우도록 한 것도 경문왕 때의 일이다. 경문왕은 실상사의 수철화상을 불러 선과 교의 같고 다름을 묻기도 하였다. 봉암사의 도헌을 왕궁으로 초빙했으나 응하지 않자 누이 단의장옹주가 도헌에게 장전을 시주하도록 하였다. 당에서 귀국한 현욱이 머물 곳을 마련해주었고, 대통大通을 월광사 주지로 임명하였다. 흥녕사의 도윤이나 순지에게는 글을 보내 관계를 가졌다. 이런 경문왕의 선승 포용정책은, 점차 대세를 이루어가는 선승들을 우대함으로써 선승들이 지방 호족과 연계하여 중앙과 대립하는 것을 방지하려는 의도였다.

신라 말의 사회 혼란과 불교

헌강왕은 876년(헌강왕 2) 황룡사에서 재회를 열어 승려들을 공양하고 백고좌회를 열어 직접 강의를 들었다. 왕이 병이 든 886년(헌강왕 12)에도 백고좌회를 열어 쾌유를 기원하였다. 백고좌회는 다음 정강왕과 진성여왕 때도 개최되었다. 백고좌회는 국가에 닥친 재앙의 소멸을 위해서, 또는 왕실의 재앙을 없애기 위한 행사였다. 진성여왕은 약화된 조정의 힘을 회복하기 위해 주군의 조세를 면제해주는 등 노력하였으나 887년(진성여왕 2) 남편인 위홍魏弘이 죽고 나서 기강이 문란해지고 주군의 세금이 들어오지 않아 국고가 부족하게 되었다. 조정은 근본적인 문제 해결책을 찾는 대신 지방에 세금을 독촉하였고, 농민들의 실상을 파악하지 못한 이 강압적인 조치는 전국에서 농민군의 봉기를 촉발하였다. 여기서 비롯된 사회 혼란은 지방세력의 대두를 불러왔고, 891년 이후 후고구려와 후백제가 일어나 신라의 실제 통치 영역은 크게 줄어들었다. 당에서 귀국한 최치원이 894년에 개혁안時務十餘條을 제시했으나 6두품 중심의 이 개혁안은 진골 귀족층에게 수용되지 못했다.

886년 헌강왕이 죽자 국왕과 재상 국척 등의 중신들과 국통과 승록 등 고위 승관들은 《화엄경》을 사경하고 강의하며 독송하는 결사를 맺었다. 은혜에 보답하기로는 불도의 인연을 맺는 것이 제일이고, 명복을 빌기로는 법회를 일으키는 것이 가장 뛰어나기 때문이라는 것이었다. 일련의 왕실 불사는 불안한 왕위계승과 유지과정에서 선왕을 위한 추복과 정토왕생을 간절히 기원하는 것이었다. 그러나 이러한 신앙 중심의 불교 활동은 불교계 전반을 포용하지 못했다.

9세기 후반부터 치열해진 중앙정부에 대한 농민들의 저항은 거대한 토지를 보유한 사원으로 확산되었다. 애장왕의 거대한 토지 기부를 바탕으로 802년에 대찰을 이룬 해인사의 경제력은 중앙의 통제력이 극도로 이완된 진성여왕 때 농민군의 표적이 되었다. 889년(진성여왕 3)부터 895년까지 7년 동안 해인사 인근에서 농민군과 해인사측 승군僧軍과의 사이에 치열한 싸움이 벌어졌다. 해인사에서는 별대덕인 승훈僧訓의 주도로 신도들이 벼 한 줌씩을 내어 895년(진성여왕 9) 3층 석탑을 조성하고, 삼보를 지키기 위해 싸우다 죽은 승속 56명의 이름을 적어 추모하는 묘길상탑妙吉祥塔을 세웠다.

진성여왕 후기에는 전국적인 농민 봉기로 정국이 매우 혼란하여 국정 운영이 파행을 거듭하였다. 왕실의 선사 우대정책은 효공왕 대까지 이어졌다. 윤다允多는 효공왕의 요청에 응하지 않았고, 906년(효공왕 10) 범일의 제자인 행적行寂이 국사가 되어 신덕왕 대까지 두 왕의 국사를 지냈다. 심희審希는 918년(경명왕 2)에 국사가 되었고, 범일의 제자 개청開淸은 경애왕 때 국사의 예우를 받았다.

후삼국시기에 왕건은 많은 승려들과 관계를 맺고 이들을 우대했다. 이는 그가 불교 교단을 포섭하는 정책의 일환이었다. 후삼국의 쟁패과정에서 승군을 가진 불교계의 역할은 판세를 좌우하는 실체의 하나였다. 합천 미숭산 전투에서 화엄종의 희랑希朗이 지휘하는 승군이 열세에 놓인 왕건의 군대를 응원하여 전세를 역전시키기도 하였다.

치열한 싸움을 벌이던 후삼국기에 정국과 불교계의 연계는 큰 의미를 갖게 되었고, 불교계에 대한 정책 또한 이런 관계 속에서 이루어졌을 것이다. 선종의 경우, 초기 유학승들은 권력과의 유착을 경계하며 수행에 전념하는 경우가 많았지만, 후삼국시기에는 선승들이 왕건의 우대정책에 경쟁적으로 호응하였다.

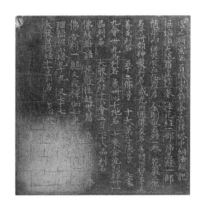

신라 후기 신앙을 대표적으로 말해주는 것이 오대산五臺山 신앙이다. 오대산에는 일찍이 자장이 신앙의 성지로 설정했

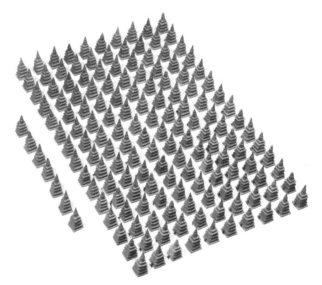

합천 해인사 묘길상탑지와 소탑
895년경에 농민군과 해인사 승군과의 사이에 벌어졌던
치열한 전투에서 희생된 56인의 명복을 빌기 위해 세운 탑의 기록과
탑 안에 넣은 99기와 77기의 작은 탑(국립중앙박물관).

다는 설화가 전승되었다. 오대산에 처음 자리 잡은 사찰은 705년(성 덕왕 4)에 창건된 진여원眞如院(지금의 상원사)이다. 이후 자장에 이어 9 세기에 들어 이 지역 명문인 사굴산문의 조사 범일梵日이 활동하면서 그의 영향 아래 명주 일대의 다원적 신앙이 형성된 것으로 추정된다. 오대산은 처음에 문수도량 신앙으로 시작되었고, 신라 하대에 들어 화엄에 밀교적 경향을 부가한 신앙으로 변화하여 신라 불국토 신앙 의 중심이 되었다. 오대산 설화는 왕족의 후예로 명주에 터를 잡은 범일의 생애가, 오대산의 기초를 닦았다고 전승된 보천 효명태자와 뒤섞이며 신라 왕자 연관설화로 만들어졌을 가능성이 있다. 범일은 사굴산문의 개창조이지만, 불국토 신앙 계열에 속하는 인근 낙산洛山 관음신앙과 짝을 이룬 정취正趣보살 신앙의 주도자였으며, 철조 비로 자나불을 조성한 삼화사와도 연관을 갖는다. 범일 집단은 오랫동안 세력 기반을 다졌던 명주 일대에서 화엄과 선, 밀교와 불국토 신앙을 포괄하는 특유의 불교를 형성하려 했던 것으로 보인다.

불교와 국가

신라 중대 왕실은 무열왕계 왕통의 굳건한 기반을 토대로 관료제도 의 발달과 새로운 지지세력의 확보 등에 힘입어 강력한 왕권을 유지 해나갈 수 있었다. 이 시기 승려들의 국가적인 활동은 여러 분야에 걸쳐 나타난다. 국가 대업이었던 통일사업에 기여한 승려들의 활동 이 적지 않았는데, 그중에서도 직접적인 활동을 통해 기여한 승려로 는 도옥이나 원효, 의상, 명랑 등이 있다.

실제사實際寺의 도옥道玉은 665년(무열왕 2) 백제의 대군이 조천성을 침공하여 나제 간에 전쟁이 벌어지자 군복으로 갈아입고 창칼을 들고 적진에 뛰어들어 장렬하게 전사함으로써 신라군의 사기를 드높였다. 이때 도옥은 "승려가 된 자는 첫째로는 수행에 정진하여 자성을 되찾고 다음에는 도를 활용하여 남을 이롭게 해야 하는 것인데, 나는 선행을 행한 것이 하나도 없으니 차라리 군대에 나가 살신하여 나라에 보답함만 같지 못하다"고 말했다. 그래서 이름도 급히 달리는 무리라는 취도驟徒로 바꾸고 삼천당에 소속되어 전선에 나가 싸우다 전

경주 사천왕사
신라가 백제와 고구려를 합친 후 당군과 싸움을 벌일 때
명랑법사가 당군의 침공을 막아내기 위한 의식을 거행하려
창건했다는 사천왕사(문화재연구소).

사하였다. 살생을 금계로 하는 승려의 신분으로 직접 전장에 뛰어들 수 없어 승복과 승명을 버리고 참전하였다는 것은, 승려의 본분을 외면하지 않으면서 국가 공동체의 구성원임을 강조하는 투철한 국가의식을 보여주는 예이다.

통일을 완성하고 중앙집권적인 왕권체제를 이루어가던 중대 전반기의 왕실은 의상이 부석사를 중심으로 교단을 운영하도록 지원하는 한편으로 경흥을 국로國老로 봉하여 교단을 영도하도록 하며, 의안義安을 대서성에 임명하여 교단 통제 역할을 맡겼다. 여러 계통의 승려들에게 각기 역할을 분담시켜 불교계를 이끌도록 한 것이다.

이 시기의 국가불교 활동은 특히 밀교승들이 주도하였다. 의상의 정보에 따라 당의 침공에 대비하던 명랑은 당군이 국경을 넘어 바다로 몰려들자 문두루文豆婁(신인神印) 비밀법으로 풍랑을 일으켜 교전도 하지 않고 당군을 침몰시켰다. 그리고 사천왕사四天王寺를 세우고 도량을 개설하여 지속적으로 당과의 싸움에 대비하였다. 이는 승려가 국가의 위급 상황을 앞장서 해결했던 사실을 전해주는 설화적 기록이다. 앞서 선덕왕 때 밀본密本은《약사경》의 약사 주술을 사용하여 병을 낫게 하였다. 이를 계승한 명랑은 위급한 재난에 오방신을 만들어 문두루법을 행한다는《관정경》의 내용 그대로 비밀법을 사용하여 당군을 물리치고, 사천왕이 나라를 지켜준다는《금광명경金光明經》사상으로 밀교의식을 지속적으로 실천하였다. 고위 가문 출신의 명랑은 통일기 사회에서 주술적인 군사 능력을 발휘하여 밀교의 교단적 기반을 마련할 수 있었다.

당나라에서 수학한 혜통惠通은 신문왕이 병이 나자 주문을 외워 당장 낫도록 했고 효소왕의 공주의 병도 낫게 하여 국사가 되었다. 혜통은 병을 낫게 하고 군대를 물리치는 데 모방 주술을 사용했는데, 이는 원망을 푸는 주술을 활용한 순수한 밀교의 의례였다. 밀본이나 명랑이 《관정경》을 중심으로 한 주술법이나 문두루법을 주로 쓴 데 비해 혜통은 《다라니집경》을 중심으로 순수 주술을 시행한 차이가 있다. 그러나 692년 의학醫學의 설치에 따른 전문적인 의술의 진전과 더불어 점차 밀교의 치병 능력은 약화되고, 밀교의 영향력은 왕권 측근에서 서민 사회로 옮겨가게 되었다.

753년 유가 조사 대현이 《금광명경》을 강의하여 우물 물을 솟구쳐 오르게 하고, 754년에 법해法海가 《화엄경》을 강론하여 궁궐 건물이 떠내려갈 정도로 물이 넘치게 하는 법력을 보였다는 기록은, 이 시기에도 밀교적인 행법이 널리 시행되었음을 말해준다. 전통신앙의 의례와 상통하는 일면을 지녔던 밀교적 불교는 신라 사회 저변에 계속 기반을 유지했던 것이다.

신라 중대 왕권의 특질을 전제왕권으로 규정하고 이를 뒷받침해준 이념적 배경이 화엄사상이라는 견해가 있다. 이에 따르면 일심一心에 의해 우주만상을 통섭하며, 우주의 다양한 현상이 결국은 하나라는 화엄사상이 전제왕권을 중심으로 한 당시의 통치체제에 적합한 이념이었고, 이 같은 종교적 상징성을 국가권력의 지주로 이용하여 전제왕권을 합리화하려 했다고 한다. 그러나 화엄사상은 시대와 장소를 초월하는 보편성을 강조하여 인간의 세속적 이념의 한계를 본질적으로 비판하고 이를 불교적 본질로 승화시키고자 하는 이념이다. 따라서 조화와 평등이 강조되는 이론은 될 수 있으나 전제왕권을 옹호하는 이론은 될 수 없다고 보는 것이 타당하다. 신라 중대 화엄사상의 형성과 발전은 순수한 불교 교리에 대한 연구가 기반이 되어 이룩된 것이다.

중국 법장의 화엄사상이 당나라의 절대주의 체제이념이었다는 관점에서 시작된 왕권이념설은 당시의 역사적 사실에 입각한 것이 아니므로 일반성을 갖지 못한다. 따라서 화엄의 원융사상과 유심사상 자체를 전제왕권의 이념으로 간주하는 것은 신중해야 한다. 의상 외에 원효나 명효 및 표원 그리고 의상의 제자들이 일과 다에 대한 논의를 했지만, 종교의 본질적 이념 구현에 충실하고자 했을 뿐 화엄사상을 현실적·정치적으로 해석한 경우가 없다.

신라 중대의 화엄사상이 전제왕권의 이념적 역할을 수행한 것은 아니었다. 그러나 화엄사상은 실천신앙과 결합하여 기층민의 정신적 일체감 형성을 도와 왕권의 안정된 유지에 기여하였다. 통일기 이후의 중대 신라 왕실은 일부 진골귀족의 제거와 지방세력의 개편 및 유교적 정치이념을 도입한 관료조직의 확대 정비를 통해 왕권을 강화해나갔다. 중대의 불교는 유교와 함께 정치 운영의 복합적인 배경을 이루었다고 해야 할 것이다.

신라의 삼국 통합이 완결되기 위해서 반드시 해결해야 할 과제는 고구려와 백제의 유민들을 포용하여 이들의 정신적인 상처를 치유하고 융합을 이루는 것이었다. 통일기 불교가 적극적으로 추진하여 기층 사회에 폭넓게 전파하였던 미타신앙을 중심으로 한 신앙 활동은 삼국민의 유대와 통합에 일정한 역할을 하였다고 평가할 수 있다.

발해 불교

발해는 고구려 유민이 중심이 되어 말갈을 비롯한 여러 민족을 융합하여 한반도 북부와 만주 연해주 지역에 우리 역사상 가장 넓은 영역의 나라를 건설하였다. 발해 문화는 고구려 문화를 바탕으로 당 문화를 적극적으로 수용하고 기층의 말갈 문화를 계승하여 다양한 문화를 전개하였다.

건국 주축세력인 대조영이 고구려 장수로서 당 영역에서 오랫동안 살았기 때문에 발해에는 일찍부터 불교가 성행했을 것으로 추정된다. 713년에 당에 사신으로 간 발해 왕자가 예불을 청했다는 기록은 그 예증이다. 발해의 중심지였던 상경, 동경, 중경, 남경 등지에서 불교 유적이 다수 발견된다. 원래 고구려 지역이었던 중경과 동경 지역에서는 고구려 불교가 그대로 계승되었다. 함경남도 신포시 유적에서 발견된 금동판은 고구려 때 만들어져 발해에 전승 사용된 것인데, 대왕이 불탑을 만들어 세웠다는 명문이 새겨져 있다. 고구려에서 많이 제작되던 이불병좌상二佛竝坐像이 중경성과 동경성 지역에서만 발견되는 것은 고구려 전통의 계승을 반영한다.

발해가 본격적으로 발전했던 문왕文王(737~793)시대에 불교도 크게 발전하였다. 이 시기의 상경성, 중경성, 동경성 지역에서 절터가 집중적으로 발견된다. 특히 문왕은 생전에 사용하던 존호가 '대흥보력효감금륜성법대왕大興寶曆孝感金輪聖法大王'으로, 유교적 덕목인 효감과 불교적 의미를 지닌 금륜과 성법의 칭호가 함께 들어 있다. 금륜은 문왕이 불법으로 세상을 통치하겠다는 전륜성왕을 지향했음을 보여준다. 문왕의 딸인 정효공주貞孝公主 무덤은 그 위에 탑을 세운 독특한 양식이다. 산 아래에서는 절터가 발견되었는데, 공주의 무덤을 지키던 절로 추정된다. 이는 장례와 사후세계의 안녕을 불교에 의지하여 실행했음을 말해준다. 문왕 때인 762년 일본에 사신으로 갔던 왕신복王新福 일행은 도다이지東大寺 예불에 참석했다. 이 시기 발해 왕실과 귀족들이 불교를 널리 신앙했음을 말해주는 증거다.

이후 9세기에 발해 불교는 융성기를 맞았다. 그러나 자체 활동이 잘 알려지지 않아, 일본과 관련 있는 이들의 활동상을 알 수 있을 뿐이다. 발해 승려로는 인정仁貞(?~815), 정소貞素(?~828), 살다라薩多羅, 재웅載雄 등이 알려졌다. 인정은 814년 녹사 직책으로 일본에 사신으로 갔다가 그곳에서 병사했는데 시를 잘 지었다고 한다. 정소는 당에 유학하여 813년 가을에 일본 유학승 레이센靈仙(?~828)과 교유하였다. 당에 있던 레이센과 일본 조정 사이를 왕래하면서 서신과 물건을 전해주는 역할을 하다가 828년 당에서 발해로 돌아가는 길에 풍랑을 만나 목숨을 잃었다. 살다라는 당나라 장안에 머물렀는데 새와 짐승의 말에 능통했다고 한다. 재웅은 발해가 멸망하자 927년 고려에 망명하였다.

지배층의 불교 관련 기록도 남아 있다. 왕효렴王孝廉은 814년 일본에 사신으로 가서 일본의 명승인 구카이空海(774~835)와 시문을 주고받았고, 접대를 맡았던 일본 관리는 발해 사신이 예불했다는 말을 듣고 시를 짓기도 했다. 814년 당나라에 사신으로 갔던 고예진高禮進은 금은제 불상을 당에 전달했고, 861년 일본에 사신으로 간 이거정李居正은 다라니경을 전해주었다.

발해의 불교 유적은 절터와 탑 터, 불상, 사리함 등이 알려져 있다. 절터는 모두 40곳 정도가 확인되었는데, 주로 중심지였던 5경, 그중에서도 상경·동경·중경에 집중되어 있어 불교가 지배층을 중심으로 수용되었음을 알 수 있다. 상경성 절터는 장방형 금당과 좌우로 곁채를 연결한 발해의 독특한 형식을 보인다. 금당 내부에 벽을 쌓아 불상을 안치하는 독립 공간을 마련한 것도 발해만의 특징이다. 탑은 영광탑靈光塔과 정효공주 무덤탑 등이 남아 있는데, 당나라 양식의 벽돌탑인 이들 탑은 왕실이나 귀족들의 무덤탑의 성격을 띤 것이다. 불상은 금동불, 석불, 철불, 전불, 칠불, 소조불 등 모두 1,000점 정도가 남아 있고, 벽화 조각도 일부 전한다. 석불로서는 후대에 재건된 상경성 흥륭사興隆寺 안에 있는 3.3미터 크기의 석불과, 일본에 보존되고 있는 함화4년명(834) 오존비상五尊碑像이 있다. 비상은 조문휴의 어머니 이씨가 아미타 관음 세지와 지장 문수를 조성했다는 명문이 있다.

　발해 불상의 대표적인 것은 전불塼佛이다. 상경성과 팔련성 절터에서 대량으로 발굴되었고 러시아 지역 절터에서도 발견되었다. 크기가 10센티미터 내외로 틀빼기를 해서 구워 천불 형태로 벽에 끼워 있던 것으로 추정되는데, 고구려 조각 전통을 계승하고 있다. 불상은 상경성 지역은 관

발해 불상
발해 상경성에서 출토된 흙으로 빚어 구운 불상.
고구려 불상을 계승한 유물(서울대박물관).

음상이 주류를 이루고 동경성 일대는 이불병좌상이 주류를 이룬다. 이는 지역적으로 각각 관음신앙과 법화신앙이 주류를 이루며 유행했던 사실을 반영한다.

대성자고성과 상경성 근처에서 발견된 사리함의 은합은 은사 상감된 칠갑과, 구름과 사천왕이 정교하게 새겨져 뛰어난 예술수준을 보여준다. 흥륭사 석불 앞에는 용암으로 만든 높이 6미터의 거대한 발해 석등이 현재 남아 있다. 사원의 기단이나 초석의 일부도 남아 있어, 그 원형을 일부나마 짐작할 수 있다.

발해 불교는 왕실과 지배층을 중심으로 융성하였으며, 상경성 일대의 관음신앙 경향과 동경 일대의 법화신앙 경향은 고구려 불교 전통을 계승한 지역과 그렇지 않은 곳의 신앙 경향의 차이를 보여주는 것으로 보인다. 탑은 당나라 계통의 벽돌탑을 만들었지만, 고구려식 전불과 연화문의 막새기와를 만든 것은, 불교문화에서 고구려의 계승과 당 문화의 수용, 발해의 독창적 요소 등이 복합적으로 활용되었음을 말해준다.

중대
교학불교의 발달

통일기의 신라 사회에서는 국력 신장에 따라 국가적인 승정체계가 확립되고 화엄종이나 법상종과 같은 종파가 성립되었으며 신라 독자적인 교학체계도 형성되었다. 기층민의 고양된 의식과 신장된 경제력을 적극 수용한 승려들의 주도로 보다 많은 사람들에게 불교를 이해하도록 하는 신앙의 대중화가 이루어졌다.

원측의 유식사상

통일신라 교학의 활성화는 유식학에서 시작되었다. 유식唯識사상은 마음과 마음 작용을 모든 인식과 존재의 출발점으로 삼는다. 이 세상에 존재하는 모든 것은 궁극적으로 외부에 존재하는 사물 자체에 가치 기준이 있는 것이 아니고 누구나 갖고 있는 마음의 인식 작용[識]에 달려 있으며, 그 인식하는 마음의 주체를 알라야식[阿賴耶識]이라고 한다. 이 인식 작용의 대상이 되는 경계를 현상이라고 보아, 모든 존재의 성질과 모습을 탐구한다.

중국에서는 6세기에 《십지경론》과 《섭대승론》이 차례로 한역되어 지론종地論宗과 섭론종攝論宗의 유식 연구가 활성화되었다. 이들은 알라야식이 진식과 망식이 분리되지 않은 화합식인지, 분리된 것인지, 그래서 알라야식이 여래장과 같은 것인지 여래장이 내재되어 있지 않은지 서로 다른 견해를 주장했다. 현장玄奘은 인도의 새로운 논서를 한역하여 소개하면서 알라야식과 여래장을 구분하고, 알라야식의 인식 전환에 의해 깨달음을 얻을 수 있다고 주장하였다. 이후 지론종과 섭론종은 급격히 쇠퇴하고 유식사상은 현장의 사상을 계승한 법상종으로 단일화되었다.

중국 시안 원측탑
당에서 활동하며 유식사상을 크게 발전시킨 원측을 기려 중국 시안 근교 흥교사에 세운 원측의 승탑. 스승 현장 좌우에 제자 원측과 규기의 탑을 나란히 세웠다.

신라 유식사상은 원광과 자장 등에 의해 《섭대승론》의 연구를 중심으로 시작되었다. 이들을 통해 신라에 소개된 섭론 교학은 7세기에 들어 유식에 통합되었다. 그래서 통일신라 승려 대부분이 유식 관련 저술을 남길 만큼 유식은 교학의 큰 줄기를 이루었다.

　통일신라 유식의 흐름은 원측圓測(613~696)으로부터 비롯된다. 일찍이 중국에 유학한 원측은 대승과 소승을 고루 배우고 특히 당시 성행하던 유식에 관심을 쏟았다. 그는 산스크리트어를 비롯한 6개 국어에 뛰어나 경전 번역에도 여러 차례 참여하였다. 원측은 장안 남쪽 종남산 운제사에서 8년 동안 은거하는 등 수행에 집중하였다. 명성이 널리 알려지자 당 태종은 그를 장안 서명사西明寺에서 지내게 하였고, 그는 이곳에서 23종 108권에 이르는 많은 저술을 남겼다. 원측은 처음에 섭론에서 기반을 닦았으나 현장이 신유식을 소개하자 이를 수용하여 선양하였다. 그러나 원측의 유식사상은 규기窺基가 정립한 중국 법상종과는 관점에 차이가 있어, 제자들은 서로 상대방을 격렬하게 비판하였다. 신라에서 여러 차례 돌아와줄 것을 요청했지만 당에 의해 거절당했다. 그러나 원측의 사상은 여러 유학승을 통해 신라에 전해져 신라 유식의 중요한 터전이 되었다.

　원측이 불교를 이해하는 일관된 틀은 모든 교설을 방편方便으로 보는 것이었다. 불교의 모든 가르침은 중생이 불타와 같은 깨달음을 얻는 데 도움을 주는 방편이라는 것이다. 원측은 모든 교의가 각각 한 뜻에 의거하고 있으므로 서로 어긋나지 않는다고 보았다. 그래서 유식이 주장하는 유有(소승)·공空(반야)·비유비공非有非空(해심밀, 법화)의 삼시三時교판의 절대성을 인정하지 않았다. 원측은 어느 하나의 입장을 배타적으로 고집하거나 두 입장을 단순히 조합하지 않고, 전체적인 안목에서 각각의 준거와 장점을 밝혀 그 모두를 불교 속에 포용하였다. 이러한 원측의 인식은 유식학설뿐만 아니라 대승과 소승의 여러 교설을 폭넓게 포용하여 체계적으로 이해하려는 일승一乘적인 인식체계였다.

원측이 자신의 사상체계를 구축하는 데 핵심으로 삼은 도리는 중도中道였다. 초기 불교 이래 중도는 불교사상의 기준으로서 모든 불교사상가들이 이를 주목하였다. 중관불교의 공空사상은 논서를 통해 사상을 심화시킨 부파部派불교와 대승의 유식불교를 유有에 치우친 것으로 규정하고, 허무주의를 무無에 치우친 것으로 규정하여, 스스로 중도임을 자부하였다. 그런데 유식불교에서는 부파불교와 중관불교를 각각 유와 공에 치우친 것으로 규정하고 자신의 관점이 중도라고 하였다.

원측은 이에 대해 중관과 유식 모두가 중도에 해당한다고 생각하였다. 원측은 모든 불교의 가르침이 중생의 집착을 제거하여 중도에 이르게 하는 것이라고 이해하였다. 이러한 관점에서 사유를 전개한 원측의 유식사상은 집착과 편견을 제거하고 중도를 밝히는 전 불교사상을 포괄하는 것이었다. 원측은 일체중생에게 모두 평등하게 여래가 될 가능성[如來藏]이 있으므로, 어떤 존재든지 모두 불성이 있어 성불할 수 있다고 주장하였다. 또한 일정한 단계에 오른 보살의 수행에 집중하는 신유식과는 달리 원측은 범부의 수행에도 깊은 관심을 보여, 그들의 구제를 위한 적극적인 실천을 강조하였다.

여러 교설을 폭넓게 인정하는 원측의 포용적인 사상 경향을 잇는 제자들은 당의 법상종과는 달리 서명학파西明學派라 불렸다. 승장勝莊·도증道證·도륜道倫 등 신라 출신의 승려가 이들이다. 한편 신라 승러이지만 현장의 역경에 참여한 신방神昉이나 현장에게 배운 순경順璟과 같이 중국 유식학과 같은 관점을 가졌던 사람도 있다. 또 원측이나 규기의 법상종 주류의 이해와는 다른 교학이론과 융합적 태도를 보였던 의적義寂과 대현도 있다.

승장은 저명한 번역가인 의정과 보리유지菩提流志의 번역장에 참가한 범어 전문가로, 원측의 입적 후에 종남산 풍덕사에 사리탑을 세워 원측을 숭모하는 풍조를 확산시켰다. 도증은 692년(효소왕 1) 귀국하여 왕에게 천문도를 바쳤는데, 그의 사상은 《성유식론요집》에 집약되어 대현에게 계승됨으로써 신라 법상종 성립의 사상적 배경을 이루었다. 중국에서 주로 활동한 도륜은 18종 57권의 다양한 경전의 주석서를 저술하였다. 그중 유식사상을 집대성한 《유가론기》(705) 20권에서 당과 신라 유식학승들의 여러 학설을 망라했는데, 그 견해가 중국 법상종설과는 차이가 있다.

다방면에 걸친 저서를 남긴 원효는 《판비량론》 등 유식학 저술도 상당수 남겼다. 그는 저술에서 《유가론》이나 《섭대승론》을 비롯한 13종에 이르는 유식과 인명因明에 관한 경론을 인용하고 있어, 그의 사상체계를 수립하는 데 유식학을 크게 활용했음을 알 수 있다. 이로써 원효는 후에 고려 법상종에서 대현과 함께 해동조사로 추앙되었으며, 불교 논리학인 인명을 인식논리학으로 전환시킨 진나陳那보살의 화신으로 일컬어졌다.

순경은 현장에게 신유식을 수학한 제자로서, 유식의 논증 방법을 배우고 신라에 돌아와 전하였다. 순경이 666년경 현장의 인명사상을 전해 듣고 그와는 다른 자신의 견해를 사신 편에 중국에 보냈더니, 현장은 이미 죽고 그 제자인 규기가 이를 보고 감탄하였다고 할 만큼 인명에 뛰어났다. 순경은 청정한 마음을 강조하는 두타행을 실천하였으며, 신라로 돌아온 뒤에는 기원사에서 활동하였다.

경흥憬興은 문무왕의 유언으로 신문왕 때 국로國老로 봉해지고 삼랑사에서 활동한 백제 출신의 인물이다. 경흥은 유식을 비롯하여 여러 부문에 걸쳐 40여 종의 주석서를 남겨 원효·대현과 함께 신라 3대 저술가로 꼽힌다. 이 중에서 유식에 관한 저술이 17종으로 그 중심을 이루지만, 저술이 전하지 않아 자세한 사상은 알 수 없다.

의적義寂은 유식 관계 4종을 비롯한 25종의 주석서를 저술하여 유식승의 왕성한 저술 활동을 계승하였으며, 의상과 만나 교리를 토론하는 등 화엄종과 교유하기도 하였다. 그는 대승경전 간의 동등성을 강조하였는데, 이는 중국의 규기는 물론 원측과도 다른 독자적인 경향으로서, 원효나 대현의 사상 경향과 통하는 것이었다. 그의 저술로 추정되는 《대승의림장》에도 이런 태도가 보인다. 금산사에서 활동했던 의적의 유식사상은 이후 진표의 법상종 활동에 영향을 주었다.

대현과 진표의 법상종

대현은 훗날 유가조사瑜伽祖師라고 불린 데서 알 수 있듯이 법상종 조사로 추앙된 유식의 대가로, 경주 남산의 용장사茸長寺에 주석하며 유식사상과 미륵신앙을 펼쳤다. 그는 일체의 논과 종을 편력하였다고 기록될 만큼 불교학의 전 분야를 두루 수학하여 모두 50여 종의 저술을 남겼다. 화엄·법화·열반·반야 등의 대승경전과 여래장·중관경전을 주석하였으며, 유가계의 계율학에도 큰 관심을 가졌고 정토 관계 저술도 많다. 20종이나 되는 유식 관계 저술은 초기 유식으로부터 현장의 신역 논서에 이르는 광범위한 주석서들이다.

대현은 유식은 원측–도증의 견해를 계승하고 화엄은 법장과 원효를 계승한 견해를 보였다. 그는 유식과 중관에 대해 각기 그 진리성을 인정하는 공정한 입장에서 학설을 비판하고 계승하여 종합하였다. 대현은 중심 저술인《성유식론학기》에서 당대 학계의 논쟁점을 포괄하여 자세하게 보여주었다. 그는 이 중에서 공과 유의 쟁론에 대해, 공과 유는 언어상으로는 다투지만 그 근본 취지는 동일한 것으로서 논쟁의 의도는 중생으로 하여금 깨달음을 얻게 하는 데 있다고 하는 화쟁의 입장을 보였다. 대현의 유식학설은 당 규기의 학설을 토대로 그와 다른 경향을 보인 원측의 학설을 종합 회통한 것이었고, 여기에 대현의 사상적 특색이 있다. 그러나 그 중심 입장은 유식 중도

경주 용장사
경주를 중심으로 법상종의 사상적 토대를 마련한
대현이 활동했던 남산의 용장사터.

를 근본 종지라고 보는 신유식 사상이었다. 대현의 사상은 유식중도설의 입장에서 각 교설의 의미를 밝혀 성상性相의 대립을 지양하고 신유식 사상을 받아들여 당대의 불교를 종합 정리한 것이었다.

신라 중대 초기 이래 유식학승들의 활동을 바탕으로 이와 같은 대현의 사상과 신앙이 중심이 되어 법상종法相宗이 형성되었다. 법상종은 유식을 중심으로 계율 연구를 비롯한 광범위한 연구를 수행하여 신라 불교사상을 주도하였다. 대현이 선도한 법상종은 경덕왕 때 왕경을 중심으로 학파적인 교단을 형성하고 미륵과 미타신앙을 체계화하였다.

이와 달리 진표眞表(718~? 또는 734~?)가 주도하는 또 하나의 계통이 있었다. 완산주 출신의 백제계 귀족 유민의 후예인 진표는 금산사의 순제順濟(혹은 숭제崇濟)법사의 문하로 출가하였다. 순제는 당에 유학하여 선도善導에게 수학한 고승으로 오대산에서 문수보살의 감응으로 오계를 받았다고 한다. 진표는 순제에게서 사미계법을 받고《공양차제법》과《점찰선악업보경》을 전해 받았다. 또 미륵과 지장에게 친히 계법을 받아 세상에 널리 전하라는 부촉을 받고 명산을 두루 편력하였다. 변산의 부사의암에서 3년 동안 정진하였으나 감응이 없자, 바위에 몸을 던지는 망신참亡身懺 수행에 의해 762년(혹은 740년) 지장보살의 감응을 받았다. 다시 정진을 거듭하여 지장으로부터는 계본을, 미륵으로부터는 수행을 증명하는 간자簡子를 받았다. 이러한 수행과 간자신앙은《점찰경》에 따른 것이었다.

두 보살로부터 교법을 전해 받은 진표는 금산사를 중창하였다. 진표는 이곳에서 주민의 절대적인 신망을 얻어 미륵신앙을 바탕으로 교화를 펼쳤다. 진표의 미륵신앙은 참회행의 점찰법회와 표리를 이루는 것이었다. 점찰법회는 《점찰선악업보경占察善惡業報經》에 의거하여 참회하는 실천모임이다. 나무바퀴를 만들어 과거생의 선악의 업과 현세의 길흉을 점쳐서, 부처의 정법을 바로 이해할 수 없는 말세 중생들이 참회법으로 업장을 소멸하고 대승으로 나아가는 길을 밝힌다.

진표는 후에 속리산을 거쳐 명주(강릉)에서 교화 활동을 펼쳤고, 금강산에 들어가 발연사를 창건하고 7년 동안 머물며 점찰법회를 열어 교화하였다. 진표가 교화를 편 곳은 모두 변방에 위치해 있다. 제자로는 속리산에 길상사를 창건한 영심永深과 융종融宗, 불타佛陀와 석충釋忠 등이 있다. 진표는 지옥 중생을 구제하는 지장신앙과 미륵신앙 그리고 참회행의 점찰신앙으로 실천적인 법상종의 한 흐름을 이끌어갔다.

원효의 일심사상과 화쟁

원효元曉(617~686)는 신라 불교를 대표하는 사상가이다. 그는 신라 교학 연구의 기반 위에서 《기신론起信論》의 학설을 중심으로 당대의 사상적 과제이던 중관과 유식을 회통할 수 있는 이론체계를 정립하고, 이를 바탕으로 분파의식을 극복하는 이론을 전개하였다. 그의 방대한 사상체계는 통일기의 신라 불교를 종합, 정리하여 불교 이해의 기준을 확립한 수준 높은 것이었다.

원효는 삼국이 한강 유역을 중심으로 한반도의 쟁패권을 다투고 있던 617년(진평왕 39)에 태어났다. 그의 승명이 원효이고 출가하고 나서 그의 집을 절로 만들어 초개사初開寺라고 했다는 것은 그가 불교를 처음 열었다는 의미를 담고 있다.

10대 중반에 불문에 출가한 원효는 일정한 스승을 정해 배우거나 한 곳에 머무름이 없이 여러 스승을 찾아다니며 다양한 교학을 섭렵하였다. 원효가 교유했던 인물들은 대체로 교단敎團불교에서 활동하는 이들이 아니라 마을에서 일반 백성과 어울리거나 산속에서 은둔 수행을 하던 이들이었다.

원효는 후배인 의상과 함께 650년(진덕왕 4) 신라에서도 지대한 관심사가 된 신유식을 배우고자 중국 유학을 시도하였다. 그러나 당시의 첨예한 삼국관계 때문에 실패하고, 대신 고구려의 보덕普德에게서 《열반경》 강의를 들을 수 있었다. 10년이 지난 661년(문무왕 1) 원효는 또다시 의상과 함께 중국 유학길에 올랐다. 도중에 머무르게 된 고분 속에서 '온 세상은 모두 마음에서 비롯된 것일 뿐이오, 모든 이치는 모두 인식으로 말미암은 것일 뿐이다三界唯心 萬法唯識'라는 깨달음을 얻었다는 설화를 남긴 채, 유학을 포기하고 돌아왔다. 이미

원효의 깨달음
원효가 의상과 함께 당에 가려다 무덤 속에서 깨달음을 얻어
포기했다는 설화 그림.

신라에서 필요한 경론을 모두 구해 볼 수 있고, 태종의 딸인 요석공주와 혼인한 그에게 입당 수학은 큰 의미를 갖지 못했을 수도 있다.

원효는 결혼함으로써 교단에서 나오게 되었고, 이후 대중 교화에 더욱 힘을 쏟았다. 동시에 많은 저술작업을 통해 사상체계의 확립에 힘을 기울였다. 원효가 남긴 저술은 반야·유식과 법화·화엄·열반·계율·정토 등 거의 모든 분야를 망라하고 있다. 이 중에서도 원효가 가장 심혈을 기울인 저작은 《대승기신론소大乘起信論疏》와 《금강삼매경론金剛三昧經論》이다. 원효는 당시 가장 중요한 사상적 과제였던 공·유의 집착과 편견의 극복을 위해 다른 견해 사이의 적극적인 회통을 꾀하였다. 《기신론소》의 일심이문一心二門 이론과 《금강삼매경론》의 일미관행一味觀行의 실천원리가 그 결과였다.

671년(문무왕 11)에 지은 원효의 《판비량론判比量論》은 논리학의 차원에서 중관과 유식의 논리가 같음을 논증하는 것으로서, 공유의 화쟁을 이룰 수 있는 중요한 준거였다. 이러한 이론체계를 바탕으로 여러 경론의 차이점을 화회和會시키는 《십문화쟁론十門和諍論》을 저술하여 분파의식의 극복이론을 전개하였다.

사회 기층에까지 불교를 전파한 원효의 정토신앙은 치밀한 교리적 바탕 위에서 전개된 것이었다. 원효는 모든 중생이 불성佛性을 가지고 있으므로 모두 성불할 수 있다는 가능성을 확인하였다. 그는 정토에 왕생하겠다는 마음을 내는 발심發心과 아미타불의 이름을 부르는 칭명염불로 서방극락에 왕생하여 성불할 것을 강조하였다.

원효는 범망계梵網戒 중심의 《범망경보살계본사기》와 《보살계본지범요기》를 지어 형식주의적인 소승 계율을 지양한 반면 정신주의적인 보살계菩薩戒를 강조하였다. 원효가 제시한 대승보살계 사상은 출가와 재가를 조화하는 범망계였다. 원효는 계의 판단 기준을 결과가 아닌 내면적 동기에 둠으로써 명리와 탐욕과 교만에 빠진 신라 불교계를 비판하였다. 원효 이후 신라의 계율 연구는 사분율 중심에서 범망계 중심으로 바뀌었다.

원효는 당시 동아시아에 소개된 거의 모든 불전에 대해 저술을 남겼는데 모두 77종 150여 권에 이르는 것으로 추정된다. 현재는 25종만이 전해진다.

원효의 사상적 성과는 당시 신라 불교의 역량을 여실히 보여준다. 동아시아 불교권의 중심인 중국에 가지 않고서도 정보를 얻는 데 불편함이 없었으며, 그 자신감을 바탕으로 차분하게 불교사상 전체를 조망하여 독자적인 사상체계를 제시할 수 있다고 판단했고 그 결과는 성공적이었다. 한편으로 새롭게 출범하는 신라 사회에서 일반 민중들의 불교 이해가 절실하다는 생각에서 결혼하고 교단의 테두리를

《대승기신론소》
원효가 자신의 특징적인 일심사상을 체계적으로 해석한 것이다
(원소장처: 동국대 중앙도서관, 동국대 불교학술원 제공).

벗어나 대중과 직접 접촉하며 신앙을 알렸다. 뛰어난 개인적 역량이 신라 사회의 분출하는 생명력을 만나 정제된 고급문화와 인간미 넘치는 대중신앙을 아우르는 의미 있는 행동으로 귀결된 것이다.

당대 불교계의 지대한 과제였던 공과 유의 대립을 극복하기 위한 원효의 사상 중 핵심은 일심사상이다. 모든 것은 사람의 마음에 기초하고 있고, 마음이 모든 존재의 근거라고 원효는 파악한다. 모든 현상세계는 일심을 떠나서 생각할 수 없고 일심의 견지에서 포괄되고 설명될 수 있다. 그리고 일심은 모든 상대적인 차별을 떠나서 존재한다. 따라서 일심에서 보면 모든 것은 근원적인 점에서 평등하고 차별이 없다. 《기신론》에서는 인간의 마음을 두 가지 측면에서 파악하여 하나는 있는 그대로의 본래적인 모습[心眞如]이고, 다른 하나는 마음의 움직이고 변화하는 측면[心生滅]이라고 한다.

두 문은 서로 떨어져 분리된 마음의 한 부분씩이 아니라 서로 융통하는 관계에 있는 완전한 전체이기 때문에, 진여문은 진여문대로, 생멸문은 생멸문대로 일체법을 포섭하는 전체이다. 진여문은 변하지 않고[不變], 참되고 가치 있는[眞] 등의 특징을 지니고, 생멸문은 연에 따라 달라지고[隨緣], 거짓되고 가치 없는[俗] 등의 특징을 지닌다. 이렇게 다른 특징을 지니기 때문에 하나가 아니지만, 각각 모든 것을 포섭하는 한마음을 이루기 때문에 또한 둘이 아니다. 두 문은 일심의 경지에서 화합하고 통한다. 진여와 생멸의 밑바탕에 일심이 있기 때문에, 일심에서 보면 진여가 생멸이고 생멸이 진여라고 원효는 해석한다.

원효는 여러 저술에서 중관과 유식이 한쪽에 치우쳤다고 비판하였다. 《대승기신론별기》에서 중관은 모든 집착을 깨뜨리고 깨뜨린 것

또한 깨뜨려서, 보내기만 하고 두루 하지 못하는 논이고, 유식은 깊고 얕은 것을 두루 세워 법문을 판별하여, 주기만 하고 빼앗지 못하는 논이라고 비판한다. 이에 비해 《기신론》의 의미는 높이 평가하여, 지혜롭고도 어질며 깊고도 넓어, 세우지 않음이 없으면서 스스로 버리고, 깨뜨리지 않음이 없으면서 다시 인정하는 이치를 밝힌 것이라고 하였다. 그래서 《기신론》이 모든 논의 근본이요 뭇 쟁론을 평정하는 주인이라고 보았다.

부정과 긍정을 각각 특징으로 하는 중관과 유식이 서로 대립관계에 있다 해도, 중생의 마음을 대상으로 삼아 괴로움으로부터 벗어나게 한다는 데 목적을 두고 있는 점에서는 일치한다. 원효는 《기신론》이 이와 같은 중생의 마음이라는 공통점에서 출발하여 일심一心 이문二門 삼대三大의 사상으로 역동적으로 전개된다고 보았다.

《기신론》의 해석에서 조직된 원효의 사상은 《금강삼매경론》에서 그 실천이론을 전개한다. 원효는 《금강삼매경》의 주제를 일미관행으로 보았다. 그리고 그 실천적인 관행觀行이 의거하는 이론적인 원리를 일심 이문 삼대설과 일치시킨 것이 《금강삼매경론》이다. 원효는 한마음을 중심으로 원만하게 소통하여 걸림이 없는 화합을 이룰 수 있다는 《기신론소》에서 일심 이문 삼대설을 중관과 유식을 회통할 수 있는 이론체계로 정립하고, 《금강삼매경론》에서 일미관행의 실천 원리로서 사상체계를 종합하였다.

당시 새롭게 대두하던 화엄사상에 대해서도 원효는 저술을 남겼다. 《화엄경소》는 전체 내용이 전해지지 않지만, 그 서문에서 원효는 보법普法사상을 밝히고 있다. 원효는 하나와 일체가 서로 걸림없이 통하는 것을 보법이라고 하였다. 모든 존재가 근본적으로 동일하다는 보법사상은 모든 차별과 대립이 사라진 세계를 추구한다. 원효의 일심사상은《기신론소》에 의해 철학적 토대가 구축되어《금강삼매경론》에 의해 실천성을 부여받았으며, 최종적으로《화엄경소》에 의해 완성되었다.

원효사상의 또 다른 특징은 화쟁和諍이다. 화쟁은 다양한 불교이론들 사이의 다툼을 화해시키는 것이다. 원효는 각각의 견해가 갖는 의미에 대해 인정하지만 그것은 제한적이다. 그보다는 전체적인 관점에서 그 견해가 갖고 있는 의미와 한계를 올바르게 인식하게 해줌으로써 더 이상 자신의 견해에 집착하지 않도록 하는 것이 중요하다고 판단했다. 원효의 화쟁은 각각의 견해에 대한 올바른 평가를 설득력 있게 내려주고, 자신의 견해가 지닌 한계와 의미를 명확하게 깨닫게 함으로써 그릇된 견해를 버리고 올바른 견해를 갖도록 하는 것이었다.

원효는 불교의 가르침을 일정한 기준에 따라 체계적으로 배열한 교판敎判론을 남겼다. 원효는 사교四敎를 먼저 삼승三乘과 일승一乘으로 나누고, 삼승은 별교別敎와 통교通敎로 나누며, 일승은 분교分敎와 만교滿敎로 나누었다. 삼승별교에는 소승, 삼승통교에는《반야경》과《해심밀경》을 배당하여 대승 교학의 양대 조류인 중관과 유식이 나란히 위치하도록 하였다. 일승분교에는 대승 보살계를 설하는《범망경》과《영락경》을 배당하고, 정점인 일승만교에는《화엄경》을 배당하였다. 사교판은 공유를 화쟁하는 교리와 실천적인 계율을 거쳐 원융무애한 화엄사상을 증득하는 데로 나아가는 원효 교학의 체계를 잘 보여준다.

의상의 화엄사상과 신앙의 실천

신라 교학의 주류의 하나가 화엄華嚴이다. 화엄은 《화엄경》이 최고 진리를 설한 최고의 원만한 가르침[원교圓敎]임을 강조한다. 화엄의 교리적 특징은 현상에 존재하는 모든 것들이 서로 의존하고 관계를 맺고 있다는 연기설緣起說에 있다. 그 연기는 서로가 걸림없이 통하고 서로서로 거듭되어 끊임없이 이어지는 것으로서, 어떠한 일에도 걸림이 없는 세계인 법계法界라 한다.

신라 화엄사상의 토대를 닦은 것은 의상義相(625~702)이었다. 진골 귀족의 후예로 태어난 의상은 황복사에 출가하여 섭론·지론 등의 교학 탐구에 열중하였다. 의상은 현장이 인도에서 들여온 신유식을 배우고자 선배인 원효와 함께 650년 중국 유학길에 올랐다가 고구려 국경에서 좌절되었다. 그러나 661년 다시 중국 유학길에 나선 의상은 바닷길을 통해 당나라로 건너갔다.

의상은 당나라에서 그동안 신라에서 익혔던 지론을 더욱 연마하고, 장안 남쪽의 종남산에서 당시 새롭게 화엄을 정립해가던 지엄智儼의 문하에서 배웠다. 의상은 지엄 화엄의 정수를 체득하고 668년에 이를 체계화한 《일승법계도一乘法界圖》를 저술하였다. 그는 화엄일승 법계연기의 핵심을 210자의 법계도시法界圖詩로 집약하고, 구불구불 돌아가는 반시 형태의 법계도法界圖 그림으로 상징적으로 표현하여, 당시 최신 기술이던 목판인쇄로 담아냈다.

670년(문무왕 10) 의상은 당에서 귀국하였다. 이 시기 원효는 새로운 철학체계를 구축하는 한편 대중 교화를 펼쳐 민중을 정토신앙으로 포용하고 있었다. 이즈음 의상은 동해변 낙산洛山 굴 안에 관음의 진신眞身이 산다는 말을 듣고 그곳으로 가서 정진한 끝에 관음진신을 친견하였다는 설화를 남겼다. 의상은 또한 청정한 수도자의 자세를 일관되게 유지하였다. 의상은 비구에게 허용된 최소한의 물품인 승복 세 가지와 발우 하나[삼의일발三衣一鉢] 이외에는 다른 아무런 소유물도 갖지 않았다. 그래서 국왕이 토지와 노비를 주고자 했을 때도 불법은 평등하여 귀하고 천한 사람이 함께 이루어간다며 받지 않았다. 의상이 실천했던 윤리의식은 그가 일찍이 원효와 함께 보덕에게 익혔던 열반의 계율관에 바탕을 둔 것이었다.

의상은 저술을 많이 하지 않고 법계도나 발원문과 같은 짧은 게송을 남겼다. 오직 법계도의 의의를 해석한 《일승법계도》만을 남겼

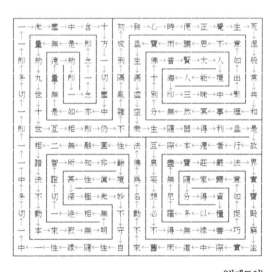

〈법계도인〉
의상 화엄사상의 핵심을 상징적으로 보여주기 위해 만든
돌아가는 그림 모양의 〈법계도인〉.

을 뿐이다. 절친한 도반이라 할 수 있는 원효가 거의 모든 불전에 주석서를 쓴 것과 크게 대비된다. 의상이 파악한 7세기 중반의 신라 사회는 오랜 삼국항쟁을 마무리하고 새로운 발전의 터전을 마련한 때였다. 이때 필요한 것은 명확한 중심사상을 확립하고 이를 문도들에게 정확하게 전수하는 것이었다. 일반 대중에게 불교이념을 알리고 믿음을 실천하는 행동 또한 절실했다. 이런 인식에서 의상은 논리적인 설명이나 많은 글보다는 간단한 시구로서 상징적인 뜻을 알리고 관법을 실천하며 더불어 신앙 활동을 하는 방향을 선택했다.

의상이 부석사 등지에서 자신이 확립한 화엄사상을 여러 제자들과 갈고 닦으며 신앙을 실천한 것은 화엄종단의 형성을 의미한다. 의상이 제창한 화엄사상은 평등과 조화를 강조한 이론이었다. 그러나 당시 사회는 신분에 따라 활동이 구분되는 골품제 사회였다. 의상은 화엄종단 내에서 모든 문도들에게 평등한 종단 운영을 실현하였다. 진정과 지통과 같은 기층민 출신 제자들을 포용하여 사회 통합에 기여

영주 부석사
의상이 화엄사상을 펴기 위해 세운 부석사.
제자들이 대대로 전승하며 화엄의 전당을 만들었다.

할 수 있는 불교를 이끌었다.

의상 화엄사상의 정수는 《일승법계도》이다. 의상은 지엄의 학설을 계승하여 십현설을 설명하기도 했지만, 수십전설과 육상설을 연기설의 중요한 교의로 정착시키는 독자적인 관점을 전개하여 화엄사상을 진전시켰다.

《일승법계도》는 화엄 법계연기설法界緣起說(세상 모든 것이 인연에 따라 서로 얽혀 있다고 보는 이론)의 핵심으로 상입상즉相入相卽의 논리를 중심으로 한다. 상입은 조건과 작용성을 말한다. 한 조건[一]이 힘을 가지면 다른 것들[多]은 힘을 잃고 그것에 포용되어 들어가고, 거꾸로 다른 것들이 힘을 가지면 한 조건은 힘을 잃고 다른 것에 녹아 들어간다. 상즉은 서로 떨어질 수 없는 일체화된 관계에 있어, 서로를 의지하여 동시적으로 성립하는 것을 말한다. 하나 속에 전체가 있고[일중다一中多] 전체 속에 하나가 있으며[다중일多中一], 하나가 곧 전체요[일즉다一卽多] 전체가 곧 하나[다즉일多卽一]라는 것이 그것이다. 의상은 법계연기의 범주를 하나와 전체의 상호관계, 공간, 시간, 처음 마음을 내는 것[초발심初發心]과 궁극의 깨달음의 네 가지로 구성하였다. 이런 구성을 자신을 위한 노력인 자리행自利行으로 보고, 여기에 다른 사람을 위한 이타행利他行과 실천 수행을 추가하여 실천적 성격이 강한 사상체계를 제시하였다.

의상이 중中과 즉卽의 이론으로 파악한 법계연기론은 다양한 현상의 세계와 동일한 이치의 세계를 연결 지으려는 것이었다. 법계연기의 논리는 하나와 전체가 같은 자격으로 서로 간의 상호의존적 관계에서 상대를 인정하여 성립한다. 이는 개체 간의 평등을 의미하는 것이고, 구성원의 평등과 조화를 상징할 수 있는 이론으로 이해할 수 있다.

의상은 깨달음을 향해 나아가는 중생과 깨달은 부처처럼 전혀 다른 두 입장을 융합한 상태의 중도中道를 주장한다. 그는 이와 동시에 두 입장으로 대표되는 모든 상대법이 각자의 형식을 지니면서 그대로 중도라고 이해했다. 의상은 중도가 양변을 모두 인정하는 것이라고 하면서, 그 융합으로서의 중도도 인정한다.

의상은 법계도시 첫 구절에서 법성이 원융하다고 했는데, 이는 모든 존재가 동등하다는 논리를 바탕에 두고 존재 자체가 스스로 드러나는 것을 말한다. 이는 부처의 깨달음의 경지에서만 체득되는 것으로서 이것을 성기性起라고 한다. 깨달음의 경지, 즉 드러난 존재 그 자체로부터 일체 사물이 유출되어 나오는 것이 연기緣起이다. 의상의 스승인 지엄은 법계연기를 무명에 의해 전개되는 존재의 오해와 왜곡으로 연기를 이해하는 범부의 염문染門과, 깨달음으로 실현되는 본래의 진실성에 초점을 맞추어 연기를 파악하는 정문淨門으로 나누어 보았다. 그중 법계연기의 순정한 면인 본래의 진실성의 측면을 성기라고 하였다. 성기는 연기에 포괄되는 개념이다.

《일승법계도》 자체에는 성기라는 표현이 전혀 보이지 않지만, 의상의 문답 강의를 기록한 《화엄경문답》에는 성기에 관한 해설이 많이 나온다. 이로 보면 의상은 신라에 돌아온 후 제자들과 함께 화엄사상을 강의하고 연마하면서 성기사상을 강조했던 것으로 보인다. 중생은 깨닫고자 하는 마음속(보리심)에서 본래의 진실성[본유本有]과의 통로를 마련한다. 연기에 의거하여 보리심을 통해 본래의 진실성에 눈뜨고 나면, 모든 사물과 세계 전체의 진실성이 드러난다. 연기의 세계가 그대로 성기의 세계로 바뀌는 것이다. 그러나 성기는 연기 속에서 연에 의한 수행을 통해 본래의 진실성을 파악하는 실천적인 것이어야만 한다. 이 세계는 수행을 통해 실현되는 본래의 진실성이 나타나는 진리의 현장이고, 이는 화엄의 이상적인 세계를 구현하려는 보살도 수행의 결과라고 파악하는 것이 의상의 성기사상이다.

의상의 화엄사상이 중국 화엄과 다른 경향을 보인 것은 그가 입당 초기에 지론과 초기 선종인 동산東山 법문을 접했던 것과 연관이 있을 것으로 생각된다. 의상이 성기를 강조하고 우리의 다섯 자 몸[오척신五尺身] 그대로 성불한다는 논리를 주장한 것은, 그에게 내재되어 있던 선종적인 이해가 화엄사상과 만나 형성된 결과인 것으로 생각된다. 또 의상과 그를 계승하는 문도들은 당시 불교계에서 크게 중시되던 《기신론》을 중시하지 않았다. 이는 《기신론》의 교설이 의상 일문의 주장인 구체적인 사물에서 진리를 봄으로써 자기화함에 머물지 않음[무주無住]을 강조하는 것이나 오척신 그대로 성불한다는 것과 다르기 때문이었다.

의상은 《일승법계도》를 중심으로 부석사와 태백산과 소백산 등지에서 여러 제자들에게 화엄사상을 강의하여 신라 화엄사상의 주류를 이루었다. 《추동기》나 《도신장》은 제자들이 스승의 강의를 책으로 엮은 것으로서, 여기에는 의상과 제자들의 문답과 학설들이 실려 있다. 그동안 법장의 저작으로 알려졌던 《화엄경문답華嚴經問答》도 의상의 강의를 제자가 정리한 것으로 새롭게 밝혀졌다.

의상은 신앙에서 관음의 진신이 항상 머물고 있다[진신상주眞身常住]는 믿음을 토대로 낙산관음의 문을 열었다. 실제로 신라 땅에 머물고 있는 관음을 확인시켜주는 진신상주 신앙은 관음신앙의 수행자들이 자신들의 구제를 구체적으로 확신하는 효능을 가졌을 것이다. 또 의상이 개창한 화엄종찰 부석사의 본당 무량수전은 주불로 아미타불만을 봉안하고 있다. 세속적 현실의 이면을 직시함으로써 자신을 정화하고 나아가 적극적으로 사회의 정화에 매진하여 얻는 즐거움이 바로 극락정토이며, 이것이 자신의 마음의 땅으로 열리는 것을 수행자의 도량에서 실재화해 나타낸 것이 부석사 가람이었다. 의상은 화엄종단을 중심으로 미타신앙을 천명함으로써 교단체제와는 거리를 둔 교화승들의 성과 못지않은 큰 영향력을 신라 사회에 드리울 수 있었다.

한편 실천행을 중시한 사상을 제시하고 제자 양성에 힘을 기울인 의상은 신앙 면에서 《화엄경》에 토대를 둔 구도적인 관음신앙을 낙산사에서, 그리고 아미타불이 이 땅에서 중생을 정토로 이끈다는 미타신앙을 부석사에서 실천하였다. 이렇게 제자들에게 지속적으로 화엄교학과 정토신앙의 실천을 이어나가도록 함으로써, 사상과 신앙의 실천과 문도가 형성된 화엄교단을 이룩하였다. 의상의 화엄교단은 통일기 신라 사회가 지향하던 사회 안정을 선도하는 역할과 서로 통하는 것이었다.

의상은 10대 제자로 불리는 많은 제자를 길러냈다. 오진·지통·표훈·진정·진장·도융·양원·상원·능인·범체·도신 등이 꼽히는데, 이들의 활동시기는 넓게 펼쳐져 있다. 표훈은 의상의 지도에 따라 새로운 해석을 전개하기도 하였는데, 경덕왕 때까지 경주 지역에서 활동하였다. 진정眞定은 기층민 출신으로 문하의 사상을 주도했다. 지통智通(655~?)은 노비로서 어려서 낭지에게 출가했다가 의상의 문하로 옮겨서 화엄을 깨치고 관행을 닦던 수행인으로, 스승의 강의를 기록한 《추동기錐洞記》(또는 요의문답) 2권을 지었다. 도신道身은 의상의 강의를 기록한 《도신장道身章》(또는 일승문답) 2권을 남겼다. 상원相元은 의상 문하의 강의에서 많은 문답을 남겼고, 양원良圓은 《일승법계도》에 주석을 남겼다. 다시 이들에 이어 신림神琳과 법융法融 등이 의상의 화엄 전통을 널리 계승하여 왕성한 흐름을 이루었다.

화엄을 계승한 전교십찰傳敎十刹은 부석사, 화엄사, 해인사, 범어사梵魚寺, 옥천사玉泉寺, 비마라사毘摩羅寺, 미리사美理寺, 보광사普光寺, 보원사普願寺, 갑사岬寺, 화산사華山寺, 국신사國神寺, 청담사靑潭寺 등이다. 이들은 신라 하대에 이르기까지 전국에 건립되어 교학과 불교문화를 이끌었다.

화엄교학의 여러 갈래

의상의 직계제자들이 신라 화엄의 주류를 이루었지만 그들과는 다른 화엄 연구 흐름도 다양하게 파악된다. 의상을 계승한 흐름으로는 부석사계와 왕경에서 활동했던 표훈계, 해인사계 등을 들 수 있다. 의상과 다른 흐름으로는 원효와 법장사상을 융합한 화엄-기신의 융합 계통, 오대산·지리산·천관산 등 다른 화엄 경향을 보인 계통, 황룡사계 등이 있다.

이 밖에 법장의 제자인 승전勝詮은 690년경 당에서 귀국하면서 법장이 의상에게 보내는 서신과 법장의 화엄사상을 집약한 화엄경 해석서인《탐현기》등의 저술을 가져왔다. 심상審祥(?~742)은 법장의 문하에서 수학하고 일본에 건너가 일본 화엄종의 초조가 되었다.

화엄사가 대찰로 정립된 것은 8세기 중반, 연기緣起에 의해서였다. 연기는 754년에 지금까지 남아 있는《화엄경》사경을 주도했다. 그는 《개종결의》·《화엄경요결》·《진류환원락도》와 함께《기신론》관계 저술을 남겨, 의상의 사상 계통에 법장의 교학을 융합한 사상 경향을 가졌던 것으로 보인다. 화엄사는 조형 감각이 빼어난 4사자석탑을 조성하고, 장륙전 벽면에 방대한 화엄석경을 제작할 정도로 장엄한 사찰의 면모를 보였다. 화엄사에서는 이 밖에도 정행·정현·영관 등이 활동하였다.

대찰이 된 해인사는 의상을 계승하면서도 독자적인 활동 경향을 보였다. 현준賢俊과 결언決言은 884년에 중국 화엄종을 정립한 지엄을 추모하는 보은결사를 조직하였고, 886년에는 헌강왕의 명복을 비는 화엄경결사를 조직하였다. 또 화엄종 승려들은 황복사에 모여《화엄경》을 강의하며 법장과 의상 이래 조사들의 명복을 비는 화엄사회華嚴社會를 결성하였다. 결언은 861년 경문왕의 초청으로 곡사에서

구례 화엄사
8세기에 새로운 화엄사상을 편
화엄사의 장대한 각황전(당시는 장륙전).

원성왕의 명복을 비는 강의를 하였으며, 중국 화엄종의 완성자 법장의 저술로서 화엄사상의 핵심 저술인《교분기》를 강의하였다.

황룡사에서는 754년(경덕왕 13) 법해法海가 활동하였으며, 원성왕 때는 지해智海가 50일간 화엄을 강의하였다. 759년경에 보림사를 창건한 원표元表는 천관天冠보살 신앙을 실천했던 화엄 행자였다. 787년(원성왕 3) 승관직인 소년서성을 지낸 범여梵如는《화엄경요결》6권을 지었고, 범수梵修는 799년(소성왕 1) 화엄사상을 재정립한 징관의《화엄경소》를 강의하였다.

의상의 화엄과 다른 계통의 화엄사상으로는 먼저 8세기 중반에 활동한 황룡사의 표원表員이 있다. 그는 화엄사상의 중요 과제에 대한 여러 학설을 모아《화엄문의요결문답華嚴文義要訣問答》을 편찬하였다. 표원은《화엄경》의 구조와 설한 시기 등의 문제, 화엄교설의 중심사상인 육상설·수십전의 비유·연기·탐현·보법 등의 문제, 대승보살의 수행도 문제 등을 18가지 주제로 묶어 설명하였다. 표원은 법계연기의 근원을 밝히고 각종 법계와 역대 교판을 두루 이해하였는데, 신라 화엄학의 주류인 의상의 사상을 위주로 하지 않고 법장의 사상을 토대로 하면서 원효와 중국의 혜원 등의 학설을 인용하였다. 법장과 원효의 사상을 융합한 표원은 원효계 화엄학승이었으며, 이처럼 원효와 법장의 사상을 융합한 형태가 표원에서 견등見登으로 계승되었다.

명효明皛는《해인삼매론海印三昧論》을 지었는데, 형식상 의상의〈법계도인〉과 같은 상징적 형상을 취하고 있으나《기신론》과 상통하는 해석을 보여 다른 경향을 띠었다. 명효는 화엄과 기신을 동일한 경계로 보았던 원효 계통에 속했던 것으로 생각된다.〈법계도인〉과《해인삼매론》은 둘 다 상징적인 도인圖印 형태를 사용하여 성불을 지향한 것은 동일하지만, 내용상으로는 다소 차이가 있다.

견등은 화엄사상의 성불에 대해 밝힌 《화엄일승성불묘의華嚴一乘成佛妙義》와 기신사상을 정리한 《기신론동이약집起信論同異略集》을 저술하였다. 견등은 법장과 신라 화엄 전적을 인용하며 유식과는 전혀 다른 화엄의 성불을 해석하고, 중관과 유식을 화회시키는 논지를 폈다.

후삼국시기에 해인사에는 두 계통의 조사가 이끄는 화엄학풍이 공존하고 있었다. 한 사람은 희랑希朗으로 왕건을 지지하였고, 다른 한 사람은 관혜觀惠로 견훤을 지지하였다. 희랑은 의상계 화엄학의 정통을 주도하던 태백산 부석사 학풍을 계승하여 북악北岳이라 불렸고, 관혜는 지리산 화엄사 학풍을 계승하여 남악南岳으로 불렸다.

《법계도기총수록法界圖記叢髓錄》은 의상의 《일승법계도》에 대한 해석서를 모은 책이다. 《총수록》은 고려 중·후기에 편찬된 것으로 생각

《법계도기총수록》
의상 화엄사상의 정수인 법계도를 문손들이
대를 이어 공부하며 지은 해석서를 모은 책.

되는데, 2차에 걸쳐 편집되었다. 1차는 《대기大記》, 《법기法記》, 《진기眞記》의 세 주석서를 모은 것인데, 저자들은 모두 신림의 제자로서 8세기에 의상 화엄의 정맥을 해석하고 펼친 이들이었다. 다시 이에 부수적인 보완자료를 추가한 2차 편집이 이루어진 것이 현재의 《총수록》 구성이다. 《총수록》은 의상계 화엄사상이 신라시대 내내 부단히 전승되던 사실을 보여준다.

계율의 연구

계율이란 수행자 개인이 선행을 하겠다는 자율적 의지인 계戒와 교단 통제를 위한 승가규범인 타율적 율律을 말한다. 계율은 불교를 배우는 사람이 반드시 닦아야 할 삼학三學, 곧 잘못된 것을 그치고 잘못되지 않게 하는 계율[戒], 산란한 마음을 막고 안정을 얻는 선정[定], 진리를 깨닫기 위해 이치를 관하는 것[慧] 중의 하나이다. 따라서 계율은 초기 불교 이래 승려와 불교도들의 일상생활과 밀착되어 크게 중시되었다. 신라에서는 여러 승려가 소승계인 사분율四分律을 집중 검토했고, 자장을 비롯한 율사들은 교단체제 형성에 절실히 요구되었던 계율을 중심으로 신라 불교 교단을 이끌었다. 중대 신라에 들어서면 계율에 대한 관심이 원효를 계기로 사분율 위주에서 대승계인 범망계梵網戒 중심으로 바뀌었고, 계율 연구도 율사들이 아니라 유식 학승들이 주도하였다.

원효는 범망경을 본격적으로 검토해 보살계를 신라 사회에 수용 정착시켰다. 원효는 《범망경보살계본사기》에서 특정 경론에 의거하지 않고 범망경을 주석하여, 이미 유행하던 소승계와 새로이 수용된 범망계의 관계를 해명하였다. 그리고 《보살계본지범요기》에서는 범망계를 중심으로 새롭게 주목받은 유가계와의 조화를 도모하였다. 원효는 중죄의 규정을 완화하고 계를 범하게 된 동기를 중시하여, 정신성을 강조하면서 수행자 개개인의 내면적 각성을 촉구하였다.

중국에서 활동했던 승장勝莊은 《범망경술기》를 지어 유가계를 기준으로 범망계를 포섭하고자 하여 원효와는 다른 이해를 보였다. 의적의 《보살계본소》와 대현의 《범망경고적기》 역시 승장과 같이 유가계를 바탕으로 범망계를 주석하였다. 그러나 유가계에 범망계를 포섭하려는 모습이 보이지 않고, 모든 중생이 성불할 수 있다고 본 것 등은 승장과 다르다. 의적은 재가신자들에게 관심을 갖고 이들의 위상을 높게 평가했는데, 이는 통일 이후 증가한 서민 신자들의 성장을 반영한 것이었다. 동시에 의적은 노비와 주인은 지위가 서로 섞일 수 없다고 신분의 구별을 엄격히 하여, 신라 신분제 사회의 한계를 반영하기도 하였다. 대현은 현실 문제에 소극적이었지만, 왕권 수용을 인정하고 효은을 강조하였다.

계율의 구체적인 해석에서 원효를 비롯한 계율 논사들은 중생에게 큰 이익을 가져오게 하는 자비 살생은 오히려 복을 짓는 일이라는 살생관을 보였으며, 자신을 높이고 남을 헐뜯지 말라는 자찬훼타계의 경우에도 드러난 결과보다 마음가짐의 중요성을 중시하였다. 보살계 이외에 원효나 도륜·경흥·혜경 등은 사분율 관계의 저술을 남겼다.

이처럼 신라에서 크게 중시된 보살계 사상은 왕권을 안정시키고 통치를 정당화하는 데 기여했다. 동시에 지배자의 전횡을 삼가게 하고 선정을 유도하는 일면도 가졌고, 평등사상을 통하여 서민들에게 정신적 위안을 줄 수 있었다. 또 보살계를 설하는《범망경》은 효행을 강조하고 죽은 사람의 명복을 비는 것을 역설하므로, 이의 유행은 유교와 불교 간의 갈등을 완화해주는 역할도 하였을 것이다.

신앙의 실천과
불교문화의
발달

신라 중대 불교의 중요한 의의는 신앙의 보편화이다. 신라 불교 교학이 독자적인 꽃을 피우며 크게 발전한 것과 흐름을 같이하며 일반인들에게도 불교신앙이 널리 이해되고 깃들게 되었다. 7세기 중반 불교 대중화운동의 전개와 함께 보통 사람들이 쉽게 불교를 접하고 자신의 바람을 기원하는 신앙의 보편화가 이루어진 것이다. 부처가 되려고 노력하는 보살과 그 결과 깨달음을 얻은 많은 부처의 존재를 설정하고 신앙하도록 권장하였다. 스스로 깨달음을 얻을 수 없는 사람들도 그들의 도움을 통해 재난을 극복하고 깨달음을 얻을 수 있다는 생각에서 다양한 불과 보살에 대한 신앙이 생겨났다. 미타신앙은 본래 내세에서의 안락을 바라는 것이었고, 관음신앙은 현실세계에서의 바람을 충족시켜주기를 기대하는 것이었다. 미륵신앙은 도솔정토를 추구하였으며, 지장신앙과 연계된 점찰법도 실행되었다.

불교사상이 정립되고 신앙의 실천이 보편화되자 이를 바탕으로 다양한 불교 행사가 베풀어지고 우수한 불교예술품이 만들어졌다. 불국사와 석굴암 그리고 성덕대왕신종으로 대표되는 신라 불교문화는 이런 사상과 신앙이 성행한 결과이다.

미타신앙

신라 중대의 가장 보편적인 신앙은 미타신앙이었다. 미타신앙은 아미타불을 지성으로 염송하면 아미타불의 중생 구제 원력에 의해 사후 극락세계에 왕생하게 된다는 내세來世신앙이다. 신라의 미타신앙은 일반 백성들에게 큰 호응을 얻었다. 국가를 위한 전쟁에 동원되었지만 절을 짓거나 탑을 세우는 것과 같은 공덕을 쌓을 수 없었던 이들에게 염불의 실천만으로 극락에 갈 수 있다는 미타신앙은 큰 매력이었다. 이러한 사회 분위기에 일반 백성들과 직접 어울리며 포교하던 교화승들의 활동이 더해져 미타신앙은 7세기부터 점차 널리 퍼져 나갔다.

화랑의 낭도였던 혜숙惠宿은 지배층과 결합된 교단을 비판하고 미타사를 창건하여 신앙을 이끌었다. 혜공惠空은 그의 집안이 귀족의 집에서

감산사 아미타불입상
은퇴한 고위 관료 김지성이 넓은 땅에 절을 세우고,
돌아간 가족들을 위해 만든 조형미 넘치는
아미타불입상.

고용살이하던 형편이었는데, 영묘사의 화재를 미리 알고 비법으로 이를 구하기도 하였다. 대안大安은 저잣거리에서 생활하면서 궁중의 초청도 외면하고 기층민과 어울려 지냈다.

원효는 이런 흐름을 계승하여 치밀한 교학이론을 바탕으로 정토신앙을 대중신앙으로 확립하였다. 원효는 범부도 왕생할 수 있음을 강조한 저술을 썼을 뿐만 아니라, 결혼하고 나서는 속인의 옷을 입고 기괴한 박을 도구로 만들어 무애가를 부르고 춤추며 이곳저곳을 다니면서 사람들과 어울려 지냈다. 이런 원효의 활동으로 보통 사람들도 부처의 이름을 알고, 귀의한다는 뜻인 '나무南無'의 칭호를 부르게 되었다.

원효는 모든 사람은 성불할 수 있다는 불성론을 주장하였다. 그러나 중생이 어리석어 자신의 성불 가능성을 믿지 않으므로 불보살의 도움을 빌려야 한다고 하였다. 정토에 왕생하기 위해서는 자신의 각성도 중요하지만, 모든 중생을 구제한다는 아미타불의 본원력을 믿을 것을 강조했다. 원효는 아미타불에 의지하여 왕생하고 성불할 수 있다는 생각에서, 아미타불을 마음속으로 생각하고 그 이름을 부르는 염불念佛의 중요성을 일깨웠다.

원효 이후 법위·현일·경흥·의적 등 신라 승려들은 미타신앙의 기반이 되는《무량수경》·《관무량수경》·《아미타경》의 주석서를 지었다. 이들 신라 정토교학은《무량수경》의 내용이나 왕생 방법, 왕생 인연의 제한, 미타와 미륵정토의 우열 문제 등에 관심을 기울였다.

왕생 방법에서는 십념十念의 내용에 관심이 모아졌다. 경전에 구체적인 내용이 나오지 않는 십념에 대해, 신라 정토사상가들은 대체로 아미타불의 명호名號를 부르는 칭명으로 이해하였다. 이는 지적 이해가 없는 범부들이 단지 명호를 부르는 것만으로도 왕생할 수 있음을 강조한 것이었다. 이러한 인식은 일반 백성들이 적극적으로 미타신앙을 수용할 수 있는 토대가 되었다.

왕생 인연 문제는 일반적으로 왕생할 수 없다고 분류했던 다섯 부류의 사람을 인정하는가 그렇지 않은가의 문제이다. 이에 대해 원효나 현일·의적은 모두 참회에 중점을 두어, 가장 큰 잘못을 저지른 오역五逆이나 정법을 비방한 자들도 참회하면 왕생할 수 있다고 보았다. 그러나 경흥은 유식교학의 전통적인 견해에 따라 성불할 수 없는 다섯 부류의 사람을 인정하였다. 왕생할 수 있는 단계에 대해서도 신라의 정토사상가들은 중국의 승려들보다 훨씬 낮게 설정함으로써 왕생 희망자들에게 문을 크게 열어놓았다.

미타정토와 미륵정토의 우열에 대해서도 논란이 있었다. 원효는 미타정토인 극락이 더 뛰어난 정토이고, 왕생하기도 더 쉽다고 하였다. 이에 대해 경흥은 미륵정토인 도솔천도 극락처럼 쉽게 염불로 왕생할 수 있다고 하여 미륵정토가 미타정토에 못지않음을 강조하였다. 이와 같은 왕성한 교학과 포교를 바탕으로 미타신앙은 평민이나 노비로부터 귀족에 이르기까지 신라 사회 전반에 걸쳐 폭넓게 환영을 받았다.

미타신앙은 구체적인 불교신앙 사례 중에서도 가장 많은 예를 보인다. 포천산(양산 근처)에서 아미타불을 구하여 서방 왕생을 위해 염불 수행하던 다섯 비구는 모두 현재의 몸을 버리고 왕생하였다. 남산 기슭의 피리사에 머물던 한 승려는 온 성안 사람들이 모두 들을 수 있을 정도로 아미타불을 크게 염불하여 사람들의 공경을 받았다. 이 사례들은 승려들이 미타신앙을 이끌었음을 말해준다. 이에 비해 포산(달성 비슬산)의 관기觀機와 도성道成이라는 두 수도자는 산골에서 나뭇잎으로 옷을 만들어 입고 수행하다 왕생하였는데, 이는 일반 백성의 미타신앙 모습을 알려준다.

생사의 길은
여기 있음에 갈라서게 만들고
나는 간다는 말도
못 다 이르고 갑니까
어느 가을 이른 바람에
여기저기 떨어지는 나뭇잎처럼
한 가지에 나서도
가는 곳을 모르는가
아, 미타찰에서 만날 나는
도를 닦으며 기다리련다(월명, 〈제망매가〉)

월명月明이 누이를 먼저 떠나보내고 제사를 지내며 부른 향가이다. 죽음은 누구에게나 오는 것이고, 자연의 무상함도 그러한 것이다. 이미 서방정토에 왕생한 누이를 정토에 가서 만나리라. 누이의 죽음을 안타까워하면서 누이와 자신의 왕생을 바라는 마음이 담긴 노래이다. 〈제망매가祭亡妹歌〉는 이런 미타신앙이 신라 사회에 보편적으로 받아들여졌음을 보여주는 대표적인 예이다.

원효는 일반민들을 직접 만나 정토신앙을 널리 알렸다. 반면에 의상은 중앙에서 멀리 떨어진 지방에서 형편이 어려운 제자들을 모아 교단으로 포용하여 교단조직에 정토신앙을 뿌리내렸다. 원효의 직접적인 전도 활동과, 의상의 전국적이고 지속적인 신앙 활동 모두 신앙의 대중화에 중요한 밑거름이 되었다.

　신라 중대의 미타신앙은 염세적인 데서 오는 내세적 기원보다 현실 긍정적인 경향이 강해, 사후의 극락왕생보다 현실에 극락정토를 구현하겠다는 신앙 내용이 많았다. 앞서 든 사례처럼 염불하다 지금 이 자리에서 왕생했다는 것이 그런 경우이다. 극락세계의 현실화에 대한 소망은 신라 땅에서 아미타불이 현신 성불하였다는 신앙 내용으로 나타났다. 경덕왕 때 강주(진주) 지역의 귀족 귀진은 1만 일을 기약하여 염불결사를 시행하였다. 그 집 노비였던 욱면郁面은 처음에는 염불결사에 참여하지 못했다. 그러나 그의 정성이 다른 사람들을 감동시켜 결국 참가를 허락받아 그 누구보다 먼저 염불하던 중 몸 그대로 법당 천장을 뚫고 왕생했다는 설화를 낳았다.

　통일기의 신라 사회는 전쟁을 치르고 난 뒤 그 과정에서 애쓰거나 희생된 사람들을 위로하고, 고구려와 백제 양 국민들도 포용해야 하는 과제를 안고 있던 시기였다. 이러한 사회 분위기에 필요한 신앙으로서 미타신앙은 더없이 적절한 것이었다. 미타신앙의 보편적인 수용은 지역과 계층 간의 화해를 이루는 데 기여할 수 있는 것이었다.

　한편 일찍이 불교 수용 단계부터 승려들의 치병 활동을 중심으로 환영받았던 약사신앙藥師信仰은 중대에 들어 밀본과 혜통 등 밀교 계통 승려들에 의해 널리 시행되었다. 이들의 활동에 힘입어 주술을 이용하여 병을 낫는 신앙이 유행하여 수많은 약사불상이 제작되었다. 약사신앙은 사방불 중 동방의 부처로서, 질병이나 굶주림 등 현세의 모든 고난에서 벗어나게 해주면서 생명까지 연장시켜주는 현세적 성격을 가진 것으로 인식되었다. 이는 사후의 정토를 기원하는 정토신앙을 보완해주는 것이었다.

관음신앙

관음신앙觀音信仰은 미타신앙과 함께 중대에 가장 널리 환영받았다. 미타신앙이 내세적인데 비해 관음신앙은 현세現世적인 신앙이다.《법화경》보문품에는 중생들이 물과 불 또는 악귀나 도적 등의 일곱 가지 어려움에 처했거나 자식을 갖고자 하는 등의 온갖 현실적인 바람을 가졌을 때, 일심으로 관세음보살을 부르면 관세음보살이 즉시 그 소리를 관찰하고 바라는 것을 모두 들어준다는 내용을 담고 있다. 따라서 관음신앙은 사람들이 세상을 살아가면서 부딪치는 갖가지 어려움으로부터 벗어나기 위해 찾는 절실한 신앙이었다.

그런데 신라 사회에 이 관음신앙을 정착시키기 위하여 의상은 낙산사에 관음의 진신이 직접 머물고 있다는 진신상주眞身常住 신앙을 설정하였다. 이는 남방 해안에 있는 보타락가산에 관음이 항상 머물며 설법한다는《화엄경》의 내용에 따라 신라 바닷가에 그 실재처를 마련한

양양 낙산사
의상이 관음신앙을 정착시키기 위해 이 땅에 관음이 머문다는
성지로 만든 사찰.

관음보살입상
지금 살면서 필요한 바람을 들어주는
현세신앙을 대표하는 삼국시대
관음보살입상(국립중앙박물관).

통일신라

것이었다. 이를 통해 신앙인들은 신라 땅에 항상 머무르고 있다는 관음을 보다 현실감 있게 찾고, 그 결과를 기대할 수 있었을 것이다.

유식사상가였던 경흥은 삼랑사에 있을 때 갑자기 병이 나서 한 달 동안이나 낫지를 않았다. 그러다가 남항사의 십일면관음이 자기 앞에 나타나 춤을 추는 것을 보고 웃다가 병이 낫게 되었다. 화랑 부례랑夫禮郞은 북쪽 해안에서 납치되어 돌아올 길이 없었다. 양친이 백률사 관음이 영험이 있다는 소문을 듣고 가서 기도하였더니, 잃어버렸던 보물과 화랑의 낭도가 함께 살아서 돌아왔다. 장춘長春은 경덕왕 때 바다에서 장사를 하며 살았는데 어느 날 바다에 나간 지 오랜 시간이 지나도록 소식이 없었다. 그래서 모친인 보개가 민장사 관음에게 빌어서 중국에서 표류하다 살아 돌아올 수 있었다. 경덕왕 때 희명希明의 눈먼 아이는 분황사 천수관음에게 눈을 뜨게 해달라고 기도하여 광명을 얻었다. 최은함은 나이 오래도록 후사가 없어 중생사 관음에게 빈 끝에 아들 최승로崔承老를 낳았다. 그런데 아이를 얻던 그때 후백제의 견훤이 서울에 침공하여 갓난아이를 다시 관음상에 맡겨놓고 피란 갔다 오니 그때까지도 잘 살아 있었다.

이와 같은 관음신앙 사례들은 모두 현실세계에서 겪게 되는 어려움에 대한 관음의 대응을 말하고 있다. 이런 현실적인 성격 때문에 신라 사회에서 관음신앙은 신분에 관계없이 고루 환영받았다.

관음은 미타와 연계되기도 했다. 문무왕 때 서방왕생을 기약하며 수도하던 광덕廣德과 엄장嚴莊에게 관음이 분황사의 노비였던 광덕의 처의 모습으로 나타나 도를 이루는 것을 도와주었다. 백월산에서 수도하던 노힐부득과 달달박박 두 사람은 곧 아기를 낳을 듯한 여인의 몸으로 나타난 관음의 도움으로 미륵과 미타로 성불할 수 있었다. 이들 사례는 아미타불을 돕는 역할을 하는 관음을 말해주고 있다.

 김인문金仁問은 무열왕의 둘째 아들로 통일전쟁기에 주로 당나라에 머물며 외교적 역할을 수행하였다. 그가 당에서 돌아오기 어렵게 되자 사람들은 무사히 돌아오게 해달라고 인용사에 관음도량을 만들어 기원하였다. 그러나 그는 신라에 돌아오지 못하고 죽고 말았다. 그래서 그가 죽은 후에는 미타도량으로 바꾸어 그의 극락왕생을 빌었다. 현실 구제적인 관음신앙이 사후에는 정토왕생을 기원하는 미타신앙으로 바뀐 것이다.

 이처럼 신라 관음신앙은 현실의 사람들의 바람을 들어주는 신앙이 주를 이루지만, 한편으로는 미타정토 왕생과 연결된 내세적 성격과 진신상주 신앙도 보인다. 특히 관음은 여러 형태의 여인으로 나타나는데, 이는 친근성의 표현이자 대지신인 여신과의 연계에서 나온 현상으로 생각된다.

미륵신앙

신라 중고기의 미륵신앙이 미래불로서의 미륵을 기대하는 하생下生신앙이었던 데 비해 중대의 미륵신앙은 미륵이 있는 도솔정토에 상생하고자 하는 상생上生신앙이 중심을 이루었다. 유식사상을 확립한 무착無着이 미륵보살의 가르침을 받아 《유가사지론》 등을 만들었다고 하여, 법상종에서는 미륵신앙을 중심신앙으로 삼아왔다.

 상생신앙은 미륵 불상을 만들거나 명호를 부르거나 오계 등의 계율을 지키는 것을 내용으로 한다. 비록 번뇌는 완전히 끊지 못해 해탈에 이르지는 못해도, 미륵을 부르면 도솔천에 태어날 수 있으며, 계를 범하거나 악행을 저질렀더라도 미륵에게 참회하면 모두 벗어날 수 있다고 한다. 미타신앙에 비해 자력적인 미륵상생신앙은 수행할 능력이 있는 승려나 공덕을 쌓을 수 있는 귀족 등에게 환영받았고, 그렇지 못한 일반 백성들은 미타신앙을 선호하는 추세였다. 법상종 사원에서는 미륵과 미타 두 신앙을 함께 수용하여, 미륵은 금당에 주존으로 봉안하고 강당에 미타를 봉안하였다.

이는 신앙 사례에서 확인된다. 집사시랑의 높은 관직을 지내고 은퇴한 김지성金志誠은 재산을 희사해서 감산사甘山寺를 세우고, 세상을 뜬 부모를 위하여 미륵보살상(719)과 아미타불상(720)을 조성하였다. 김지성이 생전에 조성한 감산사 미륵보살상은 죽은 부모 외에 국왕과 친지를 비롯한 형제·자매·처·승려 등 생존자들이 공양자의 주류를 이룬다. 그러나 사후에 조성한 아미타불상은 국왕과 친지와 후처 이외에는 죽은 부모·아우·누이·처 등 사망자들이 중심을 이루어 대조를 보이는데, 이는 미타신앙의 내세적인 성격 때문이었다.

대현은 법상종의 토대를 마련한 교학이론의 대가였는데, 남산 용장사茸長寺에 머물며 항상 미륵장

감산사 미륵보살입상
성덕왕 때 귀족 김지성이 은퇴하여 자신의 장원에 절을 짓고 가족들의 명복을 빌고 중생들의 깨달음을 얻기를 기원하며 만든 아미타불상과 미륵보살상 중의 미륵상.

륙상을 돌며 예배한 신앙의 실천자였다. 경덕왕을 위해 〈안민가〉를 지어 왕과 신민의 신분질서를 강조한 충담忠談은 남산 삼화령의 미륵세존에게 매년 3월 3일과 9월 9일에 차를 공양하였다. 이들은 도솔정토의 미륵상생 신앙을 말해준다.

경덕왕 때 월명月明은 죽은 누이를 위해 향가를 지어 미타정토에 왕생할 것을 기원하였는데, 해가 둘로 나타나자 〈도솔가〉를 지어 도솔천의 미륵보살에게 기원하여 이변을 해결하였다.

김지성과 백월산의 두 수도자 그리고 월명의 신앙은 모두 미륵과 미타가 연관된 신앙 모습을 보여주는데, 시기적으로 경덕왕 때에 집중되었다. 이들은 중대 법상종계 미륵상생 신앙이 미타신앙과 연관되어 있었음을 보여준다.

지장신앙

지장地藏신앙은 석가가 입멸하고 나서 미래불인 미륵이 출현하기까지의 부처가 없는 말법시대에 석가의 부촉을 받은 지장보살이 모든 중생을 구제한다는 신앙이다. 지옥까지 구제한다는 점에서, 특히 망자 구제신앙으로 폭넓게 수용되었다. 지장신앙은 《대승대집지장십륜경》·《지장보살본원경》·《점찰선악업보경》 등의 경전을 바탕으로 한다.

신라의 지장신앙은 8세기에 진표眞表가 선도하였다. 그는 부안 지방의 선계산 부사의암에서 자신의 몸을 던지는 망신참 수행으로 지장보살이 주는 청정한 계를 받았다. 다시 수행에 열중한 그는 미륵으로부터 《점찰경》과 수행의 증명인 간자簡子 189개를 받았다. 점찰신앙은 말법시대의 중생이 여러 장애에 부딪혀 결정적인 믿음을 얻지 못하고 수행할 때, 과거의 좋고 나쁨과 현재의 즐겁고 괴로움 등을 살펴 마음을 깨우치고 의심나는 것을 해결할 수 있게 한다는 내용이다. 점찰신앙은 미륵상생 신앙과 지장신앙이 연결된 것으로, 미륵을 중시하는 법상종에서 실천되었다.

진표는 금산사에서 점찰법과 참회행을 실천하는 교화를 펼쳐 법상종의 한 계열을 이루었다. 금산사에 이어서 속리산과 동해안 지방의 아슬라주(강릉)에서 계법을 설하고 금강산에 발연사를 세워 점찰법회를 실행했다. 진표의 실천행은 제자 영심永深이 속리산 길상사(법주사)에서 이어받았고, 헌덕왕의 왕자인 심지心地는 팔공산 동화사에서 이를 펼쳤다. 신라 말에는 석충釋忠에 의해 왕건에게까지 연결되었다.

점찰법은 점을 쳐서 자신의 행동을 돌아보고 이를 참회하는 것이다. 신라 사회에서 점찰법회는 일찍이 원광 이래 꾸준히 이루어졌다. 원광은 참회의 실천으로 어리석은 사람을 깨우치기 위해, 자신이 머물던 가서사에 점찰보를 설치하고 점찰회가 지속적으로 유지되도록 하였다. 안흥사의 지혜는 경주 서쪽에 있는 선도산 신모의 시주와 권유로 매년 봄·가을로 남녀 신도를 모아 널리 일체 중생을 위해 점찰법회를 열었다.

원효와 교유하였던 사복 모자를 위해 창건된 도량사에서는 매년 점찰회가 시행되었다. 불국사를 창건한 김대성은 신문왕 때 점개漸開가 흥륜사에 육륜회六輪會를 설치하려 하자 토지를 시주하였고, 이 공덕으로 재상의 집안에 환생하였다고 하는 설화를 남겼다. 육륜회는 점찰 방법 중에서 과거·현재·미래 삼세의 과보를 점치는 육륜상법을 실천하는 모임이었다.

활짝 핀 불교문화

교학이 꽃을 피우고 신앙이 널리 성행하던 신라 중대 시기는 다양한 불교문화가 화려하게 꽃피웠던 시기이기도 하다.

신문왕(681~692 재위)은 지방통치제도를 확립하고 귀족들의 권한을 제한하는 등 왕권강화의 토대를 마련하고 세상을 떴다. 왕비 신목태후는 아들인 효소왕과 함께 죽은 왕의 명복을 빌기 위해 왕실 사찰이던 황복사 3층 석탑에 순금 불상을 만들어 봉안하였다. 700년에 왕비도 죽고 702년에는 효소왕도 죽었다. 706년에 성덕왕은 이들 모두를 위해 다시 순금 불상과 다라니경을 봉안하고, 남은 자신들도 복을 받고 천하가 태평하며 중생들이 성불하기를 빌었다. 입상과 좌상으로 조성된 14센티미터와 12센티미터의 이 순금 불상들은 간절한 신앙의 결정체이자 뛰어난 예술품이다.

김지성은 감산사를 창건하고 미륵보살상(719)과 아미타불상(720)을 나란히 돌로 만들어 봉안했다. 이들 조각상은 적절한 비례와 세련된 묘사력으로 양감이 풍부한 신체에 역동적인 탄력성을 불어넣은 명작으로 8세기 전반 신라 불교 조각을 대표한다.

사원 조성은 여러 지원세력에 의해 이루어졌다. 효성왕은 738년에 성덕왕을 위해 봉덕사奉德寺를 창건하였다. 경덕왕 때 왕의 총신 이순李純은 출가하여 748년에 단속사斷俗寺를 창건하였고, 751년에는 김대성이 불국사와 석굴암을 창건하였다. 지방에서는 764년 신앙 영험에 따라 백월산白月山 남사南寺가 창건되었고, 8세기에는 부석사 규모가 확대되고 화엄사가 대찰로 등장했다. 금산사와 법주사, 해인사와 보원사 등 대규모 사원이 곳곳에 건립되어 사상의 전당이자 신앙의 중심지로서의 역할을 담당하였다.

불국사와 석굴암

불국사와 석굴암은 신라 불교문화 전체를 대표하는 걸작이다. 최고 관등인 각간 김대성金大城은 751년(경덕왕 10) 불국사를 조성하기 시작하였는데, 774년에 그가 죽자 국가에서 이를 완성하였다. 표훈에게 화엄사상을 배운 김대성은 불국사를 창건하여 표훈이 주석하도록 했다. 이는 불국사와 석굴암 조성에 화엄사상이 그 배경이 되었음을 전해준다. 석굴암은 부처의 깨달음을 상징화하고 불국사는 화엄 연화장 세계를 구현하였다는 해석은 그런 바탕에서 가능하다.

　금당 구역이 금당과 강당, 중문과 쌍탑, 석등 및 회랑으로 구성된 전형적인 쌍탑식 가람 구성을 보여주는 불국사의 조성은 신라 불교문화의 완성을 의미하는 것이었다. 3층탑(석가탑)이 보여주는 신라 전형 석탑 양식이나 대웅전 앞 석등의 양식 등은 불국사 조형이 신라문화의 전형을 완성한 것임을 보여준다. 중문 앞의 석교와 중문 이후의 불국토 세계의 구현, 그리고 이를 아미타 극락세계의 구현으로 확대한 서원 극락전 구역, 다시 확대된 법화·관음·비로전 구역은 불국사가 다양한 사상을 배경으로 복합적인 구상 아래 조성되었을 가능성을 말해준다. 7세기 후반부터 8세기 전반에 걸쳐 다듬고 닦은 신라 불교사상의 정화가 한데 어울려 이룬 공간 구성이 불국사의 불국토 구상이라 할 수 있다. '화엄불국사華嚴佛國寺'라고 불린 것은 이러한 불국사의 성격을 반영한 것으로 생각된다.

불국사의 평면 구성은 치밀한 과학적 설계에 의해 완성되었다. 중문과 석가탑·다보탑의 쌍탑과 대웅전이 이루는 대웅전 구역의 전면 중심 공간은 겹겹이 고안된 황금비례의 분할에 따라 가장 아름다운 조화를 이루도록 고안되었다. 각 조영물 사이의 거리 또한 철저한 비례관계를 계산하여 설계하였다. 감은사탑에서 나원리 5층탑을 거친 석가탑은 높아진 기단부와 폭에 비해 높이 비율이 커진 탑신부가 힘차게 약동하는 기세를 뿜어내는 3층 석탑의 가장 완성된 형태를 만들었다. 마주보는 다보탑은 기단부와 탑신부를 창의적으로 해석하여 사리를 보존하는 예경의 대상으로는 지상에서 더할 바 없이 장엄한 보궁을 만들어냈다. 그 사이에 본래적인 기능만을 살린 간결한 석등을 두고 신앙의 본당인 대웅전을 만나도록 함으로써 이상적인 부처의 세계로 인도하도록 하였다. 다보탑은 같은 시기에 조성한 화엄사 3층 석탑과 함께 새로운 조형예술의 쌍벽을 이룬다. 화엄사 탑은 네 마리의 사자가 기둥을 이루는 가운데 공양 대상을 세워 석등에서 공양하는 이를 맞는 창의적인 구상을 보여준다.

불국사와 대응하여 이룩된 석굴암(본래 석불사石佛寺)은《유마경》사상과 밀교사상을 융합하여 구성하였다. 석굴암 주실의 본존 주위를 둘러싼 10대 제자는《유마경》에 근거한 것이다. 그리고 감실에 조각한 10구의 보살상은《불정존승다라니염송의궤법》에 의거한 8대 보살과 유마와 문수로 추정된다. 석굴암은 본존과 여러 보살상 그리고 범천 제석과 제자상 등을 다양하게 배치함으로써 복합적인 사상을 조화시켜 훌륭한 조형미를 이루었는데, 그 사상적 배경에 밀교를 비롯한《유마경》등을 융합한 화엄의 원융사상이 있다. 10대 제자상을 구체적으로 각각 조형으로 빚은 것은 석굴암이 처음이다.

당대 불교사상의 총화가 한데 어울려 본존불에 복합적인 의미를 담아 깨달음을 상징화한 조영물이 석굴암이고, 그 사상적 중심에는 불국사와 마찬가지로 화엄사상이 토대를 이루고 있다고 생각된다. 불국사와 석굴암은 입지와 구성, 조영과 사상이 긴밀하게 조화되도록 건립된 신라 불교문화의 결정체였다.

이 시기 신라의 과학기술과 공예를 대표하는 또 다른 걸작은 성덕대왕신종聖德大王神鍾이다. 771년(혜공왕 7)에 완성된 이 신종은 경덕왕이 부왕 성덕왕의 명복을 기려 제작하기 시작했고, 혜공왕이 완성시켜 봉덕사奉德寺에 걸었던 것으로 봉덕사종이라고도 불렸다.

귀족들의 조직적인 반란 등으로 사회가 혼란의 소용돌이에 휩싸이게 되자 경덕왕은 부왕 성덕왕시대의 안정된 사회의 재현을 기원하며 성덕왕의 공덕을 기리는 신종 제작을 추진하였다. 신종에 새긴 글에는 부처가 신종을 높이 매달아 일승의 원음圓音을 깨닫게 하려는 뜻을 따라 왕의 공훈을 새기고, 중생들이 괴로움을 벗어나 즐거움을 누리게 하고자 신종을 제작한다는 염원이 담겨 있다.

이 밖에도 명작 예술품이 많이 제작되었다. 경덕왕은 754년에 49만 근의 동을 들여 황룡사종皇龍寺鐘을 주조하였고, 755년에는 분황사에 3만 5,000근의 장륙약사상을 조성하였다. 같은 해에 화엄사에서는 80권《화엄경》을 사경하여 탑 속에 봉안하였다. 경덕왕 때 조성된 굴불사 사면석불은 사방불의 새로운 유형을 만들어낸 조영물이었고, 신라에서 만들어 중국에 보낸 만불산萬佛山(763~765년경 제작)은 당 대종 황제가 내도량에서 사람들에게 예불하게 하며 불공으로 하여금 밀교경전을 독송하여 경찬하도록 할 만큼 뛰어난 작품이었다.

《무구정광대다라니경》
탑을 만들고 봉안하여 나라의 안녕과 사람들의 평안을 바라는 경전.
석가탑 안에서 나온 세계 최초의 목판 인쇄물(문화재청).

경주 불국사
사상과 신앙에 과학적인
문화 능력을 융합하여 이루어낸
신라 문화의 결정체 불국사
(문화재청).

석굴암
여러 사상과 신앙을 바탕으로
철저한 구조적 비례로 공간을 구성하여
조화와 융합을 보여주는
창의적인 석굴암
(문화재청).

통일신라

사원과
교단 운영

사원의 건립과 운영

불교의 형성과 유지에 사원은 기본적인 토대가 된다. 사원 건립을 지원한 세력은 주로 왕실과 귀족 등 경제적 여건이 풍족한 이들이었다. 국가적으로 알려진 큰 사원은 모두 왕실이나 국가의 지원에 의해 건립되었다. 승려들이 사원을 건립하여 대를 이어 활동하며 교단을 만들었지만, 귀족들이 사원 건립에 시주하거나 자신들의 집을 사원으로 만들고 새로 사원을 창건하기도 하였다. 집사시랑을 지낸 김지성은 은퇴하고 만년에 전장을 희사하여 감산사를 창건했다. 자장은 집을 원녕사라는 절로 만들었고, 원효의 생가는 초개사가 되었다. 664년(문무왕 4), 문무왕이 함부로 재물이나 토지를 절에 기부하는 것을 금하는 명을 내린 것은, 이미 이 시기에 사원에 대한 기부가 상당한 규모로 이루어지고 있던 사실을 말해준다.

이런 문무왕의 시책과는 달리 실제로 왕실과 귀족들의 시주는 이후에도 계속 이어졌다. 효소왕 때 국보인 만파식적과 거문고[玄琴]를 잃어버렸다가 백률사 관음상에 빌어 찾게 되자, 백률사에 금은 그릇과 가사와 옷감과 토지를 시주하였다. 705년(성덕왕 4)에 세운 오대산 진여원眞如院은 그 유지를 위해 봄·가을로 가까운 고을에서 곡식과 기름을 바치게 하고 일정한 토지도 절에 기부하도록 하였다. 이처럼 특이한 신앙 사례 등에 왕이 재물이나 토지를 준 예는 적지 않다.

사원 건립에는 일반인들의 시주도 한몫하였다. 여러 곳의 사원 건립에 중심 인물로 참여했던 예술가 양지良志가 지팡이에 포대를 걸어 곳곳에서 곡식을 모았다는 것은 일반인들의 시주 사실을 전해주는 설화이다. 양지가 영묘사 장륙상을 흙으로 빚을 때 성안 남녀들이 다투어 흙을 져 날랐다는 것도 일반인들의 불사 참여를 말해준다. 이런 상황은 7세기에 이르러 불교 신도가 많아지고 이들이 사원 건립에 시주할 만큼 경제적 여건이 나아졌던 사회적 배경에서 가능한 것이었다.

사원은 처음에는 왕경 중심으로 건립되었으나 점차 지방 특히 산중에 자리를 잡기 시작하였다. 산사山寺는 수행에 적합한 환경적

창녕 인양사비
절의 여러 활동과 보수 등에
비용을 조성하고 사용한 내력을 상세하게
기록한 인양사비.

인 요인도 있지만, 오랫동안 이어져온 산악 숭배의 정신적인 측면도 작용하였다. 도시의 넓은 대지에서는 사원이 일정한 평면 양식을 갖는 형태로 자리 잡았다. 문-탑-금당-강당을 일정한 중심 축선에 놓고 이를 회랑으로 둘러싸는 형식이다. 그러나 산사에서는 넓은 대지를 확보하기 어려웠고, 산지 지형의 변형을 최소화하면서 사원 규모를 갖추기 위해 각 사원이 위치한 입지에 적합하도록 회랑이 사라지는 등 사원 평면은 다양한 형태로 나타났다.

창녕 인양사(仁陽寺)에 남아 있는 금당과 탑(堂塔) 비석은 신라 후기에 사원이 유지되던 일면을 보여준다. 이 기록은 771년부터 810년까지 인양사를 중심으로 인근 여러 절의 시설물을 짓거나 수리하고 남긴 것이다. 771년에 종을 주조하였고 782년에는 금당을 수리하였는데, 여기에 인근 두 역에서 곡식 102석을 시주하였다. 802년에는 서울의 네 군데 절에서 곡식 2,713석을 시주하여 탑의 노반을 수리하고 삼보에 954석의 곡식을 넣었다. 803년에 인양사 금당의 불상과 원지사 금당 불상을 완성하였으며, 탑을 수리하였다. 805년에 인양사 금당이 완성되었고 807년에 수미단이 완성되었다. 809년에 상락사의 무진창, 810년에 이 절의 무진창이 완성되었다. 이렇게 하여 771년부터 810년까지 모두 곡식 1만 5,595석을 사용하였다. 이 중에는 781년에 여섯 절에서 안거(安居)할 때 606석의 곡식을 소비한 것도 포함되었다.

이렇게 상세하게 불사과정을 기록한 이유도 밝혔다. 불도를 수행하는 방법이 여러 가지여서, 온몸을 부처에게 바치거나 힘써 노력하여 승려들을 공양하거나, 모두 몸을 던지는 철저한 수행과 똑같이 깨달음을 구하는 방법이기 때문이라고 하였다. 지방 사원의 건립과 유지에 지역민들의 지원과 함께 왕경에서의 후원도 함께 이루어지고 있고, 이런 후원을 수행의 한 방법으로 인식하고 있음을 보여준다.

이처럼 사원은 출가자인 승려와 재가자인 일반 신도들에 의해 공동으로 운영되었다. 사원은 그 운영을 위해 사원에 재물을 기부하는 세속인의 출입이 있어야 했고 이를 통해 승려와 일반인의 관계가 형성되었다. 또한 지속적으로 승려를 배출하기 위해서는 일반인의 출가가 필수적이었으므로 사원과 일반세계의 관계는 밀접하게 연결되어 있었다.

사원은 사람들이 수행과 신앙을 실천하기 위해 찾는 신앙의 중심 거점인 동시에 상례와 제례를 주관하는 장소였다. 왕실의 제례를 담당한 진전사원眞殿寺院이 운영되었고, 귀족들과 일반인들도 사원에서 제례를 지냈다. 사원에서는 국가나 왕실의 중요한 의식을 주관하였다. 국가를 위해 희생된 이들을 추모하는 국가적 행사였던 팔관회와 많은 사람들이 모여 즐기던 연등회는 국왕이 참석한 가운데 개최되었다. 재앙을 물리치기 위한 소재消災의식이나 기우제도 사원에서 거행하였다. 여러 계층의 사람들을 지원하기 위해 사찰에 설치하여 운영했던 무진창無盡倉 시설은 지방 사회의 거점인 사원을 사회 활동의 자산으로 활용한 예이다.

승정기구와 교단 관리

사원이 늘어나고 승려가 증가하여 교단이 커짐에 따라 이를 관리하기 위한 기구가 생겨났다. 이런 승정기구는 6세기 중엽에 국통, 도유나, 대서성 등의 중앙 승관직으로 시작되었다. 그리고 7세기 중엽에는 지방 승관직인 주통·군통이 설치되었고, 불교계의 행정사무를 관장하는 실무 관원이 출현하였다.

중대 왕실이 삼국 통합 후 사회 구조를 재편성하는 과정에서 기존의 불교계에 대한 제도적인 조치도 시행하였다. 중고기의 가장 중요한 사원이던 황룡사를 대신하여 이제 성전사원成典寺院이 승정僧政기구의 기능을 담당하게 되었다. 성전은 집권체제 정비작업이 완성되어가던 684년(신문왕 4) 사천왕사四天王寺, 봉성사奉聖寺, 감은사感恩寺, 영묘사靈廟寺, 영흥사永興寺에 설치되었다.

성전사원은 왕실의 원당願堂으로 건립되어 왕실을 위한 제사를 지내는 기능을 담당하였다. 그 중심적 위상으로 인해 원당 기능 이외에 불교계에 대한 통제나 조정 특히 국왕의 불교계 운영에 참여하였다.

7세기 중반에 실무 관원이 등장하기 시작한 승정체계는 785년에 정관이 성립되어 실무 관원을 승려로 충원하면서 승관제가 정착되었다. 승정기구인 정법전政法典의 승정직은 국통國統-대통大統-판정법사判政法事로 구성되었다.

국통은 최상위 승직으로 불교계 전반을 총괄하는 중임이었고, 대통은 그다음 승직이었다. 판정법사는 정법전의 책임 승직으로 정법화상政法和尚이나 정법대덕政法大德으로도 불렸다. 대통이나 판정법사는 신라 중앙관료제와 마찬가지로 복수직 및 겸직제로 운영되었다. 9세기에는 이들 상위 승직 밑에 상좌上座와 유나維那들이 당시 핵심 사원이던 황룡사에 소속되었다. 이들은 실제 사업의 연락이나 감독지도 기능을 하였으며 사원 토지의 생산을 관장하기도 하였다. 일부 기록에 나오는 소현정서昭玄精署나 소현시昭玄寺는 실제로 있던 승정기구가 아니라 중국 승관제를 본떠 기록한 것이었다.

정법전의 승려는 국왕 측근에서 불교계의 일을 맡는 승관으로서, 사찰 관련 토지를 조정하거나 국가나 왕실에서 일으킨 불사 조영에 깊이 관여하였다. 중앙 승관은 국통·도유나랑·대도유나·대서성·소년서성으로 이루어졌고, 지방 승관은 주통州統 9인과 군통郡統 18인으로 구성되었다. 국통은 불교계를 총괄하는 직위였고, 도유나는 신라 사회에 선진문화를 전달한 기술 담당자였다. 주통과 군통은 지방 불교계의 통제 기능보다는, 중앙의 승정기구에 설치되어 있다가 사원이나 승려에게 왕명을 전달하거나 집행하는 등 일정 지역에서 발생한 업무를 처리하였다.

승정은 신라 말에 각 사찰에 삼강전三綱典이 성립되면서 변화하였다. 승관 대신 사원 자체의 운영을 위해 마련된 삼강직의 사직寺職이 사원의 조영이나 기념물 제작 등과 관련하여 실무와 제작을 담당하

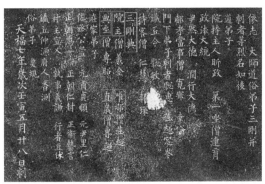

삼강직
신라 말에 지방 사찰의 운영을 담당했던 직책을 기록한 비(보리사 대경대사비)
(성균관대박물관).

였다. 개별 사찰의 삼강제의 등장은 중앙 정부의 지방에 대한 통제력이 약화되고 사원의 독립적 성향이 강화된 데 따른 것이었다. 사직은 상좌上座·사주寺主·유나維那 등의 직임이 있었다. 상좌는 가장 고위직으로 사원의 대표자인데, 사주나 원주院主와 중복되어 나타나지 않는 것으로 보아 상좌나 사주 중의 하나를 사원의 대표로 여겼던 것으로 생각된다. 신라의 기록자료 중에 삼강직이 다 갖추어진 예는 없고, 하나 또는 두 직명만이 열거된다. 따라서 삼강직이라기보다 유나직에 포함할 수 있는 직임들이 일반적이었다고 할 수 있다. 신라 말에 사원 관리직이 유나직을 중심으로 분화되어, 고려 초에 이르러 삼강제로 정착된 것으로 보인다.

사史는 문서 관장이나 기록업무 등 구체적인 사무를 맡아 직접 조성 일을 담당했던 실무직이다. 성전이나 일반 관서에서 각 관부의 구체적인 업무를 담당하는 실무직에 대사大舍와 사史가 있었는데, 승관 또한 이를 따라 기록을 담당하는 실무직인 사를 둔 것으로 보인다. 전典으로 기록된 경우도 마찬가지이다.

승려들 중에 조영물 제작을 담당한 직임으로 장匠과 박사博士가 있었다. 이들은 보살 수행의 덕목이나 청규의 노동 장려 등을 계기로 승려들의 수공업 기술 습득이 늘면서 대거 등장하였다. 이들 승장僧匠들이 불사 건립과 탑이나 불상·종 등의 조영물 조성을 담당했다. 승장에는 석장石匠 계열과 철장鐵匠 계열이 나뉘어 있었고, 석장은 석조물을 조성하는 장인과 각자승刻字僧으로, 그리고 철장은 철조공鐵造匠과 세공장細工匠(전자승鐫字僧)으로 각각 구분되었다. 그리고 대박사大博士-차박사次博士-조박사助博士나 대장大匠-장匠-부장副匠으로 직능이 분화되어, 기술 전수관계가 형성되었다.

승려들의 수가 많아지고 대중교화가 활발해질수록 국가는 불교 교단을 규제할 필요성이 커졌다. 승려들의 출가에 일정한 형식이 마련되었고, 개인이 재화를 시주하여 절을 짓거나 불상 등을 봉안하는 행위를 규제하였다. 7세기 전반에 석불이 많이 만들어진 것은 철제 공구의 확산과도 연관이 있다. 많은 사찰의 건립은 경제력이 성장하여 절에 시주할 수 있는 계층이 늘어났음을 반영하며, 건축과 수공업 기술의 진전에 힘입은 바 컸다.

신라 불교의 종파

종파의 형성은 뛰어난 승려가 활동하며 독자적인 사상체계를 세워 신앙을 실천하며, 사원을 거점으로 제자들과 일반 신앙인들에게 이를 전수하는 등 조직적이고 체계적인 활동 요건을 갖추어야 한다. 따라서 종파 성립의 가장 중요한 과제는 독자적인 교학체계를 세우는 데 있지만, 이와 동시에 전 사회적으로 모든 계층이 불교를 이해하고 중앙 중심을 벗어나 지방 사회에 이르기까지 불교의 대중화가 이루어져야 한다.

7세기 중반, 신라의 독자적인 교학체계가 형성되고 기층민의 고양된 의식과 경제력을 바탕으로 신앙의 대중화가 이루어지며 국가적인 승정체계가 확립된 것은 불교 종파가 성립될 가능성이 있음을 말해 준다. 신라에서 신라 특유의 사상체계를 이룩한 것은 원측과 원효, 의상 등이 활동하던 때이다. 이들 중 의상만이 화엄종을 종파다운 형태의 교단으로 계승되도록 했다. 이 밖에 법상종, 신인종 등이 종파를 형성했을 것으로 보이며, 계율종과 열반종도 가능성이 있다. 이렇게 보면 신라의 종파는, 선종과 교종으로 나누어 승과를 운영하고 교종에 여러 구분을 두어 국가의 교단 운영과 상관성을 보였던 고려의 종파와는 그 의미가 다르다.

자장은 신라에 처음으로 규범에 맞는 계단戒壇을 세우고 계본을 강의하며 계율의 준수와 연구를 선도하였다. 계율은 승려 모두가 지녀야 할 공통적인 것이지만, 이를 엄격히 지키고 수행하는 것만으로도 일정한 흐름을 형성할 수 있다. 자장의 영향력과 중국에서의 계율종 성행을 고려하면 신라에서도 계율종戒律宗이라고 부를 수 있는 흐름이 이어졌을 가능성이 있다. 자장 이후 계승관계가 뚜렷하지 않지만 고려 초기부터 율업律業이 대표적인 종파였음을 생각하면 그 가능성은 더 크다. 또 보덕은 삼국에 두루 영향력을 미치고 있었고, 그의 제자들이 각지에 사원을 건립하고 조직적인 전도 활동을 했다고 전승되었으므로 열반종 또한 종파로 기능했을 가능성이 있다.

의상은 중국의 화엄사상 정립과 거의 같은 시기인 7세기 중반에 독자적인 특성을 갖는 화엄사상을 체계화하고 여러 제자들과 함께 이를 연마 전수하며, 관음신앙과 미타신앙을 토대로 실천적인 신앙 활동을 전개했다. 이런 교단 활동을 화엄종華嚴宗이라 불러도 좋을 것이다. 이들은 부석사를 중심으로 시작하여 점차 전국적으로 활동 범위를 넓혀갔다. 8세기부터 의상의 사상 전통을 따르는 부석사 계통과 융합적인 경향을 찾는 화엄사 계통이 병립했고, 신라 말에 해인사를 중심으로 의상을 계승하는 사상 통합이 이루어졌다.

화엄보다 먼저 사상 정립에 나섰던 유식 계통은 8세기에 대현이 유식사상을 정립하고 왕경의 용장사를 중심으로 활동하며 교단을 이끌었다. 대현은 원측의 제자 도증의 유식학을 이어 50여 종의 불전을 해석하여 신라 유식사상의 체계를 마련하였고, 이런 업적으로 후일 유가의 시조로 추앙되었다. 같은 시기에 진표는 금산사·속리산·금강산 등에서 점찰법회 활동을 기반으로 참회행의 실천신앙을 펼쳤다. 이 둘은 미륵신앙을 매개로 한데 합쳐져 법상종法相宗으로 불리게 되었다.

7세기에 밀본密本·명랑明朗·혜통惠通 등이 밀교적 의례와 치병 활동을 중심으로 초기 밀교적 흐름을 이루면서 국가와의 관계에서 주도적인 활동을 보였다. 밀본은《약사경》독송으로 선덕왕의 병을 치료했고, 당에서 수학한 명랑은 문두루 비법을 써서 군대를 물리치는 법력을 발휘했다. 당에서 수학하고 665년에 귀국한 혜통 역시 당 왕녀의 병을 치료했다는 설화를 남겼다. 700년에 당에서 수학하던 명효明曉는《불공견삭다라니경》을 특별히 구하기도 했다. 이 흐름은 신인종神印宗으로 구분할 수 있다. 신인종은 밀교에 속하지만, 8세기 이후 활발한 교학 활동을 이어갔던 중기 밀교적 계통과 구분되는 독자적인 계통의 종파 활동을 보였다. 중기 밀교는《대비로자나경공양차제법소》를 지은 영묘사의 불가사의不可思議와 현초·의림·혜초·혜일·오진 등이 본격적으로 활동했지만 뚜렷한 계승관계는 알기 어렵다. 대신 신인종의 흐름은 신라 말에도 계승되었고, 이때 명랑을 종조로 인식하였다.

신라 말에 구산선문으로 대표되는 많은 선종 사원이 전국적으로 창건되어 남종선이 크게 성행하였다. 이들을 교종의 화엄종 등과 대비시켜 헤아린다면 선종으로 대표되는 종파를 고려할 수 있다. 이렇게 볼 때 신라의 종파는 화엄종·법상종·신인종·선종 등을 확실한 종파로 꼽을 수 있고, 이 밖에 계율종·열반종 등 다른 종파가 기능했을 가능성도 크다.

선불교의 수용과
신라 불교의 변화

신라 '하대下代'(780~935)에 왕권과 중앙권력이 약화되고 지방 각지에 든든한 기반을 마련한 유력 호족이 등장하여 정치 상황은 크게 바뀌었다. 이 시기에 기존의 교학불교계에 선종禪宗이 새롭게 수용되었다. 처음에는 왕실의 관심 속에서 그리고 점차 호족들의 적극적인 지원으로 터전을 마련한 선종은 기존 의식을 비판하고 새로운 사회변화를 선도하는 지성으로 자리 잡았다. 이런 변화에 즈음하여 사상을 재정비한 화엄은 선과 함께 고려 이후 불교사상의 중추를 이루었다. 공덕신앙은 여전히 널리 성행했지만, 사상의 변화에 따라 신앙의 경향도 달라져 조사를 추모하고 여러 사람이 뜻을 모아 불사를 추진하는 향도신앙이 나타났다.

남종선의 수용

신라 말기에 이르러 왕위쟁탈전이 치열하게 전개되면서 귀족의 분열이 심화되고, 호족이라 불리는 지방세력이 크게 기반을 확대하였다. 이에 따라 중앙 중심의 사회 구조가 약화되고 지방 각지에는 여러 세력들이 등장하여 사회변화를 갈망하였다. 그러나 그동안 신라 사회를 이끌어오던 화엄과 유식 중심의 교종불교는 여전히 이론 탐구에 치중할 뿐이었다. 반면 중국에 유학하여 새로운 불교 사조의 도입에 적극적이었던 신라 승려들은 혁신적인 선종에 관심을 갖게 되고, 이를 신라에 소개하였다. 새롭게 지도적인 이념으로 등장한 선종의 활동무대는 각 지방이었다. 왕실에서도 선종을 지원했지만 선사들은 점차 중앙의 지원보다는 지방세력과 연계되었고, 이에 따라 선종을 대표하는 사찰들은 거의 경주 외곽에 해당하는 전라도나 충청도, 강원도 지역에 집중적으로 건립되었다.

교종은 경전의 이해를 통해 깨달음을 추구하는 이론적 불교이다. 이에 비해 선종은 문자는 구경의 목표로 이끌어주는 방편일 뿐이라 하고, 문자를 넘어선 선 수행을 통해 깨달음을 얻는다는 실천불교이다. 선의 수행은 각자의 마음속에 내재하는 불성佛性을 곧바로 깨닫는 것이다. 이와 같은 선종의 주장은 기존의 경전이나 부처의 권위를 부정하게 되고, 모든 형식에서 자유로움을 추구하였다. 그 결과 선종은 다양한 상황과 개혁 요구에 더 호응할 수 있어 이후 여러 불교 형태 중에서 가장 폭넓게 영향력을 발휘하게 되었다.

선종은 7세기에 법랑法朗을 통해서 신라에 처음 전래되었고, 이후 8세기 중반에 신행神行이 관심觀心에 의한 깨달음을 강조하면서도 경전의 권위를 완전히 떨쳐버리지 못한 북종 선을 전래하기도 하였다. 그러나 이들은 신라 사회에서 수용될 기반을 얻지 못하였다. 그러다 8세기 후반부터 승려들이 중국에서 본격적인 선종인 남종선을 배워 오기 시작하였다.

784년 당에 건너갔던 도의道義가 821년경 귀국하여 남종선을 처음으로 소개했다. 그는 중국 선종의 형세를 크게 넓힌 마조도일馬祖道一의 제자 서당지장西堂智藏의 법을 계승하여 남종선을 펼쳤지만, 교종의 반발로 왕경에서 교화 기반을 마련하지 못하고 설악산에 은거하고 말았다. 대신 도의보다 조금 늦게 826년경에 귀국한 홍척洪陟은 흥덕왕의 귀의를 받을 만큼 왕실의 관심 대상이 되어 지리산 기슭에 실상산문을 열었다. 이어 혜소慧昭(830), 현욱玄昱(837), 혜철惠哲(839), 체징體澄(840)이 귀국하였고, 사원을 폐쇄하고 승려를 환속시킨 중국의 회창 폐불 이후에는 무염無染(845), 범일梵日(846), 도윤道允(847) 등이 대거 귀국하였다.

구산선문의 형성

구산선문은 명적선사 도의를 계승한 보조선사 체징(804~880)의 가지산문迦智山門[장흥 보림사], 증각대사 홍척의 실상산문實相山門[남원 실상사], 적인선사 혜철(895~861)의 동리산문桐裏山門[곡성 태안사], 원감대사 현욱(787~868)의 법을 이은 진경대사 심희審希(855~923)의 봉림산문鳳林山門[김해 봉림사], 철감선사 도윤(798~868)의 법을 이은 징효대사 절중折中(826~900)의 사자산문師子山門[영월 흥녕사], 통효대사 범일

(810~889)의 사굴산문闍崛山門[강릉 굴산사], 낭혜화상 무염(800~888)의 성주산문聖住山門[보령 성주사], 지증대사 도헌道憲(824~882)의 희양산문曦陽山門[문경 봉암사], 진철대사 이엄利嚴(870~936)의 수미산문須彌山門[해주 광조사]을 말한다. 이들 구산선문은 고려 때 선종을 대표하는 것으로 꼽힌 것들이다. 이 밖에도 진감선사 혜소(784~850)의 쌍계사[하동], 요오화상 순지順之(829~893)의 서운사[개성], 보양寶壤의 운문사[청도] 등도 구산선문 못지않은 일문을 이루었다. 산문의 조사들은 대체로 국가로부터 국사나 이에 준하는 대우를 받고 선사의 휘호를 받는 등 그 위상을 인정받았다.

초기의 선종은 왕실에서도 지대한 관심의 대상이었다. 그러나 구산선문의 대부분은 왕실이나 중앙 귀족의 지원보다는 신라 말에 새롭게 부상한 지방 호족의 적극적인 지원으로 이루어졌다. 구산선문의 개조를 비롯한 선승들은 호족 출신이 많았고, 중앙 귀족 출신이라 하더라도 그들 당대에는 이미 낙향하여 호족화한 사람들이 많았다.

남원 실상사
남종선을 선양할 선종 사찰로 왕실의 지원으로
처음 창건된 실상사.

신라 선문禪門 계보

```
달마 ── 혜가 ── 승찬 ── 도신 ── 홍인 ┬ 혜능
達磨   慧可   僧璨   道信   弘忍 │ 慧能
                              ├ 신수
                              │ 神秀
                              └ 법랑* ── 신행 ── 준범 ── 혜은 ── 도헌      희양산문
                                法朗   神行   遵範   慧隱   道憲      曦陽山門 881
```

		귀국	개산	문도

```
혜능 ── 남악회양 ── 마조도일 ┬ 서당지장 ┬ 도의*   가지산문 821경   857   체징*  형미*
慧能   南嶽懷讓   馬祖道一 │ 西堂智藏 │ 道義   迦智山門          體澄  迴微
                        │         ├ 홍척*   실상산문 826경          수철
                        │         │ 洪陟   實相山門                秀澈
                        │         └ 혜철*   동리산문 839    847   도선  경보*
                        │           惠哲   桐裏山門                道詵  慶甫
                        ├ 장경회휘 ── 현욱*   봉림산문 837    901   심희  찬유
                        │ 章敬懷暉   玄昱   鳳林山門                審希  璨幽
                        ├ 남전보원 ── 도윤*   사자산문 849    882   절중  경유
                        │ 南泉普願   道允   師子山門                折中  慶猷
                        ├ 염관제안 ── 범일*   사굴산문 847    851   행적  개청
                        │ 鹽官齊安   梵日   闍崛山門                行寂  開淸
                        ├ 마곡보철 ── 무염*   성주산문 845    847   이엄  여엄  현휘*
                        │ 麻谷寶徹   無染   聖住山門                利嚴  麗嚴  玄暉
                        ├ 백장회해 ── 황벽희운 ── 임제의현●
                        │ 百丈懷海   黃蘗希運   臨濟義玄
                        │         └ 위산영우 ── 앙산혜적● ── 순지
                        │           山靈祐   仰山慧寂   順之*
                        └ 창주신감 ── 혜소                   830    850
                          滄州神鑑   慧昭*
```

```
청원행사 ── 석두희천 ┬ 단하천연 ── 취미무학 ── 투자대동 ── 찬유*
靑原行思   石頭希遷 │ 丹霞天然   翠微無學   投子大同   璨幽
                  ├ 약산유엄 ┬ 도오원지 ── 석상경저 ┬ 행적*
                  │ 藥山惟儼 │ 道吾圓智   石霜慶諸 │ 行寂
                  │         │                    └ 구봉도건 ── 현휘*
                  │         │                      九峰道乾   玄暉
                  │         └ 운암담성 ── 동산양개 ┬ 조산본적●
                  │           雲巖曇晟   洞山良价 │ 曹山本寂
                  │                              ├ 운거도응 ┬ 형미*
                  │                              │ 雲居道膺 │ 迴微
                  │                              │         ├ 경유*
                  │                              │         │ 慶猷
                  │                              │         ├ 이엄*   수미산문
                  │                              │         │ 利嚴   須彌山門 933
                  │                              │         └ 여엄
                  │                              │           麗嚴
                  │                              └ 소산광인 ── 경보*
                  │                                疎山匡仁   慶甫
                  └ 천황 ── 용담 ── 덕산 ── 설봉의존 ┬ 운문문언●
                    天皇   龍潭   德山   雪峰義存 │ 雲門文偃
                                              └ 현사 ── 나한 ── 법안문익●
                                                玄沙   羅漢   法眼文益
```

*	중국 유학승
음영	구산선문 조사
굵은글씨	중국 승려
●	중국 선종오가

그래서 선종 사원은 산문을 후원하는 호족의 근거지와 가까운 지방에 자리 잡았다.

성주산문은 보령 지방에 대규모 장원을 가지고 있던 김흔의 후원을 받아서 개창되었고, 사굴산문은 강릉 지방의 호족으로서 중대 진골세력의 핵심이었던 김주원의 후손인 명주도독 김공의 후원을 받았다. 봉림산문은 김해 지방의 호족인 진례성 군사 소율희 등의 지원을 받아 개창되었고, 희양산문은 문경 지방의 호족 심충과 가은현 장군 희필의 후원으로 이루어졌다. 사자산문은 충주 지방의 호족인 유 씨 세력의 후원을 받았고, 수미산문은 개성 지방의 호족인 왕 씨와 그 외척 황보 씨 세력의 후원으로 설립되었다.

이와 같은 선종의 전래와 산문의 형성으로 신라 하대의 불교는 선종과 교종이 두 축을 이루는 형세였다. 실천불교인 선종은 전통적인 교학불교와 대립·갈등하고, 상호 영향을 주기도 하였다.

그런데 입당 구법승들에 의해 성립된 신라 선종은 중대 교학이 신라적인 사상을 추구하여 결실을 맺은 것처럼, 당의 조사선을 신라 불교의 전통과 풍토에 적합한 독특한 형태로 발전했다. 신라 선종의 특성은 화엄사상과 화엄신앙으로 이루어진 화엄불교의 토대 위에 중국의 새로운 선사상인 조사선을 수용한 데 있다.

이는 선종을 전래한 여러 입당 구법승들이 출가 후 신라에서 화엄을 수학하다 당에 가서 새롭게 선종을 익힌 것과도 연관이 있다. 도헌·혜철·무염은 부석사, 개청은 화엄사, 행적은 해인사에서 수학한 경험을 가졌다. 선사들은 귀국한 후에 선문을 개창하면서 불전을 세우고 본존불로 금동이 아닌 철제 비로자나불상을 봉안하였다. 체징이 보림사를 창건하고 가지산문을 개창하면서 지방 행정 담당자인

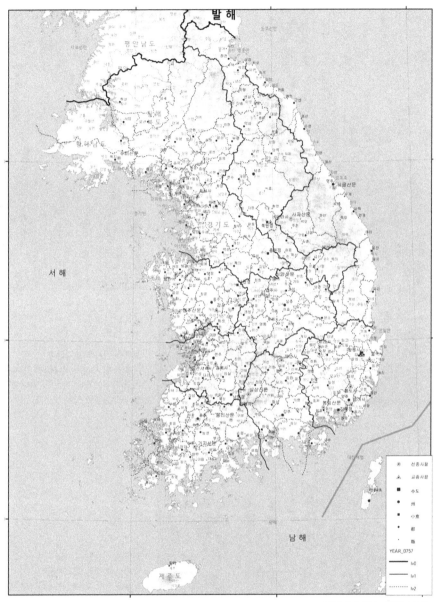

통일신라 주요 사원(김유철).

통일신라

장흥 보림사 비로자나불
선종 중심 사찰의 하나인 보림사에
지역 유력자가 시주하여 858년에 조성한 철불.
팔뚝에 조성 사실을 새겼다.

양양 진전사탑
남종선을 처음으로 전도한
도의선사가 경주에서 물러나 지냈던
진전사 터의 3층 석탑.

김언경의 지원으로 857년 철제 비로자나불상을 주조하였고, 가지산
문을 계승한 진공이 활동한 비로사의 비로자나불상, 강원도 철원의
도피안사의 비로자나불상도 이즈음에 조성된 것이다. 도헌은 거돈사
에 철불을 조성했는데, 그가 옮겨 활동한 봉암사에도 철불을 조성하
여 근대까지 남아 있었다. 선종 사원에서 비로자나불을 주불로 봉안
한 것은 불신관의 변화에 따른 것이다. 《화엄경》의 중심 부처인 비로
자나불이 선종 사원의 불전에 주불로 봉안된 것에서 선종과 화엄의
상호 영향관계를 추정할 수 있다. 신라 선종 사원의 비로자나불상은
당의 선종이 율원律院에서 독립하면서 불전을 세우지 않고 법당만을
세운 것과 달리 독특하게 전개된 신라 선종의 특징이다.

도의의 조사선론

신라 선종의 선사상은 입당 구법승들이 귀국 후 선 수행의 터전인 산
문을 개창하여, 당시 당에서 널리 유행하고 있는 조사선祖師禪의 선풍
을 수용하면서 전개되었다. 그 대표적인 선사상을 도의와 무염, 그리
고 범일과 순지에게서 찾아볼 수 있다.

　선종에서 말하는 깨달음의 경지는 일체의 상대성과 차별심을 초월
한 바로 지금의 경지에서 자기의 본래심을 자각하여 어떤 것에도 걸
림 없는 자재로움을 말한다.

　중국 남종선을 정착시킨 마조馬祖는 "일상의 마음이 곧 깨달음이다
[平常心是道]"라거나 "마음이 곧 부처이다[卽心是佛]"라고 외치며, 초월적
이고 이념적인 것들을 모두 물리치고 일상생활에 철저할 것만을 주장

도의탑·염거탑·철감탑
신라 말 조형물을 대표하는 선사들의 승탑.
도의─염거의 전승을 이어 철감선사탑에서 가장
빼어난 조형미를 이루었다.

했다. 조사선에서는 일상생활 속에서 진실된 삶을 전개하는 일상성의 종교, 곧 선과 생활의 합일을 주장하였다. 모든 일이 본래심을 잃지 않고 상황에 맞게 전개된다면 매사가 모두 그대로 진실되다는 것이다.

이러한 조사선을 본격적으로 도입한 것이 도의道義이다. 도의가 귀국할 당시 신라 불교는 경전의 권위와 교학 중심의 전통이 중심을 이루고 있었다. 그래서 왕경인들은 도의가 전하는 '생겨나고 없어지는 작위성이 없고[無爲] 자유로운[任運]' 선법의 종지를 이해하지 못하고 배척하였다. 선 수용 초기의 이러한 어려움은 도의가 교학을 대표하는 지원 승통과 문답을 주고받으며 선의 우월한 면모를 주장했다는 고려 후기의 전승에서 엿보인다.

지원智遠 승통이 물었다. "화엄의 사종법계 이외에 다시 어떤 법계가 있으며, 55선지식의 항포行布 법문 이외에 다시 어떤 법문이 있습니까?" 도의가 대답했다. "선종의 조사문에서는 이치를 곧바로 들어 일체의 바른 이치를 녹여 없애버리므로, 손바닥 안의 법계의 모양도 얻을 수 없습니다. 실천과 지혜가 본래 없는 조사선 가운데는 문수나 보현의 모양도 볼 수 없으니, 55선지식의 항포 법문은 진실로 물속의 거품과 같은 것입니다."

이 기록에서 도의를 통해 전하고자 하는 선의 주장을 살펴볼 수 있다. 사종법계는 화엄교학의 근간을 이루는 중심이론이며, 55선지식은 화엄 실천행의 중심이다. 선종에서는 이런 화엄교학과 실천행의 핵심을 한낱 물거품과 같다고 부정하는 것이다. 그리고 경전을 열심히 읽는 것만으로는 조사가 마음으로 전한 법을 증득할 수 없음을 덧붙인다.

선종에서는 교학의 최고 경지라 말하는 화엄의 법계연기설이나 구도적인 법문과 같이 문자로 개념화된 가르침에 의해 불교의 참된 정신을 이해하려는 것을 부정한다. 대신 그러한 교설이 나오기 이전의 부처의 근원적인 마음으로 돌아가, 문자화되고 개념화되기 이전인 본래의 우리들 마음에서 진실을 체득할 것을 강조한다. 그리고 선 실행의 근본 의미는 닦고 수행해서 그 무엇을 얻거나 하는 것이 아니라 일체의 경계에서 물들지 않는 것임을 역설한다. 일체의 상황을 대할 때 분별이나 집착이 없고 본래의 자성 청정심으로 자기를 살아가는 무념無念의 입장을 내세우는 것이다.

선사의 선론과 풍수지리설

무염無染은 마조도일의 제자인 마곡보철의 선법을 받아 845년(문성왕 7) 귀국하여 847년 충남 보령에 성주사를 창건하고 성주산문을 개창하였다.

고려 후기의 전승에 의하면 무염은 무설토無舌土와 유설토有舌土라는, 선과 교를 판별한 선법을 남겼다. 법을 배우고자 온 사람이 두 가지 토(땅)에 대해 묻자, 무염은 "선법을 바르게 전하는 근기는 법을 구하지 않기 때문에 스승 역시 가르칠 필요가 없으니 이것이 무설토요, 사실에 응하여 법을 구하는 사람은 말을 빌려서 설명하므로 유설토라고 한다"고 답했다고 한다. 유설은 언어와 말이 있음을 말하니 교를 뜻하고, 무설은 말이 없는 언어도단의 경지를 말하니 선을 뜻한다. 여기서도 교학의 대표로 화엄의 해인삼매와 삼종세간법을 들고 있다.

이 두 가지 땅의 비유는 무염보다 나중에 생긴 말이므로 무염이 알았을 가능성은 적다. 교학에 대한 선의 우위를 강조하기 위해 후대에 덧붙여진 이야기일 것이다. 다만 그만큼 무염의 영향력이 컸음을 말해주는 자료로 볼 수 있다.

그런데 무설토론에 의하면 조사는 무설토와 유설토의 두 가지 기능을 다 갖추어야 한다고 말한다. 언어문자로 표현할 수 없는 깨달음의 입장과, 언어문자로 중생들을 이끌어 깨달음의 세계에 이르도록 해야 하는 입장, 이 두 가지를 갖추어야 모든 사람들의 스승이 될 수 있는 뛰어난 조사라는 것이다. 실제로 무염은 교와 선의 가름에 관심을 두지 않았다고 그의 비문은 기록하였다.

보령 성주사지
무염이 창건한 성주사 터.
선종 사찰 중에 굴산사와 함께 가장 큰 규모였다.

무염이 (제자들을 가르치며) 말했다. "저 사람이 마신 물이 나의 갈증을 해소하지 못하고, 저 사람이 먹은 음식이 나의 굶주림을 채워주지 못한다. 어찌 힘써 스스로 마시고 먹으려 하지 않느냐. 어떤 사람은 교와 선이 같지 않다고 하지만, 나는 그 다른 종지宗旨를 보지 못했다. 말은 본래 많은 것이라 내가 알 바가 아니다. 나와 같다고 해서 옳은 것만은 아니고, 나와 다르다고 해서 그른 것만도 아니다. 편안히 앉아 산란한 마음을 쉬는 것이 수행하는 사람에 가깝지 않겠느냐."

선과 교는 사람들의 분별에서 생긴 것일 뿐, 묵묵히 불법을 실천하는 수행자들에게는 시비 대상이 되지 못한다. 수행자의 기본 정신에서, 교와 선이라는 차별적인 견해의 대립을 근본으로 되돌려 실천적인 차원에서 수용하는 무염의 자세를 엿볼 수 있다.

범일梵日은 마조의 제자인 염관제안의 법을 받아 847년(문성왕 9) 귀국하여 성주산문과 함께 신라 선종을 대표하는 사굴산문을 개창했다. 염관제안의 문하에서 조사선의 정신을 계승한 범일이 제안에게 어떻게 해야 성불할 수 있느냐고 묻자, 제안은 도는 닦을 필요가 없고 물들지 않도록 하는 것이 중요하며 평상심이 곧 도라고 대답했다. 이 말을 듣고 깨닫게 된 범일은 6년 동안 정성껏 스승을 모셨다고 한다. 범일은 조사선의 대성자인 마조가 처음 주장한 조사선의 정신을 계승 전수한 것이다.

그런데 범일이 진귀조사설眞歸祖師說을 말했다는 전승 역시 고려 후기에 생겨난 것이다. 석가모니불이 설산에서 도를 깨달았지만, 그 깨달은 법이 아직 극치에 이르지 못했음을 느끼고 수십 개월을 돌아다닌 끝에 조사 진귀대사를 방문하여 비로소 깊고 지극한 종지를 전해

받게 되었으니 이것이 바로 교외별전教外別傳이라는 것이다. 조사선에서 강조하는 교외별전이란, 부처의 깨달음조차 아직 완전하지 않아서 다시 진귀조사를 찾아 조사의 종지를 전해 받았다고 하여 부처에 대한 조사선의 우위를 말한다. 진귀조사설은 중국 선종에서는 찾아볼 수 없고, 고려에서만 전승된 이야기이다.

도의와 지원 승통과의 문답, 무염의 무설토·유설토설, 범일의 진귀조사설은 모두 천책이 편찬한 《선문보장록禪門寶藏錄》에 수록된 이야기들이다. 이는 조사선의 우월성을 주장하는 것이 절실했던 고려 후기 천태종에서 내세운 주장들이다. 도의는 남종선의 초조로 불리는 조사이고, 무염과 범일은 신라 선종의 양대 산문인 성주산문과 사굴산문의 개창자이다. 이들의 권위에 붙여 이런 견해를 덧붙인 것으로 생각된다. 이들 견해는 모두 교에 대한 선의 우위를 지나치게 강조하고 있다. 진정한 교외별전의 내용인, 조사가 마음으로 전한 정법의 경지는 여기에서 찾아볼 수 없다.

신라 말에 순지順之는 위앙종潙仰宗의 법을 전해와 오관산문을 개창하였다. 기록상으로 순지는 신라 선사 중 가장 체계적인 선론을 남겼다.

순지의 선사상은 동그라미 모양을 그려 법을 설하는 표현상법表現相法과 삼편성불론三遍成佛論이다. 불자(면지털이)나 주먹, 주장자(지팡이) 등을 들어 보이거나, 땅이나 허공에 원을 그려 보이는 구상적인 선문답은 조사선시대에 일반화되었다. 특히 선종 오가 중의 위앙종에서는 근원적인 깨달음의 세계를 원으로 그려 보임으로써 수행자들을 인도하는 종풍을 내세웠다. 위앙종의 조사인 앙산에게 배운 순지가 이를 계승하여, 배우는 사람들에게 진리를 증득하는 데 빠르고 더딤이 있음을 그림을 통해 가르친 것이 표현상법이다. 삼편성불론은 자기 마음의 근원의 이치를 단번에 깨달아 성불하고, 널리 보살도를 수행하여 지혜와 자비가 원만해지고, 중생을 교화하기 위해 성불하는 모습을 나타내 보이는 세 가지로 이루어졌다.

순지의 선사상은 원의 모습과 활용 방법에 대해 일일이 설명하고 교학의 성불론과 다를 바 없는 이론을 조직하고 있다. 이는 교외별전을 표방하며 교학적 권위와 구조를 모두 부정하는 선의 충격이 신라 사회에서 완충적인 지반을 갖기 위해 채택한 한 모습이었다.

선종의 풍미와 함께 선승들에 의해 풍수지리설이 크게 성행하였다. 풍수는 땅의 기를 살펴 땅의 성격을 읽어내고, 땅과 인간이 어떻게 올바른 관계를 유지할 수 있는지를 살피는 것이다. 이론적 체계를 갖춘 풍수가 전래된 것은 통일신라 이후였고 그 과정에서 선승들이 주도적인 역할을 하였다. 선승들이 활동의 터전으로 선정한 산문은 이전에 신라에서 중시해온 왕경이나 그 주변 지역이 아니라 변방이었다. 선승들은 새롭게 자리 잡은 자신의 산문을 각기 신라 제일의 뛰어난 곳[勝地]으로 자처하고, 그곳을 중심으로 새로운 교단을 확립하고 교화의 중심지로 성장시켜 지방 문화의 중심지 역할을 기대하였다. 구산선문의 각 사찰은 산과 물이 짜임새 있게 조화를 이루고 있어 풍수지리적 특성이 잘 드러나 있다. 도선道詵은 풍수를 통해 국토 전체를 재편성하는 비보사탑설裨補寺塔說을 내세웠다. 이는 산천지세의 지리적 조건의 결함을 가려 사찰을 세우고 부족한 곳을 비보하여 이를 보완하려는 취지의 지리론이었다.

교학의 대응

하대 선종의 성행은 교종교단에 큰 자극이 되었다. 화엄교단은 쓸모 없는 해석에 얽매인 교학의 문제점을 자체 비판하며 신라 화엄의 사상 전통을 확인하고 조사들을 추모하는 신앙운동으로 대응하고자 하였다.

의상을 계승하는 화엄종은 전국 곳곳에 화엄십찰이라 불리는 중심 사원을 건립하여 사원의 지방 확산을 주도하며 교학을 펼쳤다. 화엄 종찰 부석사의 활동 범위는 점차 확대되어 의상의 제자 표훈과 손제 자 신림 등은 불국사 등 중앙에서 활동하며 화엄사상을 주도하였다.

부석사는 화엄의 중심 역할을 지속했고 화엄사는 8세기 중반에 왕 성한 교학 활동을 펼쳤다. 9세기에는 해인사가 왕실의 각별한 배려 를 받아 화엄의 중심 사찰로 부상하였다. 이 시기 화엄종에서는 역대 조사의 저술을 강독하고 조사 숭배와 교단의 결속을 다지는 결사가 이루어졌다. 정강왕은 세상을 뜬 헌강왕을 위해 재상 등 중신과 국통 등 고위 승관들과 함께 세 가지 번역의 《화엄경》 180권을 나누어 사 경하고, 경전 강론과 독송을 실행하였다. 사경과 강의와 독경의 공덕 으로 고인의 명복을 빌고자 한 것이다.

이들은 신라 화엄의 시조인 의상의 전기를 짓고, 그 은혜에 보답하 는 결사를 만들며, 지엄이나 법장 등 역대 화엄 조사들의 저술을 강 론하며 화엄교학의 강화를 꾀하였다. 화엄조사의 추모와 법은法恩에 대한 재인식은 선종의 비판으로 위기의식이 고조된 화엄교단의 자체 결속과 재정비를 위한 것이었다.

신라 말에 해인사에는 후백제 견훤과 연계된 관혜觀惠와 고려 왕건과 연계된 희랑希朗 두 거장이 있었는데, 이들의 후학들은 남악南岳과 북악北岳으로 분파가 나뉘었다. 고려 초에 균여가 등장하여 남·북악의 차이를 모두 해소하고 신라 화엄사상을 종합 정리하였다.

진표와 영심에 이어 헌덕왕자 심지心地는 동화사에서 점찰법을 계승하였고, 신라 말에는 석충釋忠에 의해 왕건에게 그 전통이 전해졌다. 진표 계통의 법상종은 신라 변방 지역에 실천신앙 중심의 교화를 전개하면서 하대에도 중앙의 법상종 교단과는 달리 위축되지 않고 기층민에게까지 그 영향력을 유지하였다.

신라 사회에서 법화사상도 넓은 지반을 확보하였다. 신라인들이 진출하여 활동하던 산동반도의 적산赤山 법화원法華院에서는 많은 신라인들이 모여 《법화경》 강의를 듣고 의식을 실행하였다. 경주 창림사昌林寺에서는 《법화경》을 돌에 새긴 석경을 조성하였고, 독경도 실천하였다.

신라 중대에 큰 영향력을 가졌던 밀교는 하대에 그 비중이 약화되어, 국가적 활동은 줄어들었지만 새로운 모습으로 신라 사회에서 영향력을 유지하였다. 밀본과 혜통 대의 초기 밀교적 모습은 혜초 이후 중기 밀교적 성격으로 바뀌어 사상적인 진전을 보였다. 현초·의림·불가사의와 혜초는 선무외와 불공에게 밀교를 전수받았고, 혜일·오진·균량은 혜과 계통의 밀교를 전수받아 활동하였다.

새로운 신앙의 실천

삼국시대부터 시작된 미타신앙과 미륵신앙 그리고 관음신앙 중심의 불교신앙은 이 시기에 일반 백성들에게까지 널리 전파되었다. 밀교적인 신앙도 확대되고 지장신앙과 약사신앙 및 신중신앙 등 다양한 신앙이 전개되었다. 선종의 수용에 따른 하대 사상계의 변화는 신앙에도 영향을 미쳐 조사 숭배를 위한 결사나 지방민의 신앙적 결속을 다지는 향도香徒모임이 새롭게 나타났다. 특히 하대 미타신앙은 다라니 신앙에 결부되어 무구정탑을 세우고 극락왕생을 기원하는 내세적인 경향이 중심을 이루었다. 이는 선종을 비롯한 여러 사찰에서 종파와 관계없이 널리 행해졌다. 이 땅에서 불국정토를 실현한다는 이상은 약화되고, 미타신앙 본래의 지향대로 사후의 극락왕생 기원이 늘어났다.

하대에는 결사結社라는 이름의 집단적인 신앙 활동이 많이 나타났

장흥 보림사
도의–염거–체징으로 이어지는 가지산문 보림사.
경문왕이 870년에 헌안왕의 명복을 빌기 위해 3층 석탑을 세웠다.

다. 신앙결사는 신앙심을 굳게 다지고자 경전을 강의하고[강경講經], 읽고[독경讀經], 외우고[송경誦經], 베껴 쓰고[사경寫經], 모임을 만들어 의식을 거행하고[재회齋會], 절을 유지·보수하는 데 힘을 보태고, 특히 불상을 조성하고 탑을 만들거나 종을 주조하는 등의 공덕신앙을 수행했다. 8세기 말부터 9세기 전반에 걸쳐 성행했던 만일염불결사萬日念佛結社도 그런 예이다.

불탑 조성은 왕실과 귀족 및 승려들이 주도하여 망자를 추복하고 안락과 번영을 희구하는 불사였다. 황복사탑의 조성(692)과 아미타상과 다라니의 봉안(706), 무진사无盡寺종 주조(745), 석남사 비로자나불 조성(766), 성덕대왕신종 주조(771) 등이 그것이다. 황복사탑과 불국사 석가탑(757)은 《무구정광대다라니경》에 의거하여 조성되었다. 이는 탑을 세우고 그 안에 사리와 함께 작은 탑과 다라니를 넣어, 죽은 사람의 극락왕생을 기원하고 국가의 평안과 국토의 안녕을 바라는 것이었다. 《무구정경》에 따른 탑의 조성은 하대에 들어 크게 활발해졌다. 동화사 민애대왕 석탑(832), 창림사 무구정탑(853), 봉화 취서사 탑(867), 황룡사 9층탑(872년 중수), 중화3년명 금동원투(883), 해인사 묘길상탑(895) 등과 9세기로 추정되는 선림원지 탑, 동화사 금당 서탑, 봉화 서동리 동탑, 공주 동원리 3층탑, 성주사 3층탑 등도 이에 따른 것이었다. 이 밖에 법광사(828)나 동화사 원당(863), 보림사(870) 등에도 왕생을 기원하는 탑이 세워졌다. 9세기 후반에 집중된 이들 불사는 불상 조성이 중심을 이루던 중대와는 다른 양상이었다.

법광사法光寺탑은 828년(흥덕왕 3) 시중을 지냈으며 김헌창의 난을 진압하는 주역이었던 김균정金均貞(?~836)이 조성한 것이다. 이 공덕으로 단월의 정토왕생과 국왕의 수복과 장수를 기원하였다. 창림사

昌林寺탑은 853년(문성왕 17) 윤회하는 중생을 구제하여 정토로 인도하고자 하는 국왕의 발원으로 세웠다. 863년(경문왕 3)에는 839년에 죽은 민애왕을 위하여 경문왕이 동화사桐華寺 원당願堂에 탑을 세우고 중생들이 세세생생에 깨달음을 얻기를 기원하였다. 그가 870년(경문왕 10) 선왕 헌안왕의 극락왕생을 위하여 선종 사원 보림사寶林寺에 탑을 조성한 것도 정토왕생을 기원하는 불사였다. 이러한 일련의 왕실 불사는 불안한 왕위계승과 유지과정에서 선왕에 대한 추복과 정토왕생의 기원이 왕권의 안정에 절실히 필요한 것이었음을 말해준다. 경문왕 때 모친의 서원을 받들어 취서사탑을 세운 승려 언부는 《무구정경》에 따라 탑을 세우고 승려를 초빙하여 법회를 열었다. 왕실이 아닌 일반인도 무구정탑 신앙을 가졌고, 거기에 덧붙여 법회를 개최하기도 했던 것이다.

889년(진성왕 3)부터 7년 동안 해인사 인근에서 승군과 농민군의 치열한 싸움이 전개되었는데, 해인사 묘길상탑妙吉祥塔은 이 싸움에서 절을 지키기 위해 전사한 승속을 기리기 위해 895년(진성왕 9)에 세운 것이다. 삼보를 지키기 위해 싸우다 죽은 이들의 이름을 일일이 새겨 그 많은 혼백이 하늘에 날아오르기를 기원하였다.

애장왕 때 조성된 방어산 마애불은 부모와 일체중생을 위한 불사였다. 애장왕 때 만든 선림원종과 문성왕 때의 규흥사종, 경문왕 때의 도피안사 비로자나불, 그리고 헌강왕 때의 석탑 중수는 모두 중생의 깨달음을 기원하는 불사였다. 같은 《무구정경》에 의거하면서도 정토 추구 이외에 보다 차원 높게 일체중생의 깨달음을 기원하는 신앙도 이루어졌음을 알 수 있다.

신라 하대의 불교결사 중에 많은 것이 조사 추모모임이다. 9세기 초반에 신라 불교의 문호를 연 이차돈 추모모임이 결성되었다. 승려 영수永秀와 예불 향도와 맺은 이차돈 향분예불결사香墳禮佛結社는 이차돈이 불법을 홍포한 업적을 기리기 위한 것이었다. 이 사업에는 국통과 대통, 대서성 등 고위 승관 직이 대거 참여하였다. 이 결사는 중앙 교단이 주도하고, 여기에 일반인 예불향도가 참여하여 이루어진 것이었다. 이때를 전후하여 원효에 대한 현창사업이 전개되었고, 북종선을 도입한 신행선사를 기리는 비가 813년(헌덕왕 5)에 세워졌다. 흥륜사에서는 신라 불교의 시작과 완성에 이바지한 10성十聖을 봉안하여 추모하였다. 이들 불사는 헌덕왕과 흥덕왕이 개혁을 추진하면서 큰 업적을 남긴 고승들의 활동을 부각시켜 사회 대통합을 이루려는 의도가 반영된 것이었다. 본격적인 남종선의 대두에 기존 교학불교가 화엄을 중심으로 교단 재정비에 나서 실행했던 조사 추모결사도 같은 경향을 보인 것이었다.

향도신앙과 미륵신앙

중앙에서는 교학운동과 조사 추모 경향의 결사가 중심이 되었던 반면, 지방 사회에서는 향리나 촌주 등 지방 토착세력을 중심으로 불사를 운영하고 신앙을 실천하는 움직임이 뚜렷해졌다. 하대 신앙운동의 주축을 이루는 것은 향도香徒신앙이다. 초기에는 중앙에서 사원의 지도 속에 시작되었으나 차츰 독립적인 성격으로 성장하였는데, 이는 불교가 대중화되면서 지방 사회에까지 확산된 결과였다.

856년(문성왕 18)에 만든 규흥사종은 승려와 지방세력이 힘을 합쳐 만들어 사찰에 기부한 것이다. 이는 촌주 등의 재지세력들이 예하 촌락민을 포괄하는 향도와 같은 조직을 이루어, 족적 유대와는 다른 신앙결사를 만들어 자신들의 지도적 위치를 강화하려 한 것으로 풀이된다.

865년(경문왕 5)에 철원 지방의 보통 사람들 1,500인은 힘을 모아 도피안사到彼岸寺에 철제 비로자나불상을 조성하고, 불상 등 복판에 이런 글을 새겼다.

오직 바라건대 비천한 사람들이 마침내 창과 방망이를 스스로 쳐 긴 어둠에서 깨쳐 나갈 것이며, 게으르고 못난 뜻을 바꾸어 진리의 근원에 부합하며, 바라건대……이때에 거사를 찾아 1,500여 명이 인연을 맺으니, 금석과 같은 굳은 마음으로 부지런히 힘써 힘든 줄 몰랐습니다.

이처럼 사원의 불사와 재회나 추선 등의 의례를 위해 조직된 향도도 많지만, 마을 주민 대다수가 참여하여 소규모의 경제적 협동으로 향나무를 바닷가에 묻어[매향埋香] 먼 후일의 좋은 결과를 기대하는 향도조직도 있었다. 향도신앙은 지역민이 다수 참여하는 대중성을 띠며 사회의식을 담당했다는 역사적 의미를 갖는다.

한편 중대의 약사신앙은 치병 활동을 중심으로 현세의 고난 구제와 생명 연장의 신앙으로 아미타 신앙의 보완적 역할을 하였는데, 하대에는 정치·사회적 혼란과 기근·도적·질병 등의 현실 재난 속에서 더욱 유행하게 되었다. 그리고 선종 사찰에서도 이를 주문 기원의 대상으로 받아들였다.

《화엄경》 중심의 화엄신앙과 함께 《화엄경》에 근거한 화엄신중華嚴神衆 신앙도 하대에 강조되었다. 신라 말 해인사의 희랑은 화엄신중

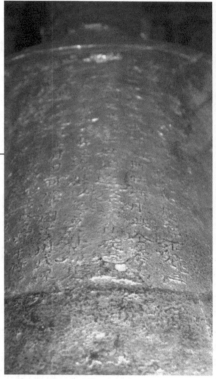

철원 도피안사 비로자나불
철원 지역 1,500여 명이 865년에
힘을 모아 만든 도피안사 비로자나불상.
불상을 만든 사람과 그 연유를
불상의 등에 기록했다.

의 위신력을 빌려 왕건의 군사를 도와 후백제군을 물리쳤다고 전한다. 신라 말 화엄종단의 중심 사찰로 부상한 해인사는 막대한 토지와 독자의 승군조직을 바탕으로 강력한 사원 공동체를 구축하였는데, 이런 사회적 배경에서 승려들은 《신중경神衆經》을 편집하여 화엄신중 신앙을 뒷받침하였다.

신라에서 강조되었던 불교적 신앙의 완성은 효선孝善(올바른 효를 제대로 행함)의 관념이다. 효선은 일반 백성들이 가족의 중요성을 인식하면서 어려운 가정형편을 신앙심으로 극복할 수 있다는 사회윤리로 장려되었다. 가난한 집안의 김대성이 재상가에 다시 태어나 전생의 부모를 위해 불국사를 지어 효도했다는 설화는, 불교적 보시를 통해 종교적 차원으로 승화된 효선 실천의 표본이었다.

하대에 빈번했던 흉년과 굶주림, 이에 따른 유민과 도적의 발생, 치열한 왕위 다툼 등의 사회적 혼란은 당시를 말세로 보는 말법末法의식을 부추겼다. 이는 미륵이 하생하는 이상세계의 출현을 기대하는 신앙으로 표출되었다. 먼 훗날의 이상세계를 기대하는 매향신앙은 미륵불이 하생하여 교화할 때 구원받기 위한 미륵하생 신앙이다.

후삼국의 통치자는 모두 불교를 정권에 유리하게 활용하고자 하였다. 태봉을 건국한 궁예는 당시 미륵불의 하생을 대망하는 분위기가 널리 퍼져 있었음을 이용하였다. 궁예는 소년시절 화엄종 계통의 세달사世達寺에서 출가하여 장성할 때까지 승려로 지냈다. 궁예는 이 기간에 불교 전반에 대한 지식을 갖추었고, 이를 바탕으로 후에 경전을 짓고 강설을 할 수 있었다. 궁예의 활동 영역이 진표의 활동 지역과 겹치는데, 궁예는 진표의 미륵신앙을 활용하여 전제주의를 추구했을 가능성도 있다. 후백제를 세운 견훤이 금산사와 미륵사를 중심으로 미륵신앙을 내세운 것도 이를 바탕으로 전제적 왕권을 추구한 것으로 추정된다.

이들 후삼국 지도자는 모두 선종과 연관을 맺기 위해 애썼다. 궁예는 굴산문의 개청계나 형미 등과 접촉을 가졌고, 견훤은 동리산문의 도선과 사자산문의 절중 등과 연고를 맺고 도선의 제자인 경보를 우대하였으며 실상산문과도 연계를 가졌다. 왕건은 선종 포용정책을 펴 순지와 해동사무외대사海東四無畏大師 및 현휘와 행적, 개청, 긍양, 찬유 등을 후원하여 지역세력과의 연계를 꾀했다.

조사 추모와 승탑 미술

불국사 3층 석탑에서 신라 석탑의 정형을 형성한 조형 감각은 9세기에 들어 석탑에 장식이 더해지는 변화로 나타났다. 3층 석탑의 기단부는 이중으로 구성되는데, 기단의 면을 구분하는 탱주가 후기로 가면서 점차 줄어들었다. 그 결과 기단 면에 8개의 구역이 생겨났고, 이 공간에 탑을 지키는 수호중守護衆을 새겨 넣기 시작했다. 기단의 8면에는 팔부중八部衆 상을 새겼고, 그 위로 초층 탑신 4면에는 사방불四方佛이나 사천왕四天王 상을 새겼다. 하층 기단에는 주악천奏樂天 상이나 12지신상을 새기기도 하였다.

신라 하대 미술의 백미는 승탑僧塔이다. 승탑은 고승이 입적하면 화장하고 수습한 유골을 골호骨壺와 같은 함에 넣고 독특한 묘탑을 만들어 그를 기리는 기념물이다. 중국에서는 승려의 탑도 불탑과 형태가 똑같다. 그런데 신라에서는 팔각형의 집 모양인 팔각당형八角堂

形의 독특한 기념물을 만들어냈다.

진전사지 승탑은 신라 선종의 조사로 꼽히는 도의선사의 탑으로 추정되는 최초의 승탑이다. 이 탑은 아랫부분은 사각형의 불탑과 같은 형태이고, 윗부분은 팔각형 몸체를 팔각 받침대가 연꽃무늬와 함께 떠받치고 있으며, 맨 위는 보주 아래로 지붕 모양을 만들었다. 이어 도의의 제자인 염거화상탑(844)은 기단부-팔각대석(하대-중대-상대)-팔각탑신석-팔각옥개석의 팔각형을 이루고 있는데, 이후 신라 승탑의 전형이 되었다. 옥개석은 기왓골과 막새무늬와 공포까지 지붕을 그대로 재현한 정교한 모습이다. 스승을 기리기 위한 정성이 이처럼 새로운 조형을 창안하게 되었을 것이다.

장흥 보림사보조선사탑/탑비
선사들을 추모하는 탑원. 유골을 모신 승탑과 생애를 칭송하는 탑비를 나라의 인정을 받아 나란히 세워 그 업적을 기렸다.

중국에서는 수나라·당나라 조사들의 승탑이 조성되었지만, 삼국에서는 알려진 것이 없고 통일신라 전반기에도 명확한 승탑은 찾기 어렵다. 그러다가 도의선사 이후 선종에서 집중적으로 조성되었다. 이는 스승과 제자의 전승[사자상승師資相承]을 강조하는 선종의 특성 때문에 그랬던 것으로 추정되는데, 중국은 종파와 무관하게 승탑을 세웠지만 유달리 신라에서는 선종에서만 승탑 건립이 성행하였다.

승탑은 여느 선승이나 세웠던 것은 아니다. 흔히 고승으로 부르는, 수행과 전도에 뚜렷한 자취를 남겨 일반인들은 물론 국왕에게도 존경 받았던 승려에게만 승탑과 탑비의 건립이 허락되었다. 국사에 책봉되거나 그에 준하는 존경을 받았던 승려들이 그에 해당한다. 현재 신라 12인, 고려 60여 인의 탑비를 확인할 수 있다.

이 기념물의 건립은 대체로 다음과 같은 절차를 거친다. 스승이 입적하면 제자들이 스승의 행적을 정리한 행장行狀을 준비하고, 국왕에게 입적한 스승의 비를 세울 수 있도록 요청한다. 국왕은 요건이 된다고 판단하면 국사로 책봉하고 시호와 탑호를 내려 승탑과 탑비를 세우도록 하며 장례 비용을 후원한다. 도의의 손제자로 가지산문의 실제 개창조인 체징이 880년 입적하자, 당시 헌안왕은 시호를 보조普照, 탑호를 창성彰聖이라 내리고, 김영金穎에게 비문을 짓도록 하였다.

제자들은 유골을 추려 승탑을 만들고, 한편으로 이름난 문장가를 가려 비문을 요청하는데, 국사의 경우 대체로 왕명으로 짓도록 하였다. 비문이 완성되면 명필에게 부탁하여 글씨를 쓴다. 그런 다음 돌에 새겨 탑비를 세운다. 체징의 승탑은 '보조선사창성탑'이 되고, 탑비는 '보조선사창성탑비명'이 된다. 이런 과정을 거치기 때문에 일반적으로 승탑은 입적하고 얼마 지나지 않아 세운 경우가 많고, 탑비는 일정 기간이 지난 후에 세운 경우가 많다. 비문은 당시의 생활과 수행 상황을 알려주는 생생한 역사기록, 비문 글씨는 서예사의 중요한 자료가 되고, 승탑과 탑비는 당대를 대표하는 예술품이 된다.

신라 선사들의 승탑은 조화로운 비례에 세부적인 화려한 조각으로 아름다운 석조예술 세계를 보여주고 있다. 승려의 유골을 보존하는 곳이므로 이상적인 사후세계를 상징하는 사천왕과 운룡과 상서로운 동물 등 온갖 화려한 장식이 승탑 전체를 감싸고 있다. 모든 수식을 넘어선 깨달음을 추구했던 선사의 면모와는 정반대로 승탑은 가장 화려한 모습으로 그들이 수행하던 그 자리에서 오늘도 우리를 맞고 있다.

불교의
대외교류

구법승의 활동

4세기에 불교가 삼국에 전래된 이래 새로운 불교를 익히기 위한 구법승들의 해외로 향한 길은 끊임없이 이어졌다. 남북조시대에 삼국은 거의 고르게 14명의 구법승들을 중국에 보내 불법을 익혀 오게 하였다. 수·당대에는 180명의 구도승들이 중국에 유학하였으며 오대이후에도 29명의 유학승들이 중국에서 새로운 불교를 익혔다.

통일신라시기에는 7세기에 42명, 8세기에 38명, 9세기에 96명이 중국에 가서 선진 불법을 익혀 본국의 불교 이해와 발전에 이바지하였다. 이를 보면 구법 활동이 선종이 수용되던 9세기에 크게 늘어났음을 알 수 있다. 구법승들의 구도열은 중국에 머물지 않고 불법의 본고장 인도에까지 이어져, 천축天竺 구법승들도 15명이나 알려져 있다. 그들 중 인도에서 혹은 중도에서 객사한 이가 10명이나 되고, 중국으로 돌아온 이가 3명, 그리고 고국으로 돌아온 이는 불과 2명에 지나지 않는다. 이처럼 목숨을 내건 구법여행으로 이들 구도승들은 신라 불교에 생동감과 활력을 불어넣었다.

구법승들의 수학 경향은 중국 불교계의 경향과 신라 불교의 진전과 긴밀한 상관성을 갖는다. 불교 수용기에는 본국의 열악한 사상적·교단적 불교 이해 기반을 확대하기 위해 중국 등 불교 선진 지역에 대한 적극적인 구법이 이루어졌다. 이들 승려의 구법 의지에 더하여 왕실의 당 문화 수용정책 또한 구법 활동을 촉진하였다. 이에 따라 초기에는 진골 출신 승려가 왕명에 의해 유학하는 사례가 두드러지고, 구법승들이 사신과 동행하는 경우가 많았다.

이후 신라 불교가 정립된 중대가 되면 구법승들의 목표는 불교사상의 수학에 집중되었다. 새로운 사상의 문을 열었던 이들과, 이들을 계승하여 이미 상당한 사상적 축적을 이룬 유식이나 화엄 승려들이 다시 당에 가서 수학하는 사례가 상당한 비중을 차지한다. 원측이나 무상 또는 혜초의 경우와 같이 특정 사상의 수용 초기에는 본국에 귀국하지 않고 당에서 독자적인 활동 기반을 갖기도 하였다. 그러나 이후 구법승들은 보편적으로 당에서의 수학 이후 귀국하여 전파 활동을 하였다.

중국 구법승

원광은 600년에 12년 동안의 중국 유학을 마치고 신라에 귀국하여 활발한 활동을 펼쳤다. 627년경에는 원측, 638년에는 자장이 당에 유학하였다. 자장은 귀국하여 중심적인 활동을 펼쳤으나 원측은 계속 중국에 머물며 불교를 선양하였다.

남·북조에서 수·당대로 변화하는 시기에 중국에서는 남·북조 교학 연구 성과를 종합하는 분위기에서 천태종을 필두로 종파불교가 형성되었고, 7세기 중반에는 화엄종과 법상종이 형성되어 중국 교학의 정립기를 맞이하였다. 이 시기에 신라에서도 교학이 뚜렷하게 진전되었다. 이는 신라 교학의 전통이 축적된 위에 유학승이 전래한 새로운 교학이 더해져 이룩된 것이었다. 이 시기 원측과 의상은 구법으로 교학을 진전시킨 대표적인 예이다.

구법승인 의상의 제자들도 신라 교학의 전통을 발전시키는 데 주력하는 한편, 당에 유학하기도 하였다. 8세기 의상계 화엄학의 중심인물이던 신림神琳은 당에 유학하고 왔고 그의 제자인 순응順應도 760년 당에 유학하였다. 신림은 신라 화엄의 독자성을 중추로 하면서도 당의 화엄도 익히고 강의도 하며 신라 화엄의 폭넓은 전개를 지향하였다.

신라 승려들은 중국 전역을 돌아다니며 스승을 찾아 배우고 성지를 순례하였다. 그들이 즐겨 찾아간 중국의 불교 성지로는 문수보살이 상주한다고 여겼던 오대산, 천태종의 본산인 국청사, 혜능의 사리탑이 있는 조계산, 수많은 사찰이 소재해 있던 종남산을 포함한 장안 일대 등 광범위한 지역이었다. 그들이 가르침을 받은 승려는 현장, 지엄, 백장 등 당시 중국 불교를 대표하던 고승들을 망라하였다.

원측, 신방, 지장, 무루, 무상, 혜초, 현초 등은 중국에서 경전 번역이나 교리 해석과 실천 등의 활동을 펼치며 중국 불교 발전에 크게 기여하였다. 중국에서 구법을 마치고 돌아온 승려들은 대개 왕실이나 귀족과 일반 백성들의 환대와 존경을 받으며 활동하였다. 신라에서의 중국 구법은 자신의 신앙과 학문적 성취뿐만 아니라 신라에서 사회적 존경을 아울러 획득할 수 있는 좋은 수단이었다. 그래서 대부분의 중국 구법승들은 고국으로 돌아왔다.

인도 구법승

신라의 구법승들은 7세기 전반부터 인도의 여러 성지를 순례했으며 당시 최대의 불교학 중심지이던 날란다대학에서 유학하기도 했다. 당의 의정義淨은 《대당서역구법고승전大唐西域求法高僧傳》에 아리야발마阿離耶跋摩, 혜업慧業, 현태玄太, 구본求本, 현각玄恪, 혜륜慧輪, 현유玄遊 등 신라 구법승 8명의 이름과 간략한 구법 내력을 수록하였다.

혜초는 일찍 중국에 가서 활동하다가, 720년경에 중국을 출발하여 인도와 중앙아시아 일대를 구법 여행하고 728년경에 중국에 돌아왔다. 이후 중국에서 밀교경전을 연구하고 밀교 고승으로 크게 활약하였다. 혜초가 남긴 구법기 《왕오천축국전往五天竺國傳》은 8세기 신라 불교의 왕성한 구법 열기와 역량을 보여준다. 혜초는 당나라에서 배를 타고 인도를 향해 떠나 동인도에 상륙했다. 불적이 집중되어 있는 인도 동북 지역을 순례하고 인도 다른 지역도 차례로 여행한 다음 지금의 파키스탄, 아프가니스탄에 이르고 여기서 서쪽으로 나아가 페르시아와 아랍 지역도 여행했다. 다시 발길을 동쪽으로 돌려 파미르를 지나 중국 서부 지방을 두루 거쳤고, 마지막에 장안으로 돌아온 것으로 추정된다. 현재 남은 《왕오천축국전》에는 36개 지역이 수록되어 있다. 인도여러 지역과 카슈미르·간다라[파키스탄]·바미얀·발흐[아프가니스탄]·파르스[페르시아]·쿠파[아랍]·카시·쿠처[중국] 등 26개 지역은 직접 순례하였고, 티베트·비잔틴제국·페르가나·투르크 등[우즈베키스탄·타지키스탄·카자흐스탄] 10개 지역은 전해들은 이야기를 기록했다.

1900년에야 돈황에서 발견된 이 소중한 여행기는 앞뒤가 떨어져 나가고 중간 부분만 남아 있다. 227행에 총 길이 358.6센티미터의 현존하는 필사본은 요약본이고, 본래는 3권으로 된 완본이 따로 있었다. 그러나 완전하지 않은 현재의 것만으로도《왕오천축국전》이 갖는 의미는 크다. 8세기의 유일한 인도 순례기이고, 해로로 가서 육로로 돌아온 유일한 기록이다. 특히 인도를 다녀왔다는《왕오천축국전》제목과는 달리 인도 지역보다 중앙아시아에 대한 서술이 상대적으로 많은 분량을 차지한다. 이 시기 중앙아시아는 신흥 아랍의 지배가 굳어가는 격변을 겪던 시기였고, 혜초는 아랍이 주도해가던 시기의 정치적 질서 변화를 작은 분량이지만 생생하게 담아냈다. 이런 점에서 동서 문화 교류의 관점에서 매우 중요한 의의를 갖는다. 또《왕

《왕오천축국전》
혜초가 8세기 전반에 인도와
중앙아시아를 구법여행하고 쓴 기행기(국립중앙박물관).

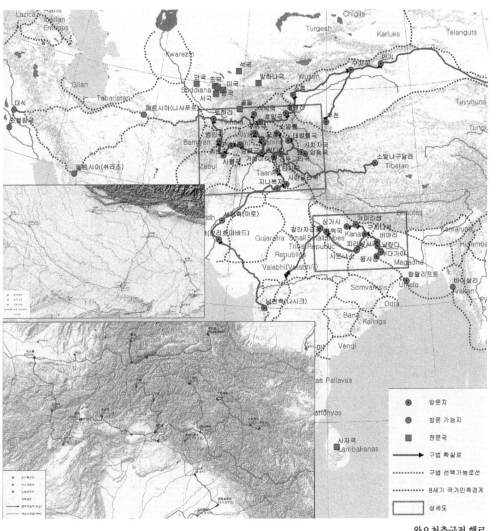

왕오천축국전 행로
혜초가 인도와 중앙아시아를 구법 여행한 여정(김유철).

통일신라

오천축국전》에는 다른 순례기에서 볼 수 없는 시가 5편 남아 있다. 혜초는 여행지의 사실을 객관적으로 기술하는 산문 부분에 중점을 두면서, 순례 중 만났던 여러 난관을 헤쳐나가면서 순례의 서원을 완성하고자 하는 감정을 진솔하게 시에 담아내기도 했다. 그래서 이 책은 산문의 객관적인 기술과 시의 정서적 표현이 견실한 짜임새를 갖춘 순례기로서, 수필문학으로서도 높이 평가받는다.

인도에 간 신라 구법승들의 목적은 중국에 수입되지 않은 범본 불전이나 이미 수입되었더라도 해석에 문제가 있는 원본을 구하고 불교 성지를 참배하는 것이었다. 신라의 인도 구법승들은 십중팔구 고국으로 돌아오지 못하였다.

신라 불교에의 기여

전래 초기에 주술적 요소가 많았던 신라 불교는 보편적인 신앙으로 인식되고 불교사상이 본격적으로 소개되자 불교에 대한 보다 체계적인 이해가 필요하였다. 이에 신라 왕실은 정책적으로 구법승을 중국에 보내 선진 불교를 배워 오게 하였는데, 이들 구법승이 경전, 불상, 불사리 등을 가져와 신라 문화의 진전에 기여하였다. 신라를 중심으로 당과 일본의 불교는 전적을 통하여 상호 교류했고, 불전佛典의 활발한 교류로 인하여 각 국의 불교는 국제적인 성격으로 발전할 수 있었다.

구법승이 들여온 중국의 선진 불교사상은 신라 교학불교의 기초가 되었다. 원측 등에게 수학한 유식학승들은 귀국하여 신라 유식학 발전의 터전을 만들었다. 의상은 지엄에게 중국 초기 화엄을 배워 신라 화엄의 문호를 열었다. 의림義林(702~806)은 선무외로부터 중국 신밀교를 전수받고 귀국하여 이를 신라에 본격적으로 소개하였다. 도의를 비롯한 수많은 선승들은 남종선을 본격적으로 익혀 와서 신라 선종의 성세를 이끌었다.

중국 화엄종의 완성자인 법장의 제자로 수학했던 승전勝詮은 690년대에 당에서 귀국하며 법장이 의상에게 보내는 서간과 법장의 주요 저술들을 가져왔고, 이를 통해 중국 화엄의 핵심사상이 신라에 본격적으로 소개되었다. 신라 승려의 저술도 당에 소개되어《십문화쟁론》,《기신론소》,《화엄경소》와 같은 원효의 저서 상당수가 당나라에 전해져 널리 읽혔다.

신라 구법승은 동아시아 불교 발전에도 기여하였다. 원측은 현장을 비롯한 많은 역경승의 번역작업에 적극적으로 참여하고, 중국에서 활동하며 18부 90여 권을 저술하여 유식사상의 독자적인 특징을 선양했다. 남종선의 형성기에 무상無相(684~762)은 사천 지방 일대에 독자적인 선풍을 드날려 정중종淨衆宗이라는 흐름을 만들기도 했다. 신라 구법승은 일본 불교에도 영향을 끼쳐 일본 진언종과 천태종의 개창과 발전에 기여하였다.

정치적으로 대립관계에 있었지만, 고구려나 백제와 신라의 문화적인 교류는 상당한 수준으로 이루어졌다. 원효와 의상이 고구려 보덕의 열반학을 배웠고, 황룡사 9층탑 건립에는 백제의 장인 아비지가 와서 도와주었다. 신라 조정과 당과 일본과의 외교관계에도 불교가 응용되어, 불상을 선물로 보내거나 사신이 사원을 참배하기도 하였다.

일본과의 불교 교류

삼국에 이어 통일신라의 불교문화는 지속적으로 일본에 영향을 주었다. 689년(신문왕 9) 신라는 학문승 명총明聰, 관지觀智 등과 금동아미타상, 금동관음보살상, 대세지보살상과 비단을 일본에 보냈다. 690년(신문왕 10)에는 당에 갔던 일본의 학문승 지종智宗, 의덕義德, 정원淨願 등이 신라의 사신 김고훈金高訓을 따라 신라에 왔다가 일본으로 돌아갔다.

신라 불교의 영향은 일본의 사원 건립에서도 나타난다. 나라의 야쿠지지藥師寺는 680년에 기공되어 698년에 완공되었는데, 새 수도인 헤이죠쿄平城京가 조영되자 718년에 그곳에 똑같은 규모를 가진 새 야쿠지지가 건립되었다. 이 야쿠지지는 통일신라 초기부터 나타나는 쌍탑식 가람 배치를 기본으로 하고 있다. 국가적 사업으로 추진된 도다이지東大寺의 창건과 노사나대불 조성에 여러 신라 승려가 참여하였다. 신라에서 공부한 심상은 천황의 요청으로 일본 승려들에게 화엄을 강의하였고, 대불을 주조한 조불장관은 백제인의 후예였으며, 백제의 왕손인 경복敬福은 대불 조성에 경제적인 지원을 하였다. 백제 왕족의 후예로서 민중들의 존경을 받고 있던 행기行基는 모금운동을 펼쳐 사업을 지원하였다.

8세기에도 신라 불교는 일본 불교에 많은 영향을 주었다. 일본 승려의 신라 유학이 이어졌고 신라 승려의 일본 전법도 끊이지 않았다. 무엇보다 신라의 많은 불전이 일본으로 전해져 일본 교학의 밑거름이 되었다.

7세기 후반에 일본은 신라에 9명의 유학승을 파견하였으며, 8세기 전반에는 의법義法 등 학문승이 5차에 걸쳐 신라에서 귀국하였다. 그들 중 신예神叡 등 여러 사람은 8세기 전반까지 불교계의 지도적 지위에 있으면서 활발하게 활동하였다. 당시 일본의 불교 교단을 지도하던 관성觀成, 변통辯通, 관지觀智 등도 신라 유학승이었다. 일본은 7세기 후반 이후 당 유학승보다 신라 유학승이 더 다수를 차지하면서 지속적으로 신라 불교를 수용하는 경향을 보였다. 이는 신라 불교철학의 정립과 발전으로 유학승들의 연구에 충분한 기회를 제공해주었기 때문이다. 또한 국학의 설치를 통한 유학의 보급과 대규모 사찰의 조영 등과 같은 불교문화의 융성도 이들의 문화 수용에 크게 영향을 미쳤을 것이다.

삼론종이나 법상종을 비롯한 성실과 구사, 그리고 8세기 중반의 화엄종과 율종의 성립에 이르기까지의 남도육종南都六宗으로 대표되는 일본 불교는 신라를 통해 수용된 불교학을 배경으로 중국의 불교학을 수용하여 새롭게 종합한 학파불교였다. 고구려의 혜관慧灌이 일본 삼론종의 단초를 열었고, 신라 심상審祥이 곤슈지에서 740년부터 화

일본 나라현 도다이지
백제 유민 출신이 창건에 큰 역할을 했던 일본 나라시대의 큰 절 도다이지.

엄을 강의하여 이후 도다이지가 화엄의 근본도량이 되는 토대를 닦은 데서 그 영향력을 확인할 수 있다.

신라 불교의 영향은 8세기에 광범위하게 이루어졌던 사경寫經에서 보다 확실하게 나타난다. 729년부터 769년까지 조사된 나라시대 일체경一切經은 인도 찬술이 1,193부 4,884권이며 중국에서 찬술된 주석서가 636부 4,218권을 헤아린다. 경전의 주석서는 중국 승려의 저술이 84인으로 많은 부분을 차지하지만, 신라 승려들의 저술도 적지 않게 포함되어 신라 승려 25인의 저서 140여 종에 대한 190여 회의 사경이 이루어졌다. 특히 740년부터 752년 사이에 집중적으로 신라 불전에 대해 140회나 사경이 이루어졌다. 이 중 원효의 저술이 가장 많아, 60여 종 83회의 사경 횟수를 헤아린다. 원측은 10종, 경흥은 12종, 의적은 9종 등이며, 이 밖에도 현일, 승장, 도증, 지인, 대현, 대연, 의상, 원광, 영인, 명효, 표원, 행달, 둔륜, 순경, 법위, 신방, 의영 등 수많은 신라 승려의 저술이 수록되었다. 중국의 승려로 사경 횟수가 많은 것은 법장의 45회, 혜원의 19회 등이다.

이 중 화엄 관계 사경은 원효를 중심으로 한 신라 화엄 관계 전적이 당의 법장과 그 문하의 전적을 압도한다. 이런 사경작업을 바탕으로 원효를 중심으로 한 신라 불교사상이 8세기 일본 불교사상의 정립에 크게 영향을 끼쳤음을 짐작할 수 있다.

신라 승려들의 일본 전교는 8세기 후반에도 계속되었다. 752년 도다이지 대불 개안식에 참가한 신라 사신 일행이 불사를 지도하였고, 758년에 승려 34명이 무사시노武藏野에 신라방新羅坊(신라인들의 자치적인 집단 거주 지역)을 건설하고 불교를 폈으며, 818년에 26명의 신라 승려가 일본에 건너가 각 사원에서 포교하였다.

779년(혜공왕 15) 원효의 현손 설중업薛仲業이 신라 사신의 일원으로 일본에 갔다. 이때 일본의 한 진인眞人은 원효의 《금강삼매경론》을 읽고 감명받았다고 하면서 그 후손과의 만남을 기뻐하며 시를 지어 주었다. 원효의 저술이 일본에서 얼마나 널리 읽혔는지를 말해주는 일화이다.

韓國佛敎史

3

고려 전기
-사상의 다양성과 불교

고려 전기 귀족불교 ... 선교 융화 ... 교단 운영과 신앙 의례 ...
대장경과 교장 ... 사원의 운영과 사원경제 ...

고려 전기
귀족불교

왕건은 신라와 후백제를 통합하고 고려 왕조를 열었다. 태조 왕건은 후삼국 병립시기부터 여러 승려들과 적극적인 관계를 맺었다. 신라 말기의 주도적인 불교는 지방 산문을 형성한 선종이었다. 태조 왕건은 해동사무외대사로 꼽았던 이엄利嚴·형미迥微·여엄麗嚴·경보慶甫 등을 비롯하여 수많은 선승들과 긴밀하게 교류했었다. 이엄을 후원하여 해주에 수미산문須彌山門을 개창하도록 함으로써 구산선문으로 불리는 선종 산문이 완성되었다. 한편으로 태조는 교종 승려들도 포용하여 능긍能兢 등 사대법사를 우대했고, 해인사 희랑에게 태대덕太大德이라는 칭호를 주어 특별히 우대하였다. 태조는 충잠忠湛선사의 비문을 직접 짓기도 하고, 고승 탑비의 제액을 쓰기도 하였다.

태조의 불교계 후원

고려 초기의 불교정책은 선종과 교종을 병립하는 것이었다. 통일된 고려 왕조의 안정된 운영을 위해서는 지방 호족들의 기반을 약화시키고 중앙 귀족으로 수용하여 중앙집권적 체제를 정착시키는 정치적 개편이 절실하였다. 불교계 또한 여러 산문으로 나뉘어 지방 각지에 독자적인 기반을 가졌던 선종을 통합하고 아울러 교종과 병행하도록 하기 위한 교단의 개편이 필요하였다. 고려를 창업한 이듬해인 919년 태조는 개경에 법왕사·왕륜사 등 10개 사원을 건립하고 국가 운영의 지침으로 불교의 중요성을 강조하였다. 후대의 기록으로 평가되는 〈훈요訓要10조〉(후손들에게 남긴 주요한 가르침) 중에 불교 관련 내용이 세 항목에 걸쳐 등장한다.

개성 만월대
고려 수도 개경의 왕궁 자리인 만월대(국립중앙박물관).

제1조 우리 국가의 대업은 여러 부처의 호위를 받은 것이다. 그러므로 선
　　과 교의 사원을 개창하고 주지를 파견하여 기도하고 수행하여 각자
　　일에 힘쓰도록 하라. 후세에 간신이 정권을 맡아 승려들의 간청에
　　따라 각기 종파[業]가 정해진 사원을 다투어 서로 바꾸거나 빼앗는
　　것을 일체 금지하도록 하라.

제2조 여러 사원은 도선이 산수의 순세와 역세를 지정한 데 따라 세운 것
　　이다. 도선은 "내가 정한 곳 외에는 함부로 짓게 하지 마소서. 그리
　　하면 지덕을 손상하고 약하게 하여 나라의 운명이 영원하지 못할 것
　　입니다"라고 하였다. 내가 생각건대 후세의 국왕과 공작·후작과 후
　　비와 조신들이 각자 원당이라고 하며 사원을 키우거나 새로 짓는다
　　면 큰 근심거리가 될 것이다. 신라 말기에 다투어 사원을 세워 지덕
　　을 손상하여 끝내 패망하기에 이르렀으니 어찌 경계하지 않겠느냐.

제6조 나의 지극한 뜻은 연등회와 팔관회에 있다. 연등회는 부처를 섬기는
　　것이고 팔관회는 천신과 오악과 명산과 대천과 용신을 섬기는 것이
　　다. 후세에 간신이 더하거나 줄이자고 건의하면 일체 금지해야 한
　　다. 나 또한 처음에 마음에 맹세하기를 법회일이 국기일國忌日을 침
　　범하지 않고 군신이 함께 즐기기를 바랐으니 마땅히 공경하게 따라
　　행해야 한다.

　　〈훈요10조〉는 현종 이후 성립되었을 것으로 보는 견해가 많다. 그
러나 이 기록은 고려 초기부터 불교를 적극적으로 지원하는 방향이
설정되었음을 확인하는 자료로 보기에 충분하다. 특히 도선이 지정
했다는 사원 창건 지점은 이후 조선시대에 이르기까지 사원 건립과
유지의 중요한 근거가 되었다. 〈도선밀기道詵密記〉에 지정했다는 70

개 사원은 산수의 형세를 고려하여 지덕地德으로 국가에 이익을 갖다
주도록 세운 비보裨補사원이었다. 개국사開國寺·연복사演福寺 등이 산
수의 음양순역의 형세를 살펴 건립되었다고 기록하고 있으며, 광제
사廣濟寺·안양사安養寺·성등암聖燈庵·용암사龍巖寺 등도 이에 해당한
다. 만의사萬義寺·오대산 사자암獅子巖·석왕사釋王寺·천마산 관음굴觀
音窟 등도 비보사원임을 분명히 기록하였고, 신라 이래의 운문사雲門
寺·직지사直指寺도 비보기裨補記를 갖추고 토지를 지급받은 비보사원
이었다. 이후에도 국왕이나 국가가 세운 귀법사歸法寺·현화사玄化寺·
흥왕사興王寺·국청사國淸寺 등은 비보사원으로 지정되었을 것이고,
왕이나 왕비의 영정을 모신 개국사·개태사·경천사敬天寺·광명사廣明
寺·구산사龜山寺·보제사普濟寺·봉은사奉恩寺·안화사安和寺·영통사靈通
寺·현성사賢聖寺·홍호사弘護寺 등 40여 진전眞殿사원이나 국가에서 사

비보사원의 한 예

영암 월출산月出山 도갑사道岬寺	광양 백계산白鷄山 옥룡사玉龍寺
구례 지리산智異山 화엄사華嚴寺	순천 조계산曹溪山 송광사松廣寺
장흥 천관산天冠山 천관사天冠寺	흥양[고흥] 천등산千燈山 금탑사金塔寺
장성 백양산白羊山 정토사淨土寺[백양사]	경주 계림鷄林 법광사法光寺
경주 불국산佛國山 기림사祇林寺	죽산[안성] 칠현산七賢山 칠장사七長寺
지평[양평] 용문산龍門山 상원사上院寺	양주 삼각산三角山 중흥사重興寺
양주 삼각산三角山 승가사僧伽寺	양주 고령산高嶺山 보광사普光寺
양주 천보산天寶山 회암사檜巖寺	장단 보봉산寶鳳山 화장사華藏寺
안악 구월산九月山 월정사月精寺	문화 흥률산興律山 패엽사貝葉寺
공주 계룡산鷄龍山 갑사甲寺	보은 속리산俗離山 법주사法住寺
회양 풍악산楓嶽山 장안사長安寺	회양 풍악산楓嶽山 표훈사表訓寺
고성 풍악산楓嶽山 유점사楡岾寺	안변 설봉산雪峰山 석왕사釋王寺
해주 북숭산北崧山 신광사神光寺	안동 천등산天登山 봉정사鳳停寺
선산 태조산太祖山 도리사桃李寺	문경 희양산曦陽山 봉암사鳳巖寺
원주 치악산雉岳山 구룡사龜龍寺	
	(도선 33사, 〈치악산구룡사사적〉)

도선 진영
전 국토를 비보로 파악하고 절을 지을 곳을 정해 놓은 비기를 지은
풍수지리의 대가였다고 알려진 도선(선암사).

액賜額을 내린 봉선홍경사奉先弘慶寺·수선사修禪社 등의 사액사원도 비보사원으로 인정받았을 것이다. 비보사원이 어떤 절인지 전하는 기록은 몇 가지가 있는데, 그중 하나가 《치악산구룡사사적雉岳山龜龍寺事蹟》에 실린 33개 사원이다.

비보사원 외에 각종 법석法席이 거행되는 사원과 국왕의 장수를 기원하는 축성祝聖법회가 열리는 사원을 주요 사원으로 분류할 수 있다. 법석은 기복도량을 베풀던 외제석원과 홍국사, 외적 격퇴를 기원하는 진병鎭兵법석이 열렸던 150여 사원, 반승飯僧이 베풀어지던 사원 등이 해당한다. 축성법회는 봉령사奉靈寺·신효사神孝寺·지장사地藏

논산 개태사 삼존불
고려 태조가 후삼국 통일을 기리고
고려 왕조의 위엄을 보이기 위해 세운
개태사의 대형 삼존불.

논산 관촉사
고려 초기에 유행했던
초대형 석불을 대표하는 18미터 크기의 관촉사.
석불입상—석등—석탑이 나란히 서 있다.

寺 등에서 열렸던 것이 《고려사》에서 확인되며, 창건자와 축수 목적이 분명한 관란사觀瀾寺·소림사小林寺·수암사水巖寺, 그 밖에 천룡사天龍寺·상주 용암사龍巖寺·예천 용문사龍門寺·영봉산 용암사龍巖寺·전주 보광사普光寺·금강산 도산사都山寺·진종사眞宗寺 등이 국왕과 관련된 사원들이다.

태조는 오랜 전란에 시달린 민심을 수습하기 위해 불교의 역할을 기대하였다. 후삼국을 통합하고 나서 940년에 후백제와의 결전지였던 연산에 개태사開泰寺를 창건한 일 등이 그런 예이다. 태조는 이에 즈음하여 스스로 발원문을 지어 부처님의 힘과 하늘과 신령의 위엄에 의지하여 20여 년간 전쟁을 계속한 끝에 통합을 이루어 절을 창건하니 이제 부처님의 위엄으로 덮어주어 보호하고 하느님의 힘으로 붙들어주어 나라가 안녕하기를 기원하였다.

태조는 재위 기간 중 모두 26개의 사원을 창건하여 신앙을 담당하고 불교 행사를 거행하는 거점으로 삼았다. 즉위 이듬해인 919년 법왕사法王寺와 왕륜사王輪寺 등 10사를 창건하여 근간으로 삼았고, 현성사·개국사·미륵사·보제사 등 주요 사원을 세워 다양한 불교 활동의 기반을 마련했다.

이와 같은 숭불정책에 따라 고려 불교는 국가와 밀접한 관련을 갖는 조직과 제도를 갖추고 국가불교로서 틀을 유지하였다. 고려 불교는 활발한 교단 운영과 불교사상의 추구 및 신앙의 확대를 추진하였으며, 한편으로 국가의 통제와 지원이 균형을 이루는 형세를 보였다.

역대 국왕의 영정을 모시고 제사지내는 진전眞殿이 있는 원찰이 건립되어 선대 국왕의 명복을 빌었다. 원찰을 세우지 않은 경우에는 특정 사원을 지정하여 그 역할을 맡도록 하였다. 왕실에서는 승려를 초청하여 의식을 거행하는 반승飯僧 행사를 자주 열었다. 반승은 만 명을 헤아리는 많은 승려가 참석하는 것이 일반적이었다.

유·불 병립 사회의 귀족불교와 승과 시행

광종光宗(949~975)은 왕권강화를 추진하며 교종과 선문으로 분산된 불교 교단의 정비작업도 추진하였다. 광종은 958년에 일반 관료의 과거제 시행과 동시에 승과僧科를 시행하였다. 승과에 합격한 승려들에게는 승계僧階를 부여하고, 문종 때 고친 경정전시과에서 별사과別賜科의 과전을 지급하고 사원의 주지로 임명하도록 하여 그 지위를 확고히 하였다. 명망 있는 승려를 왕사 또는 국사로 책봉하여 예우하는 한편 승록사僧錄司를 설치하여 국가에서 승려와 교단을 통괄 관리하였다. 950년(광종 1)에는 찬유璨幽를 국사로 삼았고, 968년(광종 19)에는 선종의 혜거慧炬를 국사로, 화엄종의 탄문坦文을 왕사로 책봉하였다.

광종은 태조를 위해 봉은사奉恩寺를, 모후를 위해 불일사佛日寺를 창건하였고, 귀법사歸法寺를 창건하여 제위보濟危寶를 설치하고 무차대회無遮大會와 수륙회水陸會를 개설하여 민심을 안정시키고자 하였다.

광종은 지방세력과 결합해 있던 선문을 개편하려는 의도에서 선종의 독립적 경향에 대한 사상적 변화를 추구하고자 하였다. 선종은 혜거惠居의 도봉원道峯院, 찬유璨幽의 고달원高達院, 긍양兢讓의 희양원曦陽院을 부동의 세 사원[三不動門]으로 지정하여 중심사원으로 삼았다. 그리고 혜거의 제자인 영준英俊과 긍양의 손제자인 지종智宗을 비롯한 많은 승려를 중국에 보내 법안종 연수延壽의 선정일치禪淨一致(선종과 정토를 일치시키는 교리) 사상을 수학하고 오도록 하였다. 광종은 교종의 개편에도 관심을 가졌다. 탄문과 균여를 지원하여 남·북악으로 분열된 화엄종단을 통합하게 하고, 천태사상의 활성화도 지원하여 불교 교단 간의 대립을 극복하고 융합을 지향하였다. 고려 초기의 승려들은 선종과 교종 모두 상대를 포용하여 융합적인 불교를 추구하는 시도가 한 경향을 이루었다.

이 시기 유학자들의 견해를 대변한다고 할 수 있는 최승로崔承老는 유교와 불교가 병립하면서 각자의 역할을 명확하게 구분하여 수행할 것을 제안하였다. 불교는 내 몸을 수행하는 근본[修身之本]으로서 다음 생의 자산[來生之資]인 데 비해, 유교는 나라를 다스리는 근원[理國之源]으로서 오늘 힘써야 할 일[今日之務]이라는 것이다. 최승로는 이를 성

여주 고달사지
고려 초기 선종의 세 중심 사원 중에
첫손으로 꼽혔던 고달사 터.

종에게 올린 당면과제 개혁안 〈시무28조〉에서 제시하였다. 그는 개혁안에서 이 밖에 연등 팔관회와 왕실의 기일재 등 과도한 불교 행사를 줄이고, 불경이나 불상을 사치스럽게 하지 말고, 사원의 이식利殖 행위를 금하고, 승려들의 기복 행위를 금하며, 불법 숭상을 신중히 하고 유교에 기반해 통치할 것을 강조하였다.

성종成宗 대에는 유학을 고려 사회의 운영이념으로 채택하였다. 이미 광종 때 과거제의 시행으로 유학 진흥의 분위기가 형성되었다. 유학의 진흥과 정치적 역할 담당에 따라 불교의 역할은 체제이념으로서의 기능은 축소되고 종교와 문화적 기능을 담당하게 되었다. 고려 사회에 유교와 불교가 양립하게 된 것이다.

일찍이 숭교사에 출가하기도 했던 현종顯宗(1009~1031)은 천추태후가 그를 삼각산 신혈사에 보내 죽이려고 했던 과거를 딛고 즉위하여 부모의 원찰로 현화사玄化寺를 창건하였다(1018). 또 홍경사弘慶寺를 창건하고, 이 시기 법상종 사찰이던 불국사의 석탑을 수리하는 등 법상종을 적극 후원하였다. 문종文宗(1046~1083)은 흥왕사興王寺를 창건하여(1067) 화엄종을 후원하였다.

유교적 소양을 가진 관료들이 대거 배출됨에 따라 이들을 중심으로 중앙집권적 지배체제가 갖추어졌다. 관료들은 대를 이어 관직을 차지하고 부를 축적하여 귀족 사회의 중심이 되었다. 이들 문벌귀족門閥貴族들은 지배체제의 특권을 유지하며 사학私學을 개설하여 문벌체제를 이어갔다. 고려 사회의 최상층을 차지한 왕실과 귀족들은 조상의 진영과 위패를 봉안하고 명복을 비는 원당願堂을 세우고 토지를 기부하는 등 여러 가지 이유로 사원의 경제력을 키웠다. 사원의 운영을 겨냥한 귀족 자제들의 출가도 눈에 띄게 많아졌다. 무분별한 출가를 규제하기 위해 네 아들 중에 한 아들만 출가할 수 있도록 하더니, 문종 때 세 아들이 있으면 한 아들이 출가할 수 있도록 법적 규정을 마련하여 이후 줄곧 통용되었다. 문벌귀족들은 사원에 출가시킨 자제를 통해 사원에 영향력을 행사하며 때로는 정치적 분쟁에 개입시키기도 하였다. 교종의 화엄종과 법상종이 양립하며 귀족불교와 연계되었다. 외척인 인주 이 씨는 법상종과 깊은 관계를 가졌고, 왕실에서는 화엄종과 법상종에 왕자를 출가시켰다. 이러한 귀족불교의 양상은 일반 백성들의 신앙적 욕구를 멀리한 채 전개되어 뚜렷한 사회적 한계를 보였다.

의천과 교단 개편운동

11세기에 문벌귀족 사회의 진전에 따라 불교의 귀족적 성격도 강화되었다. 왕실과 문벌귀족의 지원을 받는 화엄종과 법상종 교단 간의 대립이 심화되자 이에 대한 자성에서 의천義天(1055~1101)은 교단 개편운동을 추진하였다. 의천은 왕실의 안정을 위협하는 문벌체제를 약화시키고 왕권강화의 계기를 마련하려는 데 부응하여 불교계의 개편을 시도하였다. 그는 선종과 교종 모두 문제점이 있다고 판단하고 교관겸수敎觀兼修(교리 탐구와 지관 실천을 아울러 수행함)를 제창하며 새로운 교단운동에 나섰다.

화엄종에서 출가한 의천은 교종은 화엄종을 중심으로 법상종을 수용하려 하였고, 선종은 9산을 아우르는 천태종을 새로 개창하여 포용하고자 하였다. 이에 반대하는 당대 최고의 문벌 인주 이 씨로 인해 국청사 개창이 지연되는 곡절을 겪으며 의천은 끝내 천태종을 개창하였고, 선종의 대다수 승려들이 그 문하에 모여들어 교단 통합운동은 상당한 성과를 거두었다.

의천은 송에 가서 화엄·천태 등 각 종파의 불교 지도자 60여 명을 만나 새로운 불교사상의 경향을 파악하고 경론을 수집하여 돌아왔다. 의천의 불교계 재편은 기존의 보수적 성향이 강화되던 불교계에 자각과 반성을 촉구한 것이었다. 그는 원효의 사상을 계승하고 송의 다양한 불교를 수용하여 새로운 이념적 기반을 찾으려고 노력하였으며, 고려는 물론 송과 요·일본의 전적을 모아 교장敎藏(불전 주석서 모음)을 간행하였다. 교학의 체계화와 전적의 풍부한 수집이 없이는 불가능한 교장 조판사업은 이 시기 고려 불교학의 수준과 역량을 보여주는 중요한 작업이었다.

그러나 의천의 개혁 방안은 본질적으로 문벌체제와 동일한 기반에서 출발했기 때문에 사회와 불교계에 대한 전반적인 개혁을 추진할 수 없었고, 기층 사회의 신앙에 대해서도 관심을 갖지 못하였다. 따라서 나말 이래 흐름을 이어오며 신앙운동을 전개해온 기층민의 요구를 수용해낼 수 없었다. 막대한 경제력에 따른 여러 가지 폐단을 드러내던 사원의 성격도 달라질 수 없었다. 이러한 개혁의 한계는 의천의 사후 교단이 다시 분열되는 결과를 가져왔고, 교단 내부의 반성에 의한 새로운 모색은 이루어지지 못했다.

왕실과 문벌가문의 출가

고려 전기 불교의 특징은 왕실과 문벌가문 출신이 많이 출가했다는
점이다. 현종비의 동생인 난원燗圓이 일찍이 출가하여 활동하였고,
의천이 왕자로서 처음 출가한 이래, 왕실의 출가는 대를 이었다. 문
종의 제4자인 의천은 화엄종의 난원에게 출가했고, 제6자인 도생道生
승통은 법상종으로 출가했으며, 제10자인 총혜聰惠수좌도 출가하였
다. 숙종의 왕자인 징엄澄儼과 현응玄應, 인종의 제4자 충희沖曦는 모
두 화엄종으로 출가하였고, 무인집권기에 즉위한 명종은 서자 일곱
왕자를 출가시켰다.

인주 이 씨 가문에서는 이자연의 아들 정현鼎賢과 손자인 세량世良,
이자겸李資謙의 아들 의장義莊이 현화사로 출가하였고, 이자의李資義
의 아들 지소智炤가 흥왕사로 출가하였다.

개성 현화사탑
1018년에 현종 원찰로 건립한
법상종의 중심 사찰
현화사탑(문화재청).

법상종은 왕실과 인주 이 씨와 함께 현화사에서 활동한 상지尙之와 법천사法泉寺 관오觀奧의 본가인 수주 최 씨水州崔氏, 현화사에서 활동한 영념英念·순영順英·덕겸德謙의 본가인 청주 김 씨淸州金氏 등의 문벌 가문과 깊이 연계되었다. 화엄종은 왕실과 함께 난원의 본가인 안산 김 씨, 이인로의 인주 이 씨 등의 가문과 깊은 연관을 가졌다.

문벌세력은 불교계의 역학관계에 크게 영향을 미쳤다. 이들은 자기 가문 출신 승려를 교계 운영의 중심으로 지원하였다. 왕자인 의천의 활동도 이런 제약을 받았다. 천태종을 창립하여 선종계를 재편하려던 의천의 기도는 선종 말년에 인주 이 씨가 득세하면서 일시 좌절되었다. 의천은 해인사에 물러나 기다렸고, 숙종이 즉위하여 이자의를 축출하고나서야 흥왕사로 귀환하였다. 예종 때는 법상종이 힘을 얻어 현화사의 덕창德昌이 왕사가 되었다. 이자의의 난에 현화사의 세량이 연루되었고, 이자겸이 독단을 부릴 때 그의 아들 의장은 현화사에서 배후를 지원하기도 했다.

선종의 새 경향

문벌가문 모두가 불교계 권력 다툼에 몰두했던 것은 아니었다. 이자연의 아들인 이의李顗는 귀족불교의 모순을 비판하며 춘천 청평산에 보현원普賢院을 창건하고 수행에 관심을 가졌다. 그의 아들 이자현李資玄(1061~1125)은 1089년(의종 6) 절을 고쳐 지어 청평산 문수원文殊院(청평사)이라 하고 선 수행과 경전 공부에 몰두하였다.

이와 같이 귀족불교의 추세 속에 일부 문인들이 선 수행에 몰두하는 거사선居士禪의 경향이 일어났다. 선사상은 이전에 서서히 부흥되어 독립된 교단으로서의 기반을 재정비했으나 당시 사회 구조의 보수적인 추세 속에 묻힐 수밖에 없었다. 그런데 이즈음 거사들의 선에 대한 관심이 고조되어 새로운 분위기를 연 것이다. 이런 경향은 무신란 이후 수선사결사와 같은 선종이 부각될 수 있는 토대를 제공했다.

이 시기의 거사불교는 문수원의 이자현을 비롯하여 이오李顥·윤언이尹彦頤(?~1149)·곽여郭興·권적權適(1094~1146)·김부식金富軾 등으로 확산되었다. 이들은 선과 성리학이 상호 영향을 주고받던 송대 선사상에 주목하여, 계환해戒環解의《능엄경》을 주요 교재로 연마하였다. 문인들과 함께 승려들도 이자현의 간화선에 주목했다. 혜조慧照국사 담진曇眞과 그의 제자 대감大鑑국사 탄연坦然, 용문사를 중수한 대선사 조응祖膺 등이 이에 뜻을 같이했다. 윤언이는 혜조국사에게 선을 익혔다.

춘천 문수원중수비
이자현이 문수원을 세운 내력을 기록한
비의 복원품.

이자현은 문벌가문 출신으로서 그의 일족이 왕실을 압도하고 권력을 독점하는 모순을 경험하면서, 관직을 버리고 속세를 벗어나고자 임진강을 건너면서 다시는 개경으로 돌아오지 않겠다고 다짐했다. 그는 예종에게 《심요心要》를 지어 올리기도 했다. 이자현은 《설봉어록》을 읽다 깨달았다고 하는데, 그가 지은 《선기어록禪機語錄》 또한 선사상에 관한 것이다.

이자현의 문수원 생활이나 저술이 선에 가장 큰 비중을 두었듯이 다른 거사들의 경향도 마찬가지였다. 이들은 권력투쟁이 지속되는 세속적인 분위기를 벗어나 도가적 기반에서 새로운 사고를 찾기도 하고, 선 수행에서 그 해결책을 찾고자 하였다. 그러나 이들의 선 수행 경향은 개인적이고 고답적이며 은둔적인 성향이 컸다. 거사불교의 추진자들은 문벌 사회의 문제점을 인식하고 새로운 지향점을 찾았으나, 사회를 새롭게 이끌 만한 동력을 갖지 못했고 또 혁신적인 사회의식도 미약했다. 다만 이들이 《능엄경》이나 《원각경》을 중시한 것은, 장차 이들 경전에 바탕을 둔 수행이 기반이 되어 본격적인 선 수행인 간화선이 수용되는 토대를 마련했다는 점에서 의의를 갖는다.

의천에 이어 그의 제자들이 활발하게 활동하였다. 무애지국사 계응戒膺은 태백산 각화사를 개창하고 많은 문도를 키웠으며, 계응의 제자들은 소백산 남쪽에 용수사를 개창했다. 숙종의 넷째 아들인 원명국사 징엄澄儼도 의천의 제자로서, 인종 때 흥왕사에 10여 년을 주석하면서 화엄을 널리 폈다. 혜소慧素는 의천의 행장 10권을 썼으며, 혜관慧觀은 문집을 정리하였다. 의천의 또 다른 제자인 교웅敎雄은 교장사업을 도왔으며, 교웅의 제자 지칭智偁은 의종 때 불교계의 중심 인물로 활동하였다.

거사불교가 선도한 선 수행 풍조와 함께 선종사상이 서서히 기반을 넓혀나갔고, 예종 때는 선종 승려의 활동이 점차 활발해졌다. 예종은 선종에 관심을 갖고 혜조慧照 등 선종 승려를 지원하고, 선종 사찰인 안화사安和寺를 중수하고 선종 사원에 자주 행차하였다. 예종이 이자겸 일파를 견제하기 위해 의도적으로 지원했던 한안인과 윤언이 등의 신진세력은 선종과 친밀한 관계에 있었다.

혜조국사는 1107년(예종 2)에 왕사, 1113년에 국사로 책봉된 담진曇眞과 동일 인물로 보이는데, 예종의 명으로 송에 가서 거란대장경을 구해 돌아왔다. 혜조국사의 제자에 탄연과 지인·영보가 있고, 영보의 제자가 용문사를 중창한 조응으로서 그 법맥은 지속되었다.

대감大鑑국사 탄연坦然(1070~1159)은 1146년(인종 24) 왕사가 되었으며 입적 후 국사로 추증된 이 시기의 대표적인 선승이다. 세자시절

청도 운문사 원응국사비
대각국사가 천태종을 창립하자 선종 승려들이
대거 여기로 옮겼지만 끝까지 선종을 지켰던
원응국사의 비.

의 예종과 함께 지내기도 했던 탄연은 출가 후 광명사의 혜조국사에게서 선법을 전수받았다. 1135년(인종 13)부터 개경의 보제사와 제석원, 영원사 등 주요 사원의 주지를 지냈고, 1148년에 단속사斷俗寺로 내려가 주석하며 많은 제자들을 양성하였다. 그는 《사위의송四威儀頌》을 짓고 《상당어귀上堂語句》를 남겼는데, 송의 선사 개심이 이를 보고 찬탄하였다고 한다. 1172년(명종 2)에 건립된 탄연의 비는 그가 조계종 소속임을 명확히 하고 있다. 그는 글씨에 뛰어나 춘천 청평사 문수원중수비와 삼각산 승가사중수비 등을 썼다.

광지廣智대선사 지인之印은 예종의 아들이다. 1119년(예종 14) 법주사에 머물렀고, 주로 인종과 의종 대에 크게 활동하였다. 그는 또 개경에서 멀지 않은 금강사에 머물며 왕족으로서 선종계를 크게 진작시켰다.

비슷한 시기에 가지산문의 활동도 활발했다. 원응圓應국사 학일學一(1052~1144)은 1106년(예종 1)에 가지사에 머물렀고, 이후 개경의 귀산사·내제석원·안화사 등에서 활동하였다. 1122년(인종 즉위) 왕사에 책봉되었고, 1126년부터 운문사에 머물다 입적했다. 학일은 일찍이 왕자시절의 징엄이 위독하자 대반야를 염송하여 낫게 했고, 가뭄에 비가 오게 했으며, 운문사에 산불이 나자 축원하여 비를 불러 끄기도 하는 등 기도 이적이 많았다. 의천이 천태종을 세우자 선종 승려들이 천태종으로 많이 옮겼는데, 자신은 꿋꿋하게 선종을 지켰음을 강조하기도 하였다. 제자들에게는 자기를 밝히는 선 수행에 힘쓰고, 선의 여가에 힘써 보시를 행하라고 가르쳤다.

선교융화

선종과 화엄종의 정비

고려 건국 이후 선종은 왕실의 후원을 받으면서 안정적인 기반을 마련하였다. 이를 기반으로 선종은 신라 말부터 연계를 가졌던 지방세력과 왕실을 연결하여 사회 통합을 촉진하는 역할도 담당하였다. 신라 말 유력했던 여러 산문 중에서 고려에서도 명망 있는 고승을 배출하여 활동한 대표적인 산문 9개가 광종 때부터 구산선문九山禪門으로 불리게 되었다. 고려의 구산선문은 선문 사이의 사상적인 차이보다는 인적 구성이 중요한 기준이 되었다. 개창자가 개조로 추앙되고 계승자가 뚜렷한 활동을 보인 산문이 구산으로 꼽혔다. 중국에서 같은 선승에게서 수학한 동문들은 귀국한 후 각자 다른 산문의 구성원이 되었다. 희양산문의 개조인 도헌은 북종선을 수학하였는데, 손제자인 긍양兢讓(878~956)은 도헌이 남종선을 수학한 것으로 다르게 기술하여, 남종선을 중시했던 선종의 사상적 경향이 보이기도 한다.

　태조 때의 사무외대사에 이어 광종 때는 긍양과 찬유璨幽(869~958) 등이 활동하였다. 이들은 고려에서 선을 익힌 후 중국에 가서 다시 새로운 선을 익히고 돌아왔다. 이들은 신라 말 선사들이 전해온 마조馬祖 계통이 아니라, 당시 크게 성행하던 청원靑原 계통의 조동종曹洞宗을 수학하였다. 이에 앞서 대통大通(816~883)이나 순지順之는 위앙종을 배워 왔다. 고려 초의 선종에는 다양한 계통의 선풍이 소개되었다.

여기에 광종 때는 중국 오월 지방에서 성행하던 법안종法眼宗이 널리 수용되었다. 혜거慧炬(?~974)는 법안에게 직접 배웠고, 광종은 지종智宗 등 36명을 대거 파견하여 법안종의 선풍을 익혀 오도록 하였다. 광종은 교학과 선불교의 사상적 통합에 노력하던 법안의 손제자 영명연수永明延壽의 사상에 큰 관심을 가졌다. 광종의 법안종 수용정책으로 영준과 지종 등이 연수의 문하에서 수학하고 광종의 사후 귀국했으나 크게 활동하지는 못하였다.

신라 중대 이래로 확고한 기반을 유지했던 화엄종은 신라 말 선종의 성행에 위축되며 남·북악의 교리적 대립도 겪었다. 고려 초에 남악파와 북악파로 분열되어 있던 화엄종은 탄문과 균여의 활동으로

서산 보원사 법인국사탑/탑비
교종 승려로 고려에서 처음 왕사 국사가 되었던
법인국사의 승탑과 탑비.

교종의 중심으로 부상하였다.

탄문坦文(900~975)은 지방의 유력 가문 출신으로 고려 통일 후 화엄종의 중심인물로 활동하였다. 초반에는 장의사에서 활동하다 왕실과 관계를 맺고 개경 구룡산사에서 활동했고, 보원사에서 화엄 수학과 전도에 열중하던 중 광종의 안정적인 통치를 기원하는 철불과 5층 석탑을 조성했다. 탄문은 교종 승려로는 처음으로 왕사와 국사에 책봉되어 불교계를 주도했다.

균여均如(923~973)는 황주 출신으로 광종비의 병을 낫게 하는 기도 등을 통해 광종의 후원을 받아 개경에서 활동하는 한편 《법계도》와 《교분기》 등 화엄의 주요 전적을 강설하여 교학을 진흥하였다. 균여는 귀법사 주지가 되어 교단의 중심인물로 활동했으나 이내 활동이 위축되어 귀법사에서 입적했다. 균여는 화엄사상의 전통을 재정립하

《일승법계도원통기》
신라 화엄을 창도한 의상의 법계도에 대한 균여의 해석서
(원소장처: 동국대 중앙도서관, 동국대 불교학술원 제공).

고 체계화하여 방대한 저작을 생산해낸 동시에, 실천적 경향이 미약했던 화엄에 보현행원普賢行願의 실천을 역설하여 이를 향가鄕歌〈보현십원가〉로 지어 보급하기도 하였다.

균여는 화엄학 성립기의 조사들인 지엄·의상·법장의 주요 전적에 대해 10종 65권에 이르는 많은 주석을 베풀었다. 신라 화엄에 대해 《법계도원통기法界圖圓通記》와 《십구장원통기十句章圓通記》를, 중국 화엄에 대해서는 《교분기원통초敎分記圓通鈔》, 《지귀장원통초旨歸章圓通鈔》, 《삼보장원통기三寶章圓通記》 등의 주석서를 지었다.

균여는 신라 화엄의 전통을 의상의 화엄사상에서 확인하면서, 그에 더하여 중국 법장의 화엄사상을 융합하고자 하였다. 균여의 화엄사상은 초기 화엄교학의 주제였던 성상융회性相融會에 중심을 둔 신라 화엄학의 수준을 한 단계 끌어올린 것이었다. 균여는 전체적인 내용체계에서 법장의 해석을 따라 풀이하는 경우가 많지만, 구체적인 해석에서는 법장의 해석과 다른 견해를 함께 제시하고, 이를 바탕으로 자신의 견해를 펼쳤다. 이는 신라 화엄의 저술에 대해서도 마찬가지였다.

균여는 《화엄경》만이 가장 높은 가르침인 원교圓敎이고 나머지는 그보다 낮은 하사교下四敎라는 독자적인 별교일승절대론別敎一乘絶對論을 강조했다. 균여는 화엄사상의 정당성과 우월성을 강조하면서 화엄사상에 모든 법이 포섭될 수 있음을 주장함으로써, 신라 하대 이후 위축된 화엄종의 위상강화를 의도하였다.

균여가 《화엄경》 보현행원普賢行願의 실천을 대중에게 전파하고자 지은 향가 〈보현십원가普賢十願歌〉는 11수로 구성되었다. 여러 부처에 예경하고[禮敬諸佛], 업장을 참회하여 없애고[懺除業障], 기쁘게 공덕을 행하며[隨喜功德], 항상 불법을 따르고[常隨佛學], 어느 때나 중생을 따름으로써[恒順衆生], 널리 회향하는[普皆廻向] 보현보살의 10대원과, 이를 총괄하여 끝없이 이어지게 하는[總結無盡] 노래로 사람들이 보현행을 쉽게 따라 하도록 이끌었다.

모든 나의 닦은
일체 선근을 모두 돌려
중생의 바다에
미혹한 무리 없게 깨닫게 하고자
…… 아아, 예경하는 부처님도
나의 몸일 뿐 남 있으리(균여, 〈보현십원가〉 중 보개회향가)

〈보현십원가〉의 열 번째 노래이다. 내가 좋은 일을 실천하여 모든 중생이 깨닫고, 그래서 다른 사람 아닌 바로 내가 부처가 되어 예경의 대상이 된다. 이야기하는 사람이나 듣는 사람이나 모두 부처이다. 부처를 공양하고, 부처가 되기를 바라고, 내가 부처인 것을 알아, 우리 모두 부처임을 선언한다. 화엄보살도의 수행은 십지十地 단계가 있고, 다시 몇 차례 거듭하여 부처에 이른다고 말한다. 누구나 알아들을 수 있는 말로 지은 보현행원의 노래는 그보다 훨씬 뛰어난 실천성을 갖는 교화수단이었다. 균여는 조직적인 사상체계도 수립했고 기도에도 남다른 능력을 보여 교단의 중심에서 활동했지만, 한편으로 보통사람들에게 가까이 다가서는 〈보현십원가〉로 사회적 실천도 실현하였다.

균여의 화엄은 창운旭雲에게 계승되었다. 창운은 균여의 생애를 기록한 전기를 혁련정에게 전해주어 《균여전均如傳》을 지을 수 있도록 하였다. 창운은《신중경神衆經》에 뛰어난 것으로 알려졌는데, 이 책은 《화엄경》에 나오는 신중들만을 모아 엮은 경전이다. 창운이 신중을 중시한 것은 균여가 신이神異를 중시한 것과 사상적 맥락이 통한다. 그는 선종을 위해 홍호사弘護寺 창건에 역할도 했던 당시 화엄의 지도적인 승려였다. 의천이 출가하자 그를 지도하기도 하였다.

이 시기에 신라 화엄종의 본찰이었던 부석사에서는 원융국사 결응 決凝(964~1053)이 활동하였다. 결응은 부석사 도량의 체제를 완성한 것으로 추정된다. 그는 부석사 본당인 무량수전에 주불상만을 봉안한 이유를 창건주인 의상 이래의 전통이라고 명시하였다. 아미타불 한 분만을 모신 것은 일승아미타불은 열반에 듦이 없이 시방정토十方淨土를 체로 삼아 생멸하는 모습이 없기 때문이라는 것이다. 보처는 빠진 것을 채워주는 것인데, 부처가 열반에 들지 않아 빠진 때가 없으므로 보처보살도 필요 없고 부처를 상징하는 탑도 필요 없으며, 이것이야말로 일승의 깊은 뜻이라는 것이다.

결응의 비문에서 이를 명확히 기술한 것은 부석사 주불의 구성과 관련하여 의문을 제기하는 이가 있었고, 결응은 이를 의상의 말을 빌려 일승적 미타신앙을 화엄의 중심 신앙으로 분명히 하고자 했기 때문이라고 생각된다. 의상으로부터 400년이 지난 시기에 고려 화엄의 뿌리를 분명히 한 데서 결응이 의도했던 당시 화엄종의 면모를 알 수 있다.

의천은 경덕국사 난원을 스승으로 출가하였다. 난원은 안산 김 씨 김은부金殷傅의 아들로서, 당대 최고의 문벌가문 출신이었다. 난원이 입적하자 제자인 원경왕사 낙진樂眞은 동문인 의천의 문하로 옮겼다. 이천 호족 출신인 낙진은 숙종이 즉위하기 전 백일도량을 주재하였고, 의천이 송에 가자 뒤따르려 했으나 따라가지는 못했다. 그러나 의천이 교장을 간행할 때 교정을 맡았고, 《석원사림》 250권을 편찬할 때는 왕명에 따라 이를 도왔다.

법상종의 활약과 의천의 교단 개편운동

고려 초기에 화엄종에 비해 법상종의 활동은 두드러지지 못했다. 석충釋忠은 진표 계통의 법상종을 계승하여 개경 불교계에 등장하였다. 김관의金寬毅가 지은 《왕대종록王代宗錄》에서 신라 대덕인 석충이 진표율사의 가사 1벌과 간자 189매를 태조에게 바쳤다고 하였다. 진표는 신라 법상종의 참회신앙을 선도한 사람이고 간자는 그가 사람들에게 자신의 과오를 점쳐 수행하는 데 사용하던 도구였다. 이는 석충이 신라 법상종의 정통을 계승한 자로서 고려 법상종을 이끌도록 인정했다는 것을 의미한다.

목종이 자신의 원찰로 숭교사崇敎寺를 창건하면서 법상종은 두드러진 활동을 보이기 시작하였다. 특히 숭교사에서 승려생활을 했던 현종(1009~1031)이 즉위한 후 법상종을 적극적으로 지원하여, 화엄종과 양립하는 교종의 형세를 이루었다. 현종은 태조의 손녀인 모친이 경종의 왕비였다가 경종의 사후 태조의 아들 욱郁과 사통하여 낳은 아들이었다. 현종은 생후 곧바로 모친이 죽어 외삼촌인 성종의 도움으로 궁궐에서 자랐는데, 성종이 죽은 후 목종의 모후인 천추태후에 의해 강제 출가했다가 천추태후가 죽은 다음 왕위에 올랐다. 현종은 부모를 위해 현화사를 창건하고 왕사로 책봉한 법상종의 법경法鏡을 주지로 임명하였다. 이런 현종의 지원으로 법상종은 고려 불교계의 중심으로 떠올랐다.

이후 법상종 승려들의 활동이 크게 늘어났다. 칠장사의 혜소국사 정현鼎賢(972~1054)과 법천사의 지광국사 해린海麟(984~1067) 모두 현화사 주지를 역임하며 왕사와 국사가 되어 교계를 이끌었다. 최고 문벌가문인 인주 이 씨 이자연의 아들 혜덕왕사 소현韶顯(1038~1096)이 해린에게 출가하여 법상종의 교세를 확장했고, 문종의 다섯째 왕자가 소현에게 출가하기도 하였다. 정현-해린-소현으로 이어지며 현화사를 중심으로 전개된 법상종 승려들의 활동은 진표계의 실천신앙과 달리 교학 중심의 귀족적 성향을 보였다. 소현이 진표가 일으킨 금산사에서 활동한 것은, 이때에 이르러 실천 중심의 흐름과 교학 계통이 합쳐진 것으로 이해된다. 실천신앙의 계승자들은 속리사·도솔원·수정사 등에서 점찰법회를 중심으로 그 흐름을 이어갔다.

선종의 우위 속에 화엄종과 법상종이 점차 기반을 넓혀가는 가운데, 귀족 중심의 불교계 풍토와 선과 교의 사상적 문제를 비판하며 새롭게 교단을 재편하려는 노력이 의천義天(1055~1101)에 의해 추진되었다.

의천은 교학의 중심을 화엄에 두었다. 그는 신라 화엄종의 전통을 재인식하고, 의상과 함께 특히 원효 불교를 재평가하였다. 의천은 원효를 해동교주海東敎主 원효보살元曉菩薩로 추앙하며, 원효가 성과 상을 융합하여 밝힘으로써 백가의 다툼의 실마리를 화합하고 하나의 크고 지극히 공정한 논리를 얻었다고 높이 평가하였다. 원효에 대한 평가에서 나타나듯이, 의천은 교학에서 성性[화엄]과 상相[유식]을 아울러 배울 것을 강조하였다. 그는 당의 징관이 성과 상은 하늘의 해와 달과 같고 주역의 하늘과 땅과 같아서 둘 다 배워야만 능통한 사람[通才]이라 할 수 있다는 주장을 주목하였다. 그리고 구체적으로 구사·유식·기신·화엄을 모두 배워야 함을 역설하였다. 그래서 화엄에 능통한 자신도 법상종의 우상[祐翔]에게 유식을 배웠고, 해인사에 은퇴해 있을 때는 유식을 재검토하기 위해《성유식론》의 구성을 검토한《간정성유식론단과刊定成唯識論單科》를 짓기도 했다. 또〈원각경을 강의하면서 쓴 글講圓覺經發辭〉에서는 진리는 말이 없으나 말을 떠나지도 않으니, 말을 떠나면 헛갈려 잘못되고 말에 집착하면 진실과 헛갈린다고 하였다. 그래서 교를 배우는 이와 선을 닦는 이는 각자에 치우쳐 집착할 뿐이므로, 정과 혜를 모두 완전히 해야 한다고 주장하였다.

그러나 의천 사상의 핵심은 교관겸수이다. 이는 오교五教와 삼관三觀을 아울러 실천해야 한다는 것이다. 오교는 소승·대승시교·종교·

의천 진영
교관겸수를 내세워 교단 개편운동을 펼쳤던
왕자 출신 승려 의천(선암사).

돈교·원교, 곧 교학 전반을 말하며, 삼관은 화엄의 법계삼관인 진공관眞空觀·이사무애관理事無碍觀·주변함용관周遍含容觀을 말한다. 경전 공부와 아울러 마음의 본 모습을 찾는 관행觀行 실천의 중요성을 강조한 것이 교관겸수이다. 의천은 관행을 배우지 않고 경전만 배우면 비록 최고의 교학 이치를 터득했다 하더라도 증득 단계까지의 성덕性德을 통하지 못하며, 반대로 경전은 배우지 않고 관행만 배우면 성덕을 깨쳤다 하더라도 최고의 교학 이치는 분별하지 못하니, 그러므로 관행도 배우지 않을 수 없고 경전도 배우지 않을 수 없음을 강조하였다.

의천은 자신이 주로 몸담고 있는 그 이전의 화엄학을 비판했다. 의천은 균여를 비판했는데, 그 이유는 균여가 자신의 저술에서 사용하는 개념이나 용어들이 중국 화엄교학의 정통적인 이해와 다른 균여 독자적인 것이라는 점이었다. 균여가 신라 화엄의 고유한 이론과 개념들을 계승하여 법장 등의 이론과 종합 설명하면서 자의적으로 이해한 경우도 있었는데, 의천은 이러한 균여의 설명이 조사들의 이론을 제대로 이해하지 못한 억지 주장이라고 비판한 것이다.

그러나 의천이 균여를 비판한 보다 근본적인 이유는 교관겸수의 문제였다. 균여도 실천 관행에 대해 얘기했지만, 균여의 관행이 연결된 관계를 이해하는 것이었다면 의천의 관행은 심성을 체득하는 관행의 실천이었다. 이에 비해 법상종에 대한 관심과 달리 법상종 비판은 두드러지게 보이지 않는다. 법상종을 화엄에 미치지 못한다고 평가하고, 통합 대상임을 더 강조하였다.

의천은 선종에 대해서도 크게 비판하였다. 의천은 예전의 선은 선을 익히는 것[古習禪]으로서 교에 의거하여 사유를 따져 뜻을 얻는 것이었는데, 지금의 선은 말로 하는 선[今說禪]으로서 교를 떠나 명목에 집착하여 실상을 잃은 것으로 판단했다. 그는 교학과 수선의 병행을 주장하면서, 교학을 공부하지 않고도 곧바로 깨달음을 얻는다고 주장하는 선종을 비판하였다. 의천은 또 '교외敎外'를 강조하는 선종을 비판하며, 《육조단경》과 같은 중요한 선종 전적이 이단과 관련을 맺고 있다고 비판하였다. 의천이 동아시아의 불교 해석서를 모은 기념비적인 교장에서 선종 관계 전적을 거의 제외한 것도 이와 같은 판단에서였다.

의천은 기존의 선종 대신 천태종을 개창하여 교단을 재편하고자 하였다. 보수적 경향의 당시 교단에 대한 자각과 반성에서 교단의 재편과 선종 통합을 의도한 것이다. 의천은 일찍이 송에 가서 전적을 수집할 때 당시 천태종 조사였던 종간從諫을 만나 교선의 대립을 극복할 수 있는 사상체계로서 천태종의 의의를 확인하였고, 화엄종의 정원淨源을 만나서는 화엄과 천태의 연계 가능성을 확인하였다.

의천이 당시까지의 교학 연구서를 망라한 교장敎藏의 체계를 확립하고 이를 간행하여 동아시아의 유일한 사상적 성과를 이룬 것은 특별한 의미를 지닌다. 의천은 이 작업을 통해 기존 교학체계의 틀을 넘어서 여러 교학을 종합한 보편적 교학을 성립시키려 하였다. 이는 의천의 사상 근저에 여러 교학이 궁극적으로는 하나로 통한다고 하는 생각이 자리 잡고 있었기 때문이다. 의천의 이러한 사상은 그가 높게 평가했던 원효의 화쟁사상과도 통하는 것이다.

의천의 교단 재편과 교관겸수의 사상운동은 일정한 성과도 얻었지만 귀족불교의 모순에 빠져 있던 고려 불교계를 근본적으로 바꾸지는 못하였다. 교관겸수를 실행하기 위해서는 이전의 교학불교와는 다른 새로운 체계가 필요했지만 의천은 그것을 제시하지 못했다. 왕실을 배경으로 추진한 의천의 개혁은 당시 사회와 불교계에 대한 전반적인 개혁으로까지 나아가지는 못했던 것이다.

교단 운영과
신앙 의례

교단의 운영

고려의 승계는 교종과 선종으로 나뉘어 체계를 갖추었다. 958년(광종 9)에 과거제 실시와 함께 처음 승과가 시행되었고, 승과에 합격하면 대덕의 승계僧階를 받고 이후 수행 기간과 능력에 따라 상위 승계를 받았다. 고려 전기에는 대체로 화엄종·법상종·선종에서 각 종파별로 승과가 시행되었고 1097년에 의천이 천태종을 개창한 이후에는 화엄종과 법상종은 교종, 선종과 천태종은 선종의 승과를 치렀다. 원칙적으로 승계를 가진 승려만이 사원의 주지가 될 수 있었고, 승계에 따라 주지로 임명될 수 있는 사원의 규모가 달랐다. 삼중대사가 될 때는 왕의 비답批答을 받아 승계가 상승하였고, 최고위 승계인 선사(수좌)-대선사(승통)는 일반 관료의 재상과 같이 국가의 공적 심사 과정을 거쳐 임명장인 고신告身을 받고 대간의 서명인 서경署經을 거쳤다. 승려가 중요한 계율을 어기면 승계는 물론 승려로서의 신분도 박탈당하는 귀향형歸鄕刑에 처해졌다.

| 교종 | 대덕大德 – 대사大師 – 중대사重大師 – 삼중대사三重大師 – 수좌首座 – 승통僧統 |
| 선종 | 대덕   대사   중대사   삼중대사   선사禪師 – 대선사大禪師 |

승려들은 왕자인 원명국사가 8세에 출가하여 16세에 바로 승통 승계를 받았듯이 예외적인 왕자의 경우를 제외하면, 대덕에서 대사는 3년(혜소국사)~10년(지광국사), 대사에서 중대사는 1년(증지수좌)~4년(묘응대선사), 중대사에서 삼중대사는 5년(혜덕왕사)~14년(증지수좌)이 걸렸다. 후기에는 대사와 중대사 승계가 거의 나오지 않았는데, 대덕에서 삼중대사로 바로 올라간 경우는 6년(정각수좌)~21년(통소승통)이 걸려 승려에 따라 차이가 많았다. 삼중대사에서 수좌(선사)는 2년(정각수좌, 자진국사)~11년(원진국사), 수좌(선사)에서 승통(대선사)은 1년(혜덕왕사, 원진국사)~17년(정각승통)이 걸렸다. 최고위 승계는 일정한 연한이 지나면 올라가는 것이 아니라 각자 경우에 따라 다르게 승계가 상승했음을 알 수 있다.

고승들은 많은 제자를 두었다. 현재 100여 종의 고승 비문과 묘지명이 남아 있는데, 이들은 승계 순서대로 스승의 비문에 이름을 올려 문도임을 명확히 하였다.

일반적인 승계 외에 왕사王師와 국사國師제도가 시행되었다. 왕사나 국사는 국왕이 명망 있는 고승을 스승으로 모시는 제도로서, 명예직의 성격이 강했지만 때로는 직접 불교정책에 관여하기도 하였다. 이들을 임명할 때는 국왕이 직접 9배를 올리며 제자의 예를 표하였다. 왕사는 국왕의 자문 역할을 한 경우가 많지만, 국사는 입적하기 바로 전이나 입적 후 추증하는 예가 많았다. 왕사를 지낸 후 국사가

고려 주요 승려 승계 상승 연령

	혜소정현 慧炤鼎賢	지광해린 智光海麟	혜덕소현 慧德韶顯	원응학일 圓應學一	대감탄연 大鑑坦然	묘응교웅 妙應敎雄
생몰년	972~1054	984~1070	1038~1096	1052~1144	1069~1158	1076~1142
출가	동자	7,8	11	11	19	9
구족계		16	12	13		14
승과	25	21	23	33	36	26
대사	28	31				30
중대사		37-46	32		40	
삼중대사		49-51	37	54	46	40
수좌선사	41-62		46	57	52	45
승통대선사	64-73	62	47?	63	63	60
왕사	78	73	59	71	77	
국사	추증	75		추증	추증	

	증지관오 證智觀奧	광지지인 廣智之印	정각의광 正覺義光	원각덕소 圓覺德素	통소지칭 通炤智偁	정각영소 正覺靈炤
생몰년	1096~1158	1102~1158	1107~1157	1108~1174	1113~1192	1115~1188
출가	12					11
구족계	13		16			12?
승과	22	15	33	21	27	17
대사	27					
중대사	28					
삼중대사	42	26	39		58	32
수좌선사	50	31	41	46	67	39
승통대선사		46	추증	57	75	56
왕사				67		
국사				추증		

	각관 覺觀	현오종린 玄悟宗璘	정각지겸 靜覺志謙	원진승형 圓眞承逈	진명혼원 眞明混元
생몰년	1121~1174	1127~1179	1145~1229	1177~1221	1191~1271
출가		13	11	13	13
구족계		15	12	14	13
승과	18		26	21	
대사	21				
중대사					
삼중대사	31		49	37	29-55
수좌선사		20	52	48	29-55
승통대선사		20	60	49	56
왕사			69		69
국사		추증	추증	추증	추증

	보각일연 普覺一然	자진천영 慈眞天英	원감충지 圓鑑沖止	홍진혜영 弘眞惠永	자정자안 慈淨子安
생몰년	1206~1289	1215~1286	1227~1293	1228~1294	1240~1327
출가	9	15	28	11	13
구족계	14				13
승과	22	22		17	19
대사					
중대사					
삼중대사	32	32	43	32	29
수좌선사	41	34	50	36	30-59
승통대선사	54	42	53	42	30-59
왕사					
국사	78	추증	추증	65	85

(정병삼, 〈일연선사비의 복원과 고려승려비문의 문도구성〉)

고려 고승 묘도 명단 예

고달원高達院 원종찬유元宗璨幽 977년	법천사法泉寺 지광해린智光海麟 1085년	영통사靈通寺 대각의천大覺義天 1125년	선봉사僊鳳寺 대각의천大覺義天 1132년	운문사雲門寺 원응학일圓應學一 1147년	인각사麟角寺 보각일연普覺一然 1289년	태고사太古寺 원증보우圓證普愚 1385년
삼중 0+1+0 중대사12+1+0 대사 1+0+1 대덕 1+1+1 화상 3+0+0 (승통)1 (대통)1 (대덕) 500여 (삼강) (재자) (감독)	승통 1+0+0+0 수좌 1+0+0+2 삼중 1+0+0+3 중대사103+28+0+52 대사 17+23+0+0 대덕 22+25+0+0 수교에業受敎繼業 수식가계隨職加階 모덕구좌제慕德謳諅化 중식重職1100여 (양가도승록)1	승통 9+ 수좌 9+ 삼중 28+ 중대사131+ 대사 16+ 대덕 12+	대선사1 신사 3 [손제자] 대선사2 신사 8 삼중 4 중대사26 대사 2 [증손제자] 삼중 2 중대사27 대사 20 대덕 24	비직원比職員 대선사 2 신사 13 삼중 9 법리주지法理住持 중대사 57 법리명공法理名公29 가계주지 29 가계명공 50 참하 21 명직 (19) [승과] 7	대선사 17 신사 24 수좌 2 선림 40 삼중 22 대선 13 일선 14 참하 30 단월	국사 1 왕사 1 존자 1 도대선사 2 대선사 90 선사 107 운수 1003 단월 비구니

(정병삼, 〈고려 고승 비문 역주의 과제와 방향〉)

된 경우도 있다. 왕사나 국사는 입적할 즈음에 연고지 사찰로 내려가 머물렀고, 입적하면 시호를 내리고 승탑과 탑비를 세우도록 했다.

　승록사에서는 승려의 승적을 관리하고 승계와 주지 인사를 집행하였다. 승록사의 기능은 불교계의 의식이나 행사를 주관하여 국가의 정책 수행에 보조 역할을 담당하는 것이었다. 승록사의 승관은 불교 행사 및 왕명 수행과 행정적 기능을 수행했다. 장경도감의 인경을 담당하고, 특정 업무에 승려를 선발하고 중앙과 지방 사원의 승적을 관장하였다. 또 국사나 왕사를 임명할 때 책봉서를 전달하고, 하산 시에 배행하였다. 국사나 왕사가 입적하면 왕명을 받아 왕이 내린 시호와 선물을 전달하고 장례를 감호하고 승탑과 승비를 건립하는 등의 일도 승록사의 임무였다. 승록사는 좌가·우가로 구성되었으며 승려가 직책을 맡았다.

고려 승록사 구성
양가兩街도승록 ┌ 좌가左街 도승록都僧錄 ─ 승록僧錄 ─ 부승록副僧錄 ─ 승정僧正
└ 우가右街 도승록 　 ─ 승록 　 ─ 부승록 　 ─ 승정

　주지住持는 사원을 대표하고 그 운영 책임을 맡는 승려로, 수행승을 통솔하며 사원의 관리조직을 통해 사원의 재정과 운영을 책임졌다. 또한 사원을 수행 공간으로 가꾸어 수행 풍토를 유지하는 명예로운 자리인 동시에 현실적으로 재정을 관장하는 중요한 위치였기 때문에 주지의 자질이 매우 중요하였다. 이 때문에 주지는 자신의 가족을 포함한 세속의 여러 세력과 깊은 관계를 맺기도 하였다. 왕실과 유력 가문의 지속적인 출가는, 가문에서 불교계에 진출하여 사원을 관리하려는 세속적인 배경에서 이루어졌다.

일반 사원의 주지 임명은 각 종파의 추천에 의해 예부禮部에서 공의안共議案을 작성하여 선정하고, 대간의 서경을 거쳐 국왕이 임명하였다. 다만 광종 때 부동사원不動寺院으로 지정한 고달원·희양원·도봉원과 같이 특정 사원의 제자관계를 인정한 경우는 그 문도들이 주지를 맡도록 하였다. 의천이 창립한 천태종의 유지를 위해 선봉사僊鳳寺가 제자들이 계속 주지를 맡도록 한 것도 그런 예이다. 원 간섭기 이후의 고려 말기에는 특정 승려에게 임명권을 위임하기도 했다.

고려 후기에는 승계체계도 변화하였다. 승과에 합격하면 대선大選이라 불렸는데, 이후 대덕—대사—중대사의 승계를 거치지 않고 바로 삼중대사로 올라간 것으로 생각된다. 12세기 중반 이후 고승 비문에서는 중대사 이하의 승계가 별로 보이지 않고 삼중대사와 대선만으

원주 법천사 지광국사탑/탑비
화려한 조영을 갖춘 법상종의 고승 지광국사의 승탑과 탑비.
고려 승탑과 탑비의 가장 아름다운 유산으로 꼽힌다.

로 구성된다. 이는 전기에는 삼중대사와 그 아래 단계의 승계를 뚜렷하게 구분했는데, 승계가 간략화되면서 그 이하 승계는 줄어든 것으로 추정된다. 대신 대선 아래에 입선入選−참학參學의 단계가 추가되었다. 또 중덕中德이나 운수雲水가 보이기도 한다. 이런 현상은 고승과 비 건립 주체 및 문도의 성격에 따라 승계 운영이 서로 다르게 시행되었기 때문으로 추정된다.

일반 관료와 같은 승과의 운영과 승계의 부여로 승려들의 위상은 높아졌으며 신분도 안정되었다. 그러나 국가가 주도하는 제도의 운영은 승려들이 국가체제에 예속되는 결과도 가져왔다. 승려에 대한 평가가 불교 자체의 기준이 아니라 국가가 운영하는 승과와 승계제도에 따라 결정되었고, 주지 임명을 둘러싸고 정치세력과 영합하는 일이 벌어지기도 하였다. 고려 귀족 사회의 운영 원리가 불교계에도 일정하게 나타났던 것이다.

고려 불교의 종파

고려 불교는 교종과 선종으로 나뉘어 몇몇 종파가 활동하였다. 흔히 고려의 종파를 오교 양종五敎兩宗이라고 하지만 그 구체적인 종파가 모두 확인되지는 않는다.

고려 불교는 승과를 시행하여 승려들에게 승계를 부여하고 운영하기 위해 전 불교계를 종파로 구분하여 관리할 필요가 있었다. 신라시대의 종파가 사상과 신앙을 실천하며 자신들의 독자성을 내세우는 집단성이 강한 면모를 보였다면, 고려의 종파는 관리·운영과 연관된 의미가 컸다.

고려 초기의 종파로는 화엄업과 유가업과 선종의 세 종파[三大業]가 확인된다. 이때 종파를 '업'이라 부른 것은 승과 시행과 연관이 있는 것으로 생각된다. 과거의 여러 부문이 명경업明經業과 제술업製述業, 지리업地理業 등으로 불린 것과 상통하는 의미를 갖는 것이다. 1036년(정종 2)의《고려사》기록은 출가에 대해 "네 아들이 있으면 한 아들의 출가를 허락하며, 영통사·숭법사·보원사·동화사 계단에서 업으로 하는 경과 율을 시험한다[試所業經律]"라고 규정하였다.

고려의 종파와 관련하여 의천에 대한 기록이 여러 가지 논점을 만들고 있다. 그의 묘지명에 따르면 당시 불교를 배우는 갈래로 계율종·법상종·열반종·법성종·원융종·선적종이 있었고, 의천은 이들 6종을 모두 공부하여 최고 경지에 이르렀다고 하였다. 또 모후가 천태

대각국사 의천묘지명
의천이 여섯 가지 교학을 배웠다고
기록하였다(국립중앙박물관).

성종天台性宗이 없음을 유감으로 생각하고 국청사를 세워 그 법을 일으키려 하였다고 했다. 그리고 그의 문하 제자들 중 6종을 전하는 여러 뛰어난 제자들을 탑비에 수록했다고 하였다. 이 기록은 당시 고려에 6종이 있었고 거기에 천태종이 추가되었다는 것으로 볼 수도 있다. 그러나 일반적으로 이 6종은 종파가 아닌 여섯 가지 교학 기준으로 파악된다. 또 의천이 집성해 펴낸 《원종문류圓宗文類》에 표기한 그의 승계는 현수교관賢首敎觀을 전하고 겸하여 천태교관과 남산율초와 인명론 등의 관을 강하는 흥왕사 주지이다. 이 경우는 분명히 교학의 구분으로 보인다.

의천의 비문 중에 천태종에서 세운 선봉사비(1132)에는 조계·화엄·유가와 함께 천태를 세상에서 4대업이라 부른다고 하였다. 비문의 서술은 자파의 우위를 강조하기 위한 것이므로 실상을 그대로 반영한 기록인지 확인할 수는 없지만, 초기의 3대업에 의천이 새로 개창한 천태를 합쳐 4대업이라 불렀다는 것은 사실성이 높다. 그런데 비슷한 시기에 의천의 제자 징엄澄嚴국사에게 인종이(1123~1126 사이) 오교도승통五敎都僧統이라는 호칭을 내렸으므로, 이즈음에는 오교가 존재했던 것으로 이해할 수 있다. 이는 종파를 이해하는 인식이 여러 갈래였음을 짐작하게 한다. 의천의 제자인 교웅敎雄의 묘지명(1142)에는 그가 태종台宗 대선에 합격했다 하여 '업'이 아닌 '종'으로 부르기도 했음을 알 수 있다.

고려 불교의 대표적인 종파로 꼽는 오교 양종이라는 기록은 1213년(강종 2)에 지겸至謙을 왕사로 추천하면서, 양종 오교에서 왕사의 대임을 맡을 만한 자는 지겸밖에 없다는 기록(이규보, 〈정각국사비靜覺國師碑〉(1241))이 처음이다. 그 이전 1171년(명종 2) 왕사는 국왕이 선과

교의 원로나 덕이 높은 승려[禪敎耆舊宿德] 중에서 선택했다(〈원각국사
비圓覺國師碑〉(1180)). 그 후에는 1261년(원종 2) 내전에서 오교 법석을
베풀었다든가 1273년(원종 14) 왕이 현성사에 행차하여 오교 양종의
승려를 모아 도량을 개설했다는 등의 기록이 있다. 오교 양종은 고려
말기에 널리 쓰였고, 조선 초기 교단 개편과정에서도 여러 종파 이름
과 함께 오교 양종이 보인다. 이로 보아 13세기 이후에는 고려의 종
파를 교종의 5종, 선종의 2종으로 꼽았던 것으로 파악된다.

이 중 선종은 조계종과 천태종이다. 천태종은 의천이 처음 창립하
여 12세기 말부터 백련사결사 등으로 활발한 활동을 하였다. 그러므
로 조계종은 신라의 구산선문 이래 선종을 포괄적으로 부르는 명칭
으로 사용되었을 것이다. 1171년(명종 2)에 지은 탄연의 비에 '조계종
굴산하崛山下'라고 하여 조계종 사굴산문임을 기록했고, 1179년(명종
10)경에 혜문惠文이 선종 가지산문에서 출가했다는 기록(이규보, 〈문선
사애사文禪師哀詞〉)에 견주어 보면, 이즈음 선종을 조계종과 같이 사용
했음을 알 수 있다. 1289년에 지은 일연의 비문도 탄연과 같이 '조계
종 가지산하'라고 표기하였다.

교종 5종은 명확하게 가려내기 어렵다. 고려 초기부터 거론되었던
화엄종과 유가종[법상종]은 분명하다. 그러나 나머지 3종은 기록에서
확인하기 어렵다. 무신집권기인 13세기에 작성된 승계를 부여하는
공식 인사문서인 관고官誥에는 화엄업, 유가업, 율업, 지념업持念業,
소승업小乘業이 조계종, 해동종海東宗과 함께 보인다. 5업 2종이어서
오교 양종과 유사하지만, 해동종은 원효를 계승한 교종이다. 무인정
권은 기존의 문벌 중심 권력 구조에서 소외되었던 군소 불교계를 포
섭하려는 의도가 강했다. 그러므로 이때 거론된 업과 종들이 고려 불

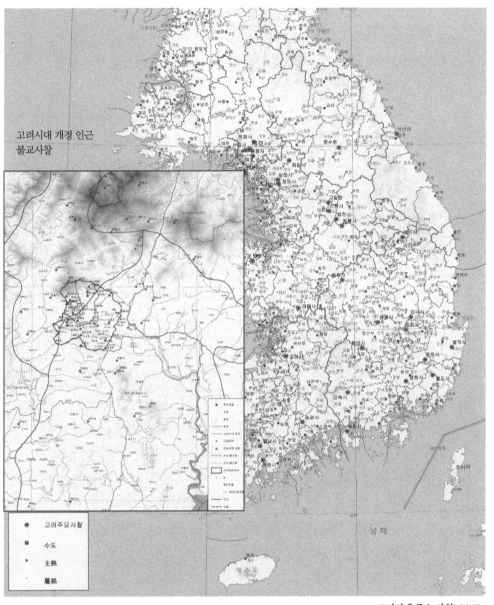

고려시대 개경 인근
불교사찰

- ● 고려주요사찰
- ■ 수도
- ◆ 主縣
- • 屬縣

고려시대 주요 사원(김유철).

교 전체를 망라한 것인지는 알 수 없다. 조선 초기 교단 정리과정에서 제시된 종파로는 조계종·총지종·천태종·화엄종·도문종·자은종·중도종·신인종·남산종·시흥종 등이 있다. 이런 사정으로 고려 5교를 명확하게 지명하기는 힘들다.

그나마 어느 정도 구분되는 종파별 사원으로는, 화엄종의 주요 사원으로 흥왕사興王寺·귀법사歸法寺·흥교사興敎寺·흥호사弘護寺·불일사佛日寺·진관사眞觀寺·봉선사奉先寺·영통사靈通寺·숭선사崇善寺·묘지사妙智寺·송천사松川寺·개태사開泰寺·귀신사歸信寺·홍원사洪圓寺·부석사浮石寺·해인사海印寺·화엄사華嚴寺·보원사普願寺·법수사法水寺 등이 있었다.

법상종 사원으로는 현화사玄化寺·숭교사崇敎寺·광교사光敎寺·삼천사三川寺·법주사法住寺·금산사金山寺·동화사桐華寺·해안사海安寺·법천사法泉寺·장의사莊義寺·유가사瑜伽寺· 수다사水多寺·월악사月岳寺·수리사修理寺 등이 있었다.

선종 사원으로는 광명사廣明寺·보제사普濟寺·봉은사奉恩寺·안화사安和寺·광조사廣照寺·문수사文殊寺·운문사雲門寺·신흥사神興寺·가지사迦智寺·단속사斷俗寺·숙수사宿水寺·광통보제선사廣通普濟禪寺·영국사寧國寺·사나사舍那寺·구산사龜山寺·제석원帝釋院·수선사修禪社·선원사禪源寺·회암사檜巖寺·용문사龍門寺·광암사光巖寺 등이 있었다.

천태종의 사원으로는 국청사國淸寺·천수사天壽寺·고달사高達寺·거돈사居頓寺·영암사靈巖寺·지곡사智谷寺·선봉사僊鳳寺·백련사白蓮社·묘련사妙蓮社·영원사塋原寺 등이 있었다.

사원의 역할

사원은 일반인이 모여 의식을 집행하는 신앙의 전당이었고, 국가적 불교의식을 시행하고 고승의 설법이 이루어지는 종교 현장이었다. 사원은 세속과 일정한 거리를 갖지만, 세속과의 유대를 갖지 않을 수 없다. 사원은 신앙 욕구를 실현하는 필수적인 현장이지만, 세속의 경제적인 지원이 없으면 사원의 유지는 쉽지 않다. 또 승려가 결혼하지 않아 후계자가 끊임없이 세속으로부터 충원되어야 하기 때문에 사원은 세속과 불가분의 관계를 가질 수밖에 없다. 세속에서 이루어지는 여러 가지 행사들, 신도의 방문, 불사 지원, 경행經行과 방생放生 등은 세속과 사원의 유대 없이는 불가능하다.

사원은 국가와 왕실의 중요한 의식을 주관하였다. 국가 행사 팔관회는 법왕사에서 절정을 맞게 시행되었고, 연등회는 봉은사에 국왕이 행차함으로써 성황을 이루었다. 수륙재와 소재도량, 나라의 평안을 가름할 기우제도 사원에서 열렸다.

사원은 승려와 일반인의 수행과 신앙이 이루어지는 종교적 역할을 담당하는 곳이다. 그중 개인의 발원을 맡아 종교와 세속의 관계를 집약적으로 응축하고 있던 것이 원당願堂이었다. 원당은 왕실에서 먼저 건립하였다. 왕실 원당은 역대 국왕의 봉사奉祀를 목적으로 왕과 왕비의 진영을 모시는 진전眞殿을 설치하여 기일재 의식을 거행하였고, 능을 보호하고 수리하는 역할도 맡았다. 현종 대의 현화사, 문종 대의 흥왕사, 숙종 대의 국청사, 예종 대의 안화사 등은 사원을 새로 창건하여 원당으로 삼았고, 인종 이후 원종 대까지는 기존의 사원을 원당으로 지정 운영하였다. 원 간섭기 이후에는 신효사나 묘련사처럼 중창하거나 기존 사원을 이용하기도 하였다. 왕실 원당은 개경에 집중되어 있었는데, 왕과 왕비의 건강과 장수를 기원하는 축성보祝聖寶가 설치된 원당은 지방에도 있었다. 왕실 원당은 세속 관원과 승록사 승려 직으로 이원조직을 이루어 운영하였고, 봉선고奉先庫를 비롯한 여러 기구와 도감이 설치되어 지원을 담당하였다.

원당은 귀족관료들에게도 확대되었다. 국가에서 특정 공신을 위해 사원을 건립하고 기일보忌日寶를 설치하여 원당으로 삼게 하였다. 귀족들은 사원에 대규모로 기부하여 원당으로 삼거나, 폐사된 사원을 중수하고 이를 독점적으로 장악하여 원당화하기도 하였다. 개인의 집이나 별서 등 개인 소유 건물에 사액을 받아 사원으로 만들어 원당으로 삼고, 주지 인사를 비롯한 영향력을 행사하는 원당이 증가하였다. 귀족들의 원당은 조상 숭배 기능 외에 재산의 대행 관리와 운영 기능을 가짐으로써 경제적인 측면에서 큰 관심의 대상이기도 하였다.

왕실과 귀족들의 원당이 늘어감에 따라 개경 주변에 사원이 확대되어갔다. 이들 사원은 왕실과 귀족들의 토지 기부를 통해 시설물을 비롯한 경제적 기반을 확대하였다. 사원은 수많은 승려들이 활동하고, 불사와 시설물을 유지하고, 신도들의 상제례喪祭禮를 집행할 수 있는 인적·물적 기반을 갖추었다. 사원의 가장 중요한 경제 기반이었던 사원전寺院田은 국가로부터 수조권을 분급받아 전조를 수취하는 토지와 사원이 원래 소유하고 있던 소유지에서 시작하여 점차 확대되었다. 사원의 경제적 기반은 토지 이외에 상업·수공업·목축업·양조업·염업 등의 경제 활동과 고리대 등의 영리사업이 주축을 이루었다.

사원의 재정 확충에 중요한 역할을 담당하였던 사원보寺院寶는 국왕을 비롯한 귀족관료들이 시주[단월檀越]로서 자신들의 바람을 이루고자 사원에 기부함으로써 형성되기 시작했다. 고려의 보는 여러 가지 기원을 성취하고자 다양한 명목으로 설치되었다. 국왕의 건강과 장수를 비는 축성보를 비롯하여, 왕실의 조상 숭배, 국가의 안녕 기원, 연등회와 팔관회, 재난에서의 구제 등 여러 가지 명목의 보가 운영되어 사원의 행사를 뒷받침하였다. 개인의 공덕을 비는 장년보, 경전 조성을 위한 경보·대장보, 시설물에 대한 금종보·수장보, 기타 잡보雜寶 등이 있었다. 조상의 제사를 모시기 위한 기일보忌日寶는 조상 숭배의 기능을 가진 것이었고, 상주보常住寶는 사원 자체적으로 안정적 기금 마련을 위해 설치한 보였다. 보는 경우에 따라 국가의 공적인 빈민 구제사업을 대행하기도 하였다.

보의 운영은 원금은 손상하지 않고 빌려준 이자로 경비를 조달하는 형태였다. 보에 기탁되는 것은 수조권, 토지, 노비, 곡물, 포布, 화폐 등 다양하였다. 수조권이나 토지 등은 항구적 수입원으로서 그 자체가 보의 기능을 하였고, 곡물이나 포, 화폐 등은 대여에 활용되었다. 보를 기탁한 사람은 자신이 시납한 재물에 영향력을 행사하였고, 주지 임명에 관여하기도 하였다. 보는 신자들의 발원을 대행하여 시납施納을 이끌어내 만든 것이었는데, 그 운영에서 세속에 대한 경제적 구제 기능을 실현함으로써 사원의 사회적 분배 기능도 담당하였다. 동시에 보는 시납자인 귀족의 영향력이 크게 작용함으로써 세속에 의해 사원의 본래 기능이 제약되는 소지가 되기도 하였다.

불교 행사의 성행

고려시대에는 각종 불교 행사가 시행되었다. 《고려사》에 기록된 것만 해도 80여 종, 1,200여 회에 이른다. 국가에서 개설한 불교 행사는 사회적 또는 자연적으로 발생하는 여러 가지 재앙을 물리치거나 막고자 하는 것이 가장 많다. 이런 목적의 불교의례 중 대표적인 것이 연등회·팔관회·인왕도량·반승 등이다. 연등회는 광범위한 일반 백성의 참여로 축제적인 성격을 띠었고, 팔관회는 전몰 장병의 위령을 겸한 국가적 축제로 열렸다. 재난을 물리치는 등의 기원의례로는 인왕도량과 소재도량·금광명경도량·제석천도량·사천왕도량·문두루도량 등이 열렸고, 승려들을 대규모로 초청하여 공양을 베푸는 반승이나 나한재·문수회·수륙회 등의 행사도 개최되었다.

고려의 불교의례는 태조가 〈훈요10조〉에서 밝힌 것처럼 연등회와 팔관회를 상례화하면서 국가적 차원에서 정립되었다. 목종 때까지 기록에는 15회밖에 나오지 않지만, 최승로가 재회의 성행을 비판한 것을 볼 때 실제로는 많은 불교의례가 시행되었을 것으로 생각된다. 성종 때 유교의례의 도입과 함께 불교의례는 상대적으로 약화되었다. 현종 때는 거란의 침공이라는 상황에 따라 국가의 수호를 기원하는 의례가 많이 개설되었다. 인왕도량과 장경도량, 국왕의 장수를 비는 축수도량과 왕이 승려들을 초청하여 행하는 반승 행사 등이 그것이다. 정종 때는 불교의례의 의식 절차와 기본 틀이 확립되었다. 선왕을 받드는 휘신도량과 국왕이 불제자임을 다짐하는 보살계도량이 전대부터 시설된 데 이어, 기우를 위한 금광명도량과 《인왕경》을 받들고 거리를 행진하는 경행이 이때부터 새로 시행되었다.

고려 문화가 난숙기에 접어든 문종 때에는 20종이 넘는 많은 불교 의례가 베풀어졌다. 국왕의 권위를 신성하게 하는 제석도량, 밀교경 전에 따른 소재도량·문두루도량 등이 널리 설행되었다. 선종 때도 19종의 많은 불교의례가 설행되었다. 숙종부터 의종 때까지는 불교 의례의 난숙기로 부를 만큼 여러 행사를 빈번하게 개최하여, 국왕의 권위를 부각시키고 집권층의 결속을 강화하며 백성들의 공동체 의식 을 고양하려 하였다.

무신정변 이후 명종 때도 많은 불교의례가 시행되었으나, 최충헌 집권 이후 의례는 줄어드는 대신 담선법회 등이 성행하였다. 고종 때 몽골의 위협이 커지자 국가 위기에 대응하여 국가 수호와 재앙을 물 리치는 인왕도량·신중도량 등의 의례가 다시 빈번히 개설되었다. 원 간섭기에는 전반적으로 국가적인 불교의례의 횟수와 규모가 줄어들 고, 대신 사경 등의 공덕불사와 원 황제를 위한 축수재와 미륵신앙의 용화회, 외로운 영혼을 위로하는 수륙재 등이 개설되었다. 공민왕 때 는 의례 횟수가 문수회를 중심으로 다소 증가하였는데, 한편으로는 사대부층의 불교 비판으로 불교의례는 크게 위축되었다.

고려에서는 왕실의 불교신앙이 대단하여, 국왕이 보살계를 받고 선왕을 추모하기 위한 여러 불교 행사가 열렸다. 경전을 강독하며 여 러 가지를 기원하는 화엄·법화·반야·능엄·약사도량 등의 다양한 경 전 법회가 열렸고, 참회 수행 행사도 자주 열렸다. 국왕은 공식적인 국가의례가 된 불교의례를 집전함으로써 불법을 실현하는 왕의 존재 를 부각시키고 왕권강화에 활용하였으며, 의례는 군신이 함께 즐기 는 행사가 되어 전 국민의 일체감 조성에도 기여하였다.

고려 불교의 대표적인 의례인 연등회와 팔관회는 신라 때부터 시

고려시대 불교 행사 개설

행사 종류 / 연대	연등회	팔관회	소재도량	인왕회	나한재	신중도량	제석도량	불정도량	금광명경도량	[밀교적도량] 마리지천 문두루 사천왕 공작명왕 아타파구 보성존승 승범문 공덕천 염만덕가 대일왕 북제진병 용왕운우 진병	기타도량	[경전도량] 화엄 반야 능엄 법화 약사	장경도량 전경운경	선회어교법석	참법	용화회 수륙회 문수회	축수도량	기신도량	나성정친도량	우란분재	보살계도량	반승재승	기타법회재	계
918~1009 태조 혜종 정종 광종 성종 경종 성종 목종	1	1									9	1						2				1		15
1010~1095 현종 덕종 정종 문종 순종 선종 헌종	24	21	8	17	3		2	1	8	5	1	7	6				3	8	5		10	21	1	151
1096~1170 숙종 예종 인종 의종	47	38	27	42	12	1	9	17	9	17	13	25	8	2	2		1	10	4	3	32	57	9	385
1170~1232 명종 신종 희종 강종 고종	31	28	41	20	10	2	10	15	2	19	2	2	6	1			1	3	1		12	14	4	223

																								계
1233~1270 고종 원종	24	11	33	23	2	36	1	6	1	18	1	1	1	2		3		9	1	5	1	1		166
1270~1351 충렬왕	27	8	35	7	2			4	6	1	3	23	1		3		10	10	3	3	6	24	1	176
충선왕																								
충숙왕																								
충혜왕																								
충목왕																								
충정왕																								
1351~1392 공민왕	9	7	11	10		1	2		10	1	1	2		10		1	1	1	1		21	3		94
우왕																								
창왕																								
공양왕																								
계	163	114	155	119	29	39	39	23	26	75	28	40	43	8	4	13	14	34	14	7	66	139	18	1,210

(김형우, 〈고려시대 불교 행사 연구를 토대로 재작성〉)

행된 행사이다. 태조는 상원 연등회와 중동 팔관회를 국가 행사로 법제화하고 〈훈요10조〉에서 이를 매년 시행할 것을 당부하였다. 성종 때 유교정치를 추진하는 과정에서 잠시 중단되기도 했으나 현종 이후 다시 시행되었다. 《고려사》에 그 설행과정이 자세히 기록된 이들 행사는 국가의례이자 국가적 불교신앙의 표현이었다.

연등회는 2월 14일과 15일 이틀간 진행되었다. 임시기관인 연등도감燃燈都監을 설치하여 행사를 준비하고 지휘했으며, 연등회 기간 동안 관리들에게 사흘간 휴가를 주었다. 연등회는 궁궐의 강안전과 봉은사에서 차례로 진행되었다. 행사 중 가장 중요한 것은 왕이 직접 봉은사에 행차하여 태조 진전에 제사를 올리는 일이었다. 고려에서 가장 중요하게 여겼던 태조에 대한 신앙을 연등회 구성 요소로 포함시켰는데, 이는 연등회 행사의 중요성을 제고하려는 것이었다. 태조 제사가 끝나면 군신 간의 관계를 돈독히 하는 연회가 베풀어졌다. 이어 등을 밝히는 등석연燈夕宴의 시연은 연등회 행사의 정점이었다.

연등 행사
고려시대에 팔관회와 함께 가장 성대하게 열렸던 연등회를 잇는
오늘날 부처님오신날의 연등 행사(조계종).

연등회는 정례적인 상원 연등회와 4월 초파일 연등회 외에 특별한 일이 있을 때에도 개최하였다. 문종 때 흥왕사 창건을 축하하기 위해 닷새 동안 밤낮으로 열렸던 특별 연등회와, 봉은사에 새로 봉안한 불상을 기리기 위해 개최한 연등회 등이 그런 예이다. 고려 후기부터 불탄일인 4월 8일에 연등회가 개최되었다. 처음에는 민간에서 며칠 동안 열렸던 큰 행사였는데, 공민왕 때 궁중 행사로 개최된 후 지금까지 이어지는 불교의 대표적인 행사가 되었다.

팔관회는 하늘의 신령과 오악五嶽, 명산名山, 대천大川, 용신 등을 함께 섬기는 전통신앙의 면모가 강한 행사였다. 팔관회는 여덟 가지 계율 조항을 지킨다는 팔계재八戒齋에서 팔관재八關齋로 바뀐 불교적 전통에, 농경의례적 축제의 성격을 더하여 이루어진 것이었다. 팔관회는 변함없이 11월 14일과 15일 이틀간 개최되었다. 개경을 중심으로 각 지역의 제사를 중앙에서 종합적으로 개최하고, 하표賀表를 가진 신하들이 지역 대표로 참가하여 국왕이 신하들의 조하朝賀를 받는 연회가 중요한 행사였다. 왕이 신하들의 인사를 받은 후 태조의 영전에 진헌하고 나면 본 행사인 연회가 시작되었다. 연회가 끝나면 왕은 궁궐 동북쪽의 법왕사로 행차하여 고승을 초빙한 법회를 열고 민심과 나라의 안녕을 기원하였다. 이어 일반인들이 즐길 수 있는 백희百戲와 가무歌舞가 열렸고, 갖가지 기물과 비단들로 행사장과 사원과 개경 시내 곳곳을 장식하였다.

고려 팔관회는 지방세력을 하나로 모으고 전쟁으로 지친 민심을 수습하기 위해 불교적 행사를 활용한 것이었다. 팔관회는 불교와 전통신앙을 군신 간의 조하의식에 연결시켜, 이들의 소속감을 재확인하고 사회 통합 기능을 극대화하였다. 팔관회에서 관민이 어우러져 함께 즐기는 축제적 모습은 계층 간의 결속력을 강화하는 계기가 되었다. 한편으로 팔관회는 천자국 고려 황제가 집전하는 국가의례라는 국제관계적 역할도 담당했다. 송나라 상인들과 여진과 탐라의 사신들이 고려왕에게 조하하는 의식이 중요한 절차의 하나로 시행되었다. 이처럼 팔관회는 자신감 넘쳤던 고려의 국가 위상을 뒷받침해주는 국가의례의 면모도 지닌 것이었다.

축수도량祝壽道場은 왕의 생신에 복을 비는 행사였다. 매년 궁궐의 건덕전이나 외제석원, 흥국사 등 여러 곳에서 성대하게 열렸는데, 중앙의 관원은 물론 지방의 관원들도 개경에 와서 하례를 올렸다.

인왕도량仁王道場은 순수 불교 행사 중에서 가장 비중이 큰 행사였다. 《인왕반야경仁王般若經》은 외적 침입을 막기 위해서는 국왕이 하루에 두 번씩 이 경을 외어야 한다고 하였다. 이때 각각 100개의 불상·보살상·나한상을 모시고 100명의 승려를 초청하여 강경하게 하고 100개의 등불을 밝히는 행사를 펼쳐, 이를 인왕백고좌도량仁王百高座道場이라고 하였다. 이로 인해 인왕도량은 국가의 안녕을 기원하는 가장 대표적인 불교 행사로 꼽혔다. 고려시대에 모두 120회의 인왕도량 행사가 기록되었다. 정기 행사는 2년이나 3년마다 9월이나 10월에 궁궐에서 1만 명의 반승을 동반하여 대규모로 열렸고, 이 밖에 특정 목적으로 수시로 열리기도 하였다. 인왕도량은 그 호국적인 성격으로 인해 원 간섭기에는 정기적으로 열지 못하고 간헐적으로 개최하였다.

여러 가지 재앙을 없애기 위한 불교 행사도 개최되었다. 가뭄에 비를 빌거나 재앙을 물리치기 위한 금광명경도량金光明經道場은 26회 열렸다. 자연재해와 천재지난을 없애기 위한 소재도량消災道場은 150회나 열렸다. 나한재羅漢齋는 비가 오기를 빌거나 내부 환난을 물리치기 위한 목적으로 보제사·왕륜사 등에서 29회 열렸다. 제석천도량帝釋天道場은 연초에 제천의식과 관련하여 궁궐에서 열리는 연중 행사로 모두 23회 열렸다. 공덕천에게 복덕을 비는 공덕천도량功德天道場은 몽골 항쟁기에 11회 집중적으로 열렸고, 외적의 침입을 막고 국가의 안녕을 비는 문두루도량文豆婁道場도 열렸다. 재앙을 없애고 복을 비는 불정도량佛頂道場은 숙종·예종·인종 대와 무인집권기에 자주 열려 모두 40회가 개설되었다. 관정도량灌頂道場은 강종·원종과 충렬왕·충선왕 즉위년에 즉위와 관련된 의식으로 거행되었다.

경전을 강독하는 행사도 다양하게 열렸다. 《반야경》을 독송하여 중생을 교화하고 그 공덕으로 재난을 물리치고 비가 내리기를 기원하는 반야도량이 경전도량으로는 가장 많이 설행되었다. 《화엄경》을 강독하고 보현보살의 10대원을 되새겨 죽은 이의 명복을 빌고 재난이 없기를 기원하는 화엄법회華嚴法會 또는 화엄도량華嚴道場도 개최되었다. 후기에는 몽골의 침공을 이겨내기 위해 밀교적 성격이 강화된 화엄신중도량華嚴神衆道場이 성행하였다. 낮에는 《법화경》을 강설하고 밤에는 예참을 실천하는 법화도량·능엄도량, 외적을 물리치기 위해 열렸던 약사도량藥師道場이 개설되었다. 불경을 신앙 대상으로 삼아 예경하는 장경도량藏經道場은 봄·가을에 궁궐에서 거행되었고, 여기에는 승려들을 초청하여 공양을 베푸는 반승飯僧의식이 뒤따랐다. 반승은 모두 140회 열렸는데, 인왕도량과 함께 열린 것이 56회이다. 국왕이 지방 사원에 행차하여 반승을 베풀고, 왕이나 왕비의 기일에 추복을 위해 반승을 베풀었으며, 재앙을 물리치는 행사가 열리기도 하였다. 그러나 반승은 강화 정부 시절에는 한 차례도 열리지 않았으며, 원 간섭기 이후에는 개최 횟수가 크게 줄어들었다. 전경회轉經會는 주로 궐 안에서 종묘사직의 평안과 나라의 태평을 기원하기 위해 자주 개설된 행사였다. 담선법회談禪法會는 초기에는 3년마다 보제사에서 주로 열려 선풍을 진작하는 것이 주 목적이었으나, 국가발전과 사람들의 복을 기원하는 행사가 되어 몽골 침략기인 고종과 원종 때 크게 성행하였다. 담선법회는 원 간섭기 이후 중지되었다가 다시 열렸지만 성행하지는 못했다.

경행經行은 길거리에서 경전을 독송하며 행진하는 행사이다. 개경에서는 거리를 셋으로 나누어 각 길마다 채루자彩樓子가 《반야경》을 메고 앞서가고, 승려들은 법복을 입고 걸어가면서 경전을 독송하고, 관리도 공복을 입고 따라가면서 거리를 순행하였다. 이 경행은 백성을 위해 복을 비는 행사로 해마다 설행하도록 하였다. 경행은 개경뿐만 아니라 지방 마을에서도 일반인이 참여하여 시행되었다.

국왕이 절에 가서 보살계를 받는 수계受戒 행사는 고려 중·후기에 66회나 개최되었던 중요한 의식이었다. 원 간섭기 이전에는 거의 모든 왕이 수계를 받았고 여러 왕은 몇 차례씩 받기도 했으나, 원 간섭기 이후에는 크게 줄어들었다. 선왕의 기일에는 진전사원에서 기신도량忌辰道場을 열어 추모하였다.

미타신앙과 나한신앙

고려에서는 내세의 평안을 기원하는 정토신앙과 현세의 바람을 희망하는 관음신앙, 사후 구제를 기원하는 지장신앙이 널리 성행하였고,

이 밖에도 나한신앙, 약사신앙, 우란분신앙 등이 환영받았다. 그중 중심을 이루었던 신앙은 미타정토 신앙과 관음신앙이었다.

미타신앙의 실천은 이상세계인 극락정토에 왕생하기 위해 염불이나 독송을 하고 절을 짓거나 경전을 옮겨 쓰거나 불상이나 불화를 만들어 공덕을 쌓는 것이었다. 염불은 누구나 쉽게 행할 수 있다는 점에서 당시 사람들에게 가장 보편적인 실천 수행 방법이었다. 독송은 글을 읽을 줄 아는 지식인과 관료들 사이에서 많이 이용되었다. 절을 짓고 불상이나 불화 등을 조성하는 공덕신앙은 경제력이 뒷받침되어야 했기 때문에 주로 지배층에 의해 많이 이루어졌고, 결사나 향도 등의 단체가 함께 조성하는 단체신앙도 있었다.

지방의 향리층이나 일반 백성들은 종파적인 불교 교단과는 깊은

예천 개심사지 5층 석탑
1011년에 예천 지역의 광군 향도 1만여 명이 부처와 나라와
일체중생을 위해 세운 5층 석탑.

관계를 갖지 않고 향도香徒라 불리는 독자적인 신앙 공동체를 형성하였다. 이들은 소규모 사원을 중심으로 불상·불탑이나 범종과 같은 사원 구조물의 조성 시주로 참여하여 정토신앙과 전통신앙을 수호하고 유지하기도 하였다. 신라의 향도는 지방 행정기구와는 관련 없이 불교를 매개로 자발적으로 결성된 지역 공동체였는데, 고려에서 지방세력을 통합하여 중앙집권화하는 과정에서 향도 또한 지방 행정구역 단위로 조직되었다. 지방에서 시행된 불사는 이와 같은 향도조직에 의해 많이 이루어졌다. 981년(경종 6) 도속의 향도 20여 명은 이천에서 마애반가상을 조성하였고, 1010년(현종 1)에는 예천 개심사開心寺에서 향도들이 5층 석탑을 조성하였다.

망자의 명복을 빌고 육도 윤회에서 좋은 곳에 태어나도록 천도하기 위한 신앙이 추선追善의례이다. 여기에는 죽은 후 차례로 지내는 칠칠재七七齋·백일재·소상재·대상재 등의 상례와, 기일에 지내는 제례인 기신재忌辰齋, 온전히 천도를 위한 우란분재盂蘭盆齋, 고혼을 위로하는 수륙재水陸齋 등이 있었다.

우란분재는《우란분경》, 곧《목련경目蓮經》에 따라 목련존자가 무간지옥에 떨어진 모친을 구제하기 위하여 법회와 공양을 베풀었던 내용을 토대로 죽은 가족을 천도하기 위한 불교의식이다. 1106년(예종 1) 왕은 장령전에서 숙종의 명복을 빌며 우란분재를 베풀고, 다음 날 이름난 승려를 궁으로 불러《목련경》을 강독하게 했다.

수륙재는 모든 무주고혼無主孤魂(연고자가 없어 떠돌아다니는 외로운 영혼)을 천도하기 위해 법석을 열고 음식을 베푸는 의식이었기 때문에 민심 수습 차원에서 국가적으로 설행하였다. 970년(광종 21) 갈양사에서 수륙도량이 개최되었고, 1090년(선종 7)에는 보제사에 수륙당이 갖추어지고 수륙재의 의식 절차를 정리한 《수륙의문水陸儀文》이 간행되어 수륙재가 본격적으로 설행되었다.

현실적인 고난에서 구해주는 관음신앙은 미타신앙과 함께 가장 보편적인 신앙이었다. 신라 화엄의 전통을 계승하여 재정립한 화엄사상가 균여는 신이한 능력에 뛰어난 자취를 보였다. 교학에 뛰어났던 누이의 요청에 균여는 보현과 관음 두 선지식의 법문과 《신중경》과 《천수경》을 상세하게 강론해주었다. 균여는 화엄경적인 관음과 천수경적인 변화관음 신앙을 아울러 보인 관음신앙의 실천자였다.

나한신앙은 부처의 가르침을 듣고 깨달은 성자인 나한羅漢 곧 아라한阿羅漢을 신앙 대상으로 한다. 나한을 형상으로 빚어 봉안한 나한전羅漢殿 또는 응진전應眞殿이 나한신앙의 전각이다. 부처의 제자로서 뛰어난 수행 끝에 구극의 경지에 이른 사람을 일컫는 나한은 점차 신통력을 갖춘 존재로 인식되어 그림이나 조각으로 만들어지고 숭배 대상이 되었다. 현실적인 나한신앙은 가뭄에 비를 내리게 하는 등 나한의 탁월한 능력에 대한 숭배였다.

고려 나한신앙은 일찍부터 자취를 남겼다. 923년(태조 6) 윤질尹質이 후량後梁에 사신으로 갔다가 오백나한 화상畵像을 가져왔다. 이 나한상은 해주의 숭산사崇山寺(신광사神光寺)에 봉안했는데, 이 상들이 13세기 《삼국유사》 편찬 당시까지 남아 있었다. 화엄종 고승이었던 탄문은 꿈에 오백나한의 영응을 얻고 봄·가을로 나한재羅漢齋를 베풀었다.

고려 초 나한신앙은 조사상 제작에서도 엿볼 수 있다. 우리나라에서 보기 드문 빼어난 조사상祖師像인 해인사 희랑希朗 조사상은 고려 초 제작품으로 추정된다. 수행 끝에 깨달음에 이른 나한의 숭배는 조사 숭배신앙과 연계되었고, 그 결과가 화엄종 조사상의 제작으로 나타난 것으로 생각된다.

　고려 나한신앙의 면모는 국왕이 참석한 나한재가 자주 열렸던 데서 확인된다. 나한재는 고려시대에 개설된 수많은 불교의례 중에서 비교적 많이 개설되었는데, 모두 29회 열려, 여덟 번째로 빈번하게 개설되었던 의례

희랑 조사상
나말여초에 해인사에서 활동한 화엄종 고승.
우리나라에서 보기 드문 조사상 조각이다
(해인사박물관).

나한상
높은 경지에 오른 수행자이며
재난을 구해주는 신앙 대상으로 받들어진
영월 창녕사 출토 나한상(국립중앙박물관).

였다. 그중 11회가 보제사普濟寺에서 열렸는데 3월(8회)에 가장 많이 개설되었다. 보제사는 정전이 오백나한이 봉안된 나한보전羅漢寶殿으로서, 오백나한상과 나한도를 갖춘 나한신앙의 중심 도량이었다. 이 밖에 외제석원外帝釋院·왕륜사王輪寺·신중원神衆院 등과 금원禁苑의 산호정山呼亭에서 나한재가 개설되었다. 도성 밖에서는 북숭산 신광사와 신혈사神穴寺·길상사吉祥寺 등에서 열렸다.

나한재는 숙종과 의종·명종 때 자주 개설되었는데, 국가의 안위가 염려되던 시기에 복을 구하고 왕실과 국가의 안녕을 기원하였다. 왕은 나한재를 열고 재추宰樞와 신하들에게 연회를 베풀었다. 그러나 나한재를 개설한 주 목적은 기우제 등 재앙을 물리치기 위한 것이었다. 나한재 기우의식은 백 사람의 반 달 양식을 희사하여 보시를 베풀고, 한 발우에 두 되씩을 담아 분향하고 제수를 받들어 모시는 것이었다.

이 밖에 나한재는 외적의 침입을 물리치거나 국왕의 장수를 기원하기 위해서도 개설되었다. 최유청崔惟淸(1095~1174)이 나한재를 열며 지어 올린 글은 나한재를 여는 목적을 잘 보여준다. 최유청은 나한재에 절에 진귀한 제물을 바치고 도가 높은 스님을 맞아 국왕의 만년장수를 비는 글을 지었는데, 이로써 국왕의 복과 상서와 복록이 커지고 영겁토록 길이 왕위를 공고히 보전하기를 기원하였다.

대장경과
교장

고려대장경과 불전문화

고려 불교문화의 소중한 유산의 하나가 경전 인쇄이다. 고려 인쇄문화의 중추를 이루는 대장경의 조판은 고려의 적극적인 불교문화 진흥에 따른 것이었다. 고려시대의 인쇄문화는 대장경을 조판하여 보급하면서 획기적으로 발전했다. 고려의 불교 우대정책은 교종과 선종의 난만한 발전을 가져왔고, 특히 경전에 바탕을 둔 교학의 발전으로 교단의 확장과 승려의 활발한 활동을 위한 많은 경전이 필요하게 되었다. 이에 더하여 불교학 전반에 관한 체계적인 정리를 위해 대장경 조판사업이 적극적으로 추진되었다.

고려 초부터 불경의 인쇄 보급에 노력했던 고려 불교는 송판본宋板本을 바탕으로 고려 전래의 경론을 추가하여 독자적인 대장경[고려대장경高麗大藏經]을 조성하였다. 1011년(현종 2)부터 1087년(선종 4년)에 걸쳐 당시 한역 대장경 중 가장 방대한 639함에 6,500여 권 규모로 조성한 고려대장경은, 송본에 손질을 가하여 판서본을 만들고 이를 여러 판본과 대조하여 정밀한 교정을 거쳐 새롭게 새긴[판각板刻] 것이었다.

신라 때도 빈번하게 교류했던 오월에 보요普曜선사를 파견하여 대장경을 구해왔는데, 오월은 고려에 사신을 보내 천태 전적을 요구하였다. 대장경 조판 이전인 1007년(목종 19) 개경 총지사에서 《보협인다라니경寶篋印陀羅尼經》을 간행하여 불탑 안에 널리 봉안하였는데, 그 실물이 현재 남아 있다. 고려 초기의 우아하고 정교한 조판술을 확인할 수 있는 이 인쇄물은 중국과의 문화 교류의 한 산물로서, 대장경 조판사업의 터전을 구축했던 증거이다.

송나라는 971년(개보開寶 4)부터 983년에 걸쳐 처음으로 목판 개보판開寶板 대장경을 간행하였다. 개보판 대장경은 1,076부部 5,048권卷, 480질帙에 이르는 13만여 판 분량이다. 이는 일반적으로 당의 지승智昇이 730년에 편찬한 일체 경론의 총괄 목록인 《개원석교록開元釋教錄》의 2,278부 7,046권의 목록 중에서, 입장록入藏錄(대장경에 편입한 목록)으로 제시한 목록에 따른 출판으로 알려졌다. 개보판 대장경은 오대 후당에서 조성한 5,048권의 사본寫本 대장경과, 977년에 제작한 금은 사경의 경험을 바탕으로 조판본 대장경으로 제작한 것이었다. 개보판 대장경은 이후 계속 추가 간행되어 600질이 넘는 분량이 되었다. 이 대장경은 고려와 일본·안남·서하·동여진·구자 등 여러 나라에 전래되어 불교 진흥에 기여하였다.

개보판 대장경은 991년(성종 10) 고려에 481함 2,500권이 전래되었고, 이어 1022년(현종 13)과 1083년(문종 37)에 계속해서 들어왔다. 새 대장경은 《개원록》 이후 수록 목록이 추가된 《정원록貞元錄》 등에 의해 추가 조판된 대장경을 포함한 것이었다.

송판 대장경을 확보한 고려는 1011년(현종 2)부터 고려판 대장경 조판에 들어가 1020년(현종 20)까지 활발하게 조판사업을 추진하였다. 현종은 장경도량藏經道場을 개설하여 1만 명의 승려들에게 반승의식을 베풀고 대장경 조판사업을 지원하여, 이때 벌써 5,000권에 가까운 대장경이 조판되었다고 하였다. 이는《개원록》에 따른 개보판 5,048권의 조판이 10년 만에 완료된 것을 의미한다. 정종 때는 매년 춘추 두 차례 장경도량을 거행하여 대장경의 수호와 봉안을 기원하였다.

대장경을 간행하던 중 거란契丹대장경이 1063년(문종 17)과 1099년(숙종 4) 그리고 1107년(예종 2), 세 차례에 걸쳐 고려에 전해졌다. 거란대장경은 요遼 중희重熙 연간(1032~1054)에 간행되기 시작되어 1059년경에 5,048권의 조판을 마쳤고, 이후 계속 증수되어 함옹咸雍 연간(1065~1074)에 579질의 분량으로 완성되었다. 고려대장경은 교감이 철저했던 거란본을 활용해 송본을 보다 정확하게 교감하여 새롭게 펴낼 수 있었다. 13세기에 재조대장경의 교감작업을 주도한 수기守其는 재조대장경을 조판할 때 송본과 거란본을 국전본國前本과 국후본國後本으로 구별하여 활용하였다. 국전본은 거란본이 들어오기 이전에 송본에 의거한 고려 초조본, 국후본은 거란본을 참조한 초조본을 가리킨다. 이런 교정 사실은 초조대장경을 조판할 때 송본에 없거나 구절이 빠지거나 없는 부분 등을 거란본에 의거하여 다시 새겨서 대체하거나 편입했음을 알려준다.

초조대장경의 조판은 문종 때 다시 활발하게 이루어져 1087년(선종 4) 3차 보완으로 마무리되었다. 선종은 개국사에 행차하여 대장경의 완성을 경축하였고, 이어 흥왕사에 대장경을 보관할 대장전大藏殿

을 지었으며, 귀법사에 행차하여 대장경 완성을 경축하였다. 이 초조
대장경판은 팔공산 부인사에 보관했으나 1232년 몽골군의 침공으로
모두 소실되었다. 초조대장경의 간행본 중에 현재 남아 전하는 것은
절반이 안 되는 모두 2,450권 정도로서, 국내에 350종, 일본 난젠지
南禪寺에 1,800종, 이시야마지石山寺에 300종 등이 남아 있다.

초조대장경은 현재 그 전모가 남아 있지 않아 명확하지 않지만, 지
속적인 보완 판각을 거쳐 최종 완성된 것은 639함(질) 6,500여 권에
이르는 분량으로 추정된다. 최근에 확인된 초조대장경은 616함에 수
록된 경전까지 현존한다. 고려대장경의 분량 639함은 당시까지 조판
된 대장경 중 가장 방대한 분량이었다.

초조대장경의 분량은 현종 때 일차로 《개원록》에 수록된 480함에
대한 조판이 이루어졌고, 문종 때 송에서 번역한 새 경전 등이 전래
되자 계속 조판하여 선종 때 639함에 이르는 분량으로 완성되었다.
이 때문에 초조대장경은 수록된 경전을 일원적인 체제에 따라 체계

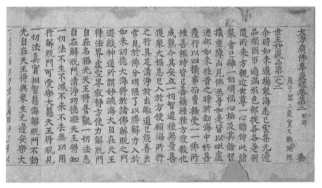

《화엄경》 초조본
11세기에 새긴 고려대장경판으로 인쇄한 화엄경(국립중앙박물관).

적으로 조판할 수 없었고, 참조한 목록에 따라 차례로 분산 수록할 수밖에 없었다. 이는 여러 차례 보완 간행된 송의 개보판도 마찬가지였다. 어느 나라 대장경이나 《개원록》까지의 구성은 동일하다. 초조대장경은 그 이후 구성이 개보판과 차이가 나는 부분이 많고, 또 같이 수록한 경전이라도 순서가 다른 경우가 많다. 이는 초조대장경의 간행이 고려가 의도한 독자적인 기준에 따라 이루어졌음을 말해준다. 따라서 초조대장경의 사상사적 의의는 대장경 체제상의 특징보다는 판각과 간행과정에서 독자적 기준에 따라 교감을 거쳐 새롭게 간행한 데서 찾을 수 있다.

초조대장경은 개보판 대장경을 바탕으로 했지만, 단순히 개보판을 복각한 것이 아니었다. 거란대장경과 고려에 전해오던 국내 전본傳本들을 상호 교감하거나 이들을 부분적으로 추가하여 고려 특유의 대장경을 완성했다. 개보판을 바탕으로 하되 거란본을 대조하여 정확성을 높였고, 개보판 이후 간행된 경론을 여러 차례 추가하여 간행한 것이 초조대장경이다.

대장경 조판은 국가사업으로만 이룰 수 있는 일이 아니다. 대장경이 필요할 정도의 문화적 수준과, 대장경을 이해하고 새겨낼 수 있는 불교계의 역량과 경제적인 지원, 그리고 인쇄술의 발달이 뒷받침되어야만 가능하다. 따라서 고려의 대장경 조판은 문화적 역량의 성숙과 불교계의 필요성이 바탕이 되어, 국가적 난국 극복이라는 목표가 더해져 이루어낸 사업이었다고 할 수 있다. 재조대장경의 완성에 즈음하여 이규보는 〈대장경을 새기고 임금과 신하들이 기도하여 올리는 글大藏刻版君臣祈告文〉에서, 초조대장경 조판의 계기에 대해 거란의 침공이라는 국난을 극복하려는 의지에서 군신이 함께 발원하여 이룬 것으로 기록하고 있다.

문화 역량의 제고라는 불교계의 자극과 함께 공덕신앙으로서의 불전 간행도 대장경 간행의 분위기 조성에 일조하였다. 현종은 부모의 명복을 빌기 위해 1018년(현종 9) 현화사를 창건하고 《대반야경》 600권과 《화엄경》, 《금광명경》, 《법화경》 등 세 가지 경판을 새겨 비치하고 반야경보般若經寶를 만들어 경전 간행과 유포에 활용하도록 하였다. 대장경은 1행 14자본 체제인데, 이들 판본은 필사본의 일반적인 유형과 같은 17자본이다. 이 판본은 이후 사찰판寺刹板의 바탕이 되었다. 대장경과 병행하여 사찰 판본도 널리 간행되었던 것이다.

교학의 집대성 교장의 간행

초조대장경이 완성된 직후인 1090년(선종 7) 의천은 《신편제종교장총록新編諸宗敎藏總錄》을 편찬하고, 이 목록에 따라 중국과 거란과 우리나라의 경전 주석서인 장소章疏들을 모아 교장敎藏을 간행하였다.

의천은 역경승들이 불전을 거듭 번역하여 불법의 가르침을 크게 폈는데, 당시에 이미 정법이 쇠퇴하고 근기와 인연이 점차 둔해지고 있다고 판단했다. 여러 불교사상가들이 소疏를 지어 교리를 드날리고 초鈔를 지어 도와 세상에서 받들어 행하였는데, 지금 경론은 갖추어졌으나 그 해석서인 소초가 없다는 것이 문제라는 것이었다. 그래서 의천은 고금의 여러 사람들의 저술을 하나의 장경으로 모아 유통시킴으로써 부처님의 지혜가 더욱 빛나고, 불법을 중흥하여 나라를 이롭게 하며 사바세계의 중생들과 함께 금강의 좋은 씨앗을 심고자 교장사업을 시행한다고 하였다.

의천은 1085년 송에 가서 14개월 동안 60여 명의 승려들을 만나 교학을 얘기하는 동시에 불전 수집에 힘을 기울였다. 의천은 전해오는 여러 사람의 저술 중에 없어졌거나 뒤섞인 것도 있으며, 특히 오대 이후 200년 동안 저술이 유통되지 못했음을 지적하며 여러 종파의 저술을 모두 모아 펴내려고 하였다. 그는 송은 물론 요와 일본의 불전까지 망라하여 20여 년 동안 수집한 불전을 모아 교장을 간행하였다. 수집 불전은《원종문류圓宗文類》와 방대한《석원사림釋苑詞林》으로도 출판되었다.

《개원록》과 같은 목록을 바탕으로 전적을 수집하여 펴낸 대장경 조판과 달리, 교장 편찬에는 구성체계부터 새롭게 마련해야 하는 등 보다 체계적인 교학적 역량을 필요로 한다. 의천은 경론은 상당히 유통되고 있지만 바른 뜻을 펴기 위해서는 여기에 더해 주석서가 필수적임을 분명히 했다. 의천은 부처님께서 말씀하신 경經은 논論으로 말미암아 드러나고, 논은 소疏로 인해 뜻을 드러낸다고 하였다. 대장경 간행으로 경전의 정문은 널리 퍼졌지만, 주석서인 장소章疏는 거의 잃어버릴 정도였기 때문에 그 보호가 참으로 중요하다는 것이었다.《총록》에 수록한 주석서는 의천의 교학관에 따라 엄정하게 선정되었고, 교감을 거쳐 간행되었다. 의천의 교장 편찬과 주조사업은 동아시아 불교에 큰 영향을 미쳤고 이 시기 고려 불교의 위상을 끌어올렸다. 의천이 편찬한 교장은 대장경보다도 사상적 의의가 지대하다. 체계적인 사상적 바탕에 의거하여 목록을 마련하고 교장을 펴내야 했기 때문이다.

의천은 자신의 교장 간행이 완벽하다고 생각하지 않았다. 불전 해석이 계속되는 한 주석서는 끊임없이 생겨나게 되고, 따라서 교장 자체가 계속 증가하게 된다. 그래서 의천은 새로운 주석서의 저술에 따라 이를 수록하여 《총록》을 보완하고, 이에 따라 새로 확보한 주석서를 계속 간행할 뜻을 밝히기도 했다.

의천은 교장도감敎藏都監이 설치된 흥왕사를 중심으로 교장 4,000권을 펴냈다. 그러나 《신편제종교장총록》에 수록된 법상종 전적 32부 353권은 소현韶顯이 1083년부터 1097년에 걸쳐 금산사金山寺 광교원廣敎院에서 간행한 것이다. 교장은 교장도감 설치 이전에 간행된 전적이나 교장도감이 아닌 곳에서 간행된 것도 많아 판각 형식이 일정하지 않다.

신편제종교장총록의 분류체계 예시

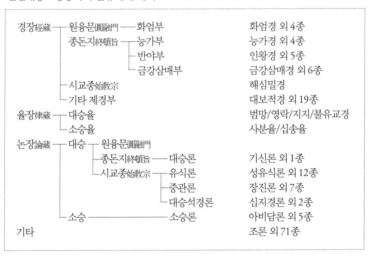

의천의 《신편제종교장총록》 3권은 1,010종 4,878권으로 구성되었다. 내용에 따라 경·율·론으로 먼저 분류하고, 대승과 소승을 구분

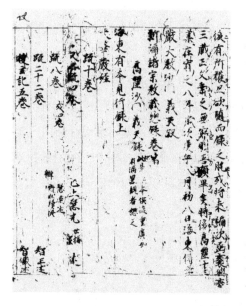

한 다음 독자적인 경전관에 따라 순서를 매기고, 경전에 대한 해석서인 장소의 소주제 순과 시대 순으로 차례를 구성하였다. 권(상)은 경에 대한 주석서인 소초疏鈔 목록을, 권(중)은 계율에 대한 소초 목록을, 권(하)는 논에 대한 소초 목록을 수록하였다. 분량에 현저한 차이가 있는 경·율·논을 각각 1권씩 구분한 것은 전통적 삼장 분류법에 따라 새로 추가되는 문헌을 해당 부문별로 수록하려는 의도였다. 경소 561종 2,719권, 율소 142종 467권, 논소 307종 1,692권이다. 교장은 중국의 장소 외에 신라인과 거란인의 저술도 수록하여 당시 동아시아 불교학 전반을 집대성하였다.

《신편제종교장총록》은 경전 부분을 《화엄경》, 《열반경》, 《대일경》, 《법화경》, 방등부, 반야부, 대집부, 보적부, (경집부), 소승경 등의 차례로 배열하였다. 이러한 구성은 크게 보면 화엄의 교판인 원융·종돈·시교·소승의 체제에 근접해 보인다. 그러나 구체적으로는 화엄 오교의 교판에 따른 분류와 정확하게 대응하지 않으며, 천태의 사교나 오시 교판에도 부합되지 않는다. 《개원록》의 반야·보적·대집·화엄·열반·제경 구성과도 다르다. 이 배열은 의천의 독자적인 구상이다. 원융—종돈—시교—기타 제 경전 순서로 의천의 교학관을 반영한 것이다. 원융 논리를 바탕으로 일승—일심—공—여래장—정토—공덕·수행의 순서로 교관겸수의 순차적 단계에 따라 배열했다고 보기도 한다. 논부의 배열에서도 교장은 전통적인 분류에 따라 대승·소승의 주요 논서에 대한 장소를 배열하고, 다음에 《개원록》에서 누락되거나 그 이후에 나온 저술들을 모아 논부를 구성하였다.

의천은 송과 거란 등에서 수집한 판본 저술은 대체로 부분적인 수정을 가하여 번각飜刻(원본 책판을 그대로 목판에 다시 새김) 조판하였다.

그리고 필사본으로 수집한 교장은 여러 승려들이 교감하고 판서본을 정서하여 독자적인 간행본을 만들었다. 비서성·사경원·어서원의 관료와 산직散職 관원이 서사書寫를 담당하고, 의천 자신을 포함하여 화엄종 흥왕사의 칙유則瑜·덕선德先·상원尙源, 불일사의 융관融觀·자현滋顯, 유가종 숭교사의 현잠玄湛, 현화사의 회범會凡·각추覺樞 등을 교감승으로 동원하여 정밀한 교감 끝에 간행하였다. 동아시아에서 처음으로 주석서를 체계화한 교장의 간행이 가능했던 것은 높은 수준의 교학 역량을 갖춘 참여자들이 있었기 때문이었다. 번각본이든 독자 개판본이든 교장은 판각이 매우 정교하여 조판술이 우수하다.

의천이 불교 전체의 교학체계를 망라하여 1,010종 4,878권에 이르는 방대한 교장을 펴낸 것은 고려뿐만 아니라 동아시아 불교계에서 볼 때도 대단한 의의를 지닌 것이었다. 교장의 내용은 중국의 찬술이 많은 부분을 차지하지만, 신라와 고려의 찬술 400여 권과 거란의 저서 200여 권이 포함되어 있다. 이는 동아시아의 불교학 전반을 체계적으로 정리하고자 한 의천의 의도를 잘 드러내준다. 11세기 고려 불교는 가장 풍부한 내용의 대장경과, 동아시아에서 주석서를 처음으로 체계화한 교장을 아울러 조판해낸 역량을 보여주었다. 경론뿐만 아니라 경론에 대한 해석을 집대성하여 펴낸 교장사업은 일차적으로 의천 당대 고려 교학의 수준을 확인해주는 것이었고, 각 종파의 교학 발전에 중요한 토대를 제공한 것이었다.

이렇게 간행한 불전은 송과 일본에도 전해졌다. 특히 일본에는《교장총록》이 간행 불전과 함께 전해져서, 그 분류체계는 다르지만 서지 기술 방식은《총록》을 따르면서 보다 구체화된《동역전등목록東域傳燈目錄》이 1094년에 편찬되기도 했다.

사원의 운영과 사원경제

고려시대의 사원은 2,000~3,000개 정도에 승려는 10만 이상으로 헤아린다. 사원의 주요 경제 기반인 수조지는 10만 결 이상으로 전 농토의 8분의 1 정도로 파악되며, 큰 사원은 수백 결의 토지를 경영하기도 하였다.

사원의 규모와 구성

고려의 사원 중에서 가장 중요한 위상을 가졌던 것은 도선의 밀기密記에 기재된 비보사원이었다. 지리적인 특성에 의해 지정된 비보사원에 더하여 국왕이 창건한 사원이나 왕과 왕비의 진영을 모신 진전이 설치된 사원, 왕이 사액을 내린 사원이 새로이 비보사원으로 편입되었다.

사원의 규모나 인원은 분명하게 알기 어렵다. 흥왕사는 2,800칸의 건물에 1,000명의 승려가 상주하였고, 영통사는 500명, 현화사도 승려 300명이 상주했다는 기록이 확인된다. 사원의 규모는 선원사가 600칸, 봉선홍경사가 280여 칸이었다. 이로써 어림짐작하면, 비보사원은 승려 100명이 상주할 수 있는 300칸 크기의 규모를 갖추고, 500결 내지 1,000결의 토지와 노비 50구 정도를 보유했을 것으로 추정된다.

비보사원이 아닌 일반 사원은 규모도 작고 승려도 적었다. 남원의 승련사勝蓮寺는 11칸, 진종사는 60여 칸이었고, 원院이나 암庵은 더 작아서 견탄원은 몇 칸, 오대산 사자암과 향산 윤필암은 3칸에 불과한 것도 있었다. 대체로 100칸 이내가 대부분으로, 상주 승려도 30명 남짓이었을 것으로 추정된다. 승려와 건물 및 경제력이 비보사원의 3분의 1 정도의 규모이다. 이들 일반 사원은 개인이 기부한 토지가 중요한 경제 자원이다.

개성 영통사
최근에 복원한 개경 영통사.
6개 구역으로 구성된 절이다.

고려시대 사원의 구조는 명확하게 알기 어렵다. 고려 말에 회암사檜巖寺를 거대한 규모로 조성할 때 서술된 이색李穡의 기록에 상세한 사원 구조가 밝혀져 있지만, 이는 아주 특수한 경우이다(〈천보산회암사수조기天寶山檜巖寺修造記〉). 대체로 고려 사원에는 불전佛殿이나 금당金堂으로 부르는 중심 건물이 있었고, 사원의 사상과 신앙 경향에 따라 석가·미타·미륵·비로자나불 등을 봉안하였다. 불전으로는 금전金殿, 능인전能仁殿, 미타전·무량수전, 미륵전, 산호전, 비로전·보광전 등이, 보살전으로는 관음전, 지장전 등이 있고, 그 밖에 설법전·법당, 나한전·오백전, 제석전, 조사전 등이 있었다. 왕의 진영을 봉안한 진전眞殿·영전影殿·영당影堂, 대장경을 보관한 대장전大藏殿 등도 있었다. 승려들이 생활하는 승방僧房·승료僧寮·수좌료首座寮·열중료悅衆寮, 노장이 거처하는 방장方丈 등이 있었고, 일반인들을 위한 거처로서 빈관賓館·객관客館이, 음식을 마련하는 시설로는 포주庖廚·주방廚房·식당이 있었다. 물품을 보관하는 창고·고庫가 있었고, 방앗간, 마구간, 욕실도 있었다. 종루鐘樓와 고루鼓樓 외에 여러 이름을 가진 누각이 있었고, 건물을 연결하는 회랑, 여러 개의 문, 사역을 구분하는 담장이 있었다.

고려시대의 큰 사원은 별도로 구획된 여러 개의 원院을 갖춘 경우가 많았다. 흥왕사에는 홍교원弘敎院, 천복원薦福院, 대시원大施院, 흥교원興敎院, 감덕원感德院, 정각원正覺院, 무상원無相院 등이 있었음이 확인된다. 의천이 활동했던 영통사에는 보광원普光院, 중각원重閣院, 숭복원崇福院, 보소원普炤院, 영녕원永寧院, 경선원敬先院, 선소원善炤院이 있었고, 귀법사에는 보광원普光院, 총지원摠持院이 있었다. 법상종의 본찰이던 현화사에는 장흥원長興院, 상청원上淸院, 안성원安性院 등이 있었고, 금산사에는 광교원廣教院, 봉천원奉天院이 있는 등 여러 사원에 따로 구획을 이루는 공간인 원이 있었음이 확인된다.

사원경제의 운영

사원경제 운영의 주체는 주지였다. 고려 불교는 종파 중심으로 운영되었고, 승려는 출가 때부터 정한 종파에 따라 활동하여 주지 또한 국가가 종파에 따라 임명하였다. 주지는 사원을 유지하는 데 필요한 모든 기능을 관장하였다. 승려들의 교학을 지도하며 참선 수행을 이끌었고, 사원에서 거행되는 다양한 행사를 주관하였다. 또한 사원의 시설을 유지하고 건물을 보수하는 등 운영 전반을 책임졌다. 사원의

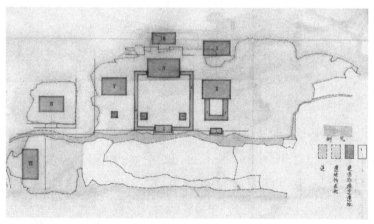

개성 흥왕사 터
다섯 구역으로 이루어진 개경 흥왕사 터.
일제강점기의 조사기록(국립중앙박물관).

운영을 위한 재정도 마련해야 했는데, 주지 아래에 일정한 일을 맡은 승려들이 있어 사원과 재정의 운영을 분담하였다.

고려 초기에는 지방 사원의 운영은 삼강직三綱職이라 부르는 원주院 主·전좌典座·유나維那·직세直歲의 네 직임을 담당한 승려들이 맡았다. 이들 사직寺職은 승관과 달리 특히 지방 사원의 운영 담당자로서, 삼강 직은 10세기 탑 비문에 한정되어 나타난다. 원주는 사원을 대표하여 업무를 총괄하고, 전좌는 사원 내부의 운영을 담당하며, 유나는 기강 유지와 기타 제반 사무를 맡고, 직세는 재정 운영을 담당하는 소임이 었을 것으로 생각된다. 삼강직 구성은 원종대사비(977) 이후에는 잘 보 이지 않지만, 14세기까지 '삼강'이라는 표현은 여러 기록에 나타난다. 중앙권력의 강화를 바탕으로 중앙의 새로운 승직체계를 통해 중앙과 지방의 불교계를 통제하려는 시책이 시행되자, 지방 사원에 독자적으 로 시설된 삼강제는 다른 모습으로 바뀐 것으로 추정된다.

국가의 중심사원에는 내부 관리를 맡는 도감都監이 설치되었고 승 록사 관리가 파견되어 임무를 담당하였다. 1021년의 현화사 창건기 록에는 성조도감成造都監·별감別監 밑에 사使·부사副使·녹사錄事가 있 고 승록사 승관이 배치되었다. 1024년의 〈불국사무구정광탑중수기〉 에서는 '삼강전'으로 도감都監·부도감副都監·부감副監·사史의 4인을 열거하였다.

사원의 승려는 운영자 외에 수행과 교리 연마에 주력하는 학승學僧 들이 다수였다. 이들은 신도들에게 교리를 가르치고 법회의 주관자 가 되었다. 또 상례나 제례와 같은 전문적인 일을 맡는 승려, 의료나 불교 공예 등 전문 기술을 가진 승려, 출판 전문가, 세속인들의 후원 을 이끄는 동량승棟梁僧이 있었다. 사원에서는 건축물을 조성하고 전문적인 숙련을 요하는 많은 불교 용구를 제작함에 따라 자연 수공업이 발달하였다. 이로써 석공·목수·칠장漆匠·화수畫手·각수刻手 등 다양한 기술을 가진 하급 승려가 있었다. 특히 직물과 기와, 자기 등은 민간 수요용으로 생산하기도 했다.

사원이 운영하는 토지인 사원전寺院田에는 사유지와 수조지收租地(경작자에게서 일정량의 조세를 받는 토지)가 있었다. 국가는 국가나 왕실을 위해 불사를 수행하는 사원에 수조지를 주었다. 사원은 수조지를 합치거나 개간하는 방법, 그리고 신도들의 시주 등으로 보유 토지를 확대하였다. 10세기에 운문사는 태조가 시납한 500결의 토지를 공문으로 공인받고, 장생표長栍標 탑을 세워 다른 토지와 구분하는 권역을 이루었다. 11세기에 통도사는 사원 주변 농장에 12개의 장생표를 세우고 직간直干을 두어 관리하였다. 사원전은 노비, 전호 등의 농민이 주로 경작했지만, 승려가 경작하기도 했다. 고려 초에는 사원에 자신의 경제력을 갖고 경작과 노역을 담당하는 수원승도隨院僧徒가 있었다. 사원의 토지는 지장知莊이나 직세直歲라는 직임이 관리를 맡았고, 이들은 경작 농민으로부터 전조田租(토지 수확량의 일정 부분을 수조권자에게 내는 것)를 거두었다. 사원전도 관료들의 전시과와 마찬가지로, 본래 전조는 수확량의 10분의 1이었으나 2분의 1에 이르기도 하였다.

사원은 토지를 매개로 풍부한 경제력을 소유할 수 있었고, 토지를 경작하는 농민들을 사원 아래 조직하여 세력화할 수 있었다. 사원 토지의 확대는 국가 수세의 감소를 가져왔기 때문에 사원과 국가는 때때로 긴장관계에 있었다. 사원은 토지 점유를 둘러싸고 지배층과, 또는 사원 간에 심각한 충돌을 일으키기도 하였다. 국가는 사원전이 한곳에 집중되어 세력화하지 않도록 분산 지급했고, 사원이 폐허가 되면 그 토지는 다른 사원이 점유할 수 없고, 국가가 토지를 몰수하였다.

사원 재정과 사회 활동

사원 운영을 위한 재원은 여러 경로로 마련되었다. 대부분의 사원은 토지가 가장 주요한 수입원으로서, 안정적이고 일정한 수입을 보장했다. 사원에서 보유한 재화를 매개로 전개한 이식 활동도 중요한 수입원이었으며, 상업에 종사하여 수익을 얻기도 하였다. 사원에 특별한 재정 수요가 있을 때는 연화緣化(인연이 닿는 여러 사람들이 시주를 모음) 활동을 벌여 재원을 마련하였다. 개인 재산을 가진 승려가 사원에 기부한 재원도 사원 운영에 적지 않은 도움이 되었고, 신도들의 후원을 비롯한 사회의 도움이 중요한 재정 기반이 되었다.

사원 재정에 큰 역할을 한 것이 취식取息(원금을 빌려주고 이자를 받는 것)이었다. 본곡을 마련하고 그 이자를 특정 불사에 사용하는 것을 목적으로 하는 다양한 명목의 보寶가 있어 재원을 마련하였고, 사원은 보의 명분 아래 적극적으로 대여 활동에 참여하였다. 보의 운영 담당자는 보장寶長과 색장色掌이었고, 주지가 이들에게 실질적인 영향력을 행사하였다. 보는 어려운 사람들의 곤궁함을 해소하는 사회 사업의 의미도 있는 반면 이들을 수탈하는 경우도 적지 않았다. 보에 곡물, 포, 화폐 등의 재원을 기탁한 발원자는 보의 지출 명목을 명시해 두고 영향력을 행사함으로써, 사원에 재물 관리를 대행시키는 효과도 있었다. 보를 중심으로 이자를 늘리는 활동은 고려 말에는 재산 증식을 위한 고리 행위로 변질되었다.

사원의 재정 수입은 사원의 유지를 위해 쓰였다. 우선 승려들의 생활을 위해 일정한 비용이 필요했다. 다음으로 사원 건물을 신축하고 유지 보수하는 데 큰 비용이 소요되었다. 건물을 유지하기 위한 여러 가지 자재와 용품을 구입하는 데 비용이 들었고, 불사를 추진할 때는 더욱 많은 비용이 소요되었다. 탑을 조성하거나 경전을 간행하는 경우에는 대규모의 재정 지출이 필수적이었고, 의식 등에 필요한 갖가지 불구를 제작하기 위해서도 재정이 필요하였다. 여러 가지 정기·비정기적인 불교 행사에도 많은 비용이 사용되었다. 이와 같은 불사의 진행은 특정인이 전담하여 시행되기도 하였고, 여러 사람들이 함께 재원을 모아 이루어지기도 하였다. 국가적인 행사를 비롯하여 대규모의 불사에는 국가의 지원이 큰 부분을 차지했다. 행사 준비에 대체로 많은 인원이 참가하였고, 이들이 먹고 머무는 데 드는 비용은 모두 사원이 부담하였다. 행사 동원 인력에게 제공해야 하는 품삯도 필요했다. 사원에서는 다양한 사회구제 활동을 펼쳤는데, 여기에도 상당한 비용이 필요하였다.

승려는 사원의 공유재산과 구분되는 개인재산을 보유하였다. 왕사와 국사 등의 고승들은 왕으로부터 재산을 받았고, 세속 가문으로부터 상속받거나 스승으로부터 전수받기도 했으며, 또 신도가 기부하여 재산을 마련하기도 하였다. 스스로의 경제 활동이나 시주를 얻는 활동으로 개인재산을 마련하기도 하였다. 그러나 개인재산을 전혀 갖지 못한 승려가 더 일반적이었던 것으로 보인다.

불교는 상업을 장려하였으므로 사원 또한 상업 활동에 적극적이었다. 사원은 자체 생산하는 농산물과 수공업 제품을 사원에서 판매하였다. 사원은 전국적인 연결망을 갖고 교통 요충에 자리 잡아 많은 사람이 모이는 장소였기 때문에 교역 장소로서도 중요한 기능을 수행하였다. 대규모 사원은 사원의 기본 운영을 위한 물품 구입에서 나아가 외국과의 교역을 통해 단청 원료나 경전을 구입하는 교역을 시행하기도 하였다. 금강산 장안사는 개경에 점포를 두고 남는 물품을 판매하고 필요한 물품을 구입하기도 하였다.

불교의 가르침에서 남에게 베푸는 보시布施는 크게 권장하는 사항이어서, 고려의 사원과 승려들은 여러 가지 보시 활동을 활발하게 펼쳤다. 빈민 구제, 여행자 편의 제공, 병자 치료 등이 그것이다.

보시를 행하면 일정한 보답이 따른다고 생각했기에 신심이 돈독한 일반인들은 보시를 적극적으로 실천하였다. 이러한 보시 활동의 성행으로 빈궁한 처지에 있는 이들이나 병자나 여행자들이 많은 혜택을 입었다. 활발하게 전개된 보시는 고려 사회의 재생산에 크게 기여하였고, 주로 상층민이 하층민에게 베푸는 보시는 사회적인 갈등을 완화하는 데도 일정한 역할을 하였다. 빈민 구제 활동을 벌인 구체적인 사례를 연복사 진제장賑濟場에서 확인할 수 있다. 사원의 빈민 구제 활동이 활발해짐에 따라 사원에서 국가의 위임을 받아 구제 활동을 하기도 하였다.

사원의 역할 중에 널리 일반인들에게 혜택을 주었던 것이 원관院館 사원의 활동이었다. 중앙의 행정을 전달하는 관원이나 사신이 왕래하는 주요 교통로에 숙박 시설인 역관驛館이 설치되었다. 그러나 역관 시설이 일반인의 여행에 도움을 줄 정도로 넉넉한 것이 아니었기 때문에, 왕래하는 이들의 편의를 도모할 수 있는 시설을 마련하고 불교계가 운영하도록 하였다. 현종 때(1021) 직산에 200칸 규모의 봉선홍경사에 80칸 규모의 광연통화원廣緣通化院을 나란히 건립하여 이 역할을 맡도록 하였다. 이후 13세기까지 원관사찰은 활발하게 건립 운영되었다. 사寺와 원院을 나란히 조성한 예로 서울 삼각산의 홍제원弘濟院과 서인관棲仁館, 의천이 건립한 평택의 겸제원兼濟院과 지남관指南館 등이 있다. 원관은 포천 미륵원彌勒院과 장단의 보현원普賢院, 임진나루의 도솔원과 이천의 흑석원, 개경 인근의 임진보통원과 서보통원, 홍경원, 행궁과 함께 건설한 파주 혜음사惠陰寺, 용미리 석불 근처의 광탄원, 중원의 미륵대원 등 여러 사례를 확인할 수 있다. 나루터나 교통로에 위치한 원관은 지나는 이들에게 숙소와 음식을 제공하였고, 굶주린 이를 거두고 병든 자를 치료하였다. 불교계는 원을 통해 세속 사회와 연결되었고, 원은 일정 부분 인적·물적 교류를 관장하며 사회적 영향력을 유지했다. 그러나 고려 후기 몽골 항쟁기에 육로교통이 약화되면서 원관의 기능도 쇠퇴하였다. 원 간섭기에는 지역 간 왕래가 증가하여 역로 사용이 증가하면서 역로 담당자들의 부담을 증가시켰다. 역에 대한 부담의 증가는 역로망의 역할을 나누어 담당하던 원관사찰의 부담이

충주 미륵대원
중부와 영남을 잇는 계립령로 북쪽에 위치한 미륵대원.
여행자에 편의를 제공하던 원관사원의 예이다.

되었고, 이에 공민왕은 육상교통의 발전을 추진하면서 역로망을 재정비하고 원관을 정비·발전시키고자 하였다. 이때의 원관은 사원의 기능은 없는 순수한 객관이었고, 그 운영도 국가가 직접 주도하는 것으로 바뀌었다.

고려 사원에서는 국가의 치료 혜택에서 벗어난 지역 사람들에게 질병 치료도 담당했다. 학일學─ 등 여러 승려들이 귀천을 가리지 않고 질병 치료 활동을 벌였음을 기록하고 있다. 불교는 자연에 대한 베풂을 강조하므로 일정한 권역에서 살생을 금지하고 방생을 권장하는 활동도 널리 시행되었다.

韓國佛教史

4

고려 후기
-사회변동과 불교

고려 후기 불교계의 변화 … 수선사와 백련사 … 재조 대장경과 인쇄문화 …
불교신앙과 불교문화 … 성리학의 수용과 척불론 …

고려 후기
불교계의 변화

결사불교의 의의

고려 전기 문벌귀족 사회는 12세기 전반에 여러 문제점이 드러났고, 1170년(의종 24) 무신들의 정변을 맞아 붕괴되었다. 무신정권은 이후 무신 간에 격렬한 갈등을 겪다가 최 씨 정권으로 안정된 이후 몽골 침공을 겪으며 100년간 지속되었다.

무신정변으로 고려 사회의 양상도 크게 바뀌었다. 문벌귀족체제의 붕괴와 함께 귀족과 연계된 풍부한 사원경제에 안주하며 기층민과 유리되었던 귀족불교는 설 자리를 잃었다. 교종 사원들은 1174년(명종 4) 귀법사 승려들의 저항을 비롯해 여러 차례 무신정권에 대항했고, 최 씨 정권이 등장한 다음에는 개경은 물론 부인사 등 지방에서도 저항이 이어졌다. 무신정권은 사원세력의 저항을 철저히 탄압하였다.

이 고려 사회의 변화기에 무인 집정자들은 교단의 재편을 기도하였다. 최충헌 집권 이전 무인 집정자들은 귀족불교와 긴밀하게 연계

지눌 진영
수선사(지금의 송광사)에서 정혜를 함께 닦을 것을 내세워 고려 후기의
새로운 불교운동을 연 보조국사 지눌의 진영(송광사).

되었던 교종 대신 선종을 부각시켜 선종 승과(禪選)를 실시하고, 천태종의 덕소德素를 왕사로 책봉했다. 최충헌崔忠獻(1196~1219 집권)은 그동안 소외되었던 소수 종파를 후원하고, 선종 중심의 교단체제를 적극 시도하였다. 1204년 결사운동의 기치를 내건 수선사에 사액賜額(국가에서 절이나 사당에 이름을 짓고 현판에 써서 내림)했고, 선승 지겸志謙에게 원당 창복사昌福寺를 맡기고 1212년에는 왕사로 책봉하여 오교 양종을 주관하게 하였다. 최충헌은 아들을 지겸에게 출가시켜, 나라와 정권의 안정을 기원했다.

이러한 선종 중심의 교단 개편책은 화엄과 법상 등 교종의 반발을 불러와 결국 최이崔怡(1219~1249 집권)는 기존세력과 신진세력을 절충하는 완화책을 추진하였다. 최이는 백련사도 지원했지만 수선사를 적극 후원했다. 이는 안정된 정치 기반을 확보하기 위해 불교계를 지원할 필요가 있었고, 사상적으로도 교단 간의 대립을 절충할 수 있는 교선일치의 수선사 논리가 적절했기 때문이었다. 또한 수선사를 지지하는 지방 향리나 독서층을 비롯한 사회계층을 포섭하는 것이 절실했고, 무엇보다 최 씨의 경제 기반인 경남과 전남 지방의 토지를 관리하는 데 수선사의 지리적 요건이 적절했기 때문이었다.

최 씨 정권은 담선법회가 성황을 이루자 보제사법회를 광명사와 보통사에까지 확대하고, 석 달 동안 뛰어난 선사들을 초청하여 법회를 개최하였다. 이규보가 쓴 담선방談禪榜 글은 그 의도를 잘 드러내고 있다. 이들은 선법은 최상의 가르침이며, 견성見性과 증득한 지혜로 적병을 물리치고 재앙을 제압하는 맹렬함이 이보다 더한 것이 없다고 하였다. 또 선은 가는 길이 빠르고 적병이나 재앙을 물리치는 데 효과가 빨라, 국운國運이 천지와 함께 만세토록 장구할 것을 기약

할 수 있다고 하였다.

　이와 같은 사회 분위기에서 승려 본연의 자세 확립을 주창하는 결사結社운동이 일어났다. 뜻을 같이하는 사람들이 모여 수행하는 결사는 인종 때 점찰과 염불을 실천하던 지리산 수정사水精社, 무인정권기의 고령 반룡사盤龍寺와 고성 수암사水嵓寺의 화엄결사, 개경 보암사寶嵓社의 연화원결사 등 여러 형태가 있었다.

　그러나 새로운 문화운동으로서의 결사를 대표하는 것은 수선사와 백련사이다. 수선사修禪社는 지눌知訥(1158~1210)이 개경 보제사에서 열린 담선법회에 참석하여 교단의 타락상을 목도한 것을 계기로, 동지 10여 명과 함께 이를 비판하면서 산림에 은거하여 결사를 맺을 것을 약속함으로써 출발했다. 그 뒤 지눌은 수선에 힘썼는데, 특히 거조사에서 〈정혜결사문定慧結社文〉을 반포하여 정혜결사를 결성하였고, 1200년(신종 3)에는 송광산 길상사(지금의 송광사)로 결사의 근거

강진 백련사
요세가 천태사상과 참회실천의
불교운동을 열었던 백련사.

지를 옮겨 이를 확대 실천하였다. 지눌의 수선사는 불교계의 제반 모순과 폐단을 자각하고 이에 대한 단순한 비판과 반성으로 끝난 것이 아니라 이를 개혁하려는 실천운동으로 승화시킨 것이었다. 수선사가 불교 교단의 주목을 받고 크게 성장한 것은 최이가 등장한 1219년(고종 6) 이후이다. 수선사결사는 이후 지속적으로 계승되며 고려 후기 불교계의 중추를 이루었다.

지눌과 그의 계승자 혜심慧諶은 12세기 이래 고려 사상계에서 유행하던 선사상을 답습하지 않고, 더욱 치밀하고 체계적으로 종합 발전시킨 선사상을 제창하고, 이타행의 실천을 표방하면서 정토신앙도 수용하였다. 이런 새로운 사상의 실천운동에 힘입어 수선사는 독서층과 지방의 향리층, 일반 백성들의 지지를 얻을 수 있었다. 향리층과 일반 백성들은 수선사가 중앙 귀족불교를 배격하고 모든 계층에게 결사 참여의 문을 활짝 열자 적극적으로 참여하였다.

수선사는 차츰 독서층의 광범위한 지지를 받게 됨에 따라 사원의 규모도 확대되었고, 나아가 광범위한 지지 기반을 확보하려는 최이 정권의 의도와도 맞아 떨어져 중앙의 적극적인 지원을 받게 되었다. 최이의 수선사 지원은 새로운 선사상에 대한 그의 관심도 컸지만, 수선사를 후원하는 사회계층을 포용하면서 자신의 식읍이 있는 지역에 위치한 수선사를 통해 경제적 관리를 원활하게 하려는 현실적 의도도 포함된 것이었다. 수선사는 최이 정권의 지원에 힘입어 불교 교단의 중심적 위상을 확보하게 되었다.

지눌과 마찬가지로 당시 불교계 비판의 견지에서 신앙결사에 뜻을 둔 요세了世(1163~1245)는 백련사白蓮社결사를 제창하였다. 요세는 지눌을 따라 거조사에서 선 수행을 체험하기도 하였으나 사상 경향이 달라 독자적으로 실천운동을 펼쳤다. 요세는 실천 수행의 방향을 참회 수행과 미타정토로 정하고, 그 이론적 근거를 《법화경》에 바탕한 지의智顗의 법화삼매 저술과 지례知禮의 《관무량수경》 해석에서 찾았다. 이를 바탕으로 요세는 1216년(고종 3) 강진 토호세력이 지원하는 만덕산으로 옮겨 본격적으로 백련결사를 결성하였다. 천태사상을 바탕으로 참회 실천행에 역점을 둔 요세의 결사는 지적 기반을 요구하지 않아 기층민들의 적극적인 지지를 받았다. 백련사는 결성 초기에는 지방의 토호층과 일반민들을 주요 지지 기반으로 하였으나, 이후 인근 지역 지방관의 지원이 더해졌다. 몽골이 침공하자 백련사는 1232년(고종 19) 보현도량普賢道場을 결성하여 강력한 대몽항전을 표방하였고, 이후 최이를 중심으로 많은 문신관료층이 백련사에 대한 지원과 관심을 아끼지 않았다.

혜심·천인·천책 등 수선사와 백련사결사에서 활동한 이들에서 보듯이 지방의 향리층·독서층의 자제들이 13세기에 접어들면서 대거 불교계에 투신하였다. 이러한 현상은 문벌체제하에서 귀족적이고 보수적인 면을 보였고, 또 무신체제하에서 부용적인 성격을 지녔던 유학에 대한 회의와 반발에서 나타난 현상이었다. 당시 가장 선진적인 사상을 표방한 인물들이 바로 지눌과 요세를 비롯한 결사운동을 주도한 인물들이었기 때문이다.

수선사결사는 몽골과의 항쟁과정에서 강화에 분사 격인 선원사禪源社를 세우고 본래 정신을 이어갔다. 그러나 원 간섭기 이후 수선사의 유지를 위해 정치 현실과 타협하려는 경향이 커져 본래의 결사정신은 변질되었다. 사주들은 지역 사회와 신진지식층과 의식을 공유하는 대신, 집권층을 위해 기도하고 왕실과 국가의 안녕을 기원하였다. 그 결과 수선사 계통이 아닌 가지산문迦智山門의 후예인 일연一然이 전 불교계를 이끌게 되었고, 수선사 계통은 백련사와 연계된 묘련사 계통과 함께 체제지향적인 중앙 불교의 틀에 안주하게 되었다. 연감淵鑑은 1324년(충숙왕 11)부터 오랫동안 선원사 주지를 지내며 이암李嵒 등 여러 사대부와 교류하였다. 《동문선》에 실린 10여 편의 그의 글에는 고려 후기 승려와 유자의 사상적 교유의 흔적이 담겨 있다. 그는 지팡이를 의인화한 〈정시자전丁侍者傳〉을 지었는데, 이는 가전체 설화를 통해 삶의 의미와 가치를 일깨워주는 글이다.

백련사도 집권자의 후원을 받았지만 실천신앙의 본래 모습을 잘 유지하고 있었는데, 원 간섭기에 접어들자 그 성격이 변질되었다. 친원 문벌세력인 조인규의 가문에서 대대로 천태종 승려를 배출하여 원과 밀접한 관계를 갖고 묘련사를 중심으로 활동하였다.

고려 후기 신지식층이던 지방 토호층과 독서층들이, 보수적인 문벌귀족 중심으로 유지되던 불교계의 제반 모순을 자각 비판하고 이에 대한 개혁을 시도했다는 점에 결사운동의 역사적 의의가 있다. 결사운동은 불교사상의 새로운 지향과 신행 활동으로 사회변화에 부응하는 동력을 이끌어냈다. 이 결사운동이 지방 사회의 지식인과 연계됨으로써 문화가 소수의 독점에서 상대적으로 다수의 공유체로 개방되는 효과를 가져왔다. 또 사상사적 측면에서 결사운동을 주도한 이들은 수행과 교화의 어느 한쪽도 소홀히 하지 않음으로써, 출가자 중심에 머물지 않고 세속의 서민 대중에게 나아가 새로운 사회운동을 지향했다는 실천적 의미를 지닌다. 이처럼 지방의 지식인을 중심으로 이루어진 실천적인 결사운동은 고려 후기의 새로운 지성을 여는 소중한 성과였다. 그러나 결사의 계승과정에서 중앙권력과 연결되면서 결사의 본래 취지가 퇴색하였고, 몽골의 침공을 맞아 교단 활동이 위축된 이후 원 간섭기에 접어들어서도 활력을 찾지 못하였다.

몽골 항쟁기와 원 간섭기의 불교

유목민족인 몽골이 동아시아의 새로운 강자로 부상하여 이제까지의 안정적인 국제질서를 무너뜨리고 힘의 중심으로 자리 잡음에 따라 고려 사회는 큰 변화를 겪게 되었다. 1231년부터 시작된 몽골의 침공으로 30여 년에 걸쳐 여몽전쟁이 이어졌고, 무인정권은 강화로 정부를 옮겨 대몽항전을 전개하였다.

몽골 침공으로 부인사에 보관 중이던 초조대장경이 불탔고, 최 씨 정권은 이를 대신할 재조대장경 조판사업을 추진하였다. 최이의 사위인 정안鄭晏이 대장경 재조사업의 중심인물로 활동하였는데, 권력의 핵심에서 벗어나 남해에 원찰을 마련하고 불서 간행과 신앙 활동에 주력하였다. 정안은 《법화경》·《화엄경보현행원품》·《금강경》·《선문염송》 등 6종의 불서를 간행하였는데, 그는 이들 발문에서 왕실의 장수와 외적의 와해, 그리고 조정의 안정과 집정자 최이의 장수와 친지들의 극락왕생을 기원하고, 죽은 부모와 친척을 비롯한 중생 모두가 불국토에 왕생하기를 기원하였다. 그가 간행한 《화엄경보현행원품》은 보현신앙의 중심을 왕생에 두고 그 실천을 위해 교리 해석과 신앙 사례를 두루 밝힌 것이다. 정안의 활동은 고려 후기 사회에서 적극적인 불교 활동과 공덕신앙을 실천하던 거사居士불교의 선도적 유형을 보여주며, 이와 같은 그의 신앙 경향은 이후 전개되는 고려 불교신앙의 한 전형이 되었다.

1258년(고종 45) 최의의 죽음으로 최 씨 정권이 몰락하고 왕정복고가 이루어져, 고려 조정은 원과 강화를 맺었다. 이는 국왕을 중심으로 결집된 문신세력의 환도 의지에 원 세조 이후 간접통치로 바뀐 원의 이민족 지배 방식의 변화가 더해진 결과였다. 1270년(원종 11) 개경 환도가 이루어지고 양국 간의 전쟁은 끝났다. 그러나 새롭게 등장한 고려 지배층이 원과 긴밀한 의존관계를 맺으면서 고려의 정치 구조는 왜곡과 파행을 초래하였다. 지배층의 이익은 유지되었지만 기층민의 사회경제적 모순은 더욱 심화되었다. 원 간섭기에 고려의 관제가 개편되고 고려의 내정을 간섭·통제하는 원의 정동행성이 설치되었다. 원의 고려 지배는 왕족을 임명한 심양왕과 고려왕을 분리하고 이간시켜 지배층 내부의 복잡한 이합집산 현상을 불러일으켰다.

원 간섭기의 불교계는 대체로 원의 간섭이라는 현실 속에 타협하고 온존하려는 경향이 주류를 이루었다. 그러나 신앙 결사정신을 계승하면서 당시의 보수적 불교계를 비판하는 경향도 함께 존재하였다. 두 경향 모두 신앙적 측면이 강조되었는데, 특히 원의 영향을 받은 신비적 색채가 짙은 귀족적 신앙 경향은 원당화한 사원의 경제적 모순을 확대시켰다. 반면 불교의 사회적 기능은 서서히 퇴조하였다.

원은 담선법회와 같은 항몽적인 불교는 경계했으나 전반적으로 고려 불교를 인정하였다. 원의 보호를 받는 사원들은 원 황실을 위해 기도하는 축성도량祝聖道場이 되고자 하는 등 고려 후기 불교계는 원의 간섭과 원 불교의 영향으로 친원적 성격을 갖지 않을 수 없었으며, 국가불교적 성격 또한 짙게 되었다.

이에 따라 원과 연계되며 부각된 법상종 등이 새롭게 교단의 주류로

부상했다. 수선사의 주도권은 5세 천영天英 때에 이르러 강력한 후원
세력이던 최 씨 정권의 몰락과 함께 약화되었다. 6세 충지沖止가 그 명
맥을 유지하려 했으나 수선사의 계승을 표방하면서 가지산문이 새로
부각되었다. 백련사에서는 본래의 성격이 변질된 묘련사 계통이 등장
하였으며, 주로 원에 사경승寫經僧을 파견하며 활동하던 법상종이 새롭
게 부각되었다. 최 씨 집권기에는 수선사와 백련사 계통에서 대부분
왕사·국사가 책봉되었으나, 충렬왕 대 이후로는 가지산문과 묘련사와
법상종 출신들이 주로 책봉되었다.

　가지산문의 부상은 일연一然(1206~1289)의 활동과 관련이 있다. 원
종 대의 불교계를 주도한 일연은 왕정복고에 참여한 박송비 등 관료
의 후원을 받아 교단의 중심에서 활동했고 후일 국존에 책봉되었다.

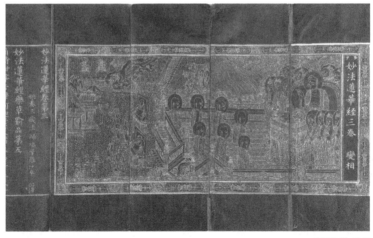

《법화경》 사경
경전을 지니고 외우고 쓰면 공덕이 됨을 말하는
법화경을 금니로 쓴 사경(국립중앙박물관).

일연은 수선사가 표방하던 간화선을 중심으로 여러 선 계통을 포용한 탄력적인 사상 경향을 보였다. 그는 조동선의《조동오위曹洞五位》를 다시 편집하고, 선종의《인천보감人天寶鑑》을 간행하며, 선의 사전과도 같은《조정사원祖庭事苑》을 편수하고, 선종에서 널리 읽히던《능엄경》계환해의 미비점을 보완하였다. 그러나 일연은 원과의 강화 이후에는 사상적 변화를 보여 현실적 구제신앙을 강조하였다. 이는 이민족의 침공으로 고통에 시달리던 민중들에게 구원과 희망을 불어넣고자 하는 불교적 노력으로 생각된다. 일연의 이런 신앙 중심의 불교관은 우리 역사의 유구함과 일반 백성들의 신앙의 저력을 모아 엮은《삼국유사三國遺事》의 편찬으로 귀결되었다.

백련사의 사상적 경향도 변화하였다. 1284년(충렬왕 10) 원 세조를 위해 기도하는 축수도량이자 왕과 왕비의 원찰로서 묘련사가 건립되었다. 묘련사의 주지인 경의景宜·정오丁午·의선義旋 등은 백련사에서 활동하다 묘련사로 옮겨왔고, 이후 왕실의 지원으로 국청사 등에서 활동하며 교권을 장악하였다. 법화교설만을 중시한 묘련사의 신앙 경향은, 대중에 기반을 두고 법화삼매참과 정토를 기원하던 백련사와는 다른 것이었다. 1313년에 국통이 된 정오는 1315년 국청사 금당을 새롭게 짓는 낙성법회에 육산六山의 3,000명을 초청하여, 의천이 국청사를 창건하고 천태종을 개창할 때 세운 전통을 따랐다. 원 간섭기의 대표적인 권문세가로 부각된 조인규 가문에서는 4대에 걸쳐 천태종으로 출가하여 묘련사를 토대로 만의사 등 천태종의 교권을 장악하였다. 조인규의 형인 혼기混其는 만의사를 법화도량으로 만들었고, 조인규의 아들인 의선은 1313년 만의사에서 법화 중흥 활동을 폈다. 의선은 원 황실과 밀접한 관계를 갖고 티베트 사원인 원 연경 연성사의 주지를 맡기도 하였다. 조인규의 증손인 묘혜妙慧는 법화 영험을 모은 《법화영험전法華靈驗傳》을 간행하였다.

원 출신의 고려 왕비나 고려에서 활동하던 원나라 사람들을 중심으로 티베트 불교신앙이 수용되었다. 고려 불교는 사상적으로는 티베트 불교의 영향을 받지 않았으나, 밀교의식과 밀교적 신앙이 고려 사회에 확산되어 불교미술에 그 영향이 나타나기도 하였다. 원에서 활동하던 고려인들은 원 불교계의 주요 후원층이 되어 사찰을 창건하고 재물을 시주하며 경전을 간행하였다. 충선왕은 선종·화엄종·천태종과 함께 티베트 불교를 후원하였고, 기황후는 중국과 고려 사원을 적극 후원하며 보우나 혜근 등 원에 온 고려승들을 지원했다. 신당주申當住, 고용보高龍普, 방신우方臣祐 등 원에서 활동한 이들은 경천사탑과 연복사종의 조성을 지원하였고, 고려 혜월慧月은 중국 운거사 석경을 중수하는 것도 후원하였다.

법상종은 전기에는 화엄종과 함께 양대 세력을 이루었으나 최 씨 집권기에 세력이 위축되었다가 원 간섭기에 성행했던 사경 활동을 주도하며 크게 부각되었다. 세력가 염승익廉承益(?~1302)은 현화사와 남계원을 중수하고, 남계원 탑에는 자신이 발원한 《법화경》 사경을 봉안하였으며, 자신의 집을 사경원으로 만들기도 하였다. 혜영惠永 (1228~1294)은 1290년(충렬왕 16) 사경승 100명과 원에 가서 금자金字 《법화경》을 사경한 것을 계기로 부원세력과 밀착되었고, 원 황제와도 연결되어 활동하였다. 미수는 《참법도량술해》를 지어 참회행의 실천을 이끌었는데, 1298년(충렬왕 34) 오교도승통에 이어 양가도승통을 맡고, 참회부가 설치되자 승정을 장악하고 오교 양종의 교권을 장악하였다. 해원海圓도 고려 출신 부인을 둔 원의 고위 인사의 추천으로 대도에서 활동했다.

이와는 달리 사회적 모순과 불교계의 자각을 촉구하는 일련의 경향도 있었다. 불교신앙을 강조하며 기층민의 신앙심 고취에 힘쓴 일연이 대표적인 예이다. 비슷한 시기에 혜영은 보타락가산의 백의관음에 귀의하고 무량수국 왕생을 발원하는 참회문인 백의관음예참문에 주석을 붙여 《백의해白衣解》를 지었다. 이 책은 강화 후기시대를 주도한 문신 유경柳璥의 요청으로 이루어졌다.

천태종의 무기無寄는 《석가여래행적송釋迦如來行蹟頌》을 지어 석가여래의 일대기와 불교 전래의 역사를 서술했다. 그는 이 책에서 당시 고려 후기 사회를 말법시대로 인식하고 비판적인 시대의식을 통해 올바른 불교 수행으로 나아갈 것을 주장했다. 그는 교리와 수행의 회통을 강조했는데, 많은 물들이 한결같이 바다에 돌아가는 것처럼 모든 부처의 가르침은 깨달음 한 곳으로 돌아가는 것이며, 좌선, 독송, 염불, 보시, 계율의 여러 수행 방법은 모두 불도에 들어가게 한다고 하였다.

화엄종의 체원體元은 신라 화엄에서부터 강조되어왔던 관음신앙을 바탕으로 실천신앙의 이론과 실제를 제시하였다. 적극적인 관음신앙 신행자였던 체원은 《화엄경관자재보살소설법문별행소》와 《백화도량발원문약해》(1328)를 편찬하여 관음신앙의 이론적 토대와 실천 사례, 그리고 관음신앙의 경험을 체계화하였다. 또 《삼십팔분공덕소경》을 간행하여 공덕을 강조하였다. 체원의 관음신앙 사상의 체계화는 고려 사람들이 이 땅의 관음성지 낙산洛山을 찾는 발길을 이어지게 했고, 개경 인근 천마산에도 관음굴觀音窟을 개설하여 많은 신앙 영험을 낳도록 했다. 이 시기 급증하는 사경과 불화 제작도 공덕과 왕생을 강조한 것이 주를 이룬다. 동일한 신앙 전거를 갖는 낙산관음과 관음보살도의 유행은 고려 후기 관음신앙 성행의 산물이다.

불교계의 자각을 촉구하는 이들의 비판과 노력은 어려운 현실 속에 살아가던 민중에 대한 인식을 토대로 한 것이기는 했다. 그러나 이들의 노력은 당시 사회와 불교계의 모순을 본질적으로 해결하는 데는 이르지 못했다. 결사불교의 활력은 약화되고, 새로 대두한 교단의 주류인 법상종과 가지산문은 친원적 경향과 함께 국가적 성향을 보였다. 권문세가와 연계되어 비대해진 사원의 경제력은 더욱 많은 문제점을 드러냈다.

보우 등의 현상적인 교단 개편 노력이나 원 선종의 새로운 도입 등이 있었지만, 이것으로 교단을 혁신할 자생력을 만들어내지는 못하였다. 왕실과 권문세력은 사경과 불화 제작 등으로 공덕을 빌었고 하층민들은 미륵신앙이나 매향신앙에 관심을 보였다. 실천신앙과 공덕신앙 등 신앙의 강조에 그친 이 시기 불교계의 역량은, 철저한 내적 반성을 통해 사회적 문제를 극복할 수 있는 사상체계를 제시하지는 못했다.

몽산과 간화선의 수용

원 간섭기의 국내 정치 상황은 내적 모순이 심화된 상태였다. 국왕의 지위가 불안하여 충렬왕과 충선왕, 충혜왕과 충목왕은 두 차례씩 왕위에 올랐다. 원의 지원으로 왕위에 오르고 왕위를 유지하는 상황에서 국왕은 측근세력을 육성하고 이를 통해 권력을 유지하려 하였다.

권세가의 토지 탈점과 수취체제의 문란이 심해지고, 이에 따른 국가의 재정난과 백성의 고통은 더욱 심화되었다. 충선왕·충숙왕·충목왕 때 개혁정치를 추진했지만, 원의 강력한 영향력 아래에서 본래의 목적은 달성하기 어려웠다.

이 무렵 몽골의 통치력이 약화되면서 한족들이 각지에서 들고일어나 원나라가 쇠퇴의 길로 들어섰다. 이런 정세에 힘입어 공민왕은 1356년(공민왕 5)부터 적극적인 반원정책과 개혁정책을 추진하였다. 그러나 홍건적의 침입과 왜구의 침범이 잦았고, 이들과 원을 동시에 대처하기 어려운 상황에서 반원노선은 유보되었다. 이들을 물리치는 과정에서 무장세력들의 힘이 커지자, 공민왕은 신돈辛旽을 등용하여 무장세력을 물리치고 내정을 개혁하며 왕권을 강화하였다. 공민왕이 죽은 뒤 이인임 등 권문세족이 정권을 장악하고 친원정책으로 되돌아갔다. 이성계가 중심이 된 무장세력은 신진사대부와 합세하여 마침내 권력을 장악하였다.

고려 말 개혁정책의 중심은 전민변정도감田民辨正都監을 통해 농민들이 부당하게 빼앗긴 토지를 본래 주인에게 되돌려주고, 농장에 강제로 얽매여 있던 농민들을 공민으로 만드는 것이었다. 이는 권문세족의 토지 겸병을 금지하고 공민을 확보하여 국가 재정을 확충하려는 것이었다. 공민왕과 우왕 때 거듭 추진된 이 정책은, 개혁을 추진할 만한 세력을 형성하지 못한 데다 개혁 대상이 된 세력들이 원나라 세력을 배경으로 방해하여 좌절되었다.

불교계의 상황도 마찬가지였다. 고려 말의 개혁적인 유학자들은 불교가 본분을 잃고 이익 추구에만 몰두하고 있다고 비판하였다. 고려 후기에 사원은 수조지의 겸병과 시납 등을 통한 소유지의 확대로 토지를 넓히는 일에 열중하였다. 면세되는 경우가 많았던 사원 토지의 확대가 곧 국가 수세의 감소를 가져오면서 사원과 국가는 때때로 긴장관계에 있었다. 유학자들의 초기 불교 비판은 불교계가 거대한 경제력을 갖고 승단이 타락하여 생긴 사회적 폐단에 대한 공격이었다.

이런 불교계의 문제점을 인식하고 바로잡으려는 노력은 무너진 교단의 기강을 바로잡고 청정 승단을 이룩하려는 내면적 노력과, 새로운 선법을 도입하여 선풍을 혁신하려는 두 가지 방향으로 나타났다.

고려 말 선종계의 변화에는 몽산 선풍의 영향이 지대했다. 많은 고려 지식인들이 그를 찾아 관계를 맺었다. 몽산덕이蒙山德異(1232~1298?)는 임제종 양기파의 고승으로 남송의 간화선 사상을 계승하며 무자 화두를 참구하는 간화선 일문을 확립하였다.

교외별전 사상을 토대로 송의 대혜大慧가 확립한 간화선은 인간의 본성에 대한 직접적인 체험을 강조한다. 간화선은 화두話頭를 참구하는 선 수행이다. 화두는 선의 세계에 곧장 들어가기 위해 창안한 매개이다. 선 수행이 말과 생각의 길이 완전히 끊어진, 곧 생각과 분별로 접근하는 모든 통로를 막아버리는 것이므로, 거기에서 수행자는 화두를 들어 본래 면목을 곧장 깨닫는 것이다. 스승은 제자에게 화두로 관문關門(빗장)을 걸어놓고, 제자는 그 빗장을 뚫어야만 깨달음의 세계에 들어갈 수 있다. 이런 간화선의 성격 때문에 '인가印可'가 반드시 필요하다. 스승이 제시한 관문을 제자가 제대로 뚫었는지를 확인해주는 절차가 필요한 것이다. 간화선과 인가가 보편화된 것은 많은 고려 승려들이 몽산을 찾은 데서 비롯되었다.

몽산은 간화선 수행과정을 다섯 단계로 제시하였다. 화두를 들고, 동정일여 화두일여 등의 단계를 거치고, 화두를 타파하고, 점검하여 인가를 받고, 인가를 받고 난 후 보림을 하는 단계이다. 몽산은 일단 깨달은 이후에도 자신의 공부가 분명하게 완성되었는지 종사宗師를 만나서 다시 점검할 것을 강조하였다. 몽산의 간화선 수행론은 남송 말 이후의 선사상과 같은 경향이지만, 이전에 비해 내용이 간략화되고 공안 수행자에게 편리한 단계론이었기에 고려 말에 크게 환영받았던 것으로 보인다. 그는 《육조단경》을 다시 편집하여 《덕이본 육조단경》을 간행했다.

1295년(충렬왕 21) 고려의 요암원명了庵元明 장로 등 8인이 몽산을 찾았고, 같은 해에 일연의 제자인 혼구混丘 등과 김방경金方慶, 염승익廉承益, 김흔金昕 등 고위 관료들도 몽산이 머물던 휴휴암을 찾았다. 천희는 화엄종 승려임에도 휴휴암의 몽산 진영을 참배하였고, 임제종 승려에게서는 인가의 증거로 가사를 받아오기도 했다. 몽산은 그

덕이본 《육조단경》
혜능의 설법을 묶은 《육조단경》 중에서
원의 몽산이 편집한 것. 고려 말 이후 우리나라에
큰 영향을 미쳐 강원의 교재로 사용되었다
(원소장처: 용흥사, 동국대 불교학술원 제공).

를 찾아온 선승들에게 미혹을 일거에 변화시켜 깨달음을 얻게 하는 문답을 주고받고 입문을 허락하였다. 몽산은 1297년 삼척 두타산의 이승휴李承休와 서신을 주고받았고, 수선사의 만항萬恒은 몽산과 글과 계송으로 교류하고 아호를 받기도 하였다. 만항은 몽산이 서문을 쓴 《육조단경六祖壇經》을 1300년에 간행했다. 이는 이후 한국 불교에 덕이본《단경》이 크게 유행하는 계기가 되었는데, 이 책은《몽산화상법어약록》과《몽산육도보설》과 함께 조선 전기에 가장 많이 간행되어 계속 영향을 미쳤다.

몽산의 제자 철산소경鐵山昭瓊은 1304년 수선사 충감冲鑑의 초청을 받아 고려에 와서 3년간 머물렀다. 철산은 충렬왕의 환대를 받아 궁궐에서 법문하였으며, 충렬왕과 숙창원비에게 보살계를 주었다. 왕실뿐만 아니라 사족들도 그에게 대승계를 받았으며, 권단은 그에게 출가까지 하였다.

몽산이 고려 불교에 큰 영향을 미친 것은, 원 간섭기에 성행했던 국제적인 문화 교류의 결과였다. 고려 선승들의 중국 유학은 원을 중심으로 한 새로운 문화적·사상적 경향을 체험할 기회였으며, 그를 통해 원의 새로운 문물을 수용할 수 있는 계기가 되었다. 고려의 사대부가 원의 지성과의 교류를 통해 주자학을 배우고 수용했던 현상과 마찬가지로, 원대의 선풍은 고려에 다양한 형태로 수용되었다.

여말 삼사의 임제선

새로운 선풍禪風은 14세기 중·후반에 여말 삼사로 불리는 보우·혜근·경한 삼사三師가 도입한 임제선臨濟禪이다. 임제선은 중국 선종의 오가칠종五家七宗 중의 하나인 임제종의 선풍을 말한다. 임제선은 생과 사, 범부와 부처가 자유자재한 선사상으로 중국에서 가장 폭넓게 영향을 미쳤다. 임제선이 이들 삼사에 의해 처음으로 도입된 것은 아니다. 지눌의 간화경절문 사상은 대혜종고大慧宗杲에게 영향을 받은 것인데, 대혜는 임제종의 양기파였다. 그러나 지눌은 저술을 통해 임제종 사상을 원용한 단계였고, 본격적인 임제선의 전개는 이들 삼사에 의해 이루어졌다.

혜심과 만항을 거쳐 정착된 간화선은 고려 말 선 수행의 중심을 이루었다. 특히 만항이 소개한 몽산의 간화선 수행 5단계가 크게 영향을 미쳐, 원에 가서 몽산의 유적을 찾는 발길이 이어졌다. 삼사는 이런 고려 말 선의 추이를 가장 명확하게 보여준다. 간화선을 수학하기 위해 원에 가는 것이 아니라, 고려에서 그 전통에 따라 이미 수행하고 깨친 바를, 원에 가서 종장을 찾아 인가를 받는 길이었다. 이는 깨달음을 인정받고 조사선의 정통을 계승한다는 일면도 있지만, 세속화된 현실 지향성이 두드러진 측면도 함께 존재한다. 이들의 행적은 선종이 불교계의 주도권을 장악하면서 스스로의 우월성과 정당성을 주장하기 위한 법통을 강조하려는 것이며, 선종 절대화의 경향으로 나아가던 모습이다. 선종 중심의 종파적 주장의 강화는 불교가 갖는 사회적 기반의 축소로 이어졌고, 이러한 불교의 사상적·사회적 한계는 고려 말 불교 몰락의 한 원인이 되었다.

백운경한白雲景閑(1298~1374)은 고려에서 명산대찰을 유력하며 수행하다 1351년(충정왕 3)경 원에 가서 지공에게 법을 묻고 청공에게서 법을 전해 받았다. 삼사 중 왕실과 거의 관계를 맺지 않고 지방 사찰에서 활동하여, 천진한 마음으로 참다운 경계에서 노닌다는 평을 들었다. 혜근의 추천으로 신광사 주지를 지내며 공부선을 주관하고 1346년(충목왕 2년) 왕명으로 국가 행사인 기신제忌辰祭를 주관한 정도였다. 그는 무심무념無心無念의 수행에 힘썼고, 이것이 종지와 격식을 초월한 무상진종無上眞宗이며 최상의 길이라고 역설했다. 무심선無心禪은 간화선이나 경전의 언구 등 그 어떤 수행보다도 뛰어나다는 것이다. 그러나 무심이라 하여 나무나 돌처럼 의식이 없는 상태가 아님을 분명히 하며, 깨달음의 경지는 모든 분별이 끊어진 절대 평등의 경지를 가리킨다고 하였다.

경한의 글을 모은 《백운화상어록白雲和尙語錄》에는 많은 상당上堂 법어와 조사선에 대한 관점, 선구에 대한 의견 등이 담겨 있다. 그중에서도 〈선교통론禪敎通論〉이 주목된다. 그는 교는 부처의 말씀이요[敎是佛語], 선은 부처의 생각이므로[禪是佛意], 부처의 마음과 말이 결코 서로 다르지 않은 것처럼 선과 교의 구별은 없다고 하였다. 그래서 선과 교는 이름은 다르지만 본체는 같아서 본래 평등한 것임을 알아야 한다고 주장하였다. 경한은 또 세계에서 가장 오래된 금속활자 인쇄물로 이름난 《직지》 곧 《불조직지심체요절佛祖直指心體要節》(1377년 인쇄)을 편집하기도 했다. 이 책은 경한이 《경덕전등록》, 《선문염송》 등 선종 문헌에서 깨달음의 요체가 되는 조사의 구절들을 뽑아, 바른 선 수행으로 도를 깨쳐 자기의 마음이 바로 부처가 됨을 알리고자 엮은 것이었다.

태고보우太古普愚(1301~1382)는 유학자들의 불교 비판이 강경한 기조로 바뀌어가던 상황에서 사상적으로 임제선을 수용하여 성리학에 대응하고, 또 공민왕의 반원 개혁정책과 보조를 맞추어 불교 개혁운동을 추진하여 불교계의 활력을 되찾고자 했던 고려 말의 대표적인 승려였다. 보우는 1346년(충목왕 2) 중국에 건너가 임제종의 석옥청공石屋淸珙에게 사사한 후 귀국하였다. 청공은 티베트 불교가 중심을 이루고 있던 현실 정치와 거리를 두고 은둔적인 삶을 살며 철저한 간화선 종풍을 드날리고 있었다.

보우는 간화선의 새로운 체계를 수립하고 특히 '무자無字' 공안으로 후학을 지도하였다. 한편으로 선·교의 대립을 지양하고 교단을 쇄신하고자 하여 임제선으로 구산선문을 통합하려 하였다. 보우의 건의로 1356년(공민왕 5)에 원융부圓融府가 설치되었는데, 이는 9산의 대립과 상쟁을 종식시켜 조화와 원융을 도모하려 한 것이었다. 이와 함께 문란한 교단을 바로잡기 위해 선종의 규범을 규정한 백장의 청규

고양 태고사 원증국사탑
고려 말 원의 선법을 계승해 와
조선 후기 선종의 중흥조로 꼽혔던
원증국사 보우의 탑(문화재청).

로 기강을 세울 것을 꾀했다. 이에 따라 왕명으로 《백장청규百丈淸規》와 《치문경행緇門警行》을 간행하여, 승가의 규율과 행의의 규범을 바로 세우도록 했다.

보우는 유심정토와 자성미타의 관점에서 정토를 수용하여 염불선을 제창하기도 하였다. 보우는 승려로서 개혁운동을 추진했던 신돈과는 대립적인 관점을 가져, 신돈이 공민왕의 지원에 힘입어 적극적으로 활동할 때는 소외되었다. 그의 문집인 《태고화상어록太古和尙語錄》에는 상당·시중·법어 등 선사상이 담긴 많은 글이 수록되어 있다. 그가 고려 말 불교계에 끼친 영향력은 대단히 커서, 문하에 보각국사 혼수混脩 등 1,000여 명의 제자가 있었다.

나옹혜근懶翁惠勤(1320~1376)은 1347년(충목왕 3) 원나라에 가서 법원사에서 지공指空을 만나 사제관계를 맺었고, 청공과 동문인 평산처림平山處林의 선법을 이어받고 11년간의 유학 끝에 귀국했다. 그는 정법안장을 없애버리고 임제정종을 일으키라고 외쳤는데, 이는 기존의 선사상에 대한 도전이며 새로운 임제선의 선양을 의미한다. 혜근은 학인의 지도에 죽비와 주장자와 방을 종횡으로 사용하고, 주입식 설법이 아니라 대중을 향해서 질문하고 응답하면서 문제를 제기하는 방법을 사용했다. 혜근은 간화선을 주장했지만 화두도 하나의 수단에 불과하다고 하며, 조사도 부정하고 부처도 부정하는 임제선 본분을 강조하였다. 이러한 선사상은 이전의 선과는 그 형식과 맥락을 전혀 달리하는 새로운 것이었다. 혜근 또한 깨달음을 절대적으로 강조하고, 그 점에서 화두의 의미를 인정하고 '무자' 화두를 제시하였다. 혜근은 몽산의 〈무자십절목無字十節目〉을 본떠 〈공부십절목工夫十節目〉을 편찬하는 등 수행 단계를 점검하여 깨침으로 나아가는 선 수행 방

삼화상
여말선초에 큰 영향력을 가졌던 지공(가운데)-나옹혜근(오른쪽)-무학자초(왼쪽)를
함께 기리는 신륵사의 삼화상 영정.

법을 구체적으로 제시하고, 몽산의 〈휴휴암주좌선문休休庵主坐禪文〉의 실천을 중시하였다.

혜근이 몽산의 선풍을 따르기는 했지만, 고려 간화선풍의 전통을 체득한 위에서 이를 수용한 것이었다. 혜근은 1370년(공민왕 19) 제산 납자들의 수행 정도를 시험하는 공부선功夫選을 여러 종파의 대표와 함께 주관하였다. 이는 고려 후기에 들어 변질된 승과의 면목을 일신하여 승풍을 진작하려는 의도였다. 혜근은 송광사 주지를 지냈고 회암사 중창을 주도하였으며, 자성미타를 토대로 칭명염불도 수용하였다. 그의 문집《나옹화상어록懶翁和尙語錄》에는 상당·시중·법어 등 많은 선적 가르침이 수록되어 있다. 문하에 무학자초無學自超 등 많은 제자가 있었고, 자초 등의 활동은 임제선풍이 조선시대에 선 수행의 주류를 이루는 토대를 제공하였다. 특히 지공·나옹·무학의 세 사람이 영험이 가장 뛰어나다는 전승이 생겨나, 후대에 이들 삼화상을 존숭하는 전통이 면면히 계승되었다.

이들 여말 삼사의 새로운 임제선 도입과 불교계 활동은 교단의 타락 분열과 대립을 선에 의해 통합하고 정화를 추구했다는 의의를 갖는다. 이러한 노력이 불교계를 바로 일으켜 세울 만큼 큰 성과를 가져온 것이 아니었지만,《선원청규》의 간행을 통한 정화운동이나 원융부의 설치에 따른 교단 통합운동의 전개는 교단 정비와 견실한 승풍 진작에 일정한 의의를 갖는다.

이들이 갖는 또 다른 의의는 선사상의 대전환이다. 삼사는 무심선을 이끌고, 무자 공안을 수행의 중심에 두며, 죽비나 주장자를 써서 문답 중에 화두를 제기하는 등 이전과는 다른 새로운 임제선을 도입하여 정착시켰다. 보우와 혜근의 문하에는 수많은 제자들이 활동했고, 이들이 조선에서도 주류로 활동함으로써 임제선은 한국 선의 주류를 형성하게 되었다. 고려의 간화선은 일물一物사상에서 철학적 기초를 다지고, 방법론으로서 무자 화두와 면목 인가 절차를 강조하였으며, 다시 대중적인 정토신앙과 염불화두와 융합하여 독자적인 틀을 형성하였다.

여말 삼사는 원 임제종 조사를 찾아가 선문답을 주고받으며 자신의 깨달음의 경지를 확인하였다. 그러나 이들 삼사가 원 조사에게 간화선 수행법을 배워온 것은 아니다. 지눌과 혜심, 만항으로 지속적으로 계승 심화되어온 고려 간화선의 수행 전통을 이어받아 이미 깨달음을 얻었고, 임제 법맥의 인가를 받으려는 의도에서 이들을 찾아가 인정받았을 뿐이다. 고려 후기의 간화선풍은 지눌이 문을 열고 혜심이 정착시킨 다음 만항이 몽산의 선풍을 수용하여 체계화하였다.

고려 말에는 삼사 이외에도 보각국사 혼수混脩(1320~1392), 대지국사 찬영粲英(1320~1390), 정지국사 지천智泉(1324~1395), 구곡각운龜谷覺雲(?~1383), 혜암상총慧庵尚聰 등 여러 선승들이 활동하였다. 이들은 조선 후기에 이르러 각 문파마다 제각기 법통을 설정하면서 사승관계가 서로 뒤얽히기기도 하였다.

성리학의 수용과 척불론

자생력을 상실한 고려 후기 불교계를 비판하고 나선 것이 신진성리학자들이었다. 유학자들의 불교 비판은 고려의 지배질서에 대한 이해의 차이와 정치적 이해관계에 따라 달랐다. 유교와 불교가 추구하는 목표가 궁극적으로 같다는 유불동도론儒佛同道論을 내세운 이색李

穡과 같은 경향은 불교의 현실적 기능을 긍정한 억불론에 해당한다. 반면 주자학에 충실하고 도통과 도학을 내세운 정도전과 같은 경향은 보다 적극적인 불교 비판을 주장한 척불론이었다.

고려 말에 불교에 대해 크게 배타적이지 않은 유학자들은 여러 승려들과 교유관계를 맺는 것이 일반적이었다. 여말선초의 성리학자 가운데 백문보·정몽주·정도전 등은 배불적인 경향을 띠었으나, 한편으로는 불교에 대해 호의적이었던 이곡·이색·김구용·이숭인·한수와 같은 성리학자들이 있었다.

원 간섭기 이후 권문세족과 고려 말의 불교계는 사회변화를 수용한 개혁안을 찾는 데 큰 성과를 내지 못했다. 보우와 혜근 등 주도적 활동을 했던 승려들은 임제선의 선양과 교단 개편으로 변화를 모색했지만, 근본적인 개혁은 이루지 못하였다. 반면 사원은 새로운 사회 기반을 확보하기 위한 신진 성리학자들의 주된 개혁 대상이 되었고, 사전私田 개혁과 맞물려 사원의 경제력을 비판하는 척불론이 빈번하게 제시되었다. 그러나 불교 교단은 개혁에 대한 적절한 대응책을 마련하지 못하고 고려 사회와 함께 붕괴되었다.

수선사와
백련사

수선사결사의 정혜쌍수

고려 후기 결사불교를 대표하는 것은 보조국사 지눌知訥(1158~1210)이 제창한 수선사 결사운동이다. 지눌은 선과 교의 일치사상[禪敎一致]을 매우 정치한 수준까지 올려놓았다. 지눌은 선정과 지혜를 함께 수행한다는 정혜쌍수定慧雙修로 교와 선을 함께 아우르는 사상체계를 제시하였다. 그는 화엄과 선이 근본적으로 둘이 아니라는 원돈신해문에 이어 간화문의 논리를 제창하여, 교와 선의 대립을 극복한 선의 진면목을 독창적으로 발휘하였다.

선적 깨달음과 이의 꾸준한 실천을 강조한 지눌의 돈오점수頓悟漸修는 깨달음의 추구 못지않게 종교적 실천을 주장한 뜻 깊은 사상이었다. 이와 같은 확고한 이론적 바탕 위에서 지눌은 중앙귀족이 아닌 지방민과 함께 하는 실천적인 결사운동을 실행하여 사회의식으로서도 의미 있는 성과를 이루었다. 이렇게 교선일치의 완성된 철학체계를 마련한 지눌의 사상은 동아시아 불교가 도달한 최고 단계의 차원 높은 사상이었다. 이는 내적으로는 전통 불교사상을 바탕으로 하고, 외적으로는 중국의 불교에서 적절한 대응사상을 찾아내 조화를 이룬 데서 나온 것이었다.

　지눌의 결사운동은 당시 교단을 비판하는 데서 시작하였다. 지눌이 판단한 당시 불교계는 출가자의 기본 자세인 마음을 닦아 불도를 이루려는 것이 아니라, 불법을 빙자하여 자신을 꾸미고 세상의 명리에 빠져 도덕은 닦지 않고 의식만 허비하고 있었다. 그래서 지눌은 〈정혜를 닦는 결사를 권하는 글勸修定慧結社文〉을 지어 동지들과 어느 때 여건이 갖추어지면 산림에 은둔하여 함께 모임을 맺고, 항상 선정을 익히고 지혜를 고르게 하는 데 힘쓰고, 예불하고 경전을 읽으며 힘을 쓰는 일까지 각자 맡은 바에 따라 운영하자는 수행 공동체를 제창

순천 송광사
보조국사 지눌이 수선결사운동을 열어 고려 후기
불교계의 중심이 되었던 수선사.

하였다.

이 결사에 들어와 마음을 닦으려는 이는 근본을 잘 알아 쓸데없는 논쟁을 그치고, 선정과 지혜를 닦고 신행과 발원을 아울러 수행하여 함께 깨달음을 이루자는 약속이었다. 그리고 서로 도와 바른 법륜을 굴려 중생을 제도하자고 하였다. 또한 불국토를 청정하게 하는 것은 곧 자신의 마음을 정화하는 것에 다름 아님을 역설하였다.

지눌은 당시 교단이 말로는 법계연기설을 얘기하며 지견은 많은 듯 하지만 선정 수행력이 부족하여 자신의 마음을 볼 줄 모르고 글만 찾아 사리분별 못하는 지혜쟁이[尋文之狂慧]와, 불교의 기본 가르침은 돌아보지도 않고 처음부터 옛 조사의 깨달은 소식에 달려들어 하는 일 없이 앉아 졸고 있거나 수행의 바른 길을 잃고 헤매며 묵묵함만 지키는 어리석은 선자[守默之癡禪]들로 가득찬 곳이라고 보았다.

그래서 지눌은 선 수행[定]과 교학 수련[慧]을 함께해야 함을 역설하였다[定慧雙修]. 선정은 본체이고 지혜는 작용인데, 본체와 작용은 스스로의 마음에서 비롯된 것이므로 선정이 곧 지혜이고 지혜가 곧 선정인 것이었다. 지눌은 이 선정과 지혜의 두 주제는 수행의 요체이자 부처가 말한 요지이며 모든 경전에서 밝히고자 한 근본이라고 생각했다.

지눌사상의 구조와 의의

이런 바탕 위에서 지눌은 크게 세 가지 논리 구조를 세웠다. 성적등지문과 원돈신해문과 간화경절문이다.

성적등지문[惺寂等持門]은 맑게 깨어있음[惺]과 고요함[寂]을 아울러 수행해야 함을 강조한 것이다. 곧 정혜쌍수와 같은 의미이다. 사람들의 본래 청정한 마음[本來面目]은 인식 주관이나 인식 대상이 본래부터 공하다. 텅 비어 있음[空]은 모든 대상이 허망함을 말한다. 본래부터 텅 비고 고요한 마음은 그 속에 신령스러운 인지 작용이 늘 활동한다. 고요함은 마음의 실성이며, 앎은 표현 작용이다. 영롱하게 빛나는 검은 구슬을 보자. 구슬의 본질은 검은 빛이지만, 우리가 보는 검은 색은 본질 자체가 아니라 겉에 나타난 허망한 것일 뿐이다. 검다고 말하는 것은 본질이 나타남을 아는 작용이다. 이것을 공적영지[空寂靈知]라고 한다. 우리의 마음은 정과 혜를 아울러 담고 있고, 깨어있음과 고요함도 함께 있다. 순간에 깨닫는다[頓悟]는 것은 이 공적영지의 마음을 깨닫는 것이다. 먼저 자신의 마음이 모든 깨달음의 근본이 됨을 철저히 믿고, 정과 혜의 힘으로 관조하여 모든 인연을 끊고 텅 빈 마음과 저 깊은 데서 일치할 수 있도록 하는 것이 진정한 수행의 길이다.

이러한 성적등지설은 돈오점수[頓悟漸修]설을 이론적 배경으로 한다. 먼저 깨닫고 계속 수행하는[先悟後修] 것은 돈오이론에 입각한 실천 수행론이다. 지눌은 선 수행의 궁극적인 목표인 깨달음, 곧 돈오가 단순히 깨달음으로 그쳐서는 안 되고, 다시 점진적인 수행, 곧 점수라는 종교적 실천이 뒤따라야 한다고 판단했다. 왜냐하면 오랫동안 우리 몸에 익혀온 잘못된 관습은 갑자기 제거되는 것이 아니기 때문이다. 바람은 잦아들어도 파도는 아직 출렁이고 있는 것과 같다. 그렇다고 이 돈오점수가 어느 순간에 단번에 깨치고 더 밝혀야할 깨달음이 남아 있어 깨달음을 계속 지향해야 한다는 뜻은 아니다. 단번에 깨친다고 오묘하고 신비한 해탈이 완성되는 것은 아니므로, 공성을 깨치고 여기에 보현행원으로 대표되는 실천을 지속해야 완전한 깨달음이 된다는 뜻이다.

지눌이 제창한 깨달음의 종교적 의미가 여기에 분명히 드러난다. 일반적으로 선 수행의 궁극적인 경지는 불성을 깨달으면 보탤 것도 덜 것도 없다는 마조 계통의 돈오돈수頓悟頓修에 있다고 본다. 지눌이 제안한 돈오점수는 이에 미치지 못하는 낮은 단계의 깨달음 이론으로 볼 수도 있다. 이런 이론적 취약성을 모를 리 없는 지눌이 군이 돈오점수설을 택한 것은, 수행자는 종교적 실천으로 깨달음의 경지를 직접 보여주어야 한다고 판단했기 때문이다. 오늘날에도 여전히 유효한 지눌의 종교가로서의 의의는 여기에서 특히 빛을 발한다.

다음은 원돈신해문圓頓信解門이다. 선불교가 등장한 이후 교학과 선의 융합 문제는 항상 지상의 과제였다. 정혜쌍수 또한 그에 대한 지향이다. 지눌은 화엄교학과 선의 대립을 지양하는 이론으로 원돈신해문을 내세웠다. 번뇌에 매인 일반 범부라 할지라도 일상생활의 터전에서 흔히 갖는 분별하는 무명의 마음 그대로 보편적인 밝은 지혜[普光明智] 곧 깨달음을 이룰 수 있다. 밝은 지혜와 번뇌에 싸인 중생들의 마음은 그 근본에서는 일체이기 때문이다. 부처가 입으로 설한 것이 교학이요 조사가 마음으로 전수한 것이 선이다. 부처와 조사의 마음과 입이 서로 다를 수가 없다. 자기가 익힌 것만을 주장하며 선이니 교니 다투는 것은 하늘의 해를 가리는 것처럼 잘못된 것이고 근원을 파헤치는 것이 아니다. 자신의 마음만 관하고 화엄의 사사무애설과 같은 이치를 관하지 않으면 원만한 불과佛果를 잃는다. 그런데 화엄보살도 수행의 첫 단계인 처음 깨달음을 지향할 마음을 내는[初發心] 그 단계가 곧 부처의 경지와 다르지 않다. 그러므로 수행이란 자기 마음의 무명의 분별이 모든 부처의 움직일 수 없는 밝은 지혜[不動

明智임을 믿고 알아, 본성에 따라 선 수행을 해야 한다. 지눌은 이런 수행론으로 선과 화엄, 곧 선과 교학의 융합을 의도하였다.

세 번째는 간화경절문看話徑截門이다. 원돈신해문도 아직 말에 의한 수행과 깨달음의 단계, 이치를 듣고 말하고 이해하는 단계이다. 그래서 궁극적인 수행은 앎[知解]의 장애, 곧 분별을 모두 넘어선 선 수행으로 나아가야 한다. 이렇게 보자면 성적등지와 원돈신해는 경절문으로 나아가는 지침이었고, 또 경절문이 극점이라는 사상적 위치를 뚜렷이 하는 데 크게 기여한 논법이었다. 한가닥 생명력 넘치는 선 수행의 길은 삼세제불과 역대 조사와 천하의 선지식의 잘못된 곳을 돌아보며, 내 스스로 가진 보배 곧 마음을 깨치는 길이다. 그 가장 뛰어난 길은 절실하게 화두를 탐구하는 데 있다. 이러한 지눌의 경절문 주장은 아직 본격적인 간화선 수행을 펼친 것은 아니었지만, 그 단초를 열었다는 점에서 이후 전개된 선 수행 풍토에 끼친 영향 또한 크다.

《수심결》
돈오점수와 정혜쌍수를 주요 내용으로 하는
지눌 선사상의 요지를 보여주는 책.

지눌은 결사정신을 제창한 〈권수정혜결사문〉을 비롯하여 《마음 닦는 비결[修心訣]》, 《화엄론의 요점과 해석[華嚴論節要幷入私記]》, 《원돈 화엄의 성불론[圓頓成佛論]》 등의 빼어난 저작을 통해 그의 사상을 정립하였다. 지눌은 남종선의 확고한 주류가 아닌 신회神會와 화엄과 선에 모두 깊은 이해를 가졌던 종밀宗密 등의 사상을 바탕으로 하면서, 깊은 성찰 끝에 자신의 독자적인 논리를 계발하였다. 이렇게 지눌이 제시한 선·교 융합적인 사상은, 동아시아 불교에서 가장 수준 높은 체계적인 이론으로 평가된다.

지눌은 수행과정에서 《금강경》·《육조단경六祖壇經》·《화엄론》·《대혜어록大慧語錄》 등을 중시했고, 이들은 그의 사상체계에 깊게 뿌리내렸다. 그리고 이후 조선시대에 이르기까지 이 경론들은 불교계에 폭넓게 영향을 미쳤다. 지눌이 제시한 정교하고 치밀한 선사상은 새로운 사상을 갈망하던 13세기 고려 지식인들에게 참신한 사상체계였다. 이 때문에 수선사 결사운동은 신진지식층을 중심으로 사회운동으로 전개될 수 있었다.

혜심의 간화선

지눌의 결사운동은 결사 중심지였던 수선사(지금의 송광사)에서 대를 이어 더 큰 반향을 불러일으켰다. 지눌에 이어 수선사를 이끈 이는 진각국사 혜심慧諶(1178~1234)이었다. 혜심은 본래 과거에 합격했던 유학자인데 출가한 이였다. 혜심에 이어 천인天因과 천책天頙도 과거 출신 유학자로서 출가한 이들이었다. 이런 모습은 12세기 고려 사회가 지향하던 새로운 사유가 유학에서는 가능하지 않았던 반면, 불교계 내부의 비판을 바탕으로 전개된 새로운 사상운동이었던 결사불교가 이들 지식인의 지향과 들어맞았던 상황을 반영한다.

혜심은 부친이 향공진사인 독서층 출신으로, 사마시에 합격하여 대학에 입학했으나 이듬해 모친이 세상을 뜨자 출가하였다. 수선사의 2대 사주社主가 된 혜심은 지눌의 가르침을 계승하고 널리 펴기 위해 노력하였고, 강종과 집정자인 최충헌의 아들 최이崔怡 등 왕족과 고위 관료들이 그가 이끄는 결사에 참여하였다. 결사 참여자가 많아지면서 수선사의 규모도 확대되었다.

유학자 출신의 혜심은 유교와 불교가 명목은 다르지만 그 실체는 다를 바 없다고 하는 유불조화론을 주장했다. 무엇보다 혜심은《선문염송禪門拈頌》30권을 펴내 본격적인 간화선 선양작업을 펼쳤다. 간화

강진 월남사 진각국사비
지눌에 이어 수선사를
크게 확대하여 고려 불교계의 중심으로 만든
월남사 진각국사 혜심의 비.

선은 깨달음의 세계를 총체적으로 드러내 보이는 실마리인 화두가 뜻하는 바를 직관적으로 추구하는 선 수행이다. 선 수행자들에게 간화선은 으뜸가는 목표이며, 최상의 기량[근기根機]을 갖춘 자만이 들어갈 수 있는 대도大道이다. 혜심은 이와 같은 간화선 수행을 심화시켰다. 그는 간화선 주장과 아울러《금강경》신앙과 보문품의 관음, 보현행원품의 보현신앙과 실천공덕 신앙도 강조했다. 혜심의《진각국사어록》은 상당·시중·소참·법어 등 조사 어록의 정형을 보여주며, 가장 오래된 어록으로 평가될 정도로 조사선 정착에 중요한 역할을 하였다.

이후 수선사에서 주목받은 이는 원감국사 충지冲止(1226~1293)였다. 그 역시 과거에 급제하여 관직에 나가 유학계의 주목을 받았던 인재였다. 그러나 충지는 은둔하는 삶에의 동경과 불법을 향한 구도 열정으로 출가하였고, 수선사 사주가 되어 결사를 이끌었다. 당시 원의 일본 공략군을 지원하는 일로 특히 경상도 지역 사람들이 큰 고통에 직면해 있었다. 충지의 글을 모은《원감국사집圓鑑國師集》에는 그런 기층민의 고통을 반영하는 애민시愛民詩가 있는가 하면 친원적인 의식도 함께 나타나 있으며 정토신앙도 수용하였다. 그는 당시 현실을 양면적으로 인식하고, 체제지향적 일면도 가졌던 것이다.

요세의 백련결사

지눌과 마찬가지로 당시 불교계를 비판하고 신앙결사에 뜻을 둔 원묘圓妙국사 요세了世(1163~1245)는 백련사 결사를 제창하였다.

요세가 결사를 이끈 원동력은 참회와 정토왕생의 강한 실천력이었다. 그는 《법화경》을 매우 중시하고 이를 통해 얻는 공덕을 강조하였다. 요세가 개창한 보현도량은 《법화경》의 내용을 쓰고[서사書寫] 외우고[독송讀誦] 받아 지니는[수지受持] 신앙의 실천이었다. 요세는 법화사상을 기본으로 정토신앙과 법화삼매를 수행하는 참법懺法을 즐겨 실천하였다. 그의 일과는 선관을 지도하는 여가에 《법화경》을 읽고, 준제신주准提神呪 다라니를 1,000번, 아미타불 명호를 1만 번 염불하는 것이었다. 1236년(고종 23)에는 뒷날 백련사의 제4세 조사가 되는 천책이 〈백련결사문〉을 찬술하였고, 법화참회를 수행한 사람이 300명을 넘었다. 요세의 사상은 13세기 전후 혼란상에 처해 있던 불교계에 대한 자각을 토대로 농민 천민층까지도 대상으로 한 것이었고, 이를 계기로 정토신앙이 민중 속에 깊이 정착될 수 있었다.

강종의 공주이자 최충헌의 부인인 정화택주는 백련사 무량수불을 조성하고 금자 《법화경》을 만들어 봉안했다. 1240년에는 최이가 발문을 쓴 《계환해법화경戒環解法華經》을 보현도량에서 개판하여 널리 보급하였다. 이처럼 백련사 보현도량은 최 씨 무인정권과 깊은 관계를 맺고 성장하였다. 민중들과 시작한 결사였지만 대몽항쟁기에는 최 씨 집정자와 관료들의 지원도 받았던 것이다.

요세는 지의의 주요 저작인 《법화현의》·《법화문구》·《마하지관》의 요점을 뽑아 묶은 《삼대부절요三大部節要》를 지었다. 그는 천태를 부흥시킨 송의 지례知禮의 영향을 크게 받아, 지례의 책을 즐겨 강의하고 지례의 염불결사의 규약을 본떠 수행의 지침으로 삼았다.

요세는 지눌의 선사상이 최소한의 이해 바탕은 갖고 스스로 발심할 수 있는 수준이 되어야 한다고 보았다. 이와 달리 이 시기의 혼란상에 처해 있던 대다수의 농민·천민층에게는 정토신앙이 보다 현실적인 수행이라고 생각했다. 이런 요세의 사상과 실천운동은 기층민의 의식을 고양하고 정토신앙이 고려 후기 사회에 광범위하게 펼쳐지는 데 기여하였다.

백련결사의 계승

요세에 이어 천인天因(1205~1248)이 백련사를 주도했는데, 그 또한 과거에 합격하여 출가한 이였다. 천인은 요세에게 출가한 후 수선사 제2세인 혜심에게 나아가 선 수행에도 참여했으나 백련사로 돌아와 보현도량을 열었다. 그는 1243년(고종 30) 최자가 40년 전에 결성했던 공덕산 미면사米麵社를 중수하여 동백련사東白蓮社를 열자, 천책天頙(1206~?)과 함께 이곳에서 정진하다 후에 요세를 이어 백련사 2세 사주가 되었다. 이어 천책이 백련사 결사를 이끌었다. 천책 또한 과거에 합격한 진사 출신으로 요세에게 출가하여 1236년에 〈백련결사문〉을 지을 만큼 주도적인 활동을 하였다. 1244년에 동백련사 주법을 지낸 다음 백련사의 4대 교주가 되었다. 천책은 과거 친구들인 문인 관료들과 폭넓은 교유를 가졌다. 이장용李藏用이나 유경柳璥 등 최고위 관료를 비롯하여 임계일林桂一·정가신鄭可臣·김구金坵 등과 서신을 주고받으며, 원 간섭기 관료들과 고민을 함께 나누었다. 이런 내용은 그의 글을 모은 《호산록湖山錄》에 잘 나타나 있다. 천책은 우리나라의 법화 영험을 모은 《해동전홍록海東傳弘錄》을 편찬하였다. 《선문보장록禪門寶藏錄》은 여러 선사의 어록에서 86가지 내용을 모은 것인데, 1293년에 진정대선사 천책의 저술로 표기되었지만 천책의 저술인지는 분명하지 않다. 전거를 주로 밝힌 저술 내용 중에는 전거가 명확하지 않은 자료도 많은데, 석가에게 스승인 진귀조사眞歸祖師가 있었고, 그가 석가에게 조사선을 전했다고 하는 등 조사선을 강조한 특징이 두드러지는 책이다.

요세와 천인이 지눌과 혜심의 수행에 참여한 적이 있고 천책은 정혜를 수행했는데, 이는 수선사와 백련사가 상호 교류하며 새로운 불교운동을 추진했음을 말해주는 것으로 생각된다. 백련사에서는 국가적 불교의례가 아닌, 경전 교화, 추모 천도와 경축, 공양의례 등과 함께 강경과 전경, 안거와 설선 등 수행의례를 실행하며 결사정신을 이어갔다.

재조대장경과
인쇄문화

재조대장경

몽골의 침공으로 1232년(고종 19) 부인사符仁寺에 보관되었던 초조대장경이 불타버렸다. 고려 조정은 불법의 힘으로 전쟁을 끝내고 안팎이 편안하며 왕실이 무강하고 국운이 만세토록 유지되기를 빌고자 대장경을 다시 조판하였다. 이는 사업을 완성하고 이규보가 쓴 〈대장경 경판을 새기고 임금과 신하들이 비는 글大藏刻板君臣祈告文〉에 잘 나타나 있다. 고려 조정은 재조판 간행을 위해 대장도감大藏都監을 설치하여 국가적 운영체제를 갖추고, 진주 등지에 설치된 분사도감分司都監의 주도하에 해인사·단속사·동천사 등 여러 곳의 작업 공방에서 1236년부터 1251년까지 다시 대장경을 조판하였다.

재조대장경의 조성은 사재를 기부한 당시 집정자 최이와 국가와 절반의 경비를 분담하였다는 정안 등이 큰 역할을 하였다. 사업 전반적으로는 국왕을 정점으로 조정이 정책을 담당하고, 이규보와 정안

고려대장경판

13세기 중반에 6,000권이 넘는 방대한 분량의 대장경을 새긴 8만 개가 넘는 경판.
세계 목판 경전 중에서 가장 정확하고 아름다운 새김으로 평가받는
고려 불교문화의 상징(해인사).

고려대장경 인쇄본

고려 팔만대장경판의 첫째 판인 대반야바라밀다경판을 인쇄한 인출본.

및 수기守其와 천기天其 등이 역할을 분담하여 시행하였다. 이들은 판각사업에 직접 참여함으로써 불교계를 보호하고 교학을 보급하며 실천공덕이나 정토신앙 등을 실현하고자 하였다.

해인사 장경각에 보관되고 있는 재조대장경은 8만 1,350판을 헤아려서, 흔히 팔만대장경이라 불린다. 이 중 232판은 중복판이어서, 실제 대장경 내용은 8만 1,118판에 담겨 있다. 조선 후기에 새겨 넣은 《보유목록》까지 포함하여 1,514종 6,810권 664함函에 이른다. 이 중에 조선시대에 새긴 115판을 제외하면, 고려판은 모두 8만 1,003판이다. 고려판 가운데 《대장목록大藏目錄》에 수록된 '정장'은 1,498종 6,578권 7만 8,378판이다. 이 목록에는 수록되지 않았으나 고려대장경으로 포함해도 좋을 '외장'은 14종 221권 2,625판 분량이다. '정장'과 '외장'을 합친 전체 분량은 1,512종 6,799권 8만 1,003판이다. 이 중에 다른 경전인데 한 경판에 한데 묶인 것이 28종이 더 있어, 경판 수는 같지만 경전 수량은 1,540종 6,827권이 된다.

합천 해인사 고려대장경 판전
팔만대장경판을 600년 동안 거의 손실 없이 잘 보존해온
과학문화의 상징 대장경 판전(해인사).

결국 재조대장경은 1,540종 6,827권 8만 1,003판으로 정리할 수 있다. 경판의 앞뒤 양면에 새겼으므로 고려대장경의 내용은 16만 2,006면에 이른다. 8만 판이 넘는 경판 중에 지금까지 훼손된 경판은 70여 판밖에 되지 않는다. 경판의 새김도 문화적 의의가 크지만, 이를 완벽하게 보존해온 역량도 비할 바 없이 뛰어나다.

경판의 크기는 마구리(손잡이)를 포함하여 가로 64~78센티미터, 세로 23.5~25센티미터, 두께 2.6~4센티미터 정도이며, 무게는 3.2~3.8킬로그램이다. 경전을 새긴 판면은 가로 45~51센티미터, 너비 22센티미터이다. 한 면에 23줄, 1줄에 14자씩 새겼고, 글자 크기는 약 1.5센티미터 정도이다. 한결같은 크기와 체재와 새김은 대장경 조성이 매우 조직적인 체계로 이루어졌음을 말해준다.

경판에는 판마다 새긴 이〔각수刻手〕를 새겨 놓았는데, 1,760여 명의 이름이 모두 2만 7,000회에 걸쳐 나타난다. 이들은 중앙 관료와 재지 세력 그리고 수선사와 백련사의 승려 등 다양한 신분을 나타내고 있어, 당시 고려 전 계층이 제작에 참여한 것을 알 수 있다. 경판의 양 끝에 마구리를 끼워 세워 보관할 때 판목의 글자끼리 부딪히지 않게 하고 통풍이 되도록 하였다. 판목은 대부분 산벚나무와 돌배나무를 썼다.

재조대장경은 함께 펴낸 《대장목록》에 수록된 '정장正藏' 1,526종과 목록 이외의 '외장外藏' 14종으로 구성되었다. 초조대장경이나 재조 대장경 모두 기본적으로 《개원록》을 비롯한 여러 목록에 의거하여 순서대로 개판하였다. 재조대장경 '정장'은 《개원록》에 수록된 경론을 우선적으로 수록하고, 송대 이후 새로 정리된 목록에 따라 차례로 수록하여, 경론들이 이곳저곳에 분산 수록된 모양이 되었다. 대장경의 구성이 일관된 체계를 보여주지 못하는 것은, 새롭게 재구성한 목록을 만들지 않고 기존의 목록에 따라 제작했기 때문이다. 재조대장경은 초조대장경에 비해 경판의 표시가 머리제목[板首題]에 '1장丈'으로 표기하던 것이 판끝제목[板尾題]에 '1장張'으로 바뀌는 등 형식상의 변화와 함께 정확하게 내용을 수정하여 조판 간행한 것이 특징이다.

재조대장경의 구성은 크게 ① 대승 경율론, ② 소승 경율론, ③ 성현집전聖賢集傳, ④ 보유補遺, ⑤ '외장'으로 나뉜다. 세부적으로 ① 대승 경율론은 ㉮ 대승경, ㉯ 대승율, ㉰ 대승론으로 나뉜다. 다시 ㉮ 대승경은 중단합역重單合譯과 단역單譯으로 나뉘고, 중단합역은 또 반

고려대장경의 구성

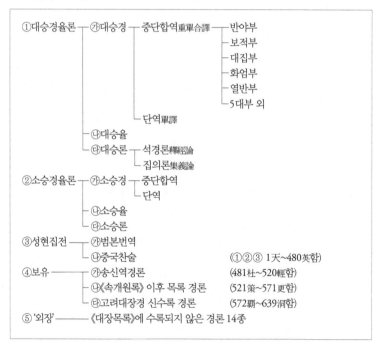

388 │ 389

야부般若部, 보적부寶積部, 대집부大集部, 화엄부華嚴部, 열반부涅槃部 5대부 외로 나뉜다. ④ 대승율에 이어 ⑤ 대승론은 석경론釋經論과 집의론集義論으로 나뉜다. ② 소승 경율론은 ② 소승경, ⑤ 소승율, ⑥ 소승론으로 나뉘고, ② 소승경은 다시 중단합역과 단역으로 나뉜다. ③ 성현집전은 ② 범본 번역, ⑤ 중국 찬술로 나뉜다. 여기까지가 480함의 《개원록》 분류에 따른 구성이다(1天~480英함). 다음 ④ 보유 부분은 ② 송에서 새로 한역한 경론(481杜~520輕함), ⑤ 《속개원록》 이후의 목록에 따른 경론(521策~571更함), ⑥ 고려대장경에서 새롭게 수록한 경론(572覇~639洞함)으로 구성되었다. 여기에 수록된 경론까지 재조대장경을 조판하면서 만든 《대장목록》에 수록되었다. ⑤ '외장'은 《대장목록》에 수록되지 않은 불전이다. 모두 14종으로 《종경록宗鏡錄》, 《조당집祖堂集》 같은 선종 문헌과, 《화엄경탐현기華嚴經探玄記》와 같은 화엄 문헌, 그리고 《금강삼매경론金剛三昧經論》, 《법계도기총수록法界圖記叢髓錄》, 《석화엄교분기원통초釋華嚴敎分記圓通鈔》와 같은 신라와 고려 문헌 등이다.

재조대장경의 범주는 '정장' 639함으로 보는 것이 일반적이다. 그러나 '외장'은 판식은 다르지만 대장경을 제작한 대장도감과 분사도감의 동일한 기관에서 동일한 시기에 동일한 각수들에 의해 만든 경판이다. 대장경의 시초인 개보판이나 고려 초조대장경이 모두 정본을 개판한 이후 지속적으로 속간된 것을 모두 합쳐 개보판이나 초조대장경으로 부르는 것에 비추어볼 때, 재조대장경의 사상적 경향을 강조하는 '외장'이 재조대장경에 포함되는 것이 타당하다.

이 '외장' 부분은 재조사업을 주도한 수기가 소속된 화엄종의 사상적 경향과, 고려 후기 불교계를 주도하던 수선사와 백련사 결사불교의 사상적 경향을 반영한 것이다. 이들 경판의 판식이 '정장'과 다르게 다양한 형태를 보이는 것은 국내 전래본을 창조적으로 계승 발전시켜 대장경 판각에 채택한 고려 불교의 문화적 역량이 반영된 때문이다. '외장'은 고려의 문화적 전통에 바탕을 둔 출판 인쇄술의 능력과 고려 불교의 사상적 경향이 결합하여 이룬 고려 불교의 역량 표현이었다.

재조장의 가장 두드러진 특징은 교정기록인 수기의 《고려국신조대장교정별록高麗國新雕大藏校正別錄》과 권말 교정기校正記 그리고 본문의 중간에 붙인 많은 행간行間 주석에서 찾아볼 수 있다. 《교정별록》 30권은 초조본과 개보판 송본과 거란본을 대교對校하여 경문의 오자나 탈자, 이역 등을 바로잡고 경전 이름, 번역자, 권수, 함 차례 등의 같고 다름을 밝히고 구절을 보완하여 70함 66경의 79건을 교감한 기록이다. 판본들 간의 대조를 통해 권의 차례를 교정하였으며, 문장이나 글자의 본문 교정이 광범위하게 이루어졌다. 경전 이름이나 역자 표기를 표준

《신조대장교정별록》
고려대장경을 정확하게 간행하기 위해 책임자인 수기가
교정 내용을 상세하게 기록한 30권 분량의 책.

화하였고, 한역 후기나 서문 등 불필요한 정보를 삭제하였다.

《교정별록》은 교감에서 고려본에 치우치거나 송본과 거란본에 차이를 두지 않고, 각각의 특징과 상호보완적 관계에 있는 판본 중에서 가장 정확한 것을 정본으로 삼는 보편성을 지향하였다. 이는 13세기 고려 불교계의 포용력과 국제성이 드러난 것이다. 그러므로 《교정별록》에는 고려 후기 불교의 역량과 재조대장경의 조성 의의가 잘 드러나 있다고 할 수 있다.

재조대장경은 고려 전 국민의 참여로 이루어졌다. 판각사업에는 문인과 지식인, 진사 출신과 지방 토호세력인 호장층, 하급 관료인 별장別將과 대정隊正, 그리고 일반 백성에 이르는 각 계층의 세속민이 참여하였다. 최 씨 정권의 안정과 유지 그리고 집정자의 장수를 기원하는 이들도 참여했지만, 최 씨 정권을 무너뜨리고 왕정복고를 지향하던 이들도 포함되어 있다. 판각사업의 주도와 실무를 맡은 고위직 승려와 지식인들이 함께 판각에 참여하였다. 경판의 판각사업이 불교 교학을 보급하는 매체가 되기 때문에 종파를 가리지 않고 참여하였다. 당시 주도 종파로 부상하던 화엄종의 균여 계열, 천태종의 백련사 계열, 선종 사굴산문의 수선사 계열은 물론, 침체되어 있던 화엄종의 의천 계열, 법상종, 선종 가지산문도 포함되어 있다. 판각사업은 실천공덕과 같은 현세적 신앙을 실현하는 길이기도 하였기 때문에 참여층이 광범위했다. 대장경의 제작에는 지배층인 국왕과 귀족은 물론 일반 백성에게도 적극 참여할 수 있는 통로가 마련되었다. 대장경은 계층의 이해관계를 초월하는 국가정신으로 고려 사회의 현실과 민족적 모순을 극복하려는 노력의 결과였다.

목판인쇄와 금속활자

13세기 이후 간행된 불교 전적에는 수선사 이후 불교계를 주도한 선종이 가장 많은 분량을 차지하며, 천태종과 화엄종 등에서도 전적 간행이 활발하였다. 고종 때 이후로는 상류층은 물론 일반인들의 시주에 의한 사찰판과 사가판私家版 간행이 많이 이루어졌는데, 그 내용은 대승경론과 주석서 및 사전, 의식서, 고문서 등을 망라했다.

유학 진흥의 바탕에는 서적의 편찬과 간행이 있다. 현종 때 거란이 침공하자 이를 물리치기 위해 대장경을 조판하였는데, 이후 전란이 크게 일어나지 않아 학문이 진흥하고 서적의 편찬이 활발하였다. 정종 때는 과거용으로 유교경전과 사서史書를 간행하여 널리 보급하였다. 1043년(정종 9)에는 《한서》, 《후한서》와 《당서》 등 사서를 간행하였고, 1045년(정종 11)에는 《예기》 70본, 《시경》 40본을 새로 간행하여 문신들에게 고루 나누어 주었다. 또 지방 관서에서 경전과 사서와 의학 등의 서적을 새겨 보급하였다. 이어 문종 때도 유학과 의학·율학·산학 등 제반 학문이 성행하고 과거를 위한 경전과 사서, 시문 등 전적 간행이 활기를 띠었다.

고려 전기에 송과의 유교 전적 교류도 활발하였다. 성종 때 예제 관련 서적이, 현종 때는 의서·역서의 수입이 있었다. 선종 때 《문원영화文苑英華》, 숙종 때 《태평어람太平御覽》 등 1,000권 규모의 방대한 서적도 수입되어 서적 교류는 지속적으로 이루어졌다. 이와 같은 국가 간의 서적 교류 이외에 상인들을 통한 왕래도 많았다.

대장경을 비롯한 방대한 불교 서적의 간행은 고려 후기 들어 유학 서적과 문집 간행에 영향을 주었다. 고종 후반에 간행된 이규보의

《동국이상국집東國李相國集》은 대장경을 조판하던 남해분사 대장도감 판으로 간행되었다. 원 간섭기에는 원과 서적 교류는 적었으나 충렬왕 말년 이후 성리학이 수용되면서 경서經書의 도입이 크게 활발해졌다. 이렇게 수입된 전적들은 다시 새김[번각翻刻]이 이루어져 유학 진흥에 활용되었다.

고려 전기에는 대장경을 비롯한 목판인쇄가 서적 편찬의 주요 역할을 담당하였다. 목판인쇄는 유교경전 등 동일한 서적을 다량 간행하는 데 효율적이다. 반면에 적은 부수의 책을 여러 종류 편찬하기 위해서는 활자의 필요성이 절실하였다. 활자인쇄는 활자를 주조하여 판을 짜서 책을 찍어내고 다시 판을 풀어 글자를 새로 맞추어 다른 책을 찍을 수 있어, 언제든지 책을 조판하여 찍어낼 수 있는 장점이 있다. 그동안 동종銅鐘에 명문을 새기거나 동전을 주조하면서 축적된 주조 기술이 고려 후기에 이르러 금속활자를 창안해내기에 이르렀다. 서적 간행을 위한 문화적인 역량 축적과 주조 기술의 축적에 따른 기술적 역량이 융합하여, 세계 최초의 금속활자 발명이라는 결과를 낳고, 인쇄술의 일대 혁신을 가져온 것이다.

금속활자를 사용하여 처음으로 이루어진 인쇄물은 1234년(고종 21) 무렵에 간행한 《고금상정예문古今詳定禮文》이다. 또 1239년(고종 26) 목판본으로 간행한 《남명천화상송증도가南明泉和尙頌證道歌》는 이전에 주자본鑄字本으로 간행된 것을 다시 목판에 새긴 것이라는 기록이 있다. 이로 볼 때 13세기 전반기에 금속활자를 사용한 인쇄가 여러 차례 이루어졌음을 알 수 있다. 이 시기는 몽골의 침공에 따라 조정이 강화로 천도하는 등 정국이 혼란한 시기였으므로 새로운 금속활자의 발명은 시도되기 어려웠을 것을 감안하면, 활자의 발명은 이보다 전

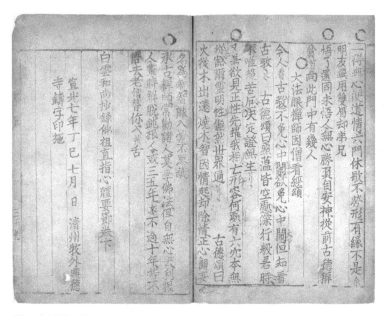

《불조직지심체요절》

1377년에 금속활자로 간행한 세계에서 가장 오래된 금속활자 인쇄물.
경한이 선의 요체를 모은 책(문화재청).

《불조직지심체요절》
같은 직지심체요절의
목판본(한중연 장서각).

에 이루어졌을 것으로 생각된다. 현재 남아 있는 가장 오래된 금속활자 인쇄물은 1377년(우왕 3) 청주 흥덕사興德寺에서 인쇄된 파리 국립도서관 소장의 《직지》 곧 《백운화상초록불조직지심체요절白雲和尚抄錄佛祖直指心體要節》이다.

금속활자가 발명되었다 하여 모든 인쇄가 활자인쇄로 이루어진 것은 아니었다. 목판인쇄는 비용이 더 들지만 판목을 잘 간직해두면 오래오래 여러 판을 거듭해 찍어낼 수 있다. 따라서 여러 번 찍어내야 하고 오래 보존해야 할 책이나 많은 부수를 인쇄하는 데는 목판이 효율적이다. 반면에 활자인쇄는 비용을 덜 들이고 여러 종류의 책이나 많은 권수의 책을 찍어내기는 편리하지만 같은 책을 2판, 3판 거듭 찍어낼 수는 없다. 따라서 고려의 인쇄는 필요에 따라 활자인쇄와 목판인쇄를 자유로이 활용하였고, 이 과정에서 목판과 활자 인쇄술은 서로 더욱 발전하는 모습을 보였다.

불교 사서의 편찬

고려 후기에 여러 가지 불교 사서가 편찬되었다. 이들은 대체로 불교의 오랜 전통을 밝혀 고려 사회에서 불교가 갖는 역사적 의의를 강조하려는 것이었다. 일찍이 각훈覺訓은 1215년(고종 2)경에 왕명을 받아 중국 역대 고승전의 체제를 본떠 《해동고승전海東高僧傳》을 편찬하였다. 이 책은 불교의 수용으로부터 당시까지의 우리나라 역대 고승들의 전기를 수록한 것인데, 우리나라 승려들의 위대함을 드러내고 민족문화의 자긍심을 강조하여 종교적 감동을 유발하려는 것이었다.

원래 분량은 많았을 것으로 추정되는데, 현재는 유통流通편 2권만 남아 있다. 여기에는 주요 전기인 정전正傳 18명, 부수적인 기록인 방전傍傳 17명을 수록하였다. 그런데 참고 전적을 밝히지 않고 참고 사료에 대한 검토나 서술에 대한 논증도 명확하지 않은 아쉬움이 있다.

일연은 우리나라의 역사 전통을 불교 중심으로 파악하고 우리 역사에 끼친 불교의 위덕威德을 중심으로 《삼국유사》를 편찬하였다. 일연은 단군신화의 환인을 불교의 제석帝釋으로 설명하여 불교적 윤색을 가했다고 평가받는데, 실제로 그는 불법의 위력으로 삼한이 통일되어 한 나라가 되고 사해가 어울려 한 집이 되었다고 서술하여 불교 중심의 역사의식을 보여주었다.

이러한 불교 중심의 역사의식은 비단 일연에게서만 나타나는 것은 아니었다. 역대 왕실의 불교 신봉에서부터 서민들의 신앙에 이르기까지 고려 사회를 이끌어온 문화적 기반은 불교였다. 이를 생각하면 일연이 불교 중심의 전통의식과 불교사관을 가졌던 것은 고려 문화의 일반적 의식을 반영한 것이라고 해도 좋을 것이다.

《삼국유사》는 5권 9편으로 구성되어 있다. 제1권은 왕력王曆과 기이紀異편이고, 제2권은 기이편의 계속이다. 제3권은 흥법興法과 탑상塔像편이며 제4권은 의해義解편이다. 그리고 제5권은 신주神呪·감통感通·피은避隱·효선孝善편이다. 이와 같은 《삼국유사》의 체제는 통상적인 사서나 승전僧傳과는 달리 자유로운 그러나 나름대로의 면밀한 편성 형식을 갖는 특이한 것이다. 기이편의 구성에 보이는 일연의 고대사 체계는 고조선, 곧 단군조선을 천손인 단군이 세운 최초의 국가로 파악하고, 이를 위만조선과 마한이 병렬적으로 계승한 것이다. 그리고 마한에서 고구려로, 변한에서 백제로, 진한에서 신라로 계승되는 체계를 제시하였다. 일연은 고조선에서 삼한을 거쳐 삼국에 계승되는 뚜렷한 역사체계를 기본으로, 그 중간에 중국 기록에 보이는 여러 나라와 군현의 이름을 나열하여 기이편을 편찬하였다.

《삼국유사》에 나타난 일연의 역사의식은 사회 모순을 극복하기 위해 과거의 전통을 재인식하려는 데서 비롯된 것이었다. 일연은 불교사관을 토대로 이 책을 편찬했지만, 유교사관을 토대로 편찬된《삼국사기》의 사론史論을 여러 군데서 그대로 인용하고 있어 일연이 유교사관을 무시하려 했던 것이 아님을 알 수 있다. 뿐만 아니라《삼국유사》가 그 절반의 분량을 왕력편과 기이편에 배당하고 있는 것이야말로 일연의 국가와 사회에 대한 관심을 표명해주는 것이다.

일연이《삼국유사》를 찬술한 일차적인 동기는 '유사遺事'라는 이름에서 드러나듯이, 삼국의 '남은' 이야기나 삼국이 '남긴' 이야기를 널리

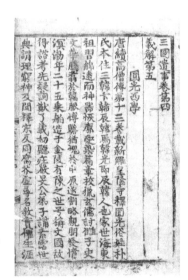

《삼국유사》
삼국과 통일신라시대의 불교신앙과
역사에 관련된 여러 자료를 모아 일연이
13세기 말에 편찬한 책.

모은 것이었다. 《삼국유사》는 《삼국사기》나 《해동고승전》 등의 기존 사서를 보완하려는 의도에서 비롯된 것이라 할 수 있다. 일연이 《삼국사기》를 '국사國史' 또는 '본사本史' 등으로 부르는 것은 이를 정사正史로 인식하고 있었음을 말한다. 그리고 《해동고승전》의 기사를 10여 군데에 인용하면서 그대로 수용한 것도 이전 사서를 존중하고 있음을 알려준다. 일연이 《삼국사기》에 부친 48수의 찬贊은 수록 내용을 시로 칭송한 것인데, 여기에 그의 불교의식이 잘 드러나 있다.

일연은 《삼국사기》에서 제외된 고대문화에 깊은 애정을 가지고, 자신이 구성한 의도에 따라 강한 역사의식을 기반으로 《삼국유사》를 편찬하였다. 이러한 점은 고기古記, 사지寺誌, 금석문, 고문서, 사서, 승전僧傳, 문집 등 광범위하게 수집한 자료와 이에 더하여 자신이 직접 보고 듣고 발굴해낸 민간전승의 수많은 설화와 전설도 주요 자료로 제시하는 데서 드러나고 있다. 이 때문에 《삼국유사》는 단순한 불교사가 아닌 종합 사서의 성격을 갖는다. 그런데 일연이 채록한 민간전승 사료들은 이 시기 고려 사회의 일반 백성들에게 커다란 의미를 갖는 것이었다. 당시 몽골의 압제하에서 우리 문화 역량을 확인하고 이민족의 간섭을 벗어날 수 있는 힘을 축적하기 위해서는, 서민들의 열렬한 신앙심을 북돋아줌으로써 그 역량을 모아야 했기 때문이다.

민지閔漬(1248~1326)는 대표적인 문인 관료로서 고려 왕권의 신성성을 강조하는 사서 《본국편년강목本國編年綱目》을 편찬했던 사가이다. 그는 중요한 불교 사적들도 썼는데, 일연의 비명인 보각국사비명(1295)을 비롯하여 〈유점사사적기〉(1297), 〈장안사사적기발〉(1305), 〈보개산석대기寶蓋山石臺記〉(1307), 〈국청사석가여래사리영이기舍利靈異記〉(1315) 등 여러 사찰의 기록을 정리했다. 민지는 젊은 시절에는 유학에 중점을 두었으나 장년 이후 불교에 심취하여 많은 기록들을 남긴 것으로 보인다. 그는 다양한 불교 계열과 교류를 가졌다. 그가 가장 중요하게 생각한 것은 금강산 신앙이었는데, 이는 당시 금강산이 원나라에까지 널리 알려진 명산이라는 점에서 그 의미를 더 부각시키려던 것으로 생각된다. 민지도 고기나 고로古老들이 전하는 영험담을 주요 근거 자료로 활용하였는데, 이들 기층민의 인식이 배어 있는 불교신앙을 통해 원 간섭기의 고려 사회가 지향해야 할 방향을 제시한 것으로 해석된다.

사경의 성행

불교 주석서의 유통은 대체로 필사筆寫를 통해 이루어졌다. 균여의 저술들은 수차 필사를 거듭하다 고려 말 재조대장경 조판시기에 이르러서 비로소 조판 간행되었다. 하지만 승려들 사이에서 이루어진 소규모의 서적 전승은 필사가 여전히 유효한 통로로 활용되었다.

주석서의 필사 유통과는 달리 고려 사회를 이끌었던 불교의 공덕신앙에 따라 이루어진 사경은 예술적 가치를 갖는 불교 공예품이다. 사경은 경전을 화려하게 꾸며 필사하는 것이다. 사경공양은 이 세상에서 공덕을 쌓아 장수와 다복과 안녕을 기원하거나 죽은 이를 천도하여 극락왕생과 명복을 빌기 위해 지속적으로 이루어졌다.

사경은 닥나무[楮紙]를 재료로 감색紺色 등의 안료로 물들인 바탕에 금과 은으로 공들여 경전을 쓰고, 권 첫머리에 경전 내용을 압축하여 그림으로 표현한 변상도變相圖를 그려 넣어 만든다. 사경은 불교 공덕신앙과 제지와 염료 기술의 발달 그리고 불교 회화 역량을 한데 모아 이루어낸 뛰어난 예술품이다.

현재 남아 있는 가장 오래된 사경은 1006년(목종 9) 목종의 모후 황보 씨가 발원하여 필사한 《대보적경大寶積經》으로, 본래 금자金字대장경의 일부분이다. 국왕 발원의 사경은 수차 이루어졌는데, 숙종 때는 경전의 간행 못지않게 활발한 사경 공양불사가 행해졌고, 궁중에 사경원寫經院이 설치되어 이 사업을 관장하였다.

원 간섭기에 접어든 충렬왕 대 이후에는 신비한 신앙을 강조하는 경향과 함께 사경이 더욱 성행하였다. 사경 전담기구로 금자원金字院과 은자원銀字院을 설치하고, 왕실이 주도하여 금은으로 대장경을 사경하는 대규모 불사를 자주 일으켰다. 1289년(충렬왕 15) 금자 대장경이 완성되자 왕이 금자원에 직접 행차하여 경찬의식을 베풀고 대장경의 완성을 기념하였다. 이제현李齊賢은 금자 밀교 대장경의 조성에

《화엄경》 사경
경전을 쓰는 공덕을 실천하기 위해 화엄경을 금니로 쓴 사경(국립중앙박물관).

때맞춰 〈금서밀교대장서金書密教大藏序〉(1328)를 지었는데, 다라니의 신비와 경이를 찬탄하며 부처의 주술적 신력으로 국난을 극복하려는 의도가 잘 드러난다. 고려 말에는 화려한 금자·은자 사경 대신 백지에 먹으로 쓰는 백지묵서白紙墨書 사경이 많이 제작되었다. 이런 왕실 발원의 사경사업은 상류층에게도 확대되었다.

고려의 활발한 사경 활동은 원이 고려의 사경승寫經僧을 빈번하게 요청한 결과로 나타나, 1290년부터 15년 사이에 200여 명의 사경승들이 원에 가서 사경 활동을 하였다. 뿐만 아니라 원에서 재화를 보내고 감독하여 고려에서 제작한 사경을 원으로 가져가기도 하였다.

고려 사경은 방대한 분량이 제작되었지만, 현재 국내에는 대략 100여 종만이 남아 있다. 대신 일본에는 고려 말부터 조선 초에 걸쳐 왜구의 약탈 등 여러 요인으로 고려 사경이 대거 유출되어 많이 전해지고 있다.

불교신앙과
불교문화

불교 행사와 신앙

전기에 다양하게 행해졌던 불교 행사는 고려 후기에 들어서 그 양상이 달라졌다. 무인집권기 이후 상원연등회 대신 불탄일의 4월 연등회가 부각되어 국가적 풍속으로 자리 잡았다. 불탄일 연등회는 순수한 불교 행사로서 개인적 기복을 위한 연등 공덕이 강조되었고, 국가적 의례로서의 위상은 점차 축소되었다. 팔관회도 원 간섭기 이후 황제 격식으로 시행하던 절차에 제약이 가해져 제후의례로 격하되었고, 이후로는 명목상으로만 국가의례로 간혹 설행될 뿐 이전의 면모는 찾아볼 수 없게 되었다.

고려 후기에는 신앙 집단인 향도의 구성원이나 활동 내용, 그리고 규모 등이 여러 가지로 바뀌었다. 전기에는 불상이나 불탑과 같은 공양물을 주로 조성했는데, 후기에 향도는 사원의 중창 불사에 참여하거나 염불, 재회齋會(의식을 위한 모임), 소향燒香(향을 태워 올림), 회음會飮(여럿이 모여 먹고 마심), 그리고 상장례 부조 등 활동 내용이 변화하였다. 1323년(충숙왕 10)에 조성한 관경변상도에는 양주 지역의 향도가 참여하였고, 1311년(충선왕 3)에 조성한 약사암藥師庵의 종이나 1342년(충숙왕 후3)에 조성한 송림사松林寺의 향완에 향도가 참여하였다. 소규모로 구성된 향도도 늘어나고, 구성원도 다양화되었다. 개성의 고관만으로 조직된 경우도 있고, 여성만으로 구성된 향도도 있었다.

향도들이 실천했던 가장 대표적인 의식은 매향埋香이었다. 매향신앙은 오랫동안 향을 땅에 묻어두어 으뜸가는 침향沈香이 될 때 미륵의 하생을 만나 정토에 살겠다는 기원이다. 매향신앙은 특히 고려 말에 성행했다. 1387년(우왕 13)에 조성한 사천매향비는 4,100여 명이 함께 원을 일으켜 침향목을 묻고, 미륵의 하생을 기다려 윤회를 끊고 불도를 이루기를 기원하며, 아울러 왕의 만수무강과 나라의 안녕을 빌었다.

매향 활동의 성행은 고려 후기 내우외환으로 기존의 향촌질서가 변화하는 가운데, 농업 생산력의 증대와 연해지의 개간 등으로 자연촌이 성장하고 새 촌락이 형성되면서 새로운 향촌질서가 필요한 데 따른 것이었다. 이들 지역은 다른 지역보다 안주安住에 대한 바람이 강하고 촌락의 결속을 강화할 필요가 있었기 때문이다. 이들은 자신들이 사는 가까운 곳에서 매향을 하면서 미륵의 세상을 발원하고 향촌 공동체와 나라의 안녕과 발전을 기원하였다. 매향 활동은 주로 향도가 주도하였으나, 지방관과 유향품관이 향촌 결계와 함께 주관하기도 하였다. 향도는 고려 말에 점차 신앙 공동체의 성격이 약해지는 대신 친목을 위한 계회契會나 상장례 부조 등을 주로 하는 향촌 공동체로서의 성격이 강해졌다.

고려 말 문신인 이첨李詹(1345~1405)은 다섯 살에 죽은 아들을 위해 아들의 기일에 수륙회를 설행하고 〈동자기일수륙재소童子忌日水陸齋疏〉를 지었다. 그는 무차법회無遮法會를 열어 아들뿐만 아니라 다른 여러 영혼을 천도하였다. 무차법회는 길거리에서 죽은 영혼들, 바람과 모래에 뒹구는 백골, 날짐승과 물고기 등 다양한 요인으로 죽은

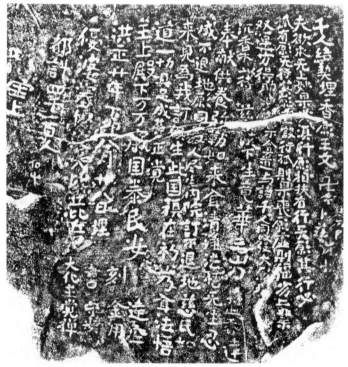

사천매향비
여러 사람이 뜻을 모아 향을 갯벌에 묻고
오랜 시간이 지나 좋은 향이 되기를 기원한 1387년의 비(성균관대박물관).

모든 유정무정들이 번뇌를 없애고 보리를 빨리 증득하기를 바라는
법회였다.

관음신앙과 나한·문수신앙

고려 후기 신앙 중에서 눈에 띄는 것이 관음신앙이다. 무인집권기에
집정자 최이는 수월관음을 조성·봉안하고 그 감응력과 구제력으로
외적이 물러가고 나라가 안녕하기를 기원하였다. 이런 사정을 당대
를 대표하는 문사 이규보가 글로 지어 남겼다. 이는 관음의 고난 구
제신앙을 보여주는 대표적인 사례이다. 같은 예는 낙산사에서도 확
인된다. 들불로 모두 불타버린 낙산사 유적에서 영험을 간직해온 관
음상을 겨우 찾아내 복장腹藏(불상 안에 경전이나 진귀한 것을 넣는 것)을
보수하고, 재난의 해소와 나라의 안녕과 재물의 풍요 그리고 조정 문
무반의 화합을 기원하였다.

　일연이《삼국유사》에 다양한 신앙 사례와 영험을 채록하면서 관음
신앙과 미타신앙에 관한 사례를 가장 많이 실은 것은, 이들이 원 간
섭기에 사람들이 많은 관심을 가졌던 신앙이었음을 반영한다.

　낙산洛山의 관음진신觀音眞身 신앙은 고려 후기 관음신앙의 큰 흐름
을 이루었다. 낙산신앙은 고려 전기에 이미 정착되어 중국에까지 알
려졌다. 1095년(헌종 1)에 송나라의 자은종 승려 혜진惠珍이 보타락산
의 성굴을 참관하기를 원했으나 조정의 의론에 부쳐 끝내 허락하지
않았다.

　무인집권기에 유자량庾資諒(1150~1229)의 관음 응현 이야기는 상당

히 널리 알려졌다. 관동의 수령이 된 유자량이 낙산에 이르러 관음에 예배했더니, 파랑새가 꽃을 물고 와서 옷 위에 떨어뜨리고 또 바닷물을 한 줌 떠서 그의 이마에 뿌렸다. 이로부터 관음을 뵙고자 하는 이가 정성이 간절하지 않으면 파랑새를 볼 수 없다고 전해졌다. 무인집권기에 낙산의 관음 진신상주 설화는 임춘林椿 등 문사들에게 널리 화제가 되었고, 많은 사람들이 관음의 감응을 기대하며 낙산을 순례하고 이에 대한 글을 남겼다. 특히 낙산의 유물로 전승된 보주寶珠는 사리신앙과 연계되어 관음신앙을 더욱 활성화하였다.

일연과 비슷한 시기에 활동한 혜영惠永(1228~1294)은 강화 후기시대를 주도한 문신 유경柳璥의 요청으로 백의관음白衣觀音에게 의지하고 무량수국無量壽國 왕생을 발원하는 《백의관음예참문白衣觀音禮懺文》에 주석을 붙여 《백의해白衣解》를 지었다. 이 백의관음은 일체의 재난을 없애주는 관음의 구제력을 낙산의 관음 상주처와 결합하여 구체

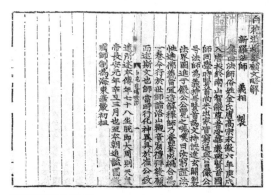

〈백화도량발원문약해〉
관음보살이 머물고 있는 백화도량에서 관음을 모시고 수행할 것을 다짐하는 의상의
발원문을 체원이 해석한 책(박동춘).

성을 높인 것이었다.

이보다 조금 후에는 체원體元이 《화엄경》에 근거한 보살행의 표상으로서 실천 수행을 강조한 관음신앙을 펼쳤다. 체원은 신라 의상이 낙산 관음을 친견하고 지었다는 〈백화도량발원문白花道場發願文〉을 해석한 《백화도량발원문약해白花道場發願文略解》를 편찬하여(1328) 실천적인 구도행으로서의 관음신앙을 전개하였다. 체원은 이 책에서 관음이 보살행으로 중생을 구제하고 있는 관음 상주의 백화도량에 태어날 것을 갈망하였다. 이어 체원은 40화엄의 선재善財동자 순력 구도행 중에서 관음 법문 부분을 발췌하고 여기에 징관의 해석을 덧붙인 《화엄경관자재보살소설법문별행소華嚴經觀自在菩薩所說法門別行疏》를 펴냈다. 이는 관음 법문의 이론적인 토대를 정리하고, 영험과 신이의 관음 실천신앙을 강조하려 한 것이었다. 이를 통해 체원은 관음이 보타락가산에 머물고 있다는 화엄적 관음상주 신앙과, 온갖 사람들의 바람을 이루어준다는 법화적 현실구제 관음신앙의 융합을 시도하였다. 그리고 40화엄의 관음 법문을 원하는 사람들이 많아서 시구 부분만을 뽑아 갖고 다니기 편하게 《화엄경관음지식품華嚴經觀音知識品》을 간행했는데(1334), 이 책은 실천적 관음신앙에 대한 일반인들의 관심을 잘 말해준다.

이런 활동에 따라 이 땅의 관음성지 낙산을 순방하는 발길이 이어졌다. 동해안의 낙산과는 별도로, 천마산과 장단에도 관음 기도처가 만들어졌다. 장단 낙산사는 3면이 깎아지른 절벽에 하늘을 받드는 듯한 보병대寶瓶臺와 의상이 조성했다는 관음상이 있어서, 영험이 많다고 여겨 기도하는 이들의 발길이 그치지 않았다. 무인집권기에는 북산北山 낙산사라 불렸던 이곳을 찾은 여러 문인들이 시를 남겼고,

수월관음도
세상을 살면서 부딪히는
어려움에서 벗어나고자 하는 이들의
바람을 들어주는 관음보살을 그린
고려 불화(리움).

공민왕 때는 신돈의 원찰이 되어 공민왕이 행차하기도 하였다(1366).

개경의 천마산 관음굴은 조선 왕실의 관음신앙 원찰이었다. 박연폭포와 인접해 있는 풍광 좋은 관음굴은 이성계가 동북면도원수 시절에 중건하였고, 태조로 즉위한 후 확장하였다(1393). 이를 기록한 권근의 낙성기는, 태조의 꿈에 현몽하여 절을 중건한 힘으로 새로운 왕조를 창업하여 등극하게 되었음을 기리고, 아울러 나라의 무궁함과 오복과 국경의 안녕과 풍년을 두루 기원하였다.

이 시기 관음신앙은 죽은 이를 위로하기 위한 것이기도 했다. 공민왕은 노국공주가 세상을 뜨자(1365) 영전을 왕륜사王輪寺에 마련하고, 다시 거대한 3층 관음전을 지어 추복하였다. 이색의 외가 친척인 채부인은 원나라에서 후사도 없이 죽은 자식을 위로하기 위해 많은 비용을 들여 수월관음상을 조성하였다. 죽은 부친을 천도하는 다라니 법석을 열고 천수관음의 구제력을 빈 이도 있고, 먼저 죽은 부군을 위해 수월관음에 향화를 올려 명복을 빈 부인도 있었다.

고려 불화 중의 관음보살도에는 관음이 양류楊柳·정병淨瓶과 함께 등장하는데, 이들은 밀교계 경전에 나오는 나쁜 것을 없애주는 상징들이다. 이규보가 '수월과 같은 용모와 백의의 모습[水月之容 白衣之相]'이라고 한 수월관음은 일반 관음과 다르지 않다. 그는 낙산 관음도 '수월상'이라고 표현했다. 이곡은 낙산 관음을 백의白衣대사라고 불렀다. 고려의 문사들은 백의白衣나 양류楊柳 관음을 다르게 보지 않고, 보통 관음과 동일한 것으로 여겼던 것이다.

나한신앙도 전기에 이어 성행하였다. 1235년에 한 폭마다 각각 나한도를 그린 오백나한도를 조성했는데, 그중 10여 폭이 남아 전한다. 그림에는 외국 군대가 속히 없어지고 나라 안팎이 모두 평안하기를 기원하고, 국토가 태평하고 왕의 수명이 만년을 누리기를 기원하는 글을 적어 남겼다. 이는 몽골의 침공에 국가와 자신들의 안녕을 기원하는 지배층의 바람이다. 고려 말에 이색은 자비령 나한당 중수기록을 썼는데, 나한을 섬기는 것은 복을 구하고 여행자를 편하게 하여 은혜를 베푸는 것으로서, 그 공덕을 쌓는 것은 백성을 평안하게 함에 목적이 있다고 하였다. 고려시대에는 보제사 오백나한상, 장안사 16나한상, 석왕사 석조 오백나한상 등 여러 재료로 16나한상과 오백나한상을 조성·봉안하여 나한신앙을 널리 행하였다.

문수신앙도 성행하였다. 대몽항쟁기에 외적을 물리치는 역할로 대중들에게 수용된 문수신앙은 고려 말 왜구의 침략에 대응하는 행사로까지 이어졌다. 고려에 온 지공은 문수의 무생계無生戒를 설하여 수많은 사람들의 환영을 받았다. 지공은 무생계를 지키는 자를 8만 금강이 수호하여 재난과 질병을 없애고 풍족하게 한다는 밀교적 성격의 문수신앙을 펼쳤다. 신돈은 집권하는 동안 매해 밀교신앙에 기초한 문수회를 개최하였다. 공민왕이 후사가 없음을 걱정하자 군신이 화합하여 행사를 거행함으로써 원자가 탄생하리라는 기대에서 문수회를 개최했는데, 여기에 많은 사람들이 모여들어 성황을 이루었다. 혜근은 지공을 계승하여 계율을 토대로 한 문수신앙을 펼쳤다. 혜근은 회암사의 낙성식에 문수회를 개최했다가 너무 많은 사람들이 몰리는 게 문제가 되어 지방으로 추방되어 죽음을 맞기도 하였다.

조영물과 신앙의 경향

고려 후기에 기복적인 불교가 성행하면서 절과 탑을 세우고 불상과 불화 사경을 조성하는 행위가 모두 공덕을 쌓는 것이라는 믿음이 확산되었고, 불사를 통해 복을 빌고 현세 이익을 추구하는 신앙 활동이 활발하게 이루어졌다. 권문세족과 향도들이 주요 주체였던 신앙인들은 불상이나 불화를 제작하고 경전을 간행하며 복합적인 바람을 담아냈다. 조영물 하나를 만들면서 두세 가지 바람을 함께 담아냈는데, 다양한 가운데서도 미타정토 신앙이 모든 신앙의 중심에 자리 잡았다.

고려 후기 불상 조성 발원자들은 왕실에서 천민층에 이르는 다양한 계층이었다. 대표적인 주체는 왕실로서, 불상을 봉안하는 공덕으로 국가의 평안과 극락왕생과 장수와 복을 기원하였다. 불사의 국가 지원이 축소되는 대신 귀족 관료와 여성의 후원이 늘어나며, 향도가 후원하는 경우도 있었다. 아미타상을 조성하며 극락왕생을 비는 것은 당연하지만, 그 밖에 복과 장수, 풍년과 나라를 위하는 등의 현세 이익을 빌기도 했다.

고려 후기에 조성한 불상은 아미타상이 가장 많다. 사람들은 아미타상을 조성하며 아미타불의 극락에 왕생하려는 바람 외에 수복과 풍년, 국가 안녕 등의 현세 이익을 빌었고, 현세 이익을 대표하는 관음상을 조성하며 정토왕생을 기원하였다. 서산 문수사 아미타상은 1346년(충목왕 2)에 전인혁 등 214명이 힘을 모아 조성한 것으로 다함이 없는 관음행을 닦아 깨달음을 얻기를 기원하였다. 같은 해에 조성한 청양 장곡사 약사여래상은 10미터가 넘는 직물에 사람들의 장수와 나라의 안녕을 기원하는 발원문을 적었다. 백운白雲을 비롯한

청양 장곡사 약사상
장곡사에서
1346년에 만든
약사여래.

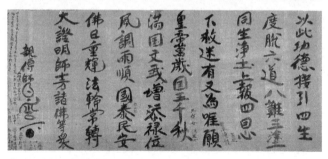

장곡사 약사상 발원문
약사여래를 만들며 윤회에서 벗어나 정토에 왕생하고 나라가 평안하기를
바라는 사람들의 기원을 적은 발원문(국립중앙박물관).

안경옹주와 관료 13인, 관료들의 부인 29인, 거사 22인을 포함한 많은 이들이 함께 시주로 참여하였는데, 황제 만세를 기원하는 글과 함께 몽골식 이름도 들어 있다.

불화의 경우에는 아미타불도가 압도적으로 많은데, 미타불화를 조성하며 정토왕생과 현세 이익을 함께 기원하였다. 오백나한도는 침략군의 소멸과 국토 태평 그리고 장수를 빌었다. 이는 몽골 침공 초기의 비상 상황에서 국가의 안녕과 장수라는 현세적 기원을 담아 제작했기 때문이었다.

이와 같은 경향은 불서 간행에서도 마찬가지여서, 간행 경전의 본래 지향에 더하여 모두 함께 이익을 얻기를 기원하고 극락왕생하기를 빌었다. 《지장경》의 간행에는 죽은 자가 지옥과 같은 고통에서 벗어나기를 비는 기원이 담겼고, 밀교경전을 간행하면서는 현세 안락과 함께 깨달음을 기원하였다. 수행과 관련된 경전을 간행하면서 경전의 본래 의의대로 계율 준수를 빌기도 했지만, 미타정토에 가기를 기원하기도 하였다. 집착하지 말 것을 강조하는 공空사상의 중심 경전인 《금강경》이나 일체중생의 성불과 공덕을 강조하는 기본 경전인 《법화경》과 같은 보편적인 경전을 간행하면서도 그 기원의 중심을 이루는 것은 미타신앙이었다. 귀족층의 공덕신앙을 대표하는 사경의 발원문도 현세에서 나라가 평안하고 풍년이 들고 복락을 누리고 장수하고, 내세에서 극락정토에 태어나 즐거움을 누리기를 기원하였다.

고려 후기의 불교신앙은 내세의 정토왕생을 전면에 내세우고 여기에 현세의 안녕을 함께 기원하는 복합신앙이 가장 보편적인 신앙 경향이었다. 여러 조영물의 발원 내용은 정토왕생 신앙이 가장 성행한 가운데 관음신앙도 널리 환영받았음을 말해준다. 관음경전을 펴내고 관음상과 관음화를 조성하면서 정토왕생을 기원하였고, 지장보살상을 조성하고 지장화를 그리면서 역시 그 공덕으로 정토왕생을 기원하였다.

법기보살도량 금강산

낙산의 관음과 오대산의 문수도량은 신라시대에 확립된 보살주처 신앙이었다. 고려 때는 이어 금강산의 법기보살 신앙이 더해졌다.

금강산은 법기보살法起菩薩(담무갈보살)의 상주처로 고려 초 이전부터 알려져 있었다. 고려 태조가 금강산의 법기보살에게 경배하는 목각탱이 고려 후기에 제작되었는데, 원 간섭기에 들어서면서 금강산은 보살의 상주처로 더욱 주목받았다. 원나라뿐만 아니라 일본 승려까지도 금강산을 보고 싶어 했다. 일본 승려 천우天祐는 금강산의 신령하고 기이한 것이 천하에 이름이 나 있어 승려들이 이 산에 가지 못하는 것을 유감으로 여긴다고 하며 공민왕에게 금강산에 갈 수 있게 해달라고 청하기도 했다.

금강산의 여러 사찰 중에서 표훈사表訓寺는 법기보살이 금강산 동북편 봉우리에 머물고 있다고 하여 법기보살 신앙의 중심지가 되었다. 법당인 반야보전般若寶殿 내부에도 법기보살상을 안치하였고, 불상들은 법당 동쪽의 법기봉法起峰을 향해 봉안되어 있었다고 한다. 금강산의 법기보살에 대한 원 황실의 신앙은 금강산 일대 사찰에 대한 적극적인 지원으로 이어져, 향과 폐백을 가지고 금강산을 향해 가는 천자의 사신들 행렬이 연이을 정도였다고 한다. 원 영종英宗과 태후·

법기보살상
금강산에 머물고 있다는
법기보살을 찾아
고려 태조가
예배하는 모습(국립중앙박물관).

고려 후기

태자 등은 표훈사에 시주하여 크게 중창했고, 원 순제順帝는 향로와 향합을 시주하였으며, 각종 법회와 반승회가 열렸다. 1343년(충혜왕 후 4) 순제의 황후가 된 고려 출신 기 씨奇氏는 장안사長安寺를 대규모로 중창하였다. 기황후는 공인工人을 보내 황제와 황태자를 위해 절을 중창하고, 1345년까지 해마다 절의 상주 비용을 지속적으로 시주했으며, 장안사에 은으로 쓴 대장경을 하사하기도 했다.

고려 말의 학자 최해崔瀣는 금강산이 보살의 상주처로 사람들에게 두루 신앙되었음을 확인해주는 글을 남겼다. 그 글에 의하면 보덕사·표훈사·장안사 등 금강산 안에 있는 절들이 관의 힘을 빌려 건립한 웅장한 전각들로 가득 차고, 재물 창고와 보물관이 있을 정도였다. 아울러 사람들이 금강산을 사랑하는 것은 보살이 머물기 때문이며, 보살을 공경하는 것은 사람을 복되게 해주기 때문인데, 승려들이 금강산을 팔아서 자기 배만 불린다고 비판하였다. 고려 후기에 법기보살의 상주처로 새롭게 각광받은 금강산에 대한 신앙적인 관심은 조선시대에도 이어졌다.

고려 불화

고려 불화는 청자와 함께 고려시대 문화를 대표한다. 지금까지 남아 있는 고려 불화는 모두 160여 점으로 파악된다. 대부분은 일본에 보존되어 있고, 한국과 미국과 유럽에 각각 10여 점이 남아 있다. 당시 일본은 고려 불화를 사원에 봉안하고 싶어 하여 고려 말의 왜구에 의해, 그리고 조선 초의 외교 통로를 통해 다수의 고려 불화를 갖고

갔다.

 고려 불화는 가장 큰 것은 높이 420센티미터에 이르는 것도 있지만, 대부분은 높이 120센티미터, 폭 80센티미터 정도의 크기이다. 크기로 보아 사원에 봉안하는 용도보다는 개인적으로 집안이나 원당에 봉안하고 신앙했을 것으로 생각된다. 제작시기는 1286년 제작의 아미타여래도를 제외하고 대부분이 14세기 전반에 그린 것이다. 불화의

나한도
높은 경지에 오른 수행자이며
어려움을 해결해주는 신앙의 대상이기도 한
나한을 그린 고려 불화(국립중앙박물관).

아미타불도
극락정토에 왕생하기를
기원하는 사람들을 맞아들이는
아미타불과 관음 지장보살을 그린
고려 불화(리움).

크기와 제작시기로 보아, 고려 불화는 원의 영향을 받아 귀족들의 개인 신앙용으로 탱화幀畵 곧 걸개그림으로 제작되었을 가능성이 크다.

고려 불화의 종류는 아미타불도가 가장 많아 60여 점이며, 다음으로 관음보살도가 40여 점, 그리고 지장보살도 등 특정 주제에 집중되어 있다. 아미타불도는 아미타불만을 그린 독존도, 아미타불과 관음 세지보살을 그린 미타삼존도, 아미타불과 8대 보살을 그린 미타구존도 등이 있다. 또 의자에 앉아 설법하는 좌상도 있고 설법하듯 반듯이 서 있는 입상도 있으며, 상체를 굽힌 관음보살이 신앙인을 맞아들이는 내영도來迎圖 형식도 있다.

관음보살도는 《화엄경》의 내용에 따라 관음보살이 살고 있다는 보타락가산의 정경을 화폭에 담았다. 대나무가 솟아난 바닷가 바위 위에 정병을 옆에 두고 편하게 앉은 관음과 그 아래 바다 속에서 관음에게 보살도를 묻는 선재동자가 표현되고, 때로는 예경하는 용왕 부부가 등장하기도 한다. 지장보살도에도 독존도와 구존도가 있다. 또 관음과 지장, 아미타불과 지장을 나란히 그린 형태도 있다. 경전 내용을 그림으로 나타낸 변상도로는 《관무량수경》과 《미륵하생경》이 있다. 오백나한을 한 폭에 그리거나 500폭에 한 분씩 그린 나한도, 16나한도도 있다.

고려 불화의 도상은 채색을 많이 사용하지 않고도 섬세한 필치로 유려한 아름다움을 표현한 것으로 높이 평가받는다. 삼색 원색을 쓰고 혼합 색을 쓰지 않아 채색의 선명한 느낌을 잘 살렸으며, 중간 색조는 바탕칠 위에 다른 색감을 덧칠한 이중 채색으로 선명한 아름다움을 오래도록 유지하도록 하였다. 가사는 바탕은 주朱색, 대의大衣는 녹청綠靑, 치마는 군청群靑의 원색으로 채색하여 선명하며 조화로운 색채미를 연출하였고, 규범적인 도상의 반복적인 구성과 단순한 색채감을 완화하기 위해 여러 가지 무늬를 넣었다. 채색은 뒷면에 색을 칠하는 배채를 기본으로 하여 얇은 전면 채색과 어울려 부드럽고 깊이 있는 배색 효과를 내도록 고려하였고, 윤곽선과 옷 주름선, 무늬의 표현에는 적절한 금니로 장엄한 분위기를 조성하였다.

고려 불화의 치밀성과 장식성은 외관상에서만 드러나지 않는다. 전체 구도의 조화 속에 화면에서 깊이를 느끼게 하는 복층적 묘사를 통해 심오한 정신세계와 신비한 미의 세계를 창출해냈다.

사원에서는 벽화가 중심을 이루었다. 현재 남아 있는 고려 벽화의 자취는 부석사 조사당의 범천과 제석천, 사천왕 등 6폭에서 짐작할 수 있다. 높이 2미터 정도의 이 벽화는 흙벽 위에 녹색으로 바탕을 칠하고 붉은색, 흰색, 금색을 주조로 역동적이며 풍만한 양감의 수호신상을 그린 것이다. 수덕사 대웅전의 장식화는 모사도를 통해 짐작이 가능한데, 섬세하고 우아한 필치를 엿볼 수 있다. 조선 초기로 추정되는 봉정사 대웅전(1435)의 벽화 영산회상도에서 그나마 고려 벽화의 면모를 어느 정도 짐작할 수 있다. 전체적으로 무거운 적색과 녹색 위주의 채색을 사용하고, 여기에 본존불의 선홍색 법의와 연하늘색과 연분홍색 등이 잘 조화를 이루고 있다. 장중한 분위기를 뛰어난 필치와 밀도 높은 구성으로 그려내 고려 불화의 여맥을 보는 듯하다.

성리학의 수용과
척불론

무인집권기에 들어 고려 사상계가 크게 변화하자 심성론이 심도 있
게 이해되던 수선사의 유학자 출신 혜심은 유불일치설을 제기하며
유불의 조화를 모색하였다. 이어 유학자로서 출가한 천인과 천책 등
은 출가 이후에도 유학자들과 밀접한 관계를 맺고 있었다. 이런 과정
을 통해서 고려는 고려 사상계의 자체 성숙과정을 거치면서 성리학
을 이해할 수 있는 기반을 다질 수 있었다.

원의 주자성리학은 우주론적인 이기론보다 실천윤리를 강조하는
학풍이 지배적이었다. 고려 불교계가 여러 모순을 드러내던 상황에
서 새로운 사회 지도이념의 필요성을 절감한 유학자들은 사회변화의
이념으로 성리학의 도입에 적극적이었다. 성리학은 안향安珦(1243~
1306)이 원으로부터 주자 서적을 도입하면서 비롯되었고, 이후 백이
정白頤正·권부權溥·우탁禹倬 등의 연구와 보급에 의해 이제현李齊賢
(1278~1367)에서 이곡李穀(1298~1351)과 이색으로 차례로 이어지며
이해가 심화되었다.

신진사대부들은 원에서 성리학을 수학하고 국자감을 중심으로 세력을 형성하였고, 고려 사회의 근본적인 개혁을 모색하며 불교계를 공격하였다. 사대부들의 불교 비판은 사원의 거대한 경제력과 승단의 타락상에 따른 제반 모순에서 시작되었으나, 성리학 이해가 성숙되고 정치세력화되면서 점차 불교이론 자체에 대한 비판으로 심화되었다.

이규보와 최해의 불교관

무인집권기 대표적인 문인 관료 이규보는 유교와 불교는 궁극적 진리가 같으면서도 차이가 있다고 보아, 서로 대립적이지 않고 상호 보완관계에 있다고 생각했다. 많은 선사들과 시문으로 교유한 그는 승려들의 청정한 인간성을 읊기도 하고, 국가의 환난을 부처님의 법력으로 막아보려는 시를 지었으며, 불교경전의 이론을 형상화하거나 불경의 이론을 논하는 글도 남겼다. 각 종파의 이름난 승려들과 교유하면서 불교세계를 깊이 이해하여 《능엄경》이나 《법화경》 같은 주요 경전에도 수준 높은 이해를 가졌고, 불경 익히는 일을 사대부의 마음을 수양하는 요체로 볼 정도였다. 삼라만상을 공으로 보고 선의 본질이 깨침에 있다는 것을 명확히 인지했는데, 국가 위기를 타개하기 위해 선의 효력을 적극적으로 개진하여 불교의 사회적 유용성을 말하기도 하였다.

특히 이규보는 불교의 교화 기능에 주목하였다. 그는 당시 사회를 풍속이 야박해졌다고 파악하고, 이를 교화하기 위해서는 유교적인 인의예악만으로는 부족하다고 보았다. 그리고 불교신앙의 보편성을 통해 민심을 수습하고 이를 사회 안정으로 연결시켜야 한다고 생각하였다. 국가적인 사업인 대장경 판각작업에 즈음하여 쓴 〈대장각판군신기고문大藏刻板君臣祈告文〉(1237)에 부처의 힘을 빌려 몽골군을 물리치고 나라의 운명을 연장하기를 기원하는 그의 생각이 잘 담겨 있다. 또 전염병을 구제하기 위한 도량문에서 역시 불교의 힘에 의탁하여 전염병을 극복하기를 기원하였다.

최해崔瀣(1287~1340)는 유교와 불교를 구분하여, 인간 사회의 기본 원리가 되고 천하에 통용될 수 있는 이치는 유교의 도뿐이고 나머지는 이단이라고 생각했다. 다만 불교의 선을 좋아해 마음을 밝히고 본

〈대장각판군신기고문〉
거란의 침략을 부처의 위력으로 물리치기 위해 고려대장경을
처음 새겼다는 사정을 기록한 이규보의 글.

성을 본다는 불교이론이 유가와 닮았다고 하여 불교를 긍정적으로 보기도 하였다. 또 불교는 사람이 볼 수 없는 것이지만 진실로 마음을 다하여 보시하면 아름다운 과보를 얻게 되니 그 이치를 의심할 것이 없다고도 하였다. 그러나 최해는 불교가 가족관계를 부정하여 인간 사회의 현실과 괴리되는 점과 권문과 결탁한 대사원이 주변 지역 민호들을 전호처럼 부림으로써 민에게 해를 끼친 점을 불교의 문제로 비판하였다. 또 왕실이나 중앙권력의 지나친 불교신앙으로 인해 사찰이 전횡을 부리더라도 관료들이 제대로 바로잡지 못하는 정치 구조적인 문제도 지적하였다. 유교윤리에 입각한 사회관계를 만들어야 한다는 관점에서 불교의 인륜과 사회경제적인 문제점을 비판한 것이다. 이와 같은 최해의 관점은 이후 고려 말기 사대부들이 제기한 척불론의 기본적인 논리와 서로 통하는 면을 갖고 있다.

성리학의 수용과 불교 비판

성리학 수용의 단초를 연 안향은 성인의 도는 일용윤리라 하며, 효와 충 등의 윤리를 강조하였다. 그는 불자들은 부모를 버리고 출가하여 윤리를 업신여기고 의리를 어그러뜨리는 오랑캐 무리라고 하였다. 정몽주는 유자의 도는 평상의 일용에 지극한 이치가 있는 인륜의 도리인데, 불교는 윤리의 실천을 외면한다고 비판하였다. 불교는 친척 관계를 떠나고 남녀관계를 끊어 인륜을 끊고, 홀로 바위굴에 앉아서 공을 관하고 적멸을 근본으로 삼고 있으니 평상의 도가 될 수 없다는 것이다.

한편 불교의 의의를 인정하는 유학자들도 많았다. 이제현은 유가의 중요이념인 인과 의에 대비시켜 불교의 자비 희사를 말했고, 이곡은 유자는 바름으로써 자신을 닦고 집안을 가지런히하며 나라를 다스리고 천하를 평정함에 이르는 것이고, 불자는 관법으로서 수행하여 견성성불에 이르는 것이라고 하였다.

이색李穡(1328~1396)은 당시 대부분의 지식인들이 가졌던 유불이원적 사상 경향을 가졌다. 성리학에서의 인간의 본연적이고 선천적인 성을 인식하면서도 그것을 회복하는 수양법으로서 경계하고 삼갈 것을 강조하였다.

이색은 어릴 때부터 불교적 환경 속에서 수학하여, 많은 승려들과 교유하며 불교 관련 시문도 많이 남겼다. 이색의 선시에는 사회 현실과 명리를 도외시한 해탈과 초연의 유유자적한 선적 세계에 대한 이상적 바람이 나타나 있지만, 동시에 사회적으로 유교적 이상을 실천해야 하는 사대부적 의무감이 부딪히는 갈등 양상이 저변에 깔려 있다.

그는 시종일관 유불을 동시에 수용하고 또 갈등 없이 융화시키려고 노력했다. 이색은 혜원의 백련사를 본딴 백련회白蓮會를 마련하고 극락왕생을 위한 염불을 실천하였다. 그는 《능엄경》, 《원각경》, 《금강경》 등의 불전을 이해했고, 혜근과 교유하며 선에도 깊은 이해를 가졌다. 특히 《유마경》의 유마장자를 흠모하는 글을 쓰기도 했고, 더러움에 물들지 않고 깨끗한 삶을 사는 선승들의 정신세계와 생활을 동경하였다. 그는 부친이 이루지 못했던 대장경 인경사업을 완수하여 혜근의 승탑이 있는 신륵사에 봉안처를 마련하고, 이후 해마다 세 차례씩 대장경 법회를 가질 것을 비문에 새겨 남기기도 했다. 이색은 국왕·부모·스승·형제의 네 은혜에 보답해야 한다는 불교의 정신이 유교의 효와 다를 바 없다고 하여, 실천윤리 측면에서 불교를 비판하는 데 동의하지 않았다.

원천석元天錫(1330~?)은 성리학자이면서 불교에 대한 이해도 깊었다. 그는 과거에 급제했으나 관직에 나가지 않고 향리 원주에 은거하며 혜근의 문하승을 비롯한 여러 승려와 교유하며 유·도·불 삼교일치설을 피력했다. 그에 따르면 세 가르침의 근본은 하나로서 오로지 본성을 다스리는 데 있으며 셋은 드러나는 도가 다소 차이가 있지만, 지극한 경지에서는 한 가지 본성과 일치한다는 것이다. 다만 각각의 계승자들이 각자의 종지에 의거하여 자신은 옳고 남은 그르다는 마음으로 서로 헐뜯고 비방할 뿐, 각자의 마음속에 세 가르침의 본성이 밝게 갖추어져 있음을 모른다고 하며 셋이 하나로 귀결한다[會三歸一]는 시로 결론지었다(〈三敎一理幷序〉). 이처럼 원천석의 삼교일리론은

여주 신륵사 대장각기비
이색이 죽은 부모를 추모하여 승려들과 함께 대장경을 인출하여
신륵사에 대장각을 건립 보관하고 그 내용을 기록한 적은 비.

불교 논리를 기본으로 하고 있다. 그의 논리는 당시 불교 비판론에 대응하기 위해 불교에 호의적인 사대부계층에서 제시한 것이라는 데 의의가 있다.

한편 1351년(공민왕 1) 원에서 돌아온 이색은 상소를 올려 불교의 폐단을 지적하였다. 오교 양종의 수많은 사찰과 승도가 이익을 추구하는 비루한 집단이 되어 있음을 지적하고, 그러한 폐해를 고치기 위해 도첩제를 확립하고 양민의 감소 방지와 사원 남설을 억제할 것 등을 건의하였다. 이때 이색이 기술한 불교관은 공자가 귀신을 대할 때 사용했던 공경하되 멀리한다는 경원敬遠이었다. 불교에 대한 이해도 깊었고 신앙 활동도 했던 이색의 주장은 불교 윤리나 사상 문제로서가 아니라 치국적 측면에서 불교의 폐해를 교정하려는 것이었다.

고려 사회를 개혁하려는 사대부들의 활동이 활발해지면서 불교에 대한 비판도 차츰 강도를 더해갔다. 1361년(공민왕 10) 어사대에서 상소를 올렸는데, 불교는 본래 청정을 숭상하는 것인데 죄와 복의 설로 과부와 고아가 된 딸들을 유인하여 출가시켜 음욕을 자행하고, 사대부나 종실의 집에도 불사를 권하고, 산속에 유숙시켜 추한 소문이 풍속을 오염시키고 있으니 이를 일체 금할 것을 건의하였다.

1362년 감찰대부 김속명金續命 등은 상소하여, 왕이 지나치게 불교를 믿어 승려들이 청탁으로 사욕을 채우니 승려들의 궁중 출입을 금하도록 건의하였다. 특히 이 상소에서 이단異端의 말을 듣지 말라고 함으로써, 불교를 성리학의 도에 어긋나는 이단으로 표현하기 시작하였다. 이는 공민왕의 지나친 숭불 성향과 권승 신돈의 전횡에 따른 폐단에 편승하여 사대부들의 배불의식이 점차 표면화되고 있음을 말해준다.

성리학에 대한 이해가 깊어지고 이를 수용한 신진사대부층이 정치세력으로 등장함에 따라 불교에 대한 비판과 배격의 양상은 배불론과 불교 배척운동으로 전개되었다. 이색의 제자인 정몽주가 윤리적·사상적 입장에서 확고한 배불론을 제기하였고, 정도전을 비롯한 여러 사대부들이 대거 불교에 대한 강경한 비판과 배격에 나섰다. 이들은 불교 윤리 및 사상의 비판을 통해 배불의 입장을 확고히하고, 나아가 불교의 현실 폐해를 지적하며 과격한 불교 배척운동을 전개하였다. 권문세족과의 정치적 대립과정에서 나타난 이런 추세는, 사회경제적으로 강력한 존재였던 불교를 배격함으로써 사회변혁과 질서의 재편성을 추구하고, 동시에 자신들의 현실적인 경제 기반 문제를 해결하고자 한 것이었다.

신진세력은 1388년에 창왕을 옹립하고 반원정책을 분명히 하며 전제개혁에 착수하였다. 이때 불교의 폐단에 대한 논의와 함께 사원의 토지와 노비 등을 문제삼는 상소가 잇따랐다. 전법판서 조인옥趙仁沃은 불교는 청정과욕하고 세속을 떠나는 것을 종지로 삼으니 국가를 다스리는 도리가 아니라 하고, 사찰의 토지 조세와 노비의 고용을 관청에서 관리할 것을 주장하였다. 또 부녀의 사원 출입 금지와 부녀의 출가 금지 등 불교 배격정책을 주장하였다. 정도전은 국가의 과다한 재용 소모와 백성의 궁핍 요인이 왕의 과다한 불사에 있다고 하며, 그 부당성와 함께 철저한 금지를 요망하였다.

성균관 대사성 김자수金子粹의 상소는 공양왕이 연복사의 탑을 수축하고 빈번히 토목 공사를 진행하는 것을 비판하였다. 왕이 얻어질지 말지 모르는 명복을 구하려고 현세의 생령에게 커다란 화를 끼치고 있는데, 이는 백성의 부모로서 할 일이 아니라는 것이다. 그는 신라 멸망의 예를 들며, 불교 행사로 인한 국력 낭비와 백성들의 고통을 비판하였다.

1391년(공양왕 3) 이조판서 정총鄭摠은, 불교는 윤리도 도덕도 없는 것이어서 임금으로서 숭상할 것이 못 되니, 과거 역사를 경계 삼아 불사를 삼가고 만사에 조심하고 허물을 고쳐서 나라 사람들의 기대를 저버리지 말라고 상소하였다.

이어 성균박사 김초金貂는 구체적으로 불교의 폐해를 지적 비판하였다. 그는 불교의 불공으로 재변을 진압한다든가, 복을 빌어 장수하게 한다든가, 부처의 인도를 받아 지옥을 깨뜨리고 낙토에 태어난다는 화복설은 타당하지 않다고 하고, 적멸을 추구하는 것과 걸식 또한 비판하였다. 그가 걱정한 것은 백성들이 불교에 들어가 일을 버리고 임금과 어버이를 등지며, 부모의 신주는 풀밭에 내버리고 이름 없는 귀신을 섬기는 것이었다. 그래서 출가자들을 본업으로 돌려보내고 오교 양종을 해산시켜 군대에 편입하며, 모든 사찰과 노비와 재산을 국가기관에 소속시키고, 머리를 깎는 자는 죽이고 부정한 제사를 지내는 자도 용서 없이 죽여야 한다는 격렬한 배불책을 건의하였다.

이런 상황에서 전의부정 김전金㻶 등이 불사를 다시 일으킬 것을 요청하는 상소를 올리자, 박초朴礎를 비롯한 성균관 생원 15인이 극렬한 상소로 이에 맞섰다. 이들 소장 성리학자들의 상소는 배불운동의 절정을 이룬 것으로서, 이들은 이론적으로 불교 존재 자체를 배격하는 한편 현실적으로도 철저한 파불을 주장하였다. 박초 등은 불교는 오랑캐인 부처의 가르침으로서 선왕의 도를 말하지 않고 선왕의 법을 지키지 않으며, 지옥과 윤회를 조작하여 우매한 자들이 맹목적으로 공덕을 구한다고 비판하였다. 또 어리석은 중들은 모든 것이 다

부처에게 달려 있다고 거짓말로 속이면서 임금의 권한을 침범하고, 우주 자연의 위력을 함부로 제 마음대로 할 수 있는 척하여 사람들을 미혹시킨다고 하였다. 심지어 일하지 않고도 화려한 집에서 좋은 음식을 먹고 편안히 지내는 중들은 불구대천의 원수라고 극언을 서슴지 않았다.

그들은 승려는 강제로 고향으로 돌려보내 병역과 부역을 시키고, 절은 민가로 만들며, 불교 서적들은 불살라 영원히 근본을 근절시킬 것을 주장하였다. 절의 토지는 군자감에서 군량으로 조달하게 하고, 절의 노비는 각 관청에 나누어주며, 동상과 동기는 군기시에서 무기로 제조하도록 하였다. 그런 다음에 예의와 도덕으로 가르치면 몇 해 지나지 않아 백성들이 안정되고 국력이 충실해질 것이라고 하였다. 특히 그들은 정도전이 성리학의 원천을 밝히고 공맹 정주의 학문을 창도하여, 불교의 허망한 말을 배격하여 이단을 배척하고 천리를 천명하여 인심을 바로잡은 동방의 한 사람 뿐인 참된 유자라고 추켜세웠다. 그리고 정도전의 척불론을 따를 것을 역설하였다.

이 시기에 불교계에 일련의 제재 조치가 내려졌다. 1388년(우왕 14) 사원에 시납했던 궁장토를 모두 환수하였다. 1391년(공양왕 3)에는 노비의 매매와 사원 시납을 폐지했다. 이들 사원전과 노비에 대한 경제적 제재와 함께 출가자를 제한하고 도첩 관리를 강화하며, 승려를 노복 잡류와 동렬로 취급하여 신분을 제약하는 조치도 시행했다. 이러한 조치들은 사대부들의 배불 논의에 따른 갑작스런 조치들이 아니었다. 불교와 승려가 특권계층화하여 세속화되고, 현실에 안주하며 보수화된 여러 원인들이 복합적으로 작용하면서 오랫동안 누적되어온 폐해들이 초래한 것이었다.

정도전의 척불론

성리학자들의 불교 비판을 대표하는 이가 정도전(1342~1398)이다.
그는 《심문천답心問天答》(1375), 《심기리편心氣理篇》(1394), 《불씨잡변佛
氏雜辨》(1398) 등 일련의 저술로 불교 비판이론을 제시하였다. 정도전
은 급격하게 부상한 신진사대부층의 선두에 서서 사회개혁적인 관점
에서 불교를 비판하였다. 그는 철학적·윤리적인 면에서 불교의 긍정
적인 점을 인정하면서도, 불교의 단점을 과장하고 불교의 교리를 지
나치게 주관적으로 비판하며 철저하게 배격하는 논리를 펼쳤다. 그
의 정치적 위상에 따라 정도전의 척불론은 이후 전개된 불교 배격운
동에 큰 영향을 미쳤다.

정도전은 《심문천답》에서 불교의 인과응보설을 비판하고, 천명에
따라야 하는 당위성을 강조하였다. 결과를 기대하지 않는 의무론적
인 도덕 실천이 유교의 방식이며, 이는 천명에 의해 정당화된다는 주
장이었다. 《심기리편》에서는 유교의 심성론이 불교나 도교보다 우월
하다는 논리를 전개했다. 이에 따르면, 현상을 부정하고 헛된 것이라
고만 보는 초월적인 마음[심心]이 형이학적인 양기[기氣]를 비난한다.
기가 모여 만물이 이루어지는 양기가 사량 분별하는 무명심을 비난
한다. 그리고 심과 기의 근원인 이理가 마음과 양기를 타이른다. 그는
이렇게 단계적으로 유교의 현세적 도덕 가치를 수호하려는 논리를
구조화하였다. 그러나 이 논리는 성리학의 이理에 대한 해석의 문제
가 있고, 불교와 도교의 이론은 자신의 논지에 들어맞는 특정 이론만
으로 해석했다는 문제점이 있다.

정도전의 불교 비판 논리는 《불씨잡변》에서 확립되었다. 그는 이

책을 쓴 이유를, 이단이 날로 성하고 유교는 날로 쇠잔해져서 백성들을 짐승의 지경에 몰아넣고 도탄에 빠뜨려 이를 바로잡기 위한 것이라고 하였다. 《불씨잡변》 20편의 내용 중에서도 중심논제는 심성론과 복을 얻기 위해 재물을 낭비한다는 화복禍福의 문제, 인과윤회因果輪廻의 문제, 출가하여 임금과 어버이를 저버린다는 반인륜의 문제, 청정하고 욕심을 버린 마음으로 세상과 단절하여 생기는 나라 다스림治國의 문제 등이다.

심성론에서 그는 유교에서는 하늘에서 얻은 기로서 일신을 주재하는 마음과, 하늘에서 얻은 이로서 마음에 갖추어져 있는 성性을 분명히 구별하는데, 불교에서는 마음을 성이라 한다 하여 심과 성의 구별

三峯集卷之九

奉化 鄭道傳 著

佛氏雜辨

佛氏輪廻之辨

人物之生生而無窮乃天地之化運行而不已者也。原夫太極有動靜而陰陽生陰陽有變合而五行具於是無極太極之眞陰陽五行之精妙合而凝人物生焉其已生者往而過未生者來而續其間不容一息之停也佛之言曰人死精神不滅隨復受形於是輪廻之說與易曰原始反終故知死生之說又

三峯集 卷九

曰精氣爲物游魂爲變先儒解之曰天地之化雖生生不窮然而有聚必有散有生必有死能原其始而知其聚之生則必知其後之必散而死能知其生也得於氣化之自然初無精神寄寓於太虛之中則知其死也與氣而俱散無復有形象尚雷於冥漠之內又曰精氣爲物游魂爲變天地陰陽之氣交合成人物到得魂氣歸于天體魄歸于地便是變了精氣爲物是合精與氣而成物精魄魂也游魂爲變則是塊魄相離游散而變變非變化之變旣是變則堅者腐存者...無物也天地間如烘爐雖生

《불씨잡변》
불교의 사회적 폐단을 유학자의 관점에서 조목조목
구체적으로 비판한 정도전의 저술.

이 애매함을 비판하였다. 그러나 이 비판은 논리적 일관성이 부족하고 비약이 심하다. 그는 마음을 이와 기가 분화되지 않은 것으로 파악하고 태극무극의 경지와 상통하는 것으로 보았지만, 이는 대승불교의 상즉성과 성리학의 이원적 논리의 차이를 간과한 주장이다.

화복관에서는 불교는 부처에게 오는 자는 화를 면하고 복을 받을 수 있다고 하는데, 군자는 화복禍福에 대해 자기 마음을 바르게 하고 자기 몸을 닦을 뿐이어서, 복은 구하지 않아도 저절로 이르고 화는 피하지 않아도 저절로 멀어진다고 하였다. 군자는 밖으로부터 화가 닥쳐오더라도 순순히 그것을 받을 뿐 자신은 그것에 관여하지 않을 뿐이라고 한다.

정도전은 불교의 윤회를 사람은 죽지만 정신은 불멸하여 다시 형체를 받는 것으로 단정하였다. 반면 유가에서는 천지만물이 태극과 음양의 기운의 교합으로 생기는 것이어서, 죽으면 기가 소멸하여 흩어지고 한 번 흩어진 기는 다시는 원래의 모양으로 형상화될 수 없는 것이라며 윤회설을 비판하였다. 겨울에 나뭇잎이 떨어지고 다음 해에 새 잎이 돋아나는데, 새 잎은 새로 생성된 기에 의해 새롭게 생겨난 것이지 떨어진 잎의 기가 멸하지 않고 남아 본원으로 갔다가 다시 새 잎을 살아나게 하는 것은 아니라는 것이다. 그러므로 옛것과 새것 간에는 어떠한 연관성도 없고, 따라서 새것과 옛것 간에 업력으로 인한 연속성을 주장하는 불교적 윤회는 옳지 않다고 하였다. 그러므로 전생의 업보에 의해 현세가 결정된다는 인과설은 부당한 것이며, 성인의 교화나 통치자의 치안으로 음양의 기운을 돌이켜 천지만물을 생육하는 공을 이룰 수 있다고 주장하였다.

그는 남녀가 관계를 끊으면 천하에 인류가 없어지고, 농사를 짓지 않으면 천하의 음식이 없어져서, 인류가 없어지고 음식이 없어지면 빌어먹을 사람도 남지 않게 된다고 불교의 출가를 부정하였다. 또한 먹는 것은 중대한 일이어서 공자는 먹을 것부터 족하게 하라고 했다면서, 먹지 않으면 목숨을 해칠 것이고, 떳떳하게 먹지 않으면 의리를 해치게 된다고 걸식을 비판하였다.

정도전은 불교의 실천윤리도 비판하였다. 불교는 마음만 바르게 하고 예법과 의리를 무시한다는 것이다. 또 인륜의 기본은 가까운 데서부터 어짊을 실현하는 것인데, 불교는 먼 관계는 해를 입어도 구원하지만 오히려 부자와 군신지간의 공경하는 마음을 끊으니 그 순서가 뒤바뀌었다고 하며 자비를 비판하였다. 가까이해야 할 사람을 가까이하는 유교의 이치로 보면 불교는 사랑의 출발점이 되는 근본과 원류를 잃어버린 잘못된 실천 방식이라는 것이다. 인륜을 거부하는 불교의 자비는 부당한 것이어서 불교를 믿어서는 나라가 흥하지 못하며, 인과적 화복설이 이익을 바라는 마음과 얽혀 사회적 혼란을 초래했다고 비판하였다.

정도전의 불교 비판론은 이론과 사회적 문제를 포괄하여 집대성한 것이었다. 이전의 배불론은 승려의 타락상이나 사원경제의 문제와 같은 사회적인 관점에서의 비판이거나, 사상적으로는 불교가 인륜을 끊고 풍속을 어지럽히며 화복이나 지옥설로 사람들을 위협한다는 등 당송 이래 유학자들이 지적해온 비판들이었다. 정도전은 그동안의 비판론을 종합하고 삼교의 교리를 파헤쳐, 불교 교리가 근본적으로 그릇된 것임을 유교이론으로 체계적으로 논박하고자 하였다.

그러나 정도전의 심성설은 성性과 심心이 개념상 혼란을 일으켜 일관된 논리를 이루지 못한다. 불교가 현상을 잘못된 것, 헛된 것으로 보는 현실 부정의 이론이라고 비판했지만, 불교의 현실 부정이론은 변화를 설명하기 위한 방법적인 부정 논리일 뿐이다. 이를 진리 인식이나 현실 건립의 방법적 의미로 보지 않고 그 자체를 목적적으로 봄으로써 불교를 허무적멸의 도로 잘못 이해한 것이다. 성리학 이론의 설명 자체에도 자의적이고 독단적인 해석이 있지만, 불교이론을 자신의 논리에 적합한 부분만 인용했기 때문에 전체적인 틀에서 보면 독단적인 해석이 많다. 이런 문제점은 정도전이 불교를 비판한 주 목적이 불교의 이론적 배척보다는 유교적 사회를 실현하려는 사회개혁에 우선을 두었기 때문에 생긴 것이었다.

여말선초의 유불논쟁에서 주된 쟁점이었던 윤리의 실천 문제는 이를 논리적 근거로 심성론이 체계화되는 계기로 작용하였고 조선 성리학의 특징이 되는 결과를 가져왔다고 평가된다. 그러나 한편으로는 극단적인 배불 상황 속에서도 개혁의 중심에 있던 사람을 제외한 대다수 유학자들에게는 이전 시대까지의 전통적인 유불 공존의식 또한 계승되고 있었다. 유불논쟁은 절충 불가능한 대립적인 논쟁이지만, 유학은 현실 사회의 질서를 구축하는 데 뛰어난 반면 불교는 현실의 고통을 넘어서는 초월과 종교적 심성을 충족시키는 데 장점을 갖고 있어, 실제로는 절충과 양립의 여지가 있었다.

유학이 사회이론으로 확립되기까지는 척불론이 우세했지만, 확고한 사상적 위상을 확보한 이후에는 극단적 대립 대신 각자의 영역을 인정하는 병립 상태가 이어졌다. 철저한 배불 원칙이 지속된 조선시대에도 불교신앙이 계속 이어진 토대는 이러한 사상적 추이에 있었다.

한편 이와 같은 성리학자들의 치열한 불교 비판론에 대한 이 시기 불교 측의 대응은 거의 찾아보기 어렵다. 불교 교단이나 승려들의 사상적 또는 실제적 대응이 보이지 않는다. 유교에 비해 고려 사회에서 훨씬 폭넓고 큰 사상적·사회적 영향력을 미치고 있던 불교계에서 보기에 사대부들의 비판이 절실하게 와닿지 않았을 수도 있다. 그러나 그보다는 당시 불교계가 이런 새로운 비판에 직면하여 불교의 사상과 실천력으로 이에 대응할 수 있는 논리를 만들어낼 역량이 없었던 것이 아닌가 생각된다. 조선 전기에 기화己和나 보우 등 몇몇 승려가 유교를 비판하고 유불상통론을 펼쳤는데, 이는 유교가 사회의 기본 틀로 정착된 상황에서 불교를 비판하는 성리학에 대한 방어적이며 타협적인 면모가 짙은 것이었다.

韓國佛敎史

5

조선 전기
-성리학 사회와 불교

불교 교단의 위축 ... 불교신앙의 지속과 의례 ...
불서 간행의 성행 ...

불교 교단의
위축

조선이 건국되자 승려의 출가를 억제하고 사원전을 축소하는 불교 억제책이 지속적으로 추진되었다. 불교는 교단이 크게 축소되어 선교 양종체제로 제한된 기반에서 사원 운영을 도모하였지만, 왕실을 비롯하여 일반인들의 불교신앙은 끊이지 않고 상당한 규모로 이어졌다. 특히 죽은 이를 추모하는 종교적 역할은 여전히 불교가 담당하였고, 사족 또한 불교신앙을 완전히 배척하지 않았다. 승려들의 출가는 제도적으로 부정되었지만 실제 활동하는 승려는 어느 정도 규모가 유지되었다. 성리학 사회를 구현하려는 사림들의 성장과정에서 불교는 위축을 거듭했지만, 사림들의 정치 진출이 확정된 선조 대에는 불교에 대한 억제가 이완되어 거의 방임적 상태가 되었다. 사원의 활동이 지속되고 불교 서적의 간행이 활성화되어 교학 연마의 토대가 마련되기도 하였다.

사원의 축소와 양종체제

조선 왕조는 그 이념적 기반이 성리학이었기 때문에 불교를 사상적으로 용인할 수 없었다. 특히 고려시대의 사원은 그 수도 많았고 대규모의 토지를 보유하고 있었기 때문에, 조선 왕조는 이들 사원경제를 환수하여 국가 운영의 재원으로 삼으려 했다. 이에 따라 조선시대의 불교정책은 승려의 출가를 어렵게 하여 사찰의 인적 자원을 고갈시키고, 사원전을 크게 축소하여 사원의 경제적 기반을 와해시키는 방향으로 추진되었다.

양주 회암사
나옹선사와 무학대사가 세운
회암사 복원도.
많은 건물로 구성된
대가람.

회암사 무학왕사탑
회암사를 경영한 무학왕사
자초의 승탑.

태조는 즉위 전부터 불교와 깊은 인연을 가졌다. 무학대사 자초自超가 태조가 왕이 될 꿈으로 해석했다는 석왕사釋王寺 이야기가 그런 예이다. 태조는 즉위 전인 1391년 금강산 월출봉에 미륵의 출현을 기대하며 승속 만 명과 함께 사리를 봉안하였고, 말년에는 염불삼매로 지낼 만큼 신앙이 깊었다. 태조는 개국한 1392년에 자초를 왕사로 책봉하고 궁중에서 200명의 승려에게 반승을 베풀었다. 자초는 혜근의 제자로서 회암사檜巖寺에서 활동하며 지공과 혜근의 현창사업을 추진했다. 또 한양으로 새 도읍을 정하는 등 태조를 수행하여 조선 건국에 많은 역할을 했다.

태조는 출가를 억제하는 도첩제度牒制를 시행하였다. 승려가 되기 위해서는 양반은 포布 100필, 서인은 150필, 천민은 200필을 내야 승려로 인정하는 도첩을 주도록 하였다. 그러나 신앙으로서의 불교는 부정하지 않고 여러 종류의 불사를 행하였다. 1393년에는 선교 승려를 모아 경행經行을 행했고, 연복사탑이 완공되자 문수회를 베풀고 친히 가서 설법을 들었다. 왕의 생신에 경전을 강독하고, 죽은 왕비를 경전으로 천도하였으며, 부모의 기일에는 궁중에서 승려들이 경전을 외우게 하였다. 1394년(태조 3)에는 천태종의 조구祖丘를 국사로 책봉했으며, 《법화경》을 금으로 사경하여 고려 왕 씨의 명복을 빌기도 하였다. 원찰 흥천사興天寺를 세우고 궁궐에 내원당內院堂을 운영하였으며, 전란을 방지하는 진병법석鎭兵法席, 연복사의 문수법회, 경천사의 춘추절 행사, 관음굴의 수륙재 등 다양한 불교 행사를 거행하였다. 태조 때 대장경을 인행한 것이 12회였고, 소재도량 14회, 불사와 법석 35회, 반승 9회 등 많은 불교 행사를 행하였다.

사원전 축소정책은 태종 때 본격적으로 시행되었다. 1402년(태종 2)

서운관書雲觀의 진언에 따라 사사전寺社田을 없애고 군자감軍資監에 소속시켰다. 이때 근거로 삼은 것이 도선의 밀기였다. 서운관은 이 도선 밀기의 비보사사裨補寺社에 나오는 중앙과 지방의 70개 절을, 선종은 조계종, 오교는 화엄종에 합치고 나머지 절의 토지는 군자로 삼고 노비는 관청에 나누자고 주장했다. 이에 대해 의정부는 이 진언에 따르되 밀기에 없는 사원이라도 상주승 100명 이상이 법회를 하는 곳은 그대로 두도록 하였다.

1405년(태종 5)에는 도선 밀기의 비보사사와 답산기踏山記에 수록된 절을 일정 수만 남기도록 하였다. 개경과 한양의 오교 양종에 각 1사, 각도의 부府는 선·교 각 1사, 군현은 선·교 중 1사를 인정하였다. 당시 행정구역으로 추정하면, 대체로 350여 개로 헤아려진다. 절의 노비는 거주승의 규모에 따라 많게는 20명, 적게는 2명의 농사짓는 노비를 관청에서 문서화하여 관리하고, 나머지는 국가에 예속시켰다.

1406년(태종 6)에는 11종에 242개 사원만 국가적으로 인정하도록 하였다. 이들은 조계종曹溪宗과 총지종摠持宗을 합쳐 70사, 천태天台의 소자종疏字宗과 법사종法事宗을 합쳐 43사, 화엄종華嚴宗과 도문종道門宗을 합쳐 43사, 자은종慈恩宗 36사, 중도종中道宗과 신인종神印宗을 합쳐 30사, 남산종南山宗 10사, 시흥종始興宗 10사였다. 이들 사원은 다시 차등을 두어 한양과 개경의 선·교 각 1사에 100명, 각 지방의 자복사資福寺(국가의 복을 비는 절)에는 10명의 승려를 인정하고, 승려 1명당 토지 2결, 노비 1명을 부가하였다. 그러나 태조와 연관이 있던 회암사와 왕실 기도사원이었던 표훈사와 유점사는 예외를 두어 원래 보유하던 토지를 인정하였다. 그리고 이렇게 정한 242사 이외의 사원도 적절히 검토하여 시지柴地 1, 2결을 주라고 하여, 작은 토지로 유지할 수 있는 상당수의 사원도 유지되도록 하였다.

　1407년(태종 7)에는 242개사 정리안이 문제점이 있었음을 인정하고, 산수 좋은 곳의 대가람을 선택하여 없어진 사원을 대신하도록 했다. 이에 따라 7종의 88개 명찰을 자복사로 지정하였다. 조계종 24사, 천태종 17사, 화엄종 11사, 자은종 17사, 중신종中神宗 8사, 총남종總南宗 8사, 시흥종 3사이다. 그 사이에 11종을 7종으로 통합하였다. 242사는 이름을 알 수 없지만, 88사는 실록에 이름이 수록되어 있다. 이들은 조선 초기에 유지된 사원의 일부로서 그 이름이 확인되기 때문에 중요한 의미를 갖는다.

　태종의 억불정책은 출가를 억제하고, 부녀자의 사찰 출입을 금지하며, 사원의 토지와 노비를 국가로 귀속시키는 등으로 실현되었다. 사원 정리와 함께 왕사제도를 폐지하여 제도적으로 지속적인 불교 억제책을 시행했으며, 제대로 지켜지지는 않았지만 죽은 왕이나 왕비를 위해 제사지내는 사원인 능사陵寺를 금지하는 등 왕실의 불교신

여주 세종 영릉
조선 전기에 불교계의 경제력을 크게 축소하여
선교 양종 36사체제로 재편했던 세종의 능.

앙도 제한하였다.

사원 축소의 정점은 1424년(세종 6) 국가가 인정하는 사원을 선교 양종 36사로 대폭 축소한 조치였다. 기존의 7종 중에서 조계·천태·총남 3종을 합쳐서 선종禪宗으로, 화엄·자은·중신·시흥 4종을 합쳐서 教宗教宗으로 하는 양종兩宗체제를 출범하였다. 양종에 36개 사원만을 남겨 사원전을 인정하고 거주 승려들의 인원을 배정하였다. 이에 따라 선종에는 흥천사 등 18개 사원에 토지 4,250결, 거승居僧 1,970명, 교종에는 흥덕사 등 18개 사원에 토지 3,700결, 거승 1,800명으로 모두 합쳐 3,770명의 승려와 7,950결의 토지가 국가가 공식적으로 인정한 불교계 규모가 되었다. 이들은 이듬해까지 세 차례 수정을 거쳐 5개사가 바뀐 36사체제가 되었고, 최종적으로 거승 3,880명에 토지 8,150결의 규모로 확정되었다. 36사 중에 서울·개성·경기에 위치한 절이 절반인 18사에 이르고 금강산에도 4개 절이 집중되었다. 중앙의 중요성과 신앙 중심지의 성격에 따라 지역 편중 현상이 컸음을 알 수 있다.

양종은 흥천사를 선종 도회소都會所, 흥덕사를 교종 도회소로 삼아 업무를 맡도록 하였다. 이는 그동안 불교 교단을 관리하던 승록사를 폐지하고 양종이 업무를 맡도록 한 것이었다. 양종이 나누어 맡음에 따라 통제 기능도 분산되었다.

양종 36개 사원은 조선시대 불교계 운영의 중심사원이라 할 수 있다. 그러나 이들이 당시 운영되던 사원 전체는 아니다. 이들은 국가로부터 토지와 거주 승려를 인정받은 양종체제하의 중심사원이다. 앞서 작은 토지를 운영하는 사원은 인정했던 사례도 있다. 성종 때 (1480) 정극인은 도첩 없는 승려의 환속을 촉구하는 상소에서, 당시 팔도 각각의 사찰 수를 전체 9,500사에 10만 5,000~6,000명의 승려가 있다고 거론하였다. 이는 상소의 취지를 강조하기 위해 크게 부풀린 숫자로 보인다. 실제로 조선 전기에 운영되었던 사원은 1,500~1,600사 정도로 추정된다. 이 숫자는 조선 후기에 파악되는 사원의 숫자와 크게 다르지 않다. 조선의 지리를 정리한 《신증동국여지승람》(1530)에는 1,638개 사원이 수록되었다.

선교 양종 36사(1425)

●선종 18사			2,050명	4,400결	●교종 18사			1,830명	3,750결
한양		흥천사興天寺	120명	250결	한양		흥덕사興德寺	120명	250
개성		승효사崇孝寺	100	200	개성		광명사廣明寺	100	200
		연복사演福寺	100	200			신암사神巖寺	70	150
		관음굴觀音堀	70	250+			감로사甘露寺	100	200
경기	양주	승가사僧伽寺	70	150	경기	해풍	연경사衍慶寺	200	400
	양주	개경사開慶寺	200	400		송림	영통사靈通寺	100	200
	양주	회암사檜巖寺	250	500		양주	장의사藏義寺	120	250
	양주	진관사津寬寺	70	250+		양주	소요사逍遙寺	70	150
	고양	대자암大慈菴	120	250	충청	보은	속리사俗離寺	100	200
충청	공주	계룡사鷄龍寺	70	150		충주	보련사寶蓮寺	70	150
경상	진주	단속사斷俗寺	100	200	경상	거제	견암사見巖寺	70	150
	경주	기림사祇林寺	70	150		합천	해인사海印寺	100	200
전라	구례	화엄사華嚴寺	70	150	전라	창평	서봉사瑞鳳寺	70	150
		→*송광사松廣寺	70	150			→*정양사正陽寺	70	150
	태인	흥룡사興龍寺	70	150	전주		경복사景福寺	70	150
		→*장안사長安寺	150	300			→*상원사上院寺	100	200
강원	고성	유점사楡岾寺	150	300	강원	회양	표훈사表訓寺	150	300
	원주	각림사覺林寺	150	300	황해	문화	월정사月精寺	100	200
황해	은률	정곡사亭谷寺	70	150		해주	신광사神光寺	120	250
		→*흥교사興敎寺	70	150					
함길	안변	석왕사釋王寺	120	250	평안	평양	영명사永明寺	70	150

○○사→*○○사 : 1425년까지 변경된 절.
관음굴, 진관사 수륙위전 100결씩 추가. 장안사 80명 150결, 상원사 30명 50결 추가.
1424년 항거승 3,770명 속전 7,950결. 1425년 항거승 3,880명, 속전 8,150결.

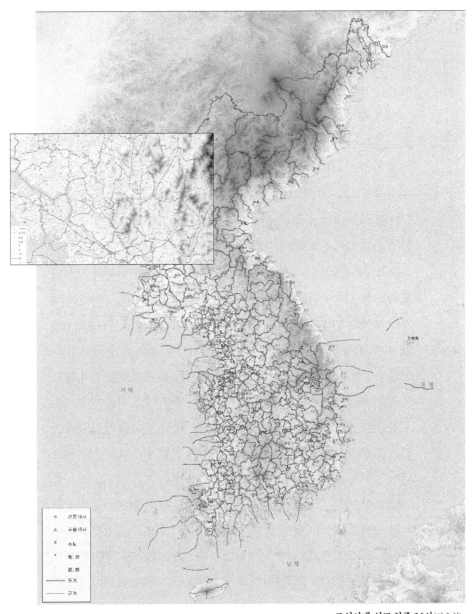

조선시대 선교 양종 36사(김유철).

조선 전기

세종은 즉위 전반에는 양종체제와 같이 적극적인 교단 축소정책을 시행했지만, 개인 신앙은 유지하였다. 노상왕老上王 정종을 위해 흥덕사 등에서 칠재를 지내 명복을 빌었고 모후의 병환에는 관음기도를 행하고 친히 사원에 행차하여 약사정근을 하고 반승을 행하였으며, 그 모후가 세상을 뜨자 칠재를 베풀었다. 중년 이후에는 더욱 적극적인 모습을 보였다. 1446년(세종 28) 소헌왕후가 세상을 뜨자 신료들의 거센 반대를 무릅쓰고 대궐에 불당을 세우고 명복을 빌었고, 수양대군에게 석가의 일생을 엮은 불전을 편찬하게 했다.

이에 따라 1447년(세종 29)에 간행한 책이 한글창제 후 최초로 만든 한글 산문 작품인 《석보상절釋譜詳節》이다. 모두 24권으로 된 방대한 분량의 《석보상절》은 여러 불전의 내용을 요약하고 더하여 석가의 생애를 상세하게 엮은 일대기이다. 양나라 승우가 여러 경전에서 석가의 생애와 관련된 내용을 광범위하게 찾아 편찬한 《석가보釋迦譜》와 석가의 생애를 다룬 불전인 《불본행집경佛本行集經》 등이 토대가 되었다. 《석보상절》의 편찬은 전해에 세상을 떠난 소헌왕후의 명복을 비는 추선법회追善法會를 열고, 그 자리에서 여러 사람이 석가의 생애를 다시금 되새기게 하기 위해서였다. 이런 법회를 경전 내용을 읽는 전경轉經법회라 하는데, 《석보상절》은 의역 위주의 긴 문장으로 되어 있어 전경에 적합한 문체의 특징을 보인다.

《석보상절》의 내용을 본 세종은, 부처의 달처럼 빛나는 공덕이 천 개의 강에 두루 비치듯 중생들이 모두 부처의 감화를 입기를 바라는 마음을 스스로 시로 읊어 〈월인천강지곡月印千江之曲〉을 지었다. 이는 석가의 전생에서부터 열반까지의 생애와 불법의 홍포 그리고 법신의 상주에 이르는 내용을 기리는 583곡의 노래로, 이를 수록한 책의 이름도 25권의 《월인천강지곡》이다. 현재는 이 중 377곡이 알려져 있다. 세종은 이들 노래를 통해 석가의 공덕과 불신이 두루 함을 알리고, 보시와 효도의 실천이라는 사회윤리를 강조하고 권장하고자 하였다.

세조는 《월인천강지곡》을 본문으로 삼고 《석보상절》을 해설로 삼아 주석을 덧붙여 1459년(세조 5) 《월인석보月印釋譜》 25권을 펴냈다. 그래서 《월인석보》는 월인부, 상절詳節부, 협주夾註부로 구성되었는데, 이를 합쳐 편찬하는 과정에서 노랫말에 일부 손질을 하기도 하고 저본 경전과 전문적인 주석을 추가하기도 했다. 《월인석보》는 부친 세종마저 세상을 떠난 마당에, 세상을 뜬 부모를 위하고 깨달음을 증득하기 위해 새롭게 편찬한 것이었다. 그런데 《석보상절》은 전경법회에서 사용하도록 읽기에 적합한 의역 위주의 편찬이었는데, 《월인석보》는 저본이 되는 경전 그대로 직역 위주로 옮긴 것이었다. 이는

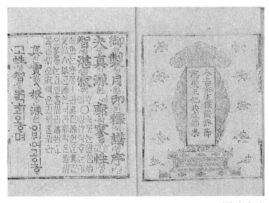

《월인석보》
세종이 왕비의 명복을 빌기 위해 수양대군에게 《석보상절》을 짓게 하고
자신이 지은 《월인천강지곡》과 합쳐 엮은 책(국립중앙박물관).

이 책이 한자를 읽을 수 있는 독자층에게 석가의 생애를 알리는 데 중점을 둔 것으로서, 승려의 교육까지 고려했던 것으로 보인다.

세조 대 불교와 한글 경전 발간

1424년(세종 6)에는 승려들의 도성 출입이 금지되고 국가적 불사는 축소되어 왕실의 사사로운 불사로 바뀌었다. 그러나 수륙재는 성행하여 사대부 집안 여인들이 절에 가는 것을 규탄하는 상소가 이어졌다. 1429년(세종 11) 흥천사 중수에 참여한 승려에게 도첩을 발급했다. 이후 도성의 공사에 참여한 승려에게 도첩 발급이 일반화되면서, 본래의 도첩제는 사실상 유명무실화되었다. 도첩이 없는 승려를 공사에 동원하고 그 대가로 도첩을 주는 조치는 법제에 규정된 정전 납부와 시험을 통한 도첩 발급제도를 사문화하는 것이었다. 이로 인해 도첩을 가진 승려가 크게 늘어났다.

세조는 왕자시절부터 불교에 이해가 깊었고, 즉위 후에는 스스로 불교를 애호하는 임금[好佛君主]으로 자처할 만큼 신앙심이 돈독했다. 1456년(세조 2) 왕은 자신이 살육한 죽은 혼들이 괴로운 지경에 빠진 것이 불쌍하다며, 각 도의 청정한 곳에 봄·가을로 수륙재를 베풀어 혼령을 제도하라고 명하였다. 또 불교를 없애자는 주장을 받아들이지 않고, 승려들을 침해하지 말고 백성을 다스리는 기본 뜻을 잃지 않아야 함을 강조하였다. 1457년(세조 3) 세자가 병이 들자 세조는 구병을 위해 작법을 행했고, 끝내 세자가 세상을 뜨자 《화엄경》 1질과 《법화경》·《능엄경》·《금강경오가해설의》 등 100질, 《지장경》 등 14질을 간행하고 자신은 《금강경》과 《법화경》을 직접 사경하며 명복을 빌었다.

세조는 여러 사원을 중수하고 해인사의 고려대장경 50질을 인경하기도 했으며, 1465년(세조 11)에는 원각사圓覺寺를 창건했다. 사원의 부역에 동원된 사람들에게 도첩을 주었는데, 유점사 등 부역에 4만 3,000여 명, 회암사 중수에 부역한 1만 5,000여 명에게 도첩을 발급해주었다. 그는 여러 사원을 찾아 신앙을 확인하기도 했다. 1462년(세조 8) 용문의 상원사上院寺를 찾았을 때는 관음보살이 현신하는 상서가 나타나 작은 죄를 지은 이를 사면하고, 이 내용을 《관음현상기觀音現相記》라는 책으로 펴내기도 했다. 속리산 복천사에 갔을 때는 부처가 방광放光하는 이적이 있었고, 금강산의 장안사·정양사·표훈사·유점사를 거쳐 낙산사·상원사·월정사를 참배할 때마다 사리가 분신하는 등 여러 이적이 나타났다. 또한 출가제도를 일부 완화했으며 3년마다 승과를 시행하여 선교 각 30인씩 선발하였다.

세조는 불교 교단 보호책도 시행하였다. 승려 도첩 소지 여부를 엄격히 규제하면서도 사원의 부역을 면제하는 것도 제대로 시행되도록 했다. 사원 보호를 위해 관원과 유생의 사찰 출입을 제한했으며, 공부 이외의 사찰 잡역을 면제해주었다. 정전을 내고도 도첩을 받지 못한 승려에게 지체 없이 도첩을 주도록 하고, 세종 말년에 없앴던 정업원淨業院을 복구하고 정인사와 원각사를 세우기도 하였다. 한편으로 부녀자의 사찰 출입을 금지하고, 길거리에서의 초혼과 작법 행위도 금지하였으며, 승가를 오염시킨다 하여 대처승인對妻僧人은 모두 환속시켰다.

도승 규정의 시행 등에서 일부 완화된 불교 보호책도 보이지만, 세조 대에도 억불정책의 기조는 바뀌지 않았으며 승려의 자질 강화를 요구하는 시책들이 시행되었다. 세조 때 제정하여 성종 때 반포한 《경국대전》의 도승법과 승과 조항 수록은 불교의 제도적인 위상을 보장했지만, 동시에 승려와 불교에 대한 국가의 통제력을 명확히 한 것이었다.

세조는 간경도감刊經都監을 두어 불전을 국역 간행하였다. 간경도감은 관원 20여 명에 역부 170인이 소속된 큰 규모의 기관으로, 1461년(세조 7)에 설치되어 1471년(성종 2)에 폐지되었다. 간경도감은 불전을 간행하는 것 외에 여러 불교 관련 업무를 담당했다. 1466년에 표훈사의 수륙회를 주관하였고, 1469년에는 세조의 빈전과 관련된 불사를 설행하였다. 그리고 원각사·봉선사·유점사·낙산사의 창건과 중수 등 불사에 관여했고 중국 불전을 수입하는 일을 담당하기도 했다.

간경도감에서는 37종의 한문 불전과 9종의 언해 불전을 간행하였다. 서울뿐만 아니라 상주·안동·진주·남원·전주·개성 등의 분사分司에서도 간행작업이 이루어졌다. 37종의 한문 불전 중에서 새로 새긴 것은 9종이고, 나머지는 전래본을 중수하여 펴낸 것이다. 이 중수본은 고려 의천이 편찬했던 동아시아 불교 해석서의 집약체인《신편제종교장총록》에 의거하여 펴낸 교장敎藏 불전이다. 《금강경》·《능엄경》·《법화경》 등 대승 경전의 주석서와《구사론》·《유가론》 등 논장의 주석서가 다수이며, 《선문삼가염송집》·《임간록》 등의 선종 서적과《자비도량참법》 같은 불교의례서도 있다. 《법화경》 주석서는 5종이나 포함되어 그 비중이 컸다. 언해 불전은《능엄경언해》를 시작으로《법화경》·《금강경》·《반야심경》·《아미타경》·《원각경》 등의 경전과《수심결》·《사법어》·《선종영가집》 등의 선종 불전이다.

평창 상원사 중창 권선문
세조가 문수보살의 감응을 얻은 상원사를 중창하기 위해
왕실 인사들에게 참여를 권하는 권선문(문화재청).

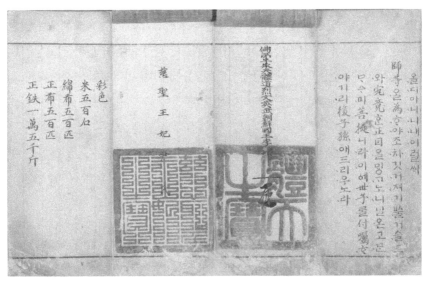

《관음현상기》
세조가 양평 용문 상원사를 찾자 관음이 나타났다는 이야기를
최항에게 짓게 하여 간행한 책(규장각).

조선 전기

불전의 구결은 대부분 세조가 직접 확정하여 달았고, 언해는 김수온·한계희와 신미信眉·학조學祖 등이 맡았다. 언해 불전의 편찬은 세조의 구결 친정親定, 구결에 따른 번역, 원전의 연구와 교감과정을 거쳤다. 언해 불전은 당대의 명필들이 일정한 체제와 형식으로 판서본을 써서 정각한 판본으로 간행되었다. 간경도감 이전의 《석보상절》·《월인석보》·《몽산화상법어언해》 등에 비해 번역체제가 복잡해지고, 구결이 중시된 만큼 직역이 강화된 것이 특징이다. 원문에 대한 이해를 고려하여 한자어가 많고 직역 위주인 것은 보통 사람들이 읽을 수 있는 불전보다는 정확히 이해해야 할 승려들에게 필요한 불전 간행을 지향한 것으로 이해된다. 언해 불전 발문에서 "(세조가) 이 경전이 승속이 평소 익히는 것이라서 특별히 펴서 번역하게 하였는데, 아침 저녁으로 외우면서도 외워야 하는 까닭을 모름을 민망히 여겨" 언해

남양주 봉선사종
불교를 위한 여러 사업을 시행했던
세조가 돌아가자 그 명복을 빌기 위해 광릉 곁에
봉선사를 세우고 만든 범종.

본을 펴냈다는 것이 이런 사정을 알려준다. 간행된 언해 불전 6종 중에 4종이 도승법의 송경 과목의 경전인 것도 이를 뒷받침한다. 이는 조선 후기에 많이 간행된 언해 불전이 《은중경언해》·《권념요록》·《염불보권문》·《지장경언해》 등 일반인을 대상으로 부모에 대한 효도와 극락왕생을 권유하는 대중 교과서적인 의미를 갖는 것과 구분된다.

훈민정음 창제 이후 15세기에 편찬된 정음문헌 40여 종 중에 《용비어천가》와 같은 시가 작품이나 독음이나 구결 등에 정음을 표기한 것들을 제외하면, 한문 원전을 정음으로 번역한 언해서들이 많다. 28종의 언해본 중에 20종이 언해 불전이다. 이 많은 언해 불전은 국어의 발전에 지대한 영향을 끼쳤다.

세조 때 활동했던 승려로는 신미·수미守眉·학조 등이 있다. 신미는 세조의 불교사업을 도운 김수온金守溫의 형으로, 수양대군과 안평대군이 무릎을 꿇고 절을 할 만큼 신봉하는 인물이었다. 신미는 세종 때부터 대우를 받았다. 1450년(세종 32) 왕이 병이 들자 신미를 침전으로 맞아들여 설법하게 하였고, 그해 2월에 세종이 세상을 뜨자 문종은 신미에게 혜각慧覺존자라는 존호를 주었다. 세조는 즉위한 후 신미를 중용하여 그가 머무는 복천사에 행차하여 많은 선물을 내렸으며 그를 위해 상원사를 중창하기도 하였다. 신미는 세조 때 시행된 경전 인출과 간경도감의 불전 국역을 주도하는 등 많은 사업을 추진하였다.

수미는 법주사에서 신미를 만나 함께 활동하며 선종판사를 지냈다. 세조는 수미의 도갑사 중창 불사를 후원했는데, 수미는 승려들이 불사 시주를 핑계로 여러 고을과 민간에 폐를 많이 끼친다고 하며 이를 근절하도록 건의하기도 했다.

신미와 그의 제자 학조·학열學悅은 세조 때 삼화상으로 불렸다. 학조는 1467년 유점사를 중창하였고 1489년(성종 20) 해인사를 중수하였으며 1520년에는 해인사 대장경을 인행하는 등 왕실 중심의 많은 불사를 주관하였다. 이 때문에 신료들로부터 대비의 신망을 받아 행세한다는 등의 비난을 받기도 했다. 1483년(성종 14)에는 직지사에 가서 산업을 크게 경영하여 백성들의 원성이 컸고, 서울에 가면 세가들이 문안하고 물품을 선사하는 길이 이어졌다고 한다.

학열은 간경도감에서 활동하고 상원사 중창 불사를 주관했는데, 1469년(예종 1) 신미에게 물려받은 강릉의 땅을 빙자하여 백성들의 파종지를 빼앗아 원성을 샀다. 신미의 다른 제자 진관사 각돈覺頓은 1450년(문종 즉위) 전라도 각 관청의 전세 종이와 초둔을 대납하고 그 대가로 쌀 1,150섬을 모으는 등 지방 고을의 공납을 청부받는 사업도 하였다.

《경국대전》 체제−도승과 승과

3년마다 승과를 시행하는 규정은 성종 초에 국가제도를 정리·반포한 《경국대전經國大典》에 수록되어 법제화되었다. 《경국대전》은 조선전기 불교 교단의 운영 지침을 반영한 것으로서 그 의미가 있다.

《경국대전》의 불교 관련 조항은 승려의 출가[度僧]와 사찰[寺社]이다. 승려가 되려는 자는 30일 내에 선종 또는 교종에 신고하고, 《심경心經》·《금강경》·《살달타薩怛陀》 등의 암송 시험을 봐야 하며 예조에 보고해야 한다. 그리고 정전으로 정포 30필을 바치면 도첩을 주도록 하였다. 그 기한이 지나면 친족이나 이웃은 관에 고해 환속하도록 해야 하며 고하지 않으면 함께 죄를 묻도록 하여, 출가를 엄격히 관리하였다. 《심경》(《반야심경》)과 《금강경》은 공사상을 설하는 반야경전의 가장 핵심적인 경전이고, 《살달타》는 《능엄경》에 나오는 427구의 능엄주楞嚴呪를 말한다. 도승 조항은 승려가 되기 위해서 갖추어야 할 기본적인 경전 암송 시험을 규정한 것이다. 도첩은 정식 출가의 증명이므로 도첩을 빌려주거나 남에게 주는 자는 법으로 다스렸다.

다음은 승과僧科 규정이다. 선교 양종에서 3년마다 시험을 치르는데, 선종은 흥천사에서 《전등록》과 《선문염송》, 교종은 흥덕사에서 《화엄경》과 《십지론》을 평가하여 양종에서 각각 30명을 선발하도록 했다. 예조의 주관 아래 판사判事와 장무掌務, 전법傳法과 10인의 증의證義로 이루어진 승려들이 참석하여 시험을 치렀다. 합격한 자는 대선大選이라 하였고, 이후 중덕中德을 거쳐 선종은 선사와 대선사, 교종은 대덕과 대사로 위계가 올라가서 선종판사는 도대선사都大禪師, 교종판사는 도대사都大師의 승계를 가졌다. 중덕이 되면 주요 사원의 주지가 될 수 있었는데, 양종에서 여러 사람을 추천하여 예조에 보고하면 예조에서 3인의 후보자를 추천하여 이조에서 선정하였다. 주지의 임기는 30개월이었고, 주지가 교체될 때 장부를 전달하고 파손된 물품이 있으면 보상하도록 했다. 범죄를 저지르면 양종에서 예조에 보고하여 죄를 묻도록 하고, 간음을 범한 자는 본인은 물론 천거한 자도 연좌제로 처벌하도록 했다.

그리고 사찰 조항에서는 사찰 창건을 금지하며, 오직 옛터를 중수하는 것만 양종에 알리고 예조에 보고하여 상주하도록 했다. 또 형전刑典에는 유생이나 부녀가 절에 가는 것을 금했는데, 이는 사족의 여인이 야외제사·산천제사·성황당제사를 지내는 것과 동등하게 장 100대의 형벌에 처하도록 하였다.

승과 시행은 낮은 대우를 받던 조선 승려들이 사회적 기반을 확보할 수 있는 중요한 토대였다. 일반인들이 과거에 급제하기를 열망했던 것처럼 승려에 대한 인식이 아무리 낮다 하더라도 문·무과와 같은 절차를 거쳐 승과에 급제하여 승계를 받게 되면 일정한 사회적 지위를 확보할 수 있었으리라 추정되기 때문이다. 이 때문에 불교를 억제하려는 논의의 중심에 항상 승과의 폐지가 있었다.

《경국대전》에는 이처럼 승려에게 도첩을 발급하는 것과 승과 그리고 주지 등의 사항을 규정해두었다. 여기에 수록된 사원의 신설 금지와 중수 규정은 이후 조선시대 사원 운영의 가장 확실한 축을 이루는 전제가 되었다. 그러나 사원전의 축소가 정책대로 잘 시행된 반면 도

《경국대전》 도승 조
조선의 기본 법전인
《경국대전》에 수록된 불교 조항.
승려의 출가와 승과, 주지 등의 사항을
규정해놓았다.

첩제에 따른 승려 수의 제한은 제대로 시행되지 못했다. 세조 때 여러 공사에 참여하여 도첩을 받은 자가 6만 3,000명이었고, 1467년(세조 13) 호패법을 시행했을 때 승려로 조사된 자가 14만 3,000명이었다고 하였다. 이는 도첩제가 원칙적인 법규였을 뿐 승려의 출가를 제한하는 실질적인 규제력을 갖는 것은 아니었음을 말해준다.

유학자의 불교 인식

권근權近(1352~1409)은 여말선초에 활동한 대표적인 유학자이면서 불교에 대한 이해도 깊었던 인물로, 각종 법회의 많은 소문疏文과 경전 간행 발문, 여러 절의 중창기 등 수많은 불교 관련 글을 남겼다. 이 글들은 영혼을 천도하는 것, 안녕과 복을 기원하는 것, 국가적 위난에 대한 것, 자연재이를 물리치는 내용들이다. 한편으로《예기천견록禮記淺見錄》이나《동국사략東國史略》과 같은 저서, 그리고 〈심기리편서〉와 〈불씨잡변서〉 등의 글에서는 성리학의 관점에서 불교를 비판하였다. 그 요점은 인륜 문제나 불살생 교리, 사대 수미설이나 화장법 등이었는데, 불교가 현실적인 사회관계를 도덕적으로 규정한 인륜을 무시한다는 점을 집중적으로 비판하였다.

이와 함께 그는 많은 승려들과 교유하면서 여러 시문을 남겼다. 일상생활 속에서 쓰인 이들 글에는 격렬한 불교 비판도 맹목적인 숭불 사례도 없이 차분하게 불교를 바라보는 시선이 담겨 있다. 권근은 대체로 출가와 사방의 유행 등 현실세계를 떠나 이루어지는 불교의 구도 행위를 비판적으로 보면서, 그것이 유학자인 자신의 당연한 관점임을 강조하고 있다. 그러나 한편으로 현세의 욕망에서 초탈해 있는 승려들의 분방한 자세를 동경하기도 하였다.

이처럼 권근의 글들은 그가 불교에 대해 상반된 견해를 동시에 지니고 있었음을 말해준다. 그는 50여 명의 승려와 교유했는데, 독실한 불교신자였던 부친과 백형, 그리고 화엄종 승려였던 중형과의 인연이 이런 교유의 바탕이 되었다. 스승 이색과 친우 이숭인·허백승 등도 그에게 많은 승려를 소개해주었다.

권근이 불교를 바라보는 관점은 그의 생애의 변화와 밀접하게 연관되어 있다. 공민왕 때 관료로 성장했던 권근은 우왕 초기에 동료들이 귀양 가는 것을 경험하며 은일 속에 사는 선비들을 동경하였고, 이런 염원은 노장사상과 불교에 관심을 갖는 배경이 되었다. 권근은 이 시기에 절을 자주 찾아 교리와 선담을 나누었다. 고려 우왕 후반기에 요직을 두루 거치며 활발하게 정치 활동을 할 때, 유교와 불교가 서로 지향하는 바가 달라 공존하기 어렵다는 것을 인식하게 되었다. 그래서 관료로서 기강을 바로잡아야 한다는 각오와 함께 불교의 인륜 파괴와 무위도식을 비판하였다. 또 부인의 소상 때는 불교제례를 올렸으나 대상 때는 유교식 제례를 봉행했다.

권근은 반대파에 의해 유배지를 전전하는 정치적 좌절을 겪다가 부친의 권유로 조선 왕조에 출사했지만, 정도전 등 개국공신 계열로부터 견제와 압박을 받다 결국 정도전의 저술에 서문을 쓰며 배불론을 확실히 피력하였다. 권근으로서는 정도전의 정치적 영향력을 고려하지 않을 수 없었고, 정도전은 학문의 권위 확보를 위해 권근의 지원이 필요했다. 그는 절개를 지키지 못한 죄책감을 마음속에 지닌 채《입학도설》등 성리학 공부에 집중하는 한편 선을 통해 마음의 안정을 찾고 불교에 대해서도 호의적인 태도를 보였다. 태종 때는 자식들을 승려에게 교육받도록 하고 승려들과의 교분도 이어가며, 여러 불사를 행하기도 했다.

권근은 궁극적으로 유자(儒者)였다. 이단 배척을 강조하는 성리학적 학문세계를 지향하면서도 실생활에서 불교와 밀접한 관계를 유지했던 것은 그가 생장해온 가문의 배경과 동료들과의 관계에서 가능한 것이었다.

변계량(卞季良)(1369~1430)도 조선 초기에 유학과 불교에 양면적 인식을 가졌던 지식인이다. 스스로를 불제자로 자처하고, 기도하는 날에는 금식재계할 정도로 독실해 유림을 대표하는 위치에 있으면서도 현실적 위험을 무릅쓰고 호불적인 건의를 하였다. 불교식 상례에서 가장 중요한 의식인 법석(法席)을 회복할 것을 건의하였고, 사찰의 노비 혁파를 반대하기도 하였다. 유생들이 절에 가서 독서하는 것을 적극 권장할 정도로 절과 향교를 상보적인

서울 원각사비
효령대군이 《원각경》을 강의하자
사리가 분신한 것을 계기로 세조가 원각사를 짓고
13층 석탑을 세운 내용을
김수온이 지어 세운 비.

것으로 생각했다. 그는 종종 세속을 벗어나 산사의 운치와 정적을 즐기고, 그것을 시로 남겼다. 또 많은 승려와 시문을 주고받았으며, 장수를 빌고, 병을 낫게 하고, 명복을 빌고, 가뭄에 비를 빌고, 재앙을 물리치게 하는 등의 법석을 설행하기 위한 여러 글을 썼다. 그중에 법화 법석에 대한 글은 이 시기에 성행했던 공덕신앙의 새로운 면모를 알려준다.

변계량은 성리학의 수용·정착에 주도적인 역할을 수행한 유학자이면서도 불교의 종교적·사회적 기능과 역할을 충분히 인식하였다. 그는 유교적 국가체제 확립이라는 국가적 소명과 현실적 요구 사이에서 불교의 역할을 인식해 사회 안정을 위해 불교의 포용을 추구하였고, 의례적 측면에서 불교를 활용하려고 하였다. 즉, 불교는 고난과 불행을 극복하는 기원의 대상인 종교로서 인식하고, 유교는 치국의 도로 인식한 것이었다.

권근과 변계량의 사례는 조선 초기 사회가 외적으로는 유교이념의 확립과 그 시행에 힘을 쏟았지만, 내적으로는 여전히 불교가 생활양식과 의례적인 측면에서 그 기능을 유지하고 있었음을 보여준다.

성종 대 유학자들의 불교관은 훈척과 사림 계통에 차이가 있다. 서거정徐居正(1420~1488)은 조선 전기에 승려들과 가장 폭넓게 교유했던 인물이다. 해박한 불교 지식을 갖춘 그는 시간이 나는 대로 절을 찾아 선적인 분위기와 정취를 즐겼으며, 선 수행을 실천하고 고승과 청담을 나누기를 좋아했다. 그의 문집에는 승려 관계 시문이 약 160편 수록되어 있는데, 시문에 거명된 승려만 50여 명에 이른다. 그중에서 설잠 김시습과의 교유가 가장 큰 부분을 차지한다. 그는 불교는 청정담박하고 명성과 이익을 멀리하며 세속에 연연하지 않는다고 하고, 그 같은 과욕寡慾의 설은 유교와 비슷하며, 마음 다스림을 강조하는 것도 유불은 거의 같다고 하는 유불회통의 경향을 보이기도 하였다.

김수온(1410~1481)은 승려 신미의 아우로서, 불교를 신앙했던 대표적인 유학자였다. 집현전 학사 출신으로 제자백가와 육경에 해박하고 시문에 뛰어나 성삼문·신숙주 등 당대의 석학들과 문명을 다투는 한편 현실적 비난과 위험을 무릅쓰고 많은 불사와 불전 언해사업에 참여하였고 원각사 비명을 지었다. 아울러 불교의 자성청정심과 유교의 미발지심과 이理, 인성을 일치시켜 이해하였다. 특히 유불이 다함께 치세라는 공동 목표를 지향하고 있음을 역설하였으며, 또 도의 귀일성을 강조하여 유불의 조화를 모색하였다.

김종직金宗直(1431~1492) 이전의 사림 계열 유학자들은 대개 성리학을 모든 의의와 가치의 기준으로 삼고 하나같이 불교를 비롯한 이단 배척에 철저하였다. 그런데 김종직은 척불소를 올린 적도 없고 불교에 대한 태도와 견해도 훈척파勳戚派 학자들과 구별되지 않는다. 그도 많은 승려들과 교유하여 23명의 승려에게 시문을 남겼다. 김종직은 유불의 사상적 차이점을 인정했지만, 유불 모두 마음에 귀일된다는 생각도 가졌다. 또 사방의 성인으로는 석가모니보다 더 높은 사람이 없다고 말하기도 하는 등 유불의 우열을 가리거나 배척하는 일이 없었다. 김종직은 절에 가서 불교식으로 비를 비는 기우재를 올린 적도 있고, 불교식 상례인 백일재의 소문을 기초하기도 하였다.

김굉필金宏弼(1454~1504)은 성리학의 본질에 충실했던 만큼 이단에 대한 배척정신도 강하였다. 성균관 유생시절에는 단독 명의로 척불상소를 올리기도 하였다. 정여창鄭汝昌(1450~1504)은 이기론에서부터 심성론·수양론에 이르기까지 일관된 성리학 이론체계를 세웠는데, 이단 배척 인식이 철저했다. 김일손金馹孫(1464~1498)은 불교 사적을 볼 때 부정적인 비판을 가하고 절의 토지를 학전學田(성균관이나 향교 등에 주어 유생의 경비로 사용하도록 한 토지)에 충당하라고 상소하기도 했지만, 시문으로 승려와 교유하고 절의 기문을 쓰기도 하였다. 조위曹偉(1454~1503)도 불교 사적을 시로 쓸 때 강한 척불 감정을 토로하기도 했지만, 승려와 교유도 하고 사찰의 기문을 짓기도 하였다.

기화의 삼교일치론과 김시습의 불교관

불교 억제정책이 지속적으로 추진되던 조선 전기 사상계에서 불교계의 반론은 뚜렷하게 드러나지 않는다. 이런 분위기에서 무학대사의 제자로 세종 때 활동했던 함허기화涵虛己和(1376~1433)는 불교가 존재해야 하는 당위성을 강조하면서 유교와의 관계를 정립해야 한다는 논지를 폈다.《현정론顯正論》을 써서 유교 중심 사회에서 불교의 역할을 역설하고,《금강경오가해설의金剛經五家解說誼》·《원각경설의圓覺經說誼》등을 저술하여 교와 회통하는 선론에 정토신앙을 융합하여 불교사상을 체계화하였다.

　무엇보다 기화의 사상사적 의미는《현정론》을 통해 불교의 당위성을 역설한 데 있다. 기화는 여기에서 불교를 배척할 수 없는 이유를 제시하고, 14항목에 걸쳐 유교의 비판에 대한 불교의 참뜻을 해명하였다. 그는 유교가 정형政刑(정치와 형벌)을 주로하는 데 비해, 불교는 인과법을 바탕으로 충효와 어긋나지 않고 사회에 기여할 수 있다고 강조하였다. 또한 유교와 불교가 동일한 진리에 근거한 가르침이기 때문에 본질적으로는 다르지 않음을 역설하였다. 그는 유교의 인·의·예·지·신의 오상五常은 불교의 오계五戒와 같은 것이라고 보았다. 불교는 악을 끊고 선을 닦는 행동으로 사회에 기여하니, 이는 유교의 오상과 다를 바 없다는 것이다. 또 아침저녁으로 군왕과 국가를 위해 기원하고, 선악의 과보를 가르쳐 국가에서 선을 행하도록 하니, 이는 충忠과 다르지 않다고 보았다. 유교는 사람을 가르치는 데 덕행이 아니면 상벌로 하는데, 상벌 방식은 겉으로만 따르게 할 뿐이며, 반면 불교의 교화는 인과因果인데, 현재의 곤궁함을 전생의 결과로 보여주고 미래의 화복을 현재의 원인으로 보여주어 마음으로 복종하게 하므로, 사람들이 악행을 그치고 선행을 하게 된다고 하였다. 그래서 유교는 세간의 가르침이므로 중생들을 교화하는 기능은 있지만, 불교는 해탈로 이끄는 높은 수준의 출세간의 가르침이라고 보았다. 유교의 덕목인 효는 윤회 속에 있는 인人이나 천天에 해당하여, 불교의 해탈에 비하면 하위 덕목이라는 것도 분명히 했다. 나아가 사회적 교

가평 현등사 기화탑
조선시대 유학의 불교 비판에 대응하여
불교의 대응 논리를 펼쳤던 함허선사 기화의 승탑.

화의 측면에서도 불교는 유교의 역할을 아우르면서도 더 뛰어난 효용을 지니고 있음을 주장하였다.

불교가 궁극적으로 지향하는 최고의 가치가 해탈이기 때문에, 그는 유교의 덕목 가운데 해탈에 도움이 되는 것은 받아들이지만 도움이 되지 않는다면 효나 예와 같은 중요한 가르침이라도 거부하였다. 기화는 유교와의 타협을 통해 불교의 존재를 주장하는 것이 아니라, 해탈의 지향이라는 불교 본연의 입장에서 존재의 당위성을 역설하였다. 기화의 유불관계론은 본질적 동일성과 현실적 차별성에 불교의 우월성을 더한 것이었다. 이는 유교가 지배적인 지위를 갖는 사상적 분위기에서 불교의 관점에서 유교를 바라보는 하나의 틀을 제시한 것으로서 사상사적 의미를 갖는다.

그는 또 유교의 '고요하여 움직임이 없으나 감응하여 이에 통한다

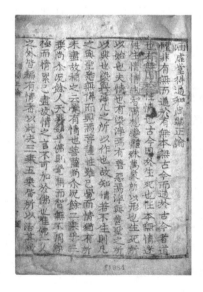

《현정론》
기화가 불교의 이치를 유교와 비교하고 불교의 필요성을 역설한 책(원소장처: 동국대 중앙도서관, 동국대 불교학술원 제공).

「寂然不動 感而遂通」는 것과, 도교의 '함이 없으면서 하지 않음이 없으니 함이 있음에 당해도 함이 없다「無爲而無不爲 當有爲而無爲」는 것과, 불교의 '고요하면서도 항상 비추고 비추면서도 항상 고요하다「寂而常照 照而常寂」는 것은 은밀히 서로 들어맞아 마치 한 입에서 나온 듯하다고 그 동질성을 주장하였다.

《유석질의론儒釋質疑論》(1537년 간행, 저자 미상)은 《현정론》(1526년 간행)과 비슷한 시기에 간행되었는데, 사상 구조도 유사한 면을 보이고 있다. 유·불·도 삼교의 원리적인 동일성과 현상적인 차별성과 불교의 우월성을 강조한 틀은 같다. 그러나 중국의 성인인 공자·노자 등이 모두 부처의 제자라는 삼성화현설三聖化現說로 불교와 중국 사상을 설명하는 것이나, 《주역》을 많이 인용하여 의리론적 관점을 보이는 것 등은 《현정론》과 다르다. 그래서 《유석질의론》을 기화의 저술로 보는 견해도 있지만 분명하지는 않다. 저자가 누구이든, 《유석질의론》은 유학자들의 불교 비판을 반박하며 삼교론이 포함된 관점으로 불교를 옹호하는 체계적인 논리를 전개한 책이다.

《유석질의론》은 삼교는 원리적으로는 동일하지만 현상적으로 다르다고 보았다. 현상적인 가르침의 깊이와 너비와 작용이 서로 다르다고 보았기 때문이다. 삼교는 모두 마음에 근본을 두고 있으나 유교는 드러난 자취를 탐구하고 불교가 참됨에 들어맞으며 그 둘 사이를 붙여주는 것이 노장이라고 보았다.

유교는 만물을 균등하게 하는 이치가 근본으로서, 사물에 의거하여 말하며, 자취를 탐구하고, 수신하여 다스리는 형이후形而後의 이치이다. 도교는 변화를 짓는 기운이 근본으로서, 변화를 가지고 말한다. 불교는 천하에 통달한 도가 근본으로서, 체성을 들어 말하며, 진리에 들어맞고, 밝혀 깨닫는 형이상形而上의 이치이다. 그래서 삼교 중에서도 불교가 근본 이치나 세상을 교화하는 데 가장 뛰어나다고 주장한다. 유·불·도 삼교의 본뜻이 동일하다는 삼교일치적인 관점을 토대로 유불의 상통성과 불법의 진면목을 말한 《유석질의론》은, 유교 중심시대에 불교가 내세운 시대적 상황의 산물이었다.

《현정론》과 《유석질의론》에서 주장한 삼교일치론은 한국 불교사상사에서 최초로 이론적 체계성을 갖춘 것이었고, 이때부터 삼교일치론이 한국 불교의 주된 관심사 중의 하나로 등장했다. 삼교 특히 유교와 불교와의 관계 정립은 이 시대에 이르러 중요한 과제가 되었다.

김시습金時習(1435~1493)은 새로운 관점을 가졌던 유학자로서 출가 생활도 오래 경험한 이력으로 유불 융합적 사상을 펼쳤다. 그는 21세에 세조가 정권을 잡은 계유정난을 지켜보면서 큰 충격을 받아 보던 책을 모두 불태우고 출가하여 전국을 방랑하였다. 출가 시의 이름은 설잠雪岑이었다. 이 기간 동안 그는 불교사상의 흐름을 살펴볼 기회를 가졌고, 산림에 은둔해 있던 거사·도사들을 만나 신선사상을 섭렵하며 사상의 폭을 넓힐 수 있었다. 29세에는 효령대군이 추진한 불경 언해사업을 도와 내불당에서 교정작업을 보기도 했다. 그러나 정창손·김수온 등 의리를 지키지 못하는 이들과 함께할 수 없다며 다시 전국을 떠돌았고, 30대에는 7년 동안 경주 금오산(남산)에서 은둔하며 지냈다. 이때 쓴 책이 한국 소설의 출발점으로 평가되는 《금오신화》이다. 37세에 왕명으로 서울에 와서 지내다 47세에 두 번째 혼인을 했으나, 이듬해 윤 씨 폐비에 대해 논의를 일으켜 49세에 또다시 방랑을 시작했고, 무량사에 정착해서 만년을 지내다가 입적했다. 김시습의 불교관에 영향을 미친 이는 기화의 제자인 홍준弘濬이었다.

홍준은 수양과 안평대군에게 경율을 강의했고, 세조의 명으로 신미·수미 등과 함께 불전 국역에 종사하기도 했었다.

김시습은 이기理氣를 체용일원體用一源(본체와 작용이 한 가지 근원을 갖는 것)의 구조로 파악하고, 서로 떨어질 수 없는 실리實理라고 보는 특유의 심성설을 전개하였다. 그는 본체와 현상이 서로 떠나서 존재할 수 없다는 통일성에서 체용일원의 구조를 파악하였다. 본연의 이 일리一은 체이고 사물에서 드러나는 분수分殊는 용인데, 이와 사가 서로 떠나서 존재할 수는 없지만 그렇다고 하나의 존재[一物]로 볼 수도 없다고 생각했다. 이는 전기의 성리학에서는 상당히 진전된 관점이었다. 이 실리론은 김시습이 어느 한쪽에 치우치지 않고 실사實事를 통해 의리를 구현하는 태도를 견지하게 했던 이론적 근거였다. 그의 출세간적이면서 즉세간적인 삶의 행로는 공자의 시중지도時中之道(상

《연경별찬》
세조가 왕위를 차지한 것을 비판하며
야인으로 살았던 김시습이 《법화경》을 선적으로 해석한 책
(원소장처: 동국대 중앙도서관, 동국대 불교학술원 제공).

황에 맞는 균형 잡힌 도)의 실천이었으며, 지치至治주의의 실현을 갈망하는 신념의 표현이었다.

김시습은 불교의 이치를 깊이 이해하고 옹호하였다. 그는 화복설이 중생이 어리석어 미혹의 그물에서 빠져나오지 못하므로 부처가 방편으로 실상을 보이고자 편의상 인연으로 복을 심는다고 한 것이라고 하였다. 그래서 그 취지는 악을 고치지 못하는 자를 반성하게 하여, 악을 징계하고 선을 따르게 하는 것임을 강조하였다. 또 반야에 대해서는, 그 어떤 보시로 얻은 복도 반야의 지혜보다 나은 것이 없으며, 반야의 지혜를 닦는 것이 불법의 진수라고 하였다. 그러므로 반야의 지혜로 집을 가지런히 하면 집이 정제될 것이며, 나아가 한 나라, 천하도 반야로 다스리면 태평하지 않음이 없을 것이라고 하였다. 출가에 대해서도 그는 석가의 출가가 일시적으로는 도리에 어긋나는 일이었지만 궁극적으로는 일체중생을 제도하여 사회를 교화하였으니, 결코 은혜를 끊고 의리를 저버렸다고 할 수 없는 것이라 했다.

김시습은 불교의 근본 뜻이 자애慈愛를 우선으로 삼는 것이어서, 임금 된 자가 백성을 사랑할 줄 알게 하고 아비 된 자가 자식을 사랑할 줄 알게 하는 것이라고 하였다. 천하의 사람들이 다 편안하고 무사하게 살면서 농사와 누에치기에 힘쓰고 처자를 기르고 어른을 공경하고 어린이를 보살피게 하는 것이 자비라는 것이다. 비록 '인'이나 '의'라는 말은 쓰지 않았지만, 죽이지 않고 훔치지 않는다는 깨우침이 이미 인과 의의 자취를 드러낸 것이어서, 왕실을 돕고 백성을 편안하게 하는 공이 더할 바 없다고 하였다. 이는 자비와 인의가 다를 바 없다는 유불회통의 논리였다.

김시습은 세간을 초탈해야 하지만 결코 생사와 번뇌의 현실을 떠나서는 안 된다고 하였다. 이는 당시 은둔적이고 출세간적인 산중불교에 대한 비판이며, 불교를 적멸의 가르침으로 매도하는 유학자들의 편견에 대한 불교적 반론이었다.

김시습은 《연경별찬蓮經別讚》·《화엄석제華嚴釋題》·《대화엄법계도주大華嚴法界圖註》와 같은 교학과 《십현담요해十玄談要解》와 같은 선 관련 저술을 남겼다. 《연경별찬》에서 그는 말과 법을 모두 잊어야만 법화묘법의 대의를 논할 수 있다고 하였다. 근본 지혜를 체로 삼고 오묘한 행동을 용으로 삼아, 지와 행이 모두 온전해야 묘법을 얻을 수 있다는 것이다. 《화엄석제》는 《화엄경》이 모든 부처님의 비밀 곳집이며, 여래의 본성 바다라고 그 뜻을 풀이한 책이다. 그는 화엄의 핵심인 법계는 일체중생의 신심의 본체이며, 유일한 진실의 경계라고 보았다. 또 신라 의상의 《일승법계도》를 풀이한 《대화엄법계도주》에서는 간명하면서 생동하는 실천성을 중심으로 화엄의 근본 뜻을 밝히고 다시 선게禪偈로 그 의미를 요약하였다.

김시습은 법화나 화엄이나 법계도의 근본 뜻을 모두 선의 입장에서 해석하고 게송으로 마무리하였다. 법화와 화엄사상도 선미禪味가 넘치는 게송을 사용하여 간결하게 정리했지만, 그의 중심은 역시 선에 있었다. 《십현담요해》는 선의 궁극적 경지를 조동선의 정편오위설을 바탕으로 밝힌 것이다. 그러나 조동선의 관점만을 보지 않고 임제선과 융회시켜, 절대적 입장에서 선의 궁극의 경지를 파헤쳤다.

성종과 연산군 대의 억불정책

성종 대는 유학 진흥과 유교정치 강화에 따라 불교 억제정책이 강화되었다. 성종은 1471년(성종 2) 도성 안의 염불소를 폐지하고, 세조가 설치했던 간경도감도 폐지하였다. 1473년에는 양반가 부녀의 출가를 금지했으며, 1475년에는 도성 내외의 비구니 절을 없애도록 하였다. 이 시기의 불교 억제책은 사원의 창건 금지와 도첩이 없는 자의 환속 조치가 중심을 이루었다.

성종은 1477년(성종 8) 현재의 사찰 이외에는 옛터도 중창을 불허하자는 예조의 의견을 받아들였다. 이는 옛터의 중창을 인정한《경국대전》의 규정과도 다른 조치였다. 도첩승의 문제는 군역 확보와 관련해 중대한 문제였기 때문에, 성종 대에 여러 차례 도승 폐지 논의가 벌어졌다. 1477년 5도에서 2만 5,000명을 징병했는데, 이런 궁궐 공사에 동원하고 도첩을 주던 폐단을 금지할 것을 주장하였다. 세조 때 승려가 11만 명이나 헤아렸는데, 이는 유점사와 낙산사를 수선하면서 6만 명의 도승을 인정해주었기 때문이라는 것으로, 군액軍額의 확보를 위해 도첩이 없는 승려의 환속을 주장하는 근거가 되었다. 도승 폐지 상소가 끊이지 않자 성종은 1489년(성종 20) 도승을 더 이상 실시하지 않도록 하고, 1492년(성종 23)에는 도첩 발급을 중지하도록 하였다. 그러나 이 조치가 출가를 제한하는 실질적인 효과를 거두지는 못했던 것으로 보인다. 같은 해에 토지에서 받는 조세를 국가가 대행하는 관수관급제를 사원의 토지에도 시행하였다.

성종 대에 지속적으로 승려 억제책이 시행되었고, 도첩이 없는 자는 군정에 충당하도록 했지만 승려 숫자는 크게 줄지 않아, 승단 축소 논의는 계속 이어졌다. 신료들은 아예 《경국대전》에서 조항을 폐지할 것을 여러 차례 주장했다.

그러나 인수대비와 인혜대비가 도첩 폐지에 대해 제시한 의견에서 보듯이 불교계 연명의 끈은 끊어지지 않았다. 두 대비는 《경국대전》에 수록된 도승을 폐지하는 것은 백성을 속이는 것이며, 중국에서도 다 있는 절을 우리만 없애는 것은 타당하지 않으며, 임금은 하늘을 대신하여 만물을 다스려서 곤충과 초목도 그 삶을 얻게 하는데 승인들이 곤궁하여 원망을 품게 하면 정치의 체모가 서지 않을 것이라고 하였다. 그래서 각박하게 시행하여 승인들의 소란을 일으키지 않도록 하고, 승도들이 절을 수호하여 선왕 선후의 수륙재 시식을 잘 준비할 수 있도록 현상을 유지할 것을 당부하였다. 이에 성종 역시 도승을 시행하지 않는 정도로 응했다.

연산군燕山君시대(1494~1506)의 불교 억제정책은 일정한 논의과정 없이 거의 우발적으로 시행된 경우가 많았다. 연산군의 불교에 대한 인식은 매우 부정적이었다. 《대학연의》를 보고는 양무제가 불교에 극진한 힘을 기울였음에도 나라가 멸망하게 되었음을 알아, 유교를 일으키고 불교를 쇠퇴시키겠다는 심경을 밝히기도 하였다. 다만 연산군은 생존해 있던 인수대비의 명에 따라 세상을 뜬 성종을 위해 진관사 등에서 수륙재를 지내고 원각사에서 불전을 인쇄해 펴내기는 했다. 성종의 능인 선릉宣陵의 재궁으로 견성암見性庵을 두고, 추복사찰로 봉은사奉恩寺를 대찰로 경영하는 등의 불사도 시행하였다.

이러한 시책의 연장선상에서 연산군은 1497년(연산 3) 유래가 오래되어 선뜻 폐지할 수 없으니 제한적으로 도승을 허가하겠다는 뜻을 비쳐 신료들의 반발에 부딪기도 했다. 인수대비가 죽기 바로 전에 중병이 들어 성종 때 폐지했던 도승을 허락해줄 것을 청하자, 1년에 10인의 제한을 두어 이에 따르기도 하였다. 그러나 1503년(연산 9) 왕의 사패賜牌(왕이 토지 등을 하사할 때 주는 문서)가 있는 능침 원당이나 사찰을 제외하고 모든 사찰의 전지와 노비를 몰수하도록 하였고, 2년 후에는 이전 조치에서 제외되었던 능사는 물론 수륙위전까지 모든 사찰 전지를 몰수하여 사원의 경제적 기반을 완전히 박탈하였다.

1504년(연산 10) 인수대비가 승하하자 연산군은 연희에 방해된다 하여 성균관을 없애고 궁궐을 확장하였는데, 이 과정에서 교종의 본사인 흥덕사도 철폐했다. 삼각산에 있던 승려들을 모두 쫓아내 유전지로 편입하였으며, 원각사도 승려를 몰아낸 다음 기생들이 쓰도록 하였다. 선종 본찰이던 흥천사의 불상도 회암사로 옮기도록 함으로써 도성 내 사찰을 모두 문 닫도록 하였는데, 흥덕사와 흥천사는 그해와 이듬해에 나란히 불타고 말았다. 이로써 선종은 회암사, 교종은 청계사 등 도성 밖 사원에서 겨우 양종의 명맥을 이어가게 되었다. 1504년(갑자년)은 3년마다 돌아온 식년으로 승과를 치러야 했는데도 이런 사정으로 실시되지 않았다.

연산군 대는 체계적인 억불책도 아니면서 비정상적으로 중지된 승과가 이후 복구되지 않음으로써 인재 확보 면에서 불교계가 크게 어려워졌다. 사찰을 철폐할 뿐만 아니라 도첩이 없는 승려들을 환속시켜 사찰 운영에서 완전히 격리시켰다. 1506년(연산 12) 도첩 없는 승려를 모조리 찾아내 사찰에 남겨둘 만한 이들은 결혼시켜 토지를 경작하게 하고, 나머지는 내수사의 노비로 소속시키도록 하였다.

연산군은 초기부터 불교 억제정책의 추진에 확고한 의지를 보이기는 했지만, 재위 말년에 시행된 극심한 배불정책은 유신들의 정쟁이

가장 큰 동인이었다. 유신들의 반목 대립과 권력 장악을 위한 정쟁이
사화를 불러오고, 연산군의 방종이 도를 더하면서 폭정이 나타났기
때문이다.

중종 대 불교계 통제

1506년 반정으로 즉위한 중종은 유교적인 정치를 구현하고자 노력
한 만큼 철저하게 불교를 억제하는 정책을 폈다. 《경국대전》의 불교
관련 조항을 삭제하여, 국가와 왕실의 공적 영역에서 불교적 요소는
모두 제거되었다. 그 후 신료나 사림은 승려와 사찰정책에 대해 더
이상 비판하지 않았고, 사찰을 없애는 것과 같은 강경한 불교정책은
시행되지 않았다. 정책의 중심은 성리학적 이념의 실현에 있었고, 왕
정을 통해 그 교화가 백성과 이단에게 미치도록 하면 되는 것이었다.
이런 추이에 따라 중종 중반에는 정책적으로 승려와 사찰이 방임되
는 상태에 있었다.

　중종은 재위 초반에 연산을 위해 기재를 지내자는 모후 정현대비
의 의견을 따르지 않았다. 또 정현대비가 연산 때 능침 사찰은 우리
산천의 험악한 지세를 조종祖宗이 사찰을 지어 진정한 것이라고 하면
서, 자손으로서 조상의 유지를 받들자며 그 토지의 절반을 돌려주도
록 했지만 실행되지 못했다. 그러나 1508년(중종 3) 왕실 원찰인 대자
사大慈寺를 중수하기도 하였다. 1510년(중종 5)에는 사원의 토지를 향
교에 배속하도록 하였고, 1516년(중종 11) 6월에는 왕실의 기신재를
폐지하도록 함으로써 왕실 불교의 중요한 기반을 와해시켰다. 이 해

11월에 왕실의 능침사를 제외한 모든 사찰의 노비를 몰수하였고, 12월에는 신료들이 오랫동안 요청해왔던《경국대전》의 도승 조를 삭제하도록 하여 제도적으로 불교를 부정하는 시책을 시행하였다. 이때 기록에서, 이미 도승을 하지 않은 지 오래되었고, 선교 양종이 없어진 지도 오래되었다 하여, 전기의 교단체제는 해체되었음을 알 수 있다. 그러나《경국대전》의 불교 관련 조항의 삭제는 성종 대 이후 국가제도에서 불교적 요소를 제거하려는 사림들의 지향이 중종 대 초반에 완수되었음을 의미한다.

불교 억제정책에 따라 정식 출가가 금지되었지만, 국가의 정책적 방임으로 사찰의 사적 경제 기반은 유지되었다. 1530년대에 승려와 사찰은 증가하였고, 지방 사찰에서 불교 전적을 간행하는 사례가 크게 늘었다. 인원은 증가하였지만, 정규적인 출가 기회를 갖지 못한 승려들의 자질은 낮아질 수밖에 없었다. 국가의 큰 공사에 동원된 부역승赴役僧에게 도첩을 주던 조치는 성종 때 중지되었다. 그런데 1535년(중종 30) 한강에서 벌어진 공사에 동원한 부역승 3,000명에게 호패號牌를 주었다는 기록이 있다. 도첩을 줄 수 없는 상황에서 대신 호패를 준 것이다.

호패제도는 승려의 타락을 방지하려는 의도에서 시행되었다. 멋대로 사찰에 들어가 생활하는 양인들을 가려, 역의 경중에 따라 호패를 주어 사찰에 거주하게 하는 대신 대규모 공사에 이들을 동원하며 호패제도가 생겨난 것이다. 호패를 지닌 승려들은 토목공사에 한 번 동원된 이후에도 그 유지·보수에 언제든 동원할 수 있도록 하고, 이에 응하지 않으면 호패를 몰수하도록 했다. 역역에 함부로 동원하기 어려운 농민 대신 승도들을 국역체제의 한 역할을 맡도록 함으로써 승도 관리와 국역 시행을 동시에 시행하려는 시책이었다.

이즈음 궁궐 안에서 발생한 승도사건은 승도 단속의 좋은 소재가 되었다. 1539년(중종 34) 부랑승 은수闇修라는 자가 대궐 후원에서 발견되었는데, 후궁에 연결된 기도승이나 궁궐의 불사를 맡던 승려를 따라 대궐을 출입했다는 것이 알려졌다. 이를 계기로 사찰을 새로 짓는 것을 엄금하고 궁중의 불교와의 단절, 나아가 폐단의 발원지인 봉은사와 봉선사의 철폐를 요구하는 주장이 빗발치게 되었다. 1538년(중종 33)에는 8년 전에 간행한 《신증동국여지승람》에 실리지 않은 사찰은 일체 철폐하도록 했는데, 이것이 유일한 사찰 철폐기록이다. 이때 《승람》에 기재된 사찰은 전국적으로 1,638개소에 이른다.

문정왕후의 불교 부흥

조광조를 비롯한 서경덕·이언적 등이 유학의 기반을 조성한 중종 대에 이어, 명종 때는 이황이 등장하여 조선 성리학의 기틀을 이룬 시기였고, 선조 때는 이이 등에 의해 완성되는 조선 성리학의 토대를 형성한 시기였다.

12세로 즉위한 명종을 대신하여 문정왕후文定王后가 섭정을 하게 되면서, 이 시기에는 문정왕후의 불교관에 따라 불교가 일시 부흥했다. 문정왕후는 중종 때부터 내수사를 통해 여러 곳의 사찰에 기원을 드리고 내원당을 지정하여 공덕을 기원하였다. 명종 초년에 정업원 옛터에 인수사仁壽寺를 창건하였고, 태종의 어용을 봉안한 장단 화장사를 비롯한 여러 내원당에 왕릉에 준하는 홍살문을 세워 사대부들

춘천 청평사
명종 때 보우가 문정왕후의 후원으로 불교계 복원 활동을 펼쳤던 사찰.

이 사찰에 드나들며 폐해를 입히는 것을 방지하려 하였다. 1550년(명종 5) 79개이던 내원당은 1554년에는 300개 이상으로 증가하였다. 문정왕후가 왕실의 많은 불사를 추진하기 위한 사찰 재정 확보책으로 수세지를 갖는 내원당을 확대한 것이었다. 문정왕후는 특히 1548년(명종 3)에 천거된 보우普雨(?~1565)를 적극 후원하여 불교 부흥사업을 추진하였다.

문정왕후와 보우는 승정체계를 연산군 대 이전으로 환원하고자 하였고, 그 핵심은 선교 양종체제의 복원이었다. 이러한 기도는 유생들의 큰 반발에 부딪혔고, 문정왕후는 영의정 상진尚眞에게 비망록을 내려, 군역을 피해 승도가 된 무리가 많으므로 잡승을 막기 위해 필요하다는 명목으로 선교 양종 시험을 추진하였다. 척신세력은 늘어난 승려와 사찰을 국가가 직접 통제한다는 명분으로 선교 양종의 승정체제와 기신재를 복구하여, 국가와 왕실의 안녕을 축원하도록 하였다.

보우는 1550년(명종 5) 봉은사와 봉선사에 선교 양종 본사를 복구하고, 이듬해에 자신이 판선종사, 수진守眞이 판교종사가 되었다. 이해 말에 승과 응시자들에게 세 가지 경전을 묻는 시경試經을 치러 일정 수준에 이른 자에게 도첩을 주었는데, 11월부터 이듬해 8월까지 해당자가 462인이었다. 시경에는 공사 천인·향리·역졸·관속·피역자 등 다양한 부류의 사람들이 대거 응시하여 합법적인 지위를 얻고자 하였다. 도첩의 남발을 막기 위해 시경승의 수를 정했는데, 양종을 합쳐 경기·강원은 300명씩, 충청·황해는 400명씩, 전라·경상은 500명씩, 평안·함경은 100명씩으로 모두 2,600명이었다. 실제로 1553년에 2,580명에게 도첩을 주기도 하였다. 1552년에 사찰 수를 제한하기 위해 지음持音과 주지가 있는 절을 조사하였더니 모두 395 개였다. 주지는 승과를 거친 출신승이 하고, 지음은 승과에 급제하지 못한 참학승參學僧이 한다고 규정했다.

승려정책은 이원적으로 시행되었다. 상층 승려에게는 승과를 시행하여 승정체제의 관료층으로 편입시키고 도첩을 발급하여 면역을 보장하였다. 한편 하층 승려에게는 처음에는 한시적 부역의 대가로 호패를 지급하다가 1553년 이후 더 이상 부역의 대가로 도첩을 발급하지 않았다. 이는 도첩이 없는 승려에 대한 국가의 규제를 무력화한 현실적인 정책이었다. 승려의 출가에 대한 규제가 사라진 반면 승려에 대한 부역 의무가 부과되면서, 승려가 사실상 국가체제 내에 수용되는 단초가 되었다.

식년인 1552년(명종 7)에 선과禪科를 시행하여 선종에서 21인, 교종에서 12인의 급제자를 선발하였다. 이 첫 번째 승과에서 휴정休靜(1520~1604)이 급제하여 불교계에 등장하였다. 보우가 활동하는 동안 몇 차례 시행된 승과에서 1561년 유정惟政(1544~1610)이 급제하였다. 승과 시행은 몇 차례에 불과했지만 이 승과를 거쳐 휴정과 유정과 같은 이가 급제하여 불교계에 진출함으로써, 장차 16세기 후반 이후 불교계의 활성화를 이루는 기반을 마련하였다는 점에서 그 의의는 매우 크다.

보우는 1552년(명종 7) 회암사 주지가 되어 회암사 중수사업을 추진하였다. 1555년(명종 10)에는 병을 핑계로 청평사에 물러났는데, 이곳에서도 3년에 걸쳐 중수사업을 추진하였다. 보우가 청평사로 물러나던 해에 휴정이 판교종사에 이어 판선종사가 되어 2년 동안 행정을 맡았다. 이후 보우는 다시 선종판사가 되어 불교계 행정을 맡았고, 문정왕후의 절대적인 지원을 바탕으로 양종과 승과를 부활하고 도첩제를 다시 시행하도록 하였다. 이어서 회암사와 청평사·봉은사·보현사 등을 중수하며 왕실의 안녕을 기원하는 불사를 개최하였고, 그 일환으로 방대한 불화를 제작하기도 하였다. 보우는 인종을 비롯한 왕실 인사로부터 관료와 일반 단월에 이르는 이들의 혼령을 위한 의식도 마련하였다. 그러나 1565년(명종 20) 문정왕후가 죽자 1,000건에 이르는 빗발친 상소 끝에 제주에 유배되어 죽음을 당하고 말았다.

교계에 자질이 공인된 인재가 적었기 때문에 승과에 급제한 이들은 바로 활발한 교단 활동에 들어갔다. 휴정의 경우 33세(1552)에 승과에 급제하여 대선大選 1년, 주지 2년, 전법傳法 3개월 만인 36세(1555)에 교종판사 3개월, 그해 가을에 선종판사가 되어 3년 동안 지낸 후 승직을 버리고 금강산에 들어갔다고 술회하고 있다. 휴정은 두 직책을 차례로 맡았는데, 이를 보면 선종과 교종의 활동이 명확히 구분되는 것이 아니고, 교단 운영을 위한 구분으로 상호 통용되었음을 알 수 있다.

문정왕후의 공덕신앙에 의한 불사는 16세기 불교문화의 주요한 자취이기도 하다. 현재 조성시기를 짐작할 수 있는 불교 건축 중에서 16세기의 것으로는 청평사 회전문(1557년경)과 고산사 대웅전, 관룡사 약사전의 소규모 건물이 있을 뿐이다. 청평사 회전문은 소규모의 건물이지만 바로 보우가 청평사에 주석하면서 중수할 때 건립한 아름다운 건축물이다. 이 시기의 불상으로는 아미타상 외에 별로 알려진 것이 없다. 공예품으로 태안사 범종(1581)과 갑사 동종(1584), 백장암 청동향로(1584) 정도가 알려졌다. 금석문 자료도 이 시기의 것은 거의 남아 있지 않다. 15세기에 이루어진 불교문화 유산보다도 훨씬 적은 수의 16세기 불교문화 유산은 대규모 지원이 많지 않아 열악했던 이 시기 불교계의 재정 형편을 말해준다. 오직 소수의 불화만이 그 공백을 메워주고 있을 뿐이다. 그러나 유독 불교 서적만은 예상보다 훨씬 많은 종류의 전적이 간행되어, 승려들의 수학과 일반인들의 불전 이해가 상당한 수준으로 이루어졌음을 짐작하게 한다.

보우의 선교일체 사상

보우는 불사 추진에만 진력했던 것이 아니라 당대를 이끌 수 있는 사상적 바탕도 제시하였다. 보우 사상의 특색은 선 위주의 풍토에서 교의 중요성 또한 강조한 데 있다. 보우는 경전이야말로 성불의 바른 길이라고 보고, 부처가 대중의 근기에 따라 설법하였기 때문에 중생에 따라 경전의 의의가 다르다고 하였다. 보우는 여러 경전 중에서도 일체 만법에 통하는 《화엄경》이 가장 중요하며, 그래서 군신·부자 등 오륜과 같은 천하의 모든 일과 현상도 《화엄경》의 이치가 그 근본이며 활용이라고 말하였다.

그러나 보우의 기본 생각은 교와 선이 다르지 않다는 관점이었다. 보우는 선교일체禪敎一體의 관점에서 선은 제불의 마음이요 교는 제불의 말이므로, 마음과 입이 다르지 않고 선과 교가 일찍이 둘이 아니었으니, 교는 곧 선이요 선은 곧 교라고 하였다. 그런데 선자들이 본지를 관조하는 데 힘쓰지 않고 말로만 나를 찾는다고 하면서 다른 사람을 헐뜯기나 한다고 당시의 조류를 비판하였다. 불법의 여러 갈래는 한 가지로서 가섭과 아난이 모두 일불승一佛乘이고, 봉은사와 봉선사도 모두 왕을 받드는 절일 뿐인데, 곡직시비를 다투어서는 안 된다는 것이었다.

보우는 또한 고금의 유교와 불교는 모두 지극히 공정하고 사사롭지 않은至公無私 가르침으로서, 깊고 얕은 차이가 있는 것이 아님을 역설하였다. 불교는 대비문大悲門을 열어 의사가 병에 따라 약을 주듯이 중생의 근기에 따라 여러 경전을 설하여, 천하의 사람들이 성덕을 알게 하고 임금과 어버이에게 충효하게 하였다고 하여 불교가 유교와 다를 바 없음을 주장하였다.

나아가 보우는 도는 모두 다 하나[일一]에서 유래했다는 일정론一正論을 주장하였다. 하나란 성실하여 망령되지 않는 것을 말하며, 하늘의 이치가 텅 비고 고요한데 만물이 갖추어진 것으로 그 본체가 일이

〈일정론〉
명종 때 불교 중흥을 맡았던 보우가
불교의 바른 이치를 밝힌 글.

라고 하였다. 바름[정正]이란 치우치지도 삿되지도 않아 순수한 사람의 마음으로서 천지만물의 이치가 모두 여기에 해당하고, 천지만물의 일들이 이에 응하지 않음이 없다고 하였다. 하나란 우주원리요 바름은 도덕원리로서, 하나의 이치에는 이기理氣가 혼연해 있고 바름에는 천지만물의 이와 사단칠정의 기가 두루 존재한다고 보는 것이 일정론이다.

유학자들의 대대적인 공세 속에 불교의 명운을 이어가야 했던 시대 상황 속에서, 보우는 유교와 불교의 조화를 역설함으로써 성리학의 위세 속에서 불교를 보전하고자 노력했던 것이다.

이이의 불교관

율곡栗谷 이이李珥(1536~1584)는 조선적인 성리학을 완성한 대표적인 유학자이다. 그는 모친을 여의고 금강산에 입산하여 승려생활을 한 적이 있다. 그의 행장에는 18세에 상복을 벗었으나 사모하는 마음을 이기지 못하여 울부짖다가 봉은사에서 불서를 보고 생사의 설에 깊이 감명하였고, 또 그 학문이 간편하고도 높고 기묘한 점을 좋아하여 시험 삼아 한 번 속세를 떠나 불법을 연구해보려 했다고 하였다. 그래서 19세 되던 3월에 금강산에 들어가 20세에 강릉 외가로 돌아오기까지 1년 동안 경전을 탐독하고 화두를 드는 선 수행을 했다고 한다.

그는 또 배우는 이들에게, 자신이 어릴 때 쓸데없이 선가의 돈오법이 도에 들어가는 매우 빠르고 묘한 법이라고 생각하여, '만상이 하나로 돌아가는데 그 하나는 결국 어디로 돌아가는 것인가[萬象歸一 一

歸何處'하는 화두를 수 년 동안 수행했다고 하였다. 그러나 결국 깨달은 것이 없음을 알고 비로소 불교가 참된 학설이 아님을 알았다고 회고하였다.

훗날 그의 문묘종사를 논의할 때 이때 출가했는지 여부를 두고 치열한 논쟁이 벌어지기도 하였다. 그가 금강산에 있는 동안 불전을 섭렵하고 불교에 대한 깊은 이해를 가진 것은 분명하다. 그는 유교경전의 정수를 모아 제왕학을 밝힌 《성학집요聖學輯要》에서 불교 특히 선종에 대해 이렇게 말하였다.

(불교의) 정미한 점은 심성을 극히 논하여, 이理를 마음으로 여겨 마음을 만법의 근본이라 하고, 마음을 성性으로 여겨 성을 보고 듣는 작용으로 봅니다. 적멸을 종지로 하여 천지만물을 헛된 것[幻妄]이라 여기고, 속세를 떠나는 것을 도로 여겨 인륜도덕을 질곡이라 여깁니다. 공부의 요점은 문자를 세우지 않고 바로 마음에 들어가 견성성불하여 돈오한 후에 점점 닦는데[頓悟漸修], 만일 상근기의 사람이라면 바로 돈오돈수하는 사람도 있습니다. 달마가 양무제 때에 중국으로 들어와 비로소 그 도가 전해졌는데, 선학이라는 것이 이것입니다.

이이는 선禪은 사람을 미혹하게 하여 그 언어는 유교가 아니며, 그 행실은 윤리를 끊어 세상에서 윤리강상의 상도가 있음을 아는 사람은 이것을 의심하며, 또 정자·주자가 선학을 배척하여 그 자취는 모두 사라졌다고 술회하였다. 이는 유학자로서의 공식적인 표현이다. 그러나 그는 명철한 이해력으로 불교논리의 핵심을 파악하고 이를 자신의 성리학설에 응용하였다. 이이가 제시한 이통기국理通氣局설은 그런 통찰의 결과이다.

성리학에서는 이일분수理—分殊설을 말한다. 이는 모든 사물을 초월하는 정신적 실체로서의 이와, 구체적 사물에 존재와 운동의 원리로 내재하는 개별적 이가 있는데, 그 양면성을 통일적으로 파악하는 것이 이일이다. 동시에 이는 그 구체적 존재를 구성하는 기와 분리될 수 없어 각 사물이 차별성을 갖게 된다는 것이 분수이다. 이이는 여기서 나아가, 보편적인 이는 우주만물에 두루 통한다는 이통과, 제한적인 기는 제한되기 때문에 만 가지로 다르게 나타난다는 기국의 이통기국설을 제시하였다. 둥근 그릇에 담긴 물이나 네모난 그릇에 담긴 물은 같은 물이지만, 둥글고 모난 모양은 서로 다른 것과 같다는 것이다.

이이는 또 이와 기는, 일물이 아니니 하나이면서도 둘이요[一而二], 이물이 아니니 둘이면서도 하나다[二而一] 라고 하였다. 곧 이와 기가 서로를 포함하면서 배제하지 않고, 이기는 다르면서도 혼성되어 있고, 모든 것은 차이성을 갖고 있지만 그 차이로 인해 동일성이 발견되며, 동일성은 변화 속에서 또 다른 차이를 만들면서 거듭나 조화로운 전체상을 구성한다는 것이다.

이런 사유 구조는 불교의 논리와 상통하는 점이 있다. 새로운 성리학 체계를 제시하고 이를 사회에서 실천하며 이상적인 조선 사회를 건설하고자 했던 이이의 이기론이 불교의 융합논리와 서로 통하는 면이 있는 것은, 그가 두 사상의 근본 이치를 조화롭게 융합하고자 모색했던 결과이기 때문일 것이다.

휴정과 유정의 활동

선조 대는 퇴계와 율곡의 활동으로 대표되는 성리학의 완성기였다. 서경덕徐敬德(1489~1546), 김인후金麟厚(1490~1560), 이언적李彦迪(1491~1553)과 같은 선학들의 성리학에 대한 이해가 심화되는 기반 위에서, 이황(1501~1570)과 조식曺植(1501~1572)이 앞에서 이끌고 성혼成渾(1535~1598)과 이이(1536~1584)가 이를 계승·발전시켜 조선 성리학의 면모를 확립한 것이다.

이황은 1568년(선조 1)《성학십도聖學十圖》를 저술하였고 이이는 1575년(선조 8)《성학집요》를 저술하였다. 이처럼 조선 전기 내내 사림들이 진력해온 성리학의 이해와 사회적 구현이 이 시기에 이루어졌다. 한편으로 선조 대는 오랫동안 지속된 평화에 따른 사회 안정이 내부적인 대립을 불러와 붕당이 생겨난 시기이기도 했다.

명종 말년에 문정왕후와 보우가 죽은 이후 불교계는 침체되었고, 대규모의 불교 행사는 찾아볼 수 없게 되었다. 식년이 되던 1566년(명종 21) 승과를 실시하지 않고 이후 승과가 완전히 폐지됨으로써, 승려 인재양성의 제도적 기틀이 무너지고 불교계의 침체를 불러오게 되었다.

성종 때 중지되어 중종 대 초반에 폐지된 도첩제는 중종 대 후반에 권신 김안로 등에 의해 승인호패제로 다시 시행되었다. 명산대찰에서 은밀하게 설행되던 왕실의 불교재의는 명종 대에 다시 표면화되어 기신재가 공식적으로 설행되었다. 연산군 말기에 붕괴된 선교 양종의 승정체제도 명종 대에 복구되었다. 그러나 이러한 불교제도들은 척신이 축출되고 사림이 정권을 장악한 명종 대 말까지 모두 폐지되었다. 16세기 불교정책의 시행은 사림이 성장하여 도학정치를 추구함에 따라 사림의 이념적 지향과 권신들의 현실적 노선의 대립이 사회에 나타난 변화과정이었다.

선조 대는 방임적 불교정책이 유지되었다. 1567년 선조가 즉위한 이후 임진왜란이 발발하기까지 승려와 사찰에 대한 비판이 확인되지 않으며, 조정에서 불교에 대한 논의도 거의 이루어지지 않았다. 국왕과 신료 모두 정사를 잘하여 교화가 백성에 미친다면 이단이 성하게 되지 않을 것이므로 적극적인 배불정책을 취할 필요가 없다는 인식을 가졌다. 이에 따라 이 시기 불교계는 왕실의 지원과 시주나 시납과 같은 개인들의 지원을 통해 유지될 수 있었고, 이런 배경에서 조선시대를 통틀어 가장 다량의 불전이 간행될 수 있었다. 불전은《법화경》·《부모은중경》과 같은 공덕을 위한 것과 의식집과 같은 불교 재의를 위한 것이 많았고, 승려들의 교육과정에 필요한 경전이 선 전적을 중심으로 다수 간행되었다. 이 시기 승려들의 구체적인 동태는 명종 대 승과를 통해 배출된 인재를 대표하는 휴정과 유정을 통해 짐작할 수 있다.

청허휴정淸虛休靜(1520~1604)은 21세에 출가하여 부용영관에게 배우고 이곳저곳에서 정진하였다. 지리산에 들어가 삼철굴에서 3년, 대승사에서 2년, 의신암 등에서 3년을 지내고 27세에 오대산에서 반년, 금강산의 여러 암자에서 4년을 지냈다. 이렇게 7, 8년을 지내고 33세인 1552년(명종 7) 승과에 급제하여 주지 직을 3년, 교종판사 3개월, 선종판사를 3년 지냈다. 38세에 승직을 벗어던지고 금강산에 들어가 반년을 지내고 39세부터 지리산의 은적암에서 3년, 황령암 등에서 3년을 지냈으며, 이후에는 태백산·오대산·금강산을 거쳐 묘향산에 들어가 보현사와 여러 암자에서 수행에만 열중하였다. 중반까지의 행적은 연도를 밝혔지만 묘향산 시절의 연도는 분명하지 않은데, 대체로 임진왜란이 일어나기 전까지 5, 60대를 이곳에서 수행에 힘을 쏟았던 것으로 보인다. 휴정은 이 후반의 시기에 부용영관에서 벽송지엄으로 거슬러 올라가는 선대의 전통을 확인하고 자신의 사상을 정립하며, 수행에 열중하면서 제자들을 기르는 데 집중했던 것으로 추측된다. 그의 문집 《청허집》에 실려 있는 수많은 수좌들과 주고받은 시와 서간이 이를 말해준다. 이런 활동을 통해 1,000을 헤아린다는 문도들을 모을 수 있었을 것이다. 그리고 임진왜란이 일어나자 전국의 승도를 이끄는 지도자로서 국난을 헤쳐나가는 데 앞장섰는데, 당시 73세의 고령이었다.

사명유정四溟惟政(1544~1610)은 16세에 출가하여 18세인 1561년(명종 16) 승과에 급제하고 나서 많은 유학자들과 교유하며 학문과 식견을 넓혔다. 박순·이산해·고경명·최경창·허봉·임제·이달 등이 유정과 시와 글로 사귀던 당대 사대부 문사들이었는데, 유정은 그들에 견주어 뒤처지지 않은 역량을 보여주었다. 유정은 노사신으로부터 유학을 배우고 시문도 익혔다. 1575년(선조 8) 유정은 묘향산에 있는 휴정을 찾아가 사제관계를 맺고 선 수행에 주력한 다음, 3년 뒤부터 금강산을 비롯하여 전국의 명산대찰을 주유하며 심성을 연마하였다. 임진왜란이 일어나자 주석하고 있던 유점사에서 승군을 모아 휴정 문하에 모이게 하고, 이들 전체를 통솔하는 도총섭의 역할을 수행함으로써 국난을 극복하는 데 앞장섰다.

전기가 비교적 상세한 이 두 사람의 행적을 통해서 선조 대에 의식 있는 승려들은 명산대찰과 선지식을 찾아 여러 사찰을 유력하며 수행에 노력했음을 짐작할 수 있다. 전국 각지 명산대찰마다 수행에 진력하던 승려들이 자리 잡고 있었던 것이다. 이런 추세를 보여주는 것이 불서 간행의 흐름이다. 조선 전 시기 중에서 16세기에 가장 많은 불서가 간행된 것은, 역사에 크게 이름을 올리지 않은 수많은 수행자들이 전국 곳곳의 산사에서 경론을 공부하고 선 수행에 몰두하고 있었음을 말해준다.

이들 외에 휴정의 초기 제자들이 이 시기에 출가하여 불문에서 활동하였다. 휴정과 동문이 되지만 유정과 나이가 거의 같아 함께 활동하기도 했던 부휴선수浮休善修(1543~1615)는 명종 말년경 출가하여 부용영관의 제자가 되어 법을 잇고, 벽암각성 등 700을 헤아리는 제자를 길러 17세기에는 청허계와 양립하는 부휴계를 이루었다. 경헌敬憲(1544~1633)을 비롯하여 법견法堅(1552~1634), 일옥一玉(1562~1633), 태능太能(1562~1649)과 같은 전기를 남긴 휴정의 초기 제자들과 희언希彦(1561~1647) 같은 부휴의 제자들이 명종 중반부터 선조 초반에 출가하여 수행하였음이 확인된다. 행장을 남기지 않은 일선一禪(1533~1608)과 해일海日(1541~1609), 인오印悟(1548~1623) 같은 제자들이나 의승군으로 활동한 처영處英과 영규靈圭(?~1592) 등도 선조 전반기까지는 출가하여 수행했을 것으로 추정된다.

휴정의 삼학일치론

휴정이 17세기 이후 조선 불교계의 태두가 될 수 있었던 것은 그의 적극적인 문도 양성에 일차적인 토대가 있지만, 선교일치禪敎一致 사상을 정립하고 임진왜란의 국가 위난 사태에 의승병義僧兵의 대표로 나서서 전 승도를 이끌었던 데 크게 힘입었을 것이다. 휴정의 활동은 승군 규합을 통한 불교계 위상 확보라는 현실적 면모보다 이후 전개될 조선 불교의 사상적 기반을 마련했다는 점이 보다 더 의미가 크다.

휴정의 사상은 선 중심의 교선일치에서 나아간 선·교·염불의 일치론이었다. 휴정은 《선가귀감禪家龜鑑》·《심법요초心法要抄》·《선교석禪教釋》 등에서 선과 교에 대해 의견을 제시하였다. 그는 삼처전심이 선이요 일대 설법이 교이므로, 선은 부처의 마음이요 교는 부처의 말씀이라고 파악하였다. 휴정은 제불의 설법을 돈오하고 점수하며 법문을 완전히 갖추었지만 선후와 차제가 있는 것이 교로서 아난의 입을 통해 전해져 인과를 밝힌 것이요, 조사들이 제시한 한 구절 중에 팔만사천법문이 원래 갖추어져 전후가 없는 것이 선으로서 가섭의 마음을 통해 조사 대대로 곧바로 정맥을 이어온 것이라고 주장하였다. 이러한 선교일치적 관점은 보통 사람들을 위해 교를 열고, 뛰어난 사람들을 위해 선을 보였다는 선 위주의 관점으로 정리되어, 간명 직절한 조사선의 선양을 최고 위치에 두게 된다. 특히 교외별전의 선지는 교학인들뿐만 아니라 선종의 낮은 근기들도 알지 못한다고 하며 임제종풍만이 정전正傳임을 명시하였는데, 이는 조선 후기 선논쟁의 단초가 되기도 하였다. 휴정의 선교론은 교를 내버리지 않고 그 의의를 명확하게 규정한 데 의미가 있는데, 이는 전대의 보우가 보였던 관점과 같은 맥락이었다.

휴정이 제시한 선 위주의 교선일치적 견해는 이후 조선 불교계에 미친 그의 절대적 영향에 따라 전체 불교계를 지배하게 되었다. 이에 더하여 휴정은 마음으로 불국정토를 생각하고 입으로 아미타불을 부르는 것이 염불이라 하여, 자성미타自性彌陀의 정토관을 제창하였다. 나아가 임종할 때 아미타불의 수기를 받아 미래세가 다하도록 중생을 제도하겠다는 서원을 세우기도 하였다. 이러한 정토관 역시 크게 영향을 미쳐 이후 승려들은 선 수행[參禪]과 경전 공부[看經]와 염불을 더불어 수행하는 삼학三學 수행을 일반적인 경향으로 여기게 되었고, 종합 수도원인 총림叢林은 선원과 강원과 염불원을 갖추게 되었다.

휴정의 사상 경향은 그가 지은 2대조 벽송지엄碧松智嚴(1464~1534)의 행장에서 살펴볼 수 있다. 휴정은 지엄이 《대혜어록大慧語錄》과 《고봉어록高峰語錄》을 차례로 수학하여 깨달음을 얻었고, 《도서》와 《절요》로 후학을 지도했다고 하였다. 《대혜어록》 곧 《서장書狀》은 임제종의 창시자 임제의현의 12대손으로 간화선을 제창한 대혜종고大慧宗杲(1089~1163)의 저술이고, 《고봉어록》 곧 《선요禪要》는 임제의 18

《선가귀감》
명종 때 부활되었던 승과에 합격하여
불교계 중심 인물로 활동하게 된 서산대사 휴정이
선의 요체를 간추린 책.

대손인 고봉원묘高峰原妙(1238~1295)의 저술로서, 모두 임제종풍을 선양한 것들이다. 그런데 《대혜어록》은 고려의 지눌이 견성하였다는 책이고, 《도서》와 《절요》는 지눌이 그 중요성을 강조한 것이다. 휴정은 이를 통해 자신의 사상적 지향을 나타낸 것이다.

휴정의 견해로 보면 자신으로부터 부용영관–벽송지엄–벽계정심으로 올라가는 법계를 제시한 것에 그친다. 그러나 휴정의 사후 제자들은 벽계정심과 시기적으로 단절이 있는 귀곡각운을 연결했다. 그리고 그 이전 법계를 고려 말의 나옹혜근으로 연결하는 견해와, 태고보우로 연결하여 원대 임제종 계승의식을 표방하는 견해로 나뉘어 법계 논쟁이 전개된 후, 결국 태고보우로 귀결되었다.

휴정은 또한 《서장》과 《선요》와 같은 중국 조사의 어록을 배우는 것을 성리학을 집대성한 정자程子와 주자朱子가 공맹孔孟을 계승함에 비유하고 있다. 그런데 휴정이 활동하던 시기는 이황과 이이가 성리학을 완전히 이해하고 조선화해가는 때였다. 휴정의 관점은 이와 같은 성리학의 진전에 대한 관심에서 비롯된 것이었다. 이런 바탕 위에서 휴정은 불교와 유교·도교의 근원적인 동일성을 표명하기도 하였다.

휴정은 불교의 근본은 업과 행을 청정히 하고 계·정·혜를 원만하게 닦아, 이름도 모양도 없는 한 물건[一物, 이]의 실상을 찾아 수행하여 불지를 갖추려는 것이라고 하였다. 그리고 유교의 근본은 무극이면서 태극으로 도의 근원이 되는 천도天道의 체용을 갖기 위해 공부를 쌓아 천지의 덕에 합치하는 군자가 되는 것이라고 하였다. 또 도교의 근본은 지극히 크고 신묘한 도道에 일치하기 위해 인위적인 조작을 떠나 본래의 대도에 따르는 것이라고 하였다. 이렇게 보면 삼교가 서로 명칭은 다르지만 도의 근원은 동일한 것으로서, 본래 심성의 계발을 위한 인간수련이라는 데서 상호 회통성을 찾을 수 있다고 휴정은 강조하였다.

　그러나 휴정의 주된 관심은 선의 선양을 바탕으로 교와 염불이 함께하는 불교 수행에 있었다. 휴정은 《선가귀감》을 비롯한 저술에서 이를 치밀하게 추구하면서 그와 교류하던 문도들과 일반인들에게도 이를 강조하였다. 그가 선의 의례를 구체적으로 밝히는 책을 편찬한다든가 우리나라 전등傳燈의 조사들과 함께 조선의 시조 이래 선왕들의 영가를 위해 기도하는 의식집을 엮은 것이 이를 말해준다. 휴정은 성리학이 완전히 정착·발전해감에 따라 불교가 위축을 면치 못하는

고려 말 조선 초 주요 승려 법계 계승의식

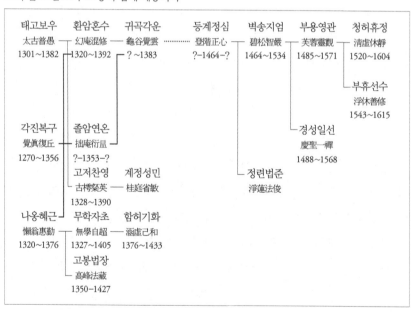

시대적 상황을 냉철하게 인식하고, 유학자들과 교유하며 삼교의 동일성을 표명하였다. 한편으로 선교와 염불이 모두 필요함을 밝히는 저술 활동을 통해 불교계의 사상적 토대를 축적하고, 동료와 후학들에게 분명한 지향과 수행을 역설함으로써 불교계의 역량이 자라나기를 희망하였다.

임진왜란과 의승군의 활동

조선 전기의 어려운 사원 여건과 인재 부족 상태에서 승려들의 괄목할 만한 사회 활동은 찾아볼 수 없었다. 이런 상황에서 1592년 임진왜란을 겪으며 사원은 막대한 외형적 피해를 입었지만, 승려들이 의승군으로 국난극복에 적극 참여하여 주목할 만한 성과를 이룸으로써 새로운 도약의 계기를 맞았다. 전공을 세운 승려들이 직책을 받아 승직이 제도화되었고, 이들의 사회적 지위가 향상되었다. 이에 따라 청허淸虛(서산西山)와 부휴浮休를 계승하는 양대 계파가 크게 번성하였다.

의승군 활동은 휴정의 제자인 영규靈圭로부터 시작되었다. 영규는 8월에 의병장 조헌趙憲과 함께 청주 탈환에 선봉이 되는 등 활약을 하다가 금산錦山 전투에서 전사하였다. 영규는 "한 그릇의 밥도 다 나라의 은혜이다"라는 취지 아래 300의승을 모아 자발적으로 왜적과의 싸움에 나섰다. 영규의 빛나는 활동은 조정에 인상적으로 각인되었고, 휴정에게 승군을 모아 이끌어달라는 요청을 하기에 이르렀다. 휴정은 전국에 격문을 띄워 승군의 항전을 선도하였고, 이에 유정惟政은 관동에서, 처영處英은 호남에서, 해안海眼은 영남에서 승군을 이끌었다. 휴정은 묘향산에 유정의 승군을 합류시켜 5,000여 승군을 집결하였고, 연로한 휴정 대신 유정이 이 중 2,000여 명을 선발하여 이듬해 1월에 이루어진 평양성 탈환 싸움에서 명군과 함께 큰 역할을 하였다.

조정은 1593년(선조 26) 3월에 유정에게 선교종판사를 제수하여 지휘 권한을 부여하였다. 동시에 그 밖에도 공이 있는 승려에게는 선과禪科를 제수하라고 했으나 신료들의 반발에 부딪혀 시행되지 못하다가 6월에 이르러 시행되었다. 이어 7월에 휴정에게 공을 세우면 선과를 주겠다며 승군을 모으도록 요청하였고, 휴정은 제자 상주尚珠와 쌍인雙印을 선교 양종의 판사로 삼아 승군을 모을 것을 제안하였다. 이 과정에서 판사判事라는 명칭이 양종의 부활처럼 여길 수 있다 하여 총섭總攝으로 바뀌었다. 그래서 8도에 선교 각 2인씩 16인의 총섭을 두고 이를 총괄하는 도총섭都總攝 체제로 확립되었다. 승군의 활약

영규 진영
임진왜란이 일어나자 왜군과 맞서 싸워 나라를 지킨 의승병 영규(가운데).
휴정·유정과 함께 공주 갑사 표충원에 봉안되었다.

초기 어느 시점에 휴정이 팔도도총섭에 임명되었고 이후 이 직함이 계승되었다.

이 과정에서 보는 것처럼 조정의 불교계에 대한 인식은 시급히 필요한 승군의 운용에서도 확실한 대비책을 두어 견제할 만큼 완고한 경향을 보였다. 그렇지만 임란의 극복과정에서 승군들은 적극적인 활동으로 공식 직함을 얻게 되었고, 이제까지의 억압적 상황에서 승려들이 국가적으로 인정받는 계기가 되었다. 이로써 조선 불교는 명목상으로나마 국가적으로 인정받은 승려들이 안정적 지위를 갖고 불교계를 운영해나갈 수 있는 토대를 마련하게 되었다.

불교신앙의
지속과 의례

조선 전기의 위축된 교단 상황으로 사원은 운영에 막대한 어려움을
겪게 되고, 특히 우수한 인적 자원이 불교계에 유입되는 통로가 막힘
으로써 승려들의 자질이 저하되었다. 사림파에 의해 성리학이 심화
되고 향약 보급운동이 시작되는 16세기 이후에 불교신앙은 지배층에
서 멀어져갔다. 그러나 성리학이 내세來世 문제를 다루지 않았기 때
문에 불교윤리에 의한 사자의례死者儀禮는 유지될 수밖에 없었다. 명
부전冥府殿의 시왕十王신앙은 대중을 교화하는 기능을 가졌을 뿐만 아
니라 효孝와 결부되어 불교 존립의 확실한 근거가 되었다.

　신앙과 의례를 담당하던 사원의 역할이 사라지지 않음에 따라 서
민들이 보다 가깝게 사원에 다가갈 수 있게 되었고, 사원의 유지 또
한 가능하게 되었다. 제도적인 억제책으로 사원은 피폐해졌지만 사
후세계에 대한 관심 등 신앙의 요구를 모두 없애지는 못하였다. 왕실
에서는 망자의 제사를 절에서 지냈고, 억울한 영혼을 위로하고, 명복
을 빌고, 질병을 물리치기 위해 다수의 일반 대중을 대상으로 하는

수륙재가 거행되었다. 이전에 기일에 지내던 제례가 수륙재로 간소화되었고, 민간에도 수륙재 의식이 널리 퍼지게 되었다. 사람들은 절을 찾아 현세에서의 바람을 빌고 죽은 이의 넋을 위로하고자 했던 것이다.

사원은 신앙으로 사람들의 발길을 모았고, 조선시대 사원 구조는 이를 반영하여 주 법당 외에 이들 신앙의 전당인 관음전과 지장전을 갖추게 되었다. 죽은 왕족을 위해 사원에서 제례祭禮가 베풀어졌고, 재앙을 없애는 소재, 가뭄에 비를 비는 기우, 질병을 낫기를 기원하는 구병救病, 승려를 초청하여 공양을 베푸는 반승, 죽은 이의 영혼을 바른 길로 인도하는 천도 등 갖가지 재앙을 물리치고 복을 비는 행사[消災祈禳]나 망자의 생신에 복을 빌고 제사를 드리는 기재忌齋가 설행되는 등 불사가 지속되었다.

왕실의 불교신앙

유교 제례체계의 정비는 불교의례에도 변화를 가져왔다. 부처를 섬겨 복을 구하는[사불구복事佛求福] 불교의 상제례 관념에, 조상의 은혜에 보답하고 추모하는[보본추원報本追遠] 유교식 관념이 가미되었다. 조선시대에 불교의례는 국가의 사전祀典(국가에서 공식적으로 지내는 제사)체제 정비과정에서 처음부터 배제되어 있었다. 그러나 중종 대까지 국상國喪은 국가의 주관 아래 불교식의 공적인 국행의례로 설행되어, 칠칠재七七齋를 중심으로 법석과 재가 베풀어졌다.

중종 국상 이후에는 국행 칠재를 폐지하고 내행의례로 전환하였다. 내행內行의례는 인간적인 정리와 효를 다하기 위해 왕실의 주관 아래 국행의례와 더불어 설행된 사적인 의례였다. 국행은 의례 비용을 국용으로 쓰고 공식적으로 규범화된 사전체제에 포함되면서 조정의 공식적인 논의를 거쳐 시행되는 것이고, 내행은 왕실의 궁고에서 지출되는 비용으로 내지內旨를 통해 시행되는 것이다.

불교식 제례인 기신재忌晨齋 또한 유교식 기신제忌辰祭와 병행되었다. 기신재는 기일에 행하는 기신제와 달리 기일에 앞서 설행되어 유교의례와 공존하였다. 조선 후기까지도 왕실의 원찰과 원당에서는 선왕의 명복을 빌고 현왕과 비빈들의 수복을 기원하며 왕자 탄생을 기원하기 위한 설재가 꾸준히 행해졌다.

왕실의 불교의례 못지않게 조선 전기 불교계를 유지하는 데 중요한 역할을 했던 것 중의 하나가 왕실의 불교신앙이다. 왕실 불교신앙은 원당願堂에서 확인된다. 조선시대에 왕실의 원당은 한 사찰에 거듭 설치된 경우도 있어, 192개 사에 252회 설치되었다. 원당은 궁중

영주 부석사 위축전
외형적으로 불교를 억압했던 조선시대에 왕실의
불교신앙을 담당했던 부석사에 설치했던 원당.

의 내원당入願堂, 능침사陵寢寺, 원묘園墓의 재사齋舍, 조포사造泡寺, 진전眞殿 부속사찰, 위축원당爲祝願堂, 태실 수호사찰 등 형태는 다양했다. 이 중 한성부에 위치한 사찰이 16사, 경기도가 83사, 강원도 20사, 경상도 21사, 전라도 23사, 충청도 13사, 평안도 4사, 함경도 11사, 황해도 1사였다. 한성부와 경기도에 위치한 원당이 총 99사로 절반 이상이 도성 인근에 위치해 있었다. 대부분의 왕릉이 한성부와 인접한 양주, 고양 지역에 위치해 있기 때문에 능침사 또한 이 지역에 설치된 것이 많다. 명산대찰로 손꼽히는 사찰들은 능침사나 태실 수호와 같은 특수한 목적 없이 순수하게 왕실 기도처로 설치되었던 경우도 많았다.

대부분의 위축원당은 왕이나 왕실 친인척의 개인적인 인연에 의해 지정되는 경우가 많았기 때문에 전국에 고르게 분포하는 편인데, 그중에서도 특히 많이 지정되는 곳은 불사 의뢰가 용이한 경기도 인근의 사찰과 금강산, 속리산, 오대산 등 고래로부터 명산으로 숭앙돼온 곳에 위치한 사찰들이었다. 252회 중에서 시기별로 태조 14, 세종 19, 세조 18, 선조 11, 숙종 13, 영조 25, 정조 21, 고종 20회(미상 37)가 설치되었다. 세조 대와 영·정조 대, 고종 대에 가장 많은 원당이 설치되었고, 태조 대부터 명종 대까지 87회, 선조 대부터 고종 때까지 128회의 원당이 설치되었다.

왕릉에 능침사가 지정되지 않는 대신 조선 후기의 능침사는 주로 종묘에 위패가 배향되지 않는 왕친들을 위한 시설물로 설치되었다. 선조의 생부 덕흥대원군, 덕흥대원군의 생모 창빈 이 씨, 영조의 생모 숙빈 최 씨, 사도세자의 생모 영빈 이 씨, 그리고 일찍 요절한 익종과 인빈 김 씨 등의 능침사가 설치되었는데, 이들은 모두 왕을 배출한 후궁 내지는 왕의 생모라는 공통점을 지니고 있다. 또한 자식 없이 요절한 왕친의 경우에도 원당의 설치가 빈번했다. 단종이나 경종, 명혜공주와 명선공주, 의소세손, 효장세자 등 후사 없이 젊은 나이에 요절한 경우 어김없이 원당이 설치됐다. 조선 왕실에서는 후사 없이 죽거나 젊은 나이에 요절한 이들을 위해 원당을 설치했음을 알 수 있다.

조선 초기 왕실의 불교신앙은 개인적으로는 불교에 호감을 갖더라도 공론화할 수 없는 국왕을 대신하여 지친인 대비와 대군의 불교 활동이 부각되었다. 돈독한 불심을 바탕으로 불교를 지원했던 태조, 정종, 세조 대에는 그렇지 않았지만, 유교적 가치에 충실했던 세종이나 성종 대에는 대군과 대비의 활동이 두드러졌다. 효령대군·수양대군·안평대군과 정희대비 등의 신앙이 그것이다.

왕실의 불사

조선 초기 불교계의 유지에 중요한 역할을 했던 왕실의 불교신앙은 여러 불사를 수행하고 불화 등 뛰어난 예술품을 남기기도 했다. 왕실 발원 불사로 조성한 예술품들에서는 죽은 왕이나 왕비의 명복을 빌고 왕실의 번영을 기원하는 내용이 동일하게 나타나 있어, 왕실에서 행해지던 불교신앙의 단면을 잘 보여준다.

1462년(세조 8) 태조 계비 신덕왕후의 명복을 빌기 위해 흥천사종을 주조하였는데, 효령대군과 임영대군, 영응대군이 감주監鑄를 맡아 추진하였다. 1463년(세조 9) 정의공주는 효령·임영·영응대군 등 수십 명의 왕실 인사와 함께 왕과 왕비의 장수를 빌며 직조 천불상을 제작하였다.

1465년(세조 11)에 제작된 관경십륙관변상도觀經十六觀變相圖는 효령대군, 영응대군부인 송 씨, 월산대군, 김제부인 조 씨, 대구군부인 태 씨 등과 비구 혜심惠心과 성눌性訥 등이 시주가 되었고 화원 이맹근李孟根이 맡아 그렸다. 1477년(성종 8)에는 세조 장자인 덕종德宗의 딸로 성종의 누이인 명숙공주明淑公主의 부마 홍상洪常이 국왕과 자신들이 재앙이 없고 무병하기를 빌며 미타회도·약사회도·치성광회도熾盛光會圖·관음도·의암관음도倚岩觀音圖 5폭을 조성하였다.

1483년(성종 14)에는 대비의 발원으로 왕과 왕비의 복락무궁과 만수무강, 왕실의 번영과 백성들의 안락을 위해 약사여래도·치성광여래도·천수팔난관음도千手八難觀音圖·십륙대성도十六大聖圖·삼제석탱三帝釋幀과《약사경》·《칠성경七星經》 등 30건의 방대한 불사가 시행되었다.

도갑사 관음보살 32응신도(1550)는 인종 왕비인 인성왕후가 죽은 인종의 명복을 빌기 위해 이자실李自實에게 맡겨 조성한 것으로, 왕실 발원의 불교문화 생산수준을 한눈에 보여주는 우수한 불화이다. 안락좌 형태의 관음본존, 20장면에 걸친 관음의 응신 장면과 역시 20장면의 재난 구제 장면은, 정밀하고 세련된 장면 묘사가 산수와 절묘한 구분과 조화를 이루며 장대한 화면을 구성한다. 인성왕후는 1568년(선조 1)에도 인종의 극락왕생을 기원하며 용화회도龍華會圖를 발원 조성하였다.

불화 조성의 대표자 역시 문정왕후이다. 문정왕후는 명종의 무병장수와 왕실의 안녕, 자손의 번창을 기원하며 약사여래도(1561), 200탱의 나한도(1562)를 조성하였다. 또 보우가 주관하여 회암사의 중수에 맞춰 1565년에 석가·미륵·약사·미타를 각각 금화 50, 채화 50탱씩 모두 합쳐 400탱의 사불도四佛圖를 제작하여 왕실의 장수를 빌었다. 청평사 지장시왕도(1562)는 보우가 명종과 명종비, 문정왕후, 인종비 등 왕실의 장수를 기원하며 조성한 것이다. 또 문정왕후와 명종의 장수를 기원하는 약사12신장도(1548~1565)도 조성하였다.

이 밖에도 중종의 손자인 이종린李宗麟이 외조부의 명복을 빌기 위해 상원사 사불회도四佛會圖(1562)를 조성하였고, 숙빈 윤 씨는 명종비 인순왕후의 명복을 빌기 위해 비구니 지명智明 등과 함께 자수궁정사慈壽宮淨社 지장보살본원경변상도地藏菩薩本願經變相圖(1575~1577)를 조성하였다. 지장변상도는 시왕이 지장보살을 둘러싸서 만든 회상 아래로 시왕들이 주재하는 온갖 지옥의 형상들을 수십 가지로 펼쳐 고통받는 중생들의 모습을 생생하게 묘사함으로써, 지장보살의 원력으로 지옥에서 벗어나기를 바라는 염원을 새겼다.

선조와 의인懿仁왕후, 인성仁聖 왕대비, 덕빈德嬪, 혜빈惠嬪 등의 만수무강과 복덕무궁을 비는 안락국태자경변상도安樂國太子經變相圖(1576)는 비구니 혜원慧圓과 혜월慧月의 발원으로 이루어졌다. 이 변상도는 긴 화면을 따라 아들 태자의 노력으로 어머니가 극락왕생하는 과정을 묘사하고, 옆에 나란히 한글로 경전 내용을 길게 써넣은 독특한 구성으로 그림의 의도를 명확하게 강조하였다. 인종과 인종비의 극락왕생과 혜빈 정 씨의 장수를 기원하는 순금제 서방구품용선접인회도西方九品龍船接引會圖(1582)도 비구니 학명學明의 발원으로 이루어졌다. 이들은 왕실과 관련 인사들의 공덕신앙이 지속적으로 이루어져왔음을 보여주는 불화들이다.

인종비가 인종의 명복을 빌기 위해
이자실에게 그리게 하여 도갑사에 봉안했던 관음도.
이태승 교수가 다시 그림(이태승).

약사삼존도
문정왕후가 명종과 왕실의
무병장수를 기원하기 위해 회암사에서 보우대사에게
만들게 한 100개의 약사불화(국립중앙박물관).

사불회도
명종 때 종친 이종린이 죽은 가족의
명복과 산 가족의 평안을 빌며 미타 약사 석가 미륵을
한 번에 그린 불화(국립중앙박물관).

이에 비해 현존하는 가장 오래된 감로도甘露圖인 1589년 제작의 감로도는 극락세계와 중생계의 갖가지 모습과 천도의식이 어울려 영혼을 극락으로 이끌고 있는데, 50여 명의 일반인들이 시주로 참여했다. 전체적으로 왕실 중심의 공덕신앙이 대부분을 차지하지만, 16세기 말에는 일반인들이 힘을 합하여 공덕을 기원하는 변화도 나타났음을 알 수 있다. 왕실 발원 불사에는 세상을 뜬 왕이나 왕비의 명복을 빌고 왕실의 번영을 기원하는 내용이 동일하게 나타나 있어, 왕실에서 행해지던 불교신앙의 면모를 잘 살펴볼 수 있다.

사족의 불교신앙

성리학을 구현하려는 조선 사회에서 불교 교단은 크게 위축되었고 승려들의 활동도 현저히 약화되었다. 그러나 성리학으로 사후세계의 안녕을 충족하지 못한 사람들은 불교에 그 종교사회적 역할을 기대하였다. 이를 보여주는 것이 왕실의 불교신앙 못지않은 의미를 갖는 사족士族들의 불교신앙이다.

불교식 상례·제례는 유교 사회의 조선시대에 불교적인 의미에서 조상의 은혜에 보답하는 것으로 바뀌었다. 이렇게 바뀐 상·제례 관념은 왕실과 사족층에서 유교적인 효의 명분을 기초로 각각 다른 형태로 지속되었다. 왕실에서는 유교의 제사체제 아래 불교식 상·제례인 칠칠재나 기신재를 거행하였고, 사족 가문에서는 가문의식을 토대로 제사를 봉행하는 보완시설로 사암寺庵을 활용하였다. 사족의 불교신앙은 주자가례의 사회적 확산으로 불교식 상·제례가 제한되는 가운데 유교의례와 공존하며 시행되었다.

조선 중·후기 사족들은 영당影堂이나 분암墳庵을 활용하여 불교식 상·제례를 시행하였다. 영당은 사찰의 부속시설로 만들어 선조의 진영을 봉안하는 시설이고, 분암은 선조의 분묘 곁에 두어 이를 수호하도록 한 암자이다. 이들을 합쳐 사족의 사암이라 부른다. 고려 때는 선조의 초상화를 봉안하고 재를 올리는 것이 일반적이었으나, 조선 성리학 사회에서는 이런 제의적 성격의 초상화에 대해 부정적 인식이 컸다. 그럼에도 일부 사족들은 영당을 유지했다.

사족 가문은 불교사찰인 사암 운영을 통해 조상의 묘를 수호하고 제사를 지냈으며, 사암 승려는 사족 가문의 제사를 봉행하기 위해 활동하면서 승려의 지위를 보장받아 불교의례를 실행할 수 있었다. 따라서 사족의 사암은 불교적 운영체계를 가지면서 동시에 조상의 묘역을 수호하고 묘제를 거행하는 유교적 봉사의 실행처가 되었다. 특히 분암에서는 죽은 이를 위해 불교 천도의례를 거행하여 유교와 불교의례가 함께 거행되었다. 분암은 억불의 추세 속에서도 불교가 존립 기반을 확보한 대안 공간이었다.

사족 가문의 분암은 주자의 한천정사寒泉精舍를 근거로 설립되었다. 주자는 1170년에 모친의 묘소 주변에 여막을 짓고 상복을 입으면서 그 곁에 한천정사를 건립하여 후학을 지도하였는데, 주자는 이런 성격의 건축물을 '분암'이라고 불렀다. 이황이 1570년에 송언신에게 답장한 편지에서 "한천정사의 규모가 어떠한지 상세하지 않으나 선생(주자)이 매번 분암이라 칭하였다"라고 한 데서 보듯이, 사족들의 분암은 주자의 예를 따른 것이었다. 분암은 조선 초기부터 시행되고 있었던 것으로 추정된다. 1423년(세종 5) 사사寺社와 분묘의 재암齋庵

을 신축하거나 중건할 때 조정의 허락을 받은 경우로 제한했다는 기록이 이를 말해준다.

분암을 설치한 것으로 확인된 가문에는 조선의 명문이 대거 포함되어 있다. 사족 가문이 설립하거나 운영한 영당 사원으로는 이색의 초상을 봉안했던 충청도 한산 영모암永慕庵, 황희의 진영을 봉안했던 전라도 보성 대원사大元寺, 성주 이 씨 선조의 진영을 봉안했던 경상도 성주의 안봉사安峯寺 등이 있다. 분암을 운영한 가문으로는 김장생 가문, 이황 가문, 이이 가문, 조현명 가문 등이 있으며, 송시열 가문 또한 선조 묘 인근의 분암을 중수하여 재실로 재편하고 승려들로 하여금 지키게 했다.

광산 김 씨의 김장생金長生 가문의 논산 영사암永思庵은 1475년에 연산 입향조入鄕祖(그 마을에 처음 정착한 조상)부터 당대 부친까지 모시는 선영에 설치된 것이다. 선영 근처의 절터를 중건하여 승려들과 함께 비용을 마련하여 26칸에 이르는 당우를 건립하고 관음상을 봉안하고 법연을 베풀었다.

진성 이 씨 이황 가문의 안동 작암鵲庵은 1480년에 이황의 증조부 이정의 재궁으로 창건한 것이고, 예안 수곡암樹谷庵은 1550년에 이황의 조부와 부친 등의 제사를 봉행하기 위해 세운 것이다. 이황의 형이 제안하고 이황이 찬성하여 이황의 아들과 조카들이 완공하였고, 이황은 1557년에 그 기문을 지었다. 수곡암은 제사를 봉행하는 3칸의 당을 중심으로, 동쪽에 재숙하는 정실, 서쪽에 4칸, 남쪽에 3칸 건물의 승료와 부엌, 창고 등이 있는 규모였고, 승려 덕연으로 하여금 이를 지키게 하였다. 이황의 모친 의성 김 씨를 위해 고산암이라는 분암도 운영하였다.

안동 권 씨의 권벌權機, 권호문權好文 가문은 16세기 초에 권벌의 부모를 위해 소등촌 재암을 세웠고, 16세기 중반에는 권호문의 5대조와 부모를 봉제사하기 위해 마감산 분암을 세웠다. 재령 이 씨 영해파 독재동 분암은 16세기 중반에 영해 입향조 이애李曖(?~1561)가 미리 묘역을 조성하고 그 옆에 방·당·재실·부엌 등을 갖춘 재암을 건립하여 승려들로 하여금 지키게 하였다.

이 밖에도 파평 윤 씨의 연산 정수암淨水庵은 윤황尹煌에서 윤순거尹舜擧·윤선거尹宣擧에 이르는 16세기 중반에 세웠는데, 강학을 행하여 종학당宗學堂의 성격이 짙었지만 승려들에 의해 운영되었다. 의령 남씨 가문의 영광 봉서암鳳棲庵은 17세기에 시조와 그 현손 3인을 모시기 위해 세운 것이다. 기계 유 씨 가문은 유명홍俞命弘이 경상도 관찰사가 되어 경주에 분암을 세웠다. 1710년에 시조를 봉제사하고 승도를 모아 지키게 하였으며, 제전을 설치하여 후손들이 1년에 한 번 제사를 드리도록 하였다. 풍양 조 씨 조현명趙顯命 가문의 양주 견성암見聖庵은 1740년에 시조를 제사지냈다. 평산 신 씨 신위申緯 가문은 시흥 사자암獅子庵과 자운암紫雲庵을 세웠고, 1830년에 신위 부인의 재기재를 설행하였다. 평양 조씨 가문은 조욱趙昱의 제사를 모시기 위해 16세기에 지평에 분암을 세웠다. 율곡 이이는 1583년에 탄핵을 받고 물러나 파주 분암에 우거하였으며, 분암의 승려에게 시를 지어 주기도 하였다. 채지홍蔡之洪은 정철鄭澈의 분암 적료암寂寥庵을 참배하고 기록을 남겼다. 이처럼 기록에 산견되는 사족들의 분암은 여러 가문에서 확인된다.

사족 사암과 유교 및 불교의례

사족의 사암에서는 유교의례와 불교의례가 함께 설행되었다. 분암 승려의 주된 활동은 분묘를 수호하는 데 있다. 분묘의 화재를 방지하고 초동이나 목동이 드나들며 분묘를 훼손시키는 것을 감시하며, 묘제사 때 재숙하는 사족들의 지원을 담당하고 제구를 보관하는 일을 도맡았다. 그 밖에 독서하러 온 유생들을 지원하고 집안의 문집 등을 간행하기도 하였다. 분암의 관리자로는 같은 성씨로서 승려가 된 동성승同姓僧 또는 문승門僧을 선호했다. 사족의 사암은 삼보三寶라는 직책이 운영을 총괄하였는데, 안봉사安峯寺의 경우 문중회의에서 삼보를 결정하기도 하였다. 사족 사암의 운영 실태를 가장 잘 보여주는 것이 16세기 《묵재일기默齋日記》에 보이는 성주 이 씨 이문건李文楗 (1494~1568) 가문에서 세운 성주 안봉사이다.

유교의례로는 영당이 설치된 사찰에서는 영당제影堂祭를 올리고, 분암에서는 묘제를 거행하였다. 이외에도 사족의 요청에 따른 여러 제사가 설행되었는데, 안봉사에서는 정기적으로 거행되는 예제例祭 외에도 비정기적으로 참배제參拜祭가 설행되었고, 이문건의 요청으로 단오와 동지에 절일제節日祭를 설행하기도 했다.

불교의례로는 재와 시식施食이 거행되었다. 안봉사에서는 승방을 조성하고 나서 회향불사를 거행했고, 이문건 아들의 칠칠재, 집안 제사인 기제를 안봉사에서 대신 설행한 기일시식, 치병을 기원하며 원귀에게 법식을 베푼 구병시식救病施食 등을 설행하였다. 명종 대 기근과 역질의 사회적 불안 속에서 사족 가문에서도 수륙재를 거행했던 사례를 이문건 아들의 수륙재에서 볼 수 있다. 이는 이문건의 개인적 성향이라기보다는 당시 이런 의례가 유별난 것이 아니었기 때문에 시행했던 것으로 보인다.

사찰에서 사족 가문이 유교 제사를 봉행할 때, 삼보승은 제사가 설행되기까지 일어나는 실무를 담당하였다. 성주 안봉사 삼보는 이문건의 택일을 돕고 절의 노동력을 이용하여 멀리 떨어진 문중의 일원들에게 제일을 통지하고 제사에 참여할 수 있도록 도왔다. 제전祭田의 수확으로 제사상에 올리는 음식을 장만하고, 제사를 위해 모여든 사족들의 편의를 도모하였다. 제사 당일에는 제사상을 차렸는데, 경우에 따라 직접 설행하기도 하고 집사를 맡아 유교제례를 돕기도 하였다. 불교의례를 설행할 때 사족은 중요 단월이나 제를 지내는 자로 참여하였다. 앞의 이문건은 의례를 요청하고 의례 비용을 주었지만 직접 재에 참여하지는 않고 노비를 보내 대신 배례를 행하게 하였다.

사족이 단지 선조를 받들기 위해 설치한 사암이라 하더라도 승려가 거주하는 사찰에서 불교의례는 자연스럽게 설행되었다. 분암의

《묵재일기》
사족들이 분암과 원당을 만들어 불교적 제사를 실현했던
내용을 기록한 이문건의 일기(규장각).

비품에 범패 관련 법구가 있기 때문에 분암에서 승려들이 불교의례를 설행했을 가능성이 크다.

사암은 유교의례와 불교의례가 서로의 필요성 때문에 공존하였음을 말해주며, 당시 사회상의 다양성을 반영한다는 중요한 의미를 갖는다. 사족 가문은 불교를 믿어서가 아니라 선영을 수호하기에 유용한 집단으로 사원과 승려를 활용했고, 불교계에서는 사족 가문의 외호를 받아 사찰을 유지하기 위한 방편으로 영당과 분암을 활용했다. 실제로 한때 대장경을 소장했고 성주 지역에서 대찰로 인식되던 성주 안봉사는 성주 이 씨 가문의 외호로 명종 때 가장 융성하였다.

사족 가문이 선조의 제사를 봉행하기 위해 영당을 운영하고 승려를 보호하는 것은 규모가 큰 절에서만 이루어진 것은 아니었다. 분암은 이름조차 알려지지 않은 소규모 암자인 경우가 적지 않았고, 그런 분암도 사족 가문의 외호로 유지될 수 있었다. 사족 가문의 분암 중에는 전기의 《신증동국여지승람》이나 후기의 《범우고》에 그 이름이 확인되지 않는 것이 많다.

분암의 설치와 운영에는 조선 중·후기에 시행되었던 종법제宗法制가 반영되어 있다. 16세기 중반까지는 대체로 그 지역의 조상인 입향조 위주로 분암이 설치되다가 17세기 중반부터 18세기에는 그 성씨의 시조인 시조묘始祖墓 분암도 설치되었다.

불서 간행의
성행

조선 전기의 불서 간행은 16세기에 가장 활발한 양상을 보였다. 중종 전반까지 불서 간행량은 그리 많지 않은 일정량이 유지되었는데, 1530년대인 중종 후반기부터 4배 이상 현저히 증가한 후 일정하게 지속되었다. 특히 임진왜란 전인 선조 전반 24년간(1568~1592)은 조선시대를 통틀어 불전 간행이 가장 활발한 시기였으며, 임진왜란 이후에도 일정한 간행량을 유지하였다.

조선시대에 간행된 전체 판목을 비교하면 15세기에 5종, 16세기에 63종, 17세기에 130종, 18세기에 34종의 판목이 확인된다. 이는 실제 간행 추이와 다르지 않다. 15세기에 64종, 16세기에 301종, 17세기에 319종, 18세기에 169종, 19세기에 55종이 간행되었다. 조선 전기의 판목이나 현존 불서가 전란을 거치며 자취를 감추었을 가능성을 고려하면, 16세기 불서 간행의 활성화는 매우 특기할 만한 것임을 알 수 있다.

이 중 가장 많이 간행된 《법화경》을 비롯한 대부분의 불서는 15세기에 비해 16세기에 눈에 띄게 많아졌다가 17세기에 다시 그 갑절로 많이 발간된 후 18세기에 급격하게 줄어드는 비슷한 양상을 보인다. 17세기 전반에 승려들의 교육과정인 이력이 확립되었는데, 《서장》·《선요》·《도서》·《절요》의 사집四集과 《금강경》·《능엄경》·《원각경》·《기신론》의 사교四敎는 17세기에 간행된 예가 많이 보인다. 그런데 사교의 경우에는 다른 불서보다 16세기의 간행 비율이 높은 편이다. 《수륙무차평등재의촬요》·《천지명양수륙재의찬요》 등 수륙재 관련 불서가 16세기에 가장 많이 간행된 것은 조선 전기의 불교계가 수륙재와 같은 행사를 중심으로 유지되었던 상황을 반영한다.

불서 간행의 또 다른 특징은 다라니경류와 의식 관계 불서의 간행이 크게 증가한 것이다. 규장각 소장본을 중심으로 조선시대 불서 간행 현황을 조사한 바에 따르면, 진언집과 다라니경은 15세기에 한 차례 간행되었을 뿐이지만 16세기에는 12회로 증가하였고, 17세기와 18세기에도 각각 12회씩 간행되었다. 불교의식집 전체로 보면 15세기에는 11회이던 것이 16세기에는 46회로 증가하였고, 17세기에는 60회, 18세기에는 17회 간행되었다.

16세기에 불서 간행이 활발했던 것은 여러 가지 시대 상황을 반영한다. 선조 전기에 국가가 승려와 사찰을 정책적으로 방임하는 상태가 지속되어, 불교계는 안정적인 상태를 유지하며 비교적 활발한 활동이 가능했던 것으로 보인다. 내수사를 통한 왕실의 지원을 비롯해 시주와 시납전施納田 및 사전과 같은 사찰의 사적 경제 기반도 확보되었다. 또한 이 시기의 집중적인 불서 간행은 16세기에 사림에 의한 서적 보급이 활발해지고 서적 수요가 증대되었으며 서적 간행이 지방 중심으로 전환되었던 상황에도 힘입은 바가 크다.

이런 시대적 배경에서 휴정과 선수善修 등 이름난 승려들을 포함하여 16세기에 승려들은 불서 간행을 위한 모연募緣과 판각 활동에 적극적이고 주도적으로 참여하였다. 또한 불법이 쇠퇴하고 있다는 위기의식으로 인해 불서 간행의 공덕이 더욱 강조되었다. 시주자와 발원승, 권연승뿐만 아니라 불서 간행에 노동력을 제공한 사람들까지도 칭송

조선시대 주요 불서 간행

불서	금강경	능엄경	원각경	기신론	화엄경류	법화경	은중경	미타경	지장경
15세기	9	4			1	9	4		1
16세기	11	3	2	2	1	36	17	6	6
17세기	11	7	6	8	3	68	8	2	4
18세기	6			1	9	12	11	6	5
19세기	3				3	1	1	5	2
계	40	14	8	11	17	126	41	19	18

불서	서장	도서	선요	절요	몽산법어	육조단경	선가귀감	선문염송	초심
15세기		1		1	2	2		1	1
16세기	7	6	8	8	19	2	2	3	8
17세기	10	12	10	12	3		7	3	4
18세기	1	4	2	4		1	1	1	
19세기						3			
계	18	23	20	25	24	8	10	8	13

불서	치문	영가집	수륙재의	천지수륙	운수단	장수경	팔양경	계
15세기		1				3		40
16세기	3	7	11	7		4		179
17세기	5	1	8	8	11		1	212
18세기					2	3	3	72
19세기						1	6	25
계	8	9	19	15	13	11	10	528

(박상국,《전국사찰소장목판집》)

《몽산법어》
원의 선사인 몽산화상이
설법한 내용을 모은 책. 조선시대에 가장
널리 읽힌 책 중의 하나.

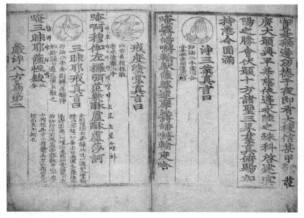

《수륙무차평등활요》
물과 수중에서 죽은 외로운 영혼을 위로하기 위해
불법을 설하고 음식을 베푸는 수륙재의 의식 절차를 정리한 책
(원소장처: 표충사, 동국대 불교학술원 제공).

되었다.

16세기에 간행된 불서 중에서 가장 특징적인 것은 고려 후기에 간화선 수행과 인가를 선도했던 몽산蒙山의 저술이 두드러지게 많이 간행된 점이다. 그의 덕이본《육조단경》과《육도보설六道普說》,《법어약록法語略錄》이 개인 저술로는 가장 많이 간행되었다.《사설四說》과《직주도덕경直註道德經》은 간행 횟수는 많지 않으나 중요한 의의를 갖는다. 몽산의 저술들은 간화선 위주의 선 수행을 강조하면서 선과 교의 일치를 역설한다. 나아가 불교와 유교 및 도교의 삼교가 근원은 다르지 않다는 삼교일치를 주장한다. 16세기 중반에 활동한 보우의 사상이나 16세기 후반에 활동한 휴정의 사상이 몽산의 사상 경향과 깊은 상관성을 보여주고 있다. 따라서 몽산 저술의 빈번한 간행과 유통은 조선 불교계가 능동적으로 유불의 조화를 모색하며 불교계의 기반을 유지하기 위해 노력했다는 증거라는 점에서 중요한 사상사적 의미를 갖는다.

다음으로《계초심학인문》·《발심수행장》·《자경문》의 합본(초발심자경문)과《선원제전집도서》(도서)·《법집별행록절요병입사기》(절요)·《대혜보각선사서》(서장)·《고봉화상선요》(선요)의 사집과四集科와,《원각경》·《능엄경》·《금강경》·《법화경》과 같은 이력과정 불전이 16세기 후반에 이미 전국적으로 다량 간행되었다는 사실도 중요하다. 전체적으로 교학보다는 선서가 훨씬 많이 간행되었다. 이는 16세기 후반에 승려 교육을 위해 많은 불서들이 간행되었고 이력과 유사한 승려 교육이 여러 사찰에서 이루어졌던 것을 말해준다. 이들 불서는 조선후기 불교계의 강학체계인 이력과정을 구성하는 것들로 종밀과 지눌이 중시한 간화선 사상을 기반으로 한 책들인데, 이미 16세기에 이들 과정이 형성되고 교육이 이루어지고 있었음을 의미하기 때문이다.

이 밖에 《법화경》과 《부모은중경》·《금강경》·《지장경》·《아미타경》 등의 불전이 많이 간행되었는데, 이들은 대체로 현세수복과 내세명복을 기원하는 신앙적인 목적으로 간행된 것이었다. 또 《수륙무차평등재의촬요》·《천지명양수륙재의찬요》와 같은 수륙재 의식집이 많이 간행되었다. 수륙재는 조선 초기에 국가가 왕실 재의의 형식을 수륙재로 통일한 이후 망자의 명복을 빌기 위한 대표적 불교 재의가 되었다. 이들 관련 불서의 간행은 이 시기 사찰에서 수륙재가 일반인을 대상으로 설행하는 보편적 불교의식으로 확대되었고, 불교신앙과 불교식 재의가 여전히 성행하였음을 의미한다.

불서를 많이 간행한 사찰은 전라·충청·경상·황해도에 주로 분포해 있다. 안동 광흥사, 진주 신흥사, 순천 송광사에서는 각각 15종, 12종, 11종의 불서를 16세기 내내 고르게 간행하였으며, 동복 안심사, 고산 안심사, 황주 심원사, 토산 석두사, 은진 쌍계사에서는 특정 시기에 집중적으로 많은 불서를 간행하였다. 특히 안동 광흥사와 풍기 희방사는 영남 사림의 대표적 근거 지역인데도 불서 간행이 활발히 이루어졌던 점이 주목된다.

16세기의 활발한 불서 간행은 조선 전기 국가의 불교 억제정책이

16세기 간행 목판본 불서와 평균 개판

기　간	연산 1496~06	중종 전반 1507~25	중종 후반 1526~44	명종 1545~67	선조 전반 1568~91	선조 임란 1592~98	계
판 종 수	10	15	19	75	138	2	306
비　율	3.3	4.9	21.6	24.5	45.1	0.6	100
연 평 균 개판횟수	0.83	0.79	3.47	3.26	5.75	0.28	2.94

(손성필, 〈16세기 조선의 불서 간행〉)

교계의 흐름에는 영향을 미치지 않았음을 말해준다. 또한 불전 간행 경향이 16세기에도 지속된 것은, 불서를 필요로 하는 지방 불교계가 불교정책에 따라 크게 부침하지 않았음을 말해준다. 16세기 불교계는 다량의 불교 전적을 간행·유통할 수 있을 만큼 건재하였고, 그 사상과 신앙 경향 또한 15세기 경향을 계승하고 있음을 불서 간행 추이는 증명하고 있다.

韓國佛教史

6

조선 후기
─산사 불교의 독자성

문파 형성과 삼문수학 ... 조사선의 추구와 강학의 성행 ...
산사의 정착과 불교문화의 확충 ...

문파 형성과
삼문 수학

조선시대를 구분하는 관점은 여러 가지가 있다. 불교계에서 볼 때 16~17세기에 사상적·사회적 진전 양상을 찾아볼 수 있기는 하지만, 임진왜란으로 인한 피해와 그 복구 그리고 그 결과로 형성된 사원의 내외적인 변화는 임진왜란을 분기점으로 전기와 후기로 나누어볼 때 더욱 의미를 갖는다. 이런 판단에 따라 이 책에서는 전기와 후기로 구분하여 살펴보기로 한다.

청허계와 부휴계의 전통

조선 후기 사상계는 이황과 이이에 의해 정립된 조선 성리학이 이기 심성론과 예론에 대한 깊은 이해를 바탕으로 사회의 지도이념으로 확고하게 자리 잡았다. 병자호란의 굴욕을 극복하기 위한 방안과 예법의 구현을 둘러싼 지식인 간의 이념 대립은 붕당의 분립을 불가피하게 했으며, 이에 따라 사상계에는 다양한 논쟁점이 나타났다.

전국의 사원은 임진왜란으로 엄청난 피해를 입었지만, 임란 직후 불탄 사원을 복구하는 중창사업이 대대적으로 시행되었다. 17세기 중반 이후 사원의 재정은 여전히 유지되던 왕실 신앙과 새롭게 등장한 지역 사회의 적극적인 후원으로 충실한 기반을 마련하였다. 화암사 대웅전(1606)을 필두로 법주사 대웅전(1618)과 전등사 대웅전(1621), 송광사 대웅전(1622)과 법주사 팔상전(1626), 금산사 미륵전(1635)과 화엄사 대웅전(1636), 통도사 대웅전(1641)과 범어사 대웅전(1658) 등 현존하는 사원 건축의 중심을 이루는 대다수의 사찰 건물이 17세기 중반까지 중건되어 현재 사원의 외형을 갖추었다. 그리고 숙종 대 이후 진경시대에는 사원 활동이 활발한 가운데 선운사 대웅전

보은 법주사 대웅보전
임진왜란으로 불탄 산사를 재건하는 중창사업으로 이른 시기에 이루어진 법주사 대웅보전.
웅장한 건물에 거대한 불상으로 불법이 보호함을 내보인 조영의식이다.

(1682)과 금산사 대적광전(1686)을 비롯하여 화엄사 각황전(1703)과 관룡사 대웅전(1712), 심원사 보광전(1718)과 동화사 대웅전(1732), 직지사 대웅전(1735)과 쌍계사 대웅전(1739), 불국사 대웅전(1765)과 해인사 대적광전(1769)의 중건 등 사원의 중창·중수사업이 지속적으로 이루어져 사원 규모가 더욱 충실해졌다.

휴정이 승군을 이끌어 전란 극복에 역할을 한 결과 불교계는 국가 체제 내에 일정한 위상을 확보하게 되었다. 그가 제시한 선禪 위주의 경향은 이후 조선 불교계에 미친 그의 절대적 영향에 따라 후기 불교계를 지배하는 사상적 기틀이 되었다. 선교합일의 수행관에 자성미타의 정토관이 결합된 휴정의 불교관은, 그를 계승한 후학들에 의해 강경과 참선과 염불을 복합 수행하는 삼학三學 수행의 보편화를 정착시켰다. 이와 같은 사상 전통은 현재까지 이어지고 있다는 점에서 매우 중요하다.

성리학 도통설道統說의 확립과 의례서의 보급 그리고 교육과정의 확립과 같은 성리학의 사상적 진전은 불교계의 활성화에도 영향을 미쳤다. 서산의 제자 해안海眼을 중심으로 태고법통설이 확정되었고, 부휴의 제자 각성覺性은 《석문상의초釋門喪儀抄》를 편찬하여 승가의례를 정리하였다. 실제 법계는 고려 말 혜근을 이었으나, 이와 달리 보우 이래 중심 법통이 휴정과 선수에 계승되었다고 하는 태고법통설은 후기 불교계에서 청허(휴정)계와 부휴(선수)계 두 계파의 정통성을 확립하려는 것이었다.

17세기 인조 대에는 승려들의 문집 간행과 고승비의 건립이 확산되었다. 이는 이 시기 사족 중심의 반상제적 사회질서가 정착되어감에 따라 사족의 문집 편찬과 묘비 건립이 증가하여 사족이 사회 지배층으로 공고화되는 것과 일정한 연관성을 갖는다. 청허계와 부휴계는 선사들의 행적과 문장, 계보적 정통성을 담은 문집을 간행하고 비석을 세우거나 행장을 지어 선양함으로써 각 문파의 위상을 제고하려 하였다. 이에 따라 불교계는 청허계와 부휴계를 중심으로 재편되어갔고, 이들이 조선 후기 불교계의 주류가 되었다. 다수를 차지하는 청허계는 편양鞭羊파, 사명四溟파, 소요逍遙파, 정관靜觀파의 네 문파門派로 나뉘었고, 그중 편양파가 최대 세력을 형성하였다. 부휴계는 청허계보다 훨씬 작은 규모의 단일파 문파로서 정체성을 유지하였다.

사미沙彌·사집四集·사교四教·대교과大教科로 구성된 이력履歷이라 불리는 승가 교육과정은 16세기 중반부터 정비되기 시작하여 17세기 전반에 휴정의 제자 단계에서 확립되어 이후 불교 교육의 근간을 이루었다. 교학에도 비중을 두는 이런 경향에 따라 강경講經 활동이 활성화되었고 승려들의 문집 간행도 성행하였다.

승군의 활약으로 불교에 대한 인식이 달라진 데 이어 산성의 축조와 방어, 궁궐 조영과 산릉역 등 대규모 국가 공역에 승려가 동원되었다. 조선 후기 불교시책의 기본 성격은 승려를 국역체계에 편입하고 군사적으로 활용하는 것이었고, 억불이나 숭불 어느 한쪽의 편향된 시책은 크게 나타나지 않았다. 현종 초년에 양민의 출가를 금하고 도성의 비구니 사원인 인수원과 자수원을 혁파하고 사원 위전의 몰수와 원당의 혁파와 같은 억불조치가 단행되었다. 그러나 이는 성리학적 명분론을 강하게 내세운 산림이 정국을 주도하며 사찰경제와 왕실 불교의 기반을 축소하여 국가 재정을 확충하려는 데서 비롯된 것으로서, 이후 지속적으로 시행되지는 않았다. 숙종 대 이후 더 이상의 억불책은 시행되지 않았고 국가 공역에 승려를 동원하고 사원의 경제력을 활용하는 시책이 이어졌다.

승군의 활동과 승역의 일상화

의승군義僧軍의 활약으로 조선 후기 불교계는 국가의 일정한 인정을 받게 되어 교단을 유지하는 데 큰 자산이 되었다. 1593년(선조 26) 3월에 유정을 비롯하여 전공을 세운 승려에게 승과를 수여하도록 명시하였고, 8월에는 팔도 각처에 총섭總攝을 2인씩 두고 그 총지휘자로 도총섭都總攝을 두도록 하였다. 공식 승직을 가진 승려와 교단에 대한 인식이 달라졌고, 승려들은 산성과 궁궐, 산릉의 조영 등 대규모 국가 공역에 동원되어 국역체계의 일부로 편입되었다.

현실적으로 승려와 사찰을 인정하는 정책 방향으로 출가에 대한 국가의 규제가 사라지게 되었다. 도첩은 더 이상 발급하지 않는 대신 국가는 재정 확보를 위해 공명고신첩을 발급하고, 승려의 개인 소유 토지에 대한 사제 간의 상속을 법적으로 보장하였다. 이런 사회적 배경에서 1675년(숙종 1) 조정에서 승려의 호적 등재가 논의되었고, 1678년의 식년 호적부터 승려는 총섭, 승장, 통정, 가선, 양승良僧, 승, 역승驛僧 등 다양한 직역으로 호적에 등재되기 시작하였다. 이처럼 여러 신분과 직역으로 구성된 승려층은 국가체제에 수용되어, 이후 체제 내에서 안정된 양상을 유지할 수 있었다.

1624년(인조 2) 각성覺性이 승도를 이끌고 남한산성 수축사업을 완수하여 9개사에 350명의 의승군이 주둔하게 되었고, 1711년(숙종 37)에는

성남 남한산성
한양을 방어하기 위해 승려들을 동원하여 남한산성과 북한산성을 쌓고
이를 지키는 것도 승병들이 담당하게 했다(한중연 장서각).

조선 후기

북한산성을 수축하여 11개사에 승영僧營이 설치되었다. 이에 따라 1714년(숙종 40)부터는 남·북한산성에 전국 사찰에서 올라온 각각 350명의 의승義僧이 승대장의 지휘 아래 1년에 6차례씩 교대로 번을 서며 [입번立番] 왕성 수호를 담당하였다. 이어 지방 산성도 승병을 편성하여 수축하고 수호하게 하였다. 1640년(인조 18)과 1718년(숙종 44)에 거듭 수축된 무주 적상산성赤裳山城, 1710년(숙종 36)에 수축되어 승군을 편제한 구성부성龜城府城, 그리고 1731년(영조 7) 경상 각 읍에서 8,000 가까운 승려를 징발하여 쌓은 동래부성東萊府城이 그 주요한 것들이다.

1756년(영조 32)에는 북한산도총섭이던 약휴若休(1664~1738)가 방번전防番錢을 건의하였다. 승려들의 상번上番이 너무 고된 부담이므로 산성에 번을 서는 대신 대금을 납부하도록 하자는 것이었다. 이에 따라 당시 승려들에게 가장 큰 부담이었던 700명의 규정 승군 상번제

법주사 완문
왕실 원당인 법주사에서 사찰에 가해지는 갖가지 폐단을 금해줄 것을 요청하여 예조에서 1851년에 이를 인정한 문서(조계종).

도를 혁파하고, 원래 살던 승군이 상용병常傭兵이 되어 번을 서고 일반승은 방번전을 납부하도록 했다. 다시 1785년(정조 9)에는 의승으로 인한 사원 재정의 어려움이 여전히 크고, 사찰에 대한 관청의 주구가 가혹하다는 호소를 감안하여 의승의 방번전을 반으로 줄였다.

17세기 이후에는 노동력을 직접 징발하는 요역제徭役制가 점차 동요되면서 군역의 포납화布納化 그리고 군역세 개편과 동궤를 이루는 요역의 물납세화物納稅化가 진전되었다. 그런 데에 비해 승역僧役은 오히려 강화되고 있었다. 더구나 승역은 일시적인 부담이 아니라 상례적이고 고정적인 역이 되어갔다. 이는 양정良丁을 확보하기 위해서는 당시 피역의 무리로 인식되었던 승려 수를 억제하는 것이 지속적으로 필요한 데서 연유한다. 또 양란 이후 농민경제의 안정책으로 인해 농민의 징발이 어려워지자, 승도의 노동력은 농사철과 무관하게 수시로 징발이 가능한 것으로서 주목 대상이 되었다. 기율이 엄정하고 근실하며 고된 작업도 능숙하게 해내는 역승役僧의 질적인 우수성이 널리 인식되면서 도리어 승역이 강화되었던 것이다.

이러한 추세에 따라 민간의 부역노동은 쇠퇴하는 대신 사회적으로 천시되던 승도들을 국역체계에 재편성하여 종래 민호民戶가 부담하던 요역 노동을 대신하게 되었고, 요역 대신 시행된 모군募軍에 지출하는 재정 부담 때문에도 무상으로 강제징발이 가능한 승역이 강화되었다. 이에 따라 승려들은 각종 역사에 부역군으로 동원되어 산릉역을 비롯한 축성·산성·제언의 축조 등에 징발되었다.

산릉역山陵役에는 1630년(인조 8)부터 1757년(영조 33)까지 23회에 걸쳐 750~3,600명씩의 승군이 동원되었다. 삼남 특히 전라·경상도에서 7, 8할이 징발되었는데 이는 이 지역 승도가 많았음을 반영하는 것이

기도 하다. 17세기 중엽 이후에 군인과 요역 농민은 징발이 폐지되었으나 승군만은 18세기 중반까지 계속되었다. 궁궐의 조영사업에는 1621년(광해군 13)부터 1667년(현종 8) 사이에 6회에 걸쳐 950~2,840명씩 동원되었는데, 현종 대 이후 궁궐역에서 승도가 사라진 것은 도성 출입금지의 억불책과 관련이 있다.

그 밖에도 군현의 승역 사역이 큰 부담이 되었고 이들 승역이 사찰 몰락의 주요 원인으로 꼽혔다. 이처럼 승역의 강화에 따라 승도의 피역避役도 심화되자 승역의 강화는 한계에 이르게 되었고, 사찰의 부담도 힘들어져 승역도 완화되지 않을 수 없었다. 그래서 1757년(영조 33)을 마지막으로 산릉 부역은 종식되고, 의승의 방번제의 시행과 함께 국가 대역에 징발하는 것도 폐지되었다. 한편 승도를 모아 역량役糧과 자재를 수집하는 방편으로 공명첩空名帖을 발급하였는데, 이는 신분제에 기초한 부역노동 강화의 한계를 보여준 것이었다.

이력과정

사미沙彌과	1년	십계十戒 조모송주朝暮誦呪 반야심경般若心經 초심문初心文 발심문發心文 자경문自警文 (사미율의沙彌律儀 치문경훈緇門警訓)	
사집四集과	2년	선원제전집도서禪源諸詮集都序 대혜선사서장大慧禪師書狀 법집별행록절요法集別行錄節要 고봉화상선요高峰和尚禪要	
사교四教과	4년	수능엄경首楞嚴經 기신론起信論 금강경金剛經 원각경圓覺經	
대교大教과	3년	화엄경華嚴經 선문염송禪門拈頌 전등록傳燈錄 (십지론十地論 선가귀감禪家龜鑑 법화경法華經)	
[수의隨意과]		기타 각자의 능력에 따라 뜻한 대로 수행	

(이능화, 《조선불교통사》 하)

삼문 수행과 이력

휴정이 제시한 선 우위를 바탕으로 교학과 염불을 포용하는 선교관은 그 문하를 거쳐 팔관捌關의 《삼문직지三門直指》(1769)에서 구체화되었다. 선·교·염불의 삼학 곧 삼문은 서로 다르지만 본질은 같다는 등의 주장이 제기되고, 조선 후기 내내 삼문을 겸수하는 전통이 지속되었다. 이것이 반영된 것이 조선 후기 총림사찰이다. 총림은 강원講院과 선원禪院과 염불원念佛院을 갖춘 대찰로서, 이들 총림에서는 삼문 수업을 겸행하였다.

이와 함께 사원에서는 지눌의 사상 지향과 간화선 사상을 기반으로 체계를 확립한 불전을 강학하는 한편 수륙재와 영산재를 설행하며 다양한 불교신앙 의식을 개설했다. 이에 따라 사원이 큰 규모를 갖추고 대규모 불사를 거행하는 일이 잦아지자 기존의 가람 구조에도 변화가 나타났다. 법당 안에서 주로 행해지던 불사로는 많은 신앙인을 수용할 수 없어 법당 바깥에서 법회를 거행해야 했다. 이를 위해 십 미터에 달하는 거대한 괘불이 조성되었고, 이를 법당 앞마당 괘불대에 걸어 세우고 수많은 대중이 운집한 가운데 법회를 개최할 수 있었다. 현재 90여 점이 남아 있는 괘불은 조선 후기 불교문화의 고유한 특성을 나타내는 중요한 증표이기도 하다.

조선 후기 불교계의 가장 큰 특징 중의 하나는 이력履歷이라 부르는 승가 교육과정의 확립이다. 조선 말기에 정리된 자료를 보면 이력과정은 대략 10년 동안에 기초적인 의례에서부터 고도의 경전과 선어록까지 수학하도록 하였다.

이력과정은 휴정에서 그의 직계 제자에 이르는 시대에 확립된 것으로 추정된다. 이는 휴정의 사상 경향과, 휴정의 제자인 편양언기가 화엄·법화·원각·능엄·반야·범망 등의 경전과 전등록·염송·선요·서장·도서 등의 전적을 간행하여 여러 산사에 홍포한 사실 등에서 짐작할 수 있다. 그리고 휴정의 제자인 청학淸學(1570~1654)이 사집·사교·염송·전등·화엄에 차례로 시구를 붙여서 사집과 사교의 명칭과 대교의 과목을 밝히고 있어, 이 무렵에 이력과정이 확립되었음을 확인할 수 있다.

이력과정은 휴정의 사상 경향에 그 기반을 두고 있다. 휴정의 사상 경향은 그가 지은 지엄智嚴의 행장에서 살펴볼 수 있다. 그는 지엄이 《대혜어록[서장]》과 《고봉어록[선요]》을 수학했다고 밝혔는데, 《서장》과 《선요》는 임제종풍을 선양한 책들이다. 이들에 지눌의 사상 경향이 깃들어 있는 것도 특징이다.

휴정이 중국 조사의 어록을 강조한 것은 성리학의 진전을 반영한 일면이 있다. 이 시기에 정립된 성리학 교재의 체계화가 불교의 이력과정 정립에 영향을 미쳤을 것으로 추정된다. 일반적인 성리학 수학 기간과 이력의 기간도 대체로 일치한다.

이와 아울러 《석문상의초釋門喪儀抄》와 같은 승가의례서가 정리되었다. 각성이 지은 이 책은 승려의 복상服喪에서부터 제문에 이르기까지 상제례의 내용을 조목별로 하나하나 체계화한 것이다. 이런 의례서는 《주자가례》와 같은 성리학의 의례서가 집중 편찬되고 일반 백성에게까지 영향을 미쳤던 것에 자극을 받아 승가의 의례를 정비한 것으로 판단된다.

다라니경과 진언집眞言集은 숙종~정조 연간에 특히 활발하게 간행되었다. 진언집은 불교의식집에서 뽑은 진언과 각종 다라니를 수록한 책으로서, 대부분 일반인들의 독송을 위한 것이다. 독송이 필요한 부분은 한글도 병기했는데, 이는 누구나 쉽게 독송할 수 있도록 함으로써 밀교 진언의 신비성을 통해 불교의 대중화와 서민화를 실현하려던 것이었다. 또 16~17세기에 집중적으로 간행되었던 의식집은 대부분 수륙재의 설행 방법을 담고 있는 천도재 관련 불서들이었다. 이는 현실에서 수륙재 의식이 빈번히 설행된 것을 반영하는데, 자연재해와 전쟁으로 고통받던 대중들이 이들 행사를 통해 위로받았음을 알 수 있다.

불경, 수륙재 의식집, 선 전적을 중심으로 한 다량의 불전 간행 경향은 중심 불서의 차이 등 일부 세부적인 변화는 있었으나 17세기에도 지속되었다. 이는 당시 불교계의 성쇠와 그 사상과 신앙 경향이 불교정책에 따라 크게 부침하거나 단절된 것이 아니라 계승되고 있었음을 확인해준다.

조선 후기의 교단 운영의 중심은 선원과 강원이다. 강원에는 강주講主를 중심으로 강사講師·중강仲講·논강論講 등의 직임을 맡은 승려가 이력과정을 이끌었다. 이들의 원활한 수학을 위해 외호 역할을 맡은 원주院主 이하 직임과 내호 역할을 맡은 병법秉法 이하 소임이 조직되어 있었다. 한편 선원에는 선주禪主를 중심으로 수좌首座·입승立繩·유나維那·시불侍佛 등의 직임과, 강원과 같이 원주와 병법 등의 소임이 있었다.

영·정조 대의 불교

숙종 대까지 사림이 주도하는 성리학적 향촌 사회질서의 확립과 일련의 사회경제 정책이 추진된 결과 조선 사회는 농업 생산력이 증대하고 유통경제가 발달하여 서울 등의 도시적 발전이 이루어졌다. 조선의 문화 자존의식이 고양되고 우리 자연과 풍물을 사실적으로 묘사하는 독자적인 진경문화가 꽃피웠다. 영·정조 때는 탕평책蕩平策이 지속적으로 시행되어 발전이 가속화되는 가운데 경화사족京華士族이 대두하였다. 이들은 도시와 상공업의 발달, 선비의 위상 변화와 중인의 대두, 발전된 청조 문물 등 변화된 현실을 직시하였다. 그들은 변화하는 사회에서 사족의 사회적 책임을 촉구하고, 청으로부터 문물과 학문을 수용하여 새로운 지적 분위기를 열어가고자 하였다.

이 시기에도 불교시책은 여전히 불교계의 활동을 억제하는 것이었다. 1749년(영조 25) 사헌부의 요청에 의해 이미 금지해온 승니僧尼의 도성 출입을 다시금 금지하는 것이 이를 말해준다. 이는 금령에도 불구하고 승려들의 도성 출입이 실제로는 이루어지고 있었음을 방증하는 것이기도 하다.

불교계의 경제 기반 확대를 경계하는 조치는 계속 시행되었지만 왕실의 신앙까지 단절된 것은 아니었다. 1768년(영조 44)에는 각 도의 사찰 중에서 궁방宮房의 원당願堂이라고 칭하는 사원을 혁파하도록 하였고, 1770년에는 왕릉 주변에 사찰을 창건하는 것을 금지하였다. 그러나 왕실의 비빈·부인·왕자·종실 등의 위패를 봉안하고 재齋를 올리던 원당은 점차 유력자층에까지 확산되었다. 여기에 사원 측에서도 공공기관이나 지방세력가의 침탈로부터 보호받기 위해 원당으로 지정받고자 적극적으로 노력하여 원당은 극성을 보이게 되었다. 이런 상황에서 집권층과 연결되어 이들의 정치적·경제적 지원을 받고 있던 원당 모두를 없애는 데는 한계가 있을 수밖에 없었다.

따라서 왕실와 연계된 원당은 완전히 사라지지 않았다. 왕비나 후궁들은 왕자 탄생을 기도하기 위해 전국의 유명 기도처에 불단을 설치했다. 숙종의 숙빈 최 씨는 각지에 원당을 설치하여 왕자 탄생을 발원하고 특히 파계사 주지에게 기도를 의뢰했는데, 연잉군延礽君(영조)이 탄생하자 숙종은 파계사에 원당을 지정하고 내탕금을 하사하였다. 화엄사의 각황전은 연잉군 탄생을 기념하여 숙종이 사액한 건물이다. 정조는 문효세자文孝世子가 요절하자 선암사 등 각지에 왕자 탄생을 기원하는 원당을 설치했고, 수빈 박 씨가 왕자를 낳자 선암사, 내원암, 법주사, 화암사 등 발원 사찰에 혜택을 내렸다.

원당은 적장자로서 즉위하지 않은 국왕의 사친私親을 추숭하기 위해 지정되기도 하였다. 1756년(영조 32) 송광사를 영조의 생모 숙빈 최 씨를 모시는 육상궁毓祥宮 원당으로 지정하였고, 법주사는 1765년경 사도세자의 생모 영빈 이 씨를 모시는 선희궁宣禧宮 원당으로 지정되었다. 정조는 사도세자의 묘를 화성으로 옮기고 그 원찰로 용주사를 1790년(정조 14)에 완공하였다.

1787년(정조 11) 내수사에서 작성한 궁방전宮房田 도안都案에는 25개 사찰이 왕실 원당으로 지정되어 346결의 토지를 보유한 것으로 기록하였다. 조선 전기의 왕실 원당은 절 안에 어실御室을 설치하여 위패를 봉안하고 정기적인 불공을 올렸다. 왕릉 부속 사찰은 능침사陵寢寺로 불렸고, 원묘園墓 부속사찰은 재사齋舍나 원당願堂으로 불렸다. 후기에는 능침사는 사라지고 조포사造泡寺가 지정되었다. 조포사에서는 제향에 쓰이는 제수용지와 도배지, 창호지, 문서지 등의 각종 종이와 제기나 향과 향로 등의 제수용품을 제공하였다.

　원당은 능묘 관련 물품 납부 외에 지방 관아와 토호들의 요구까지 부담하여 사찰경제에 큰 영향을 미쳤다. 국왕의 장수를 비는 육상궁 원당이었던 송광사는 원당으로서의 임무 외에 관청이나 향교, 서원 등에서 부과하는 막대한 양의 잡역을 함께 담당해야 했다. 송광사가 관청에 공급한 것은 밀가루, 간장, 들기름, 새끼줄, 송화, 신발, 약초, 산나물 등 각종 물품을 망라하였고, 심지어는 관노나 아전들의 수고 비까지도 부담해야 했다.

보은 법주사 선희궁 원당
영조의 후궁이자
사도세자의 모친인 영빈 이 씨가 죽자
그 명복을 빌기 위해
법주사에 세운 원당.

순천 선암사 원통전
정조가 왕자를 얻기 위해
기도하여 순조를 낳자,
영조가 '대복전'이라고 써준 글을
내건 선암사 원통전의 화려한 모양새.
전형적인 왕실 신앙의 하나.

왕실이나 조정에서는 원당 사찰을 지방세력의 침탈로부터 보호하기 위해 완문完文을 내렸다. 이 시기 발급된 완문에는 당시 사찰이 부담하던 잡역 품목이 다양한 명목에 걸쳐 언급되었다. 관용식품, 향교와 서원 향청 및 아전들의 산과나 산채, 사대부와 과객들의 지팡이나 짚신, 소찬과 산채, 관리 행차나 아전의 식사, 신발 및 가마 등 명목과 대상도 다양하다.

정조는 즉위하여 원당 혁파 등 불교계의 활동을 제한하는 조처를 내렸다. 즉, 1776년에는 각 사司·각 궁방의 원당을 일체 혁파하도록 하였는데, 이 논의가 이듬해와 1782년에도 계속되는 것을 보면 원당 혁파는 여전히 실효를 거두지 못했던 것으로 보인다. 정조 자신이 사도세자의 묘를 현륭원으로 옮기고 원찰로 용주사를 창건하였다. 1777년에는 원당의 혁파와 관련하여, 원당이 승도들에게 과도하게 부과된 관역官役으로부터 사원을 보존하기 위한 계책이었음을 인정하고 지방 관청의 사원 침탈을 엄금하도록 하였다.

정조는 1778년《논어》를 강론하는 자리에서 육구연의 학문을 경계하면서, 성학과 이단이 도는 비록 다르지만 공부에는 진실로 차이가 없다고 하였다. 그러나 불교는 유학과 그 구분이 털끝만한 차이가 있어서 옳은 것 같으면서도 그르다고 할 수 있으며, 이치에 근사하지만 진리를 크게 어지럽히는 것이라고 하였다. 정조는 한편으로 1779년 (정조 3) 전국 사찰의 현황을 조사하여《범우고梵宇攷》를 편찬하도록 했다. 이 책은 여러 사서와 지리지 또는 문집 등의 자료에 나오는 전국 사찰의 현존 여부와 연혁 등을 간략하게 조사한 것이다. 정조는 이 책의 서문에서 승도들이 옛 절을 지켜 보존하는 데 힘써왔다고 하며 제한적으로 그 존재를 인정하였다. 1789년에 정조는 내각 친시親

試를 치르면서, 불교는 이단이지만 선을 지향하는 마음은 유교와 같음을 언급하며 신료들의 의견을 묻기도 하였다.

정조가 현륭원 원찰로 용주사를 짓고 지은 〈부처를 받들어 복을 비는 게송奉佛祈福偈〉에서는 《은중경》의 깨우침이 절실하고 간절하여 중생을 극락에 오르도록 하고, 조상의 은혜를 갚으며 인륜을 돈독하게 하는 유교의 취지와 잘 들어맞는다고 심경을 토로하였다. 또 서산대사를 기리는 글에서는 유교가 불교를 마른 나무[枯木]나 죽은 재[死灰]라고 비난하는 것은, 불교가 잘못된 때문이 아니라 후세의 승려들이 제대로 하지 못해 그런 것이라고 하였다. 정조는 1791년에 지은 석왕사 비문에서도 불교가 삼교 중에서 제일 뒤에 나왔지만 영험은 가장 뛰어나다는 것을 유자들이 믿지 않으려고 해도 때로는 믿지 않을 수가 없다고 하였다. 그리고 숙종과 영조, 인목·인원·정성왕후가 대대로 기록을 내리고 시주했던 왕실 신앙의 도량 석왕사에 기도하여 3년 만에 왕자를 얻은 영험을 누가 감히 믿지 않을 수 있겠느냐고 그 의미를 기렸다.

정조는 불교를 도교와 함께 이단으로 규정하면서도, 유교를 비롯한 삼교가 풍속을 교화하여 세상을 힘쓰게 한다는 점에서 불교신앙

화성 용주사 봉불기복게
정조가 부친 사도세자의 명복을 빌기 위해
불교의 가르침을 시로 표현한 게송.

의 일정한 역할을 인정하였다.

승려와 사족의 교유

영조 대 이래 김창흡을 비롯하여 유자들의 문집에서 불교에 관한 견해가 산견되는데, 가장 적극적인 불교관을 피력한 이가 삼연三淵 김창흡金昌翕(1653~1722)이다. 김창흡은 당대 최고의 가문 출신으로 성리학에 통달했으나, 형인 김창집金昌集처럼 관직에 나가지 않고 평생을 금강산을 중심으로 전국을 주유하며 산천의 아름다움을 시로 읊으며 지냈다. 김창흡은 많은 사찰에 머물며 여러 승려와 교유를 가졌는데, 그의 문집인 《삼연집三淵集》에 수록된 불교 관련 시 323수 중에 53수가 승려와 관련된 것이다. 〈단구丹丘일기〉, 〈설악雪嶽일기〉, 〈영남嶺南일기〉를 비롯한 그의 기행문에도 사찰 탐방 기록을 많이 남겼다. 그는 불교와 유교를 비교하여, 불교는 진망眞妄을 구별하지 않고 모두 묘용妙用이라 하여 원만함은 알지만 모남을 알지 못한 데 비해 유교는 원만함에서 사물의 법칙인 모남을 안다고 하였다. 그는 주자와 율곡이 일찍이 불교를 잘 알아 유교와 불교의 분별에 가장 뛰어났던 것처럼, 자신도 그 분별에 자못 뛰어남을 자부하였다.

이익李瀷(1681~1763)은 불교가 임금을 섬기지 않는다는 유학자의 기본 인식을 지녔으면서도, 속된 선비들이 미치지 못하는 불교의 좋은 점도 인정하였다. 유학자는 말끝마다 이단을 배척하지만, 스승을 높이고 도를 믿는 것, 안일한 마음이 없는 것, 식색食色을 끊는 것, 대중을 사랑하는 불교의 좋은 점에는 미치지 못한다고 평가하였다.

반면 불교를 비판적으로 보는 관점이 여전히 주류를 이루었다. 조귀명趙龜命(1693~1737)은 회암정혜와 남악태우 등과 교유했으며, 화엄의 법계무애론이나 유마의 불이설 그리고 《대혜서》 등 선·교 불전을 깊이 이해했던 유학자였다. 그러나 비판적인 관점에서 불교의 논지를 파헤친 〈원불原佛〉을 지었고, 유교의 귀착점은 명백하지만 불교는 알 수 없다고 하며 불교의 법신불멸法身不滅을 비판하였다.

17세기 이후 조선 주체의 문화 자존의식에서 중시되었던 대명의리론對明義理論은 18세기 후반 이후에는 허구적 명분만 남아 퇴색해갔으며, 그 대신 일각에서 변화된 현실을 직시하고 반청적反淸的 의리론을 반성하며 북학론北學論이 제기되었다. 박지원(1737~1805)과 홍대용(1731~1783) 등의 연암 일파는 전통적인 성리학의 토대 위에 새로운 자연관을 제기하면서, 사회를 주도할 수 있는 사대부의 학문으로서 이용후생을 위한 학풍과 법고창신의 문풍文風을 접맥시켜 북학사상을 이끌었다.

이 시기에 사족과 승려의 교유는 그 폭이 확대되었다. 채제공蔡濟恭은 상언尙彦의 도성 출입을 돕고 그의 비문을 찬술하기도 하였고, 정약용은 대표적 학승 연담유일蓮潭有一의 인품을 묘사하는 글을 남겼다. 정약용은 1801년(순조 1) 서학에 연루되어 강진으로 유배되어 1818년(순조 18) 풀려날 때까지 많은 승려들과 교유하였다. 특히 1805년 혜장慧藏(1772~1811)이 인근의 만덕사 주지로 오게 되자 불경은 물론 《주역》에 밝았던 혜장과 각별한 교분을 갖기도 하였다. 정약용은 대둔사 암자인 만일암의 내력을 정리한 《만일암지》를 편찬하고, 《만덕사지萬德寺志》 편찬도 지도하였다. 또 혜장을 비롯한 대둔사 승려들이 《대둔사지大芚寺志》를 편찬하도록 지도했는데, 《대둔사지》는 비판적인 사료 활용과 객관적 편찬의식으로 사지 중에서 가장 잘 정리된 것으로 평가된다.

정약용은 불법에 진과 망, 유와 무가 있는 것은 유가가 본연本然과 기질氣質을 분별하는 것과 같은 것이라고 유불을 견주어 이해하였다. 그의 불교 인식은 이전의 유학자들의 관점과 같이 부정적이었다. 승려들의 자질이 낮다고 볼 뿐만 아니라 승려들이 정진하는 경전 강학이나 선 수행의 성과를 거의 인정하지 않았다. 이는 교유하던 승려에 대해서도 마찬가지여서, 혜장을 높이 평가하는 것은 주로 그의 유교적 소양에 대한 것이었다. 1789년에 정조가 치른 내각 친시親試에서 왕이 불교는 이단이지만 선을 지향하는 마음은 유교와 같음을 언급하자, 정약용은 서산대사의 명성은 사술邪術이라고 배격하며 조정에서 승니들을 장려하면 백성들이 모두 여기에 휩쓸리게 되니 준엄하

《대둔사지》
사원을 재건하고 규모를 갖추고 나면
정리한 사원의 역사 중 가장 잘 정리된 것으로 꼽히는
대둔사(대흥사)의 사지.

게 배격하여 끊어야 한다고 주장하였다.

백파긍선白坡亘璇(1767~1852)은 교학이 융성하던 당시에 선 수행의
중요성을 역설한 종장이었다. 그는 추사 김정희와 깊은 교분을 나누었
고, 김조순金祖淳과도 서신을 교환할 정도로 교분이 깊었다. 김조순은
백파의 《수선결사문》에 서문을 썼고, 백파의 소림굴 〈선교결사회기禪
敎結社會記〉는 기정진奇正鎭이 썼다. 백파는 또 홍석주洪奭周 등 유학자들
과 서신을 왕래하며 유불의 동이同異에 대해 토론하기도 하였다.

초의의순草衣意恂(1786~1866)은 또 다른 경향을 보였다. 불교학에
정통한 것은 물론 유학에도 깊은 이해를 가졌고, 홍석주와 신위申緯,
김정희 등 당대의 대표적인 문사들과 시문으로 교유하며 새로운 학
문에 대한 소양도 넓혔다. 승려로서는 드물게 차와 원예와 범자, 범
패, 서화 등 다방면에 걸쳐 해박한 지식과 소양을 보였는데, 이는 당
시의 새로운 학문 경향과 길을 같이하는 것이었다. 초의는 활발한 교
학 분위기를 통해 승가의 내적 역량이 축적되면서 이를 바탕으로 당
대를 주도하는 학문 경향에 부응하는 의식을 보여주었다.

김정희는 백파와 초의 외에 여러 승려와 교유하였다. 그는 청고靑
杲(1738~1823)의 영정에 찬을 붙여 그를 기렸고, 청고의 손제자인 혜
언慧彦의 영정에도 찬을 남겼으며, 자신이 짓고 권돈인이 쓴 〈용암대
사영각기〉도 남겼다. 혜언의 제자인 성기는 안동 김문金門과 교류를
가져 김좌근·김병기 부자와 시를 나누었고, 특히 김병기는 성기와
함께 경설을 논할 만하다고 하며 친교를 맺기도 하였다.

선영善影(1792~1830)은 권돈인 등과 교유를 가졌는데 〈심성정설心
性情說〉을 지어 유교를 불교의 이치와 대비시켜 논하기도 하였다. 공
여空如(1794~1826)는 홍석주·김조순 외에도 여러 사족들과 교유하면

서 유불의 동이에 대해 토론하기도 하였다. 그의 문집《유망록遺忘錄》
에는 불교 외적인 글이 다수 실려 있다. 공여는《삼교양진보감三敎養
眞寶鑑》의 서문에서 유·불·도 삼교의 동일성을 말했는데, 다분히 유
교적 분위기를 비치고 있다. 이 밖에 삼교의 사적事迹과 성명설性命說
외에 불교의 오계五戒와 유교의 오상五常을 대비한 글과 지리설 팔도
설 등을 남겼다. 19세기에 들어 승려와 사족들의 교류는 이전에 비해
다양하고 긴밀하게 이루어졌다.

18세기 불교계 특징의 하나는 승려들의 저술과 문집 간행의 성행
이다. 이는 경전 강학의 성행에 따른 교학의 융성에 토대를 두고 있
으며, 불서 간행이 집중적으로 이루어지고 사원의 중창에 따른 권선
문이나 사적기가 다수 제작되었던 것도 큰 연관이 있다. 또한 승려들
이 사족이나 다른 승려들과 교유하며 시를 짓고 서신을 교환하는 풍
조가 보편화된 것도 영향을 미쳤다. 사족들의 문집 편찬이 17세기에
들어 크게 확대되었던 것과도 동일한 흐름을 보인다. 거기에다 법통
과 문파의식이 강하게 대두되면서, 문파의 역량을 확인하고 계보를
드러내 보이고자 제자들이 스승의 문집을 편찬 간행하는 풍조가 유
행하였다.

문집에는 시가 많은 부분을 차지하는데, 그 내용은 수행의 내면세
계나 자연을 읊은 것이 많다. 대체로 여러 승려들이나 문사들과의 교
유관계를 통해 지은 경우가 많고, 자연의 정경이나 사원의 풍광을 읊
으며 그 속에 자신의 불교적 수련이나 심회를 담아내기도 하였다. 조
선 후기에 승려들이 전국의 여러 사원을 두루 순력하는 것이 보편화
되어, 문사들과도 교유하던 상황이 문집에 반영되었다.

사원의 중창 불사에 관련된 글이나 경전 간행의 글 또는 제문 등은

18세기 승려 문집 주요 내용

승려	문집 권수	시 합	5절	5율	7절	7율	시	기타	시분량	문분량	문 합	기記	서序	서書	소疏	발跋	찬贊	설說	시중示衆	권문勸文	상당문	제문	행상	비문	잡저	기타
월저도안	月渚堂大御集 2	257	26	40	33	145		13	22	18	48	6			21	2			1	16				3		2
풍계명찰	楓溪集 3	137						137	22	14	25	7	3		1					3	3	3	1	3		1
석실명안	百愚隨筆 1	8					6	2	2	5	9	4	1									4				1
설암추붕	雪巖雜著 3	806					806		55	36	79	16	9		36	1				11			2		2		1
설암추붕	雪巖亂藁 2	132					132		12	0	0															
무용수연	無用堂遺稿 2	78	4	13	21	36		4	6	15	44	7	4	11	10					6		3				
환성지안	噢嘻堂詩集 1	144	59	15	60	10			7	0	0															
무경자수	無竟集 3	219	31	42	68	58		20	14	38	88	11	6	32	1	2		5		12	1	6		5		14
무경자수	無竟室中語錄 2	226	74	7	99	15		31	15	6	11							3	4							2
영해약탄	影海大師詩集抄 1	100					100		7	0	0															
허정법종	虛靜集 2	283	77	35	31	67		73	18	20	31	8	5		8	2				6				5		2
남악태우	南嶽集 1	65	1	8	1	55			5	2	5		9	5												
송계나식	松桂大禪師文集 3	163				15	102	1	11	7	15	11	12							1	3					6
상월새봉	霜月大師詩集 1	44	9	6	13	15		1	6	0	0															
함월혜원	天鏡集 3	217	88	17	35	77			12	19	44	11	12	1	10	1				1	3	2	1			2
월파태율	月波集 1	164	37	39	37	51			12	2	1															1
용담조관	龍潭集 1	199	45	24	78	52			12	3	5		2	2						2		3		3		
호은유기	好隱集 4	44					44		4	19	64	12	5		11	5				2		7	1	1		9

승려	문집 권수	시·합	시·5절율	시·5율율	시·7절율	시·7율율	시·기타	시분량	문분량	문·합	記	序	書	疏	跋	贊	說	示衆	勸文	上堂文	祭文	行狀	碑文	잡지	기타
설담자우	雪潭集 2	47	9	6	13	18	1	4	14	33	1	1	27						2		1				1
아운시성	野雲大禪師文集 3	30					30	2	6	11	6	1	1						3						
요암의민	鰲巖集 1	272	48	72	76	76		16	4	15			9											5	1
용암체조	龍巖堂遺稿 1	74	6	5	34	29		5	2	4	3													1	
대원	大圓集 1	115					115	6	2	10	2		6	2											
묵암최눌	黙菴集 3	94	6	15	65	8		7	15	34	6	4	16	6							1				1
추파홍유	秋波集 3	32	8	7	8	7	2	3	18	67	12	21	29								1				5
추파	秋波手東 1	0						0	16	91			91												
연담유일	林下錄 4	305					305	35	30	88	6	8	11	9		16		8	8	4	1		7		10
진하팔관	振虛集 1	87	39	15	11	22		5	4	8	2	1		2							1				
월성비은	月城集 1	61		11	16	34		4	5	19	3	1	11	2							1				
괄허취여	括虛集 1	123	23	19	46	26	9	8	11	30	14	4	1	5				5	2		2	1		1	3
충허지책	沖虛大師遺集 2	1					1	0	30	58	9	5	20		2			1			6				
몽암기영	蒙庵大師文集 2	83		5	32	46	1	9	19	64	7	8	33						12		6				4
경암응윤	鏡巖集 3	74	19	11	29	15		5	24	70	25	4	23	5							6			9	4
인악의첨	仁嶽集 3	72	8	14	32	18		5	16	62	11	1	35	4							2		1		4
화악지탁	三峰集 1	58					58	10	14	38	7	5	13				3		1		1				6
정월정훈	澄月大師詩集 3	172	9	33	67	59	4	16	2	4	4				2										

(정병삼, 〈18세기 조선 승려 문집의 성격〉)

당시 불교계의 활동 양상이 담겨 있는 의미 있는 글들이다. 전반에 비해 후반으로 갈수록 서간의 수가 많아지는데, 이는 문사들과 승려들의 교류가 잦아진 데 따른 것이다. 승려들의 문집 간행은 승려들이 문인층과 교유하는 지식인으로서 인정받는 일면을 말해주며, 이를 통해 승려들의 인식도 향상되었을 것으로 추측된다.

사원의 침탈과 사원경제

18세기에 궁중과 지방 관청의 사찰에 대한 주구는 극심했다. 현종 대에 처능處能(?~1680)은 닥종이와 갖가지 물품의 진상 납부 폐해가 사원에 막중한 부담을 주고 있다며 그 폐지를 상소하였다. 도첩제가 폐지된 이후 승려는 환속편호還俗編戶(호적에 새로 올려야 할 대상)의 특별한 관리 대상이었기 때문에 관청의 무리한 요구를 수용하지 않을 수 없었다. 사찰에 대한 과세는 감사와 군수·현감 등 지방 수령이 매기는 것이 중심이었지만, 궁중과 궁가에서 요구하는 진상물도 과중한 부담이었다. 본래 진상進上은 사원에서 제조하는 지물紙物 등의 명산물을 사원 재정 후원자에게 올리는 인사였는데, 이것이 점차 의무가 되고 심지어 궁가와 내수사內需司에서 사찰에 과세하는 지경에 이르렀다. 대찰에는 대부분 지물의 공납이나 상납이 부과되었고 군청이나 군영軍營의 부과가 더해져 승려들의 부담을 가중시켰다. 사원에서는 원당을 구실 삼거나 관료와의 연계를 통해 지역紙役이나 잡역雜役을 혁파한다는 공문서를 얻어 사원에 게시함으로써 지방관의 주구를 방어하려 하였다. 묘향산에 사찰이 많았으나 지금은 승려도 적고 사찰도 조락한 것이 지역과 감영 관리의 요구 때문이라거나, 건봉사의 궁납 잡비가 면세토지 소출의 10배나 된다는 지적은 이 시기 사원의 과중한 부담을 말해준다.

이와 같이 공물 상납을 위해 사원에서는 여러 유형의 산업이 성행하였다. 이 중에는 평강 부석사浮石寺의 미투리 생산과 같이 분업적 수공업으로 발전한 예도 있으며, 제지·목축·채소·과실·산과 등의 산물을 생산하여 장시에 판매함으로써 사원을 유지하기도 하였다. 그리고 사원의 계조직을 통해 고갈된 사원 운영비를 마련하고 전답을 조성하는 보사補寺 활동이 전국적으로 이루어졌다. 신도들의 미타지장계나 승려들의 갑계·문중계 등은 16세기 말경에 등장하였다. 18세기 후반에는 사원의 보수에 주 목적을 두었으나 19세기 후반에는 전답을 마련하거나 금전을 사원에 시납하는 형태로 변화하였다. 이 시기의 승려들은 지류 등 공물 생산이나 은광의 채굴 그리고 목공木工·석공石工·화승畵僧으로서 또는 잡역부로서 각종 사업장에서 활동하였다.

19세기에 들어서도 불교계에 대한 억압은 지속적으로 시행되었다. 1815년(순조 15)에 무당과 승도의 성내 출입을 금지하는 장계를 올린 것이 이를 말해준다. 이는 계속된 금제에도 불구하고 비구와 비구니들이 성내에 출몰하고 사찰에서 기도와 재가 빈번하게 이루어졌음을 반영하는 기록이기도 하다. 그리고 이 시기의 전반적인 집권력의 쇠약과 기강의 해이에 따라 관가의 부패가 만연하고 이는 사찰에 대한 주구가 더욱 극심해지는 결과를 초래하여 사원의 황폐를 가속화시키게 된다.

18세기 말의 《부역실총賦役實摠》에 합천에서 사찰에 부과한 공납

이 짚신[草鞋], 송화, 석이石茸버섯, 지물 등이었으며, 창원에서 부과
한 것이 가죽신[白鞋], 짚신·새끼줄[細繩], 지물 등이라 하였다. 지물과
새끼줄과 짚신이 사원의 고역이라는 1790년(정조 14)의 기록 또한 이
런 사실을 말해준다. 그리고 19세기 초에 통도사에 부과된 잡공은
마줄[麻繩], 싸릿대, 송화, 벌목, 노자路資, 술, 짚신 등이었다. 또 1851
년(철종 2)에 작성된 법주사 완문完文에는, 법주사가 원종元宗의 원당
이요 순조의 태실을 모셨으며 선희궁의 원당인데, 이들 궁가의 주구
가 더욱 심화되어 사원이 퇴락하고 승도가 줄어드는 지경에 이르렀
기에 대왕대비의 교시에 따라 공명첩 500~600장을 내려주어 사찰
을 수리하도록 하고 있다. 동시에 금칙세목禁勅細目을 규정하여 사원
의 침탈을 막도록 하였다. 그 주요한 내용은 의승 등의 승역과 제반
잡역을 모두 면제하고, 과일과 채소 등 산중에서 나오는 특산물에
대한 본읍과 향교·서원·향청 및 군사郡司, 사령使令 등의 공납을 없
애며, 사대부 집안이나 유람객들이 요구하는 송이, 지팡이, 짚신, 음
식, 과일, 나물 등도 일체 엄금한다는 것들이었다. 배경 있는 대찰인
법주사의 실상이 이러했으니 여타 사원의 부담이 어떠했을지는 곧
짐작할 수 있다.

왕실과 세도가문의 신앙과 후원

19세기에 들어서도 왕실은 불사와 법회, 불교경전의 간행을 지원하였
고 왕실의 번영과 국왕의 장수를 기원하는 의식을 후원하였다. 순조
때 유점사에서 왕대비의 발원으로 여러 경전의 사경이 이루어졌고, 고

종 때는 왕손 탄신을 경축하며 건봉사乾鳳寺를 원당으로 지정하였다. 세자의 성수를 축원하기 위해 묘향산의 축성전祝聖殿이나 송광사의 성수전聖壽殿 등 왕실 전용 전각을 건립하고 1900년에도 고종과 황태자 등이 후원하여 삼각산 수국사守國寺를 창건하는 등 왕실 신앙은 지속되었다. 이처럼 조선 말까지 왕실 불교의 면모는 퇴색하지 않았고 전란이나 국가적 위기를 맞을 때마다 불교신앙은 오히려 깊어졌다.

세력 가문의 신앙도 마찬가지였다. 그 구체적인 예를 안동 김문의 신앙에서 살펴볼 수 있다. 안동 김문은 대대로 신륵사 중수에 참여하였다. 1671년에 김수항은 여주의 다른 명문인 민정중·정치화 등과 함께 퇴락한 신륵사를 중수하였고, 1796년에 김이소와 민종현이 선대에 이어 중수를 도왔다. 순조비 순원왕후는 아우인 김좌근의 양자 김병기를 내세워 1858년에 세종 영릉의 원찰인 신륵사의 극락전을 중수하고 구룡루를 건립하는 중수 불사를 후원하였다. 김병기는 이

여주 신륵사
사족들이 사원의 유지를 후원했던 사정을 말해주는 신륵사. 앞쪽의 구룡루는
안동 김문에서 지원하여 재건한 건물이다.

에 앞서 1856년(철종 7) 여주에 큰 화재가 발생해 가옥 수천 호가 불에 타는 큰 피해를 입어 철종이 내탕금을 하사하자, 사재 1,000석을 내놓아 사람들을 구제하였다. 이런 사실은 지역 주민의 민심 수용과 불교신앙이 효율적으로 연계되어 지역 사회에 영향력을 유지하던 가문과 왕실의 면모를 잘 보여준다.

세존 사리가 봉안된 정암사淨巖寺 수마노탑의 보수에도 왕실과 세도 가문의 신앙이 잘 드러난다. 태백산에 자리 잡은 정암사는 왕실을 비롯한 서울의 이름난 신앙인들에게는 성지로 익히 알려졌다.《정선총쇄록》에는 1887년 정암사에서 국왕과 왕비·세자의 장수를 위한 7일기도가 열렸고, 여기에 좌수 등 지방 인사가 폐백과 공양물을 가지

정선 정암사 수마노탑
사족들의 불교신앙을 보여주는 정암사 수마노탑. 19세기에 이 탑을 중수하는데 왕족과 사족과 사원이 전국적인 규모로 지원하였다.

고 가서 헌관과 축관으로 참여하였음을 기록하였다. 이 기도는 불전은 물론 산신에게도 올렸는데, 또 이 과정을 〈건성일록度誠日錄〉으로 작성하여 수령에게 보고하는 의례과정을 갖춘 의식이었다. 정암사가 중앙의 관심을 받고 있음을 의식한 지방 유력자들에 의해 조정 축원이 이루어졌던 것이다.

수마노탑은 벽돌 모양의 모전석탑이라서 잦은 수리가 필요했다. 그중 가장 성대한 중수는 고종 때의 보수였다. 1874년에 수마노탑을 중수하고 남긴 여러 기록에는 고종과 왕비를 비롯한 왕실의 주요 인사들이 모두 대시주로 참여했음이 보인다. 왕과 왕비, 원자, 대왕대비의 500냥을 비롯하여, 흥선대원군 500냥, 김좌근 300냥 등 왕실과 대가 인사들이 대거 시주로 참여하였다. 이에 걸맞게 비구·비구니를 포함한 전국의 사찰에서 경기도 2,500냥, 경상도 1,281냥 등 총 9,020냥을 시주하였고, 일반인도 시주에 참여하였음을 기록하였다. 이처럼 왕실과 세도 가문 그리고 일반인은 신앙의 실천에서는 근본적인 차이가 없었다. 형세와 재력에 따라 담당하는 양은 달랐지만, 신앙을 실행하는 데는 동참했던 것이다. 조선 후기의 신앙 양상은 단독 공양이나 불사는 신륵사의 예에서, 합동 불사는 정암사의 예에서 일반적인 양상을 짐작할 수 있다.

경주 김문도 사원을 지원하였다. 김노경金魯敬이 경상감사로 있던 1817년에 해인사 중건 불사가 시행되자, 아들인 김정희는 대적광전의 중수 상량문을 짓고 써서 지원하였다. 30대 전반의 활력 넘치던 시기에 김정희는 해박한 불교 지식을 상량문에 담아냈다. 그 자신도 예산의 향저 인근에 있는 화암사를 중수하는 데 크게 기여하였다.

흥선대원군 이하응은 아들이 보위에 오른 공덕을 기리기 위해 서울

인근의 여러 절에 불사를 일으켰는데, 1864년에 보광사의 중창 불사를 지원하였고, 1866년에는 선조의 사친 덕흥대원군가의 원찰이던 화계사의 중건 불사를 지원하였다. 그는 30여 명의 석수와 100여 명의 목공을 동원하여 수개월 만에 대웅전을 조성하고 직접 '화계사華溪寺' 등 여러 현판을 쓰기도 하였다. 숙종과 정조의 어필이 보존되어온 귀주사歸州寺는 1881년(고종 18) 왕이 내려준 내탕전 3,500민緡과 공명첩 500장, 백목과 종이 910냥 등으로 300여 칸의 당우를 중건하였는데, 여기에 들어간 금전이 2만 8,900금이었다.

왕실과 대가의 불사 외에 일반인들의 사원에 대한 관심도 컸다. 이들의 사원에 대한 지원은 여러 명목의 계를 통해 지속적으로 이루어졌다. 화장사華藏寺에서 결성되었던 불유계佛油契는 매년 기름을 구입해 화장사의 대웅전과 응진전에 연등할 수 있도록 공급했던 모임이었다. 비구·비구니의 출가대중과 선남자·선여인의 재가대중이 함께

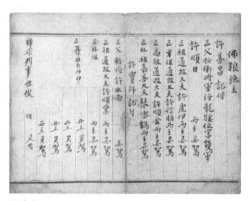

불량계
승려나 일반인들이 자신들의 안녕을 빌고 사원을 경제적으로 후원하기 위해
토지를 사서 사원에 기부한 장부(조계종).

모여 사부대중의 신앙 공동체를 만들어 사원 후원을 실천하였다.

승려들은 또 사찰 단위 또는 사찰의 전각 단위로 각종 불량계佛粮契를 조성할 것을 장려하는 글을 지어 일반인들의 사찰 지원 활동을 촉구하였다. 불량 외에 염장鹽醬·불기佛器·식정食鼎·등촉燈燭·가사袈裟 등 특정 명목의 권선문들이 법당 중수·개와·개금·석축石築·작교作橋·발라鈸羅·주종鑄鐘 등 기존의 조영물 불사 권선문들과 함께 보인다. 이는 이 시기 다양한 불사에 재가대중들의 지원이 이루어지고 있음을 말해준다.

조사선의 추구와
강학의 성행

휴정 문파의 선교관

조선 후기 불교를 주도한 휴정의 수행관은 선교합일을 표명하면서 동시에 교학을 넘어 선으로 향하는[사교입선捨敎入禪] 조사선풍이었다. 선 위주의 사상체계를 보이기는 하였지만 '선은 부처의 마음이요, 교는 부처의 말씀이다[禪是佛心 敎是佛語]'는 한마디에 집약된 휴정의 선교관禪敎觀은 후기의 불교계를 지배하였다. 휴정은 여기에 더하여 자성미타의 정토관을 제시하였다. 그는 〈선교결禪敎訣〉에서 선교합일을 표명하는 한편, 교는 소승·중승·대승의 그물을 삼계 생사의 바다에 펼친 것이지만 선은 이 그물을 뛰어넘어 따로 전한 것이라고 그 우열을 명확히 하였다.

휴정의 《삼가귀감三家龜鑑》은 《선가귀감》과 같이 삼교의 중요한 어귀들을 고루 뽑아 엮은 책이다. 그는 삼교의 사람들이 자신들의 의견만을 고집하고 서로 모이지 않아 간략히 삼교의 문을 열어 서로 통하

회양 백화암 서산대사탑/비
조선 후기 불교계의 사상적 토대를 마련한 서산대사 휴정의 승탑과 탑비.
특출한 승려는 여러 곳에 기념물을 세우기도 했는데, 휴정은 금강산 백화암과 대둔사에
각각 탑과 비를 세웠다(문화재청).

해남 대흥사 서산대사탑/비
대흥사에 세운 서산대사 휴정의 탑과 탑비.

조선 후기

게 했다고 하였다. 그리고 그 삼교에 통하는 것은 도道로서, 철저히 탐구하여 깨달으면 유교나 불교나 도교나 모두 헛된 이름일 뿐이라고 삼교의 상통함을 강조하였다. 그리고 혹시 깨닫지 못하더라도 이 책에 나오는 삼교 성인의 밝은 면목으로 치우친 견해를 쓸어 없애고 안목을 높여 다시는 잘못 보지 않기를 바랐다.

휴정의 제자인 유정惟政은 휴정의 선교회통관을 계승하여 선과 교를 동일 차원에서 중시하였다. 유정은 교학의 근거로 《법화경》과 《화엄경》·《미타경》 등 경전을 들어 구체적으로 교학에 의미를 부여하였다. 유정은 염불에 대해서도 일념으로 염불하면 48원의 자비로 무량광불이 중생을 구제한다는 절대 타력신앙을 표명하여, 휴정의 자성미타보다 본격적으로 정토신앙을 수용하였다.

휴정의 문하 중 가장 번성한 문파를 이룬 언기彦機(1581~1644)는 휴정의 사상을 계승하여 선과 교, 염불을 경절문徑截門, 원돈문圓頓門, 염불문念佛門에 배당하고 차례로 열거하여 겸학을 중시하였다. 마음과 부처와 육도가 하나이고 16관문을 따로 세워 지성염불하면 연화정토에 왕생한다고 염불문을 수용하고, 동시에 참선이 곧 염불이요 염불이 곧 참선이며 사바세계가 곧 정토라고 보았다. 언기는 〈선교원류심검설禪敎源流尋劍說〉에서 경절문 공부는 조사들의 공안을 들고 의심을 일으켜 수행하는데 느리지도 급하지도 않고 혼미하거나 산란하지도 않으며 마음을 간절히 해야 한다고 하였다. 원돈문 공부는 영명한 심성이 본래 스스로 청정하며 번뇌가 없음을 돌이켜보고, 분별이 일어나기 전에 이 마음이 어디로부터 일어났는가를 궁구해야 한다고 하였다. 염불문 공부는 행주좌와에 항상 서방을 향하여 존상을 바라보고 마음에 지녀 잊지 않도록 하면, 임종할 때 아미타불이 맞아들여 연화대에 오를 수 있다고 하였다. 언기는 교는 중근기와 하근기를 위해 마련한 것이고 선은 상근기를 위해 시설한 것이라고 구분하면서, 이러한 교와 선의 구별은 법의 차이가 아니라 수행자의 근기에 의한 것이라고 하였다.

태능太能(1562~1649)은 선교는 동근일미同根一味이며 주관적 심식으로 분별될 뿐이라고 하면서도, 교학은 불필요하지는 않지만 문자에 집착하는 것은 경계해야 함을 강조하였다. 태능 또한 사바세계가 바로 극락이라 하여 언기와 같은 정토관을 보였다. 일선一禪(1533~1608)은 선과 교가 본래 하나의 물건도 없다[本來無一物]는 회통관을 계승하였지만, 역시 경전에 마음을 잃어 본지를 잃을까 걱정하며 제자들의 자각을 당부하였다. 일선 또한 거사를 지도하면서 극락왕생과 보리증득을 소원하는 정토신앙을 보였다. 해안海眼(1567~?)은 부처의 경전과 달마의 선이 둘이 아닌 것은 부처와 중생, 공과 유, 진제와 속제가 둘

《삼문직지》
염불문·원돈문·경절문으로
선·교·염불을 종합 수행할 것을 제창한 진허팔관의 저술.

이 아닌 것과 같다는 회통관을 보였다. 또 선정과 간경과 공양과 행지 行智를 구족한 것을 뼈[骨]와 골수[腦]와 가죽[皮]과 안목에 비유하고, 이런 구별은 단지 색상의 집착에서 오는 것일 뿐임을 지적하였다.

이러한 삼문 수행의 일반화 경향을 잘 드러내는 것이 팔관捌關이 1769년(영조 45)에 펴낸 《삼문직지三門直指》이다. 팔관은 불법에 경절문과 원돈문과 염불문의 세 문이 있어서 정토에 왕생하고 법계에 깨달아 들어가며 심성을 곧바로 보는 문은 서로 다르지만 그 중심 내용은 같아서 한 방의 세 문과 같기에 《삼문직지》를 펴냈음을 밝혔다. 이 책은 염불문에 각종 염불에 대한 설명과 진언眞言들을 싣고, 원돈문에 지눌의 《원돈성불론圓頓成佛論》과 의상의 〈법계도송法界圖頌〉을, 그리고 경절문에 지눌의 《간화결의론看話決疑論》을 비롯한 법어와 규약들을 실어 삼문 내용을 집약하였다. 이는 당시의 불교계에서 참선과 교학과 염불을 함께 수행하는 것이 보편적인 경향이었음을 확인해주는 것이다.

조사선풍의 풍미

17세기에 두드러진 것은 선사상이었고, 이는 휴정에게서 비롯되었다. 휴정은 그의 주저인 《선가귀감》에서 선종의 오가五家를 소개하면서, 그중에서도 마조-백장-황벽-임제로 이어지는 임제종풍이 가장 으뜸임을 명시하고, 삼구三句·삼요三要·삼현三玄 이하 임제종지의 각 사항에 대해 상세히 설명하여 임제 중심의 선풍을 표명하였다. 그는 특히 이들 임제종지가 임제종에만 특별한 것이 아니라 여러 부처로부터 중생에까지 해당되는 것으로서, 이를 떠나서 법을 설하면 모두 망발이라고 언명하였다.

이런 선풍은 그의 제자들에게도 그대로 계승되었다. 유정이나 태능 등은 '뜰 앞의 잣나무[庭前栢樹子]'라든가 '개에게 불성이 있는가 없는가[狗子無佛性]', '차나 드시고 가게[喫茶去]' 등의 화두를 참구했으며, 후학들을 지도하며 방할棒喝과 같은 임제가풍을 드러냈다.

선수의 4대손인 수연秀演(1651~1719)은 '일상적인 공부가 다만 마음을 거두고 풀어놓는 데 있을 뿐이라'는 표현과 같이 평상심 속에서 마음을 닦는 선관을 표방했다. 특히 '뜰앞의 잣나무'와 같은 전통적인 화두를 참구하는 것을 강조하였다. 문집을 남긴 수연 외에도 많은 이들이 이런 화두 참구를 궁극의 수행으로 생각했고, 조사선풍이 이 시기의 보편적인 수행 풍토였다.

휴정의 4대손인 지안志安(1664~1728)은 《선문오종강요禪門五宗綱要》를 지어 《선가귀감》에서 말하는 임제의 삼구와 삼현 그리고 팔방八棒에 이르는 내용을 차례로 설명하였다. 지안 또한 임제종지가 불법 모두를 포용할 수 있다는 서산의 임제우위설을 표현 그대로 부연하였다. 특히 지안은 첫머리에 《임제록》에서 삼구에 관해 설한 두 부분을 연계시켜 하나의 삼구三句 법문을 만들어 수록하여 그 의의를 강조하여 훗날 선논쟁이 되는 실마리를 열었다. 지안의 이러한 구상은 고려 천책의 《선문강요禪門綱要》에서 비롯된 것이었다.

휴정의 5대손인 자수子秀(1664~1737)는 《불조진심선격초佛祖眞心禪格抄》 등에서 선과 교, 여래선과 조사선에 대한 견해를 피력하였다. 자수는 여래선은 교이고 조사선이 선임을 밝히고, 이들을 융통하는

18세기 활동 주요 승려 법계

1	2	3	4	5	6	7	8	9
청허휴정 淸虛休靜 1520~04	송운유정 松雲惟政 1544~10	송월응상 松月應祥 1572~45	허백명조 虛白明照 1593~61	송파의흠 松坡義欽	설월계변 雪月誡卞	영암지원 靈岩智圓 1643~93		
	편양언기 鞭羊彦機 1581~44	풍담의심 楓潭義諶 1592~65	상봉정원 霜峰淨源 1627~09	낙암의눌 洛巖義訥 1666~37	호은유기 好隱有璣 1707~85			
				낙빈홍제 落賓弘濟	기성쾌선 箕城快善 ?~1764	상월지징 霜月智澄	관월경수 冠月景修	징월정훈 澄月正訓 1751~23
				운암오준 雲岩五俊	취성명열 醉惺明悅	벽봉덕우 碧峰德雨	인악의첨 仁嶽義沾 1746~96	
			월담설제 月潭雪霽 1632~04	환성지안 喚醒志安 1664~29	설송연초 雪松演初 1676~48	태허남붕 太虛南鵬	도봉유문 道峰有聞	
					호암체정 虎巖體淨 1687~48	설파상언 雪坡尙彦 1701~69		
					연담유일 蓮覃有一 1720~99	백련도연 白蓮禱演 1737~07	완호윤우 玩虎倫佑 1758~26	
					함월해원 涵月海源 1691~70	완월궤홍 玩月軌泓 1714~70	한암 漢巖	화악지탁 華嶽知濯 1750~39
						영파성규 影波聖奎 1728~12		
					포월초민 抱月楚珉	송매성원 松梅省遠	쌍운금화 雙運琴花	환응담숙 喚應曇淑
						영월응진 影月應眞	야운시성 野雲時聖 1710~76	
					용암신감 龍巖信鑑	대암국탄 大巖國坦	송계나식 松桂懶湜 1684~65	영곡천학 英谷遷學
			월저도안 月渚道安 1638~15	설암추붕 雪巖秋鵬 1651~06	벽허원조 碧虛圓照 1658~35	영허원준 靈虛圓俊	금파행우 錦波幸祐	사암채영 獅巖采永 ?~1764~?
						남월희원 南月希遠	진허팔관 振虛捌關 ?~1769~?	진해성화 振海性花 ?~
				명진수일 冥眞守一 ?~1743	일암정색 日菴精晴	용암체조 龍岩體照 1717~79		
				허정법종 虛靜法宗 1670~33				
				남악태우 南岳泰宇 ?~1732				
				상월새봉 霜月璽篈 1687~67	용담조관 龍潭慥冠 1700~62	규암낭성 圭岩朗成	서월거함 瑞月巨艦	
			풍계명찰 楓溪明察 1640~08					
	소요태능 逍遙太能 1562~49	해운경열 海運敬悅 1580~46	취여삼우 醉如三愚 1622~84	화악문신 華岳文信 1629~07	설봉회정 雪峰懷淨 1677~38	송파각훤 松坡覺暄	정암즉원 晶巖卽圓 1738~94	아암혜장 兒庵慧藏 1772~11
		제월수일 霽月守一	화월현옥 華月玄玉	모은지훈 暮隱智薰 ?~1736	설담자우 雪潭自優	운담정일 雲潭鼎日 1741~04		
	정관일선 靜觀一禪 1533~08	임성충언 任性忠彦 1567~38	원응지근 圓應志勤	추계유문 秋溪有文 1614~89	무경자수 無竟子秀 1664~37	형계설영 荊溪雪瑛	서악청민 西岳淸敏	
	중관해안 中觀海眼 1567~?	능허청간 凌虛淸侃	형곡복환 荊谷復還	월화탄천 月華坦天	명진여식 明眞呂湜	태허극초 太虛極初	월성비은 月城費隱 ?~1778	
부휴선수 浮休善修 1543~15	벽암각성 碧巖覺性 1575~60	취미수초 翠微守初 1590~68	백암성총 栢庵性聰 1631~00	무용수연 無用秀演 1651~19	영해약탄 影海若坦 1668~54	풍암세찰 楓巖世察 1688~58	묵암최눌 嘿庵最訥 1717~90	봉암낙현 鳳庵樂賢 ?~1794
								해붕전령 海鵬展翎 ?~1826
		고한희언 孤閑希彦 1581~47	백곡처능 白谷處能 1617~80	식영진명 息影眞明 1646~10	석실명안 石室明眼	두륜청성 頭輪淸性		
		포허담수 抱虛淡守	모운진언 暮雲震言 1622~03	보광원민 葆光圓旻	회암정혜 晦庵定慧 1685~41	한암성안 寒巖性岸	추파홍유 秋波泓宥 1718~74	경암응윤 鏡巖應允 1743~04
			동계경일 東溪敬一 1636~95					

(정병삼, 〈진경시대 불교의 진흥과 불교문화의 발전〉)

관점을 제시하기도 하였다. 그는 선과 교가 같다고도 다르다고도 할 수 없는 것이라고 하였다. 자수는 교는 분명하게 알지 못하는 사람들을 가르쳐 깨달아 증득하게 하는 것으로서, 갖가지 방편과 언어로 삼승법을 설하여 일승의 도를 깨닫게 하고 이로써 최상승선에 이르게 하는 것이라고 하였다. 또 선이란 사람들의 정을 벗어나 증득한 것에도 집착하지 않게 하는 것으로서, 문자를 세우지 않고 곧바로 사람의 마음을 가리켜 크게 쉬는 경지에 이르게 하는 것임을 주장하였다. 자수는 선종의 다양한 방편을 소개하고 선종의 주요 논제와 화두를 적극적으로 제시하여 선론의 토대가 되는 관점들을 내보였다. 그는 여래선과 조사선은 모두 격외선으로 불가분의 관계에 있다고 보면서도 다원적 개체성에 부합하는 조사선의 우위를 강조하였다.

강경의 성행

영조 대 이후의 조선 후기 불교계에 나타난 가장 특징적인 면모는 크게 두드러진 강경講經 활동이다. 강경이 성행한 사상적인 바탕은 선 수행과 교학 연마를 함께 강조했던 선교관이었지만, 또 다른 이유는 화엄경전의 간행이었다. 부휴계의 성총은 청에서 일본에 가져가다 임자도에 표류한 경론 수백 권을 확보하여 이를 간행했다. 그중에 징관의 《화엄소초》는 화엄 이해의 폭을 넓히는 중요한 책이었고, 이 책의 강독이 성행하게 되었다.

부휴문파의 정혜定慧(1685~1741)는 수십 차례나 《화엄경》을 강의하고 징관의 《화엄소초華嚴疏鈔》의 어려운 부분을 풀어낸 《화엄은과華嚴

隱科》를 저술하여 후학의 길잡이가 되었다. 서산문파의 상언尙彦(1707
~1791)도 25회의 《화엄경》 강의를 하고 《화엄소초》의 소과疏科를 일
일이 찾아서 드러내고 순차를 그림으로 표시한 《은과隱科》를 저술하
였다. 그리고 추붕秋鵬(1651~1706)과 정혜는 각각 《도서》와 《절요》를
강의한 기록인 사기私記를 남겼다.

이러한 성과를 계승하여 연담유일蓮潭有一(1720~1799)은 설파에게
서 《화엄경》을 수학한 이후 30여 년 동안 강경에 전념하였다. 유일은
두 사람의 은과에다 다른 강백들의 강설을 채집하고 자신의 의사를
붙여 주석한 사기私記를 저술하였다. 《화엄소초》의 글뜻이 방대하고
이론 전개가 장황한 것을 명료하게 간추리고 교의敎義와 본분本分을
종합하여 《화엄현담사기華嚴玄談私記》를 지은 것이다. 유일은 화엄 이

연담 사기
화엄경을 비롯하여 강원에서
승려들이 익히는 여러 경전에
개인적인 해석을 기록해놓은 사기 중에
가장 널리 읽혔던 연담의 사기
(원소장처: 용흥사, 동국대 불교학술원 제공).

외에도 사집과 사교 전 과정의 교재에 대한 사기를 지었고, 이렇게 이루어진 사기는 이후의 강경에 지대한 영향을 주어 후학들에게 널리 읽히게 되었다. 특히 유일의 《화엄사기》는 징관 《화엄소초》의 오자나 잘못 들어간 글자 그리고 빠진 글자를 정밀히 교정하고 일목요연하게 정리하여 후학들의 큰 지침이 되었다.

화엄 강의는 대대로 성행하였다. 의심義諶(1592~1665)이 화엄을 강하였고, 진언震言(1622~1703)은 1686년(숙종 12) 운부정사雲浮精舍에서 화엄법회를 크게 열고 〈화엄칠처구회품목지도華嚴七處九會品目之圖〉를 저술하였다. 부휴의 3대손인 성총性聰(1631~1700)은 선암사에서 화엄대법회를 열었고, 서산의 3대손인 정원淨源(1627~1709)과 도안道安(1638~1715)도 화엄 강의를 하였다. 서산의 4대손인 지안志安(1664~1729)은 1725년에 금산사에서 화엄법회를 크게 열어 1,400명이나 되는 많은 대중이 모인 결과 무고를 당해 제주로 유배 가서 목숨을 잃을 정도였다. 서산의 5대손인 새봉璽封(1687~1767)은 1754년에 선암사에서 화엄 강회를 열어 그때 참석한 1,287명의 이름이 기록으로 남아 있다. 부휴의 4대손인 수연과 정혜定慧(1685~1741)가 화엄 강맥의 대를 이었다. 서산의 5대손인 유기有璣(1707~1785), 다시 상언과 유일, 성규聖奎(1728~1812) 등으로 화엄 강의는 끊임없이 이어졌다. 그래서 대흥사에는 의심에서 유일에 이르는 12대 종사宗師와 성규를 포함하는 12대 강사講師의 전통을 이루었고, 만덕사(백련사)에도 태능에서 혜장에 이르는 8대 종사의 전통을 형성하여 선 수행과 화엄 강의에 뛰어난 이들을 기렸다. 이와 같은 화엄 강의의 성행은 조선 성리학계에서 불교사상의 대표로 화엄을 인식하고 있던 것과도 연관이 있으리라고 생각된다.

유일과 묵암최눌黙庵最訥(1717~1790) 사이에 전개되었던 심성론心性論 토론은 유학에 대한 불교계의 관심을 보여준다. 최눌이 제불과 중생의 마음이 각각 원만하나 동일체는 아니라고 하자, 유일은 각기 원만하기는 하지만 그 근원 자리는 동일체임을 주장하였다. 최눌은 부처와 중생의 마음이 각각 그 자체의 완결성을 갖고 있다고 보고 각 개체에 내재된 본성 자체를 중시한 반면, 유일은 부처나 중생의 마음이 모두 일심이 드러난 바이며 일심이 현상세계의 각 개체에 나타나 각기 원만함을 이룸에 주목하였다. 이 토론은 화엄에 대한 이해가 깊었던 두 논사가 이理와 사事의 관계로부터 마음의 본성을 일원적 절대성과 다원적 상대성으로 논의한 것으로서, 성리학의 이기심성 논의에 대응하는 불교계의 논리라는 의미를 갖는다. 다만 이들의 관점을 알려줄 소중한 자료는 후학들이 이 논쟁을 지속해서 불교의 본뜻을 어지럽힐까 염려하여 모두 태워버려 전하지 않는다.

한편으로 유일은 유교사상과 비교하여 교리를 설명하기도 하였다.

해남 대흥사 탑원
18~19세기에 성행했던 불교경전 강의의 중심지
대흥사에서 활동한 이들을 기리는 승탑과 탑비로 가득찬 탑원.

유일은 극락은 염불로서만 왕생하는 것이 아니라 국가에 대한 충성이나 부모에 대한 효도와 같은 인의자선仁義慈善의 마음이 지극한 순선인純善人이 왕생한다고 하였다. 반대로 부처에 대한 비방만이 아니라 불충不忠, 불효不孝, 간흉妍凶, 패역悖逆이 모두 지옥에 떨어지는 것이어서, 만일 천당이 있다면 군자들이 올라가는 곳이요 지옥이 있다면 소인배들이 가는 길이라고 하였다.

유일과 쌍벽을 이루었던 강백講伯이 인악의첨仁嶽義沾(1746~1796)이다. 의첨은 벽봉에게서 금강·능엄 등을 배우고 상언에게서는 화엄을 수학하였다. 의첨도 사교와 화엄 등의 사기를 지었는데, 유일과 다소 다른 이해를 보이는 이들 사기는 강맥講脈을 따라 제각기 전승되면서 오랫동안 서로 독특한 학풍을 이루었다.

의첨은 정조가 1790년(정조 14) 사도세자의 현릉원 원찰로 용주사를 창건하자 증사證師로 참여하여 〈불복장문佛腹藏文〉과 〈용주사제신장문龍珠寺祭神將文〉 등을 저술하며 중심 역할을 하였다. 의첨은 또 유교와 도교를 포용하여 불교와 융화를 시도하기도 하였다.

방대한 분량의 이들 사기는 후대에도 계승되었으나, 훈고적인 자구 해석에 치중함에 따라 문헌 비판과 내용 분석 등에 따른 새로운 불교학으로 진전되지는 못했다.

불교 사서의 편찬

문집 간행과 더불어 이 시기에 불교사에 대한 정리가 이루어지는 것도 주목된다. 도안의 5대손인 채영采永은 1764년(영조 40) 《서역중화해동불조원류西域中華海東佛祖源流》를 편찬하였다.《불조원류》는 인도·중국의 조사와 우리나라 역대 조사의 원류를 밝히고자 한 것이었다. 태고를 '해동정맥제일조'로 내세우고 서산과 부휴계의 각 파를 정리하였는데 특히 서산을 '해동선맥정전海東禪脈正傳'이라 표현한 서산계 중심의 편찬이었다. 이는 불교사를 전체적으로 정리한 첫 저술이었는데, 편양파가 가장 번성한 면모를 보여준다.

정조는 1779년(정조 3) 여러 자료에서 사찰 관련 기사를 모아 사찰의 현존 여부를 수록한《범우고》를 편찬하도록 하고, 직접 그 서문을 썼다. 신경준申景濬(1712~1781)은 520여 개의 절을 도별로 나누어서 사찰의 유래와 기록 자료, 금석문 등의 내용을 수록한《가람고伽藍考》를 편찬했다. 한치윤韓致奫(1765~1814)은《해동역사海東繹史》에서 석지釋志를 편성하고, 명승名僧 항목에 전거를 일일이 밝힌 많은 고승들의 자료를 수록하였다. 이는 이제까지 유교 사서에서 배제했던 불교

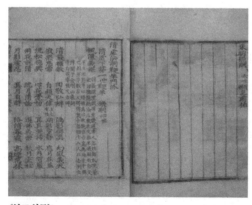

《불조원류》
18세기까지 이르는 우리나라 역대 승려의 계보와
간단히 전기를 수록한 책(원소장처: 범어사 성보박물관, 동국대 불교학술원 제공).

내용을 설정한 새로운 인식이었다.

정약용은 삼국시대 불교 전래로부터 신라 말까지의 불교사 자료를 정리한《대동선교고大東禪教考》를 편찬했다. 전반부는 편년체 형식에 따라《삼국사기》자료를 토대로 자신의 의견을 붙여 고구려·백제·신라의 선교시말禪教始末편을 구성했고, 후반부는《전등록》과〈사산비명四山碑銘〉,《해동불조원류》등에서 가려낸 승려 141인의 인명을 자료에 따라 열거하였다. 자료 수집과 철저한 고증으로 고대 불교사를 정리하고자 한 정약용은〈사산비명〉의 가치를 높게 평가하고,《불조원류》보다 정확한 고증과 합리적인 해석을 보였다. 또 고려 초의 법안종을 높이 평가하는 등 고대 불교사 정리에 큰 의미를 남겼다. 그러나 보다 생생한 자료를 전해주는《삼국유사》를 배제하고《삼국사기》와 같은 일정 자료에만 의지하여 고대 불교사를 정리하려 한 인식의 한계를 보여준다. 삼국의 멸망기 즈음에 사찰에서 관찰된 여러 변고를 불교의 탓으로 여기고 여기에 나라의 멸망을 연계지어 서술한 것도, 그가《삼국사기》에 담긴 유학적 사관의 흐름에서 벗어나지 않았음을 말해준다.

유형有炯(1824~1889)은《산사약초山史略抄》를 편찬하였다. 이 책은 석가의 생애에서 시작하여 불교의 제반 사항에 대한 내용을 정리한 것으로, 특히 인도에서 중국, 우리나라로 이어지는 불교사를 포괄적으로 정리하였다. 유형은 삼국에서 고려 불교까지를 소략하게 서술하고, 태고보우에서 서산을 거쳐 자신의 문파인 백파긍선에 이르는 계보를 간략하게 서술하였다. 이는 서산 계파의 조선 불교사에 대한 인식을 잘 보여준다. 그리고 이 책은 유교의 불교에 대한 비판에 반론을 제시하고, 인도와 중국의 불교사를 정리하는 등 자신의 일관된 불교관에 따라 불교사를 체계적으로 정리한 의의를 지닌다. 특히 용어와 불교 행사 및 의례에 대해 자세한 설명과 주석을 붙인 것이 독특하다. 카스트의 4성을 사·농·공·상의 4민에 견주어 해석하고, 그 가운데에 승려의 역할도 설정하는 등 당대의 인식을 반영하였다.

각안覺岸(1820~1896)은 《동사열전東師列傳》 6권을 편찬하였는데, 아도화상으로부터 당대까지 포괄하는 199인의 전기를 담았다. 이 책은 이전의 불교 사서들이 주로 인물명을 수록하는 정도로 그친 데 반해, 편을 세운 인물에 대해서는 상당량의 서술을 빠짐없이 베풀었다. 그러나 고승전 체제를 따르고 있고, 수록 인물이 그가 활동하던 대흥사 위주이며, 내용의 명확한 검증이 부족한 한계를 보였다. 각안은 《승족보僧族譜》의 서문도 썼는데, 이는 당시 승려 사회에 계파 인식이 강하게 퍼져 있었음을 짐작하게 한다. 저자 미상의 《동국승니록東國僧尼錄》은 68명의 승려 행적을 수록하고 참고문헌을 밝혔다.

18~19세기에 편찬된 불교 사서는 다양한 관점에서 불교사를 정리하려는 노력이었지만, 전통적인 교학의 토대 위에서 편찬되었기 때문에 체계적인 비판적 관점에 따른 불교사를 정리하는 데는 이르지 못했다.

승려 문집의 편찬

서산과 쌍벽을 이루는 부휴선수浮休善修(1543~1615)의 문하 또한 서산문파 못지않게 번성하였는데, 부휴의 제자인 각성覺性(1575~1660)이 남한산성의 축조 등 국가적 활동을 활발히 한 이래 특히 부휴문파

에서는 문사들과의 교유가 두드러졌다. 각성의 제자인 수초守初(1590
~1668)는 국가적 활동에 열중하는 분위기 속에서 승려의 본분을 잊
지 않도록 다짐하면서 한편으로 이안눌李安訥, 이식李植, 김육金堉 등
여러 문사들과 긴밀한 교유관계를 지속하였다.

그 제자인 성총性聰(1631~1700)은 임자도에 표착한 《금강경소》·《지
험기持驗記》·《화엄소초》·《삼장법수三藏法數》·《화엄현담華嚴玄談》·《치
문경훈緇門警訓》·《기신론소》 등 경전 190여 권을 1695년(숙종 21)까지
5,000판에 새겨 교학 융성의 기반을 마련하였다. 그는 문사들과의
교유가 한층 두드러지는데 김수항金壽恒과 정두경鄭斗卿, 조종저趙宗
著, 김석주金錫胄 등 당대 최고의 문사와 시문을 주고받은데. 성총의
제자인 수연秀演 역시 명망 있는 문사들인 최석정崔錫鼎, 이광좌李光
佐, 최창대崔昌大, 김창흡金昌翕과 같은 이들과 교유를 지속하였다.

이러한 교유는 승려들이 문사들과 시문을 화답할 수 있는 여건을
마련해주었고, 나아가서 문사들이 문집을 간행하는 것을 본떠 제자
들에 의한 승려 문집 간행의 성행을 불러왔다. 이러한 추세는 숙종
대 이후 더욱 활성화되었다.

부휴의 4대손인 수연은 《무용당유고無用堂遺稿》 2권을 남겼다. 제자
들이 엮은 이 문집은 상권에 오언절구 4편과 칠언절구 21편, 오언율
시 16편, 칠언율시 37편 등 모두 82수의 시를 싣고 있다. 하권은 문
사들이나 지방 수령들과 주고받은 서간[書] 13편, 경전 등을 간행한
서序 4편, 여러 사찰의 중건에 즈음한 모연문募緣文과 상량문上樑文 7
편, 건물을 새로 세우고 쓴 기記 7편, 수륙재나 기타 행사에 대한 소疏
5편, 그리고 선대 조사의 제문祭文 3편을 싣고 있다. 당대의 대표적
문사인 김창흡이나 최창대 등의 문집에서 역시 수연과 주고받은 글

을 찾을 수 있어, 이 시기 승려와 문인 간 교유관계의 일면을 확인할 수 있다.

수연의 선관禪觀은 '일상적인 공부가 다만 마음을 거두고 풀어놓는 데 있을 뿐이라'는 표현과 같이 평상심 속에서 마음을 닦는 것이었다. 특히 '뜰앞의 잣나무'와 같은 전통적인 화두 참구를 강조하였다. 그리고 《반야심경》이 반 장밖에 안 되는 적은 분량으로 글이 간략하지만, 대장경의 모든 이치를 포괄하고 있어서 제불의 모체요 만법의 근원이라 할 만하다고 하였다. 또 《법화경》이 부처가 있든 없든 항상 존재하여 그 자리를 내줄 수 없는 중요한 경전이라고 평가하였다. 《인명론因明論》의 세 가지 논법이나 현량現量(직접 지각이나 체험)·비량比量(추리에 의한 인식)의 판단으로 제 경론의 의의를 규명하여 심성의 본의를 깨우쳐야 한다는 것도 제시하였다. 《인명론》이 간행된 것은 이 시기 다양한 교학 분위기를 엿볼 수 있게 한다. 이 밖에도 종밀의 《화엄법계관문華嚴法界觀門》을 중간하거나 《범음집梵音集》을 새로 간행하면서 쓴 발문이나 《염송설화》 간행문 그리고 불교 행사 관련 다른 글에서도 이와 유사한 견해를 찾아볼 수 있다. 또한 세간의 소유물은 우리를 험한 구렁으로 밀어넣는 도구일 뿐이요 일념으로 서방을 발원하는 염불만이 의지할 바라는 말에서는 수연의 정토관을 엿볼 수 있다. 이를 바탕으로 중국의 백거이白居易와 같은 인물에 비유하여 임금에 충성하고 어버이에 효도하며 백성을 어질게 대하고 만물을 사랑하는 마음을 가지고 정토로 회향하면 금색신으로 왕생할 수 있으리라고 유자儒者에게 권유하기도 하였다. 수연의 문집을 통해서 여러 경전에 대한 관심과 선 수행 등 삼문 수행의 풍토를 확인할 수 있다.

서산의 5대손인 해원海源(1691~1770)은 《천경집天鏡集》 3권을 남겼다.

해원은 김상복金相福이 비문을 짓고 남유용南有容과 황경원黃景源이 진찬眞贊을 지을 만큼 유자들과 친분이 두터워, 문집의 서문도 홍경모洪敬謨가 썼다. 문집의 상권은 오언절구 88수와 칠언절구 35수 그리고 오언율시 17수와 칠언율시 77수로 모두 합쳐 217수의 시로 이루어졌다. 중권은 사찰의 중창기를 중심으로 한 기記 10편과 《원각경》·《금강경》·《기신론》·《선문오종강요》 등의 여러 경전 간행을 비롯한 서序 11편 그리고 서書 1편과 스승 지안의 제문 1편으로 이루어졌다. 하권은 사적이나 행장 등의 잡저 4편과 제문 1편, 재소齋疏 등의 소疏 10편, 그리고 상량문 등의 문文 4편과 서序 1편으로 이루어졌다.

해원은 《금강경》이 사람마다의 그대로 드러난 본래면목이라 하고, 《기신론》이 단상斷常의 두 집착을 타파하여 중도실상의 이치를 깨닫게 함으로써 성현의 경지에 이르게 하는 중요한 것이라고 하였다. 또 이를 유교의 《춘추》와 대비시켜 소개하기도 하였다.

그가 내세운 견해 중 이채로운 것이 〈이선경위록二禪逕渭錄〉에서 말하는 네 가지 선에 대한 구분이다. 해원은 총림의 승려들이 격외선 중에 여래선과 조사선이 있고 원돈문圓頓門이 곧 의리선義理禪이라고들 말하지만, 여래선과 조사선은 설한 사람에 따라 나눈 이름이요 의리선과 격외선이란 설한 법에 따라 나눈 구분이므로 그 구분 근거가 다른 이름을 한데 섞어 논란하는 것은 옳지 않다고 하였다. 해원은 경전과 선을 연계하여 《능엄경》은 여래선, 《법화경》은 여래선과 조사선에 해당한다고 하고, 그러나 이들은 화엄 원교의 원융법계에 미치지 못한다고 하여 화엄을 강조하면서 교와 선의 융통을 의도하였다. 또 선과 교는 얼음과 목탄처럼 형상은 다른 것이나, 파도와 물이 다르지 않은 것처럼 본질은 같은 것이라고 하였다. 이는 순조 대 이후에 백파와 초의를 중심으로 전개되어 조선 후기 선사상의 일봉을 이룬 삼종선三種禪 논쟁의 핵심 주제를 이미 한 세기 전에 간명하게 정리한 것이었다.

18세기 후반에 활동한 유일은 당대 최고의 강백으로 후대에 끼친 영향력도 대단히 큰데, 그의 문집 《임하록林下錄》에는 305수의 시와 88편의 산문이라는 많은 글이 실렸다. 유일의 시는 여러 승려와 주고받은 것이 가장 많지만 문사들과 교유하며 지은 시나 사찰을 찾아 심회를 피력한 시도 적지 않아 내용 구성은 이전 문집과 크게 다르지 않다. 서간 11편은 승속에 고루 보낸 편지로 이루어져 있다. 유일의 글은 다양한 분야에 걸쳐 있는데, 권문과 상량문이 12편이고 도로나 다리 조성과 중수에 대한 기록도 5편이나 되어 이 시기에도 여전히 사찰의 중창과 기록 보전이 왕성하게 이루어졌음을 말해준다. 특히 많은 것은 찬문贊文으로서, 문수·보현에서 역대 선사들 그리고 자찬

《천경집》 이선경위록
함월해원이 쓴 시와 여러 가지 글을 모아 엮은 문집 중에서 후기 선논쟁의
단초가 되는 이론을 제시한 글(원소장처: 동국대 중앙도서관, 동국대 불교학술원 제공).

에 이르기까지 16편에 이른다. 이는 이 시기에 진영을 제작하고 이에 영찬影贊을 붙이는 풍조가 성행하였음을 반영한다.

유일의 글 중에서 눈에 띄는 것은 법어法語 6편과 시중示衆 8편이다. 영산재나 수륙재, 칠재 또는 불상 점안과 가사 불사에 대한 내용으로 구성된 법어는 유일의 문집에만 등장하는 글이다. 염불이나 참선하는 대중에게 내린 시중 8편과 함께 경전 강론에 뛰어났던 유일이 대중들에게 많은 법회도 열었음을 보여주는 자료이다. 이들은 강경의 성행이 대중법회의 성행도 가져왔다는 사실을 말해준다. 또한 영산재와 수륙재 그리고 여러 불사가 자주 이루어졌고, 이런 의식마다 대중들을 향한 설법이 베풀어졌음을 말해주고 있다. 휴정 이래 강조된 선과 교와 염불의 삼문三門 수행이 보편화된 모습은 유일의 글에서도 확인된다. 유일의 문집에 실린 글들은 이 시기 사원 형세의 실상과 함께 교학과 선 수행의 경향을 잘 보여준다.

백파와 초의의 선논쟁

조선 후기 불교학에서 가장 특기할 만한 것은 삼종선三種禪에 관한 논쟁이었다. 선논쟁은 백파와 초의를 중심으로 전개되었지만, 그 이전에 휴정부터 선관에 대한 관심과 언급은 지속적으로 제시되었다. 휴정과 지안은 임제삼구 법문이 임제종풍에만 특별한 것이 아니라 이 설법을 떠나면 모두가 망령된 말이라고 그 의미를 치켜세웠다. 자수는 여래선과 조사선을 모두 격외선으로 파악하고, 다원적 개체성에 부합하는 조사선의 우위를 인정하면서도 조사선과 여래선이 불가분의 관계임을 강조하였다. 해원은 일찍이 격외선에 여래선과 조사선이 있고 그 밖에 따로 원돈문이 의리선이라는 견해가 있음을 소개하였다.

백파긍선(1767~1852)은 지안의 5대손으로 영구산靈龜山 소림굴에서 선교결사회禪敎結社會를 열어 엄중한 사규社規를 기준으로 교와 선의 균형 있는 탐구를 지향했다. 그는 유학자들과 교유하며 불교의 의의를 강조하기도 했던 당대의 종장宗匠이었다. 그는 이들과의 교류에서 유·불·도 삼교를 종합하며 성리학 중심에서 벗어나 새로운 모색을 꾀하는 당대 사상계의 추세에 대응하려는 노력도 보였다. 백파의 관점은 장문의 《수선결사문修禪結社文》을 통해 선 수행의 필요성을 역설한 데서 드러난다. 그는 진정한 안목을 갖추고 일체의 법을 바로보는 것이 수학의 요체임을 강조하며, 마음의 본성이 원래 깨끗하고 번뇌는 본래 공하며 이 마음이 곧 부처임을 돈오하는 최상승선最上乘禪을 수행할 것을 제창하였다. 백파는 결사를 운영해나갈 청규로 돈오를 위한 참구와 법계중생의 구제, 계율의 엄수와 청정 걸식, 그리고 조석 예경과 공양 의식의 준행 등을 상세하게 제시하였다. 백파가 제창한 수선결사는 교선의 균형 있는 탐구를 바탕으로 한 것이었다.

백파가 결사문에서는 교선융합적인 견해를 보였음에도 불구하고, 그는 당시 불교계의 거듭남은 오로지 조사선의 확립에 있음을 분명히 하였다. 초의와 벌인 삼종선논쟁이나 추사와의 왕복논쟁에서 백파는 임제삼구三句를 철저하게 근본 명제로 삼아 논리를 전개하였다.

백파의 이런 선 우위 사상은 《선문수경禪文手鏡》에 집약되어 있다. 백파는 여기서 휴정과 지안으로 이어지는 임제 우위 사상을 표방하였다. 그는 임제삼구는 선과 교의 교리를 모두 포섭하지 않음이 없는 것이라고 언명하였다. 이에 대한 근거로서 지안의 견해를 인용한 후,

삼세제불과 역대 조사 그리고 천하의 선지식들이 남긴 모든 언구가 이 삼구를 떠날 수 없다고 주장하였다. 이후 전개되는 선논쟁은 그 기본이 이 임제삼구에서 출발한다.

임제삼구란 임제종의 개창자 임제의현臨濟義玄의 설법 중에 나오는 내용을 지안이 한데 합쳐서 구성한 것이다. 삼구의 제1구는 언어 이전의 진실을 의미하는 것으로 한마음에 깨달아 참 부처가 구현되는 절대의 깨달음을 상징한다. 제2구는 참 부처 출현의 절대를 구체적으로 설한 것이고, 제3구는 근기가 낮은 제자에게 스승이 방편을 강설한 것이다.

이러한 삼구를 어느 단계에서 깨닫는가에 초점을 맞추어 전개시킨 것이 "만일 제1구에서 깨달으면 조사와 부처의 스승이 되고, 제2구에서 깨달으면 인천人天의 스승이 되고, 제3구에서 깨달으면 스스로도 구제하지 못한다"는 풀이였다.

이 삼구에 대해서 휴정은 일찍이 삼처전심三處傳心이 제1구요, 화엄

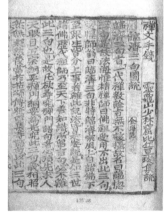

《선문수경》
백파긍선이 교학이 성행하는
교계 분위기에서 임제 간화선의 수행을
강조하기 위해 지은 책(원소장처: 동국대 중앙도서관,
동국대 불교학술원 제공).

의 방편이 제2구이며, 부처 일대의 설한 바가 제3구라고 하였다. 이
는 본래 교학과 참선과 염불을 고루 강조하기 위한 의도에서 말한 것
으로, 교와 선을 망라하는 인식이었다.

그런데 논쟁을 유발시킨 쟁점은, 백파가 제1구는 뛰어난 사람이 조
사선을 아는 것이고, 제2구는 그보다 못한 사람이 여래선을 아는 것

삼구를 그림으로 보임[三句圖示](주요 내용)

제1구第一句 조사선祖師禪		제2구第二句 여래선如來禪	제3구第三句 의리선義理禪
격외선格外禪			
부처 조사의 스승 佛祖師		인천의 스승 人天師	스스로도 구하지 못함 自救不了
부처 조사의 적자 佛祖嫡子		부처 조사의 적자 佛祖嫡子	부처 조사의 서자 佛祖孽子
관에서 두 발 보임 槨示雙趺	연꽃을 들어 보임 擧拈花	자리를 나눔 分半座	삼처에 들어가기도 못함 未入三處
살활을 같이함 殺活齊施	살리는 검 活人劍	죽이는 칼 殺人刀	
	뒤섞인 가게 雜貨鋪	진금 가게 眞金鋪	
향상 일규 向上一竅	향하 삼요 向下三要	삼현 三玄	삼구와 완전히 구분됨 隔別三句
	大機圓應 大用直截 機用齊施	體中玄 句中玄 玄中玄	有句 無句 中句
5종 무전 五宗向上無傳	5파 전수 五派皆傳受 임제종 운문종 5臨濟宗 4雲門宗	조동종 위앙종 법안종 3曹洞宗 2潙仰宗 1法眼宗	하택종 荷澤宗
성불 成佛	견성 見性 직지인심 直指人心	문자를 쓰지 않음 不立文字	문자를 씀 建立文字
산은 산 물은 물 山是山水是水	부처도 되고 조사도 되고 佛也安祖也安	꿈이나 생시나 같음 夢覺一如	깨침 닦음 훈수 구절 悟修新熏節
분명한 핵심 구절 一端端的的節	상도 별도 되는 구절 總賞總罰		북종 신수 北秀
		여기까지 교외별전 → 教外別傳	모든 선교 가르침 一代禪教
			모든 언교 가르침 一代藏教

574 | 575

이고, 제3구는 열등한 사람이 의리선을 아는 것이라고 삼종선을 삼구에 배당한 데 있다. 그리고 백파는 부처가 말없이 마음으로 법을 전했다는 삼처전심三處傳心을 삼구에 배당했다. 이에 따라 하택종과 선종 오가를 삼종선에 배당하여, 남악회양을 조사선에, 청원행사를 여래선에, 하택신회는 전단계인 의리선으로 판별하였다.

이러한 백파의 삼종선 견해에 대해 비판하고 나선 것은 백파와 같은 지안의 5대손인 초의의순이었다. 초의는 백파가 수락산 학림암에 머물 때 찾아가 선론을 논의하기도 했지만, 그와는 다른 관점을 가졌다. 초의는《선문사변만어禪門四辨漫語》를 지어 격외선과 의리선의 분별, 선종 오가를 삼구에 구분하여 배당한 것 등에 대해 백파를 논박하였다. 이 선논쟁은 1838년경에 전개되었다.

초의도 임제삼구와 삼요·삼현·삼구를 설명하는 것은 백파와 다를 바 없다. 그러나 초의는 조사선과 여래선의 이름이 나뉜 것은 남악이나 청원보다 훨씬 후대인 앙산과 향엄과의 문답에서 시작된 것임을 지적하였다. 그래서 오가에 차별을 두는 것은 말에만 집착하여 뜻을 잃은 처사라고 비판하였다. 그는 언교言教에 의하지 않고 마음에서 마음으로 전하는 것이 조사선이며, 그 전수는 교격教格 밖에서 이루어지니 격외선이라고 하였다. 반면 말을 통해 이치를 증득한 것이 여래선이며, 이는 언교 의리로 깨우쳐 들어가므로 의리선이라고 보았다. 초의는 조사선과 여래선은 사람에 대해 나눈 분별이고, 격외선과 의리선은 법에 대해 나눈 분별로 보았다. 이는 선과 교에 그대로 대비될 수 있다. 마음을 깨달아 언설을 잊으면 교가 선으로 되고, 반대로 언설에 걸리고 마음에 미혹하면 선이 교가 된다는 것이다. 이는 앞서 해원이 이미 밝혔듯이 전통설을 따른 일반적인 관점이었다.

백파는 임제삼구가 불교사상 전체를 총괄적으로 살필 수 있는 요건을 갖추고 있다고 주장했다. 이런 백파의 삼종선론은 조선 후기 불교의 교학을 중시하는 흐름에 반발하여 선의 우위를 재천명한 것이었다. 반면에 초의의 반론은 왕성한 교학 전통을 바탕으로 화엄과 선이 근본적으로 다르지 않다는 시대 사조를 따른 것이었다. 선논쟁은 선을 구분하는 형식을 취했지만, 내용상으로는 선과 교학을 어떻게 평가하느냐는 의미를 가졌다. 이런 관점에서 선논쟁은 교학 전통의 확립에 따른 선론의 정립이라는 의미를 갖는다고 평가할 수 있다.

백파 역시 법과 사람에 대해 나눈 분별을 인정하고 의리선은 곧 여래선이며 격외선은 곧 조사선이라는 것이 고래의 통설임을 인정했다. 백파는 이렇게 전통설을 명확히 인지하고 있었음에도 두 가지 다

른 기준에 의한 네 가지 선을 한데 섞어 새로운 삼종선설을 주장했다. 이는 강경의 성행에 따른 교학 중심의 당시 불교계 흐름에서 선의 우위를 분명히 하려는 것이었다. 백파의 이와 같은 태도는 결사를 통해 승가

해남 대흥사 초의대사비
합리적인 선론을 펴고
여러 유학자들과 교유하며
차 등 다방면에 걸쳐 활동했던
대흥사 초의의순비.

의 역량을 재정립하는 데 일정하게 기여했을 것이다. 그러나 당시 불교계가 활발한 교학 분위기를 바탕으로 선 중심의 옛 틀을 벗고 새로운 기운을 불러 일으켜야 했던 시대의식에는 따르지 못하는 것이었다. 초의는 백파의 문제점을 명확히 인식하고 선과 교를 같은 차원에서 논의했지만, 역시 그 중심은 임제삼구에서 크게 벗어나지 못한 것이었다. 따라서 초의 또한 새로운 변화를 이끌어내는 혁신적인 사상 체계는 제시하지 못하였다.

선논쟁의 계승과 염불의 성행

백파와 초의의 선논쟁은 후학들에게도 큰 관심의 대상이었다. 부휴계의 홍기洪基(1822~1881)는 《선문증정록禪門證正錄》을 지어 삼처전심·사종선·살활殺活·삼구일구설을 중심으로 자신의 견해를 폈다. 홍기는 삼처전심은 모두 조사선으로 보아야 하며, 제1구는 조사선으로 교외敎外의 격외선이고 제2구는 여래선으로 교내敎內의 의리선이라 하였다. 그러면서도 유일의 견해를 인용하여 의리선과 여래선은 관국寬局의 차이가 있음을 부연하였다. 홍기도 일체 선문이 임제삼구에 있다고 보고 이 삼구를 알기 위해서는 《선문강요》와 《염송설화》를 잘 알아야 한다고 하였다. 또 삼구를 오가에 차등지어 배당하는 것도 옳지 않다고 하였다. 홍기는 초의의 견해를 지지하면서도 다소 다른 관점을 보였다.

백파의 문인인 유형有炯(1824~1889)은 《선원소류禪源溯流》를 지어 백파의 견해를 재천명하였다. 유형은 삼종선의 구분과 원천을 찾아

선 전반을 살펴 선 본원을 추구하고자 하였다. 그는 선에는 선의 일체가 교외별전敎外別傳이라고 하는 선지禪旨와 선의 유별類別로 요약 가능한 선론인 선전禪詮이 있다고 하였다. 유형은 여래선은 여래 깨달음의 내용으로 바로《화엄경》설법이며, 조사선은 진귀조사가 여래의 깨달음이 미진함을 보고 여래에게 전심傳心한 것이며, 석가는 조사에게 이를 전해 삼처전심을 이루었다고 하였다. 유형은 특이하게 화엄의 사법계를 삼종선과 견주어 분류하였다. 그는 이理법계와 사事법계는 의리선이고 이무애 사무애법계와 이사무애법계는 여래선이며 사사무애법계는 조사선이라고 하였다.

선론에 관한 마지막 견해는 진하震河(1861~1925)가《선문재정록禪門再正錄》에서 밝혔다. 그는 그간 진행된 선논쟁이 무의미한 언구논쟁에 지나지 않는다고 보았다. 진하는 제1구는 조사선이라 하면서 부처와 조사의 스승이 된다 하고 제2구는 여래선이라 하면서도 인천의 스승이 된다고 하는 것은 언어 착각이 심한 것이라고 하였다. 그리고 사종선이 모두 한판에서 방법만 달리하는 선이며, 격외선과 의리선도 둘 사이에 우열은 없고 살구와 활구의 차이뿐이라고 하였다. 또한 말로 밝히는 의리의 흔적은 교이고 교외敎外가 일미선一味禪인데, 이 일미선까지 놓아야만 격외선이 된다고 하였다.

삼종선논쟁은 먼저 백파가 전통설을 토대로 하여 임제삼구를 근본명제로 독특한 삼종선론을 주장함으로써 비롯되었다. 백파의 논리대로 만약 삼구 이외의 것은 망설이 된다면 불타로부터 임제 이전까지의 선론은 모두가 망설이 되고 만다. 또한 삼구가 모든 불법을 포섭하는 법문이라면 이는 선 논리의 탈을 쓴 교리가 된다. 또 분명한 목적의식에서 삼종선을 제창했지만, 기준이 다른 사종선을 한데 묶어 삼종선으로 정리한 것은 타당성을 잃은 것이었다.

이에 대해 초의는 전통을 근간으로 하되 임제 이전까지 포함하는 선론으로 안목을 넓혀 사종선을 두 기준에 따라 분명히 구분하여 보다 객관성 있는 견해를 제시하였다. 그러나 초의 역시 기본적인 관점의 한계는 떨쳐버리지 못하였다. 이러한 백파와 초의를 바라보는 다른 승려들은 견해의 타당성보다는 당시 불교계의 전통을 중시한 듯, 공여空如는 그의 저서 《유망록遺忘錄》에서 삼종선설을 말하고 있다.

이 선논쟁은 무의미한 희론은 아니었다. 우선 뚜렷한 논점이 없던 선문에 삼종선설이 제기됨으로써 불교계의 논쟁이 활발하게 전개되었고, 여기서 여러 선의 판단 기준을 수립하고자 하는 선판禪判이 나올 수 있었다. 그리고 이 과정을 통해서 조사선·여래선·의리선과 격외선, 삼구·삼현·삼요, 대기대용, 삼처전심, 살구·활구, 진공묘유·향상일규 등과 같은 선의 기초 언어가 계발되기도 하였다.

선이론의 체계화 경향에 비해 교학은 부진하였다. 교학의 주류는 여전히 화엄이었으며, 선과 화엄을 병행하는 것이 보편적이었다. 선의 종장이라 일컫던 백파도 화엄종주라 할 만큼 화엄에도 밝았다. 선사들의 화엄 강의도 많이 열렸으며 금강산의 청고靑杲의 경우처럼 화엄 강의에 수백 명이 모여드는 상황도 지속되었다. 지탁의 제자인 경화敬和도 55곳에서 83회나 화엄을 강의하였다. 탄종坦鍾(1830~1893)은 당대의 화엄종주로 일컬어져 신계사를 비롯한 여러 곳에서 화엄을 널리 폈다. 그리고 성규, 선영, 홍기, 각안, 진하 등에 이르기까지 화엄에 능통하고 화엄 강의를 자주하였다는 전기를 쉽게 찾아볼 수 있다. 그러나 이들은 강의에 그쳤을 뿐 이론을 추구한 성과는 크게 보이지 않는다.

선과 화엄과 함께 조선 후기 불교의 또 하나의 축인 염불 또한 성행하였다. 여러 미타탱이 조성되었고, 탱화와 똑같이 보살과 제자와 신중들을 하나하나 새긴 우수한 미타회상 목각탱이 남장사와 대승사, 경국사 등에 조성되었다. 또 미타를 지송하는 염불회가 지속적으로 유지되고 만일회가 성행한 것들이 모두 당시 미타신앙의 성황을 잘 알려준다. 만일회 기록은 1773년에 유일이 기록한 연지만일회蓮池萬日會에서 시작하여 19세기의 건봉사염불회가 널리 알려졌다. 건봉사에서는 1802년(순조 2) 석민碩旻이 만일염불회를 결성한 이래, 1851년에는 유총侑聰이 두 번째의 만일염불회를 열었고, 1881년 관준寬俊이 세 번째로 만일염불회를 개설하였다. 이로써 건봉사는 만일염불회의 대표 도량이 되었다.

금강산 사찰에서는 이 밖에도 많은 염불회가 개설되었다. 일원一圓은 1848년(헌종 14) 취봉鷲峰 등 도반을 모아 신계사 보광암을 중건하고 만일염불회를 결성하여 20년 기한의 염불 미타도량을 이끌었다. 성기性起(?~1869)는 유점사에서 동료들과 연화사송蓮花社頌을 지어 만일회를 결성하고 선회禪會와 염불회를 열어 승풍을 진작하였다. 1882년 유점사가 재난을 당하자 손가락을 잘라 《미타경》을 서사할 정도로 열성이던 서호西灝(1837~1911)는 그 중창에 진력한 후 1893년에는 유점사 만일회주가 되어 염불회를 선도하였다. 금강산 이외에도 해남 미황사美黃寺에서 만일회가 결성되었다.

추사와 백파의 논쟁

유학자들도 불교에 대해 비판 위주에서 점차 관심과 이해가 깊어지는 방향으로 바뀌어갔다. 기존의 성리학 대신 새로운 사상체계를 추구하던 19세기에는 불교 이해의 수준이 깊어지며, 이후 김정희의 경우와 같이 더욱 심도 깊은 불교 이해도 나타나게 된다. 이런 상황에서 백파와 초의의 논쟁과는 다른 관점에서 당대의 주목을 받았던 변론이 백파와 추사 김정희 사이에 전개된 논쟁이었다.

청조 고증학의 정수를 수용하여 조선 말기의 새로운 시대 사조를 이끌었던 추사는 불전에도 상당한 식견을 갖추고 있었다. 사경 공덕을 실천하고 향저 인근의 화암사를 중수하는 모습은 추사의 신앙적인 태도를 보여준다. 추사는 백파와 초의를 비롯한 당대의 고승들과 깊은 교류를 가졌고, 그들과 주고받은 서신에서 보인 불교에 대한 이해수준은 상당한 것이었다.

추사가 32세에 쓴 〈해인사중건상량문〉은 해박한 불교 지식으로 가

판전
불교에 깊은 이해를 갖고 선과 예술이 일체화된 경지를 이루었던
추사 김정희가 봉은사 판전에 쓴 현판.

고창 선운사 백파대사비
백파대사와 치열한 불교관 논쟁을 벌였던 추사 김정희가 백파가 입적하자
그를 기려 짓고 쓴 선운사 백파긍선의 비.

득 차 있고, 명작 〈불이선란도不二禪蘭圖〉는 《유마경》을 중심으로 불교의 정수를 표상화한 듯한 인상을 준다. 그는 《금강경》과 《사십이장경》 후기를 썼고 승려들에게 보낸 서신과 게송도 적지 않게 남겼다. 추사가 파악한 불교의 대강은 선교융합의 강조와, 유불이 통하는 바가 있다는 것이었다. 그는 만년에 영기永奇(1820~1872)가 봉은사에서 《화엄경》을 판각하여 판전板殿을 짓고 경판을 보장하는 것을 돕고, 그 현판을 써 남기기도 하였다.

추사와 백파가 상호 깊은 우의를 바탕으로 서간으로 전개한 격렬한 논쟁은 백파의 선론을 추사가 공박하면서 시작되었다. 추사는 초의와 선론을 교감하며 백파의 선론을 구체적으로 논박하였다. 추사는 삼종선과 같은 부분적 논점보다 화두에 천착하는 자체가 선가의 근본적이고 고질적 병폐임을 지적하였다. 따라서 간화선을 세운 대혜가 화근의 근본임을 역설하며, 스스로의 깨달음이 없는 선문을 맹공하였다. 그래서 추사는 삼처전심 구도를 떨쳐버리고, 경솔하게 화두를 들지 말며, 기본경전을 익혀 한가닥 광명을 기대해야 한다고 주장하였다. 추사가 백파를 평가한 것은 선교합융禪敎合融의 취지였다. 백파가 선은 부처가 마음으로 전한 것이요 교는 부처가 말로 전한 것이므로 부처와 같은 대성인이 어찌 마음과 말씀이 서로 다를 리가 있겠는가 한 것을 추사는 의미 있는 것으로 평가하였다. 추사가 기본경전을 강조한 것은, 선과 아울러 교학의 중요성을 강조하여 선교화회적 모색을 제시한 것이었다.

백파는 추사에게 보낸 서신에서, '고요하여 움직임이 없으나[寂然不動] 감응하여 통한다[感而遂通]'는 《역경》의 구절, '억지로 함이 없으면서 하지 않음이 없다[無爲而無不爲]'는 도가의 구절, '항상 고요하고 항

상 비치어 지혜광명이 드러난다[常寂常照]'는 불교의 구절이 각각 진공
眞空과 묘유妙有에 해당하며 그 둘이 없는 원융처가 각각 태극太極, 천
하모天下母, 본래면목本來面目이라 하여 유·도·불 삼교의 가르침이 상
통하다는 견지를 피력했다. 이는 조선 전기의 《유석질의론》에도 보
였던, 불교에서 유교를 보는 일반적인 관점의 하나였다. 추사는 이
주장이 타당하지 않다고 비판했다. 그러나 한편으로는 유교에서 세
간의 진리를 간절히 말한 것은 어리석은 자가 공견에 집착하는 것을
염려한 때문이며, 부처가 출세간의 진리를 간절히 말한 것은 어리석
은 자가 유견에 집착하는 것을 염려한 때문이라 하여, 유교와 불교의
상통하는 면도 말하였다.

추사가 백파에게 선교화회의 모색을 제시한 것은 당시 불교계가
동시대 사상계에 흐름을 같이할 새로운 기운을 불러일으켜야 했다는
점에서 의미 있는 지적이었다. 그러나 백파는 전통에 대한 강한 집착
을 굽히지 않아 불교 내부의 자생적 변화를 이끌어내는 데 이르지는
못했다.

산사의 정착과 불교문화의 확충

사원의 중창

진경시대에 문예진흥이 두드러지자 사원에는 외형에서 그 영향이 나타났다. 17세기 전반에 산성 축조의 주역이었던 팔도도총섭 벽암각성은 완주 송광사와 화엄사, 쌍계사의 재건을 지속적으로 추진하여 사원 중창重創에 앞장섰다. 전란으로 무너진 사원의 형세를 복구하는 데 일차적으로 중심 전각의 복원을 추진하였다. 이어 명부전과 같은 사후세계의 명복을 빌기 위한 전각이 건립되었다. 중심 전각 앞에 널찍한 공간 마당을 마련하고, 그 앞으로는 누각을 설치했다. 공간시설에 이어 전각 내부의 불상과 불화 등 조영물이 조성되고, 사원을 찾는 신앙인들이 많아짐에 따라 커다란 괘불을 조성하는 것이 역량 있는 사원에서는 보편화되었다. 이런 중창사업을 왕실이나 유력 가문이 전담하던 전기와 달리, 유력자는 물론 지역민들이 이에 대거 참여하여 후원세력의 주축을 이루었다.

임란 이후 17세기 중·후반까지 여러 주요 사원의 중심 건물이 중창되어 주요한 유산으로 자리 잡았고, 18세기에도 사원 중수사업이 활발하게 지속되었다. 이러한 사원 중흥의 면모는 계파와 문파門派의식을 강조하며 번창했던 교단의 형세와 맞물려 전개되었고, 규모를 재정비한 사원의 내력과 당시의 성세를 기록하려는 사적비가 경쟁적으로 건립되었다. 숙종 대에 21개의 사적비와 중수비가 세워졌고, 영조 대에도 12개의 사적비가 세워졌다.

장중한 불전의 재건과 동시에 내부에 봉안할 불상이 조성되었다. 불상의 조성 경향은 시기에 따라 변화를 보였는데, 이는 불사의 진행 경향을 대변한다. 전후 사원의 중창사업이 한창 진행될 시기인 1700년대까지는 불상의 제작이 활발했고, 1710~1730년대에는 제작과 중수가 비슷해졌으며, 1740년 이후에는 제작보다는 중수나 개금하는 비중이 늘어났다. 17세기에 큰 사원에서 제작된 주요 불상은 전등사 대웅전 삼존상(1623), 법주사 대웅보전 삼존상(1626), 금산사 미륵전 삼존상(1635, 소실), 화엄사 대웅전 삼존상(1636), 수덕사 대웅전 삼존상(1639), 쌍계사 대웅전 삼존상(1639), 봉은사 대웅전 삼존상(1651), 범어사 대웅전 삼존상(1662) 등이 있고, 18세기에는 화엄사 각황전 삼불사보살상(1703), 동화사 대웅전 삼존상(1727), 직지사 대웅전 삼존상(1735), 동화사 대웅전 삼존상(1732), 마곡사 대웅전 삼존상(1788), 용주사 대웅전 삼존상(1790) 등이 조성되었다. 모두 현재 주요 사원 불상의 대종을 이루고 있는 것들이다.

사원 구조의 변화

17세기의 중창사업으로 많은 사원은 현재의 모습과 같은 사원 구조를 형성하게 되었는데, 그 중심이 사동중정형四棟中庭形 가람 구조이다. 사동중정형 구조는 중심 전각 앞의 마당을 둘러싸고 생활과 수행 공간인 좌우 요사채와 진입부인 누각의 네 건물로 구성된다. 이 배치는 17세기 초반의 김룡사가 좌우에 선당禪堂과 승당僧堂, 법당과 범종루, 정문과 동서 행랑으로 이루어졌다는 기록에서 확인할 수 있다. 17세기 전반에 중건된 화암사의 구조 또한 주 불전인 극락전 앞에 우화루가 있고, 좌우로 적묵당과 불명암이 있는 데서도 확인된다.

이런 변화는 조선 전기에 측면 회랑이 해체되면서 중심 영역에 승당과 선당 등의 요사寮舍가 등장하고, 전면 회랑이 해체되면서 이곳에 있던 부속실 등이 요사에 부가되어 확장되면서 정착된 것이었다. 이후 이 구조는 대부분의 사원에서 보편화되었다. 그리고 이는 조선 후기 불교계의 삼문三門 수학 경향과도 연관성을 갖는다. 승려들의 강학과 선 수행을 위해 별도의 강원講院과 선원禪院을 갖추기 힘들 경우 수행 공간으로서 요사채가 필수적이었다. 누각의 경우 여러 사원에서 염불 수행을 행했던 기록이 확인된다. 사원이 많은 사람들이 모이는 신앙 활동의 중심이 되고 삼문 수학이라는 수행 경향이 확립됨에 따라, 이들이 의식을 거행할 전각과 마당의 형성, 수행과 생활공간인 요사채의 정형화와 확장이 가람 구조를 형성한 것이다.

사원 구조의 변화는 신앙 활동의 중심이 전각 내부와 마당으로 이원화되는 결과를 가져왔다. 중심 불전 내부에서 다양한 성격의 의식이 일정 수의 사람들을 대상으로 진행되었다. 주 법당만으로는 모두

안동 봉정사
마당을 중심으로 중심 전각과 누각과 양쪽 요사채의 네 건물이 조선 후기
산사 건물 구성의 전형을 보여주는 봉정사 대웅전 구역(조계종).

수용할 수 없을 만큼 많은 사람들이 치르는 의식은 마당에서 괘불을 세워 걸고 거행하였다. 17세기에 불교의식집들이 많이 간행된 것은, 이 시기에 사원에서 망자들을 위한 의식이 자주 거행되었던 사정을 대변한다. 죽은 자의 영혼을 위로하기 위해 독특한 구성의 감로탱화를 제작하여 불전 내부에 걸어놓은 것도 그런 요구의 일환이었다.

대규모 의식을 위한 괘불은 중창사업 과정에서 전각을 갖추고 불상과 불화를 조성하여 봉안한 후 바로 조성하였다. 이는 괘불이 사원 운영의 필수 요소의 하나로 인식되고 있었음을 말해준다. 거대한 괘불의 조성에는 많은 비용이 들었고, 그 비용을 지원하는 사회계층이 사원을 중심으로 확보되었기에 제작이 가능했다. 대형 불화의 제작을 뒷받침할 만큼 그 후원세력이 확보되었다는 사실은 조선 후기 불교계 운영의 활성적인 면모를 반영한다.

불전 내부의 공간 확보는 불전에서 모임이 자주 개최되었음을 의미한다. 후불벽화로 불상을 장엄하여 다양한 존상을 화면에 등장시키는 것이 일반화되고, 불전 내부 좌우벽에 여러 가지 불화를 장식하는 것도 불전의 신앙 활동 활성화에 따른 것이었다. 불전은 여러 종류의 불화를 봉안하고 비교적 소수가 참여하는 다양한 의식을 거행하는 장소가 되었다. 대신 대규모 신앙인이 참여하는 의식은 마당에 괘불을 걸고 거행함으로써 의식이 이원화되었다.

사원에 신앙인들이 모여들면서 사역이 점차 확대되어, 주 불전에 이은 보조 불전과 기타 전각들이 늘어났다. 사원의 중창은 장기간에 걸쳐 지속적으로 추진되었고, 이는 중심 영역을 먼저 건립한 뒤 부차적인 전각을 차례로 건립하는 순서로 진행되었다. 신앙인들의 증가는 신앙의 다양한 변화와 추가를 가져왔고, 이들 신앙을 수용하기 위한 전각의 확대가 필요했다.

대웅전이 대부분인 주 불전의 부차적인 전각으로 보살신앙을 대표하는 지장전과 관음전이 건립되었다. 지장전은 죽은 이를 천도하기 위한 공간으로서 마당에서 거행하는 수륙재나 영산재와 더불어 가장 보편적인 신앙을 수행하는 전각이었다. 관음신앙은 현세 이익을 기대하는 신앙의 성격으로 인해 시기를 가리지 않고 환영받았고, 여러 사원에 관음전이 건립되었다. 보살신앙에 더하여 팔상전八相殿, 응진전應眞殿 등의 석가 관련 전각과, 불조전佛祖殿, 조사당祖師堂 등의 선대 승려를 기리는 전각이 추가되었다.

불전을 조성하는 일련의 불사를 진행하고 이 과정을 기록하여 사원의 역사적 유구성을 강조하는 것은, 각 사원의 독자성을 강조하는 개별적 인식의 성행 결과였다. 동시에 산신山神신앙과 칠성七星신앙 등의 비불교적 전통신앙 요소가 사역에 포함되었다. 이들 신앙의 대상인 산신각·칠성각·독성각, 또는 이들을 합친 삼성각三聖閣이 널리 건립되었는데, 이들은 대체로 불전보다 더 윗쪽에 작은 규모로 자리잡았다. 삼성각 신앙이나 삼장탱화의 조성 등 특유의 사원문화 현상이 사역의 변화와 함께 정착되었다.

또 다른 독특한 특성을 갖는 전각이 나한전이다. 나한전에는 가운데 석가불과 좌우 보살형의 제화갈라보살과 미륵보살 삼존과 16나한이 봉안되었다. 나한전의 불상 구성은 과거와 현재, 미래의 불국토 체계를 보완하고 완결하는 신앙 구조를 나타내며, 이는 의식집을 통해 그 구성이 교리적으로도 뒷받침되었다. 석가 당시를 상징하는 오백나한상도 곳곳에 조성되었다.

사역 확대의 대표적인 예를 고성 옥천사玉泉寺에서 볼 수 있다. 옥

서울 화계사 지장전
죽은 이의 명복을 비는 전각인 지장전.
좌우의 시왕이 생전의 업을 평가하여 육도에
보내면 지장보살이 지옥중생까지
모두 구제한다.

조선 후기

천사는 17세기 중반에 법당과 동상당, 심검당, 궁현당, 정문 등을 건립하였고, 18세기 후반에 주 불전 대웅전과 요사채인 탐진당과 적묵당, 누각인 자방루 등 중심 건물을 세웠다. 이와 같은 확장 경향은 19세기에도 계속되어, 대웅전 양쪽에 명부전과 나한전, 뒤쪽으로 팔상전과 독성각, 산신각, 칠성각이 건립되어 전각이 차례로 증가하였다.

사원의 활성화는 요사채의 확대를 가져왔다. 요사채는 승려들의 생활공간으로, 주 불전 앞쪽에 좌우로 자리 잡았다. 요사채의 일반적인 공간 구성은 승려들의 단체생활이 이루어지는 대방이 중심이 되고, 부엌 등의 부속시설이 포함된다. 요사채는 사역이나 인원의 변화에 따라 그 평면이나 배치가 달라졌다. 대규모 중창 불사에 따라 요사채 건립이 활발해지면서 승려들의 생활과 수행공간이 분리되어 있다가, 17세기에 대방에 부엌이 결합하는 형태가 생겨나 요사 건축의 기본형을 형성하였다. 18세기에는 대방의 부엌 반대쪽에 승려들의 휴식공간인 지대방이 붙는 一자형 요사채가 보편화되었고, 대방에 꺾어져 승방이 붙는 ㄱ자형 평면도 등장하였다. 이후 생활에 필요한 대청이나 수장공간 등의 다양한 평면 요소들이 결합하면서 점차 ㄷ자형 또는 ㅁ자형 평면으로 규모가 확대되었고, 이 현상은 18세기에 크게 두드러졌다. 요사채는 사원에 거주하는 승려들의 생활상이 그대로 반영된 공간이다. 공간 구조의 변화는 사원생활이 이루어지는 경제적 기반과 인적 구성이 바뀌었음을 보여준다.

17세기의 중창사업 추진에 따른 사동중정형 가람 구조의 형성, 불전 내부의 공간 확보와 불단과 불상의 구성, 불전과 마당의 이원적 신앙 활동, 보조 불전의 확대와 삼성각·나한전 등 조선 특유의 전각 건립, 요사채의 확대와 사원의 활성화 등으로 요약되는 조선 후기 사원은 이전 시기의 전통을 기반으로 새롭게 전개된 사원문화의 특성을 보여준다. 특히 괘불이나 삼장탱, 삼성각 등은 독자적인 특성을 갖는 신앙이 전개되었던 구체적인 결과물이다. 조선 후기 불교문화는 동아시아에서 전개된 불교문화와 전반적으로 공통적인 흐름을 같이하면서, 조선 후기 사원의 독자적인 개성도 발현된 것이었다.

불전의 구조와 불단의 변화

불전佛殿의 내부 구조는 17세기부터 변화하기 시작하였다. 불상을 봉안하는 불단佛壇이 불전 안에서 차지하는 면적이 커져 그 점유비가 15세기의 7퍼센트에서 17세기 전반에는 평균 11퍼센트로, 17세기 후반에는 평균 16퍼센트로 높아졌다. 이는 불전 안에서의 의식이나 의례가 늘어나면서 여기에 쓰이는 불구佛具를 진설하기 위한 불단이 커졌기 때문이다. 불전 바닥은 15세기까지는 전돌을 설치하는 것이 일반적이었으나 17세기에는 한국 사원의 특성의 하나인 마루를 설치하는 것이 보편화되었다. 이 변화 또한 여러 승려와 신앙인들이 법당 내부에 모여 의식을 거행하는 추세를 반영한 변화였다. 불전이 예배 공간으로서의 기능만이 아니라, 법회와 의식을 거행하는 공간으로 바뀐 것이 불단의 변화와 상응한다.

　불단의 위치도 뒷벽 쪽으로 물러났다. 내부 고주를 뒤로 물리면서 불단과 후불벽도 함께 뒤쪽으로 이동하였다. 이 비율이 17세기 불전에서는 약 50퍼센트였고, 18세기에는 60퍼센트로 확대되었다. 이는 한정된 내부 공간에서 다수 신도들이 참여하는 예불과 의식공간을 확보하려는 노력의 결과였다. 이와 같은 불전 바닥과 불단의 위치 그리고 면적의 변화는 17세기 들어 중창된 불전의 내부가 사람들이 활용하기 좋은 공간을 확보하는 구조로 바뀌었음을 말해준다.

불전 내부에는 이전 시기와 달리 좌우측 벽면에도 별도의 예불공간이 마련되어 불화를 걸었다. 신중神衆탱을 건 도량 수호공간과, 지장탱이나 감로탱을 건 명복을 비는 공간이 불전 좌우벽에 설치된 것이다. 이는 삼단배치법에 의한 것으로서, 《범음집梵音集》(1661)과 같은 의식집에서 상단을 불단佛壇, 중단을 신중단神衆壇, 하단을 영단靈壇으로 구분한 데 따른 것이었다. 조선 후기 사원은 대부분 대웅전이 주 불전이었고, 별도의 예배공간이 없는 신중과 영가靈駕를 대웅전 좌우벽에 함께 시설함으로써, 대웅전은 다수의 예불공간이 설치된 복합 불전의 기능을 갖게 되었다.

불상이 상체를 약간 굽힌 자세 변화 또한 신앙인들을 고려한 변화였다. 17세기 전반에 건립된 일반적인 불전에서, 불상이 놓이는 위치는

해남 대흥사 대웅전
정면과 측면 세 벽면에 여러 종류의 신앙 대상을 모아 복합신앙의 전당이
보편화되었던 조선 후기 대웅전.

2미터 전후의 높이이고 주 존불은 3.5미터 정도의 크기이다. 이전에 비해 불상을 봉안하는 높이가 높아졌고, 동시에 불상은 머리와 상체를 굽힌 형태가 되었다. 예배자들이 높은 불단과 대좌 위에 봉안된 불상의 원만한 상호를 적절한 비례로 배관할 수 있도록, 17세기의 불상들은 몸체에 비해 큰 머리에 어깨를 웅크리고 머리를 숙인 모습을 하였다. 황금비례로 불상의 크기를 마련하고, 불단과 불상의 높이를 합친 거리에 불상이 자리 잡게 하여, 예배자가 퇴칸의 중심에서 가장 이상적이고 아름다우며 안정된 불상의 모습을 바라보도록 고안되었다.

불상의 조성기록에는 정확한 제작연대와 시주자, 조각가 등 불상 제작에 관여한 사람들에 대한 많은 정보가 담겨 있다. 이들 기록을 통해 불상의 양식 변화를 이해할 수 있고, 조각승 유파의 존재와 활동 양상을 파악할 수 있다. 17세기에 활동했던 조각승들은 일정한 지역을 기반으로 유파를 이루어 불상을 조성하였다. 17세기 전반에 기본적인 인적 구성을 이룬 유파들은 각 유파의 수장이 만든 조각 양식을 공유하며 17세기 후반에 이르기까지 이를 계승하고 확대재생산하였다. 이후 18세기 전반에 이르기까지 유파 중심의 조성 활동은 가장 활발하게 이루어졌다. 동일 계보에 속하는 조각승들이 제작한 불상은 신체 비례나 대의 표현 등에서 동일한 양식을 보이며 자신만의 독특한 특징을 표현하였다. 17세기 전반의 현진玄眞에 이어 17세기 중반에는 무염無染 등이, 18세기 전반에는 색난色難 등이 조각승의 중심이었고, 18세기 후반의 상정尙淨 등으로 이어졌다.

다양한 불화와 괘불

주 불전인 대웅전에는 불단 위에 불보살상을 봉안하고 후불벽에는 이에 상응하는 후불탱화를 걸었다. 대웅전 안에서 법회와 의식이 많이 거행될수록 그에 필요한 불보살을 표현하기 위해서 후불탱화에는 다양한 불보살이 등장하였다. 불화 수용의 증가와 함께 이를 제작하는 불화승도 크게 증가하였고, 이들 또한 조각승과 마찬가지로 화사畵師 집단을 형성하며 발전하였다. 흥국사와 갑사 중심의 경기·충청 지역 계파와, 송광사와 선암사 중심의 전라 지역 계파, 그리고 김룡사·동화사·통도사 중심의 경상 지역 계파 등 화사 계파는 지역적 분포를 보였다. 18세기 전반에 활동한 의겸義謙은 전통 불화 양식을 바탕으로 산수화풍과 명나라의 도상을 수용하여 수준 높은 불화를 그려냈다. 의겸의 불화는 안정감 있는 화면 구성에 생동적인 필선에 의한 사실적 묘사, 격조 높은 색감의 조화 등을 특징으로 조선 후기 불화의 으뜸가는 명작으로 꼽혔다.

불화의 제작은 교학의 발전과 문중의 융성과도 긴밀한 관계를 가졌다. 조선 후기 불교계는 문파가 발달하면서 승려 문중이 조직화되고, 이들은 주요 사원에 대대로 거주하는 경향을 보였다. 화승의 발전과 화풍의 전승과 변모, 새로운 도상의 창안에 의한 불화의 변화 등이 승려 문중의 영향을 토대로 이루어졌다. 불화승들은 사원의 불사를 주도하며 도상을 전승했지만, 때로는 승려 문중의 사상과 신앙에 부합한 새로운 도상과 형식을 제작하기도 하였다. 17세기 영남 지역의 사원에서는 꽃을 든 괘불이 유행했는데, 이 장엄신 괘불도의 존명이 석가불에서 노사나불·삼신불로 변한 것은 법화사상과 화엄사상의 불신관이 반영된 결과였다. 18세기 후반에 석가불과 관음보살이 결합된 영산회상도가 제작된 것도 화엄사상을 기반으로 화신과 법신의 융합을 도상에 표현한 결과였다.

괘불은 조선 불화 중에서도 가장 독특한 유형이다. 괘불은 많은 사람들이 동시에 신앙 활동을 실천하기 위해 불전을 벗어나 중정에서 예경할 수 있는 거대한 장엄물로서 채택된 것이었다. 크기가 10미터가 넘기도 하는 대형 불화인 괘불은 《범음집》과 같은 의식집에서 여러 불보살을 청하는 내용을 바탕으로 이를 도상화한 것이다. 괘불은 17세기 중반까지 나주 죽림사(1622), 안성 칠장사(1628), 구례 화엄사(1653) 등에서 15개가 조성되었다. 17세기 후반인 숙종부터 18세기 말 정조 대까지 안성 청룡사(1682), 상주 용흥사(1684), 영주 부석사(1745), 양산 통도사(1767) 등에 43개(숙종 17, 경종 1, 영조 20, 정조 5)가 조성되었고, 19세기에 15개의 괘불이 제작되었다. 17세기 괘불은 삼신불, 장엄신 등 다양한 형태가 그려졌으나, 중창 불사를 마친 18세기에는 영산회상으로 통합되었다. 이와 함께 선종의 의미를 담아낸 괘불이 상당수 제작되어, 조선 후기 불교계의 선교겸수 경향을 반영하였다. 괘불은 이 시기 사원의 사상과 신앙 양상을 단적으로 보여주는 산물로서, 조선 후기 불교의 특징적인 유산이라 할 수 있다.

조선 후기 불화의 또 다른 특징은 삼장탱三藏幀의 유행이다. 삼장탱화는 죽은 이의 극락왕생을 비는 수륙재의 성행에서 비롯된 것으로서, 16세기 중반부터 시작되어 17세 후반에 많이 제작되었다. 삼장탱에는 천상과 지상과 지하세계를 대표하는 천장天藏·지지地持·지장地藏 세 보살을 비롯한 많은 성중聖衆들이 등장하는데, 이들은 불교세계의 거의 모든 성중을 망라한다. 중국의 수륙화가 방대한 규모에 구성

부석사 괘불
대규모의 인원이 모여 큰 행사를 거행할 수 있도록
마당에 세워놓고 사용했던 괘불(국립중앙박물관)

이 복잡한 데 비해, 조선 후기의 삼장탱화는 삼장보살을 중심으로 권속들이 질서정연하고 일목요연하게 자리 잡은 독창성을 보여준다.

사원경제와 불교예술의 활성화

조선 초기 이후 지속된 사원경제의 몰락은 사원의 존립을 불가능하게 만들었다. 이에 대한 자구책으로 사원은 형세를 유지하기 위한 자산을 생성하기 시작하였고, 17세기에는 승려의 사유재산이 형성되기에 이르렀다. 종이 생산이나 토지 개간 등으로 재산을 축적한 승려도 나타났지만, 사원에서의 경제 활동이 보편적으로 이루어지기는 어려웠다. 이런 상황에서 사원의 경제적 기반을 확충하기 위해 승려와 다수의 신도가 함께 참여하는 사찰계寺利契가 성행하였다. 17세기 후반 이후 갑계를 비롯한 불량계·염불계 등 계조직이 다양한 형태로 형성되었는데, 이런 추이는 사회에서 다양한 계조직이 성행했던 경향과 함께 승려의 사유재산 형성에 따른 변화였다.

사찰계는 17세기의 8건이 확인되는데 18세기에는 40건으로 늘어났다. 사찰계는 신앙 활동을 위한 것보다 사원 운영을 위한 것[보사補寺]이 4배에 이른다. 사찰계 중에서 가장 많았던 갑계는 동년배 출가승들이 수행과 신앙을 돈독히 하고 사원의 재정 궁핍을 해결하기 위한 것이었다. 불량계는 승려와 신도가 함께 참여하여 사원 유지에 도움이 될 토지를 매입하여 기부하는 것으로서, 18세기에 전국적으로 확대되어 사원 유지의 중요한 기반이 되었다.

왕성한 중창 불사가 마무리되자 법통의 확정에 따른 문파의 강조와 함께 규모를 재정비한 사원의 내력을 기록하려는 사적비의 건립이 이어졌다. 1636년에 건립된 완주 송광사 개창비를 시작으로 17세기 중반에 2기, 17세기 후반부터 18세기 전반까지의 숙종 대에 순천 송광사 사원사적비(1678)를 비롯한 20기, 경종 대 1기, 18세기 중반의 영조 대에 20기가 건립되었고, 18세기 후반의 정조 대에는 4기가 건립되었다. 사적비의 건립 역시 사원 중창사업과 마찬가지로 18세기 중반까지 왕성한 면모를 보이다가 18세기 후반부터 현저히 줄어들었다.

건축 분야에서 18세기 후반부터 19세기 전반기에 걸쳐 이루어진 시대적 변화는 구조적인 생략과 부재 가공의 단순화 그리고 시각적인 화려함을 강조하는 경향이 나타난 것이었다. 대들보의 크기나 위치가 일정한 비례로 단순화되고 부재의 처리도 직선화되어 실내 짜임이 경쾌하고 개방적인 모습이 되었다. 다포식 공포는 장식적이 되고 용머리나 봉황 등이 화려하게 조각되어 위엄을 더해주는 효과를 보였다. 공포 조작에서 자재를 절약하면서도 구조적으로는 더 안정된 결과를 가져오는 건축 구조의 합리적인 간략화와 건물 조영의 경제성을 중시하는 데 따른 작업의 단순화와 용이함이 보편화되었다. 이 시기의 불전 건축으로는 안심사 대웅전(1816)과 해인사 대적광전(1817), 숭림사 보광전(1819), 신흥사 대웅보전(1821), 불갑사 대웅전(1825), 선암사 대웅전(1825) 등이 있다.

화승 집단은 19세기에 더욱 다양한 계통으로 분화되어 활발한 활동을 보였다. 직지사계와 선암사계, 원효사계, 송광사계에 이어 마곡사계와 사불산계, 흥국사계, 금강산계 등의 다양한 화사 집단이 지역적 연고를 바탕으로 상호 교류하며 활발하게 활동하였다. 불화 양식은 구도가 간략화되고 얼굴에 명암이 등장하는 등으로 달라졌다.

19세기 말에는 3폭으로 나뉘어 그리던 삼세불화나 삼신불화가 한 화면에 함께 그려지는 것이 유행하였다. 칠성탱은 미타탱과 지장탱과 나란히 가장 많이 조성된 불화 중의 하나였다. 이는 이 시기에 들어 산신신앙, 독성신앙 등과 함께 비불교적인 요소를 사원에 적극적으로 수용하여 불교계의 기반을 다지고자 하던 교단의 추세를 반영하는 것이다.

19세기가 되자 밀교 도상이 신중탱에 수용되었다. 조선 전기 수륙재에 더러움과 일체의 악을 제거하고 도량을 청정하게 하기 위해 봉청奉請되던 예적금강穢跡金剛이 새롭게 주존으로 등장하고 그 호위존으로 도량을 수호하는 8금강 4보살이 나타났다. 이는 신앙체계가 다양화되고 기복적 성향이 두드러진 신앙 요구에 부응한 변화였다.

금강산 신앙과 삼보사찰 신앙의 성행

금강산은 전국 제일의 명승일 뿐만 아니라 추복신앙으로도 으뜸가는 곳이었기 때문에 왕실을 비롯하여 당대 제일 세도 가문인 풍양 조문과 안동 김문 등이 금강산과 깊은 인연을 가졌다. 정조는 용주사를 중창하여 원당으로 삼기 전에 1789년 신계사를 현륭원의 원당으로 지정하여 산림과 토지 등을 지급하였고, 이에 행밀行密이 중심이 되어 원불전·용선전·만세루·동상실·규정당 등을 지었다.

그러나 금강산 역시 사찰의 외적 부담으로 재정이 어려운 지경이었다. 1790년 강원도관찰사 윤사국尹師國은 질 좋은 종이감 배정, 명승 유람에 길잡이 세우기, 노비 침해, 유람에 가마 메기, 돌을 다듬고

나무를 조각하기 등 별의별 부역과 갖가지 관청 공납을 번다하고 과
중하게 부과하여 사찰이 어려운 처지에 있음을 조정에 밝혀 사찰의
공납 폐단을 시정해주었다.

혜언慧彦(1783~1841)은 1831년 왕대비의 명으로 유점사 불사를 맡
아《화엄경합론》120권,《법원주림》100권 등의 사경 불사를 시행하
였다. 1824년(순조 24) 김조순金祖淳은 표훈사 불지암佛地庵의 중창 불
사를 지원하였고, 1838년(헌종 4)에는 김조순의 아들인 김유근金逌根
이 표훈사 청련암을 중창하도록 시주하였다. 1842년(헌종 8)에는 조
만영曺萬永이 장안사 불사를 위해 공명첩 500장을 확보해주고, 자신
은 금 2,500관을 시주하여 장안사에 300칸의 건물을 중건하게 하고
논 40석을 시주하여 향화를 모시도록 하였다. 이때 조만영과 조인영
趙寅永, 이재완李載完과 여흥 민문의 민영휘, 민영환 등 여러 집안이
불사에 함께 참여하였다. 1854년(철종 5)부터 1864년(고종 1)까지 김
조순의 아들인 김좌근金左根과 손자인 김병기金炳冀는 대를 이어 표훈
사와 긴밀한 인연을 맺고 3대가 연이어 지원하였다. 김병기는 1863
년(철종 14) 장안사 중건에 거금을 시주하고 조정에서 공명첩 500장
을 지원하게 했고, 1877년(고종 18)에는 불지암의 칠성각 불사를, 이
듬해에는 탱화 불사를 주선하였다.

금강산의 유점사에는 영조와 헌종의 어필이 보관되어 있었다. 건
봉사는 효종의 원당이 된 이래 왕실의 부단한 지원을 받아왔는데,
1879년에 고종과 명성왕후, 조대비와 흥선대원군, 민겸호 등 왕실
과 당대 권력자의 대대적인 후원으로 소실된 당우를 일시에 중건할
수 있었다.

조선 후기에 승려들은 일반적으로 여러 사원을 순례하며 경전을

연마하고 선 수행에 힘을 쏟았다. 승려들의 전기에는 대체로 수십 개의 이름난 사찰이나 특별한 사연이 깃든 사원을 찾았던 기록이 빈번하게 등장한다. 이런 경향은 여건이 되는 일반 신도들도 마찬가지였을 것이다. 이런 신앙의 활성화에 따라 18세기 후반 무렵에 삼보사찰三寶寺刹 신앙이 형성된 것으로 보인다.

삼보사찰은 자장이 불사리를 모신 계단을 품고 있는 불보佛寶사찰 통도사通度寺, 고려대장경판을 간직하고 있는 법보法寶사찰 해인사海印寺, 고려 후기에 16국사를 배출하여 승풍의 상징이 된 승보僧寶사찰 송광사松廣寺를 꼽는다.

이 세 사찰이 특유의 역사적 내력을 지닌 주요 사찰인 것은 분명하지만, 삼보사찰로 불린 것은 그다지 오래되지 않는다. 통도사의 불사리는 고려와 조선에 걸쳐 으뜸가는 신앙 대상이었고, 송광사는 16국사가 배출된 동방 제일 도량임을 자부했지만 삼보를 내걸지는 않았다. 1826년에 쓴 저자 미상의《속남유록續南遊錄》에 남방 삼보사찰이라 하여 불보 금산사, 법보 해인사, 승보 송광사를 거명하였는데, 이는 금산사의 미륵장륙상을 주목한 서술이었다.

홍석주洪奭周는 1832년(순조 32)에 쓴〈연천옹유산록淵泉翁遊山錄〉에서 삼보사찰을 기록하였다. 통도사에는 부처의 머리뼈가 있어 불보이고, 해인사에는 대장경이 있어 법보이고, 송광사는 16국사가 배출되어 승보라 한다고 하였다. 1863년(철종 14) 유형이 간행한《산사약초山史略抄》에서도 통도사, 해인사, 송광사를 거명하였다. 이후 이런 인식은 보편화되어, 개화기 문인 김윤식, 혜견과 천보, 보정과 치익, 그리고 한용운 등이 삼보사찰을 분명히 하였고, 이능화가 1919년《원감국사어록》을 중간하면서 쓴 서문에서도 이를 밝혀 일반화되었다.

통도사·해인사·송광사
전국의 사찰 중에서 신앙의 중심으로 꼽아
각각 부처-통도사, 불법-해인사,
승려-송광사를 대표한 세 절.

중국에서는 당대에 오대산 문수도량과 아미산 보현도량이 알려졌고, 당 말에 보타산 관음도량과 구화산 지장도량 신앙이 형성되었다. 명대인 1605년(만력 33) 오대산·보타산·아미산의 3대 도량설이 등장했고, 청대인 1698년(강희 37) 문수·보현·관음·지장의 4대 도량을 명확하게 거명한 후, 일반적인 4대 보살신앙이 형성되었다. 이 4대 보살신앙은 중국 불교에서 거사불교가 번영을 누리면서 민간신앙이 성행한 것을 이유로 꼽는다. 한국의 삼보사찰 신앙은 독특한 신앙 유산으로서, 조선 후기 신앙의 활성화를 반영한다.

韓國佛教史

7

일제의
국권 침탈과
불교 근대화

조선 말기의 불교 ... 일제강점기의 불교 ... 근대의 선풍 ...

조선 말기의
불교

조선 후기에 불교계는 사회적 여건이 어려운 가운데에도 신앙과 문화의 중요한 부분을 담당하며 내면적인 활기를 이어왔다. 임란 이후 대거 사찰 중창이 이루어지면서 많은 사람들이 산사에 모여 신앙 활동을 실천했고, 이는 각계각층의 지원과 사찰이 연계된 결과였다. 외세가 거세게 밀려드는 상황에서 1876년 일본과 강제로 강화도조약을 맺고 문호를 개방하여, 조선은 제대로 준비도 갖추지 못한 채 근대의 물결에 휩쓸리게 되었다. 불교계는 근대의 변화에 대응하여 불교를 변화하고 발전시킬 의식은 있었지만, 오랜 불교의 전통을 비판적으로 성찰하고 외세에 맞서 민족적인 힘을 길러야 할 시대적 역량을 보여주지는 못했다.

조선 말기 불교의 상황

근대를 향한 변화를 지향했지만 뚜렷한 성과를 거두지 못한 채 조선 불교계는 일제의 문화적 침략에 노출되었다. 1877년 일본 불교는 부산에 출장소를 개설하여 포교 활동을 시작하였다. 외세의 강압에 의해 문호가 개방되고 근대 사회가 시작되면서 조선시대에 지속되었던 불교 억제정책은 완화되었다. 그 상징은 1895년에 승려들의 도성 출입금지 조처가 해제된 것이었다. 이는 일본 일련종 승려 사노 젠레이佐野前勵가 조선 정부에 건의하여 이루어졌다. 그러나 이보다 앞서 1894년 동학농민전쟁 이후 설치된 군국기무처에서 시행한 일련의 개혁안 가운데 승려들의 도성 출입 해금이 포함되어 있다. 조선의 개혁정책은 이를 이미 현실로 받아들였음을 알 수 있다.

승려의 도성 출입금지 해제는 조선시대 불교계 통제정책의 철폐와 불교의 공식적인 포교를 허용하는 것을 의미했기에 불교계에 주는 의미는 매우 큰 것이었다. 그러나 그 실상은 일본 불교 침투의 새로운 계기를 마련해주는 것이었다. 이 조치는 조선 불교 발전의 계기가 되지 못했을 뿐만 아니라 도리어 일본 불교에 예속되는 단서가 되었다. 조선 불교계는 이와 같은 도성 출입금지 해제 이면의 계략을 알아차리지 못했다.

개화인사들 중에 불교적 경향을 가진 이도 있었다. 개화에 중요한 역할을 했던 오경석吳慶錫은 경전을 두루 섭렵하고 지송持誦했고, 유대치劉大致 또한 불교를 깊이 알아 김옥균 등이 그로부터 불교를 듣고 발심했다고 할 정도였다. 강위姜瑋는 스승인 김정희로부터 불교적 식견을 전수받았을 것으로 보이는데, 유마선과 미타신앙을 시로 읊고,

삼정三政을 바로잡는 정책의 취지를 보살행에 비유할 만큼 불교적 경향을 가졌다. 그의 영향으로 개화운동을 전개했던 김옥균金玉均 또한 선 수행도 하고 선의 취향을 가진 서예작품을 남길 만큼 불교에 깊은 이해를 가졌다. 그러나 이들 불교적 경향을 가진 개화인사들이 불교의 근대적 성찰과 변화에 대해 고민했던 흔적은 찾기 어렵다.

1905년 을사늑약의 체결로 조선은 일본의 반압제하에 들어갔다. 을사늑약과 단발령과 명성황후 시해에 맞선 국민적 저항은 곳곳에서 의병의 봉기로 나타났다. 전국적인 의병운동으로 인해 산간의 사원도 피해를 입었다. 의병 진압을 구실로 수많은 사원이 황폐해진 것이다. 그 예를 유점사에서 볼 수 있다. 유점사는 1907년 9월에 의병 700여 명이 10여 일 주둔했다가 나갔는데, 일본 수비대는 의병의 소굴이라 간주하고 승려 21명을 구속했다. 수비대는 불구를 절 밖으로 옮기고 절문을 닫게 하고, 절의 대중은 해산하도록 했다. 이듬해 봄 헌병 분견소가 절에 설치된 이후에야 승려들이 절에 들어갈 수 있었다. 뿐만 아니라 유점사와 같이 병화에서 살아남은 사찰도 일본 군대가 주둔하여 그 보호를 받아 유지하였고, 이 과정에서 일본 불교의 영향력이 크게 미쳤을 것임은 충분히 짐작할 수 있다.

일본은 불교를 앞세워 정신적인 조선 침략에 나섰다. 일본 불교의 여러 종파는 경쟁적으로 조선에 진출하여 침략정책에 협조하면서 조선 불교를 장악하려고 하였다. 1906년 통감 이토 히로부미伊藤博文는 〈종교의 선포에 관한 규칙〉을 발표하였다. 이는 일본 불교의 조선 사찰 장악을 공인해주면서 일본 불교인들을 감독·통제하기 위한 조치로 통감의 포교 관리를 규정한 것이었다. 이에 따라 조선 사찰은 일본 사찰의 관리를 요청한 사원 관리 청원을 냈고, 심지어는 일본 종파의 말사로 편입해줄 것을 요청하기도 하였다.

대한제국기의 불교-원종과 일본 불교의 침투

문호개방 이후의 사회변화와 일본 불교의 침투 상황에서 1897년에 출범한 대한제국 정부는 불교에 대한 통일적인 관리체제의 필요성을 느꼈다. 정부는 1899년에는 청신동에 원흥사元興寺를 세워 수사찰首寺刹로 삼고 13도에 각각 수사首寺를 두었다. 이어 1902년에는 원흥사에 사사관리서寺社管理署를 설치하여 전국의 사원과 승려를 관리하도록 하였다. 사사관리서에서 발표한 〈국내사찰 현행세칙〉 36개조는 제한적이기는 하지만 조선시대에 비해 불교계에 자율권을 부여한 법령이었다. 이 세칙은 대법산大法山 원흥사와 각 도의 중법산中法山이 전국의 사찰을 일원적으로 총괄하게 하였다. 그러나 관리서는 큰 성과를 거두지 못하고 1904년에 폐지되었다.

　일본 침략세력이 조선 침략을 추진하는 한편으로 일본 불교의 조선 침투도 활발하게 이루어졌다. 일본 불교가 불교가 쇠퇴한 조선을 교화하고 덕을 베풀어야 한다는 명분 아래 정치적 논리와 맞물려 조선 포교에 적극적으로 나선 것이다. 조선에 처음으로 문을 연 일본 불교는 진종眞宗 동본원사에서 파견된 오쿠무라 엔신奧村圓心이 1877년 부산에 세운 본원사本願寺 출장소였다. 이어 1881년 일련종日蓮宗·정토종淨土宗 등이 차례로 들어와 포교를 시작하였다. 본원사는 1880년부터 원산·인천·서울·목포에 차례로 별원을 세웠고, 군산·진남포·개성·신의주 등 전국 주요 지역에 포교소를 세웠다. 진종은 서울

거주 일본인 자제를 위한 교육사업을 비롯해, 부산에서는 자선교화
와 빈민 구호사업 및 부인회 설립, 원산에서는 설교소, 서울에서는
행로병자 구호소 등 각 방면에 사업을 전개했다. 서울에 불교고등학
원을, 서울·충무·평양에서는 불교청년회를 조직했고, 감옥 교화에
도 착수하여 교세를 넓혀나갔다. 개항 이후에 정토진종 대곡파大谷派
동본원사 계열과 일련종이 중심을 이루었는데, 청일전쟁을 계기로
정토진종 본파本派 서본원사와 정토종이, 러일전쟁을 계기로 진언종,
조동종, 임제종이 경쟁적으로 진출하여 포교 활동을 전개하였다.

본원사의 움직임에 대해 《대한매일신보》는 조선인을 일본에 동화
시키려는 계획에 따른 것이라고 경고하였으나 이에 귀 기울이는 이
는 적었다. 진종의 오쿠무라는 물질적 개발에 힘쓰고, 승속을 불문하
고 저명인사에게 일본을 시찰하게 하고, 학교를 설립하여 청년을 계
발한다는 방안을 세웠다. 여기에 교육을 통하여 조선인을 일본에 동
화시키려는 의도가 그대로 드러난다. 이런 움직임은 오쿠무라만이
아니었다. 일련종의 사노 또한 1895년 서울에 일한학교를 세우고 상
류층 자제 중에서 학생을 선발해줄 것을 외부대신에게 의뢰하였으나
그가 귀국하는 바람에 실행되지는 않았다. 오쿠무라의 계획은 일본
외무성의 적극적인 지원과 고관들의 협조를 받았다.

한편 봉원사의 이보담李寶潭, 화계사의 홍월초洪月初 등 일부 승려들
은 1906년 불교 중흥을 위해 원흥사에 불교연구회를 창립하였다. 그
런데 일본 정토진종의 후원을 받은 불교연구회가 일본 정토종과 합병
을 기도하자, 이에 대응하여 조선 불교의 실질적인 교단 관할기구의
출현을 기대하며 이회광李晦光을 새로 회장으로 선출하였다.

불교계의 자체적 발전을 바라는 불교 대표 52명은 1908년에 원흥

사에 모여 이회광을 대표로 원종圓宗 종무원宗務院을 설립하였다. 원종 설립은 교육과 포교를 원만하게 시행하기 위해 사무소를 설립하고, 전국 승려 활동의 주체가 되려는 것이었다. 종단 설립 추진자들은 새 종단이 조선 불교계의 여러 가지 제약을 극복하고 면모를 일신하여 교육과 포교에 성과를 낼 것을 희망하였다.

원종은 전국 사찰의 주지와 각 도의 지원장 임면권 등 전국의 사찰을 총괄할 수 있는 합법적인 권한을 부여받고자 하였다. 이를 해결하기 위해 이회광은 일진회 회장 이용구李容九의 설득으로 일본 불교의 힘을 빌리고자 다케다 한시武田範之를 고문으로 추대하였다. 다케다는 명성황후 시해사건에 낭인으로 참여했던 조선 침략의 첨병으로서, 1906년 조선으로 건너와서 조동종의 조선 포교 관리가 되어 조선 강점과 조선 불교 병합을 추진하고 있었다. 이회광을 비롯한 13도 사찰 대표는 원종의 인가 문제와 불교계의 개선사항을 담은 청원서를 내부와 통감부에 제출하였다. 그러나 통감부는 조선 불교계가 자체

부산 일본 포교당(현재 대각사)
일본 불교의 한국 진출정책을 지원하며 경쟁적으로 건립한
일본 동본원사 부산 포교당(부산시).

적으로 종단을 구성하여 전국의 사찰을 통솔하는 것을 반대하며 원종 종무원을 인가하지 않았다. 이에 이회광은 종단 인가를 위해 조선 불교 원종과 일본 불교 조동종이 연합하는 연합맹약을 성립시켰다. 이는 조선 불교를 일본 조동종에 귀속시켜 일본화하려는 계획을 꾸준히 추진해온 다케다의 의도와 들어맞는 것이었다.

이렇게 하여 1910년 조선의 국권을 강탈할 때까지 서울·원산·인천·광주·목포·군산·진남포·함흥·평양·마산·대구·여수·공주·개성·울산·대전 등 68개소에 이르는 일본 각 종파의 별원과 포교소, 출장소가 문을 열었다. 1911년에 진종 본원사는 20개의 포교소와 출장소, 10개의 교육기관과 청년회, 정토종은 21개 사찰과 출장소와 4개의 출장설교소, 일련종은 11개 사찰, 조동종은 5개 사찰과 4개 포교소, 진언종은 1개 사찰과 2개 포교소를 두게 되었다. 1915년에 공포된 포교규칙에 따르면 신토神道, 불교, 기독교 세 종교는 공인교로서 총독부 학무국 종교과의 관리를 받았고, 유교와 조선의 모든 종교는 유사종교 또는 종교 유사단체로서 경무국에서 관리하도록 하였다. 일본 종교의 급격한 성장은 조선의 종교를 자의적으로 분류하고 관리한 일제 총독부의 정책적인 보호에 크게 힘입은 것이었다.

선 중흥과 불교 교육운동

근대를 향한 변화를 지향하던 시기에 불교계에서는 신앙 활동을 유지하고 전통불교를 근대적으로 발전시키기 위한 노력을 기울였다. 그 중심에 있는 것이 선 중흥운동이다.

이 시기의 선불교 수행을 이끌어간 이는 경허성우鏡虛惺牛(1857~1912)였다. 경허는 주로 호서의 천장암·부석사·개심사 등지에서 선풍을 일으켰고, 해인사와 화엄사, 범어사에서 수선결사를 열어 선풍을 크게 진작하였다. 경허는 당시를 정법이 잦아들고 사도가 번성하는 시대로 인식하고, 그럴수록 스스로 깨치고 스스로 수행할 것을 절절히 설파하였다. 그는 참선 수행 못지않게 교학의 중요성도 역설하였다. 근기가 뒤처지는 사람들이 많다고 여기던 당시에, 그들처럼 역량이 부족한 사람들도 오랜 세월을 차례로 닦아 마침내 구경의 경지에 들어가는 방편 또한 중요하다며, 남녀노소 모두에게 결사의 문호를 개방하였다.

그가 조선 후기의 백파보다 한층 구체적으로 교학의 의의를 인정한 것은 그만큼 시대 상황을 바르게 파악한 것이었다. 그러나 그 역시 체계적인 사상의 조직화가 뒤따르지 못했기 때문에 결사는 이내

서산 부석사
근대 선풍을 선도했던
경허선사가 활동했던 부석사.

선 수행에만 치중하게 되는 결과를 가져왔다. 또한 대중의 참여를 분명히 했음에도 새로운 불교 구현의 목표에는 이르지 못하였다. 게다가 대오의 경지에 이르지도 못한 범부들이 외형적인 경허의 호탕한 기행을 모방하는 사례도 잦아, 본래 의도했던 선풍 진작과는 거리가 먼 말폐 현상이 생겨나기도 하였다.

경허와 더불어 용성진종龍城震鐘(1864~1940) 역시 의정부 망월사에서 선원결사를 일으켜 선풍을 일으키는 등 1886년 이후 전국 오지에 선원을 창설하여 이끌면서 수많은 제자를 길러냈다. 용성은 수행과 함께 교화에도 깊은 관심을 보여 한글로 불경을 번역 보급하는 역경불사에 많은 노력을 기울였다. 경허·용성과 그 제자들은 선불교를 중흥시키고, 일제강점기에 들어서는 우리 불교의 정체성을 지켜내는 데 큰 공헌을 하였다.

이 시기에 사찰계와 신행결사도 유행하였다. 사찰계는 조선 후기에 보편화되었는데, 이 시기에 더욱 활성화되어 공동체적 신앙 활동을 유지하는 데 기여하였다. 결사 활동으로는 염불을 실천하는 건봉사의 만일염불회와 같은 대중적 신앙모임이 개방적 분위기에서 사람들의 관심의 대상이 되었다.

근대로 접어들며 천주교·기독교·불교 등 각 종교는 서양의 교육제도를 도입하여 근대식 학교를 설립하고 조선의 교육과 인재양성에 앞장섰다. 1894년 갑오개혁 이후 새로운 교육제도가 시행되면서 소학교, 중학교, 사범학교, 외국어학교 등의 관립학교가 설치되고 그 수는 계속 늘어났다.

불교계에서는 개화승들이 서양 문물을 접하고 그 교육을 담당하였다. 이동인李東仁은 1879년 이후 일본에서 서양 서적을 가지고 들어와 봉원사奉元寺 강원에서 이보담李寶潭 등 학승과 김옥균·서광범·박영효·서재필 등에게 개화사상을 심어주고 도서와 사진 문물을 전수하였다. 서재필은 이를 두고 봉원사가 개화파의 온상이라고 하기도 하였다. 탁정식卓鼎植은 화계사에서 김옥균과 교유하며 그를 일본에 유학하게 하였고, 개화승으로 백담사의 장대우張大愚와 불영사의 이운허李雲虛를 배출하기도 하였다. 이런 분위기에서 강원에서도 근대학문을 수용하였지만, 1881년 이동인이 행방불명되고 일제 불교가 침투하면서 불교 근대교육은 지속적으로 계승되지 못하였다.

1906년에 발족한 불교연구회에서는 근대식 학교를 운영하였다. 원흥사에 보통학교를 설립하고, 불교학과 신학문, 타종교 서적, 산술과 어학 등을 가르쳤다. 한편으로는 명진학교明進學校를 설립하고 불교 고등교육을 시작하였다. 명진학교는 당시 곤궁과 핍박이 심한 상황에서, 승려들이 불교와 신학문을 공부하여 자강의 실력을 다짐으로써 불교계의 자유권이 회복되기를 기대하였다. 명진학교는 2년제의 정원 35명 규모로, 모두 44과목을 개설하였다. 불교경론 이외에 종교학, 포교법과 산술·역사·농업·측량·도화·법제·이과·경제 등의 학과목과, 시간 외에 참선 근행勤行을 하도록 했다. 진진응陳震應 등의 강사 밑에서 제1회 졸업생으로 권상로·강대련·안진호安震湖·이종욱李鍾郁·한용운 등 근대 불교 전개에 큰 역할을 했던 인물들이 나왔다. 명진학교는 4년 동안 존속하다 1910년 불교사범학교로 개편되었다.

조선의 사상 전통과는 다른 서학(천주교)의 수용에 대항하여, 나라일을 돕고 백성들을 편안하게[輔國安民] 하며, 고통 속의 민중을 널리 구제한다[廣濟蒼生]는 서민종교를 표방하며 일어난 동학東學은 그 초기에 불교와 교섭이 있었다. 동학의 창도자 최제우崔濟愚(1824~1864)는 1855년 금강산 유점사의 한 승려가 찾아와 문답하였다는 종교 체험을 겪었고, 1856년에는 통도사 내원암에서 49일 기도를 실행하였다. 1860년 동학을 창도한 그는 이듬해 경주에서 포교가 어렵게 되자 남원 은적암에 칩거하며 〈논학문〉과 〈권학가〉를 지었다. 이와 같은 최제우의 불교 교섭은 당시 불교가 서민들과 함께하고 있던 배경이 고려되었을 것이다. 최제우를 계승한 최시형崔時亨(1827~1898)도 1871년 교조신원운동이 실패한 후 정암사 인근의 적조암에서 49일 수도를 하였다. 또 교세가 신장되던 1884년에는 익산 사자암에 은거하며 전라도 교세 확장에 주력하였고, 마곡사 가섭암에서 손병희 등과 함께 기도하다 한울님의 가르침을 받기도 하였다. 이들의 행적은 동학 초창기의 어려운 상황을 타개하는 데 불교계를 활용하였음을 보여주는데, 여기에는 당시 불교계가 가졌던 기층민과의 연계가 토대가 되었을 것이다.

일제강점기의 불교

1910년 8월 일제는 대한제국의 주권을 강탈하였다. 일제의 강점은 불교계의 독자적인 종단운동을 더욱 촉진시켰다. 일제강점기는 조선 불교를 근본적으로 제약하는 사찰령의 시행과, 이의 폐지운동 및 불교 개혁론과 불교계의 민족운동이 펼쳐지는 양상으로 전개되었다. 특히 청년승려들을 중심으로 전개된 개혁운동은 식민권력과 그에 연계된 본산 운영체제에 교단 운영의 혁신을 주장하며 사회 참여의식을 고양시켰다.

사찰령과 본산체제

원종을 대표하는 이회광과 일본 조동종은 1910년 10월 연합조약을 체결했다. 7개 항의 조약은 조선 전체 원종 사원과 대중이 조동종과 완전 영구히 연합동맹하며, 조동종의 포교에 상당한 편리를 주고, 조동종으로부터 고문과 포교사를 초빙하여 포교와 청년승려 교육을 맡도록 한다는 것 등이었다.

이회광의 매종 책동이 불교계에 알려지자, 백양사의 박한영朴漢永, 화엄사의 진진응과 한용운, 범어사의 오성월吳惺月 등이 중심이 되어 이회광의 매종 행위를 규탄하는 한편, 1911년 1월 송광사에서 승려대회를 개최하여 임제종을 탄생시켰다. 이때 선암사의 김경운金擎雲을 임시 관장으로 선출했으나, 연로한 김경운 대신 한용운이 직무대리를 맡고 임시 종무원은 송광사에 두었다. 임제종은 조선과 일본 불교 연합책동의 차원을 넘어서 조선 불교의 정통성을 천명하였다. 원종이 각황사를 중심으로 활동하자, 임제종은 범어사로 종무원을 옮기고 광주·대구 등에 포교소를 세워 적극적인 활동을 전개하였다.

일제강점 후 조선총독부는 조선 침략의 첨병으로 활용하던 일본 불교 대신 조선 불교를 직접 장악하여 식민통치에 활용하는 방침으로 바꾸었다. 총독부는 1911년 6월에 7개 조항의 사찰령寺刹令을, 7월에 8개 조항의 시행규칙을 공포하였다. 일제는 이를 통해 불교계를 장악하고, 원종과 임제종을 모두 해산하였다. 그러나 임제종은 이를 따르지 않고 범어사를 중심으로 활동을 계속했다. 1912년 4월에는 서울 대사동에 중앙포교당을 설립하고 포교의 포부를 밝혔으나, 제멋대로 임제종을 만들어 의혹과 다툼의 원인이 된다는 총독부의 제동으로 범어사의 임제종 간판은 내려지고 말았다.

사찰령의 시행으로 불교계는 30본산本山체제로 전환되었다. 본산체제는 전국의 사찰을 30개의 본사本寺와, 본사가 관할하는 말사末寺로 재편한 것이었다. 30본산체제는 총독부가 조선 불교를 직접 장악하여 통제하는 식민통치 기구의 완성을 의미하는 것이었다. 30개의 선정 기준은 알려지지 않았지만, 1902년 사사관리서에서 지정한 16개 중법산과, 불교연구회에서 행정 편의를 위해 정했다는 27개 사찰과 연관 가능성이 있다. 조선 전기의 양종 36사 중에는 7개사만 30본산으로 남아, 조선 후기 사원 규모와 운영의 변화가 컸던 것을 짐작하게 한다. 총독부는 본사 주지의 임면 인가권을 가졌고, 사찰의 토지와 재산을 매각할 때 사전에 관청의 허가를 받게 함으로써 인사권과 재정권을 장악하였다. 이로써 사찰의 주지는 총독부의 지배를 받는 관료와 다를 바 없는 처지가 되었다.

사찰령과 시행규칙이 시행되자 각 본사는 사법寺法을 제정하여 조선총독의 허가를 받아야 했다. 그리고 사법을 제정하기 위해서는 종

30본사			사찰령 주요 내용
경기광주	봉은사	경기양주	봉선사
경기수원	용주사	경기강화	전등사
충북보은	법주사	충남공주	마곡사
경북달성	동화사	경북영천	은해사
경북의성	고운사	경북문경	김룡사
경북경주	기림사	경남합천	해인사
경남양산	통도사	경남동래	범어사
전북전주	위봉사	전북금산	보석사
전남해남	대흥사	전남장성	백양사
전남순천	송광사	전남순천	선암사
강원간성	건봉사	강원고성	유점사
강원평창	월정사	황해신천	패엽사
황해황주	성불사	평남평양	영명사
평남평원	법흥사	평북영변	보현사
함남안변	석왕사	함북함흥	귀주사

사찰령 주요 내용

1조 사찰을 병합 이전하거나 폐지하고자 할 때는 총독의 허가를 받아야 한다.
2조 사찰의 기지基址와 가람은 지방장관의 허가 없이 전법 포교 법요 집행과 승니 지주止住의 목적 이외에 사용하지 못한다.
3조 각 본사에서 사법寺法을 제정 시행하되 총독의 허가가 있어야 한다.
4조 사찰의 주지는 그 사찰에 속하는 일체의 재산을 관리하고 사무寺務 법요 집행 등의 책임을 지며 또한 사찰을 대표한다.
5조 사찰에 속하는 재산은 동산·부동산을 막론하고 총독의 허가가 없이는 처분하지 못한다.

*1924년 전남구례 화엄사 추가, 31본사.

지宗旨를 정해야 했다. 1912년 6월 원종 종무원에서 30본산 주지회의가 열려, 종지는 《경국대전》에 규정되어 있던 선교양종禪敎兩宗으로 결정했다. 이에 따라 본산 주지회의는 '조선 선교 양종 각본산주지회의원朝鮮禪敎兩宗各本山住持會議院'이 되었고, 회의원 원장으로 이회광을 선출했다. 다음 날 총독부는 임제종과 원종의 간판을 모두 철거하도록 하였다. 주지회의원 명칭과 양측 간판의 철거는 총독부가 원종을 지원하고 임제종을 폐지하기 위한 것으로, 본산주지회의원 규칙은 친일 경향을 강하게 내보였다. 그 내용은 사찰령과 시행규칙을 준수하며, 그에 의해 사찰을 완전하고 영구히 보호하며, 승려 교육과 인민 포교를 일층 장려하며, 각 본산 주지는 매년 총독부의 신년 축하식에 참석한다는 것 등이었다.

7월에는 해인사 주지 이회광이 신청한 '선교양종법찰대본산해인사본말사법禪敎兩宗法刹大本山海印寺本末寺法'이 처음으로 총독부의 승인을 받았다. 이 사법은 총독부 종교과 주임 와타나베 아키라渡邊彰가 일본의 예를 참조하여 식민지 통치에 편리하도록 미리 초안을 준비하여 각 본산에게 작성하게 한 것이었다. 그래서 각 사법은 소재지와 사찰명만 다를 뿐 그 내용이 똑같았다.

사법은 총칙總則·사격寺格·주지·직사職司·회계·재산·법식法式·승규僧規·포교·포상·징계·섭중攝衆·잡칙雜則이라는 내용으로 본산마다 동일하게 구성하였다. 모든 본산이 획일적인 성격으로 제도적 틀을 갖추게 된 것이다. 사법의 내용으로는 지출은 반드시 주지의 인증을 받도록 했고, 주지는 사유 토지와 산림 관리에 관한 세목 규정을 정하고 시행해야 했다. 주지를 모욕하고 승풍을 문란하게 한 자나 주지의 가르침에 따르지 않는 자도 체탈도첩의 징계에 처하도록 하였다. 주

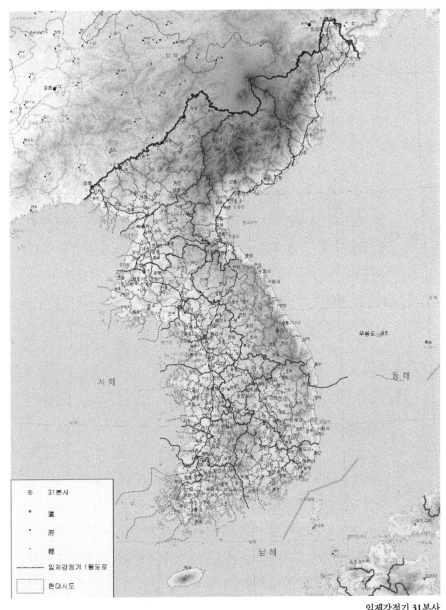

일제강점기 31본사
(김유철).

지에게 경제적 실권과 인사 관련 권한을 부여하여 주지 전횡의 제도적 근거를 만들어준 것이다. 또 포교 목적을 달성하기 위해 천황폐하 성수만세의 존패尊牌를 본존 앞에 봉안하고 매일 축원하도록 하여 충량한 신민을 만드는 데 기여하도록 하였다. 각종 법식은 기원절·천장절·신무천황제·명치천황제 등 일제 천황가의 기념일을 지키도록 규정하였다. 권한을 크게 부여한 주지를 통해 조선 승정僧政을 마음대로 하기 위한 제도적 장치가 일제가 시행한 사찰령과 사법이었다.

이처럼 종교적 차원이 아닌 행정적 편의의 목적에서 마련된 것이었기에 30본산은 각 본산의 특성이 전혀 고려되지 않았다. 30본산 이상의 통괄기구가 없었으므로 30본산은 독립적인 성격을 가진 채 본말사제도가 시행되었다. 본말사체제를 기반으로 하는 사찰령은 조선 불교의 행정을 일제 총독부에 종속시키고 승려의 세속화를 권장하는 일제 불교정책의 근간으로서, 이후 불교 교단의 근본적인 문제가 되었다.

사찰령의 폐해와 불교계의 대응

사찰령 시행으로 빚어진 조선 불교의 문제점은 먼저 교단을 자율적으로 운영하지 못하고 총독부에 종속되었다는 것이다. 결과적으로 조선 불교는 수행과 종교 활동으로 구축한 전통시대 불교계의 자산을 근대 사회에 맞게 개혁하고 진전시켜나갈 동력을 잃었다. 다음에는 주지에게 권한이 집중되어 사원 운영의 틀이 바뀐 점이다. 이전까지는 사원의 제반 사무를 담당하는 주지 직책이 수행에 지장을 초래하기 때문에 주지를 사양하는 것이 상례였다. 사원 운영도 주지의 단독 의견으로 결정되는 것이 아니고, 산중공사山中公事라는 공의公議제도에 의해 산중 승려들과 소임을 맡는 승려들이 함께 논의하여 결정하는 구조였다. 사찰령에 따라 사원의 모든 일의 처리는 주지에게 맡겨졌으므로 공의제도는 사라지고 주지의 전횡이 시작되었다. 그리고 본말사 관계는 이전의 종풍 중심으로 유대를 이루던 관계에서 행정적인 관계로 전락하였고, 본사가 말사를 관료적으로 지배하는 구조로 바뀌었다. 이렇게 사찰령체제에서 권한이 비대해진 주지들은 직을 고수하고 교권을 장악하기 위해 일제권력과 밀착되지 않을 수 없어 조선 불교는 문제점이 커질 수밖에 없었다. 본산체제는 전통불교와의 단절을 가져온 비주체적인 교단의 변화였고, 식민지 불교의 폐해가 오랫동안 한국 불교에 뿌리 깊게 남게 되는 근원이 되었다.

일부 인사는 사찰령을 긍정적으로 생각하기도 하였다. 초대 30본산연합위원장을 지낸 강대련은 산사로 쫓겨 들어간 조선 불교가 사찰령의 공포로 정부의 보호를 받고 은덕을 입어 중흥의 기회를 맞이했다고 평가할 정도였다. 1917년에 연합위원장을 지낸 김구하도 사찰령 시행으로 불교계가 재산을 보호할 수 있게 된 것으로 이해하였다. 사찰 재산을 처분할 때 관청의 허가를 받는 조항이 승려들의 재산 매각을 억제하는 효과가 있다는 것이었다. 이능화도 1917년에 사찰령으로 500년간 암울하던 조선 불교가 대광명을 찾았고, 주지는 행정상의 규칙을 응용하고 법사는 포교상의 자유를 얻어 불교의 종지를 드러낼 수 있게 되었다고 하여 불교 발전을 열어준 시책으로 이해하였다. 당시 불교계 지도부는 사찰령이 승려들의 자유를 억압하고 자주적인 발전을 해치는 악법이라는 본질을 알아차리지 못했다.

오히려 이를 재산을 보호해주는 법령으로 인식하여, 불교를 빈사 상태에서 구했다는 총독부의 기만적인 선전에 휘둘리고 있었다.

그러나 시행 초기부터 그 본질을 파악하고, 사찰령 시행이 조선 사찰의 권리를 빼앗아 승려를 박멸하려 한다는 의구심에서 내부 반발도 있었다. 그리고 만세운동이 전개된 이후 1920년부터 본격적인 사찰령 반대운동이 전개되었다. 사찰령 제정 이후 10년이 지나 그 모순이 드러나면서 불교계의 비판과 성찰로 사찰령을 재인식하게 되자 이로 인한 문제를 풀어가려는 움직임이 강력하게 전개되었다.

사찰령 비판은 1922년에 청년승려들이 중심이 된 조선불교유신회에서 시작되었다. 이들은 그동안의 통일적인 불교가 30본산으로 구분되어 본산 간에 갈등과 세력투쟁이 전개되었다고 사찰령체제의 핵심인 본말사제도를 정면으로 비판하였다. 그들은 사찰령으로 본사의 지위가 견고하게 되어 말사와의 차별성이 커졌고, 본사 주지가 공권력과 연계된 세력을 이용하여 일반 승려들을 장악하고 명리를 추구한다고 비판하였다. 이에 대한 대안으로 그들은 본말사제도를 변혁하고, 불교계가 자치하는 통일기관으로 총무원을 설립할 것을 주장하였다. 《동아일보》도 이에 호응하여, 주지를 관청에서 임명하는 시대착오적이고 종교계의 웃음거리가 되는 사찰령을 폐지하고 불교계의 독립된 자치기구를 만들 것을 촉구했다.

이영재도 〈조선불교혁신론〉에서 조선 불교가 사찰령을 기초로 한 본말사제도로 인해 교단이 통일되지 못하고 교도가 화합하지 못하며, 본산 주지가 전제하는 문제 등이 드러났다고 비판하면서 본말사제도의 타파를 강조하였다. 신상완은 사찰령은 일제가 조선 불교를 구속하고 이용하기 위해 제정한 것이라고 비판하였다.

그러나 본말사제도를 보완할 대안 제시가 없는 사찰령 반대운동은 근본적인 변화를 가져오지 못했고, 당시 불교계는 사찰령에서 규정한 제반 운영의 틀에 점차 적응해갔다.

사찰령을 지지하던 친일계 승려들은 사찰령 실시로 본말사 간의 승풍을 숙정하고 진작하며 기강을 정리하여 불교가 확장될 것이라고 기대하였다. 사법에 비구계를 갖춘 자만이 본말사의 주지가 될 수 있고, 대처·식육하는 자에게는 비구계를 불허하며, 처자나 여인을 절 안에 살게 한 자는 징계하도록 한 조항이 있기 때문이었다. 이를 토대로 사법을 반대하는 승려는 대처·식육하는 어리석은 자들이라고 공격하기까지 했다.

승려의 혼인 경향은 일찍부터 결혼생활을 했지만 사회에서 존경받는 위상을 유지하던 일본 불교의 영향이 컸다. 이에 따라 실제로 비구계를 지키는 승려들이 줄어들고 본산 주지 중에도 혼인하는 자가 늘어났다. 그리고 본산 주지들이 앞장서서 사찰령과 사법의 대처 금지조항을 개정하려는 움직임이 나타났다. 1919년 11월 용주사 주지 강대련은 조선 승려도 일본 승려와 같이 혼인을 허락해줄 것을 탄원하고, 나아가 조선인과 일본인 사이의 결혼도 주장하였다. 이런 추세 속에 총독부는 1926년 10월 혼인 금지조문의 삭제를 허가하였다. 이후 3년 사이에 80퍼센트의 본산이 사법에서 혼인 금지조항을 삭제했다.

혼인을 가능하게 한 이 조치가 데라우치 마사타케寺內正毅 총독 시기에 이루어졌기 때문에 조선 불교 대처의 원천이 데라우치에게 있다는 인식도 있었다. 1937년 신년 하례차 총독부를 방문한 31본산 주지들에게 미나미 지로南次郎 총독이 전임 데라우치 총독의 공덕을 찬양하자, 수덕사 주지 만공滿空이 데라우치 총독은 승려들이 혼인을 하게 했으니 지금 지옥에 가 있을 것이라고 일갈한 것이 그런 예이다. 만공을 만난 한용운은 할만이 아니라 방까지 했을 것이라고 공감하였다.

승려의 혼인은 1910년 한용운도 주장한 바 있었다. 그는 중추원과 통감부에 〈건백서〉를 내서, 부처님은 자질이 낮은 자를 위해 방편으로 혼인을 금했을 뿐이므로, 승니가 혼인하여 일가를 이루고 생산에 종사하여 순산하게 되면 불교 교세 발전에 크게 유효할 것이라고 주장하였다. 한용운은 〈조선불교유신론〉에서도 이를 거듭 주장했는데, 나라의 힘을 키우기 위해서는 인구 증식과 경제 진흥이 필요하다는 것이었다. 그러나 승려의 혼인이 공공연해지고 불어난 인구가 조선의 국력이 아니라 일제의 힘이 된다고 판단하게 되면서 이후에는 혼인을 적극 반대하였다.

대처를 결코 인정하지 않는 주장도 있었다. 범어사 용성, 선학원 남전 등 127명의 선승들은 1926년 5월 총독부에 승려의 수도생활과 불교의 장래를 위해 대처·식육 등 계를 범하는 생활을 금지해달라고 진정했다. 그들은 출가대중으로 아내를 거느리고 고기를 먹으며 자녀를 키워 도량을 더럽히고 참선·염불·강당을 폐지하는 것은 불가의 큰 적이라고 범계犯戒생활 금지를 주장했지만, 총독부는 반응이 없었다. 용성은 이어 축처와 육식을 엄금하든지, 계율을 지키는 납승衲僧에게 몇 개의 본산을 나눠주어 유처승과 무처승의 구별을 대중이 알도록 해달라고 건의했지만 역시 묵살되었다.

일제의 종교정책으로 일본 불교는 빠르게 조선에 정착하고 성행하였다. 1911년 진종 본원사 등 일본 불교 4개 종파가 많은 사찰과 출장소 포교소를 설립하였고, 이후 1930년대까지 일본 불교의 16개 종파가 조선에 진출하여 포교 활동을 전개하였다. 1916년에 204개소의 포교소에 245명의 포교사가 활동하며 11만 574명의 신도를 확보했는데, 이중 7퍼센트인 6,479명이 조선인 신도였다. 1920년에는 236개 포교소에 337명의 포교사가 활동하며 신도가 14만 8,117명으로 늘어났다. 이 중 조선인 신도는 1만 1,054명이었다. 1930년에는 373개 포교소에 496명의 포교사가 활동하며 신도는 26만 3,488명이었는데, 이 중 조선인 신도는 7,156명이었다. 총독부의 정책 지원을 등에 업고 근대적인 교육과 다양한 활동을 펼친 일본 불교는 1939년에 조선 불교보다 훨씬 많은 신도를 확보하며 활발하게 전개되고 있었다. 조선인 신도들이 통계에 소극적으로 대응했을 것으로 짐작되는 당시 상황을 고려하더라도 일제강점기 일본 불교의 활동상을 충분히 짐작할 수 있다.

조선과 일본 불교의 포교 현황(1939)(《조선총독부시정삼십년사》)

	사찰수	포교소수	승수	니수	포교자수	신도수
조선불교	1,335	322	6,275	979	319	194,876
일본불교	125	603	613	51	789	309,740

3·1독립운동과 불교계

1919년 3·1만세운동이 일어나자 불교계의 항일운동이 전국적으로 전개되었다. 한용운과 백용성 등 민족대표를 비롯하여 전국의 주요 사찰이 만세운동에 동참하였고, 청년승려들은 임시정부에 참여하기도 하였다. 불교계의 항일운동은 일제의 탄압으로 대부분 와해되었으나 청년승려들은 청년회를 조직하여 사찰령 철폐운동을 벌이기도 하였다.

불교계 3·1운동은 중앙학림의 청년 활동이 중심이 되었다. 일찍이 30본산 주지들은 인재양성을 위해 일본의 종립대학에 유학생을 파견하였다. 그리고 중앙과 지방 각 본산에 승려 교육에 필요한 종립학교인 중앙학림과 지방학림을 세우기로 하여, 1915년 마침내 불교중앙학림佛敎中央學林이 설립되었다.

중앙학림 학생들은 유심회惟心會를 조직하여 불교를 연구하고 민족사상을 고취하며 교내외에서 불교 대중화운동을 적극적으로 펼쳤다. 유심회는 1918년 가을 한용운의 지도를 받아 활동이 더욱 활발해지고 방향의식도 굳건해졌다. 한용운의 계동 자택 유심사에는 중앙학림 학생들이 자주 드나들었다.

1919년 2월 28일 밤 한용운의 긴급 지시로 신상완·백성욱·김법린 등 중앙학림 학생들이 유심사에 모였다. 한용운은 3월 1일의 독립선언 거사 경위를 설명하고, 서산과 사명의 법손임을 명심하여 불교 청년의 역량을 유감없이 발휘할 것을 당부하였다. 학생들은 인사동의 범어사 포교당으로 가서 다음 날의 거사를 구체적으로 계획했다. 파고다공원에서 있을 만세시위 준비와 연락사항을 협의하고, 앞으로 조직적인 활동을 위해 신상완과 백성욱이 서울에서 제반사항을 통괄하고, 거사가 시작되면 범어사·해인사·통도사와 경상북도·전라도에 각각 사람을 보내 선언서를 건네고 만세시위를 전개하기로 하였다.

한용운과 백용성은 민족대표들과 함께 태화관에서 독립선언식을 거행하였다. 한용운은 독립을 선언하는 식사를 낭독하고 만세삼창을 선도하였고, 중앙학림 학생들의 활동으로 파고다공원 만세시위에 승려와 불교 신도들이 다수 참가하였다. 한용운과 백용성은 주도자로 체포되어 한용운은 최고형인 3년, 백용성은 1년 6월의 형을 선고받아 수형생활을 하였다.

만세시위 후에는 각각 맡은 지역에서 만세운동을 전개했다. 그 대표적인 예를 범어사에서 볼 수 있다. 경성에서 파견된 김법린과 김상헌은 3월 4일 범어사에 잠입하여 경성의 상황을 알리고 범어사를 중심으로 동래에서 만세시위를 일으킬 것을 상의했다. 범어사 명정明正학교를 중심으로 30명의 결사행동대를 조직하고 독립선언서 5,000장을 등사하였다. 3월 6일에 선언식을 거행하고, 이튿날 동래 장날을 이용하여 시장 중앙에서 선언서를 배포하고 만세운동을 벌였다. 3월 13일에 동래고보에서 서울에서 가져온 선언서를 가지고 만세시위가 벌어지자 범어사 승려들이 다수 합세하였다. 3월 18일에는 2차 만세

대한승려연합회성명서
3·1만세운동 후 1919년 11월에 상해에서 12인의 승려가
조선의 독립을 천명한 독립선언서(독립기념관).

운동이 전개되었다. 중앙학림, 명정학교, 지방학림 대표와 강원 대표, 범어사 주지 오성월 등 7인은 100명의 결사대를 조직하고 1,000장의 선언서와 태극기를 준비하여 거사하려 했다. 한 학생이 일인 교사에게 알려 일부 주동자가 일경에 연행되었으나, 몇십 명씩 무리지어 만세운동을 벌여 100여 명 가운데 31명이 징역형을 받았다.

이와 같은 사찰 중심의 만세운동은 통도사·해인사·동화사·봉선사·표충사·석왕사·신륵사·김룡사·쌍계사·대흥사·화엄사 등에서도 같은 양상으로 전개되었다. 청년승려들이 중심이 되어 일반인들과 함께 만세운동을 펼친 것이다. 이에 따라 사찰은 일제 경찰의 감시 대상이 되었고 많은 승려들이 투옥되었다.

민족대표 중에서도 가장 확실한 독립운동 사상을 보여준 한용운의 의지는 〈조선독립이유서〉에 잘 나타나 있다. 그는 이 글에서 자유는 만물의 생명이요 평화는 인생의 행복이라고 전제하고, 조선인은 당당한 독립국민의 역사와 전통이 있을 뿐만 아니라 현대 문명을 함께 나눌 만한 실력이 있음을 역설하였다. 또 인류의 삶의 목적은 참된 자유에 있으니, 자유를 얻기 위해서는 어떤 대가도 아까워할 것이 없고 생명을 바쳐도 좋다고 하였다. 그는 민족자결주의의 세계적인 흐름을 명확히 파악하고 세계 평화의 관점에서 조선 독립의 이유를 명쾌하게 밝혔다. 이런 명쾌한 논리는 침략과 쟁탈의 야만적 사회로부터 정의와 인도와 평화의 문명적 사회로 역사가 진보해가리라는 역사 인식에 기초한 것이었고, 우리 민족의 오랜 역사 전통에 대한 신뢰에서 나온 것이었다.

청년승려들은 지방에서의 임무를 완수하고 경성으로 모였다. 4월 상하이에 임시정부가 수립되었다는 소식을 듣자, 신상완 등 4인은 임시정부에 합류하였다. 김법린 등은 불교계의 항일독립운동을 지도하기 위해 5월에 귀국하여 지하신문을 발간하고 해외 소식을 전했다. 불교계 대표자로 임시정부에 김포광金包光 등을 파견하고, 국내 여러 사찰에서는 운동자금 조달에 정성을 모았다. 해인사의 이달준李達俊과 대흥사의 박영희朴暎熙 등 청년들은 무력양성을 위한 군사훈련의 필요성을 절감하고 만주에 새롭게 문을 연 군관학교에 입학했다.

1919년 11월 15일 임시정부가 있는 상하이에서 대한승려연합회의 선언서가 발표되었다. 7,000승려의 이름으로 불교가 독립항쟁에 나선다는 의지를 동포와 세계만방에 선포하였다. 선언서는 평등과 자비는 불법의 종지이니, 이에 위반하는 자는 불법의 적이라고 선포하였다. 조선 불교는 세계 종교사상사에서 우뚝 선 찬란한 전통을 가지고 있으므로, 그 전통을 잇는 승려들은 대한의 독립과, 2,000년 전통의 대한불교를 일본화와 절멸의 위기에서 구하기 위해, 오직 나아가고 싸우겠다는 것이었다. 국한문, 한문, 영문으로 발표된 이 독립선언서는 일제 식민통치의 부당성과 잔혹성을 세계에 알리고 독립의 정당성을 여론화하려는 것이었다. 이는 만세운동을 전개했던 승려들이 상하이로 망명하여 독립운동을 지속하려는 데서 나온 것으로서, 불교계의 독립운동이 치열하게 전개되었던 실상을 알려주는 의미가 있다. 신상완과 백초월 등이 중심이 되어 작성한 이 선언서에는 오성월·김구하·김경산 등 통도사·해인사·범어사 등의 12명의 승려가 참가했다.

젊은 학인들이 3·1운동에 적극 참여한 후 이들의 개혁운동 참여가 두드러졌다. 1920년 6월 중앙학림 학생들을 중심으로 조선불교청년회가 결성되었고, 1921년에는 불교유신회가 발족되어 중앙학림 학생들이 적극 참여하였다.

한용운의 불교 혁신운동

불교계의 혁신운동과 항일투쟁에 가장 뚜렷한 자취를 남긴 이는 만해卍海 한용운韓龍雲(1879~1944)이다. 사찰령으로 인해 불교계 운영이 일제에 예속되고 세속화되는 어려운 상황 속에서도 조선 불교는 변화와 발전을 모색하였다. 기독교의 급속한 발전상과 당시 지식인들에게 풍미했던 사회진화론의 영향은 이런 변화에 크게 영향을 주었다. 불교인들은 불교가 타종교와의 경쟁에서 뒤지지 않고 살아남기 위해 개혁과 유신을 모색하였고, 한용운이 이를 대표한다.

한용운은 선 수행자이자 시인이며 독립운동가이자 불교 개혁운동가이다. 한문을 수학하고 일찍 의병운동에 참가했던 그는 백담사 등을 전전하다 21세에 만주에서 동아시아 변혁기의 실상을 경험했다. 26세에 백담사에서 출가하여 경전을 두루 배우고, 건봉사에서 선 수행에 집중했으며 30세에 유점사에서 화엄을 수학했다. 일본의 조동종 대학에서 불교와 서양철학을 청강하고, 귀국 후에는 표훈사에서 강사로 학인을 지도하였다. 1910년 〈승려취처건의서〉를 썼고, 〈불교유신론〉을 탈고했다. 1911년 한일불교동맹 체결 반대 궐기대회를 주도했고, 1913년 《조선불교유신론朝鮮佛敎維新論》을 간행했다. 1914년에는 《불교대전佛敎大典》을 간행하고, 조선불교회 회장을 지냈다. 1915년에는 각 사찰을 순방하며 강연하고 선종 포교사로서 활동했다. 1917년 백담사에서 시작 활동을 했고, 《유심惟心》을 발간했다. 1919년 3·1만세운동에 백용성과 함께 불교계를 대표하여 민족대표로 적극 참가하였고, 옥중에서 〈조선독립이유서朝鮮獨立理由書〉(조선독립에 대한 감상의 대요)를 집필하여 민족운동의 의의를 체계적으로 설파하였다. 3년 만에 출옥한 후 법보회法寶會를 발기하고, 1923년에 조선불교청년회를 창설하여 총재를 맡았다. 1925년에 설악산 오세암에서《십현담주해十玄談註解》와 시집《님의 침묵》을 탈고하여 이듬해 간행했다. 1927년 신간회운동에 참여했고, 1931년에《불교佛敎》지를 인수하여 사장을 맡아 불교 언론 활동에도 참여했다. 이 해에 독립운동단체 만당卍黨을 결성한 청년불교도들의 요청으로 그 영수가 되었고, 1933년에《유마경》을 번역했다. 이후 성북동 심우장尋牛莊에 기거하며 소설《흑풍黑風》등을 연재했다. 1944년 심우장에서 입적하였다.

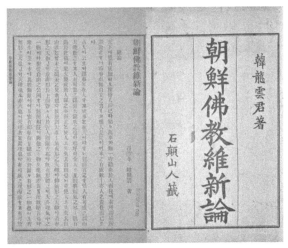

《조선불교유신론》
만해 한용운이 한국 불교가 옛모습을 벗어던지고
새로 거듭나야 함을 주장한 개혁론(동국대).

한용운은 《조선불교유신론》에서 사회진화론에 입각하여 유신론을 주장하였고, 불교의 평등주의·구세주의에 개혁의 이상을 두었다. 불교는 철학과 종교를 아우르기 때문에 도덕문명의 원천이 될 수 있다는 확신을 바탕으로 했지만, 유신에 앞서 조선 불교 1,500여 년의 폐단을 철저히 파괴해야 한다는 강력한 현실 비판의식을 토대로 하였다. 승려 교육의 진흥을 강조하고, 포교를 중시하여 사원을 도회지로 옮기며, 염불당을 폐지하고 각종 의식을 간소화함으로써 불교의 종교적 본질의 회복을 주장하였다. 그리고 걸식의 중지와 승려 취처의 허용, 주지의 선거 등 시대에 맞는 불교 발전책을 꾀하였고, 승려의 단결을 촉구하여 교단 통할기관의 설립을 주장하였다. 유신은 파괴에서 가능하다는 파격적인 주장은 그가 얼마만큼 철저한 불교 개혁을 추구하였는지를 말해준다.

한용운은 본말사제도는 그대로 인정하면서 중앙에 통제기구를 설치하여 통일종단의 조직을 체계적으로 운영하자는 불교 행정의 혁신을 주장하였고, 이는 총무원운동으로 결실을 맺었다. 그는 불교가 시대를 이끌려면 그 운영과 조직이 새로워져야 함을 주장했다. 미신신앙의 온상이 된 염불당을 폐지하고, 다라니가 중심이 된 의식을 바꾸어 한글화하는 의식개혁도 주장하였다. 또 생활불교가 되려면 독신이 아니라 생산적인 부부관계가 되어야 한다고 윤리적·생물학적 논거를 제시하며 승려의 혼인을 주장하였다. 그리고 불교의 거듭남을 위하여 청년불교를 역설하였다. 대중불교의 확산을 위하여 청년운동이 그 모체가 되어야 한다는 그의 주장은 광범위한 불교 청년운동으로 실천되었다.

그는 사상적으로 조선 불교는 선교일치를 주장해온 일승정신一乘精

神을 새로운 시대의 좌표로 삼아야 한다고 주장하였다. 선과 교는 새의 두 날개처럼 본질은 하나이고, 이 양자의 이론적 합일과 실천이 불교 진흥의 관건임을 역설하였다. 이를 위해 경전을 우리말로 번역, 보급하여 일반인들이 널리 읽고 이해하기 쉽게 할 것을 강조했다.

그러나 방점은 선에 찍었다. 선은 모든 인간에게 필요한 정신수양의 방법이라는 것이 한용운의 선론이었다. 선은 모든 일의 근본적인 법이며 사농공상의 생활인에게도 절대적으로 필요한 것이라고 하였다. 한용운에게 참선이란 글을 배우면서 할 수 있는 것이요 농사를 하면서도 할 수 있는 것이었다. 할 수 있을 뿐만 아니라 그러한 때일수록 더욱 참선이 필요하다고 하였다. 그러나 그는 선 수행의 목적은 궁극적으로 조사에 머물지 않고 윤회 속으로 파고들어가 중생을 구제하는 데 두어야 한다고 역설하였다. 한용운이 선의 필요성을 역설한 것은 일제하 억압 상황에서 불교 교단이 지향해야 할 활로를 선에서 찾을 수 있다는 판단에서였다.

권상로와 이능화의 불교 연구

권상로權相老(1879~1965)는 명진학교 출신으로 뛰어난 학문적 업적을 낸 불교학자였다. 불교 자료를 정리한 《한국사찰전서韓國寺刹全書》와 《이조실록불교초존李朝實錄佛敎鈔存》을 편찬했고, 《조선문학사》와 《한국지명연혁고》 등의 저술을 펴냈다. 그는 한국 불교사 서술에도 많은 업적을 남겨, 《조선불교사고朝鮮佛敎史藁》·《조선불교약사朝鮮佛敎略史》·《조선불교사개설朝鮮佛敎史槪說》·《삼국유사역주三國遺事譯註》 등을 저술하였다.

권상로는 자신이 발행하고 있던 《조선불교월보》에 1912년부터 1913년까지 〈조선불교개혁론〉을 연재하였다. 권상로의 개혁론은 사회진화론에 따른 종교 경쟁을 입론의 근거로 한다. 그는 조선 불교의 폐쇄성을 비판하며 개혁의 불가피성을 역설하고, 불교의 평등주의에서 불교 개혁의 최고 이상을 찾았다. 석가가 불교를 열고 달마가 선종을 개창한 것과 같이 근본적인 의미에서의 종교개혁을 추구하였고, 제도적 개혁 이전에 믿음을 확고히 하는 정신개혁을 강조하였다. 그는 제도적으로는 하나의 재단으로 단합해야 함을 강조하였고, 교리를 연마하기 위한 교육제도의 개량을 제시하였다. 권상로는 교계 최초로 개혁 논의를 불러일으키고 개혁의 당위성을 역설했지만, 구체적인 방안 제시보다는 현실 비판과 개혁의 당위성, 그리고 정신적인 각성을 촉구하는 데 그쳤다.

권상로는 1917년 《조선불교약사》를 썼고, 1937년 《조선불교사개설》을 펴내, 한국 불교사의 체계적인 정리에 앞장섰다. 그는 최초의 불교 통사인 《약사》에서 한국 불교의 원류를 파악하여 정체성을 확립하고 개혁이념을 정립하고자 하였다. 《개설》에서는 한국 불교사를 불교 향상시대(불교 수입, 교종 분립, 선종 울흥), 불교 평행시대(여열 계승, 쇠퇴 조맹), 불교 쇠퇴시대(압박 절정, 중간 멸멸, 유지 잔천)로 구분하고, 1902년 이후를 갱생 과도시대로 나누어 불교 부흥의 계기를 마련한 데 의미를 부여하였다.

근대 불교시기에 불교의 근대적 지향을 일반에게 널리 알리는 데 크게 기여한 것이 여러 종류의 불교 잡지였다. 이 잡지들을 발간하며 불교계 계몽운동에 자취를 남긴 이가 이능화李能和(1869~1943)였다.

이능화는 본래 한학을 익혔으나 내외정세의 변화를 통찰하고 여러 외국어를 익혀 뛰어난 실력을 갖추었다. 1915년에 30본산 주지들을 중심으로 발족한 불교진흥회의 산파 역할을 하며 불교계 계몽운동에 뛰어들었다. 1917년부터 5년 동안《불교진흥회월보佛敎振興會月報》·《불교계佛敎界》·《조선불교총보朝鮮佛敎叢報》 등 다양한 불교 교양지를 발간하여 불교를 포교하고 민족문화를 수호하고자 하는 불교진흥회의 목표를 실행하였다.

이능화는 1918년 한국 불교에 관한 방대한 사료를 모은《조선불교통사》를 발간했다. 그는 1907년부터 자료를 수집하기 시작하였는데, 총독부의 자료 조사사업으로 대규모의 문헌이 집성되어 1911년《조

《조선불교통사》
방대한 자료를 모아 한국 불교의 역사를 정리한
이능화의 저서.

선사찰사료》가 간행된 것도 자극제가 되었다. 《통사》는 상편을 불화시처佛化時處로 이름 붙이고, 삼국 이래 조선까지 편년체의 강목 형식으로 주요 불교사건을 정리하였다. 중편 삼보원류三寶源流는 한국 불교의 종파와 임제종 중심의 불교 전통을 서술하였다. 하편 이백품제二百品題는 다양한 주제 200개를 설정하고 관련 자료를 정리하였다. 그는 한국 불교사를 과거시대(고려 이전 전성, 조선 쇠퇴), 과도시대, 미래시대로 구분했다. 한국 불교사 관계 자료를 집대성한 방대한 자료집인 《통사》는 이후 불교사 연구의 큰 자산이 되었다. 일본인의 시각에서 조선 불교를 정리하여 한국사상의 특성을 고착성과 종속성으로 규정한 다카하시 토루高橋亨의 《이조불교李朝佛敎》(1929)나, 한국 불교를 중국 불교의 연장으로 이해한 누카리야 카이텐忽滑谷快天의 《조선선교사朝鮮禪敎史》(1930)도 이능화의 자료를 바탕으로 나온 저술들이다.

이능화는 1922년 조선총독부에서 조선사편찬위원회를 조직하자 그 위원이 되었다. 조선사 편수에 참여함으로써 우리 역사를 바르게 정리하고 희귀한 사료와 전적을 섭렵할 기회를 얻으려는 생각이었지만, 결과적으로 일제의 정책에 협조하게 되었다. 1923년에는 조선사학회에서 간행한 조선사강좌 분류사 강의로 《조선불교사》를 집필하기도 하였다.

이영재는 1922년에 〈조선불교혁신론〉을 발표했다. 일본 유학생이었던 그는 10년간 일제 사찰령체제 아래서 전개된 조선 불교의 폐단을 직시하고, 불교 개혁의 핵심이 사찰령과 본말사제도의 폐지에 있다고 판단했다. 그런 다음에야 새 시대에 부합하는 불교국가를 건설할 수 있다는 관점에서 불교 개혁론을 주장했다. 그는 본산제의 폐단으로 교단이 통일되지 못하고 분열됨에 따라 총독부에 종속이 심화되면서 식민지불교로 전락하였고, 전통적으로 합의제로 운영해오던 것이 본산 주지에게 권한이 집중되어 전횡이 자행됨으로써 불교도의 화합을 깨뜨렸다는 점을 들었다. 총독부의 인사권과 재정권 장악 등의 폐해를 지적하기는 했지만 본말사제도 자체의 심각성보다는 본사 주지들의 해악을 문제삼은 것이다. 이를 타파하기 위해 이영재는 당국과의 타협을 통한 사찰령의 개정을 주장했다. 그리고 본사 주지의 횡포를 막기 위해 말사 주지와 불교도들의 단합을 역설하며, 불교계의 통치를 전제군주정치에서 민주공화정치로 바꾸자고 주장했다.

청년 불교운동과 불교 교육운동

1915년에 총독부의 정책에 순응하는 본산 주지들은 이회광을 회주, 강대련을 부회주로 불교진흥회를 설립하였다. 불교진흥회는 신도들 중심으로 친일 활동을 끌고가려는 총독부의 지시에 따라 1917년 2월 친일세력의 대표인 이완용이 주도하는 불교옹호회로 바뀌었다. 1922년 7월에 불교협성회佛敎協成會가 생겨났지만 역시 별다른 성과는 없었다.

이회광과 강대련은 경쟁적으로 조선 불교를 일본에 동화시키려는 기도를 자행했다. 이회광은 1920년 조선 불교를 일본 임제종에 소속시키려고 경상 지역 본산 주지의 동의를 얻었으나, 경기 이북 본산의 지지를 받는 강대련의 문제 제기로 무산되었다. 일제와 연계하여 교권을 장악하려던 두 사람의 대립은 서로의 견제로 목적을 이루지 못하였다.

이회광이 일본 임제종에 귀속시키려는 기도를 추진하던 1920년에 젊은 승려 100여 명이 각황사에 모여 조선불교청년회를 창립하였다. 이들은 만사를 민중적 공의公議에 의해 결정하고, 30본산 연합 제규制規를 수정하고, 사원의 재정을 통일하며 불교 교육을 혁신하고 포교 방법과 의식을 개선할 것 등을 30본산 연합사무소에 건의하였다. 불교계 논의를 공론화하고 강력한 교단 통일기관을 내세우며, 교육과 포교를 새롭게 하자는 개혁 내용이었다.

젊은 승려들은 유신운동을 지속적으로 추진하기 위해 1921년 12월에 조선불교유신회를 창립하였다. 이듬해 1월 각황사에서 박한영, 임석진 등 대표 15명은 2,270명이 연서한 대총독건의서를 발표했다. 정교 분립의 원칙에서 한국 불교의 총림청규叢林淸規 전통을 살려 하루빨리 사찰령을 폐지하고 불교 자체의 통제에 맡길 것을 촉구하는 내용이었다. 이들은 30본산이 30파로 분열되었고, 주지의 전횡으로 다툼이 심하며, 주지가 당국과 밀접한 관계를 맺고 그 권력을 빙자하여 승니를 농락하고 산중의 분열을 일삼아 평화를 깨뜨렸다고 비판하였다.

조선불교유신회의 활동은 강대련과 이회광의 대립 속에 양쪽에 적극 가담하지 않던 16개 본산의 관심을 받았다. 그런 가운데 1922년 3월, 범어사 김상호金尙昊 등 유신회의 과격한 청년승려들은 강대련이 관청과 도제를 속이며 자신의 사익만 도모하는 조선 불교계의 악마라고 규정하고, 북을 지워 두들기면서 내쫓는 명고축출鳴鼓逐出을 경성 시내에서 강행하였다.

조선불교유신회에서는 진보적인 본산을 중심으로 불교의 통일기관을 만들어 불교의 자치를 실현하기 위해 1922년에 조선불교중앙 총무원을 설립하기로 했다. 이 모임을 주도했던 이회광은 1922년 12월에 조선불교중앙교무원의 재단법인 설립 인가를 받고, 강대련과 함께 27개 본산의 지지를 받았다. 그러나 통도사 등은 불교유신회원과 함께 총무원을 유지하였다. 이후 양측은 각황사를 두고 강제 퇴거 시도와 반발, 명도 소송 등 끊임없는 추태가 이어졌다. 1925년에 양측이 타협하여 총무원이 물러나고 조선불교중앙교무원의 단일기구로 정리되었다.

일제의 국권 침탈은 불교 교육 근대화운동에도 큰 타격을 주었다. 일제는 사찰령과 사립학교령 등으로 강압적인 식민정책을 시행했고, 불교계는 자율적인 발전을 지향하지 못하고 분열로 어려운 상황에 처해 있었다. 그러나 한편으로 전통불교를 바탕으로 한국 불교 교육의 진흥을 위해 선학, 교학, 대중교육을 활성화하고 근대 교육기관을 설치하는 등 다양한 활동을 전개하였다.

경허를 비롯한 혜월慧月·만공滿空·한암漢巖 등 선승들은 선 수행을 중심으로 전통불교 교육을 수호 발전시키고자 하였다. 일제의 탄압 속에서 고찰을 수호·중건하고 선원을 바탕으로 인재를 양성하며 선풍을 진작하여, 중생제도에 기여하고 한국 불교의 정체성을 확립하고자 하였다. 1913년에 전국의 본말사에 62개 선원이 운영된 것은 이들의 노력의 결과였다.

박한영·이능화·권상로·김영수 등은 교학 전통을 기반으로 불교문화를 근대화하고 수호하고자 노력하였다. 많은 저서를 통해 국학을 개발하고, 강학과 교육에 전념하여 신진학도를 양성하였다. 1913년에 전국의 강원은 47개소가 운영되었다.

한용운·박한영·용성은 대중교육에 진력하였다. 이들은 일제의 간섭과 일본 불교의 침투에 대응하여 한국 불교의 주체성을 확립하고 항일독립운동을 전개했으며, 불교 개혁운동을 일으켜 불교 발전을 꾀하였다. 한용운은 생활 속의 선을 강조하며 독립운동을 주도하였고, 박한영은 중앙학림 등 교육사업에 종사하여 인재양성에 힘쓰고, 산간불교를 탈피하여 현실 사회에 적응할 수 있는 생활불교를 제창하였다. 그는 조선불교청년회를 조직하고 조선불교중앙총무원의 교정을 지냈다. 용성은 강원을 중심으로 대중교육에 힘썼으며, 포교의 중요성을 강조하고 이를 위해 역경사업에 종사해 많은 불전을 번역하였다. 아울러 선 수행과 농사를 병행하는 선농일치를 제창하며 직접 과일을 재배하고 농사를 짓는 등 승려의 노동 참여를 실천하였다.

일제강점기에 불교사범학교는 승려를 교육하여 포교 교사를 양성하려는 기본 취지와 달리 조선교육령에 따라 충량한 일본국민을 육성하도록 일본어와 일본역사 교육이 강요되었다. 원종과 임제종의 양분으로 불교사범학교는 침체를 벗어날 수 없었고, 사립학교규칙에 따라 각종 학교로 격하되기에 이르렀다. 한편으로는 이 시기에 전국 사찰에서 보통학교를 확장 발전시켜, 1913년에 47개의 보통학교가 운영되었다.

1914년에 30본산 주지들은 불교고등강숙을 개교하였다. 각 사찰에는 학비를 지급하는 공비생公費生이 배정되었고, 자비 학생도 있었다. 그러나 학생들이 본산 주지들의 친일 태도와 무능한 교육시책에 반발하여 조선불교회를 조직하고 반대운동을 벌이자, 이회광은 불교고등강숙을 폐지하였다.

1915년에 30본산연합사무소 위원장 강대련은 불교고등강숙을 불교중앙학림으로 개편하고, 그 기초 학교로 지방학림과 보통학교를 두어 보통학교-지방학림-중앙학림으로 이어지는 3단계의 근대적인 학림체제를 확립하였다. 이로써 불교 교육제도는 가장 근대적으로 정비되었다. 학림체제는 전국 900여 사찰을 기반으로, 중앙학림 1개, 지방학림 10개, 보통학교 11개를 두고, 이 밖에 전문 강원과 선원을 갖추게 되었다. 1917년에 30본산 학생은 지방학림 222명, 불교전문 542명, 보통학교 290명의 재학생을 헤아렸다. 중앙학림은 30본산에서 출자하여 운영하였다. 수업 연한은 예과 1년, 본과 3년으로, 수신修身·종승宗乘·종교학·철학·포교법·국어 등의 과목을 이수하도록 하였다.

1927년에 중앙교무원은 불교전수학교를 인가받았고, 1930년에는 학생들의 승격운동으로 중앙불교전문학교로 발전하였다. 박한영·김영수·권상로 등의 교수와 이병도·최남선·이능화 등의 강사가 많은 인재를 양성하였다. 1940년에는 혜화전문학교로 이름을 바꾸고 불교과 외에 흥아과興亞科를 신설하여 운영하였다. 그러나 다카하시 토루高橋亨가 교장으로 취임하자 조선인 교수와 강사 대다수가 사임하였고, 학병제가 시행되는 등 일제 전시체제의 현장이 되더니 1944년 5월 결국 강제 폐쇄되고 말았다.

신학문을 가미한 근대적 승가교육제도 개선안은 실현되지 못했으나 전통강원은 여전히 유지되었다. 1937년에 전통강원은 개운사의 대원강원을 비롯한 32개가 운영되었고, 여기에서 사미·사집·사교·대교·수의과로 나뉘어 646명의 학인들이 교육을 받았다.

1935년 봄에 유점사·건봉사·월정사는 상원사에 승려수련소를 설치하여 중견 승려를 양성하였다. 1937년에는 효봉曉峰이 송광사에 주석하며 지눌을 계승하는 학풍으로 많은 선승들을 길러냈다. 선학원에서는 전국 선원 대중을 모은 방함록철芳卿錄綴을 펴냈다. 이에 따르면 1942년에는 68개 선원에서 하안거 505명, 동안거 340명의 대중이 열악한 여건 속에서도 선 수행에 매진했다.

역경사업은 1936년부터 안진호와 허영호許永鎬가 중심이 되어 많은 경전을 번역하고 토를 달아 출간하는 사업을 시행했다. 불교의 대중화를 위해 포교의 중요성이 절실했지만 체계적인 포교는 제대로 이루어지지 못했다. 포교사들은 1927년 8월 동화사에서 조선포교사대회를 개최하고 새로운 포교 방안을 모색하였다. 각황사 포교당은 김대은金大隱을 포교사로 초청하고 새로운 포교 방법을 시도하였으니, 청년들을 대상으로 한 일요일의 불교 강연회와 불교전도대의 야간 가두 활동이 그것이다. 1910년부터 시작된 포교당은 1945년까지 335개가 창설되어 불교 대중화에 기여했다.

일제강점기의 통계가 종교계 전반의 현황을 나타낸다고 하기는 어렵지만, 그 추세는 짐작할 수 있다. 1920년에 불교 교세는 포교소 45개소, 신도 14만 9,714명이었고, 1929년에는 포교소 104개소, 신도 16만 9,012명이었으며, 1942년에는 31본사, 2,254말사, 409포교소에 승려 6,825, 포교사 420, 신도 24만 4,795명이었다. 전체적으로 포교소와 신도가 늘어나는 추세였음을 알 수 있다. 기독교가 1942년에 25개 교파에 포교소 5,497개소, 신도 37만 4,487명이었던 것과 비교해서 불교계의 활동이 다소 위축되었음을 알 수 있다.

선학원과 일제 대항운동

총독부는 사찰령체제 아래서 불교계를 31개 본사로 나누어 통제하였다. 30본사는 1924년에 31본사로 바뀌었다. 이런 체제에 대항하여 일어난 것이 선학원운동이었다.

일제가 3·1운동을 겪고나서 문화통치로 정책을 전환하자 비구승들이 중심이 되어 1921년 안국동에 선학원禪學院을 건립하였다. 남전南泉·도봉道峰 등의 결의를 토대로 용성·만공·성월惺月 등이 협의하여 선학원이 완공되었다. 선학원은 임제종 설립운동의 주역들과 불교계 자주세력인 조선불교청년회의 구성원들이 주축이 되어 창립되었기 때문에 항일의식이 강한 승려들의 활동 무대가 되었다.

통합종단을 건설하기 위해 1929년 1월에 조선불교선교양종승려대회에서 종헌·종법의 제정과 종회 구성 등 제반 업무를 통괄하는 중앙교무원의 운용을 결의하였다. 그러나 1929년 10월에 일제가 주관한 조선불교대회에서 이는 좌절되었고, 일제의 간섭과 기득권을 유지하려는 본사 주지들의 자각 부족과 비협조로 성과를 이룰 수 없었다.

한동안 활동이 부진하던 선학원은 1931년에 만공의 제자인 김적음金寂音의 활동과 함께 중흥의 계기를 맞았다. 그는 선학원에서 참선수행을 시작하고, 선을 대중화하기 위해서 선우회禪友會를 조직하여 70여 명의 회원을 확보하였다. 기관지《선원禪苑》을 간행하고 선의 대중화에 노력하면서 여러 차례 수좌대회首座大會를 개최하였다. 선학원은 거듭되는 재정난을 타개하기 위해서 1934년에 재단법인 조선불교선리참구원朝鮮佛敎禪理參究院으로 전환하였고, 1935년에 개최된 제3차 수좌대회를 계기로 조선불교선종朝鮮佛敎禪宗을 탄생시켰다. 선승들은 종헌과 각종 법안을 제정하고 종정, 종무원, 간부, 수좌 대표 등 보직자를 선출하였다. 전국 수좌대회 개최 결과로 탄생한 선종은 선승들이 선종이라는 종명을 채택하고, 조선 불교의 연원이 선종에 있음을 밝혔다. 이는 조선 불교의 독자성을 천명한, 중요한 의미를 갖는 것이었다. 이로써 등장한 선종은 총독부와 결탁된 31본산 연합사무소와는 성격을 달리하는 것이었다.

조선 불교의 통일된 힘을 식민통치와 대륙침략에 이용하기 위해 일제 식민정책은 총본사 건설을 추진하였다. 1935년 7월에 일제는 조선불교심전개발사업촉진회朝鮮佛敎心田開發事業促進會라는 단체를 결

서울 선학원
일제의 불교 통치정책에 맞서 불교운동을 추진하기 위해 열린
선학원의 유교법회(불교신문사).

성하여 심전개발운동을 통해 조선인 황국신민화 정책을 추진하였다. 내선일치를 바탕으로 전개한 이 운동의 강연회에 불교계는 적극 동참하였다. 일본이 중일전쟁을 도발하고 전쟁 상황이 악화됨에 따라 1940년에는 국민총력체제로 전환하였다. 불교계에도 일원적인 지도체제를 요구하여 총본사 설립이 추진되었다.

31본산 주지회의는 조선불교선교양종총본산 각황사覺皇寺로 총본사를 건설하기로 하였다. 총본사의 명칭은 나중에 태고사太古寺로 바뀌었는데, 이는 조계종의 법통을 고려 말 태고화상에서 찾으려는 데서 비롯되었다. 총본사 태고사는 1938년 10월에 완공되어 1940년에 본산 주지회의에서 조선불교조계종이라는 종명이 담긴 사법을 정하였고, 총독부는 1941년 4월 사찰령 일부를 개정하여 태고사법을 인가하였다. 이에 태고사 대웅전을 총본사로 하는 조선불교조계종이 탄생하였다. 1941년 6월의 제1회 중앙종회에서 한암漢岩을 종정으로 선출하였고, 9월에는 이종욱李鍾郁을 종무총장으로 선출하였다.

1941년 2월 선학원에서 유교법회遺敎法會가 열렸다. 만공·박한영·운허·청담·효봉·동산 등 40여 청정비구가 모인 이 법회는 일제의 불교정책과 일본 불교의 침투로 청정승가의 전통이 스러져가는 것을 방지하고 승풍을 진작시키고자 한 것이었다. 선 수행의 의지를 확인한 법회 개최 후에는 대중포교를 천명하였다.

총본산 건립과 조계종의 탄생은 지속적으로 이루어진 불교계 통일기관 설립운동의 결과이자 조선 불교의 전통을 계승한 종단 설립이라는 의의를 갖는다. 동시에 조계종의 창립은 조선총독부가 31본산 체제를 효율적으로 통합·관리함으로써 전시국민총동원체제에 부응하려는 식민지불교의 완성을 의미했다. 총본산 조계종의 실제 내용은 본말사체제라는 분할통제의 기본 구조를 그대로 유지한 채 총본사를 설치함으로써 중앙의 통합 관리기구와 지방 본사 사이에 교단 행정상의 구조적인 모순과 혼란을 초래하였다.

중일전쟁을 일으킨 일제는 조선을 병참기지화하면서 우리 민족의 얼과 정신을 근원부터 말살하고자 하였다. 여기에 종교를 적극 이용하여, 불교뿐만 아니라 개신교나 천주교도 이런 정책에 동원되었다. 1942년 1월 조계종은 일본군에 대한 감사와 전몰장병 조문 결의안을 채택하였고, 일본군의 필승을 기원하는 법회를 전국의 사암에서 개최했다. 1942년 3월 조계종 임시종회에서는 국방 자재의 헌납을 결의했고, 승려들도 일제의 침략전쟁에 참전해야 한다는 주장까지 등장해 불교계는 5대의 군용기를 일제에 헌납하였다. 일제는 불교계를 전시에 적극 이용하고자 조선불교회를 출범시키고 일본 불교와의 연합을 기도하기도 하였다. 1943년 3월부터는 전국 각 사찰의 불상과 범종과 유기를 공출하였다.

중일전쟁 이후 일제의 각종 억압책략은 불교계 내부의 모순을 더욱 심화시켰다. 일제의 교활한 정책에 반발하거나 전통불교를 지키고 근대적으로 개혁하려는 움직임도 있었고, 일제의 책략을 역이용하여 불교계를 결집하고 대중교화에 적극 이용하려는 움직임도 있었다.

불교계의 통일기구였던 조계종의 종무총장 이종욱은 비밀리에 애국지사들과 함께 대일 무장봉기를 계획하기도 하였다. 그는 1944년 3월 동지들과 일본군의 후방을 교란하기 위한 게릴라전을 펼치기로 하고, 월정사·보현사·석왕사 등을 돌며 군자금을 마련하였다. 김재호 등을 중국 국민당 정부와 광복군에 밀파하여 무기를 구입하도록 하는 한편, 1945년 9월 18일을 거사일로 정하였으나, 해방을 맞아 실천에 옮기지는 못했다.

불교계의 항일운동도 간헐적으로 지속되었다. 한용운은 1930년에 결성된 비밀항일결사체 만당卍黨의 정신적 지주 역할을 하였다. 그는 일제가 지원하는 총본산 건설운동에 대해서도 자치가 아니면 자멸이라며 강하게 비판하였다. 불교계가 전시동원령체제에 타협하는 세태를 비판하고, 전국의 본사 주지들이 창씨개명을 하던 1940년에는 박광朴洸 등과 창씨개명 반대운동을 전개하였다. 일제의 어떠한 호의도 단호히 거절하면서 1944년 6월 심우장에서 입적한 한용운은 일제에 타협한 인물들과는 상종조차 하지 않는 불굴의 지조를 지켰다.

김법린은 1928년 3월에 개최된 조선불교청년대회에서 불교계의 통일운동을 주도하였다. 그는 1930년에 비밀항일결사체 만당을 결성하였다가, 1931년 탄로나 검거되었고, 다솔사와 범어사에서 후학을 지도하다가 1942년 조선어학회사건에 연루되어 다시 옥고를 치렀다. 이고경李古鏡은 민족교육을 실시한다는 이유로 일제의 고초를 받다가 입적하였으며, 백초월白初月은 미친 사람으로 위장한 채 평생 항일독립운동에 헌신하다가 청주형무소에서 입적하였다.

근대의
선풍

경허의 선사상

근대 불교계에서 선 수행을 이끌어 전통불교의 흐름을 이은 이가 경
허성우鏡虛惺牛(1857~1912)이다. 본래 촉망받던 강사였던 그는 깨침을
이룬 다음 주로 호서湖西의 천장암天藏庵, 부석사, 개심사 등지에서 선
풍을 일으켰다. 1899년 해인사로 옮겨 주석하였고, 이곳에서 대장경
을 인경하고 수선사修禪社를 건립하여 종주宗主로 추대되었다. 경허는
〈결동수정혜 동생도솔 동성불과 계사문結同修定慧同生兜率同成佛果稧社
文〉에서 결사 의지를 밝혔다. 함께 정혜를 닦고 도솔천에 나며 세세생
생에 도반이 되어 끝내 함께 정각을 이루어, 도를 먼저 이룬 이가 따
라오지 못하는 이를 이끌어주기로 서약하는 것이었다. 여기에는 뜻
이 같고 행동을 같이하고자 하면 승속을 막론하고 남녀노소, 현우귀
천, 친소선후를 가리지 않고 모두 동참할 수 있도록 하였다. 경허는
또 깨달은 후에도 항상 그 마음을 보전하여 깨끗이 하고 고요히 하여

세상에 물들지 말고 닦아가야 한다며 끊임없는 수행을 강조하였다.

경허는 예부터 혜원의 여산결사, 백락천의 향산결사, 목우자 지눌의 공산결사가 있었음을 상기하며 수선의 중요성을 피력하였다. 화엄사 상원암에 선실을 다시 열었고, 범어사 계명암에서도 수선사방함청규修禪社芳啣淸規를 세우고 일시에 수선결사를 확장하여 선풍을 크게 진작하였다.

그런데 경허 결사의 특징은 미륵의 도솔정토론을 주장한 것이다. 경허는 정토와 도솔이 수행하는 사람마다 뜻하는 것이 다르지만 미륵정토나 미타정토가 서로 다른 바 없음을 강조하였다. 도솔에 상생하려는 자가 미타여래를 친견하기를 원치 않으며, 미타정토에 왕생하려는 이가 미륵존불을 받들어 섬기기를 원치 않겠는가라고 하며, 미타와 미륵정토를 구분하는 것보다는 정토에 가려는 실천이 더 중요하다고 보았다.

그러나 결사문 이름에서 정혜를 함께 닦는다고 한 데서 알 수 있듯이 경허는 참선 수행 못지않게 교학의 중요성도 역설하였다. 근기가 뛰어난 자는 곧바로 깨달음의 경지에 이를 수 있겠지만 특히 근기가 처지는 사람들이 많다고 여겨지던 당시에는 그런 하근기를 위해 오랜 세월을 차례로 닦아 마침내 구경의 경지에 들어가는 방편 또한 중요하다고 보았던 것이다. 남녀노소 모두에게 결사의 문호를 개방한 것도 이와 연관이 있었다.

경허는 정혜결사의 규약으로 먼저 정혜를 부지런히 닦을 것을 제안하고 본래는 정혜 수행과 함께 도솔왕생 의지도 함께해야 하나 우선 정혜 수행이 시급한 만큼 혹 도솔왕생을 원하지 않더라도 참으로 정혜를 수행하고자 하는 이는 결사에 참여하도록 하였다. 이는 어느 정토에 왕생하느냐보다는 정혜 수행이 결사의 주된 목표임을 말하는 것이다. 또한 정혜 수행을 결단코 할 수 있는 이라면 반드시 한곳에 모여 함께 수행하지 않아도 무방함을 강조하였다. 여기에서 급변하는 정세 속에서 한자리에 모여 수행하기 어려웠던 당대의 현실에 능동적으로 대처한 탄력성을 보게 된다. 그리고 이 규약문을 동·하안거에 반드시 읽고 새기도록 하였다.

이와 같은 경허의 결사정신은 일제강점기 불교 정맥을 그나마 유지할 수 있도록 한 중요한 자산이 되었다. 백파의 결사문보다 한층 구체적으로 교학의 의의를 인정했지만 체계적인 사상의 조직화가 뒤따르지 못해 결사는 수선에만 치중하고 대중의 참여를 확보하지 못한 한계를 보였다.

경허의 문하에서 혜월慧月·수월水月·남전南泉·만공·한암 등 뛰어난 납자들이 많이 배출되었고, 이들의 후예는 현대에 이르기까지 한국 불교계의 중추를 이루고 있다. 경허는 국권이 침탈되던 만년에 일반인 차림으로 만주를 유력하기도 하고 많은 기행의 일화를 남긴 채 함경도 갑산에서 입적하였다. 그의 기행을 두고 사람들의 고정관념을 깨뜨리기 위한 격외의 선기禪機라고 보기도 하지만 도덕적으로 문제를 제기하기도 한다.

용성의 불교운동

경허와 나란히 현대 한국 불교계에 큰 영향을 끼치며 문하를 배출한 이는 용성진종龍城震鐘(1864~1940)이다. 어려서 한학을 배우다 해인사로 출가한 용성은 천수주를 외우고 화두를 참구하였다. 23세에 깨침을 얻은 후 전국에서 안거와 운수雲水생활에 들어갔다. 47세에《귀원정종歸源正宗》을 저술했는데, 이는 기독교의 불교 비방에 대해 강력하게 논박한 책이었다. 용성은 이후 자신의 구도 못지않게 대중을 교화하는 것이 중요함을 깨닫고, 서울로 자리를 옮겨 1911년에 대각사大覺寺를 창건하고 도심 포교에 힘을 쏟았다. 그는 1918년부터 일제가 토지조사사업을 벌이자 농토를 확보하여 농사를 짓는 것이 수행만큼 소중함을 인식하고 선농일치 의식을 표방하였다.

용성은 만주 용정에 진출하여 농장을 마련하고 대각교당을 지어 농사와 포교를 병행하였다. 훗날 하동에 화과원華果院을 열고 활동한 것도 선농일치의 실천이었다. 3·1독립운동이 전개되자 한용운과 함

서울 대각사
용성선사가 불교 근대화운동을 추진했던 터전이었던
서울 종로 대각사의 오늘날의 모습.

께 불교계를 대표하여 민족대표로서 활동하였다. 또한 우리말로 읽을 수 있는 경전의 중요성을 일찍 인식하고, 적극적으로 역경사업을 진행하는 동시에 의식의 한글화도 추진하였다. 옥고를 치르고 출옥한 후에는 삼장역회三藏譯會를 조직하여 저술과 역경작업에 몰두하여 《심조만유론心造萬有論》,《각해일륜覺海日輪》 등을 펴냈다.

용성은 선의 중요성 또한 깊이 인식하고, 선의 대중화를 한국 불교의 전개에 중요한 요소로 생각했다. 식민지배하의 어려운 상황에서 불교의 전통을 이어받아 새로운 시대정신으로 제시하기 위한 용성의 다양한 활동은 저술과 역경, 선의 대중화, 항일운동, 교단 정화, 사원 경제의 자립화, 포교의 현대화로 실천되었다.

용성이 제창한 대각大覺운동은 깨달음에 대한 지향이었다. 그는 도의 큰 근원은 깨달음에서 나온다고 보았다. 용성이 생각한 대각은 종교·도덕·진리·철학·과학 등 일체만물이 모두 갖추어지지 않음이 없는 것이었다. 이 대각은 우주의 본원적 각성과 마음이 완전히 일치한 주체적 각자覺者, 바로 석가모니불이었다. 따라서 불교는 진심眞心을 가르치는 종교이어야 한다고 생각했다. 인간의 본원 진성眞性이 천지만유를 창조하는 것이니, 삼계는 오직 마음뿐이요[三界唯心] 만법은 오직 인식뿐[萬法唯識]인 것이다. 용성은 선이 교외별전의 뛰어난 가르침이라고 보았다. 교는 금강반야를 대승의 첫 단계로 여기고 화엄법화를 구경의 뜻으로 삼지만, 선은 화엄법화를 첫 단계로 여기고 삼처전심을 교 외에 비밀히 전한 뜻이라고 구분한 것이라고 파악했다. 용성은 이를 삼처전심이나 진귀조사설과 같은 전통적인 선어로 설명하고, '이 뭣고'나 '무자'와 같은 화두를 참구할 것을 당부했다. 그것도 알음알이로 참구하지 말고 지해知解를 끊고 수행에 몰두할 것을 강조했다.

혜월·만공·한암

혜월혜명慧月慧明(1861~1937)은 경허의 지도를 받으며 맹렬한 정진 끝에 깨달음을 얻었다. 수덕사에서 38년을 지낸 그는 남쪽의 사찰을 두루 다니며 선풍을 진작하였다. 그는 천성산 내원암內院庵에서 전답을 개간하는 데 큰 힘을 쏟았다. 사람들은 그가 밭 5두락을 팔아 개간한 땅 3두락밖에 얻지 못했다고 비난하였으나, 그는 나라와 절의 없던 땅 3두락이 늘었음을 보아야 한다고 깨우쳤다. 식민지하에서 개척정신을 펼쳐 보인 혜월의 행적은 독특하고 신념에 찬 것이었다. 그가 보시를 중시한 것 또한 모든 중생이 함께 가야 한다는 큰 차원에서의 행동이었다.

그의 생애를 뒤덮는 수많은 보시설화는 모두가 하나의 세계로 귀결된 선적 경지를 배경으로 한 것이었다. 모든 언어와 행동은 선적 체험에서 나온 행적이었다. 그런 무애행을 살았던 그에게는 무심도인無心道人이라는 별호가 붙었다. 그러나 그는 지계持戒정신이 투철하여 대처승 문제에도 단호하게 반대하였다. 혜월의 삶은 치열한 선풍을 일상의 언어와 행동으로 나타내며 전통불교의 정신을 계승하고 진작하고자 한 것이었다.

만공월면滿空月面(1871~1946)은 일제강점기에 한용운과 함께 가장 널리 활동했던 선승이다. 13세에 장수를 빌기 위해 금산사를 찾았다가 불법에 환희를 느끼고 이내 출가했다. 송광사를 거쳐 동학사에서 머물다가 경허를 만나 천장사에서 지냈다. 1893년 화두에 전념하기 위해 온양 봉곡사에서 수행하다 아침 종성에 견성하였다. 마곡사 토굴에서 참선하던 중 경허가 찾아와 권한 무자無字 화두를 참구하다

1898년 서산 부석사의 경허 휘하에 가서 수행했다. 1904년에 경허로부터 전법게를 받고, 이후 덕숭산 금선대에 자리를 잡고 수덕사, 정혜사, 견성암 등에서 40년간 선풍을 진작하며 수많은 인재를 길러냈다.

만공은 선 수행에서 신심信心, 윤회하는 나를 보는 분심憤心, 화두를 참구하는 의심疑心의 단계적 수행을 제시했는데, 수행에는 도사·도량·도반과 같은 선지식이 더없이 소중하다고 보았다. 만공의 선관은 당처당상當處當相으로 요약된다. 나와 너, 주관과 객관 이전의 우주 전체로서의 나를 찾는 것이 무엇보다 중요한데, 세간상으로서의 나는 업신과 육신과 법신이 합치된 일체 그대로의 나이므로, 업신·육신 그 모습 그대로 법신을 깨닫는 것이 당처당상이다. 이때의 나는

예산 정혜사
만공선사가 주석하며 선 수행을 이끌었던
수덕사의 정혜사 선원.

만유萬有이고 일심이다. 본래부터 중생에게 갖추어 있는 나의 진면목을 그대로 믿고 행하고 깨닫는 것이다.

여기서 만공이 제시한 표어가 온세계가 하나의 꽃[세계일화世界一花]이었다. 나의 깨달음은 내 개인에 그치지 않고 반드시 다른 이를 구하는 자비로 풀어야 한다는 것이다. 깨달음이 개인에게 한정되지 않고 사회적인 베풂으로 나아가야 함을 역설한 만공의 세계일화 의식은 일제강점기의 어려운 상황에 처해 있던 모두의 '나'에게 반드시 필요했던 의식이었다.

널리 알려진 만공의 일화는 1937년에 열린 본산 주지회의에서 미나미 지로南次郎 총독을 질타한 일이다. 총독이 조선 불교 진흥에 대한 의견을 말해보도록 하자 침묵을 지키던 만공은 불같은 호령으로 꾸짖었다. 대처 허용으로 조선 중들을 모조리 파계시킨 공로밖에 당국자들이 무슨 업적이 있겠느냐, 죄를 짓고 지옥에 떨어진 역대 총독을 건져내기 위해 우리 주지들부터 계를 지키고 힘써 수행하는 것이 조선 불교의 진흥책이라는 일갈이었다. 이런 굳은 의지가 있었기에 만공은 일제강점기 끝까지 지조를 지키며 수행에 진력할 수 있었다. 그런 만공의 흉금을 터놓고 지내던 지우가 한용운이었다. 두 선지식은 만나면 나라를 걱정하고 끝없는 법담을 주고받느라 밤을 지새웠다고 한다.

한암중원漢巖重遠(1876~1951)은 금강산을 유람하다 우연히 출가를 결행하였다. 지눌의 《수심결》을 읽다가 문득 깨달은 바가 있었고, 24세에 청암사에서 경허를 만나 법문을 듣다가 《금강경》 구절에서 혜안이 열리는 깨달음을 얻고 경허로부터 인가를 받았다. 한암은 1905년부터 통도사 내원선원의 조실로 선승들을 지도하였는데, 1910년 선원을 해산하고 홀로 평안도 맹산에서 수행에 진력하여 3차 깨달음을 얻었다. 일본 조동종의 사토佐藤가 그를 만나본 후 현세에서 볼 수 없는 큰스님이라고 소개하여 일본인들이 많이 찾아와 법문을 청했다고 한다. 봉은사 조실로 있던 1925년, 돌연 오대산에 들어가 입적할 때까지 선실을 지켰다. 특히 한국전쟁 때 다들 싸움터가 될 절을 떠나는데도 선방을 지키고자 끝까지 남아, 그 정신에 감복한 군인들의 방화를 저지할 수 있었다고 전한다. 전쟁이 끝나고 들어가보니 법복을 입고 좌정한 채로 열반에 들어 있었고, 사진으로 전해지는 그 광경은 훗날까지 가람 수호의 표상이 되었다.

한암은 전통불교의 확고한 계승자이자 진정한 수행의 길을 걸은 선승이었다. 1929년에 열린 조선불교승려대회에서 7인의 교정敎正으로 선출되었고, 1936년에는 조계종 결성에 참여하여 초대 종정을 맡기도 했지만, 그의 본면목은 선 수행자였다. 그는 1937년에 그의 첫 깨달음의 원천이었던 《보조법어普照法語》를 현토 간행하였고, 《금강경오가해》도 현토 간행하여 후학을 이끌기도 하였다. 그래서 그의 선사상은 지눌과 닿아 있다. 돈오점수를 제창하여 지눌사상을 계승한 관점을 보였고, 지눌처럼 규봉과 하택의 견해를 인용하여 설명하기도 하였다. 그가 지우 경봉鏡峰에게 보낸 편지에서 제일 요긴한 책자로 《대혜서장大慧書狀》과 《보조절요普照節要》, 《간화결의看話決疑》를 든 것도 지눌사상을 계승한 면모를 잘 드러낸다. 그래서 한국 불교의 법통에 대해서도 한암은 도의道義에서 지눌로 이어진 조계종을 바른 줄기라고 주장했다. 그는 〈해동초조海東初祖에 대하야〉에서, 해동초조는 도의이며 범일梵日을 이어 보조普照와 수선사 국사들, 각엄覺儼—졸암拙庵—귀곡龜谷—벽계碧溪—벽송碧松—부용芙蓉—청허淸虛의 법통을 제시했다. 논란이 되었던 태고太古 연원을 부정한 것이다. 한암은 명확한 사상적 관점에서 지눌의 체계를 토대로 대혜의 간화선을 수용한 당시 조계종의 입장을 밝혔다. 한암은 스승 경허의 글을 모아 문집을 발간하고 행장을 정리했는데, 경허의 경지에 이르지 못한 범부들의 모방을 염려하며 계율의 준수를 분명히 하였다.

근대기에 활동했던 주요 선승들의 선관은 전통사회에서 근대로 변화하며 외세의 압력을 이겨내는 내외의 과제를 안고 있던 교단의 상황을 직시하고 그 하나의 활로로서 제시한 성격이 강했다. 일제 식민 불교정책에 대한 대응으로서 전통불교의 수행 핵심인 선풍의 진작을 제시한 것이었다. 이들이 제시한 교와 선을 병행하며 선풍을 드높인 인식은 당시 교단이 지향해야 할 바른 방향이었다. 그러나 선풍 진작

평창 상원사
한암선사가 한국전쟁 때 생명을 던져 수호한
선 수행의 터전 오대산 상원사.

과정에서 파생된 무애자재행과 계율 준수 문제는 당시의 시대적 상황을 고려하여 평가하되 부정적 영향의 극복 또한 명확하게 해야 할 것이다.

석전의 생활불교

이들 선사와는 다른 관점에서 의미 있는 자취를 남긴 이가 당대의 대표적 학승이었던 석전한영石顚漢永(1870~1948)이다. 석전은 20세에 백양사 운문암에서 사교를 배우고 이어 선암사에서 대교를 배운 후 석왕사, 신계사, 건봉사에서 수행했다. 30세부터는 대원사, 백양사, 대흥사, 해인사, 법주사, 화엄사, 석왕사, 범어사 등 여러 절에서 강론을 베풀었다. 1908년 상경한 그는 불교 개혁운동에 참가하여 이회광에 반대하는 임제종운동에 참여하였다. 1912년 중앙불전 교장을 맡았고, 1913년에는 《해동불교海東佛敎》를 창간하여 대중포교에 힘을 쏟았다. 1914년에는 고등불교강숙에서, 1916년에는 중앙불교학림에서 강의를 맡아 청년불교 인재양성에 진력하기 시작하여 1926년 개운사 대원암에 불교강원을 세우고 20년간 인재를 양성했다. 1929년에는 조선 불교 교정을 지냈고, 1931년에는 불교전문 교장을 맡았다. 1945년 조선불교중앙총무원이 구성되자 초대 교정敎正을 맡기도 했다.

　강론과 강의에 큰 힘을 쏟은 만큼 석전은 선 위주의 풍토에 비판적이었다. 그는 원융성圓融性을 강조하였는데, 과학·종교·철학이 서로 상통하는 원융한 불교상이 구현된 화엄적 세계관이 그의 불교관의 핵심이었다. 또 지행합일知行合一을 강조하며 선풍의 문제점을 일일이 지적하였다. 석전은 《육조단경》 돈황본의 변개 문제를 들어 조사들에 대한 인식이 시대에 따라 달라졌음을 지적했다. 선종의 기본 주장인 불립문자설은 조사의 친설이 아니라 누군가가 부연한 것이니, 진귀조사설이나 삼처전심설도 이전 법어에는 없던 것이 부가된 것이니 선종에서 내세우는 조사들의 공안은 한 안목을 갖추기 위한 것으로 절대시해서는 안 된다고 비판했다. 그가 보기에 교도 선도 수행의 한 방편인데, 다른 사람에게 전하기도 말하기도 어렵다는 뜻에서 억지로 표현한 조사선을 상 위에 놓고 여래의 무상대법無上大法을 경시한다는 것은 바른 태도가 아니라고 하였다. 이는 불교 쇠퇴의 원인을 불교 자체의 책임으로 파악하고, 불교 개혁과 불교인들의 자각을 촉구한 것이었다. 그는 국가의 억압과 유교의 성행 때문이 아니라, 불교가 불치병에 걸려 교육과 사회적 역할을 하지 못해 국가의 멸망과 함께 쇠퇴했음을 예리하게 지적했다.

석전이 주력한 것은 생활불교였다. 아녀자를 상대로 기복과 왕생극락을 설하는 조선 불교의 나태와 안일방관과 타성을 통렬히 비판하고, 시대적인 사명감을 가질 것을 역설하였다. 이를 위해 시대가 변하고 대중의 지혜가 발달함에 따라 포교의 내용이나 방법이 달라져야 함을 주장했다. 곧 포교는 이제 미신포교에서 지혜와 믿음의 포교로, 이론포교에서 실천포교로, 과장포교에서 실질포교로 바뀌어야 한다고 주장했다. 이를 위해 청년을 우선 양성할 수 있는 교재를 마련하여, 교육 자료를 간편하고 요령 있게 만들어 뛰어난 대승의 교리를 유용하게 활용할 것을 제안했다. 그리고 무엇보다 포교인은 대승적인 보살정신을 갖고 청정단아한 말과 행동과 평등한 마음으로 대중을 대하여 불교를 널리 펼칠 것을 강조했다.

韓國佛敎史

8

현대 한국 불교
―산업사회시대 불교의 지향

해방 정국과 불교계

1945년 8월 15일 한국은 광복을 맞았다. 한국이 자주독립국가를 건설할 기회를 갖게 되자, 불교계는 식민지 불교체제의 해체와 교단 개혁의 과제 해결을 위해 고심하였다. 그러나 이는 미군정의 편향적 종교정책으로 인해 어려움을 겪었다. 미군정 당국은 불교계의 재산 권한을 배제하였고 교단 개혁은 쉽게 이뤄질 수 없었다.

광복을 맞아 교단의 과거 집행부가 퇴진하자, 식민지배를 극복하고 새로운 불교를 개척할 승려와 청년들이 이를 인수하였다. 이들은 태고사에 조선불교혁신준비위원회를 결성하고, 불교계의 제반사항을 논의하기 위해 1945년 9월 전국승려대회를 개최하였다. 전국의 본산을 대표하여 참가한 60여 명은 일제 식민지배를 청산하자는 원칙을 천명하고, 사찰령체제에 따른 태고사법과 본말사제도 대신 새로운 교단기구 구성을 결의하였다. 총괄 행정기구인 중앙총무원과 입법기구인 중앙교무회, 감찰기구인 중앙감찰원을 두기로 하고, 지

방에는 도별 교구를 설치하여 교무원을 두고 교정을 맡길 것을 결의
하였다. 이에 따라 교정에 박한영, 총무원장에 김법린金法麟을 추대하
고 조선불교교헌朝鮮佛敎敎憲을 제정·반포하여, 조계종 대신 조선 불
교의 종명을 쓰게 되었다.

교헌은 조선 불교를 역사적·지역적으로 조선적 전통과 형태를 갖
는 것으로 규정하고, 원효, 지눌, 태고 이하 청허와 부휴의 법맥을 전
등으로 밝혔다. 한국 불교의 주요한 사상적 전통과 조선 후기의 법맥
계승을 명시한 것이다. 그러나 교헌에 토대를 둔 교단 운영은 원활하
지 못했다. 도별 교구제의 시행은 지지부진했고, 교단 운영을 위한
새로운 재정안의 실행도 순조롭지 않았다.

이때 각종 혁신단체들도 등장하여 식민지 불교의 청산과 새로운

문경 봉암사
청정 수행 기풍을 주창하여 현대 한국 불교정신의 뿌리를 이루는
결사를 실천했던 봉암사.

불교 개혁안을 주장하였다. 불교청년당, 혁명불교동맹, 조선불교혁신회 등은 교단 개혁과 함께 사회 개혁을 주장하였다. 교단과 혁신단체 간의 서로 다른 현실 인식은 종권과 사찰 관리권, 불교 대중화의 방법 등을 둘러싸고 의견 대립을 보였다. 이들은 불교 발전과 불교 대중화의 원칙에는 공감했지만, 이를 위한 내적인 준비, 교육, 수행에서는 적지 않은 의견 차이가 있었다.

광복 이후 사회적으로 큰 관심 대상이던 토지 개혁 문제도 그 중심에 있었다. 당시 불교계의 경제적 기반은 대부분 토지와 산림에 의존하고 있었는데, 기존의 토지를 지키면서 그에 대응하려는 교단 집행부와, 토지 개혁을 시대의 흐름으로 당연하게 여기는 혁신단체 간에 갈등이 컸다. 1949년 6월 농민이 직접 경작하는 자경自耕 원칙의 농지개혁법이 공포되어 토지 개혁이 이루어짐에 따라 사찰은 대부분의 토지를 상실하였다. 사찰은 존립 기반을 상실하게 되었고, 승려의 생계조차 위협받는 사찰도 생겨났다.

불교계의 쇄신책을 모색하고자 추진된 대표적인 움직임이 1947년의 봉암사결사였다. 성철性徹·자운慈雲 등이 부처님 법대로 사는 도량을 만들자며 이 결사를 시작했고, 동참자는 청담青潭·향곡香谷·월산月山·혜암惠庵·지관智冠 등 20명으로 확대되었다. 이들은 수좌들이 노동하여 생활하는 것을 일상화하고, 가사 장삼과 발우 등의 개선을 시도하였으며, 참선 수행과 계율 준수 등의 규칙을 정했다. 봉암사결사는 수좌와 신도들의 큰 호응을 얻어 활기를 띠었으나, 1950년 한국전쟁의 발발로 중단되고 말았다. 봉암사결사는 근본불교를 지향하여 청정가풍을 실현하려는 불교 개혁운동으로서, 이후 조계종단의 이념적 기반이 되었지만, 근대를 위한 고민과 개혁이 없다는 한계도 있었다.

한편 1946년 수행승들은 해인사에 가야총림伽倻叢林을 창설하여 효봉曉峰을 방장으로 추대하고 승풍 정화의 기치를 내걸었다. 1947년 백양사에서는 만암曼庵이 고불총림古佛叢林을 만들어 비구승은 정법중正法衆, 대처승은 호법중護法衆으로 구분하고 직분을 나누어 대처승 문제 해결을 지향하였다. 통도사에서는 구하九河와 경봉鏡峰이 선풍을 진작하였으며, 송광사에서는 효봉이 수행가풍을 이었다.

한국전쟁과 불교계

교단의 내분과 상호간의 이념적 공방이 끊이지 않은 가운데 1950년 한국전쟁의 반발로 불교계는 큰 피해를 입었다. 한국전쟁이 발발하자 교단 집행부는 부산의 대각사로 이전하였고, 서울에는 북한에서 내려온 불교계 인사들에 의하여 남조선불교도연맹이 조직되었다. 전쟁으로 많은 사찰이 불탔고, 허영호, 장도환 등 불교계 주요 인물들이 납북되었다. 3년간의 전쟁 동안 사찰 대부분이 온전히 유지될 수 없었고, 우수한 불교 문화재가 소실되고 손상을 입고 분실되었다.

한국전쟁의 혼란 속에서 승려들은 대부분 피란을 떠났다. 오대산 상원사의 한암처럼 어려움을 무릅쓰고 사찰을 수호한 경우도 있었으나 대개의 사찰은 무방비 상태로 방치되었다. 북한군에 의해 사찰이 불타기도 하고, 사찰에 은신한 북한군을 공격하기 위한 미군의 폭격으로 사찰이 불타기도 하였다. 이런 가운데 해인사의 팔만대장경을 수호한 김영환 조종사와 같이 사찰을 전화에서 구하는 데 심혈을 기

순천 송광사의 변화
일제강점기, 한국전쟁 후, 현재의 송광사 모습.
근현대 한국 불교의 변화상을 잘 보여주는 가람의 변화(송광사).

울인 이들도 있었지만 강원도 일대의 사찰은 폭격과 소각, 철거가 집중적으로 이루어졌다. 무엇보다도 한국전쟁으로 인한 가장 큰 손실은 승풍과 수행 기반이 말살된 것이었다. 전쟁으로 인해 사찰을 떠난 수행승들은 연명조차 쉽지 않았다. 강원은 모두 문을 닫았고, 선방은 부산 일대에서만 유지되어 수행할 공간을 찾기도 어려웠다.

농지개혁법의 보완책으로 1953년 7월 '사찰농지의 재사정을 통한 반환 조치 원칙'이 세워져 사찰은 일부 토지를 반환받게 되었다. 이에 따라 사찰 내의 대웅전과 부속건물, 국보와 천연기념물, 승려를 농토 보유의 기준으로 산정하여, 일부 농지를 반환받았다. 이렇게 해서 사찰은 적지 않은 농지를 소유할 수 있게 되었다. 또 사찰은 토지에 대한 보상으로 받은 지가증권으로 회사, 공장, 양조장 등을 경영하였지만 대부분은 실패하였고 혹은 개인적으로 유용된 경우도 적지 않았다. 토지 개혁의 결과 불교계는 경제적으로 상당한 타격을 받았다.

정화와 불교계의 갈등

정화운동은 일제 식민통치로 생겨난 불교 교단의 문제점을 없애고 한국 불교의 전통을 회복하려는 운동이었다. 가장 문제되는 것은 대처승의 존재였다. 식민지 권력에의 구속, 주지들의 친일 경향, 사찰 재산의 손실과 사찰 공동체 파괴, 행정 실무직 선호 등 일제강점기에 생겨난 각종 폐단의 저변에는 승려의 대처 문제가 있었다.

승려의 대처는 출가 수행자의 청정성을 잃게 만들었고, 사찰의 수행 환경도 변질시켰다. 대처가 만연한 상황에서 전통을 지키면서 수행에 열중하던 수좌들은 수행처를 찾지 못해 방황했고, 선원은 위축되었다. 1934년에 7,000여 명의 승려 중에 참선 수행승은 300명에 불과하다는 자탄도 있었다. 정화운동은 대처승을 배제한 비구승 중심의 교단을 수립하여, 계율을 수호하고 청정 승풍을 지향하려는 것이었다.

정화운동은 이미 일제강점기에 한국 불교의 일본화를 경계하면서 시작되었다. 1926년 용성과 127명의 승려들은 불교계 모순의 근원인 대처의 철폐를 강력히 주장하였다. 1941년 3월 선학원에서 만공, 석전 등 청정비구 30여 명이 개최한 유교법회遺教法會 또한 청정 승풍 진작과 계율 수호를 위한 것이었다.

광복 이후의 불교계에서도 청정 승단의 복구를 통한 전통불교 교단의 수립은 중요한 과제였으나 교단 집행부를 차지한 대처승들의 반대로 실행에 옮겨지지 못했다. 그런 가운데 봉암사결사와 가야총림·고불총림 등에서 계율과 수행 중심으로 전통불교를 회복하려는 노력이 이어진 것은 교단 정화작업의 지속적인 계승이었다.

1952년 선학원의 대의大義는 교정 만암에게 수행에 적합한 사찰 몇 개만이라도 수좌들에게 제공해줄 것을 건의하였다. 만암은 승단과 사찰 관리의 책임은 청정비구가 담당하고, 대처승은 현실로서 받아들이되 다만 당대에만 인정하자는 의견을 제시하였다. 1953년 대의의 건의가 받아들여져 18개 사찰을 지정했으나 수좌들은 삼보사찰이 포함되지 않은 점이나 지리적 위치, 사찰경제 등의 측면에서 불만을 드러냈고, 그나마 할애 약속도 실행되지 않았다.

1954년 5월 이승만 대통령이 불교 정화를 촉구하는 유시를 발표했다. 교단과 사찰은 독신 비구승이 운영하고 대처승은 사찰 밖으로 나가라는 것이었다. 이를 계기로 정화운동이 본격적으로 추진되었다. 종단을 조선불교에서 조계종으로 바꾸고, 승려의 구성을 수행단과 교화단으로 이원화하며, 비구승에게 48개 사찰을 할애하도록 하였다. 이때 출범한 불교교단정화대책위원회가 9월에 전국비구승대회를 개최하여 종헌을 제정하였다. 여기에서 대처승을 재가불자인 호법승으로 구분했는데, 대처승을 인정할 수 없다는 비구 측과, 수행 승단과 교화 승단의 공존을 주장하는 대처 측이 대립하여 진전이 없었다. 이런 가운데 종정 만암은 새로 제정한 종헌에서 종조를 태고국사에서 보조국사로 바꾼 것은 조상을 바꾼 것이라고 비판하고, 정화의 취지는 찬동하지만 이행 방법에는 동의할 수 없다고 비구 측에서 탈퇴하였다.

1954년 11월 이승만 대통령은 왜색 종교를 버리라는 제2차 유시를

서울 조계사
한국 불교의 중심을 이루는 대한불교(조계종)의
본산 조계사.

현대 한국 불교

발표하였다. 비구 측은 태고사로 진입하여 불교조계종중앙종무원과 조계사로 이름을 바꿔 달고, 대처 측과의 단절을 분명히 하였다. 이때부터 양측의 갈등과 대립은 점차 폭력 단계로 전환하였다. 1955년 8월 800명의 비구승은 조계사에서 전국승려대회를 개최하고, 종회 의원과 종정 석우, 총무원장 청담 등 종단 간부를 선출하였다. 이어 문교부의 인가를 얻어 통도사, 해인사, 송광사 등 19개 사찰을 큰 마찰 없이 인수하였다.

정화운동은 당초 목표로 했던 대처승을 배제한 비구승 중심의 종단 재건, 사찰의 정화와 한국 불교 전통의 회복 등의 과제는 달성하였다. 이는 비구승들의 주장이 정부와 일반 사회의 지지를 얻은 결과였다. 그러나 정화과정에서 공권력 의존과 폭력 사태 발생 등 불교적인 추진 방법이 미흡하였고, 양측은 소송을 남발하는 등 불교계 자체의 역량이 크게 소모되었다.

비구승 종단을 확립한 조계종은 1960년 4·19혁명으로 잠시 혼란에 처했다. 이승만이 대통령직에서 물러난 것을 계기로 대처 측이 정화운동 이전으로 환원시키고 종권을 되돌릴 것을 주장하였기 때문이다. 조계사 등 전국의 사찰에서 대처 측은 사찰의 관리권 회복을 내걸고 점거를 시도하였다. 이에 비구 측은 대처 측을 수용하기 위해 종회를 상하 양원체제로 구분하고, 상원은 출가대중으로 하원은 재가대중으로 구성하도록 하였다. 4·19혁명 이후 정화운동은 일시적으로 난관에 부딪혔지만 비구승 중심의 종단은 지속되었다.

조계종의 출범과 다종단체제

1961년의 5·16군사쿠데타는 정화운동의 완결과 통합종단 등장에 결정적인 계기를 제공하였다. 이전의 불교 정화를 분규로 인식한 군사 정권의 압력으로 불교재건위원회가 출범하고, 1962년 2월 양측 대표 각각 15인이 참여하는 불교재건비상종회가 개원하였다. 비상종회는 승려 자격으로 구족계와 보살계를 수지하고 수도나 교화에 전력하는 출가 독신자를 강조한 비구 측의 주장을 수용하되, 정상적인 승려로 활동하는 대처승의 기득권은 인정하는 종헌을 확정하였다. 종단은 대한불교조계종이라 하고, 종정에 비구 측의 효봉, 총무원장에 대처 측의 임석진 등 종단 간부도 선출하였다. 이로써 1962년 4월 통합종단이 정식 출범하였다. 종단은 25교구 본사를 확정하고, 종헌에서 도의국사를 종조宗祖(종단을 시작한 조사)로, 보조국사를 중천조重闡祖(종단의 종지를 밝힌 조사)로, 태고국사를 중흥조中興祖(종단을 다시 일으켜 세운 조사)로 하고, 이하 청허와 부휴 양 법맥이 계승해온 것으로 그 법통을 천명하였다.

　통합종단의 출범으로 그동안 잠재되어 있던 종단의 문제점들이 드러나기 시작했다. 종권 다툼이 전개되어 문중과 문도들 간의 경쟁이 격화되었다. 그 중심에 종권을 둘러싼 종정과 총무원장 간의 대립이 있었고, 여기에다 종단의 제반 운영과 인사권을 갖는 종회가 갈등을 증폭시켰다.

　1962년 5월에 불교재산관리법이 공포되었다. 이는 정화운동의 전개과정에서 사찰 관리에 대한 우려가 커지면서, 불교의 재산관리권과 관리인의 운용을 공권력에 부여한 것이었다. 이로써 국가는 불교계를 장악할 수 있는 합법적 기반을 마련하였다. 대처 측은 별도의 총무원을 세우고 독자적인 종단 운영을 시도하며 소송을 제기하였다. 결국 전국 사찰의 90퍼센트는 조계종단에 귀속되었으나 곳곳에서 사찰을 차지하기 위한 수많은 송사가 벌어졌다.

오랜 법정 다툼 끝에 1969년에 조계종 종단의 법적인 정당성이 확보되었다. 이에 대처 측은 1970년에 한국불교태고종을 창립하였다. 이후 천태종天台宗과 진각종眞覺宗 등 18종파가 열립하는 상황이 한동안 지속되었다. 종단 등록이 정부의 허가가 아닌 신고제로 바뀐 이후 수십 개의 군소종파가 병립하는 다종단시대가 되었다.

1973년에 벌어진 조계종 종정과 총무원장 간의 권력 갈등은 종회가 이에 개입하면서 더욱 갈등 양상이 커졌다. 1975년에는 종정 중심제로 바꾸었으나 내부 반발은 줄어들지 않았다. 종권 갈등과 대립이 지속되었으나 종단의 참회와 성찰은 찾을 수 없었다. 종권 갈등에서 시작된 내분은 종단의 완전 분규로 치달아 조계사 측과 개운사 측으로 종단이 양분되었다. 정부와 종단 원로들이 사태 수습에 나서 1978년 4월에 총무원장 중심제의 종헌 개정에 합의하면서 양측의 대립은 중단되었다. 양측은 3년여 지속된 대립과 분규를 벗어나 1980년 4월 중앙종회를 구성하고 월주 총무원장체제를 출범하여 자율적인 종단 운영과 종단의 자체 정화를 추진했다.

10·27법난과 개혁운동

새로운 총무원장체제로 불교 발전을 위해 노력하던 1980년, 신군부가 집권하고 5·18광주민주화운동이 전개되는 등 한국 사회는 격변을 거듭하고 있었다. 이런 소용돌이 속에서 불교계의 가장 치욕적 사건인 10·27법난法難(불교 교단이 받는 수난, 탄압)이 발생하였다. 제5공화국 출범을 앞둔 군부는 불교계 정화를 구실로 1980년 10월 27일 새벽, 전국 5,731곳의 사찰과 암자에 계엄군을 난입시켜 사찰을 수색하고 불교계 인사들을 연행하였다. 계엄사령부는 승려와 재가자 55명을 연행하고 98명의 참고인을 조사하여, 승려 10명과 재가자 8명을 구속하고 32명은 불교정화중흥회의에 처리를 위임했다. 이들은 법난을 일으킨 이유로 종권 장악을 위한 파벌 간의 암투와 각종 재정 관련 부정행위를 들었다. 총무원장과 본사 주지 등을 포함하여 계엄사령부의 발표보다 훨씬 많은 수의 승려와 재가자가 연행, 구금되었다. 연행자 대부분은 삼청교육대로 보내졌으며 일부는 흥국사에서 강제 참선교육을 받았다. 그러나 이후 불교 정화를 위한 실질적인 방안은 사라지고 조치는 유명무실해지고 말았다.

이런 진행 상황은 10·27법난이 국보위 설치 이후 신군부에 의해 자행된 불교계 압박이었음을 말해준다. 법난의 실상은 학원사태 근절과 종교의 정치 활동 통제 등의 명분을 내세워 정통성이 희박한 신군부에 반대하는 모든 세력을 제거하려 했던 사회 정화 조치의 일환이었다. 신군부는 새로 출범한 총무원체제가 종단의 자율 운영을 천명하며 신군부에 적극 협조하지 않자, 그동안 지속되었던 종단 불안정과 분규를 빙자하여 사찰 난입을 강행하였던 것이다.

10·27법난으로 불교계가 입은 유·무형의 피해는 말할 수 없이 컸다. 자율적 종단 운영을 내세웠던 총무원체제가 무너지고, 국가권력에 의해 불교정화중흥회의가 구성되어 불교계의 자율적 개혁과 정화

의지를 꺾었다. 다수의 승려와 재가자가 연행되어 고문을 당하고 사찰이 침탈되는 등 한국 불교사에 씻을 수 없는 상처가 되었다.

불교계에서는 10·27법난의 해결을 위해 정부에 진상규명과 책임자 처벌을 촉구하였다. 특히 젊은 불교인들은 호국불교로 지칭되어 온 종단과 국가권력의 관계를 재설정하고, 현실 사회에 대한 불교의 각성을 촉구하는 계기로 삼고자 하였다. 이러한 고민과 성찰은 불교 자주화의 과제로 부각되었으며, 반정부 민주화운동과 연계되어 불교계의 여론 형성에 결정적인 기폭제가 되었다.

10·27법난의 진상규명과 책임자 처벌의 지속적 요구는 1988년 국무총리의 사과담화를 이끌어냈다. 1989년 국회 5공청문회에서 10·27법난 진상규명이 의제로 채택되었고, 국방부는 과잉수사와 과장보도에 대해 사과하였다. 이러한 과정을 통해 불교계의 깊은 상처와 실추된 명예는 조금씩 회복되어갔다. 그러나 아직도 진상규명은 완전하게 이루어지지 않았고, 법난의 의도와 사건의 실체에 대한 진실은 충분히 밝혀지지 않았다. 10·27법난은 불교계 스스로 화합과 종단 정비를 이루어내지 못한 교단이 감내해야만 했던 자주성 침탈 사건이었다.

10·27법난 이후 중앙종회와 총무원 산하기구가 강제 해체되고, 과도체제인 대한불교조계종 정화중흥회의를 거쳐 1981년 1월 중앙종회가 구성되었다. 그러나 종단은 주지 임명을 둘러싼 잡음으로 종회에서 총무원장이 불신임되는 등 종권을 둘러싼 분쟁은 지속되었다.

종단의 혼란 속에서 학생과 청년불자들이 주도하는 민중불교운동이 본격화되었다. 민중불교론은 유신체제하에서 기성 불교에 대한 실망과 비판, 각성에서 시작되었다. 이후 1980년 민주화의 봄, 5·18

광주민주화운동 등 한국 사회의 격동기적 변화와 치욕적 10·27법난을 경험하며 민중불교운동은 젊은 불자들 사이에서 세를 넓혀갔다. 이때 전개된 사원화寺院化운동은 사원을 민중지향적 사회 활동의 근거지로 삼고, 원시불교의 무계급·무소유 승가 공동체를 이상으로 삼아 '세간의 승가화, 승가의 세간화'를 목표로 한 것이었다. 특히 사원을 야학운동의 근거지로 삼음으로써 그동안 사찰이 지녔던 폐쇄성과 반민중성을 타파하고 지역 사회와 민중에 기여하는 방향을 정립하려 하였다.

1983년 7월 범어사의 전국청년불교도연합대회에 젊은 승가와 재가 1,700여 명이 모여 불교 개혁을 주장하였다. 이들은 분단과 현대 사회의 상황 속에서 불교가 충분한 자기 역할을 수행하지 못한 점을 비판, 반성하고 청년불교도가 이를 극복하기 위한 실천적 노력을 기울일 것을 제창하였다. 그러나 1983년 8월 신흥사 주지 취임을 둘러싸고 발생한 폭력 사태는 종단 분규의 단면을 그대로 드러냈다. 이로 인해 불교계의 각성이 일어났고, 불교 개혁이 종단의 과제로 등장했다. 임시종회와 원로회의는 9월 조계사에서 전국승려대회를 개최하여 불교 개혁과 정법수호운동을 천명하고 비상종단운영회의를 설치했다. 1984년 7월 비상종단운영회의는 젊은 개혁세력의 주장을 수용하여, 종단 풍토 쇄신을 위한 특별 조치와 신도의 종단 운영 참여를 골자로 하는 종헌을 마련하였다. 종단권력의 분배 문제 등을 해결하려는 이 개혁안에 기존의 종단 운영세력이 반발하여 종단은 다시 양분상태가 되었다.

1987년의 민주화항쟁 이후 한국 사회 전반의 민주화가 진전되었다. 그러나 불교 종단 내부에서는 1987년부터 1988년에 걸쳐 총무원과 종회의 대립에서 비롯된 종권 쟁탈 분규가 벌어졌다. 총무원장 중심제를 두고 무력 대치와 소송 등이 잇따랐고, 조계사와 봉은사에 각각 총무원 간판이 내걸리는 등 갈등이 심화되었다. 1989년 5월에 분규가 멈추고 1990년 6월에 의현 총무원장이 재임되었다. 그러나 1991년에 총무원이 다시 양분되고 해인사와 통도사에서 각각 승려대회가 개최되어 갈등은 극에 달했다. 결국 1992년 이후에는 총무원장 중심의 종권체제가 강화되었다.

민주화운동과 실천불교운동

1970년대까지 불교계의 사회 참여는 미미하였다. 학승으로 이름난 법정이 재야인사들과 민주수호국민협의회에 참가하여 민주화운동에 나선 것이 불교계의 유일한 양심이었다. 그러나 1980년대 중반 이후 사회 민주화의 고양에 따라 진보적인 성향의 출가·재가자들이 결집하여 불교 개혁과 민주화운동에 매진하며 불교계의 사회운동이 고조되었다. 그 대표적 단체가 민중불교연합, 정토구현승가회, 대승승가회, 선우도량, 실천승가회 등이었다.

1985년 5월 여익구·서동석·현기 등을 중심으로 민중불교운동연합이 발족하였다. 이는 그동안 분산적으로 활동해온 민중불교 운동세력을 하나로 묶는 조직적인 출발이었다. 민불련은 민중의 참된 자유와 진정한 평등이 보장되는 불국정토를 건설하고, 자주적 평화통일 달성과 주체적인 민중불교 확립을 목표를 내세웠다. 민불련은 정권의 탄압 속에서도 노동계의 파업 지원과 농성, 민주개헌 요구투쟁 등을 적극적으로 펼쳐, 불교계 사회 민주화 활동의 열기를 높였다.

1986년 6월 221명의 승려가 모여 사회 민주화와 불교 자주화를 목적으로 불교정토구현전국승가회를 창립하였다. 지선·청화·진관·학담 등 진보 성향의 승려가 망라된 독자적 승가단체인 정토구현승가회는 불교계의 민주화운동에 큰 공헌을 하였다.

1986년 9월에 2,000명의 승려가 모인 해인사승려대회는 불교 민주화운동의 일대 전기가 되었다. 소장 개혁승려들이 주도하고 일부 중진 승려가 지원한 이 대회에서는 불교 자주화, 사회의 민주화를 기치로 불교 관계 악법 철폐, 10·27법난의 해명 등과 함께 성고문 진상 규명 등 사회 문제 해결도 주장하였다. 해인사승려대회는 그동안 보수적이며 정권과 유착되었던 불교계의 모순을 딛고, 국가권력과의 관계를 바르게 설정할 것을 천명하였다. 이와 같은 현실 비판은 교계 내외에 큰 자극을 주었고, 불교를 바라보는 사회의 인식이 달라지는 계기가 되었다.

1988년 3월 종단개혁을 추진하는 송산·명진·성문·현응 등은 대승불교승가회를 창립하였다. 대승승가회는 수행정진, 교화방편, 정토구현을 주제로, 깨달음과 역사가 통일된 삶과 실천운동으로서 새롭고 창의적인 민족불교운동을 주장하였다.

1990년 11월 수덕사에서 도법·수경·학담 등 수좌 80여 명이 모여 선우도량을 창립하였다. 선우도량은 승풍 진작과 바람직한 수행자상 확립을 위한 승가 결사체를 표방하였다. 선우도량은 불교가 한국 사회에서 제 역할을 해내기 위해서는 보다 근본적인 대안이 필요하다고 판단하고, 이를 위해 매년 수련결사를 열어 한국 불교의 본질적인 문제들을 토론하는 실천운동을 전개하였다.

1992년 10월에 청화·지선·효림 등은 실천불교전국승가회를 창립하였다. 실천승가회는 1980년대 승가운동의 계승과 극복을 목표로, 종단 개혁의 주된 내용을 종단 구조의 개혁과 종단 운영체제 및 제도 개선에 초점을 맞추었다. 이는 당시 대중들의 큰 호응을 얻어 1994년의 종단 개혁 불사를 추진하는 성과를 거뒀다.

1990년대에 들어서 사회민주화운동이나 체제변혁운동보다는 시민사회운동이 강화되었다. 1990년 11월에 출범한 불교인권위원회는 양심수 인권운동과 함께 반민주악법 철폐운동을 벌였다. 또 일본군 '위안부' 할머니에 대한 후원사업을 벌여, 서교동에 나눔의 집을 개원하기도 하였다. 1991년 7월에 창립한 경제정의실천불교시민연합은 불교적 정신과 특징을 살린 사회운동이었다. 경불련은 정법을 수호하고 대중의 일상생활과 연계된 불교운동을 통해 사회정의를 확립하고 민주복지사업을 구현하고자 하였다. 1990년대에는 한국불교환경교육원을 중심으로 환경운동이 본격화되어, 불교사상을 환경운동 속에 확산하기 위한 연구와 교육 활동을 전개하였다.

교육과 수행 그리고 포교

해방공간의 교육 활동은 다양하게 전개되었다. 광복 직전에 폐교되었다가 11월에 문을 연 혜화전문은 사찰의 토지를 기본 자산으로 증자하는 등의 노력 끝에 1946년 동국대학으로 승격되었다. 해인대학과 명성여중·능인중학·보문중학·광동중학·정광중학 등 불교계 단체가 경영하는 각급 학교가 개설되었다.

1962년에 통합종단이 출범하자 승려들이 크게 증가하였다. 이에 따라 종단 구성원의 자질 향상이 중요한 과제로 대두되어 종단은 교육사업에 노력하였다. 이 무렵 승풍이 실추된 몇 가지 사건으로 인해 교육의 필요성은 사회적인 요구가 되었다. 종단은 교육기관을 초등학림, 전문학림, 총림으로 구분하였다. 1979년에 청년승려들이 승가학원의 설립을 발의하여 1980년에 개운사에 중앙승가대학이 문을 열었다.

1960년대와 70년대에 전통강원이 다수 복원되었으나 그 체계가 확립되지 않아, 수학 기간이나 교과 내용이 일정하지 않았다. 강원보다 선원을 선호하는 교계 분위기에서 강원 교육의 체계적 발전을 모색하기는 힘들었다. 1969년에는 해인사·운문사 등 12개 강원에서

서울 중앙승가대
승가 교육의 전당인 승가대학이 있던 개운사.
지금은 김포로 옮겼다.

500여 명의 학인들이 수학하였고, 1979년에는 강원이 18개로 늘어났다. 선원도 숫자가 늘어났고, 재가불자들이 선원 운영에 재정을 지원하여 납자들의 수행정진이 활기를 띠었다. 1969년에 39개 선원에서 600여 명의 납자들이 선 수행에 몰두했고, 1970년대에는 40여 개의 선원에서 700여 명의 선승들이 정진을 이어갔다.

수행과 포교의 활기는 해외포교로도 이어졌다. 숭산은 1966년에 일본, 1972년에 미국에 홍법원을 개설하여 해외포교에 나섰다. 그는 미국과 유럽, 아프리카에까지 한국 선을 선양하여 5만여 명의 외국인 제자들을 이끌며 한국 선을 세계화하는 기초를 닦았다. 구산은 1973년 송광사 불일국제선원을 개원하여 외국인 수행자를 지도했다.

통합종단 출범 이후 전국신도회, 대학생불교연합회, 대한불교청년회 등 여러 신도단체가 결성되어 조직적인 포교와 사회 활동을 펼쳤다. 1963년에 등록한 전국신도회는 종단의 대표적인 신도단체로서 종단과 협조관계를 유지하면서 다양한 활동을 전개하였다. 같은 해에 젊은 지식인들의 불교신앙을 통한 자각과 서원을 내건 대학생불교연합회도 출범하였다. 대불련은 1970년대 들어 국가와 사회에 대한 문제에도 큰 관심을 가졌다. 유신정권에 항거하는 사회운동과 흐름을 같이하며, 대불련의 사회운동은 민중불교라는 이름으로 구체화되었다. 1962년에 발족한 대한불교청년회는 종단과 긴밀한 관계를 갖고 불교정화운동을 옹호하고 불교 중흥을 위한 활동을 전개하였다.

1970년대에는 다양한 포교 신행단체가 활동하였다. 대원정사는 대원불교대학을 개설하여 시민들에게 기초교리와 불교문화를 전수하였고, 어린이, 중고생, 청년 법회를 잇달아 개설하여 전 연령층을 대상으로 불교의 저변을 확대하는 데 큰 역할을 하였다. 이후 종단과 교계에 여러 불교 교양대학이 개설되었다. 대한불교진흥원은 군법당 건립 지원, 불교 서적의 간행과 보급, 종단과 단체의 각종 사업 지원 등의 사업을 실행하였다. 이 밖에 불교학과 신행을 실천하는 한국불교연구원, 많은 신도들의 참여로 성황을 이룬 불광법회, 국내와 해외에서 활발한 포교 활동을 펼친 한마음선원 등이 활동하였다.

광복 후 종단이 추진한 중점과제의 하나가 역경사업이었다. 1945년 12월 해동역경원을 창립하여 역경사업을 추진하고, 불교 서적의 출판, 불전 보급과 선전사업 등을 목표로 하였다. 역경사업은 통합종단 출범 이후에도 종단 3대 불사의 하나인 중요 사업으로 추진되었다. 1965년에 동국역경원을 설립하고, 종단과 정부의 지원으로 주요 불전의 한글 번역작업을 시행하였다. 그 결과 2001년까지 한글대장경 318권을 간행하여 보통 사람들이 쉽게 읽을 수 있는 대장경이 간행되었다.

교계 신문으로 1960년에 《대한불교》가 창간되어 신문을 통한 포교를 담당하였고, 1972년부터 조계종의 기관지가 되어 지금에 이르고 있다. 1975년에는 12년간의 노력 끝에 불교계의 위상 확인의 의미가 내포된 '부처님 오신 날'의 공휴일 지정이 확정되었다.

1980년대 이후 종단의 교육사업은 크게 신장되었다. 중앙승가대학은 1991년에 4년제 정규대학이 되어 현대적 교육체계를 갖춘 승려 고등교육기관으로 거듭났다. 중앙승가대학은 1990년대 중반 이후 사회 민주화와 종단 개혁의 선봉에 서서 승가운동의 주축을 담당하기도 하였다.

1981년 2월에는 자운을 수계 법사인 전계사傳戒師로 통도사에서 단일계단 수계산림을 개최하였다. 일주일간 계본에 대한 강의와 예배,

예경, 일상작법 등에 대한 교육을 실시하고 수계식이 이루어졌다. 정화 이후 계율을 경시하는 풍조가 만연한 가운데, 수계산림의 시행은 계율정신의 확인을 통한 승풍의 쇄신과 승가의 위상을 회복하려는 것이었다. 이후 단일계단 수계산림은 지금까지 지속되고 있다. 1985년에는 행자교육원을 개원하여 습의와 의식의 교육뿐만 아니라 사상성을 담보한 교과교육을 통일적으로 시행하여 행자 교육의 내용을 체계화하였다. 1995년에는 출가자가 4년간의 기본 의무교육을 이수해야 정식 승려가 될 수 있게 하여, 예비승 신분인 사미·사미니와 정식 승려인 비구·비구니를 구분하였다.

강원 교육의 내실화도 진행되었다. 1984년에는 강원의 이수 연한과 교과목을 통일하여, 사미과 1년, 사집과 1년, 사교과 1년, 대교과 1년 등 총 4년으로 했다. 1981년에는 직지사에, 1982년에는 금산사에 전문학림을 개설하여 관응 강백講伯 등이 강사들을 교육시켜 강맥을 전수하였다. 1985년 3월에는 통도사에 영축총림靈鷲叢林이, 4월에는 수덕사에 덕숭총림德崇叢林이 설립되어 4총림이 되었다. 전국의 17개 강원에서 천여 명의 학인들이 경전을 공부하였고, 실상사 화엄학림, 봉선사 능엄학림, 은해사 승가대학원, 동화사 기초선원, 어산작법학교 등 전문 및 특수 교육기관이 신설되어 인재양성에 힘썼다.

1982년 6월에는 봉암사를 조계종 특별수도원, 1984년 6월에는 종립선원으로 지정, 일반인의 출입을 통제하여 수행의 본고장으로 정착시켰다. 전국 각지 수십 개 선원에서는 수좌들의 안거 수행이 이루어졌다. 선원과 정진 대중 수는 10·27법난의 여파로 1980년부터 1985년까지 주춤거렸으나, 이후 점진적으로 늘어나 1990년경에는 1,000명이 넘는 납자가 70여 선원에서 수행에 열중하였다. 수선 대중의 증가는 간화선 참구 수련으로 깨달음을 추구하는 수행자들이 많이 늘어나고, 수선 납자들을 공경하는 불자들의 후원이 큰 역할을 하였다. 방학이나 휴가철에 많은 불자들이 절을 찾아 직접 참선 정진하는 경향도 생겨났다.

1981년에는 포교원을 설립하여 포교 인적 자원의 체계화, 포교 자료의 문서화, 법회의식의 일원화와 생활화 등과 같은 체계적인 포교 사업을 지향하였다. 이에 따라 전국포교사단, 전한국불교포교사협회 등과 같은 전국적 포교조직이 형성되어 활동하였다.

1980년대에 서울 중심부에 포교당이 개설되어 많은 신도들을 포용하기 시작하였다. 1982년에 시작한 여의도포교원을 비롯하여 강남포교원, 은평포교원, 구룡사, 능인선원, 정토포교원 등이 활발한 활동을 보였다. 구룡사와 능인선원은 주변 중산층 신도들에게 가까이 다가가 포교함으로써 불교 문화공간의 역할을 담당하기도 하였다. 도심 포교당의 설립은 서울뿐만 아니라 지방에서도 성행하였고, 1990년대에는 더욱 성행하였다. 이는 이 시기에 한국 사회에서 진행된 이농과 인구의 도시 집중 등의 사회적 변화에 따른 것으로서, 불교계의 사회의식이 고양되고 사회 참여가 확대되는 분위기에서 이루어진 새로운 경향이었다. 그러나 한국 사회의 급속한 도시화 경향에 비추어 보면, 불교계의 도심 포교는 충분하지 못했다.

포교의 새로운 모습은 1980년을 전후하여 시작된 일요법회와《반야심경》과《천수경》독송, 불교대학과 불교강좌 개설 등 여러 분야에서 나타났다. 1990년대에는 조계종의 많은 사찰에서 여름 휴가 기간을 이용하여 일반인을 대상으로 수련대회를 실시하여 불교문화의 보급과 포교에 크게 기여하였다.

1990년에 설립된 불교방송국은 포교의 새로운 지평을 열었다. 불교방송은 다양한 방송 프로그램과 불교적 소양 함양을 위한 불교문화센터 운영 등 여러 가지 방법으로 포교에 크게 기여하였다. 또 대중불교결사대회와 전국순회법회 등의 포교 활동을 펼쳐 대중불교운동의 확산에 지속적으로 노력하였다.

1980년대 후반에서 1990년대 초반에 보조사상연구원, 가산불교문화연구원, 고려대장경연구소, 성철선사상연구원을 비롯한 많은 학술연구단체들이 설립되어 불교학 연구의 활성화에 기여하였다.

개혁종단과 조계종의 과제

1980년대 후반에서 1990년대 초반에 걸친 종단의 종권 갈등은 폭력 사태와 법정 공방 등 반불교적인 모습을 드러내면서 종단 정체성의 위기를 초래하였다. 그 저변에는 정권에 대한 반자주적인 종단 체질과 종권의 전횡과 부패, 뿌리 깊은 문중과 문도회의 대립의식 등이 있었다. 이러한 종단의 모순은 종단 운영의 세속화와 부패, 반민주적이고 반자주적인 행태를 더욱 가중시켰다.

1993년 문민정부의 등장과 진보적 불교운동세력의 적극적인 종단 개혁 노력으로 종단 운영이 변화하기 시작했다. 1994년에 의현 총무원장의 3선 연임이 시도되자, 석림회·선우도량·실천승가회 등은 범승가종단개혁추진회의를 구성하여 이에 맞섰다. 2,500여 승려들이 전국승려대회를 개최하자 총무원장은 사임했고, 1만 불교도들이 모여 범불교도대회를 개최하고 개혁회의를 출범시켰다.

서울 조계사 승려대회
광복 이후 갖은 분쟁을 겪을 때마다 새로운 길을 제시했던
비상 모임인 승려대회 중 1994년 개혁종단을 위한 대회(불교신문사).

현대 한국 불교

개혁회의는 불교의 근본정신 회복과 승단의 위계질서 확립, 교단의 자주성 확립과 민주적 운영 등 내부 문제와 함께 불교 관련 악법의 폐지와 불교의 자주화 등 외부 문제에 대한 불교 개혁의 지침을 제시하였다. 이에 따라 11월에 출범한 월주 총무원장과 개혁종단은 종단 운영의 기본 방향으로 보살행 실천을 통한 대사회적 역할 강화와 민주적 의사결정 구조 정착 등을 내세웠다. 종단 운영의 기조가 총무원 중심에서 총무원, 교육원, 포교원과 중앙종회, 호계원으로 바뀌는 등 종무행정의 혁신이 이루어졌다. 분열과 갈등의 현대 불교사 흐름 속에서 1994년에 탄생한 개혁종단은, 엄정한 자기반성을 통하여 불교계의 누적된 모순을 해결하고 승가 본연의 모습을 회복하는 새로운 전기를 마련함으로써 한국 불교사의 전환점이 되었다.

　　개혁종단은 깨달음의 사회화운동을 표방하며 종단의 사회적 역할을 제고하고 부처님의 가르침을 사회에 실천하고자 하였다. 깨달음의 사회화 운동기금을 조성하여 노동·인권·복지·환경·통일사업을 보조하고, 소외된 이웃을 위한 사업에 관심과 지원을 기울였다. 1995년에 사회복지재단, 1996년에 사회복지법인승가원을 설립하여 종단의 사회복지사업을 조직적이고 체계적으로 전개하였다.

　　1998년 총무원장의 임기 만료와 함께 종권 경쟁이 표면화되었다. 재임을 희망하는 총무원장과 이에 반대하는 범불교도연대회의의 갈등이었다. 집행부와 이에 맞선 정화개혁회의가 서로 총무원을 차지하려는 과정에서 폭력을 휘두르는 모습이 그대로 알려져 종단은 국민들로부터 외면당했고, 종단과 승려의 위상은 극도로 실추되었다. 정상화와 혼란을 거듭한 끝에 조계사에서 1만 2,000여 불교도가 참석한 사부대중 궐기대회를 열어 원로회의, 총무원, 중앙종회 중심의 사태 수습을 결의하였다. 1999년 11월 새 총무원장 정대의 선출로 종단사태는 가라앉게 되었다.

1998년의 종단 사태는 종단의 자율적인 역량으로 사태를 수습하지 못하고 공권력에 의존하는 한계를 드러내 사회적으로 큰 파문을 일으켰다. 이는 수행과 교화 중심의 종단 제도 개혁은 실현했지만, 운영체제를 현대적으로 정립하여 정체성을 확립하는 성과는 이루지 못했기 때문이었다. 현대 사회의 제반 문제를 구조적으로 파악하고 해결해나가려는 종단 운영의 이념을 정립해야 하는 과제가 절실히 드러난 사태였다.

1980년대와 1990년대에 한국 사회의 급속한 변화와 민주화운동의 추세 속에서 불교계는 승가가 중심이 된 다양한 단체를 조직하여 종단 개혁은 물론 민주화, 경제, 인권, 환경 등 다방면의 사회 문제 해결을 위한 사회운동을 추진하였다. 이는 학인들이 민주화 투쟁과정에서 사회적 의식이 성장하고 실천 경험을 축적한 것이 큰 토대가 되

목탁
세상을 일깨우는 목소리로 거듭 나 사회의식을 열어가야 할
한국 불교의 상징이자 목표.

었다. 한편으로 강원과 선원의 교육과 수행도 밀도를 높여갔고, 정규적인 법회와 도심 포교로 현대 사회인을 포용하는 불교의 역할도 그 폭이 확대되었다. 환경 문제가 새로운 사회의식으로 대두하자 생명 존중사상을 토대로 환경윤리를 제시하였고, 통일 문제와 남북교류 활동을 추진했다. 그러나 종단의 혼란상과 미약한 지향성은 현대 사회를 이끌어나갈 종교적 역량을 향상시키는 데 한계를 가져왔고, 불교의 사회적 활동은 아직 부족한 점이 많은 상태에 머물고 있다.

글을 마치며

21세기의 한국 불교는 1,700년의 오랜 역사와 전통을 바탕으로 새로운 모습으로 거듭나야 하는 과제에 직면해 있다.

현대 사회가 다원화 사회가 된 것처럼 한국 불교도 다종단 사회이다. 한국불교종단협의회에는 조계종, 태고종, 천태종, 진각종 등 모두 20여 종단이 소속되어 있고, 전체 종단 수는 2011년 265개에 이른다. 현대 한국 불교의 대종을 이루는 대한불교조계종은 교육과 포교와 역경을 과제로 삼고 불교의 현대화에 노력을 기울이고 있다. 한국불교역사문화기념관을 건립하여 효율적인 업무 추진과 사회 활동 공간을 마련하고, 템플스테이사업과 같은 새 시대의 일을 열어나가며, 한국 불교의 미래를 전망하고 있다.

그러나 현대 한국 불교가 거듭나기 위해서는 현대 사회에 대한 정확한 진단과 자체 쇄신이 필요하다. 그동안 한국 불교는 크고 작은 갈등과 분열을 일으켜 바람직한 청정 교단의 위상을 확보하지 못했다. 이런 문제의 중심에는 역대 정권과의 명확하지 못한 관계 설정을 비롯하여, 권력 구조에 기인한 종권의 갈등과 이를 떠받치는 문중 간의 갈등이 뿌리 깊게 내재되어 있음을 직시해야 한다.

한국 불교는 동아시아 불교에서 드물게 비구·비구니 승단의 역사적 전통성을 유지하고 있다. 수준 높은 간화선 수행 전통이나, 세계의 불교계에서 가장 체계적인 모습을 갖춘 비구니 교단은 한국 불교의 중요한 자산이며, 한국 불교가 거듭날 수 있는 토대이기도 하다.

21세기의 한국 사회는 다원화 추세 속에 계층 간의 갈등, 노동과 환경, 행복과 소외 등 여러 가지 문제를 안고 있다. 여러 이주민들을 받아들여 서로 어울린 다원화 사회와 여러 나라를 지나오며 다문화적인 복합문명을 이룬 불교적 인식은 어울릴 수 있는 소지가 많다. 한국 불교의 저변을 형성하고 있는 조화와 융합의 원리는 구성원 상호 간의 소통과 연계를 열어나가는 대안이 될 수 있다. 현대인의 소외 문제는 불교의 연기관에 토대를 둔 관계망의 원리로 따뜻한 연결의 끈을 만들 수 있고, 자신을 성찰하는 보편적 사유는 평화를 지향하는 공동체의 굳건한 바탕이 될 수 있다.

새로운 환경이 끊임없이 펼쳐지는 세계화시대의 현대 사회에서 한국 불교의 오랜 역사가 그랬던 것처럼 한국 불교는 시대를 바르게 인식하고 적절한 행동을 실천하여 미래를 열어가야 한다. 그에 앞서 오늘의 한국 불교 교단의 실상을 정확하게 파악하기 위한 비판적 성찰은 그 필수적인 선결조건이다.

참고문헌

한국 불교사 주요 연구서

0—한국 불교

權相老, 1917 朝鮮佛教略史, 新文館

李能和, 1918 朝鮮佛教通史, 新文館

忽滑谷快天, 1930 朝鮮禪教史, 春秋社

權相老, 1937 朝鮮佛教史槪說, 佛教時報社

禹貞相·金煐泰, 1969 韓國佛教史, 進修堂

李智冠, 1969 韓國佛教所依經典研究, 寶蓮閣

朴鍾鳴, 1972 韓國思想史 佛教思想篇, 瑞文堂

金東華, 1976 佛教의 護國思想, 佛教新聞社

洪潤植, 1976 韓国仏教儀礼の研究, 隆文館

江田俊雄, 1977 朝鮮仏教史の研究, 国書刊行会

金三龍, 1985 韓国弥勒信仰の研究, 教育出版センター

金煐泰, 1986 韓國佛教史槪說, 經書院

鎌田茂雄, 1987 朝鮮佛教史, 東京大學出版會(申賢淑 역, 2004 韓國佛教史, 民族社)

李永子, 1988 韓國天台思想의 展開, 민족사

韓基斗, 1991 韓國禪思想研究, 일지사

金承鎬, 1992 韓國 僧傳文學의 研究, 民族社

韓基斗, 1993 韓國禪思想研究, 一志社

金煐泰, 1997 한국불교사, 경서원

崔在錫, 1998 古代韓日佛敎關係史, 一志社

고영섭, 1999 한국불학사─신라·고려시대편, 연기사

이만, 2000 한국유식사상사, 藏經閣

조계종교육원, 2004 曹溪宗史─고중세편·근현대편, 조계종출판사

서윤길, 2006 한국밀교사상사, 운주사

국사편찬위원회, 2007 신앙과 사상으로 본 불교 전통의 흐름, 두산동아

전국비구니회, 2007 한국 비구니의 수행과 삶, 예문서원

何勁松, 2008 韓國佛敎史, 社會科學文獻出版社

김종명, 2013 국왕의 불교관과 치국책, 한국학술정보

金龍泰, 2017 韓國佛敎史, 春秋社(佐藤厚 譯)

1─삼국

金煐泰, 1985 百濟佛敎思想研究, 동국대학교출판부

田村圓澄, 1985 古代朝鮮佛敎と日本佛敎, 吉川弘文館

李基白, 1986 新羅思想史研究, 一潮閣

金東華, 1987 三國時代의 佛敎思想, 民族文化社

金煐泰, 1990 三國時代의 佛敎信仰研究, 불광출판부

姜友邦, 1990 圓融과 調和─韓國彫刻史의 原理, 悅話堂

章輝玉, 1991 海東高僧傳研究, 民族社

辛鍾遠, 1992 新羅初期佛敎史研究, 民族社

볼코프(티호노프 역), 1998 韓國古代佛敎史, 서울대학교출판부

申東河, 2000 新羅 佛國土思想의 展開樣相과 歷史的 意義, 서울대학교 박사학위논문

최완수, 2002 한국불상의 원류를 찾아서 1·2·3, 대원사

김성철, 2003 승랑─그 생애와 사상의 분석적 연구, 지식산업사

문명대, 2003 三國時代 佛教彫刻史 硏究: 觀佛과 古拙美, 예경

길기태, 2006 백제 사비시대의 불교신앙 연구, 서경

이왕기, 2006 백제 사찰건축의 조형과 기술, 주류성

鄭善如, 2007 고구려 불교사 연구, 서경문화사

崔鈆植 校注, 2009 大乘四論玄義記, 불광출판사

남무희, 2011 고구려 승랑 연구, 서경문화사

남무희, 2012 신라 자장 연구, 서경문화사

이병호, 2014 백제 불교사원의 성립과 전개, 사회평론

조경철, 2015 백제불교사 연구, 지식산업사

경상북도, 2016 신라천년의 역사와 문화 13 신라의 불교수용과 확산, 경상북도문화
   재연구원

Pankaj Mohan, 2011 *The Ancient Korean Kingdom of Silla-Political Development and
   Religious Ideology*, 한국학중앙연구원

2—통일신라

趙明基, 1962 新羅佛教의 理念과 歷史, 新太陽社

李箕永, 1967 元曉思想 Ⅰ 世界觀, 圓音閣

安啓賢, 1976 新羅淨土思想史, 亞細亞文化社

蔡印幻, 1977 新羅佛教戒律思想硏究, 國書刊行會

安啓賢, 1982 韓國佛教史硏究, 同和出版公社

安啓賢, 1983 韓國佛教思想史硏究, 東國大學校出版部

金煐泰, 1987 新羅佛教硏究, 民族文化社

高翊晉, 1989 韓國古代佛教思想史, 동국대학교출판부

李萬, 1989 新羅 太賢의 唯識思想 硏究, 동쪽나라

金理那, 1989 韓國古代佛教彫刻史硏究, 一潮閣

金福順, 1990 新羅華嚴宗硏究, 民族社

金相鉉, 1991 新羅華嚴思想史硏究, 民族社

韓普光, 1991 新羅淨土思想の硏究, 東方出版

全海住, 1992 義湘華嚴思想史研究, 民族社

추만호, 1992 나말려초 선종사상사연구, 이론과실천

金英美, 1994 新羅佛敎思想史研究, 民族社

丁永根, 1994 圓測의 唯識哲學―新·舊唯識의 批判的 綜合, 서울대학교 박사학위논문

鄭性本, 1995 新羅禪宗의 硏究, 民族社

김두진, 1995 義湘, 민음사

南東信, 1995 元曉의 大衆敎化와 思想體系, 서울대학교 박사학위논문

金南允, 1995 新羅 法相宗 硏究, 서울대학교 박사학위논문

정병삼, 1998 의상 화엄사상 연구, 서울대학교출판부

方學鳳, 1998 渤海의 佛敎遺蹟과 遺物, 書耕文化社

金相鉉, 1999 新羅의 思想과 文化, 一志社

崔源植, 1999 新羅菩薩戒思想史研究, 民族社

金相鉉, 2000 元曉硏究, 民族社

문명대, 2000 吐含山石窟, 한언

조범환, 2001 신라 선종 연구, 일조각

김두진, 2002 신라 화엄사상사연구, 서울대학교출판부

郭丞勳, 2002 統一新羅時代의 政治變動과 佛敎, 國學資料院

曺凡煥, 2003 新羅禪宗研究―朗慧無染과 聖住山門을 중심으로, 一潮閣

엄기표, 2003 신라와 고려시대 석조부도, 학연문화사

임영애, 2008 교류로 본 한국불교조각, 학연문화사

徐志敏, 2016 統一新羅時代 華嚴系 佛像 研究, 충북대학교 박사학위논문

福士慈稔, 2004 新羅元曉研究, 民族社

조영록, 2004 장보고 선단과 해양불교 : 9~10세기 동아시아 해상 불교교류, 해상왕
　　장보고기념사업회

김두진, 2007 신라하대 선종사상사 연구, 일조각

金福順, 2008 新思潮로서의 신라불교와 왕권, 景仁文化社

조범환, 2008 羅末麗初 禪宗山門 開創 研究, 景仁文化社

배재호, 2009 연화장세계의 도상학, 일지사

남무희, 2009 신라 원측의 유식사상 연구, 민족사

조범환, 2013 羅末麗初 南宗禪 硏究, 일조각

金福順, 2016 신라 사상사 연구, 景仁文化社

최성은, 2016 발해의 불교 유물과 유적, 학연문화사

경상북도, 2016 신라천년의 역사와 문화 14 신라불교계의 새로운 동향과 선종, 경상
　　북도문화재연구원

玉娜穎, 2017 新羅時代 密敎經典의 流通과 그 影響, 숙명여자대학교 박사학위논문

全甫英, 2019 新羅時代 金光明經 硏究, 숙명여자대학교 박사학위논문

Robert E. Buswell, Jr, 1989 *The Formation of Ch'an Ideology in China and Korea: the
　　Vajrasamadhi—Sutra*, Princeton University Press

Richard McBride, *Domesticating the Dharma, Buddhist Cults and the Hwaŏm Synthesis in
　　Silla Korea*, Hawaii Press

3―고려 전기

大屋德城, 1937 高麗續藏雕造攷, 便利堂

趙明基, 1964 高麗 大覺國師와 天台思想, 東國文化社

李載昌, 1976 高麗寺院經濟의 硏究, 亞細亞文化社

許興植, 1986 高麗佛敎史硏究, 一潮閣

李載昌, 1993 高麗佛敎寺院經濟硏究, 불교시대사

서윤길, 1993 高麗密敎思想史硏究, 불광출판부

許興植, 1994 韓國中世佛敎史硏究, 一潮閣

토니노 푸지오니, 1996 고려시대 법상종교단의 추이, 서울대학교 박사학위논문

裵象鉉, 1998 高麗後期寺院田硏究, 國學資料院

李相瑄, 1998 高麗時代 寺院의 社會經濟 硏究, 誠信女大出版部

韓基汶, 1998 高麗寺院의 構造와 機能, 民族社

최연식, 1999 균여 화엄사상 연구―교판론을 중심으로, 서울대학교 박사학위논문

김종명, 2001 한국중세의 불교의례―사상적 배경과 역사적 의미, 문학과지성사

이병욱, 2002 고려시대의 불교사상, 혜안

안지원, 2005 고려의 국가 불교의례와 문화, 서울대학교출판부

김천학, 2006 균여 화엄사상 연구—根機論을 중심으로, 은정불교문화진흥원

朴胤珍, 2006 高麗時代 王師 國師 硏究, 景仁文化社.

김두진, 2006 고려전기 교종과 선종의 교섭사상사 연구, 일조각

박용진, 2011 의천, 그의 생애와 사상, 혜안

김수연, 2012 高麗時代 密敎史 硏究, 이화여자대학교 박사학위논문

최성은, 2013 고려시대 불교조각 연구, 일조각

유부현, 2015 고려 초조대장경과 동아시아의 대장경, 한국학중앙연구원

이인재, 2016 북원경과 남한강 불교문화, 혜안

Sem Vermeerrsch, 2001 The Power of Buddha: The Ideological and Institutional Role of Buddhism in the Koryo Dynasty, University of London SOAS

4—고려 후기

李鍾益, 1980 韓國佛敎の硏究—高麗 普照國師を中心として, 國書刊行會

권희경, 1986 高麗寫經의 硏究, 미진사

權奇悰, 1986 高麗後期의 禪思想 硏究, 동국대학교 박사학위논문

鄭泰爀, 1990 高麗佛典目錄硏究, 亞細亞文化社

蔡尙植, 1991 高麗後期佛敎史硏究, 一潮閣

俞瑩淑, 1993 高麗後期 禪宗史 硏究, 동국대학교 박사학위논문

許興植, 1995 眞靜國師와 湖山錄, 民族社

金光植, 1995 高麗 武人政權과 佛敎界, 民族社

許興植, 1997 高麗로 옮긴 印度의 등불—指空禪賢, 一潮閣

金邦龍, 1999 普照知訥과 太古普愚의 禪思想 比較硏究, 원광대학교 박사학위논문.

印鏡, 2000 蒙山德異와 高麗後期 禪思想硏究, 불일출판사

金潤坤, 2001 한국 중세 영남불교의 이해, 영남대출판부

길희성, 2001 知訥의 禪思想, 소나무

金潤坤, 2002 고려대장경의 새로운 이해, 불교시대사

南權熙, 2002 高麗時代 記錄文化 硏究, 청주고인쇄박물관

황인규, 2003 고려후기 조선초 불교사 연구, 혜안

趙明濟, 2004 高麗後期 看話禪 硏究, 혜안

정은우, 2004 高麗後期 佛敎彫刻 硏究, 문예출판사

황인규, 2005 고려말 조선전기 불교계와 고승연구, 혜안

印鏡, 2006 화엄교학과 간화선의 만남, 명상상담연구원

崔然柱, 2006 高麗大藏經 硏究, 景仁文化社

이정주, 2007 性理學 受容期 佛敎 批判과 政治 思想的 變容, 고려대학교 민족문화연구원

朴榮濟, 2007 知訥의 禪思想 硏究, 서울대학교 박사학위논문

馬場久幸, 2007 高麗大藏經이 日本佛敎에 미친 影響, 원광대학교 박사학위논문

李炳熙, 2008 高麗後期 寺院經濟 硏究, 景仁文化社

최영호, 2008 江華京板 高麗大藏經의 판각사업 연구, 景仁文化社

허흥식, 2008 고려에 남긴 휴휴암의 불빛, 몽산덕이, 창비

李炳熙, 2008 高麗時期 寺院經濟 硏究, 景仁文化社

황인규, 2011 고려시대 불교계와 불교문화, 국학자료원

姜好鮮, 2011 高麗末 懶翁惠勤 硏究, 서울대학교 박사학위논문

千惠鳳, 2012 고려대장경과 교장의 연구, 범우

최동순, 2014 원묘 요세의 백련결사 연구, 정우서적

조명제, 2015 선문염송집 연구, 경진출판

유부현, 2015 고려 재조대장경과 동아시아의 대장경, 한국학중앙연구원

채상식, 2017 일연 그의 생애와 사상, 혜안

5―조선 전기

高橋亨, 1929 李朝佛敎, 寶文館

金甲周, 1983 朝鮮時代 寺院經濟硏究, 同和出版公社

禹貞相, 1985 朝鮮前期 佛敎思想硏究, 東國大學校出版部

金容祚, 1989 朝鮮前期의 國行祈禳佛事硏究, 동국대학교 박사학위논문

李逢春, 1991 朝鮮初期 排佛史 硏究―王朝實錄을 中心으로, 동국대학교 박사학위논문

韓㳓劤, 1993 儒敎政治와 佛敎―麗末鮮初 對佛敎施策, 一潮閣

朴海鏜, 1996 己和의 佛敎思想 硏究, 서울대학교 박사학위논문

黃仁奎, 1999 無學大師硏究, 혜안

崔鍾進, 2004 朝鮮 中期의 禪思想史 硏究, 원광대학교 박사학위논문

金甲周, 2007 朝鮮時代 寺院經濟史硏究, 景仁文化社

김기종, 2010 월인천강지곡의 저경과 문학적 성격, 보고사

崔在馥, 2011 朝鮮初期 王室佛敎 硏究, 한국학중앙연구원 박사학위논문

손성필, 2013 16·17세기 불교정책과 불교계의 동향, 동국대학교 박사학위논문

이봉춘, 2015 조선시대 불교사 연구, 민족사

김기종, 2015 불교와 한글, 동국대학교출판부

朴貞美, 2015 조선시대 佛敎式 喪·祭禮의 설행양상, 숙명여자대학교 박사학위논문

탁효정, 2017 원당, 조선왕실의 간절한 기도처, 은행나무

양혜원, 2017 조선초기 법전의 僧 연구, 사울대학교 박사학위논문

박정원, 2018 조선 초·중기 유교와 불교의 심성론과 상호인식 연구, 이화여자대학교
　　박사학위논문

박은경, 2008 조선전기 불화 연구, 시공아트

6—조선 후기

朴炳璇, 2001 朝鮮後期 願堂 硏究, 嶺南大學校 博士學位論文.

吳京厚, 2002 朝鮮後期 僧傳과 寺誌의 編纂 硏究, 동국대학교 박사학위논문

南希叔, 2004 朝鮮後期 佛書刊行 硏究—眞言集과 佛敎儀式集을 中心으로, 서울대학교 박
　　사학위논문

김정희, 2004 조선시대 지장시왕도 연구, 일지사

崔宣一, 2006 朝鮮後期 彫刻僧의 활동과 佛像 硏究, 홍익대학교 박사학위논문

韓相吉, 2006 조선후기 불교와 寺刹契, 景仁文化社

유호선, 2006 조선후기 경화사족의 불교인식과 불교문학, 태학사

김용태, 2010 조선후기 불교사 연구—임제법통과 교학전통, 신구문화사

이종수, 2010 조선후기 불교의 수행체계 연구—三門修學을 중심으로, 동국대학교 박
　　사학위논문

송은석, 2012 조선후기 불교조각사-17세기 조선의 조각승과 유파, 사회평론

이용윤, 2015 조선후기 嶺南의 佛畵와 僧侶門中 연구, 홍익대학교 박사학위논문

7—근대

韓晳曦, 1988 日本の朝鮮支配と宗教政策, 未來社(김승태 역, 1990 일제의 종교침략사, 기독교
   문사)

임혜봉, 1993 친일불교론 상·하, 民族社

鄭珖鎬, 1994 近代韓日佛敎關係史硏究, 인하대학교출판부

金光植, 1996 韓國近代佛敎史硏究, 民族社

金光植, 1998 韓國 近代佛敎의 現實認識, 民族社

김광식, 2000 근현대불교의 재조명, 민족사

金敬執, 2000 韓國近代佛敎史, 경서원

鄭珖鎬, 2001 일본침략시기의 한일불교관계사, 아름다운 세상

김순석, 2004 일제시대 조선총독부의 불교정책과 불교계의 대응, 景仁文化社

한동민, 2005 '寺刹令' 體制下 本山制度 硏究, 중앙대학교 박사학위논문

李在軒, 2007 이능화와 근대 불교학, 지식산업사

신규탁, 2012 한국 근현대 불교사상 탐구, 새문사

8—현대

김광식, 2006 한국 현대불교사 연구, 불교시대사

김광식, 2007 민족불교의 이상과 현실, 도피안사

불학연구소, 2008 봉암사결사와 한국 현대불교, 조계종출판사

찾아보기

한국불교사

2020년 3월 31일 1판 1쇄 발행
2024년 9월 13일 1판 5쇄 발행

지은이   정병삼
펴낸이   박혜숙
디자인   이보용
펴낸곳   도서출판 푸른역사
              우) 03044 서울시 종로구 자하문로8길 13
              전화: 02)720-8921(편집부) 02)720-8920(영업부)
              팩스: 02)720-9887
              전자우편: 2013history@naver.com
              등록: 1997년 2월 14일 제13-483호